U0656519

民國時期文獻
保護計劃

成果

# 二战日军暴行报刊资料汇编

国家图书馆　选编

1

国家圖書館出版社

**图书在版编目(CIP)数据**

二战日军暴行报刊资料汇编:全5册 / 国家图书馆选编.-- 北京:国家图书馆出版社,2016.7

ISBN 978-7-5013-5665-2

Ⅰ.①二… Ⅱ.①国… Ⅲ.①日本—侵华—史料 Ⅳ.K265.606

中国版本图书馆CIP数据核字(2015)第204127号

**书　　名**　二战日军暴行报刊资料汇编(全五册)

**著　　者**　国家图书馆　选编

**责任编辑**　王亚宏

**助理编辑**　王锦锦

---

**出　　版**　国家图书馆出版社(100034　北京市西城区文津街7号)

(原书目文献出版社　北京图书馆出版社)

**发　　行**　010-66114536　66126153　66151313　66175620

66121706(传真)　66126156(门市部)

**E-mail**　nlcpress@nlc.cn(邮购)

**Website**　www.nlcpress.com→投稿中心

**经　　销**　新华书店

**印　　装**　北京华艺斋古籍印务有限公司

**版　　次**　2016年7月第1版　2016年7月第1次印刷

---

**开　　本**　787×1092(毫米)　1/16

**印　　张**　190.5

---

**书　　号**　ISBN 978-7-5013-5665-2

**定　　价**　3000.00元

# 本书编委会

**主　编:** 黄　洁

**副主编:** 郭传芹　任　震

**编　委**(按姓氏拼音排序):

陈慧娜　董　雪　高　航　耿　浩

胡宏哲　黄　桦　康　瑜　李　蓓

李　娟　李　诺　李　强　李　雪

刘博涵　卢　璐　马赵扬　莫冀鸣

彭晓东　屈　凯　桑泽轩　术　虹

孙翠玲　王天政　王志庚　解　荣

星　曼　杨　志　云丽春　张　琛

张　薇　张　月　周川富　朱丹阳

# 编辑出版说明

1931年，日本发动“九一八事变”，侵占中国东北，揭开了侵华战争序幕。至1937年7月7日，日军又挑起“卢沟桥事变”，中日战争全面爆发。随着日本侵华的逐渐深入，日军开始疯狂实施各种侵略计划，并对中国人民实施了极大规模的、持续不断的、极端残忍的血腥暴行，使中国陷入前所未有的民族灾难。据统计，抗战期间，中国军民伤亡3500多万，直接经济损失1000多亿美元，间接经济损失5000多亿美元。

二战期间，中外各国媒体对日军的残酷暴行进行了广泛报道和深刻揭露，并留下了大量的报刊资料。为了记录和保存历史真相，也为了表达对当时死难者的祭奠和哀悼，更为了铭记中华民族的苦难，国家图书馆以馆藏中外文报刊为基础，对二战期间日军暴行报刊资料进行编辑和整理。这些资料客观地再现了日军侵华期间的种种暴行，不仅是指证和研究日本战争罪行的重要文献资料，更是估计中国战争损失的重要文献资料。

本汇编以国家图书馆所藏中外文报刊为基础，此次出版部分广泛搜集当时国内外出版的《大公报》《申报》《文汇报》《新华日报》《东南日报》《华侨日报》《星洲日报》《纽约时报》《泰晤士报》等近八十种报纸，搜集整理相关新闻报道及评论4100余条，其中不仅有文字报道，还有图片资料，是日军暴行的铁证。收录资料的时间范围，自1937年7月全面抗战爆发开始，至1945年8月日本战败投降为止。收录的资料以日军在华暴行为主，还少量收录了日军对其他亚洲国家的侵略暴行。本汇编收录的日军暴行大致可分为十个方面，兹将其分述如下：

（一）实施无差别轰炸：日军全面侵华开始后，对中国城市和乡村经常进行不分军用目标和民用目标的无差别轰炸，南京、上海、武汉、广州、重庆、成都、西安、兰州、延安等地都曾是日机轰炸的重点目标，针对这些重点城市，日军还实施连续性轰炸。不仅住宅区、商业区被轰炸，学校、教堂、医院等建筑亦是日军轰炸的目标。此外，日军还对各大交通线上的客车、各航线上的客轮和商轮以及民用客机进行轰炸。轰炸造成各地平民死伤无数，房屋及各种公用设施尽毁，各地一片焦土。

（二）大屠杀：日军侵华后，在中国各地制造了无数的屠杀惨案。其中，最惨重的是南京大屠杀，包括杀人竞赛、集中扫射、坑杀活埋等残暴的杀戮行为。此外，日军还在天津、上海、厦门、太原等城市，以及山东、山西、浙江、福建、广东等乡村大肆屠杀非武装平民，机枪扫射、投井、投火坑、活埋等等，其手段之残忍，令人发指。

（三）毒气战：主要是日军在前线施放毒气炮弹，投放毒气球、毒瓦斯、毒粉等，并试图掩盖暴行，严重违反国际联盟有关禁用毒气作战的规定。更有甚者，日军在非作战区投放毒气和病菌，使无辜民众死亡。

（四）强征劳工和慰安妇，强掳儿童：日军侵华期间，兵源枯竭后在我沦陷区强征壮丁，民众如有反抗者皆被迫害致死。此外，日军还在各地强掳少女、妇女充作慰安妇，随军施暴。更有日军在占领区内掳劫儿童，或为日军输血，或作刺探军情之用，或运回国内以备兵源。

（五）劫掠财物：日军为补充供给，在敌占区肆意抢劫掠夺平民财物，如劫掠米粮，造成粮荒，饿殍遍野；袭击沿海各地，平民船只被劫掠无数。此外，日军还掠夺我国文物，运回日本。

（六）毒化政策：日军在占领区大肆种植并倾销鸦片等毒品，并将毒品加入香烟、罐头等普通消费品中，以达到普遍毒化大众的目的；此外，日军还强迫民众注射哑针，使其不能言语，供日军驱使。

（七）奴化教育：主要是日军在占领区实施文化侵略，强施奴化教育，强迫民众学习日语，暴力禁止教授中文，输送大量日本学者赴华，各处传播日本文化，企图麻醉沦陷区民众，使其日化。

（八）破坏文化机构和文化事业：日军侵华期间，对各地大学的轰炸破坏，范围遍布全国，燕京大学、北京大学、清华大学、湖南大学、复旦大学、暨南大学、中央大学、东吴大学、中山大学、岭南大学、厦门大学、西北医学院等都被轰炸或占作他用。另外，敌机还轰炸各地中学、图书馆、印书馆等，导致死伤无数，各慈善机关、教育机关均被损毁。敌军还肆意搜捕知识分子，残害学生，疯狂掠夺文物，摧残我文化事业。

（九）虐待俘虏：日军对各国战俘采取刺杀、击毙、斩首、活埋、裸曝、鞭笞、禁食、苦役、碾尸、焚烧等种种残酷手段进行虐待、残害。

（十）其他暴行：日军纪律荡然，在占领区滥捕滥杀平民，肆意殴打华人和外侨；强迫民众捐款；禁止外人接济难民粮食；禁止他国对华贸易等等。

本汇编除收录上述暴行资料外，还将国内外谴责日军暴行的相关资料也收入其中，从另一侧面反映出日军暴行之残酷，其违反国际法的行径遭到了世界各国人民的强烈反对与声讨。

本汇编按照日军侵略推进的时间顺序进行编排。需要说明的是，由于有些新闻报道内容中涉及多种暴行，无法按上述暴行类别将其分类，或同一条报道涉及多个地区、省、市，也无法从地域上对其进行划分，为避免挂一漏万，所以，编排资料时未做任何分类，仅将其以时间排序。这样做也有其好处：(一)反映出日军暴行是持续性的、不间断的，且是多种并施的，暴露出其残暴的侵略本质；(二)反映日军侵华的推进过程，自北向南，自东向西，在了解日军侵略某地的大致时间的前提下，可以较为方便地对各个地域的日军暴行进行检索。

正文中，每条资料下方标注出处，包括报刊名称和出版时间；报纸名称相同者，或同一报纸出版地不同，则加注出版地；英文报刊名称，采用中英文对照的方式。目录中，外文标题保持原貌未作翻译；标题中涉及的外国人名、地名、机构名称等，与现在用法不一致的，皆依原文，未做更改；明显的错字予以更正；为方便读者阅读，目录中标题加以适当的标点，语言习惯和文字风格保持原貌。

本汇编力求收全二战日军暴行的相关报刊资料，但由于资料众多，时间有限，此次出版部分仅收集了一部分报纸，还有相当多的报纸及期刊杂志有待后续整理，即使已收录的部分报纸，由于馆藏局限以及人工检索查询的疏漏，也未能穷尽所有资料，还有不少资料可以发掘，编者将会持续关注并继续推进和整理。另外，由于编者水平有限，在文献辑录、编排过程中存在不妥之处在所难免，敬请读者指正。

黄　洁

2016 年 6 月

# 引用报刊一览表

（按报刊名称首字拼音排序）

北平晨报
长沙市民日报
朝报（南京）
大公报（汉口）
大刚报（衡阳）
大汉公报
大陆报（The China Press）
大美报
大美晚报晨刊
大晚报（上海）
东南日报（杭州）
东南日报（金华）
甘肃民国日报
港报
工人日报（Daily Worker）
工商日报（香港）
观察日报
广西日报（桂林）
国华报（广州）
国民公报（重庆）
河南民国日报
湖南国民日报
华北日报（北平）
华美晨报
华侨日报（香港）
华西日报
晶报（上海）
力报（长沙）
泸县民报
每日译报
民报（上海）
南华日报（香港）
南京晚报（重庆）
南宁民国日报
南洋商报
纽约时报（The New York Times）
青岛新民报
全民日报（长沙）
三民晨报
扫荡报（汉口）
上海报
上海日报
上海商报
少年中国晨报
申报（汉口）
神州日报（上海）
时报（上海）
时事新报（上海）
时事新报（重庆）
世界日报（北京）
泰东日报
泰晤士报（The Times）
腾越日报
文汇报（上海）
西康国民日报
新华日报（重庆）
新华日报（汉口）
新江苏报（镇江）
新京日报
新民报（南京）
新申报
新蜀报
新闻报（上海）
新新新闻
新中华报（延安）
星岛晚报
星洲日报（新加坡）
循环日报
武汉日报（宜昌）
云南日报（昆明）
中华日报（上海）
中美日报（上海）
中山日报（广州）
中西日报
中央日报（长沙）
中央日报（重庆）
中央日报（南京）
字林西报（North - China Daily News）

# 总目录

## 第一册



## 第二册



## 第三册



## 第四册

## 第五册

# 第一册目录

# 盧溝橋戰後憑弔記

## 宛平城三度被砲轟
## 國殤已發現六十餘

▲中央社北平十日電 記者十日晨再赴盧溝橋、七時抵廣安門、門已半闢、菜販小賈因交通斷絕、兩日均乘此機會入城、故行人特別擁擠、七時二十分抵五里店、遠望平漢路軌道、日軍營幕、始知盧溝橋附近、尚有日軍二百餘人未撤、若干日兵猶在該地高地架設砲位、察其目標、乃向盧溝石橋、鐵道涵洞有日兵盤問行人、但不甚苛阻、過涵洞後、即爲宛平縣城、現東門依然緊閉、無法通行、惟西門半開、行人經查問後、可以出入、城內保安隊共百五十人由曹隊長率領、會同縣警官柏榮光負責維持治安、一般情形尚頗平靜、惟商店尚未開業、住戶雙扉緊閉、一切均呈靜止狀態、至戒備方面、因我軍撤至橋西、尚未撤去之日軍、在鐵路車道旁臨時設立之司令部、相距僅一二百米達、故警戒未敢放鬆、據宛平縣警官柏榮光談、八日深夜發生衝突後、九日日方致我通牒、竟要求我于六時前至縣長以下、老百姓應全部退出、欲來接收縣城、當時王縣長因電話電報俱斷、無法向長官請示、祗與本人（柏自稱）與金營長商議竟日、尚未得有結果、日軍已開砲轟擊、此彼方目標、完全在於縣府、因縣府房頂豎有旗杆、可作彼射擊標準、故縣府同時受中四彈、縣長臥室大客廳及第三科辦公廳等處均被燬、後將旗杆卸去、發砲目標遂失、遂多落於民房、共計日軍此次三度砲攻宛平縣城、一爲八日夜三時後、二爲九日上午十時後、三爲九日下午六時後、共發砲二百餘發、雙方死傷現尚不知確數、但已收驗屍首六十餘具、抬赴長辛店塋地掩埋、受傷者約有百廿餘人、亦已陸續運至臨時所設之醫院施治、日軍死傷實數不詳、但與我方亦不相上下、其死者已運豐台或天津、由此觀之、此次戰事不能謂不激烈云云、記者與柏分手後、復往各街衢大路巡視、因接防伊始、戒備仍嚴、故不克十分自由、且新雨初晴、泥濘載道、除保安隊之巡邏外、絕少行人往來、景象冷落、覩之徒增憤慨、又因一切損失均待調查、人民驚魂甫定、不願與縣境外人閑談、用是調查頗難、又記者到盧溝橋之後、始悉縣長王冷齋業已赴平、一切問題均無專人接洽、乃決定且先折返北平、俟日內原狀稍恢復、當再實地前往考察、

——摘自《新江苏报》（镇江），1937年7月11日

## △倭爆炸機炸南苑飛機場

北平十三日電．據華方今日消息。倭爆炸機九架轟炸距北平南八里之南苑飛機場及軍營。此報告尚未證實。聞轟炸時間約在下午三時至四時間。此消息因南苑至北平間電報截斷。故受阻滯。北平可聽聞攻南苑炮聲。美國陸戰隊謂看見倭機在南苑空中飛翔。及有溜散彈爆炸。倭機隨即向天津飛去。華方以爲倭機擲手溜彈云。

——摘自《三民晨报》，1937 年 7 月 14 日

## 日兵逞能隨意殺人 大捕農民建營工事

### 宛平盧溝橋一帶仍是戰時狀態 日軍忙碌輸運對侵我企圖未戢

盧溝橋戰後殘跡

（北平通訊）七日深夜、日軍突砲擊盧溝橋、我二十九軍爲正當防衛而抗戰、至八日下午四時始暫停止、雙方均有傷亡、大井村農民、且時被日軍慘殺、

**盧變戰後一瞥**

記者於停戰後、特驅車出彰儀門赴盧溝橋宛平一帶視察、車至半途卽不時發現槍聲、至宛平時、城門已緊閉、內部滿塡沙袋、城上則有我方兵士嚴密警戒、士氣殊爲旺盛、記者在城外詢問城上守衛者以入城方法、據士兵答稱、此門已無法可啓、僅東門或可通行、但敵兵在東南角者極夥、恐不免發生意外、記者爲一觀究竟起見、乃冒險前進、詎甫至城東、卽聞槍聲數響、城上兵士卽止余等前進、謂日軍已見汝等、故開槍示威、如不急退、必蹈危機、

**槍聲時起時輟**

記者乃折回北門、歸途中槍聲、仍時時斷續、至離城半許里、忽見軍用汽車及自用小輪車各一輛、正停路中、武裝齊備之日軍五八、執槍分立路旁、車上則載有服裝極不整齊之日鮮便衣隊約四五十人、手持手槍盒子炮及步槍等、作準備射擊狀、記者乃命司機疾馳而過、車至鐵道橋洞時、忽見一人力車夫拉車狂奔而來、記者乃停車問故、據云彼拉客過鐵道橋洞時、未知該處已禁止行人通過、日軍又無說明云、記者知該處不可再留、驅車疾馳返城、

**敵人亟亟備戰**

沿途日軍軍用車及摩托車絡繹不絕、備極忙碌、現除包圍宛平縣城之日軍一大隊外、并由津調來大批日兵、於八日下午抵平、同時又有豐台日軍一隊分乘載重汽車多輛、開至距盧溝橋五里之沙崗子佈防、另有北平日兵百餘名、分乘汽車四輛、企圖由北平西便門開赴龍王廟、但被我軍阻止未逞、仍返北平、八日上午十一時許、有我方士兵一名在盧溝橋車站失蹤現彰儀門內除由我方軍警嚴加戒備外、城外及附近各地亦均有駐軍佈哨、彰儀門外之公路、鐵道附近及五里店等地、行人絕跡、僅由武裝警察一排、往來巡哨、盧溝橋附近各地、卽有日兵佈哨、便衣日人三五成羣、分佈壕溝及低窪處、

**日軍搜捕農民**

日兵不時四出搜捕農民、迫令代爲構築工事、輸送給養子彈、在盧溝橋等地日軍、因預有準備、其武裝實力、甚爲雄厚、此外尚有日軍百餘、大部穿着便衣、分佈宛平附近農田間、以高粱禾田爲掩護、任意向往來行人開槍、在盧溝橋鐵橋畔有哨兵十餘人、凡西去行人、悉被阻回、衝突暫時停止後、我方搜查宛平城內、軍民死亡者五十餘人、傷者亦達六十餘人、現日方仍在調兵增援、我二十九軍忠勇將士、亦決心於和平萬一絕望時、卽奮勇繼續殺敵捍衛國土、

——摘自《港报》，1937 年 7 月 16 日

## 大井村日軍
## 擅捕行人
### 被害者甚多

【北平十六日電】據報大井村所留日軍臨時編組戰地聯絡哨十排、每排廿人、各在警戒線高粱地內往返搜查、遇有可疑行人、即行逮捕、被害者甚多、我當局已提抗議.

——摘自《新京日报》，1937 年 7 月 17 日

## 北寧津浦兩路附近
## 日軍趕挖掘戰壕
### 民房强被佔居壯丁强被拉去
### 田畝强築機場禾稼强行砍割

（快訊社天津十六日電）駐津日軍、現仍在北寧路與津浦路附近一帶、趕掘戰壕、構築工事、顯係準備大戰、

（快訊社北平十六日電）平市西南郊一帶民房、均爲日軍强佔、十五日居民逃入城內者甚衆、壯丁多被日軍拉去、充當苦力、搬運軍火、違者即被槍殺、

（快訊社天津十六日電）華北形勢、雖已轉趨和緩、但前途是否將再發生變化、尚難預測、日軍備戰、仍甚積極、津日軍六百餘人、坦克車五輛、載重汽車十二輛、今晨續開豐台、平西南郊亦續有日軍開到、聞平漢路長辛店以南良鄉附近、十五日已發現日軍千餘人、但尚無動作、

（中央社南京十六日電）京中十六日午接平電稱、（一）津方續到日軍兵車四列、裝載多量軍用品及汽車等、幷鐵甲車數輛、（二）由津開往豐台敵軍兵車一列、兵三百餘名、豐台東南造家村附近農田、日方建築飛機場、幷有飛機四架，翔空偵察、（三）通縣西方八里橋一帶、由冀東僞保安隊趕築工事、平津線之楊村、由津開到敵軍五百餘名、砲十數門、（四）豐台四週敵軍築有工事、並擬埋設地雷、附近樹木禾稼均被敵方砍伐、（五）蘆溝橋方面無變化、惟時有小衝突、

（中時社十六日上午十一時四十五分天津電）日軍在龍王廟大井村、五里台等地、架設電訊交通網、並由津豐派參軍鴿隊至前方服務、似無撤兵之意、津浦路大廠及涵洞被日軍佔據後、尙未撤出、今晨復將北寧路東站倉庫佔據自榆關開來之兵車、仍絡繹不絕、

（中時社十六日北平電）昨夜前方無接觸、惟現關外日軍仍續來、絡繹於平津線、自黃村豐台以至平南西郊、到處擇要加築工事、據稱無論和平成功與否、來軍皆不稍撤退、目前形勢、彼方擬採一面增兵威脅、一面進行交涉之方策、冀達其企圖目的、

（中央社保定十五日電）宛平縣府因被日軍炮火損壞過甚、十四日起暫移長辛店辦公、王冷齋諭全體職員、即日前往、

本埠訊、二十九軍駐滬辦事處長李廣安談、北平近郊、刻無正式衝突、大概因在進行和平之故、惟綜合接到北方情報觀察、前途殊難樂觀、蓋因日方現由東北增調大軍入關、源源不絕頗似大戰前之一種準備云、

（中央社天津十五日電）日兵百餘人、以載重汽車卅六輛、押運大批軍火給養等、於十五日由津開豐台、此間日租界各汽車行、因日軍強行徵用、多將所有汽車收藏、

（快訊社北平十六日電）日方一面進行和平談判、一面續向豐台天津增兵、十五日平城東西南面各城門外、均已發有大隊日軍、且不時向華軍挑釁、前途趨勢未容樂觀、

（中央社北平十六日下午五時廿三分電）榆關來人談、（一）停泊秦皇島榆關間之日艦仍未撤去、日軍大部集中錦州榆關間待命出動、（二）錦州日機場現停日機五六十架、（三）榆關日軍通知附近住戶商店夜間一律不准燃燈火

（中央社天津十六日下午六時零五分電）日軍刻在津總東兩站、積極佈置軍事工程、除昨日在總站貨廠派兵駐守、並挖戰壕外十六日又有四十餘人開往東站北甯材料廠、並擬繼續佔據東站頭二等候車室以便駐兵、總站鐵道外日商公大紗廠、亦開到日軍數十人、並運到大批洋灰蔴袋橋樑材料等、似有構築軍事工程之意十六日下午四時日軍八十餘人、全副武裝由榆搭平榆四次車抵津、

（快訊社北平十六日電）據稱通航於北平與華南間之歐亞與中國航空公司飛機、已全爲津日軍當局禁止飛行、

（中央社天津十六日電）日兵車十六日晨四時許、由榆又開到一列、滿載煤及鐵路道木等甚多停車站、此間總東兩車站、日兵仍派兵分別戒備、夜間並限制行人、日兵乘汽車十餘輛、十六日晨由津赴豐台、

（中央社天津十六日電）在津之日飛機、仍爲卅三架、十六日晨在東局子李明莊飛機場表演上下飛落、並有三架西飛偵察、

（中時社十六日天津電）陳覺生等雖仍奔走和平、但日方迄無誠意表示、積極向平津增兵運械、一般觀察、日軍數日內佈置妥當、即採重大行動、

（中央社北平十六日電）大井村五里店一帶日軍、仍無撤退模樣河邊旅團原駐通州之部隊、均集中豐台、現豐台日軍連騎兵在內共有三千餘人、十六日前方各地均沉寂、雙方監視撤兵人員、十六日仍赴前方監視撤兵、因日方迄不遵守信約、預料結果、亦只有徒勞往返、

——摘自《上海商报》，1937 年 7 月 17 日

## 殘暴之日軍 竟强徵牲畜

△發僞幣農民棄而不收

(北平十七日電)平南郭家莊、十七日午有日軍十餘名、徵車及騾驢牛、各住戶聞訊均將車畜收藏、日軍不得要領、悻悻出村、旋復返回、强迫搜索、牽去騾車六輛驢牛數頭、同時又有日軍在宛平縣界內征得車輛多輛并拉民夫多人、向豐台載運軍用品運到後、各給僞滿鈔幣三十元二十元、十元不等、各農民均棄而未收、

——摘自《上海商报》，1937 年 7 月 18 日

## 日機掃射漳河橋列車 我提嚴重抗議

### 旅客傷亡十餘人

【中央社南京十八日電】關于十八日日本軍用飛機在河南漳河橋官庄站、及元氏縣等處、用機關槍射擊我經過之列車、死傷多人事、外交部據報即日向日本駐華大使館提出嚴重書面抗議、認爲該軍用機在我國境內私自飛行、已屬不法、今竟開槍射擊列車、尤爲侵犯我國領土主權、蓄意挑釁、要求該使館立即轉電日本軍事當局、嚴令約束該方軍用飛機、不得再有同樣非法行爲、其發生結果、應由日方負責、至于關于此事各種合法要求、我方并聲明保留、

【中央社鄭州十八日電】路訊、平漢路七十二次客貨車、十八日晨至高牌店站時(按該站距長辛店約八十華里)、日機用機槍向該列車低飛掃射、傷亡十餘人、平漢路交通因蘆溝橋被燬、路軌仍未修復、通車有待、

【中央社保定十八日電】平漢路七二次北上混合車、十八日下午一時半彰德、發現日戰鬥機一架隨車偵察、並以機槍向車室內掃射、傷旅客數人、該機沿平漢路北返、至馬頭鎮一帶偵察甚久始去、

【中央社南京十八日電】十八日上午十一時廿分、有日本軍用機二架飛往河南境內、當過平漢路漳河橋時、適有該路列車正在行進、日飛機竟以機關槍對該列車射擊、當死二人、傷二人、同日十二時由保定南下之第七十二次客車、當達到河北邢台縣(順德)屬官庄站時、亦遭日機關槍射擊、傷十餘人、又十二時卅五分某次列車在河北元氏縣、同被日機掃射、傷十餘人、下午一時該機經石家莊西飛、旋又飛回、經柳辛站往北飛去、

【中京社保定十八日電】十八日下午一時、日戰鬥機沿平漢綫南飛偵察、聞曾在順德天空用機槍向下掃射、下午二時過保北返、

——摘自《中山日报》（广州），1937 年 7 月 19 日

# 日機射擊平漢客車
# 我向日提嚴重抗議
## 隨車開槍掃射死傷十餘
## 犯我領土主權蓄意挑釁

（中央十八日南京電）關於十八日日本軍用飛機、在河南漳河北官莊站、及元氏縣等處、用機關鎗射擊我經過之列車、死傷多人事、外部據報、卽日向日本駐華大使館提出嚴重書面抗議、認爲該軍用飛機在我國境內私自飛行、已屬不法、今竟開鎗射擊列車、尤爲侵犯我國領土主權、蓄意挑釁、要求該使館立卽轉電日本軍事當局、嚴令約束該方軍用飛機、不得再有同樣非法行爲、其發生結果、應由日方負責、至於關於此事各種合法要求、我方並聲明保留云、

（中央十八日南京電）十八日上午十一時二十分、有日本軍用飛機二架、飛往河南境內、當過平漢路漳河橋時、適有該路列車正在行進、日飛機竟以機關槍對該列車射擊、當死二人、傷二人、同日十二時、由保定南下之第七十二次客車、當達到河北邢台縣（卽順德）屬官莊站時、亦遭日機之機關鎗射擊傷十餘人、又十二時三十五分、某次列車在河北元氏縣、同被日機掃射傷十餘人、下午一時該機經石家莊西飛、旋又飛回柳辛站、往北飛去、

（中央十八日保定電）平漢路七十二次北上混合車、十八日下午一時至彰德、發現日戰鬥機一架、隨車偵察、並以機槍向車內掃射、傷旅客數人、該機沿平漢綫北返至馬頭鎮一帶偵察甚久始去、

（中央十八日鄭州電）路訊、平漢路七十二次客貨車十八日晨至高碑店站時、（按該站距長辛店約八十華里）日機用機槍向該列車低飛掃射，傷亡十餘人、平漢路交通、因蘆溝橋被燬路軌仍未修復、通車有待、

（中央十八日天津電）津東局子飛行場、現有日飛機數十架、四週由日兵嚴加戒備、十八日晨起飛者共十餘架、多在津郊或西去偵察、並有數架在津市上空飛行甚低、故今日上午、此間機聲軋軋不絕、

（中央十八日北平電）日機一架、十八日晨十時許、飛平市上空盤旋偵察、約一小時始飛去、

（中央十八日保定電）十八日下一時、日戰鬥機一架、沿平漢線南飛偵察、聞曾在順德天空用機槍向下掃射、下午二時、過保北返、

（中央十八日北平電）十八日上午十時許、日機六架由西北飛過廻龍廟門口大井村上空、盤旋數分鐘、向東南飛去•旋復飛過南苑上空、偵察一週、仍向西北飛去、

（中央十八日南京電）津訊•停東局子之日軍用飛機、現尚有二十餘架、十八日自晨至暮，不斷起飛赴各方偵察、一部並在東局子上空表演、

（本報十八日開封電）十八日下午一時許、日偵察機一架、由北南來、在安陽上空盤凱半時、即飛磁縣南雙廟站、向我列車開輕機槍旋又北飛返至邢台附近北關廟站、向我七十二次車掃射、傷亡十一人、

——摘自《东南日报》（杭州），1937年7月19日

# 日機昨飛冀南 槍擊平漢路車

## —死傷旅客數十人—

### 我向日方嚴重抗議要求制止

【中央社南京十八日電】關於十八日日本軍用飛機在河南漳河，河北官莊站，及元氏縣等處，用機關槍射擊我經過之列車死傷多人事。外部據報，即日向日本駐華大使館提出嚴重書面抗議，認爲該軍用飛機在我國境內私自飛行，已屬不法，今竟開槍射擊列車，尤爲侵犯我國領土主權，著意挑釁，要求該使館，立即轉電日本軍事當局，嚴令約束該方軍用飛機，不得再有同樣非法行爲，其發生之結果，應由日方負責。至於關於此事各種合法要求，我方並聲明保留。

【中央社南京十八日電】

十八日上午十一時廿分，有日本軍用機二架，飛往河南境內，當過平漢路漳河橋時，適有該列車正在行進，日飛機竟以機關槍對該列車射擊，當死二人，傷二人，同日十二時由保定南下之第五十二次客車，當達到河北邢台縣（即順德）屬官莊站時，亦遭日機之機槍射擊，傷十餘人。又十二時三十五分某次列車，在北河元氏縣同被日機掃射，傷十餘人。下午一時該機經石家莊西飛，旋又飛回，經柳辛站往北飛去。

【按：元氏縣在河北省南部，北距石家莊七十二里。邢台，即舊順德府治，在元氏以南一百七十里。】

【中央社鄭州十八日電】路訊：平漢路七十二次客貨車，十八日晨至高碑店站時，（按該站距長辛店約八十華里。）日機用機槍向該列車低飛掃射，傷亡十餘人。

【中央社鄭州十八日電】路訊：平漢路七十二次客貨車，十八日晨至高碑店站時，（按該站距長辛店約八十華里。）日機用機槍向該列車低飛掃射，傷亡十餘人。

【本市消息】日機兩架，昨晨九時半，由通縣起飛經東郊向西南飛去。上午十時許，有日機六架，編爲兩隊，先後由東南方飛來，飛行甚高，在平市上空偵察頗久，旋飛蘆溝橋，回龍廟，衙門口，大井村一帶上空，盤旋偵察，數分鐘後，即經南苑向西北飛去。又下午三時，日機一架，飛平市上空偵察，旋又飛南苑偵察，最後向東北方飛去。又昨晨六時四十分，日機一架，未經平市，逕赴南苑偵察，飛行極低，盤旋二十分鐘始去。64

【天津十八日下午十時電電】東局子飛行場，現有日飛機數十架，四週由日兵嚴加戒備。十八日晨，起飛者共十餘架，多在津郊或西去偵察，並有數架在津市上空，飛行甚低。有數架他飛，迄晚止，未返津。津河北一帶住戶，現已向租界遷移。55 64

——摘自《世界日报》（北京），1937年7月19日

# 大井村敵軍逼索婦女！

【中央社北平十八日電】官方息、據十八日上午各方報告如次、㈠十七日下午三時日步兵二十餘人由懷柔方面開抵昌平、八時又到騎兵七八人、該日、向縣長勒索洋一千五百元作修路費、並令準備二百名騎兵草料據稱、尚有騎兵二百餘名已到南門外八里、㈡大井村據調查現有敵兵卅餘人、附駝店地方被擄去婦女四名、中有一名已逃回、敵兵復向該村村長逼索青年婦女、㈢小井村迤南道口村本由我軍駐守、十七日上午對方忽開來汽車一輛、我軍出視、被擊斃一人、㈣豐台車站附近營園子有日兵十餘名、坦克車ㄑ輛、㈤七里莊·泥灣·李莊子、金莊村·青山村·韓家莊·康家莊·于家莊·皂甲村·東管頭·劉村、皆有日兵千餘名·㈥日騎兵分四班、每班四人、每日由豐台和岳家樓八爺墳一帶偵察一週、

【天津訊】日騎兵又有數百名、於十八日晚下午七時由榆關抵津、當即開往兵營、尚有日兵車兩列ㄑ八日下午十時四十分及十一時五十分抵津、又日方現僱大批無業游民、每日發工資兩角、似為準備構築工事之用、

——摘自《新京日报》，1937 年 7 月 19 日

# 日機擊平漢路客車

## 用機槍掃射死二人傷十餘人

## 外部當向日使館提嚴重抗議

昨上午十一時廿分、有日本軍用飛機二架、飛往河南境內、當過平漢路漳河橋時、適有該路列車正在行進、日飛機竟以機關槍對該列車射擊、當死二人、傷二人、同日十二時、由保定南下之第七十二次客車、當遶到河北邢台縣（即順德）屬官莊站時、亦遭日機之機關槍射擊、傷十餘人、又十二時卅五分、某次列車在河北元氏縣同被日機掃射、傷十餘人、下午一時、該機經石家莊西飛、繼又飛回經柳辛站、往北飛去、

關於十八日日本軍用飛機在河南漳河橋河北官莊站及元氏縣等處用機關槍射擊我經過之列車死傷多人事、外交部據報、即日向日本駐華大使館提出嚴重書面抗議、

——摘自《朝报》（南京），1937年7月19日

# 敵機昨竟掃射平漢車
# 外部向日提嚴重抗議

## 該方軍用飛機不得再有非法行為
## 我方當并聲明保留各種合法要求

### 先後死傷數十人

昨（十八）日上午十一時卅分有日本軍用飛機二架，飛往河南境內，當過平漢路漳河橋時，適有該路列車正在行進，日飛機竟以機關槍，對該列車射擊，當死二人傷二人。同日十二時由保定南下之第七十二次客車當達到河北邢台縣（即順德）屬官莊站時，亦遭日機之機關槍射擊，傷十餘人。又十二時卅五分某次列車在河北元氏縣同被日機掃射，傷十餘人，下午一時該機經石家莊西飛，繼又飛回，經柳辛站往北飛去。

關於昨（十八）日日本軍用飛機在河南漳河橋河北官莊站及元氏縣等處，用機關槍射擊我經過之列車，死傷多人事，外交部據報，即日向日本駐華大使館提出嚴重書面抗議，認為該軍用飛機在我國境內私自飛行，已屬不法，今竟開槍射擊列車，尤為侵犯我國領土主權，蓄意挑衅，要求該使館立即轉電日本軍事當局嚴令約束該方軍用飛機，不得再有同樣非法行為。其發生結果，應由日方負責。至於關於此事各種合法要求，我方並聲明保留云。

保定十八日電 平漢路七十二次北上混合車，十八日下午一時至彰德發現日戰鬥機一架，隨車偵察，并以機槍向車內掃射，傷旅客數人。該機沿平漢線北返至馬頭鎮一帶偵察甚久始去。

鄭州電：路訊：平漢路第七十二次客貨車十八日晨至高牌店站時（按該站距長辛店約八十華里）．日機用機槍向該列車低飛掃射，傷亡十餘人。

——摘自《新民报》（南京），1937年7月19日

## 皂君村中日軍暴行

（北平十九日電）平南郊皂君村昨被日軍將居民全部驅逐、以該村爲儲存軍火之用、西郊連日來、我警察五十餘、被日軍無故逮捕、經數度交涉、今始被釋回、又豐台附近日強佔築機場、用去民地千畝、每畝定價五元十元不等、但須本年底付款、又天津日便衣警憲、連日擅捕我人民已達十餘、中有學生律師工人、藉口而有抗日嫌疑、市府尚未交涉、

——摘自《上海商报》，1937年7月20日

## 敵軍在前綫又施放毒氣

十八日每日新聞漢口電。據可靠美籍觀察家。適從南昌來此。謂倭軍施用毒氣。証據確鑿

彼談稱。「余與美國傳教士醫生到某醫院．親見兵士十九名。受倭方毒氣。均感痛苦。又有數名患肺炎極劇。六名中毒盲目。其他足部身部受毒。呻吟不絕」。相信敵軍用毒綠氣及芥毒。

所有受毒軍士。係從馬當炮台運回南昌。其他戰場或在途中斃命者。頗不乏人。美國觀察家復謂「倭軍陷揚子沿岸礮台。必係用毒氣攻襲。蓋礮台防軍。多無防毒準備」云云。彼隨問受傷士兵。倭方如何用毒氣。不得其詳。

國軍謂倭軍來犯。必先用毒氣。然後以重炮轟擊。我軍備有防毒面具固多。然無防備者亦不少云。

——摘自《三民晨报》，1937年7月19日

日軍慘無人道

# 活埋我方平民

留頭在地外殘酷無復人理

前方需要藥品望踴躍輸將

▲中央社北平十九日電 盧溝橋十九日來人談、（一）盧溝橋前線官兵十數日來、在烈日下工作勤勞、王冷齋特派員分赴宛平、長辛店購買大批西瓜、分發各兵士、及傷兵、並致慰問、（二）宛平縣城我軍決堅定、現因城內食糧無餘、已向各縣購買米麥雜糧一萬餘斤、運宛平振濟平民、（三）無辜百姓被敵槍殺者甚多、被捕者多被活埋、留頭在地外、並毀房無數、刻正作正式調查、（四）豐台現停日機四架、載重車二十一輛、坦克車一輛、兵車二三列、由他處開來、（五）現在前綫官兵所需要之物品、爲强心針、綳帶、望遠鏡、西藥等、慰勞者可速送前方、有贈送毛巾者、因不甚需要、已通知慰勞者不必再送、（六）敵機由早至晚往返不斷、飛盧溝橋偵查、

——摘自《新江苏报》（镇江），1937年7月20日

# 日人在津暴行種種

非法强迫檢查郵件

强佔民地建築機場

擅扣車輛供彼軍運

▲中央社南京十九日電 關係方面接津訊、津日憲兵隊派人到河北郵務管理局檢查信件、竟於十九日起非法執行、今晨所派到局者共有八九人、內二人爲白俄、我收發信件任意拆閱、並有數件予以扣留、凡由彼等檢查之信件上、均蓋以檢閱木戳、河北郵務管理局十九日已呈報交部、及冀察政委會津市府報告云、

▲中央社天津十九日路透電 據華方息、日軍當局擬在此派員檢查寄往南方之各種郵件、昨有穿制服之日軍憲兵一人、偕其他三人赴郵務管理局、要求供給辦公地點

、本地業務股長黃家德、與日人交涉一小時、當交涉進行之際、又有二日人偕五華人到局、直入揀信室、至夜間九時始去、但未檢查信件，此間郵局已將此事報告郵政總局長、請示辦理、

▲中央社北平十九日電 日軍十四日在平南造甲村以南地方、強迫佔用劉家村十號長宏揆地十畝、同村卅一號張德斌地卅三畝、一號張香實地十二畝、又樊家村二九號王照田地十二畝、廣村廿一號李文義地十二畝、二號郭合生地卅畝、並強令簽定租用草約、每畝出租價十元、十二月底具領、刻日宣正積極剪草墊地、建築機場、

▲中央社北平十九日電 豐台日軍四十餘名、十九日上午十時起、將蕭滑莘村沿途割去青苗二十餘畝、地主與日軍交涉無結果、

▲京訊 據大津來人談、津市公共或載重汽車、均視某租界爲畏途、蓋凡當此兩類車經過時、即有被抓獲之虞、其已被抓者更無發還之期云、

▲中央社天津十九日電 津日租界十九日晚戒備甚嚴、凡各衝要路口、在堆置麻袋佈置工事、長途載重汽車被扣者甚衆、均分停於各處云、約留二三日即返京、日使館陸軍武官喜多誠一、十九晨由滬乘車到京、下車後、即赴日使館武官辦事處休息、聽取副武官大城戶三治之報告後、赴日使館訪參事日高信六郎晤談、

▲京訊 義大利駐華大使館祕書羅斯蒂、今「十九」日上午十時半、至外部謁情報司長李迪俊、對蘆溝橋事件有所探詢云、

▲中央社南京十九日電 法大使館祕書高覇十九日到外部謁徐次長、探詢最近北方情勢、並表示法政府關切之意、略談即辭去、

▲中央社上海十九日電 蘇聯大使鮑格莫洛夫、十九日夜車晉京公幹、

——摘自《新江苏报》（镇江），1937年7月20日

# 敵昨以重砲轟擊
# 宛平城損失浩大

【中央社北平二十一日上午零時二十二分電】日軍再度猛攻後、宛平縣城內、落日砲彈甚多、損失浩大、並有民房數處起火、

【中央社北平二十日下午九時零五分電】二十日蘆溝橋之役非常劇烈、聞蘆溝橋已全被燬、宛平縣城內警察局亦全燬於砲火下、保安隊大隊附孫某不知下落、其餘死傷尚未判明、

【中央社北平二十日電】蘆溝橋來人談、日軍十九日晚復開始向我進攻㈠首次攻我陣地之日軍、係十九日下午由豐台開抵蘆溝橋之步兵百五十名、由一大尉率領、自大井村方面以騎兵四十餘人掩護前進、經我駐永定河西岸之軍隊發現、當即迎頭痛擊、將該大尉擊傷、㈡二次進攻我軍之日軍計共一聯隊、攜加農重砲二門、鋼砲十門、坦克車八輛、鐵甲車四輛、此外幷有裝載子彈給養之大車二十餘輛及二輛馱子車共三十餘輛、自大井村迤邐前進、至二十日晨三時四十五分即開始以步槍向我陣地猛烈射擊、至四時許復發砲兩發、均落我軍陣地內、我軍當稍加還擊、至拂曉時日軍始向大井村原陣地退去、

——摘自《新京日报》，1937 年 7 月 21 日

# JAPANESE SENTRIES KICK 2 U. S. WOMEN

## American Embassy in Peiping Gets Report of Attack by Guards at Street Barrier

## BAYONET USED BY ONE

## U. S. Officials Report Incident to Japanese Authorities—Hull Refuses Comment

PEIPING, China, July 20 (AP).—Two American women were kicked and shoved, they told the United States Embassy today, by Japanese sentries on guard before the Japanese Embassy.

The women were Mrs. Helen R. Jones of Detroit, Mich., and Miss Carol Lathrop of Washington, D. C. The United States Embassy said it was directing attention of Japanese officials to the attack, after depositions had been made by the two women.

Mrs. Jones related:

"We were walking toward the hotel through the embassy quarter, deciding that was safest, due to martial law. We were walking in the center of the street, talking of personal affairs, and not on the sidewalk. Suddenly we were terrified by a Japanese 'war cry' from the sentries, who rose up behind sandbag barricades. At least three sentries, besides the two first visible, charged us, giving Carol a terrific shove.

"Carol burst into tears, then the sentry kicked her in the side. Meanwhile another sentry held me fast with the flat of his bayonet.

"In the midst of the confusion I saw a machine gun mounted on a barricade staring me in the face. They made a loud clamor, shoving us around, although, of course, we couldn't understand Japanese.

"Finally they let us go, shoving us off roughly and giving me a final and very forceful kick from behind. We went toward the Wagons-Lits [hotel] and contacted the United States Embassy guard and made an official report. The front of the Japanese Embassy was well lighted and it was impossible that they couldn't see we were women."

Mrs. Jones has been here for a year. Miss Lathrop is visiting relatives. The incident occurred at 9 o'clock last night.

Special to THE NEW YORK TIMES.

WASHINGTON, July 20.—The case of the two American women who were attacked by Japanese soldiers in Peiping last night is being left by the State Department to the United States Embassy in Peiping. Secretary of State Cordell Hull declined to comment on it today.

A report was received by the department from Nelson T. Johnson, the United States Ambassodor, conveying the substance of a deposition made by the women, Mrs. Helen R. Jones of Detroit and Miss Carol Lathrop of this city.

Miss Lathrop, who is 18 years old, is visiting her sister and the latter's husband, who is a captain in the United States Marine Corps detachment guarding the United States Embassy. Her mother is the widow of a naval officer and is librarian at the Navy Department.

——摘自《纽约时报》（The New York Times），1937 年 7 月 21 日

# 日軍三次不顧信義

# 重砲猛攻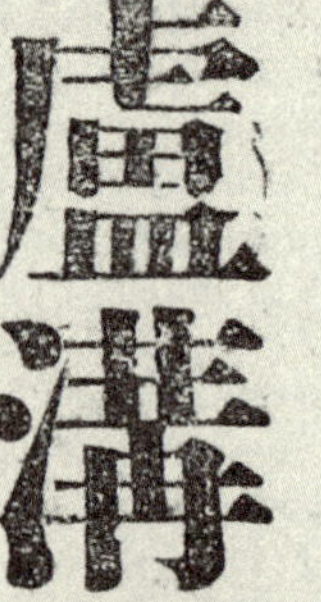盧溝橋

## 宛平城內居民死傷血肉橫飛慘不忍覩

## 昌平豐台日軍加緊備戰情形迄今轉緊

(中央社北平廿一日下午五時五十五分電)廿日盧溝橋方面日軍再向我方挑釁經過如次：(一)本月廿日，日軍三次不顧信義，復於稍露和平聲中，於下午一時，以重砲猛攻盧溝橋城，東北兩面、砲彈多落於城內、達五百餘發，居民死傷，血肉橫飛、慘不忍覩、殘酷行爲，超過前兩次、東門城樓與東北城牆悉被砲燬、至下午三時許始息、我方正於救護傷亡時、日軍竟在下午七時許、復行開砲、比前二時尤爲緊密、全城民房無一完好、直至下午七時半始停止，我長辛店亦受七砲彈、旋日機由豐台飛來、低空掃射，略有損傷、陣地無變動，(二)昌平縣高麗營有日軍百餘名、佔民地千餘畝、建飛機場，現已完成、停有日機三架、(三)豐台街衢表面沈靜、實際緊張、各大客棧澡堂、多被日軍强佔、(四)此次日軍進攻盧溝橋、我方損失甚鉅、城內被炸、慘痛情形、不堪言狀、縣保安隊隊附受傷甚重、已於廿一日派人護送來平、入某醫院治療、

——摘自《港报》，1937年7月22日

## ▲日軍飛機槍擊客車

廿一日日同通訊社天津電。。據北平以南之順德城外人電訊。。昨星期日有日本飛機一架。飛至順德城空際。。擲下炸彈一枚。轟斃一人。該飛機隨在鐵路上投擲炸彈。轟擊客車一列。當時該車有搭車甚多。該飛機又開機關槍掃射。轟斃搭客九名。

——摘自《少年中国晨报》，1937年7月22日

## 遭日軍重砲轟擊 宛平城內幾成焦土

### 落彈五六百枚傷亡頗衆

【中央社北平二十二日電】門頭溝電話、二十二日下午二時、記者由平抵長辛店視察、當地秩序安堵、商民照常營業、防務異常鞏固、二十日夜日軍砲攻蘆溝橋時當地市內落彈九枚、傷四人、死幼女一名、人心尙鎮靜、宛平專員王冷齋偕秘書洪大中、自二十日至今、仍往來於蘆溝橋與長辛店間、辦理後方工作、記者復往晤王洪兩氏、經過蘆溝橋石橋至宛平縣城內視察、所得結果如次、㈠石橋橋身未受大損、橋下河灣被砲彈所擊炸痕纍纍、橋東頭「蘆溝曉月」石碑、幸無損壞、宛平西門城內戒備緊嚴、由冀北保安隊駐防、廿日下午日軍砲火密集、城內落彈五六百枚、民房被擊、殘瓦敗頹、一片焦土、景象奇慘、專員公署及警察局、亦全被炸毀、保安隊兵及縣民傷亡纍纍、屍骸枕積、東門城樓被擊全塌、通東西門馬路被砲彈炸成無數火坑、彈炸處兩旁商戶門面、均被摧毀、㈡城內居民除一部份婦孺自事變發生後、因王專員勸告離開城外、其餘壯丁均留住城內、不願出城、王氏代備糧食、按戶發放、㈢日本飛機一架、二十二日上午十時飛

長辛店蘆溝橋偵察、㈣平漢路北平至長辛店間路線二十二日修復由平開出第一列車、載有某國士兵一車、二十二日晚八時復由長辛店開往涿州、㈤蘆溝橋一帶前線二十二日竟日平靜、

——摘自《新京日报》，1937 年 7 月 23 日

**國聯同志會**

# 電日內瓦總會
# 訴暴日行為
## 申述蘆溝橋事件經過
## 請世界輿論聲討

【南京廿二日中央社電】中國國際聯盟同志會，為使國外各地，對於此次蘆溝橋事件，明瞭我國態度，并喚起世界輿論，主持正義起見，日昨該會會長朱家驊，及全體理事胡適等，特電日內瓦國聯同志會世界總會，有所表示，原稿係法文，茲錄誌其譯文如次：「國聯同志會世界總會鑒，日本軍隊，在辛丑條約規定以外之地方，（蘆溝橋）任意實彈練習，并夜襲控制北平漢口鐵路交通之宛平縣城，遂使負有守土責任之中國軍隊，不得不正當抵抗。現日本更違約增派重兵包圍，曾為七百年京都之北平，且轟炸火車霸佔車站，甚至侵入郵局，中國政府及人民，因絕對之必要，將一心誓作合法之抵禦。吾人謹電貴會，速將日本破壞世界和平之侵略事實，向本會各同志團體及世界輿論機關，奮起為正義之聲討并各促其政府與代表民意機關，速為實力有效之制裁，以維正義，藉保和平。中國國際聯盟同志會會長朱家驊，暨全體理事胡適等仝叩。

——摘自《神州日报》（上海），1937 年 7 月 23 日

# JAPANESE THREATEN CHINESE UNIVERSITIES

## Latter's Leaders Hold Ground Despite Announced Aim to Purge Schools Under Accord

Wireless to THE NEW YORK TIMES.

PEIPING, China, Friday, July 23.—Despite Japanese threats that a "purge" of Chinese universities and middle schools in North China would be demanded under the Lukouchiao agreement, the leaders of various educational institutions here are holding their ground, waiting for the storm to break and following Nanking's instructions to "maintain" calm and not remove southward.

It is a foregone conclusion, however, that the positions of some of the universities will become untenable if the Japanese carry out their announced aims.

A Japanese Embassy spokesman told me that among the measures agreed to by the Chinese and Japanese under the third clause of the Lukouchiao agreement providing for the suppression of anti-Japanese and Communist activities, were the dismissal of anti-Japanese and communistically inclined officials and educators, the revision of textbooks and the suppression of student organizations with anti-Japanese aims.

If these provisions are carried out, it will mean a substantial decimation in the ranks of the intellectuals in this cultural center, many of whom are liberal in their views and anti-Japanese in their sentiments. It will also mean the suppression of the students as a political force, for demonstrations would not be permitted and the organizations sponsoring them would be dissolved.

"We also intend to eradicate the Communist cells that are flourishing in the universities in Peiping," the Japanese spokesman said.

The removal of the chairman of the Bureau of Social Affairs in Peiping and his replacement by an appointee satisfactory to Japan is probably typical of many yet to come in the ranks of government and educational leaders in North China under Japanese dictation in the name of the Lukouchiao agreement.

Among the institutions likely to be affected by the purge are Yenching and Tinghua Universities, closely connected with American missionary organizations and reported to be seats of much anti-Japanese sentiment.

——摘自《纽约时报》（The New York Times），1937年7月23日

# JAPANESE PLANES BOMB THE CHINESE IN NEW OUTBREAK

## Heavy Casualties Reported at Langfang Barracks After a Clash at Railway Station

## EACH SIDE ACCUSES OTHER

### Japanese Assert a Telephone Squad Was Fired On, but Chinese Deny Initiative

## SERIOUS VIEW IS TAKEN

### War Atmosphere Is Evident in Tientsin for First Time as Japan Masses Supplies

By HALLETT ABEND

Wireless to THE NEW YORK TIMES.

TIENTSIN, China, Monday, July 26.—Japanese airplanes bombed the Chinese barracks at Langfang, strategic midway point on the railway between Tientsin and Peiping, this morning in what may prove to be the spark to set off large-scale hostilities in North China.

[Reports to Tokyo said that the bombing, which was believed to have caused many casualties and considerable damage, had followed an attack by Chinese troops of the Thirty-eighth Division on a Japanese squad sent to repair a military telephone line. Later advices declared that the Japanese were driving these Chinese in the direction of Peiping in great disorder after a night of severe fighting.

[Headquarters of General Chang Tze-chung, commander of the Thirty-eighth Division, announced that the fighting had been caused by "a Japanese attack on troops of the Thirty-eighth en route to Peiping to take over the garrison in accordance with Japanese demands." The Associated Press reported.]

Judged by the number of Japanese troops and the amount of supplies assembled at the railway station here awaiting trains on the Peiping line Japan's "big push" in North China is apparently beginning. The concentration of men and material clutters the streets for blocks around the railway station. Included are artillery, cavalry and infantry forces, and machine guns, mortars, officers' staff cars, Chinese carts loaded with baggage, rolling kitchens, communications units and field hospitals.

**Movements in Two Directions**

While some streets are filled with movements toward the railway station, similarly heavy traffic is moving in an opposite direction, obviously destined for Peiping over the Tungchow road.

Seemingly every military detachment in Tientsin is moving. This is not anything like the easy-going influx of Japanese reinforcements in the past ten days, for in today's movement grim-visaged men and a tense war atmosphere suddenly predominate.

The unexpected clash at Langfang abruptly magnifies Japan's general political problem and creates a military emergency in the Tientsin area. From Tangku, at the river's mouth, to Tungchow—a distance of nearly a hundred miles—various towns and villages are garrisoned with troops of the Thirty-eighth Division, and if all turn hostile as a result of the bloodshed at Langfang, Japanese troops will have the immediate problem of mopping up the countryside, through which, until last night, they had been moving without fear of molestation.

Escorted by a Japanese destroyer three Japanese transports made the Tangku docks yesterday morning and discharged cargoes of munitions, supplies, war equipment and a guard of about 150 Japanese soldiers. After discharging their cargoes the freighters, which have a capacity of about 1,500 tons each, departed.

One Japanese destroyer stands in at Tangku, seemingly awaiting further immediate cargoes.

Because of the heavy Japanese Army shipments at this port normal business is completely disrupted. The Japanese have hired every available coolie, paying twice the usual wage, for lightering their own ships. Commercial ships are unable to discharge or take on cargoes because no laborers are available.

These heavy Japanese cargoes are brought to Tientsin by rail and thence go by automobile trucks to Tungchow and Fengtai for distribution throughout the Japanese front. The highway between Tientsin and Peiping is monopolized by the Japanese and is strictly under their control. Numerous villages now have Japanese patrols which halt and inspect all vehicle traffic except their own.

The Japanese trucks have Japa-

Continued on Page Two

# JAPANESE PLANES BOMB THE CHINESE

Continued From Page One

nese flags laid on the tops to identify them to their aviators.

### Japanese Accuse Chinese

PEIPING, July 26 (AP).—Japanese today made fresh accusations that the Chinese Thirty-seventh Division, which its commanders had agreed to evacuate to the south, still was strengthening its positions west of Peiping. "Fresh aggravations must be expected" while this continues, declared a Japanese spokesman.

The Japanese declared that envoys from the Central Chinese Government at Nanking were arriving in Peiping and urging North China leaders to stand against Japanese pressure. Chief of these was said to be General Hsiung Pin, vice chief of staff.

The Japanese came into friction with the French garrison in Tientsin when they took over without notice a section of telephone wires the French maintain along the railway outside Tientsin. The French protested to the Japanese command, but thus far without avail.

France, Italy, the United States and Britain, like Japan, maintain troops at Tientsin under the Boxer protocol of 1901.

## Tokyo Takes Serious View

By HUGH BYAS

Wireless to THE NEW YORK TIMES.

TOKYO, Monday, July 26.—The resumption of fighting in North China was regarded here today as unusually serious because the relations of the Chinese troops at Langfang with the Japanese had been correct.

Lieut. Gen. Kiyoshi Katsuki, Japanese commander in North China, called a staff conference when he received news of the new fighting, according to advices received here.

The situation in the Peiping area remained peaceful, but the Chinese are not carrying out their withdrawal agreement. The newspaper Asahi reports that the Japanese garrison commander at Peiping, after holding a staff conference yesterday, decided to fix a time limit for the Chinese troops' evacuation. The Chinese leaders are expected to reply today.

Not a single troop train carrying Thirty-seventh Division soldiers left Peiping Saturday or yesterday and they are reported to be strengthening their positions at Yuanping and other points of the old "front."

The strain on the public caused by this renewal of North China difficulties is increased by the mystery surrounding the disappearance of a naval seaman, Sadao Miyazaki, at Shanghai. His mother, an elderly woman living in Hiroshima, told reporters yesterday that his life had already been offered to his country but that if he had been killed his comrades would avenge him.

A supplementary budget providing 96,000,000 yen for North China expenditures will be presented to the Diet. The principal items are: War Office, 46,000,000 yen; Treasury, 40,000,000 yen; navy, 5,000,000 yen. The money will be raised by bonds.

### Shanghai Remains Quiet

Wireless to THE NEW YORK TIMES.

SHANGHAI, Monday, July 26.—Shanghai's "Little Tokyo" remained quiet, although the mystery of the missing Japanese seaman appeared no nearer solution. The mysterious disappearance of an informer also is causing speculation. The Japanese, Chinese and foreign police forces are following up meager clues.

——摘自《纽约时报》（The New York Times），1937 年 7 月 26 日

# 昨晨日軍進襲廊坊

## 張自忠部始不抵抗繼乃應戰

## 日機拋擲炸彈軍民死亡千人

（北平念六日電）交通界息、念五日下午五時、由津開抵廊坊日軍稱修理電話線擬均下車、我廊坊駐軍第三十八師張自忠部劉旅、因未奉命當加阻止、並婉詞勸止、該部日軍堅不接受勸告、當即全部下車、成散兵線、將廊坊車站佔據、並積極構築工事、雙方即形成對峙狀態、至念六日晨零時卅分、該部日軍突由車站用機關槍向我軍防地掃射我方因事前未作準備、傷亡十數名、乃一面向上官請示、一面準備應付、形勢極嚴重、是時日軍仍每隔數分鐘、即以機關槍掃射、約二十分鐘、掃射槍聲極密、同時有日軍鋼甲車一輛、開至我軍防地附近、用榴射礮數十餘發、我軍迄未還擊、直至二十六日晨二時半始應戰、是時津日軍六十餘名、乘載重大汽車三輛、由津過武清開抵廊坊增援、雙方對峙、至二十六日晨五時、廊坊上空忽有由東北方飛來日偵察機一架、低飛偵察、約十五分鐘始飛返、五時十五分即有日轟炸機四架飛抵廊坊上空、向我軍營房投炸彈達五十餘枚、我方損失極重、同時據守車站內日軍三百、餘人向我猛烈攻擊因電話已不通、我前方部隊祇得沉着應戰、堅守原防日軍迄未得逞、五時念分復有日軍兵車一列、上載日兵三百餘名、鐵甲車三輛、大砲十門、由津開抵廊坊、五時念五分有由津新站開來日兵車一列、上載日軍一千四百餘名、亦開抵廊坊、下車增援、日方轟炸機四架亦於五時卅五分飛去、六時十分日轟炸機四架、又飛來擲彈數十枚我軍以僅一小部、日軍大批援軍到達共達二千餘名、且我軍因日軍轟炸及猛攻、已傷亡甚重、我軍乃退出營房在廊坊北寧路鐵道南北高粱地內佈防、十時念分、又有日偵察機轟炸機、混合隊十七架、飛抵廊坊我軍防地及廊坊附近擲彈、同時日軍仍向我猛攻、附近人民避於高粱地內、但結果我軍民傷亡達千人情形極慘、截至下午一時許、我軍漸向廊坊西北方集中、逐步與敵軍相峙中、另悉已有一部日軍向黄村方面進襲、因交通中斷、詳情不明、

## 一日機大肆轟炸一

（北平廿六日上午九時另五分電）日軍藉口保護廊坊軍用電線、廿五日夜十一時半由楊村派百餘人乘鐵甲車赴廊坊、欲在該地下車駐守、並擬佔用廿九軍營房、一部廿九軍卅八師駐廊坊部隊嚴阻、日軍遂開機槍掃射、雙方激戰澈夜、廿六日晨五時、日機五架、飛廊坊轟炸廿九軍營房及前方部隊、我軍傷亡慘重、迄晨九時雙方仍在相持中、日軍七時由津增援、將廊坊車站佔據、張自忠廿五日晚由津到平、廿六日晨與宋哲元、秦德純、張允榮晤商

應付辦法、向平日軍方面提出質問、日方態度强硬、形勢惡化、

（北平廿六日下午一時十分電）中日軍在廊坊激戰、至廿六日午十時許、日轟炸機十七架、先後飛廊坊向我軍猛烈轟炸、我軍傷亡慘重、我該地駐軍僅卅八師劉振山旅兩營、日軍前後增援約二千人、我以少數之部隊、刻仍與其周旋中、

（天津念六日電）日飛機七架、念六日在廊坊車站附近投彈念餘枚、幸車站無恙、又在我駐軍營房一帶投彈卅餘枚、損失甚重、

## 居民傷亡甚多

（北平二十六日上午十一時電）日軍百餘、乘鐵甲車於二十五日夜十一時半由楊村開抵廊坊後、即擬下車駐守該地、經我駐軍三十八師張自忠部旅長劉振山勸阻無效、日軍於二十六日晨〇時廿分遂向我廊坊車站駐軍以機槍掃射、並開炮向我轟擊、旋以鐵甲車向車站直衝、我駐軍因奉令不准還擊、日軍遂將車站佔領、至二十六日晨二時半、我軍以日軍攻擊益猛、不得已乃開鎗還擊、一時戰事頗爲激烈、附近居民、聞聲恐惶異常、楊村原駐日軍二百餘名、二十五日下午七時、由津開到百五十名、即在該地構築工事、同時於二十五日下午七時日兵六十餘名乘載重汽車三輛、沿平津公路、由津開往武清、因城門關閉、該部日軍遂於二十六日晨二時開至廊坊增援、二十六日晨五時許、日兵車一列、鐵甲車七輛上載大炮十門、兵三百餘名開廊坊、旋又有兵車一列、載兵一千四百餘人、亦開廊增援、二十六日晨五時後、戰事更趨激烈、旋有日偵察機一架、偕轟炸機四架、飛廊向我軍猛烈轟炸、損失頗大、附近居民、傷亡亦甚衆、聞津公安局長李文田、奉命在津與日軍部交涉、迄無結果、

由津赴廊坊、下午二時許抵達、視察後搭原專車於下午五時許抵津、當即分別復命、據悉、目前雙方已停止射擊、日軍二十六日晨開到三千餘人增援、並以飛機七架投彈轟炸、故我軍退入廊坊附近鐵路以南二里許之青紗幃內、以避其鋒、日方現已將車站及附近佔據、但午後雙方已無衝突、據關係當局稱、二十六日雙方所派之調查人員、第一步制止射擊、已告段落、第二步善後問題、即如何使日方不再擴大軍事行動、目前正在折衝中、又廊坊此間電話中斷、消息傳遞不靈、此間當局正在設法謀取得聯絡云、

（天津二十六日電）廊坊二十六日午後無大衝突、但日方仍不斷開鎗、津市府祕書長馬彥翀、警察局長李文田、二十六日晚與日軍部參謀塚田茂川等、會商善後事宜、我方要求日軍撤退、恢復原來狀態、但此事須待於折衝云、

## 日軍積極增援

（天津念六日電）日軍在廊坊挑釁與我駐軍發生衝突後、此間日軍已有大批開到增援、計晨三時許有鐵甲車兩列、旋又有鐵甲車一列、載士兵百餘名、晨四時有士兵八百餘名、六時半又有鐵甲車一列、士兵百餘名、均由津沿北寧路開廊坊、

（天津二十六日電）時局顯然愈感緊張、日軍廿六日晨繼續開至廊坊增援、計（一）念六日晨七時十分專車一列（二）念六日晨九時半專車一列．士兵數百名、（三）念六日晨九時四十分、由東北到天津之華工約五百餘名、由津專車開廊坊、

（天津念六日電）此間中日當局、對廊坊事件、決設法和平解決、念六日晨日駐屯

## 昨晨戰事暫停

（天津廿六日電）廊坊中日軍衝突至廿六日晨十時、已漸停止、據官方稱、廿六日晨零時卅分、有日軍二百餘人係屬第三師團部隊、由津門到廊坊、據云、係修理保護附近電線當即下車、查廊坊駐有我軍卅八師劉振山部一團、旅部亦設在該處、均在鐵道以北、爲避免發生誤會起見、當通知日軍如下車請開往鐵道以南但日軍竟不聽勸阻、仍結隊向我駐軍地帶開行、並用機槍向我軍掃射、當即發生衝突、至二時許稍停四時許戰事續作、迄十時始止、念六日晨八時以後、天津至廊坊間長途電話中斷、故午間情形如何、此間無從得悉、

## 雙方派員調查

（天津二十六日電）廊坊衝突、二十六日午前停止後、此間中日雙方所派之前往調查人員計三十八師參謀李少韓、警察局祕書嚴寒梅、及日軍部特務機關長茂川及小林等、於二十六日午

軍參謀塚田、機關特務長茂川等、赴市府訪祕書長馬彥翀、警察局長兼卅八師副師長李文田等協商一切、雙方均表示不願事態擴大、當決定由雙方派員到廊坊調查眞相、並制止衝突計、我方派卅八師參謀劉爾韓、市府祕書盧南生、日方派茂川及小林、於十一時半由津乘專車赴廊坊、第一步制止繼續開槍、恢復平津交通、俾事態可以平息、另聞日軍於念六日晨、派機十餘架飛廊坊並投硫磺彈、附近頗多損失、但現在依然有大批軍隊開往增援、前途似難樂觀云、

（天津念六日電）念六日下午二時半、由榆抵津日兵車一列、士兵共四百餘名、停於新站、同時日軍鐵甲車一列及大批載重車、由津開廊坊、

## 天津異常緊張

（天津二十六日電）此間自廊坊衝突情形傳到後、全市異常緊張、二十六晨日軍調動甚忙、由唐榆等地到津之日兵在三千人以上、由津開至廊坊之日軍、亦在一千至二千之間、二十六日午有日騎兵一百餘名步兵一百二十餘名大砲七門開到海光寺中日中學駐守東總西三車站所有調動所及閘樓均有日兵若干名前往監視車站行人往來皆受限制、此間當局、在各衝要路亦分別嚴加戒備、各機關門禁亦加緊蓋二十六日晨、有日兵十餘人前往警察局欲見局長李文田、適李不在、被勸回、事後據日方稱、彼等赴警察局係保護日顧問小林云、今日盛傳有某方便衣隊百餘名、潛於各地、故人心極爲恐慌、

（天津二十六日電）此間人心極爲緊張、全市戒備甚嚴、日軍二十六日晚八時起、在日租界須磨街宮島街明石街一帶演習巷戰、尤使人民飽受虛驚、

## 我軍集中黃村

（北平念六日電）廊坊我駐軍於廿六日午十一時許集中黃村、現在前方戰事已停、張自忠與松井等在平開始交涉、日方態度强硬、預料恐無若何結果、

（天津念六日電）據津日軍部今晨十時發表公報稱、廊坊華軍、經日軍猛烈反攻、日機轟炸之後、業已敗退、現正向黃村退卻、廊坊車站、已於今晨八時半爲日軍所攻佔

——摘自《上海商报》，1937 年 7 月 27 日

## 藉口保護軍用電線

# 日軍佔廊坊車站

## 日機猛烈轟炸我軍民傷亡達千人

◎北平二十六日上午九時零五分中央社電、日軍藉口保護廊坊軍用電線、二十五日夜十一時半由楊村派百餘人乘鐵甲車赴廊坊、欲在該地下車駐守、並擬佔用廿九軍營房、一部廿九軍三十八師駐廊坊部隊嚴阻、日軍遽開機鎗掃射、雙方激戰徹夜、廿六日晨五時日機五架、飛廊坊轟炸廿九軍營房及前方部隊、我軍傷亡慘重、迄晨九時、雙方仍在相持中、日軍七時由津增援、將廊坊車站佔據、北寧路車停開、平津電話已不通、張自忠廿五日晚由津到平、廿六日晨與宋哲元・秦德純・張允榮・晤商應（本文未完轉入第八版）

# 日機轟炸廊坊

付辦法、向平日軍方面提出質問、日方態度强硬、形勢惡化、

## 激烈抗戰

◎北平二十六日上午八時四十五分中央社電、廊坊中日軍廿五日激戰竟夜、廿六日晨五時、日機五架轟炸廊坊、廿九軍兵營損害慘重、雙方刻仍相持中、廊坊車站被佔、北寧車停開、平津電話已斷、

## 日機猛轟

◎北平廿六日下午一時十分中央社電、中日軍在廊坊激戰至廿六日午、十時許、日轟炸機十七架、先後飛廊坊向我軍猛烈轟炸、我軍傷亡慘重、我該地駐軍、僅三十八師劉振山旅兩營、日軍前後增援約二千人、我以少數之部隊、刻仍與其周旋中、

## 炸我營房

◎東京廿六日中央社路透電、據此間今晨所接報告、華北前線軍隊已復開火、其地點爲平津間中點之廊坊，迄今中日雙方尚在激戰之中云、又電稱日飛機一隊、今晨轟炸廊坊之中國軍隊營房、

## 日增援軍

◎天津二十六日中央社電、時局顯然愈感緊張、日軍廿六日晨繼續開至廊坊增援、計㈠廿六日晨七時十分專車一列、兵二百餘、㈡廿六日晨九時半專車一列、士兵數百名、㈢廿六日晨九時四十分、由東北到天津之華工約五百餘名、由津專車開廊坊、◎天津廿六日中央社電、日軍在廊坊挑釁與我駐軍發生衝突後、此間日軍已

（接第六版）

有大批開到增援、計晨三時許有鐵甲車兩列、旋又有鐵甲車一列，載士兵百餘名、晨四時有士兵八百餘名、六時半又有鐵甲車一列、士兵百餘名、均由津沿北寧路開廊坊，又電、廿六日下午二時半、由楡抵津日兵車一列，士兵共四百餘名，停於新站、同時日軍鐵甲車一列及大批載重車、由津開廊坊、

## 十時停戰

◎天津廿六日中央社電、廊坊中日軍衝突至二十六日晨十時、已漸停止、據官方稱，廿六日晨零時三十分、有日軍二百餘人、係屬第三師團部隊、由津開到廊坊、據云、係修理保護附近電線、當即下車、查廊坊駐有我軍三十八師劉振山部一團、旅部亦設在該處、均在鐵道以北、爲避免發生誤會起見、當通知日軍、如下車請開往鐵道以南、但日軍竟不聽勸阻、仍結隊向我駐軍地帶開行、並用機槍我向軍掃射、當即發生衝突、至二時許稍停、四時許戰事續作、迄十時始止、廿六日晨八時以後、天津至廊坊間長途電話中斷、故午間情形如何、此間無從得悉、

## 居民傷亡

◎北平二十六日上午十一時中央社電、日軍百餘、乘鐵甲車於廿五日夜十一時半由楊村開抵廊坊後、即擬下車駐守該地、經我駐軍三十八師張自忠部旅長劉振山勸阻無效、日軍於廿六日晨零時三十分遂向我廊坊車站駐軍以機鎗掃射、並開砲向我轟擊、旋以鐵甲車向車站直衝、我駐軍因奉令不准還擊、日軍遂將車站佔領、至廿

六日晨二時半、我軍以日軍攻擊益猛、不得已乃開鎗還擊、一時戰事頗爲激烈、附近居民、聞聲恐惶異常、楊村原駐日軍二百餘名、廿五日下午七時、由津開到百五十名、即在該地構築工事、同時於廿五日下午七時日兵六十餘名、乘載重汽車三輛、沿平津公路、由津開往武清、因城門關閉、該部日軍、遂於廿六日晨二時開至廊坊增援、廿六日晨五時許、日兵車一列、鐵甲車七輛、上載大砲十門、兵三百餘名抵廊、旋又有兵車一列載兵一千四百餘名亦開廊增援、廿六日晨五時後、戰事更趨激烈、旋有日偵察機一架、偕轟炸機四架、飛廊向我軍猛烈轟炸、損失頗大、附近居民、傷亡亦甚衆、聞津公安局長李文田、奉命在津與日軍部交涉、迄無結果

——摘自《时报》（上海），1937 年 7 月 27 日

## 日機肆虐 投毒氣彈

平廿七日下午五時四十四分電；今午日機一架飛盧溝橋擲兩彈、一爆炸、一未爆炸、經人檢拾、認係毒氣彈、又同時衙門口方面日機亦飛往擲兩彈　均爆炸、死傷未明、

又下午六時十五分電．日機三架於今晨五時半、六時、八時半、先後飛平市上空偵察、約半小時、均向東南方飛去、下午六時復有七架飛平偵察一週而去．

鄭州廿七日電；昨日下午四時四十分又有日機一架由東飛抵鄭偵察一週、旋向東北飛去、當日下午洛陽子義亦發現日機、在高空偵察．

西安廿七日電；據消南來人談、昨晨十時日機一架飛至南渭南車　及縣城一帶高空偵察、盤旋兩淍東去．

——摘自《广西日报》（桂林），1937 年 7 月 28 日

# 日軍在津屠殺同胞

天津電：日軍部派許多人在津市街上散放流謬傳單，中國人民憤恨已極，當時有一人把傳单撕碎，日本軍將該人扣留，押赴日租界，立即槍决，日寇的殘暴行動已是达到極点了。

* * * * * *

——摘自《新中华报》（延安），1937年7月29日

# 敵機大肆轟炸 華界精華已盡

▲天津二十九日下午五時十分電　日機二十九日在津大舉轟炸、無辜市民遭難者、目前雖無法統計、但衆信至少亦在一二千之間、東車站因燃燒彈擲下起火、當未滅熄、而總站又繼之、據日軍部二十九日向外國新聞界稱、日飛機所轟炸之地方、包括市府警察局保安司令部、南開大學、總東兩車站、寧園、並謂此皆爲『抗日集會地方』云、

▲天津二十九日下午二時四十五分電　二十九日午後日機在津市上空盤旋者達十架以上、大肆投彈、現聞正午金鋼橋市政府、東浮橋警察局、河北中山公園均中彈被炸、東車站河北郵務管理局對過臺賢旅館已起火、郵局遷英租界辦公、

▲天津、午四時十六分電　日空軍在津作戰計劃、係輪流以飛機八架轟炸、截至二十九日下午四時止、已有十餘處遭硫磺彈投擲後、發生大火、全市空際烟雲圍繞、各街市無辜人民之被炸而死者、觸目皆是、尤以河北大馬路及東馬路等地爲甚、街上屍骨横陳、爲狀極慘、

▲天津二十九日下午五時〇五分　津全市電話交通幾已至中斷狀態、蓋日機二十九日午後投擲炸彈、電話二局五局及六局均已被炸毁、二五局適在閘口地方、刻已全部被焚云、

——摘自《上海报》，1937年7月30日

# AIR RAID SPREADS RUIN IN TIENTSIN AS CHINESE BATTLE WITH JAPANESE; GARRISON IS TRAPPED NEAR PEIPING

## HUMAN TOLL HEAVY

### Chinese Say Thousands Are Dead in Tientsin From Air Bombs

## MANY BUILDINGS WRECKED

### University, Municipal Structures, Rail Stations Blown to Pieces in Attack

## JAPANESE IN DIFFICULTY

### Taken by Surprise, They Are in Danger of Still Fiercer Onslaught From Foes

By The Associated Press.

TIENTSIN, China, Friday, July 30.—The heaviest planes in Japan's North China army systematically and unhurriedly devastated yesterday a large area of this city, China's second largest trade and commercial metropolis. Chinese officers declared "thousands of noncombatant men, women and children were killed or wounded."

Resisted only by hopeless rifle and machine-gun fire, the planes carried out the announced determination of Japanese leaders to wipe out all Tientsin areas harboring Chinese troops hostile to them.

When darkness ended what was believed to be the most destructive and longest aerial bombardment ever undertaken by Japanese Army fliers, the unscathed foreign concessions were ringed by smoke clouds rising from the city's Chinese quarters.

**Buildings Smolder in Ruins**

Nankai University, one of China's foremost seats of learning not supported by foreigners; Tientsin's municipal headquarters, the Tax Bureau, the Peiping-Mukden and Tientsin-Pukow Railway administration buildings, customs offices, freight yards and warehouses were smoldering ruins.

Shortly before last midnight fighting still was in progress for the East Station, nerve center of the North China railway system and key point in the military situation here. Japanese and Chinese infantry battled fiercely in the flickering light of a huge blaze in the freight yards, set by a Japanese air bomb.

The Japanese were holding the station proper, surrounded by Chinese. Other areas around Tientsin were reported quieter.

During the bombing the lives of hundreds of Americans and other foreigners were in constant danger. Many of them remained huddled in foreign concession cellars during the hail of steel and explosives.

[United States Consul-General John K. Caldwell reported to the State Department that so far as he knew, up to 5 P. M. (5 A. M. yesterday in New York), no Americans had been injured.]

The United States Fifteenth Infantry, with half of its strength in Summer camp at Chinwangtao, on the coast northeast of here, took up its duty of protecting American lives and property outside the foreign concessions.

**Shelter for Americans**

Because most American residents live in the British and French concessions, the troops combined with British forces in a protective cordon around the British concession, and United States authorities urged all their nationals to seek shelter in those areas.

[United States registration lists number 750 American officers and men, 223 military personnel and dependents and 403 civilians in Tientsin. Most of the $25,000,000 of American investments in the Tientsin-Peiping area are in Tientsin.]

The Japanese high command "regretted being forced to take these extreme measures because the areas are harboring Chinese troops." The Japanese officers said they were compelled to protect 10,000 Japanese residents in Tientsin.

Lieut. Gen. Kiyoshi Katsuki, commander of the Japanese North China army, declared the bombardment was in keeping with the Boxer protocol, which, he said, prohibited Chinese troops from being stationed within two miles of the city.

The Chinese, nevertheless, clung resolutely to positions they seized when soldiers identified as belonging to three of their armies—the Twenty-sixth, Twenty-ninth and

**Continued on Page Two**

# Japanese Rain Bombs on Tientsin After Surprise Attack by Chinese

Continued From Page One

Fortieth—struck simultaneously in the early morning on a broad front, with Tientsin as the pivot.

**Fighting Extends to Sea**

Fighting extended from here to the sea at Tangku, this city's port twenty miles westward, and to Fengtai, Japanese field headquarters south of Peiping. The swift, sudden Chinese attack won three key railroad stations in this city, base of the Japanese forces, and gained a foothold in the Japanese concession. Tientsin was the center of fighting on a ninety-five-mile front.

Fighting raged through the city's streets. Chinese rifles and slashing broadswords took heavy toll of the Japanese infantry, and superior Japanese weapons in turn inflicted fierce punishment on the Chinese. All yesterday afternoon Tientsin's million Chinese inhabitants swarmed to rooftops, jammed the streets or peeped furtively through shuttered windows, sullenly watching and hearing the Japanese blow up parts of their city.

The surprise Chinese attacks threw the Japanese organization into confusion and almost succeeded in controlling important strategical positions.

Besides the main centers, the British Asiatic Petroleum Company's property on the outskirts, the bridges connecting the international area and the Chinese city, and several native villages in Tientsin's environs were aflame. The heaviest bombardments were in areas densely populated by Chinese.

### Coup Is Laid to Feng

Marshal Feng Yu-hsiang, the so-called Christian General, was reported to have planned the Tientsin coup by the Twenty-sixth and Fortieth Armies, while units of the Twenty-ninth created a diversion on the Tientsin-Peiping railroad. Many of the Chinese troops slipped into the Japanese Concession in civilian clothes and were at pre-arranged stations when the signal for attack was given. Later, the Chinese attack became general.

It was the Chinese Twenty-sixth and Fortieth Armies, composed of units formerly commanded by Marshal Feng in his numerous campaigns, that attacked the Japanese positions at Tientsin's three railway stations, the Japanese barracks and airdrome.

Many of the units of the two armies, which are based on Paoting, about seventy miles southwest of Tientsin, had sifted into the area individually, dressed in civilian clothes. They were in place in the Japanese concession when the signal for the attack was given.

Concentrating rapidly on designated positions, they disrupted the Japanese morale by sniping and hand-grenade attacks on the Japanese almost from within the enemy's ranks. So surprising and so vicious was the Chinese attack on the railway stations that the Japanese fell back almost without firing a shot. Many of the Japanese even turned and ran across the international bridge.

International guards immediately threw up barricades of sandbags and barbed wire and manned machine guns behind them to protect residents of the foreign concession.

### Rail Buildings Bombed First

The first target of the Japanese air raiders in the city was the huge administration buildings of the Peiping-Mukden railroad. The great bombers droned low, dropping their tons of explosives. Then, majestically circling, they came again and again, bombing new targets each time.

Soon the Eastern Railway station was enveloped in flames and only a few moments later Tientsin's City Hall was blasted afire. The air attack was the signal for Japanese ground troops to drive against the Chinese concentrations at barricades in widely separated sections of the city. Artillery was rushed into place and both sides began shelling.

From their emplacements near Nankai University the Chinese artillery was hurling salvo after salvo of projectiles into the heart of the Japanese Concession.

Known foreign casualties in the street fighting up to mid-afternoon were one French colonial soldier and one Italian soldier killed and a Chinese officer of the British constabulary wounded.

### Shell Falls in British Area

One shell fell into the British municipal workshop enclosure, next to the barracks of the Lancashire Fusiliers, the British detachment, but failed to explode.

Mr. Caldwell, the United States Consul General, and his British and Belgian colleagues throughout the day tried to mediate between the Chinese and Japanese to save Tientsin from further destruction, but without any apparent success.

At Taku shore batteries fired on Japanese destroyers and the Japanese answered with infantry and artillery attacks on the Chinese waterfront positions.

The foreign troops number over 5,000, including the soldiers of the

Times Wide World

**LEADS CHINESE ATTACK**

General Feng Yu-hsiang

Fifteenth United States Infantry, 500 British Lancashire Fusiliers, 1,200 French colonials and 3,400 Italian marines. Supporting the regulars are 120 British volunteers. Americans have been organized into defense units and have been drilling for days.

**Says Chinese Ask for Truce**

SHANGHAI, Friday, July 30 (AP).—A Domei (Japanese) news agency dispatch from Tientsin said today that Chinese at Tientsin had proposed an armistice in Sino-Japanese hostilities and that the Japanese had not replied.

**Japanese Version of Fighting**

By HUGH BYAS

Wireless to THE NEW YORK TIMES.

TOKYO, Friday, July 30.—After much savage street-fighting in Tientsin, Japanese aircraft and artillery bombed and shelled six bases of Chinese troops in Tientsin yesterday afternoon, according to Japanese advices. The City Hall, the East Station and the British Asiatic Petroleum Company's premises were set afire.

The oil company building was fired, it is alleged, by Chinese in bombarding the East Station with trench mortars. The Japanese Consul General at Tientsin reported that before the bombardment began all measures had been taken to insure the safety of foreigners' lives and property.

Fighting began at 2 o'clock yesterday morning, when Chinese are said to have attacked the Japanese concession and airfield. According to a report from the Japanese Consul General, heavy firing began at 2 o'clock and a projectile dropped on a Japanese shop.

At 2:50 A. M. Chinese with machine guns attacked a Japanese military warehouse. At 3:30 a policeman in the consulate was struck by bullets coming through a window. Policemen and volunteers called out the guard of the Japanese concession, within which shells were exploded. At 5 o'clock Japanese scout airplanes fired with machine guns on Chinese troops. Finally, Japanese military authorities in the afternoon attempted to bombard the places where Chinese troops were concentrated.

Press reports added that the Chinese had been silenced by 10:20 A. M., but that many remnants were in various parts of the city and the Japanese were determined to drive them out before night. The six bases bombed were the City and East Stations, the headquarters of the Peace Preservation Corps, the Chinese garrison headquarters, the City Hall and the Taku mill.

Japanese naval and military forces were also engaged in an effort to clear the port of Taku of all Chinese troops. Reports stated that on Wednesday night the Chinese fired trench mortars at a Japanese steamer navigating the Pei River. Yesterday morning the cruiser Fuji was similarly attacked. After warning all shipping the Japanese began combined naval and military operations against the Chinese.

Chinese troops in Tientsin again started firing at the Japanese at 12:35 A. M. today, the newspaper Asahi reported.

The Domei news agency represents the fighting as a Chinese attempt to recapture the Japanese concession. Many Chinese soldiers, according to this account, were found trying to get through the Japanese lines at various points and the Japanese strengthened their guards. The Domei agency said that at 6 A. M. today the Tientsin area was quiet.

——摘自《纽约时报》（The New York Times），1937 年 7 月 30 日

# 日機再轟炸南開 大學中學均起火

【天津卅日中央社電】卅日下午三時，日機四架，繼續向南開中學投燃燒彈，現火燄甚熾，同時日砲隊，刻亦自海光寺向南開大學射擊，共中四彈，該院圖書館後，亦起火。

【天津卅日中央社電】日機二架，卅日下午三時許，又到南開中學投擲數彈，損失尚不詳。

【天津卅日下午六時四十五分中央社電】兩日來日機投彈，慘炸各處，而全城視線，猶注視於八里台南開大學之烟火。緣日方因廿九日之轟炸，僅及二三處大樓，爲全部毀滅計，乃于卅日下午三時許，日方派騎兵百餘名，汽車數輛，滿載煤油，到處放火。秀山堂，思源堂，（上爲二大廈均係該校之課堂）圖書館，教授宿舍，及鄰近民房，盡在火烟之中，烟頭十餘處，紅黑相接黑白相間，烟雲蔽天，翹首觀火者。皆嗟歎不已！

——摘自《神州日报》（上海），1937 年 7 月 31 日

## 津南開大中學

# 昨仍燃燒中

### 張伯苓談決樹立新生命 已在京成立南開辦事處

【天津三十日下午六時電】全城視線，注視於八里台南開大學之烟火。三十日下午三時許，日騎兵百餘名，乘汽車數輛前往，該校秀山堂，圖書館，教授宿舍，及隣近民房，盡在火烟之中，烟頭十餘處紅黑相接，烟雲蔽天，翹首觀火者，皆嗟歎不已55【南京三十日電】天津南開學校，經已故創辦人嚴修及現任校長張伯苓，四十年來慘澹經營，至今計成立大學，男女中學，小學四部，學生合計達三千餘人。其大學中學兩部，竟於昨今兩日被炸毀，南京教育學術界人士，除教育部部長王世杰，三十日晨曾親訪張氏致深切之慰問外，該校留京各校友，亦均紛紛前往向張氏表示對母校極關切之意。記者三十日下午，亦曾往訪，當承接見。張氏首對各方紛致慰問，表示感謝。次謂：此次南開學校被炸，所燬者爲南開之物質，而南開之精神，將因此挫折，而愈益奮勵，故本人對於此次南開物質上所遭受之損失，絕不掛懷，更當本創校一貫精神，而重爲南開樹立一新生命，本人惟有憑此種精神，絕不稍餒，深信於短期內，不難建立一新的規模。現已在京成立南開辦事處，對於下期開校一切事宜正從事籌劃中等語。張談時態度極嚴肅而意志之堅强不屈，可於其目光與談話姿勢中，充分表現。記者致慰問詞後，即興辭而出。按：張氏創辦南開學校，已近四十年，最初成立中學部，嗣後相繼續增設大學部，女中部，及小學部，以成績優良，深得海內外，及政府社會人士之贊助。該校各部每年經費，大部係由教育部津貼，及各方捐助，當創辦時，學生僅六人，現已達三千餘人，原有校舍僅數間平房，近則大小已增至數十所，該校大學部除文理商學院外，並有南開經濟研究所，及南開化學試驗所，均聞名全國，尤以經濟研究所發行之各種刊物及物價指數等，在國內外經濟學界深有聲譽。

——摘自《世界日报》（北京），1937 年 7 月 31 日

日軍繼續大肆轟炸

# 天津市糜爛不堪

## 文化遭摧殘人民遭殺戮幼童屍體滿街

## 意租界拒絕難民避入法租界人滿爲患

（中央社天津卅日電）日機廿九日在津大肆轟炸後、有大批難民約千餘人、至特二區、擬入意租界避難、但遭拒絕、此千餘人遂在特二區大安街露宿終宵、至今晨始陸續經意租界特三區越萬國橋而至法租界、今晨法界各處人滿、街上行人益多率皆無處可奔者、按法租界已宣佈不准日軍通過、今晨河北東門路一帶、隨地皆有屍骨暴露、幼童尤多、更有因傷重奄奄待斃者、爲狀至慘、據聞當昨日日機出動時、先投硫磺彈、使房舍燃燒、人民乃四出狂奔、日機遂低飛、以機關鎗掃射、無辜市民、多因此遭難、此外各機關住宅被炸、人民死傷者、亦無從計算云、

## 日兵放火 焚燬南大

（中央社天津卅日下午六時四十五分電）日方因廿九日之轟炸、僅及二三處大樓、爲全部毀滅計、乃于卅日下午三時許、派騎兵百餘名、汽車數輛、滿載煤油、到處放火、秀山堂思源堂（以上爲二大厦）、均係南開大學之課堂）、圖書館教授宿舍、及隣近民房、盡在火烟之中，烟頭十餘處、紅黑相接、黑白相間、烟雲蔽天翹首觀火者、皆嗟歎不已、

## 特二三區 均遭佔據

（中央社天津三十日電）日軍百餘人、卅日下午五時許、又將特二區完全發據、並在各馬路派兵値崗、居民極爲恐慌云、（又電）日軍卅日已將特三區完全佔據、並將所有東車站附近居民驅逐、同時並有日鮮人在特區搜查行人、又聞河北大馬路有難民千餘人、露宿街頭、秩序極紊亂云、

## 日[illegible]續又 砲轟南市

（中央社天津卅日下午五時五十五分電）日軍據日租界東南城角日警察分所高樓、卅日下午四時許、以大砲向河北及南市一帶射擊、大經路商店住戶、中砲者多處、公園後敎會亦起火、又津警察局卅日下午四時、又被日機轟炸、同時並有彈砲十餘枚、自東南城角日租界估米、均擊中樓頂、

——摘自《港报》，1937 年 7 月 31 日

### 四十年慘淡經營

## 南開學校全部炸燬

### 張伯苓表示短期內建立新規模

▲南京三十日電 天津南開大學經已故創辦人嚴範孫先生、及現任校長張伯苓博士、四十年來慘淡經營、至今計成立大學、男女中學、小學四部、學生合計達三千餘人、其大學中學兩部、竟於昨今兩日被日軍仇視、以飛機大砲炸燬、中外人士、莫不震憤、本京教育學術界人士、除教育部王部長三十日晨曾親訪張氏致深切之慰問外、該校留京各校友、亦均紛紛前往向張氏表示對母校極關切之意、記者三十日下午亦曾往訪、當承接見、張氏首對各方致慰問表示感謝、次謂敵人此次轟炸南開、被燬者爲南開之物質、而南開之精神、將因此挫折而愈益奮勵、故本人對於此次南開物質上所遭受之損失、絕不掛懷、更當本創校一貫精神、而重爲南開樹立一新生命、本人惟有憑此種精神、絕不稍餒、深信於短期內不難建立一新的規模、現已在京成立南開辦事處、對於下期開學一切事宜、正趕事籌劃中云、

——摘自《上海报》，1937 年 7 月 31 日

## 津市一片瓦礫場
## 日軍在各街立崗

【南京卅日中央社電】京中關係方面據報，津東馬路北馬路，三十日亦由日兵佔據，沿街派兵偵崗，遇有行人即開槍射擊，無辜市民遭慘殺者無算，河北一帶，兩日來被炸地方無數，北寧路局舊房所全部被焚，造幣廠地方法院亦起火市府後樓幾片瓦無存，津浦電台暨警察所亦全毀。此外被炸者計有擇仁里，心田西里，慶記東里，民德學校，李公祠等處，（按各處均在南開中學附近）均被炸。

【天津卅日下午九時卅七分中央社電】津警察局前面之東浮橋，卅日下午五時亦被日機投彈，橋身被炸一孔，但車馬行人無阻。

——摘自《神州日报》（上海），1937 年 7 月 31 日

# 津日軍四出縱火
# 以機槍掃射難民

【南京卅日中央社電】關係方面據報：日軍三十日下午七時許，又將河北及城內各處佔據，除沿街派兵備崗外，並有日兵多人，以煤油沿元緯路保安司令部一帶縱火延燒甚廣。當居民逃出時，日軍復以機關鎗掃射，屍骨橫陳於途，其行為之殘酷，令人髮指！電話六局，二十九日已修復通話，三十日晚因此又中斷，現在各地難民絡繹於途，投奔英法租界而來，多有行經東馬路一帶，被日軍機關鎗掃射而亡者。又河東郭莊子三十日午，亦遭日軍燃燒後，掃射，無辜市民死於非命者甚多。

【南京三十日中央社電】關係方面據報三十日晨天津大雨，特三區河沿難民大半為婦女幼童，冒雨沿河蟻行，厥狀甚慘！又河北總站員工，一批由日方車送至法租界交通銀行前下車，該員工等或手攜揚旗，或手提油壺，仍不忘職守也。

【天津卅日中央社路透電】今日午後日方轟炸機又大活動，對南開大學之未毀部分，及天津城西北各處，大肆攻擊。城西教育區域，旋起大火，南開女校與中學，開皆被燬。據避難華人云：中國法院等悉遭日機炸毀，日機去後，街中死屍枕藉，南開大學係鋼骨水泥築成，故雖遭轟炸，並未着火，日方乃派兵攜煤油燃之。日兵又攜油分赴附近各村，從事縱火工作，日當局藉口華兵在該處屢向日方射擊，乃以此為今日日機活動之理由。有若干外人，午後赴南開視察，在該處除日兵外，不見一人。而日兵則以機關槍向之，城內軍警，自遭轟炸後，業已絕跡，致匪徒橫行，民衆愈形惶恐。第三特區保安隊現已退出，故全由日兵佔據，惟第二特區尚有保安隊，今晚日當局恐華兵反攻，惴惴不安，午後五時有日兵二人，由第一特區南面之紗廠區域，乘自行車向英租界馳來，但被英租界之警察所阻，日兵乃下車，取毛瑟槍向空開放，此事引起惶擾，英兵乃調出，並設置障礙物，實施戒備。

——摘自《神州日报》（上海），1937 年 7 月 31 日

# CHINESE ROUTED BY JAPANESE IN DISTRICT 100 MILES WIDE; TIENTSIN UPRISING CRUSHED

## Japanese Win Marco Polo Bridge And Railway Center Near Peiping

### Chinese Unable to Stand Against Tanks, Artillery and Airplanes —Killing of Civilians in Tungchow Uprising Admitted— Americans Rescue Wounded at Nanyuan Barracks

By A. T. STEELE

Wireless to THE NEW YORK TIMES.

PEIPING, Saturday, July 31.—Japan's mechanized army, led by fifty tanks and supported by heavy artillery, broke down the last resistance of General Sung Cheh-yuan's vaunted Thirty-seventh Division, captured Marco Polo Bridge and marched almost unresisted into Changsintien, a strategic railway center twenty miles southwest of Peiping yesterday.

By this manoeuvre the Japanese removed the last serious threat of a Chinese attack on Peiping.

With another newspaperman I was the first foreigner to cross Marco Polo Bridge after the Japanese occupation.

Wanping, a walled village at the east bridgehead, where the first shots were fired in North China's undeclared war, is a shambles. Japanese big guns, clearing the way for the Japanese expeditionary force that was brought from the Great Wall yesterday, shattered the massive gateways, perforated the walls and destroyed scores of buildings within and without.

A Japanese flag fluttered triumphantly over the village's entrance. Inside the streets were deserted except for a few old men and women who carried improvised Japanese flags as they went about their business.

Despite the terrific bombardment the Marco Polo Bridge, which is built of massive stone slabs, is virtually intact, though it is badly scarred.

At a wayside teahouse villagers told me the Chinese garrison retreated during the night under the shelling and that Japanese troops entered the town at 10 o'clock yesterday morning, their tanks leading the way and spitting machine-gun bullets which pockmarked walls the entire length of the main street.

Because there was no hand-to-hand fighting the casualties were

Continued on Page Two

# CHINESE DEFEATED IN BIG NORTH AREA

Continued From Page One

those portions of the Nankai buildings not destroyed from the air have been set afire anew by Japanese soldiers using kerosene.

Taku, a large village on the south bank of the Pei River at its mouth, was destroyed yesterday afternoon in an attack by Japanese tanks sent from Tientsin. Simultaneously the Chinese position at Tangku on the north bank was destroyed by shells from Japanese destroyers.

At Tangku the Chinese gunboat Haiyen, moored at a pier, was captured without resistance by a Japanese armored launch, ending China's naval representation in the Gulf of Chihli.

**Search Made for Snipers**

Occasional sniping continues in the East Station area, but there and in the Chinese city south of the river Japanese soldiers are making a house-to-house search for arms and snipers. The Japanese Army spokesman said there probably would be many skirmishes in the whole Peiping-Tientsin area for four or five days but that all remaining forces of the Twenty-ninth Army still in this area would either be driven west of the Yungting River or be forced to become policemen in the peace preservation corps. He said they would not be permitted to remain as soldiers.

"In two days we obtained control of the entire Peiping-Tientsin area east of the Yungting River," the spokesman said. "Our forces are divided, half northward of Peiping and the balance going south. Both forces are converging west of the old capital. The southern force completely exterminated the Chinese forces at Nanyuan, but on the north a considerable Chinese force remains, which will be driven across the Yungting River or eradicated."

Explaining the Tungchow hostilities Thursday the Japanese spokesman said the Chinese force made an awkward situation for the Japanese because all but 100 Japanese troops in Tungchow had moved to the front to participate in the Nanyuan hostilities.

"The Chinese," he said, "always seem to know our movements and attacked Tungchow when the garrison was reduced, employing 1,000 troops which we were unable to identify. Nevertheless, our small force quickly repulsed the Chinese attackers with large Chinese casualties."

The spokesman said large Chinese forces remain scattered along the Tungchow-Tientsin highway, embarrassing Japanese transport by an occasional ambush. The road is torn up daily by the Chinese so Japanese labor details accompany each convoy.

**Lists 121 Dead Near Peiping**

The spokesman said that in the three main battles in the Peiping area the Japanese army casualties were 121 killed and 269 wounded. From two fields of conflict more than 800 Chinese bodies were removed, he asserted. The Chinese casualties at Nanyuan, which were large, are not yet available.

Tientsin's period of quiet lasted from dark Thursday until 1 A. M. yesterday, when rifle and machine-gun fire again broke out on the north bank of the Pei River and at various points on the boundary of the Japanese concession, but nothing like the previous night's general engagement developed.

About 8 o'clock yesterday morning a light steady rain set in and about 200 Peace Preservation Corps men who had been fighting a Japanese force since 3 A. M. began withdrawing, marching slowly across the comparatively open countryside to the river, where they turned toward Tangku. This was in full view of the writer's hotel window.

A few Peace Preservation Corps men paused when they reached the river and shot toward a Japanese position near the International Bridge. Then a Japanese plane appeared and the march was resumed with more haste.

Thursday's aerial bombing evidently effectively shattered or scattered the Chinese strength. It is expected reenforcements are awaited.

Shops in the British and other foreign concessions are under food rationing restrictions, for reserves are low and communications may remain cut for a considerable time.

The Japanese built a pontoon bridge across the river above the International Bridge. They cannot use the International Bridge because the French concession authorities refuse to permit Japanese soldiers to pass through the French concession. This ban came because Japanese troops using French streets pointed revolvers at pedestrians and because a Japanese soldier shot and killed a Chinese across the river from a vantage point in the French area.

Much fighting on the Chinese side has been done by men in civilian garb. It is not known whether they are members of the Peace Preservation Corps, army men or civilian patriots.

Even in the foreign concessions business continues paralyzed. Many foreigners residing outside these areas are unable to reach their offices. Others in foreign zones are unable to reach their homes. Thousands of Chinese employed in the foreign areas are unable to pass the barricades to reach their places of business or their homes. Entire staffs are missing in some business houses. Doubtless many were killed.

Conditions at the Pei River mouth are not known here. Fighting continued at Tangku and Taku, two Japanese destroyers participating in it. Conditions at Peiping, only ninety miles away, also are less clear to Tientsin than conditions in Madrid, which the Tientsin newspapers explain in great detail.

The size and the date of the arrival of more Japanese troops remain carefully guarded military secrets. Some circles expect Chinese Government forces may take an active part in the campaign in this area. If this occurs the strife will become bitterer and prolonged.

The exodus from the Tientsin east arsenal area has been resumed, refugees pouring from the farmlands to the waterfront, where they board junks and small steamers for any destination if it is away from Tientsin.

——摘自《纽约时报》（The New York Times），1937年7月31日

# 日軍轟炸天津 已使舉世駭然

## 英新聞紀事報評論

中央社倫敦卅一日路透電　關於日軍轟炸天津事、此處新聞紀事報載一社論謂、此事已使舉世駭然、但尚未極深切、該報稱「日本定可逃避其結果」、蓋此鉅大城市之轟炸、在此後更鉅大侵略發生之後、亦不過尋常事件耳、而國際間道德低落至如何程度、卽可由世界對於日軍轟炸天津新聞之漠然無動於衷得一無可更強之證例、已往者西班牙古都古爾尼卡、最近者西班牙京城馬德里、目前者中國之天津、或者將來倫敦被敵人轟炸後、世界亦視若無覩、聽若無聞、感其痛苦、亦僅倫敦人而已、

——摘自《民报》（上海），1937年8月1日

# 日軍在津
# 昨繼續發炮縱火
## 無歸難民慘遭殘殺
## 高大建築損失甚重

中央社南京卅一日電　京中接津訊、三十一日晨、日軍繼續在河北黃綠路縱火、民房商號多被延燒、日機十餘架、亦在上空盤旋、赴各地偵察、十時許、日軍並在四郊各處發炮、各高大建築物損失甚重、十一時許、大雨傾盆、日軍之殘酷行爲稍止、河北一帶難民數萬人、奔向租界避難、有一部被阻於特三區、現由謙信洋行舊址東天仙大戲院暨各空房舍收容、但救濟無人、皆終日斷絕食糧、哭聲震天、爲狀極慘、據逃來之難民談、日軍卅日晚到河北到處縱火、現在市立醫院收容難民已有人滿之患、卅一日晨法租界仍有大批難民越萬國橋而來、卒多無處投奔、晚間多在路傍露宿、詢及避難情形、無不淚下、彼等率皆居於河北及河東鐵道外等處、日軍開到、即先後縱火、繼則以機關槍掃射、致逃避時、全家骨肉，東流西散、且有眼見妻子被槍殺後、趨前救護、亦即遭日軍毒手、極盡人間慘事、此種暴行、實世界所僅見、

中央社南京三十一日電　關係方面據報、日軍三十一日午在津市河北一帶逐戶搜查、任意殘殺、並傷各商號開業、東馬路河北大馬路一帶、現由日兵値崗、街上寂無一人、市立醫院難民及受傷之保安隊、三十一日午分別遷出、蓋盛傳日機於三十一日午後前往轟炸也、

## 河北民房多轟燬

中央社南京卅一日電　關係方面據報、日軍卅一日下午二時半、又向河北鐵道外及東局子等地開炮、歷數十响未斷、民衆傷亡者甚衆、民房多被轟燬、

中央社南京卅一日電　據關係方面接到天津報告、日軍卅一日下午三時、在河北大經路中間架設大炮、瞄準造幣廠放射、現已被擊中起火云、

## 鳳林村盡成灰燼

中央社南京卅一日電　京中接津電、河東鐵道外鳳林村、刻已爲日軍所發之大炮完全轟炸、所有房舍盡成灰燼、日軍係於卅一日下午三時開炮歷一小時許、炮聲仍未絕、該村原爲貧民居住區域、其事先未及逃出者、爲數總在千數百人、經此次連續不絕之轟擊、倖免者恐爲數無多云、

中央社南京卅一日電　京中關係方面接津電、日軍三十一日中午起、以大炮向河東鳳林村一帶轟炸、迄午後五時未停、現附近居民數萬人、沿海河岸逃避、欲渡河至英租界未果、大雨淋漓、投奔無處、仍徘徊於河岸、狀甚悽慘、

## 津日軍槍殺法軍

中央社南京三十一日電　京外人方面消息、駐津法軍上士一名、士兵一名、三十日在津東站被日軍繳械、並擬將其雙目包紮、該上士予以抗拒、即被槍殺、

又安南兵一名、亦被害云、

## 日焚燒南開中學

中央社天津卅一日電　日軍三十一日晚九時半到南開中學縱火、以大批煤油將中樓引燃、一時火光熊熊、延燒面積甚廣、火燄照耀、全市各處抬頭即可望見云、

## 日軍昨復施砲轟

中央社天津卅一日路透電　昨夜此間各租界、皆於入境處設置障礙物、路無行人、頗爲沉寂、但今晨日軍又繼續其肅清工作、午前四時半、赤木所統之軍隊、從事驅逐總站附近某日人紗廠四周之華兵、午後日軍復放砲轟擊總站與東站間居民稠密區域之保安隊、大雨如注、日機不能活動、但傍晚有日機兩架飛於天津城之天空、各處當發生襲擊情事、由日租界至總站之大路、連一重要橋樑在內、今夜已在日方掌握中、日方現已完成天津城與各特區之有系統的佔領、僅前德租界尚未佔領耳、和平維持委員會刻在組織中、據日當局稱、東站與義租界間之某外人貨棧、及前奥租界內之某屋、現仍有大批保安隊盤踞其中、日方擬投彈轟炸之、但因陰雨未果、今日各租界皆厲行戒備辦法、致往來租界間極感困難、各租界刻皆遇難民叢集之難題、村民成羣結隊、現擠滿跑馬場與英租界間之途中、而東站附近各村之人民刻猶不斷的經過英租界江邊前往他處、郵局人員今晨已恢復工作、南開大學已成瓦礫場、今晨火猶未息、塘沽甯靜、華兵已退出大沽、航行開已如常、

## 津治安已成問題

本報天津三十日電　三十日晨、日機不斷偵察、海光寺槍炮聲不絕、並向市民射擊示威、市區內各處保安隊撤後、治安已成問題、河北各區難民逃至特二區者數千人、警察局被炸撥起火、河北重要各機關及女師、工業等院、均成瓦礫、

本報天津三十日電　特二三四區均被日兵佔據、警察局督察長李景陽代警察局長、維持治安、三十日午後、由李向日軍部接洽、張自忠二十九日電津令停戰、並謂再受壓迫、即撤退、李三十日午後與日方接洽、結果先撤保安隊、各警局設收容隊警處、一切三十一日晨談商、

本報天津三十日電　各業公會人員、擬網羅高凌霨李廷玉劉孟揚等、組臨時維持會、定卅一日晨研究具體辦法、

本報天津三十日電　李文田已率隊離津、馬彥翀邊守靖等卅日晨討論維持辦法、擬保安隊先撤、日兵再復員、特三區署被日兵佔據、附近已懸日旗、東車站至萬國橋一帶、日兵佈崗警戒、日兵仍到處射擊、行人死亡載道、

中央社天津卅一日路透電　日軍雖仍在各處與小隊華兵戰鬥、但冀北大局已比較安靜、天津已全爲日軍佔有、北平已組成治安維持委員會、西苑昨受日炮隊猛轟後、今該處營房已爲日兵二千名佔據、同時聞天津代理市長李文田、照會領事團、謂保安隊已全退出、請協同恢復津埠之常態、塘沽一切安靜、船舶開大沽、華軍亦退出、船舶已能照常出入、保安隊昨遵令將軍械交還軍庫、在前奥租界者、則曾棄其制服而走、另有保安隊三百人、列隊由第三區向南退走、昨有某外人在燕京大學南海甸附近田中、見華警之屍十一具、平民之屍七具、其兩手皆反縛、內有數人乃經槍斃、多數乃用刀砍死、平民兩人、則身首相分、

中央社天津卅一日電　津塘間鐵路、前者中斷、茲已由日軍修復、自卅日晚至卅一日晨、時有日軍用車往來北甯路東總兩站、員工刻已全部退出云、

——摘自《民报》（上海），1937年8月1日

## 李石曾在巴黎

### 痛詆日本軍閥 摧毀我文化

### 深博友邦人士同情 望世界對日本制裁

本埠世界社昨接巴黎世界電訊社來電云：巴黎七月一個月，爲文化合作紀念月，自六月二十八日至七月二十一日，舉行世界文化合作各會凡五起，自廿三至廿九舉行國際人民教育會，此會人數尤多，計三千餘，極爲盛大。開會由雷翁勃倫與外長教長主席，閉會由賚里歐與教長主席，到會者四十餘國，中國代表由李石曾出席，閉會時李氏亦致詞，在頌禱和平之中，反對日本帝國主義，舉侵略北平焚燬南開爲證，并比之以歐戰盧浣大學被毀之事，稱爲帝國陷落之代價，極爲動聽，全場鼓掌雷動。最後賚氏演詞，對中國及李氏表示深切之同情。

——摘自《神州日报》（上海），1937年8月1日

## 日機十餘架 前日飛保定轟炸

### 炸毀西關車站南端軍用車四輛 並向平漢車投彈死傷旅客甚多

### 黃河鐵橋上空昨下午亦發現日機偵察

中央社。保定三十一日電。迭到敵機三十日上午七時後。連來三次。均一度偵察即去。下午一時半。又來七架成隊形。在省垣上空盤察後。飛西關車站投彈十枚。並以機槍向西關大街掃射。將停在車站南端軍用車四輛炸毀。子彈同時爆發。傷亡士兵十餘。又向平漢南下四一次車投彈。死傷旅客四十餘人。西關大街行人亦被機槍射死數人。現子彈餘火未全熄。眞相待査。城郊治安軍警。臨時加緊戒備。秩序如常。

鄭州三十一日電。據路息。日機十一架。三十日下午一時。在保定高空轟炸。損失頗重。平漢路黃河鐵橋上空。下午三時。又發現日機偵察。

——摘自《湖南国民日报》，1937年8月1日

# 日軍殘暴大肆屠殺

# 津市滿街血肉橫飛

## 我市民死者無數慘絕人寰

## 張自忠委邊守靖爲津市長

本報天津卅一日專電　日方爲除去軍事的障碍物、昨晚今晨派大批日鮮人帶火油等在南關八里台及河東等地放火、竟將民房及公共建築物完全火燬、天空黑焰彌漫、無辜人民、慘死無數、尤以河北大街屍體纍纍、慘不忍睹、地方維持會因兩派爭持、迄未能成立、

本報天津卅一日專電　張自忠今日電津委邊守靖爲津市長、（邊在張任內充首席參事）現正由李某等向香月徵同意中、一俟商妥、即可就職、

## 日軍昨日繼續砲轟

本報天津三十一日專電　午後二時起、日軍在總站向地道外一帶村莊發砲百餘、據云有保安隊藏匿、但實際保安隊早已全撤、民房被炸毀大半、六時許始漸停、

中央南京三十一日電　京中接津電河東鐵道外鳳林村、刻已爲日軍所發之大砲完全轟炸、所有房舍盡成灰燼、日軍係於三十一日下午三時開砲、歷一小時許、砲聲仍未絕、該村原爲貧民居住

區域、其事先未及逃出者、爲數總在千數百人、經此次連續不絕之轟擊、倖免者恐爲數無多云、

中央南京三十一日電　京中關係方面接津電、日軍三十一日中午起、以大砲向河東鳳林村一帶轟炸、迄午後五時未停、現附近居民數萬人、沿海河岸逃避、欲渡河至英租界未果、大雨淋漓、投奔無處、仍徘徊於河岸、狀甚悽慘、

中央南京三十一日電　據關係方面、接到天津報告、日軍三十一日下午三時在河北大經路中間架設大砲、描準造幣廠放射、現已被擊中起火云、

中央天津卅一日路透電　昨夜此間各租界皆於入境處設置障礙物、路無行人、頗爲沉寂、但今晨日軍又繼續其肅清工作、午前四時半、赤木所統之軍隊、從事驅逐總站附近某日人紗廠四周之華兵、午後日軍復放砲轟擊總站與東站間居民稠密區域中之保安隊大雨如注、日機不能活動、但傍晚有日機兩架飛於天津城之天空、各處常發生襲擊情事、由日租界至總站之大路、連一重要橋樑在內、今夜已在日方掌握中、日方現已完成天津城與各特區之有系統的佔領、僅前德租界尚未佔領耳、和平維持委員會刻在組織中、據日當局稱、東站與義租界間之某外人貨棧、及前奧租界內之某屋、現仍有大批保安隊盤踞其中、日方擬投彈轟炸之、但因陰雨未果、今日各租界皆厲行戒備辦法、致往來租界間極感困難、各租界刻皆遇難民叢集之難題、村民成羣結隊、現擠滿跑馬場與英租界間之途中、而東站附近各村之人民刻猶不斷的經過英租界江邊前往他處、鄉局人員今晨已恢復工作、南開大學已成瓦礫場、今晨火猶未息、塘沽寧靜、華兵已退出大沽、航行則已如常、

## 無辜市民慘遭殘殺

中央南京卅一日電　京中接津訊、三十一日晨、日軍繼在河北黃緯路縱火、民房商號多被延燒、日機十餘架、亦在上空盤旋、赴各地偵察十時許、日軍並在四郊各處發砲、各高大建築物、損失甚重、十一時許、大雨傾盆、日軍之殘酷行爲稍止、河北一帶、難民數萬人、奔向租界避難、有一部被阻於特三區、現由謙信洋行舊址東天仙戲院、暨各空房舍收容、但救濟無人、皆終日斷絕食糧、哭聲震天、爲狀極慘、據逃來之難民談、日軍三十日晚、到河北、到處縱火、現在市立醫院收容難民已有人滿之患、三十一日晨法租界仍有大批難民越萬國橋而來、率多無處投奔、晚間多在路傍露宿、詢及避難情形、無不淚下、彼等率皆居於河北及河東鐵道外等處、日軍開到、即先後縱火、繼則以機關槍掃射、致逃避時、全家骨肉、東流西散、且有眼見妻子被槍殺後、趨前救護、亦即遭日軍毒手、極盡人間慘事、此種暴行、實世界所僅見云、

## 縱火焚燒烈燄瀰天

本報南京廿一日專電　天津經日軍轟炸市區高大建築幾燬大半、三十一日晨日軍復在河北區域縱火、並在四郊砲轟、天津文化教育機關幾蕩然無存、商店亦大半被燒、

中央南京卅一日電　關係方面據報、日軍卅一日下午二時半、又向河北鐵道外及東局子等地開砲、歷

數十響未斷、民衆傷亡者甚衆、民房多被轟燬、

中央南京卅一日電　關係方面據報、日軍卅一日午在津市河北一帶逐戶搜查、任意殘殺、並飭各商號開業、東馬路河北大馬路一帶、現由日兵値崗、街上寂無一人、市立醫院難民及受傷之保安隊、卅一日午分別遷出、蓋盛傳日機於三十一日午後前往轟炸也云、

本報天津三十一日電　日軍在津四郊趕築工事、在各地、强拉民夫、日軍自昨午起、用載重汽車向津南良王店獨流鎭一帶、紛紛運兵及軍用品、津特別第二三四三區均被日軍佔據、設日警分署、似將闢爲日租界、河北及東馬路一帶　被日機炸死之市民及保安隊之屍體二三千具、現仍在各街暴陳、東站河沿一帶之屍體、及重傷倒地之隊兵、則均被日兵抛入海河、被日機炸燬及日兵放火焚燒之公私建築物、火燄迄今晨四時始被大雨沖滅、

# 津市全被日軍佔有

中央天津路透卅一日電　日軍雖仍在各處與小隊華兵戰鬥、但冀北大局、已比較安靜、天津已全爲日軍佔有、北平已組成治安維持委員會、西苑昨受日砲隊猛轟後、今該處營房已爲日兵二千名佔據、同時聞天津代理市長李文田、照會領事團、謂保安隊已全退出、請協同恢復津埠之常態、塘沽一切安靜、聞大沽華軍亦退出、船舶已能照常出入、保安隊昨遵令將軍械交還軍庫、在前奧租界者、則會棄其制服而走、另有保安隊三百人、列隊由第三區向南退走、昨有某外人在燕京大學南海甸附近田中、見華警之屍十一具、平民之屍七具、其兩手皆反縛、內有數人乃經槍斃、多數乃用刀砍死、平民兩人、則身首相分、據在平東遇見之通縣保安隊隊員聲稱、昨日通縣之戰事、駐該處之日兵、全數被殲、保安隊因日飛機之活動、被迫退走、但有許多現復歸來云、據日人消息、日軍機械兵之一縱隊、協同騎隊、昨與通縣保安隊戰於北平與通縣之間、日軍以機關槍擊散保安隊數百人云、

# 津浦路車僅達滄洲

本市訊　交通界息、㈠津浦路客車、昨僅通達滄洲、其北端路軌、因戰事被毀、路局派工程車前往趕修、詎在獨流楊柳村間出軌、聞係漢奸破壞路軌所致、㈡各輪船公司、天津大沽線停航、餘如青島、威海衛、烟台、龍口、等地、雖仍照常開航、但貨運水脚則一律收現、經本市中外六大公司招商、三北、太古、怡和、開灤、日清等洽議後、定一日實行、

中央天津念一日電　津塘間鐵路、前日中斷、茲已由日軍修復、自三十日晚至三十一日時有日軍用車往來北寧路東總兩站、員工刻已全部退出云、

——摘自《时事新报》（上海），1937年8月1日

有史以來空前浩刦

# 津被日軍佔領

## 日軍到處縱火難民載道
## 機槍不斷掃射哭聲震天

（路透社卅一日上海電）天津今日仍有戰爭、日軍繼續肅清市內之保安隊、今晨四時半、日軍開始襲攻總車站附近某日紗廠一帶之華軍、下午又發砲攻擊東總兩站間之人口繁盛地帶，又由日租界至總車站一帶、已陷于日軍手中、

（路透社卅一日上海電）據華人調查所知、日軍連日在天津大肆殘殺、計平民死亡者七百、華軍及保安隊死亡者盈千、被炸彈砲彈所破毀之民房及公共樓宇、約十餘所、

又據一未證實之華人消息，殷汝耕已被反正之保安隊所害死、又聞天津將有傀儡自治政府出現、（路透社卅一日天津電）天津市長李文田、今晨正式要求各國領事出任調停、俾恢復天津之地方秩序、李氏又告以一部保安隊已退出天津、一部在城內、塘沽方面、無大變動、華軍已放棄大沽、港內之船務已恢復、奧租界現無警察站崗、又有三百保安隊、由舊奧租界退出、

## 南開大學已成焦土

（天津卅一日電）今晨八時、日軍又發砲轟擊南開大學之圖書館、南開大學已成一片焦土、（天津卅一日電）日軍已佔踞舊俄比租界、大部華軍已退出天津、日飛機轟炸天津城、約一小時餘之久、砲聲則終日不停、

## 難民流離終日絕食

（中央社南京卅一日電）京中接津訊、卅一日晨、日軍繼續在河北黃緯路縱火、民房商號多被延燒、日機十餘架、亦在上空盤旋、並在四郊各處發砲、各高大建築物損失甚重、十一時許、大雨傾盆、日軍之殘酷行爲稍止、河北一帶難民數萬人、奔向租界避難、有一部被阻於特三區、現由謀信洋行舊址、天仙戲院、暨各空屋舍收容、但救濟無人、皆終日絕食、哭聲震天、爲狀極慘、據逃來之難民談、日軍卅日晚到河北、到處縱火、現在市立醫院收容難民已有人滿之患、卅一日晨、法租界仍有大批難民、越萬國橋而來、率多無處投奔、晚間多在路傍露宿、詢及避難情形、無不淚下、彼等率皆居於河北及河東鐵道外等處、日軍開到、即先行縱火、繼則以機關槍掃射、致逃遲時、全家骨肉東流西散、且有眼見妻子被槍殺後、趨前救護、亦即遭日軍毒手、極爲人間慘事、此種暴行、實世界所僅見云、

## 鳳林居民慘遭轟炸

（中央社南京卅一日電）據關係方面接到報告、日軍卅一日下午三時、在河北大經路中間架設大砲、準造幣廠放射、現已被擊中起火云、

（中央社南京卅一日電）京中接津電、河東鉄道外鳳林村、刻已爲日軍所發之大砲、完全轟炸、所有房舍、盡成灰燼、日軍係於卅一日下午三時開砲、歷一小時許、砲聲仍未絕、該村原爲貧民居住區域、其事先未及逃出者、爲數總在千數百人、經此次連續不絕之轟擊、倖免者當爲數無多云、（中央社南京卅一日電）京關係方面接津電、日軍卅一日中午起、以大砲向河東鳳林村一帶轟炸、迄午後五時未停、現附近居民數萬人、沿海河岸逃避、欲渡河至英租界未果、大雨淋漓、投奔無處、仍徘徊于河岸、狀甚悽慘、

## 逐戶搜查任意殘殺

（中央社南京卅一日電）關係方面據報、日軍卅一上午在津由河北一帶逐戶搜查、任意殘殺、並飭各商號開業、市馬路河北大馬路一帶、現由日兵偵偈、街上寂無一人、市立醫院難民及受傷之保安隊、卅一早分別遷出、蓋盛傳日機於卅一日午後前往轟炸也云、

## 日軍向東局子開砲

（中央社南京卅一日電）關係方面據報、日軍卅一日下午二時半、又向河北鐵道外及東局子等地開砲、歷數十響未斷、民衆傷亡者甚衆、民房多被轟毀、

——摘自《港报》，1937年8月1日

# 傳長辛店已被日軍佔據

# 敵機轟炸保定

## 並以機槍向西關掃射軍用車四輛被炸毀

## 傳石友三督戰受傷平漢車旅客死傷頗多

（路透社上海卅一日電）據同盟社傳、日軍已佔踞長辛店、（天津卅一日特電）日人消息、北平現仍在比較緩和而非絕對親日派份子手中、現日軍方面、急待清除天津抗日勢力、故不擬立採清一色之積極手腕云、衆信張自忠部隊卅八師、在短期間內空、能與來自保定方面之國軍取得聯絡、非惟無被敵消滅之虞、且可爲中央軍前導、迅速克復天津、石友三盛傳在津南督戰身受重傷、（天津卅一日特電）津英總領署傳出消息、駐印竇漢姆陸軍一旅、埃及皇家本浦空軍重轟炸機一大隊、已在來華急途中、華北英僑民財產利益、無論任何代價、必勿使遭受瀋陽事件同樣之損乘云、

（中央社保定卅日電）（遲到）敵機卅日晨七時後、連來三次、均一架、偵察卽去、下午又來七架、在省垣上空盤察後、飛西關車站投彈十枚、並以機槍向西關大街掃射、將停在車站南端軍用車四輛炸毀、子彈同時爆發、傷亡士兵十餘、又向平漢南下四一次車投彈、死傷旅客四十餘人、西關大街行人亦被機槍射死多人、現子彈餘火未全熄、眞相待查、城郊治安、軍警臨時加緊戒備、秩序如常、（中央社鄭州卅日電）路息、日機十餘架、卅日下午一時、在保定高空轟炸、損失頗鉅、平漢路黃河鐵橋上空、下午三時、亦發現日機偵察、

——摘自《港报》，1937 年 8 月 1 日

日軍再縱火

# 焚燒南開

火光燭照全市

【天津卅一日中央社電】日軍卅一日晚九時半到南開中學縱火，以大批煤油將中樓引燃，一時火光熊熊，延燒面積甚廣。火燄照耀，全市各處抬頭即可望見。

——摘自《神州日报》（上海），1937年8月1日

# 日軍搜查天津市

## 砲轟四郊到處縱火

河東鳳林村遭日砲轟擊全成灰燼

河北一帶難民數萬哭聲震天

◎南京三十一日中央社電、京中接津訊、三十一日晨、日軍繼續在河北黃緯路縱火、民房商號多被延燒、日機十餘架、亦在上空盤旋、赴各地偵察十時許、日軍並在四郊各處發砲、各高大建築物、損失甚重、十一時許、大雨傾盆、日軍之殘酷行爲稍止、河北一帶、難民數萬人、奔向租界避難、有一部被阻於特三區

、現由謙信洋行舊址東天仙戲院暨各空房舍收容、但救濟無人、皆終日斷絕食糧、哭聲震天、爲狀極慘、據逃來之難民談、日軍三十日晚到河北、到處縱火、現在市立醫院收容難民已有人滿之患、三十一日晨法租界仍有大批難民越萬國橋而來、率多無處投奔、晚間多在路傍露宿、詢及避難情形、無不淚下、彼等率皆居於河北及河東鐵道外等處、日軍開到、即先後縱火、繼則以機關槍掃射、致逃避時全家骨肉、東流西散、且有眼見妻子被槍殺後、趨前救護、亦即遭日軍毒手、極盡人間慘事、此種暴行、實世界所僅見云、◎南京三十一日電、交通界息、津市區高大建築物、卅日經日機縱火轟燬者、幾達大半、卅一日晨日軍復在河北區域縱火、並在四郊砲轟、津文化教育機關幾蕩然無存、商店亦大部多被延燒、聞敵軍暴行以後、此時尚在配備中

## 居民數萬沿岸逃

南京三十一日中央社電、京中據津電、河東鐵道外鳳林村、刻已爲日軍所發之大砲完全轟炸、所有房舍盡成灰燼、日軍係於三十一日下午三時開砲、歷一小時許、砲聲仍未絕、該村原爲貧民區域、其事先未及逃出者、爲數總在千數百人、經此次連續不絕之轟擊、倖免者恐爲數無多云、◎南京三十一日中央社電、京中關係方面接津電、日軍三十一日中午起、以大砲向河東鳳林村一帶轟炸、迄午後五時未停、現附近居民數萬人、沿海河岸逃避、欲渡河至英租界未果、大雨淋漓、投奔無處、仍徘徊於河岸、狀甚悽慘、

## 河北街上無一人

南京三十一日中央社電、關係方面據報、日軍三十一日午在津市河北一帶逐戶搜查、任意殘殺、並飭各商號開業、東馬路河北大馬路一帶、現由日兵値崗、街上寂無一人、市立醫院難民及受傷之保安隊、三十一日午分別遷出、蓋盛傳日機於三十一日午後前往轟炸也云、

## 造幣廠中彈起火

南京三十一日中央社電、據關係方面、接到天津報告、日軍三十一日下午三時在河北大經路中間架設大砲、描準造幣廠放射、現已被擊中起火云、◎南京三十一日中央社電、關係方面據報、日軍三十一日下午二時半、又向河北鐵道外及東局子等地開砲、歷數十響未斷、民衆傷亡者甚衆、民房多被轟燬、

## 我保安隊全退出

天津卅一日中央社路透電、日軍雖仍在各處與小隊華兵戰鬬、但冀北大局、已比較安靜、天津已全爲日軍佔有、同時聞天津代理市長李文田、照會領事團、謂保安隊已全退出、請協同恢復津埠之常態、塘沽一切安靜、聞大沽華軍亦退出、船舶已能照常出入、保安隊昨遵命將軍械交還軍庫、在前奧租界者、則曾棄其制服而走、另有保安隊三百人、列隊由第三區向南退走、

## 再焚燒南開中學

◎天津三十一日中央社電、日軍卅一日晚九時半到南開中學縱火、以大批煤油將中樹引燃、一時火光熊熊、延燒面積甚廣、火焰照耀、全市各處、抬頭即可望見云、

——摘自《时报》（上海），1937 年 8 月 1 日

# 暴風雨前之暫時寧靜

# 平津戰訊連日沉寂

## 殷汝耕被俘已被保安隊槍決

## 津市被轟炸後日軍到處放火

南京三十一日電。日軍連日轟炸天津。殘暴萬狀。此間有力方面。咸認爲此種情况。適足增強中國抗戰之決心。現在全國各地。紛電中央。對於蔣委員長「戰端既開。沒有妥協餘地」之宣言。誓死擁護。本社記者卅（三十一日）會分訪若干高級軍官。僉以爲過去二十四小時中。消息沉寂。殆類暴風雨前之暫時寧靜。而對於蔣委員長。惟有發動整個之計劃。領導全國一致奮鬥。爲捍衛國家犧牲到底一語。大都一再申述。情緒激昂。本晨各報對日軍在津獸行。表示極度憤慨。對于日軍恣意摧殘文化機關。並以煤油焚燒南開大學。及鄰近村莊。尤一致痛斥。至於日軍槍殺居民。更屬慘無人道。據北平中立方面報告。曾有人在北平附郊發現民屍七具。手均反縛。其中二人之頭且被砍去。顯係爲日人所殘殺。其他殘酷行爲。更不勝枚舉。卽老弱婦孺亦所不免。而於飛機轟炸津市之先。對於當地居民。亦無一種警告。其殘忍嗜殺。尤爲國際公法所不容。關於日方在平津成立之所謂「地方治安維持會」我官方一致認係日方一種詭計。以爲日本軍事統治之掩護。某要人謂「過去東四省及冀東之經驗。已使世人深知此爲日人之慣技。日方軍力達到某地。往往威脅利誘當地人士組織傀儡機關易已。則於後操縱。實則日軍一日撤退。此種傀儡組織。卽刻崩潰。日方現原擬將此一句醜劇於平津重行扮演。在彼或自詡聰明。但世界人士。早已爲之齒冷也。

## 敵機轟炸保定高空

鄭州三十日電。路息。日機十餘架三十一日下午一時在保定高空轟炸。損失甚鉅。平漢路黃河鐵橋上空。下午三時亦發現日機偵察。

保定三十日電。（遲到）敵機昨（三十日）下午七時後連來三次。均一架偵察卽去。下午一時半又來三架。成蹤形在省垣上空盤察後。飛西關車站投彈十枚。並以機槍向西關大街掃射。將停在車站南站軍用車四輛炸燬。子彈同時爆發。傷亡士兵十餘。又向平漢南下（四十一）次車投彈。死傷旅客四十餘人。西關外街行人亦被機槍射死數人。現子彈餘火未全熄。亘相待査。城郊治安軍警。臨時加緊戒備。秩序如常。

天津三十一日電。日駐屯軍司令部現已正式發表殷逆汝耕已爲反正之保安隊劫擄而去世。並以香月之名義。任池逆宗墨繼任僞職。

天津三十一日電。日駐屯軍司令部正式發表殷逆汝耕已爲反正保安隊俘擄。當時即被槍決示衆云。

北平三十一日路透電。三十一日某華人目擊冀東之變者談。保安隊於二十九日反正時。彼于清晨驚醒。但聞保安隊高呼殺賊。日軍營立即被保安隊包圍。雙方發生劇戰。炮聲機關槍及步槍聲一時並起。日軍被殺者無數。午後即有日機二十餘架飛來轟炸。是時保安隊漸不支而退。通州僞官署均已全毁。美國學校門房亦受損毁。其餘尙無恙。而美籍牧師二人安全逃出。

天津三十一日路透電。日軍雖仍在各處與小隊華兵戰門。但冀大局已比較安靜。天津已全爲日軍佔有。北平已組成治安維持會。西苑於日炮隊慘轟後。今該處營房已爲日兵二千名佔據。同時天津代理市長李文田照會領團。謂保安隊已全撤出。請協同恢復津埠常態。塘沽一切安靜。聞大沽華軍亦退出船舶已能照常出入。保安隊昨遵令將軍械交還軍庫。在前奧租界者。則皆棄其制服而走。卸服保安隊兵百人到齊。由第三區向南退走。昨有某外人在燕京大學。南海甸附近田中。見華警之屍十一具。平民之屍七具。其兩手皆反縛。內有數人乃經槍斃。多數乃用刀砍死。平民兩人則身首異處。據在平東遇見之反正冀東通縣保安隊聲稱。昨日通縣之戰事。駐該處之日兵全數被殲。保安隊因日飛機之活動。被迫走。又息日軍機械兵一縱隊。協同騎隊昨與通縣之反正保安隊戰於苑平與通縣之間。日軍以機關槍擊斃保安隊數百人云。

南京三十一日電。京訊世（三十一日）晨日軍繼續在河北黃偉路縱火。民房商號。多被延燒。日機十餘架亦在上空盤。旋赴各地偵察。十時許日軍並四處發炮。各高大建築物損失甚鉅。十一時許大雨傾盆。日軍之殘酷行爲稍止。河北一帶難民數萬人。奔向租界避難。有一部被阻於特三區。現由誠信洋行舊址東天仙暨各空房舍收容。但救濟無人。皆終日絕食。哭聲震天爲狀極慘。據逃來難之民談。日軍陷（三十日）晚到河北到處縱火。現在市立醫院收容難民已有人滿之患。世（三十一）晨法租界有大批難民越國橋而來。率多無處投奔。晚間多在路旁露宿。詢及被難情形。無不淚下。彼等率皆居於河北及河東鐵道外等處。日軍開到即先行縱火。繼之以機關槍掃射。致逃避時全家骨肉東流西散。且有眼見妻子被槍殺後。趨前救護。亦即遭日軍毒手。極盡人間慘事。此種暴行實世界所僅云。

南京三十一日電。關係方面據報。日軍三十一下午二時半又向河北鐵道外及東局子等地開炮。歷數十響未斷。民衆傷亡甚衆。民房多被轟毁。

南京三十一日電。關係方面據報。日軍三十一日午在津市河北一帶。逐戶搜查。任意殘殺。甚爲淒慘。商號一閉業。東馬路河北大馬路一帶。現由日兵値崗。街上寂無一人。市立醫院難民及受傷之保安隊。世（三十一日）午分別遷出。蓋盛傳日機於世　三十一日）午後前往轟炸也云。

南京三十一日電。京中關係方面接津電。日軍世（三十一日）中午起以大炮向河東鳳林村一帶轟炸。迄午後五時未停。現附近居民數萬人沿海河岸逃避。欲渡河至英租界。又爲大雨淋漓。投奔無處。仍徘徊於河岸狀甚淒慘。

南京三十一日電。京中接津電。河東鐵道外鳳林村。刻已爲日軍所發之大炮完全轟炸。所有房舍。盡成灰燼。日軍係於世　三十一日）午後三時開炮。歷一小時許。炮聲仍未絕。該村原爲貧民居住區域。其事先未及逃出者。爲數總在千數百人。經此次連續不絕之轟擊。倖免者恐爲數無多云。

天津三十一日電：此間現正籌擬組織地方維持會。並擬推高凌霨主持一切。惟高現寓河北。因交通隔絕。尙未接洽云。

南京三十一日電京天津方面消息。駐津法軍上士一名。士兵一名陷在津東站被日軍繳械。並擬將其雙目包紮。該上士予以抗拒。即被槍殺。又安南兵一名亦被害云。

保定三十一日電。陷（卅）日。夜日軍於二十九軍某旅移動之際。乘隙進襲琉璃河車站。經我新到某部擊退。日軍又開到援兵。刻正對峙中。

天津三十一日電。日軍世（三十一日）晚九時半到南開中學縱火。以大批煤油將中樓引燃。一時火光熊熊。延燒面積甚廣。火燃照耀全市。各處抬頭。即可重見云。

天津三十一日電。警局督察長李景陽世（三十）晚五時已就任津警察局長。六時在特二區警察分所召集各分局長特區主任開會。即派出着黑衣警察所到之地。日軍即分別撤退。至所爲零星保安隊。亦由李負責繳械。

南京三十一日電。天津訊日兵數人三十一午乘鐵甲車二輛開到特二區市立醫院。將診治中之受傷保安隊每人之符號取去。並大批日本旗交各職員後。隨即離去。日軍蔚本聲稱將以飛機轟炸市立醫院。經多方接洽。始以繳出上項符號了事。

南京三十一日電。關係方面接津訊。津戰沉寂。陷（三十一日）天晴市民整日有愁容。坐視日飛機轟炸後。各處所起之火燄。難民死於非命者。所在多有。世（三十一

終日陰雨。人民多閉戶苦臉聽炮聲。東車站外郭莊子鳳林村等地所居皆赤手無寸鐵之貧苦市民。日軍於世（三十一日）午三時許開始炮轟。晚七時許猶斷續可聞。一分一發。總計在數百發上。死者無數。即生者亦徬徨河沿。走頭無路。此外南門附近亦有數村被炸。東馬路一帶日軍架設機關槍。遇人即殺。無怪西人謂日叛此種行爲志滅種非作戰也。

南京三十一日電；關係方面接訊。日軍連日在津之暴行。顯圖消滅全市。界（三十一日）下午三時起發炮轟擊之地點。刻已漸判明。計河東郭莊子夙林村沈家台數處。河北造幣廠前大經路及北鄉各村。南開附近各地皆遭日軍大炮之轟炸。火燄毗連各處皆是瓦礫場。東馬路河北一帶日軍。均架設機關槍。遇有行人即開槍射擊。死者無算。日機四五架世（三十一日）下午五時許在雨中出動。圍繞津市上空歷時甚久云。

天津三十一日電：。此間物價高漲不已。尤以各種菜蔬爲最。再市內商店閉門有錢，亦無法換物。而各租界則分別加以統制。義租界禁止界外人居住。即住於界內者。如外出時。亦發給證章。當晚必須返回。法租界對界內住之增減雖不限制。但對于一切食糧之購買。均制定一種標準。英租界一方面限制界內住戶出入。同時對食糧蔬菜亦加以統制。聞日租界內食糧問題亦感困難云。

天津三十一日電：張自忠世（三十一日）有電致津市府參事處：守靖傷暫代理津市長。遂表示二點。（一）渠爲市府首席參事應對市政隨時加以維持。（二）同時渠又爲地方紳士不能坐視不顧。惟就任市長一節。目下當談不到。

上海三十一日電；交通界息（一）津浦路客車世（三十一）僅通達德州。因其北端路軌被毀。（二）各輪船公司。津沿綫停航。其餘青島威海衛。煙台。龍口等雖仍照常開航。但貨運水脚。定東（一日）起一律收現。

南京三十日電。關係方面接到報告。日軍三十一日午三時在河北大經路中間架設大炮。苗準造幣廠放射。現已被擊中起火云。

太原三十日電；。平津情勢突變。察北僞匪復乘活動。間爲防萬一。特電綏遠前方部隊嚴加戒備。

天津三十一日電；津塘間鐵路前已中斷。茲已由日軍修復。自陷（三十日）至世（三十一日）晨。時有日軍用車往來。北甯路東總兩站員工。刻已全總退出云。

——摘自《全民日报》（长沙），1937年8月1日

## 慈善機關

# 積極推進救護工作

### 日軍慘酷恣意縱火屠殺

### 平津傷兵遍野救護困難

華北局勢日趨嚴重、平津相繼淪陷、暴日利用飛機大炮轟炸屠殺我同胞、極盡兇殘慘酷之能事、本市慈善界紛起救濟、各情如次、

#### 基督教會 匯款救濟

本市基督教聯合會、為日人不顧人道、以飛機大炮肆行、極殘酷之手段、轟炸我建築物、平津二地幾成灰燼、無辜人民受其屠殺者遺屍纍纍、無人掩埋、加之日軍浪人縱火姦殺、以致平民恐怖萬分、無處投奔、該會據報後、非常憤慨、除加緊救護捐募工作外、昨特捐助千元、請本市慈善團體聯合救災會匯至北平、交平美使領館艾德傳君代為施放、

#### 紅卍字會 辦理掩埋

世界紅卍字會為華北戰幕已啓、人民慘遭荼毒者不知凡幾、難民流離失所、嗷嗷待哺、屍體遍野、無人埋葬、昨特電在平津各地分會本慈善主旨、迅予辦理掩埋及救濟難民治療傷兵工作、並收容戰地難民以免流亡、總會現已設法籌款、俾資大量收容、對於非常時期之救護及收容工作、該會已擬定具體計劃、萬一戰事擴大、各地分會即可隨時出動、

## 紅十字會 設收容所

中國紅十字會總會、以職責所在、將依照日內瓦條約實施救護事宜、除華北救護分會已出發工作及通令全國分會加緊準備外、但以設立醫院購置藥物組設收容所收容被難婦孺、需費浩大、希望各界人士慷慨捐助、以資應用、同時因各傷兵療養醫院傷兵到達時、須換新製衣服、刻已規定式樣、估定價格、每人替換二套、合計國幣二元二角、愛國同胞如願自行購製或代辦、該會極表歡迎、

## 中醫藥界 組救護團

本市國醫分館、昨日下午八時在廈門路尊德里聯合國醫公會、國藥業公會、神州國醫學會、中華國醫學會、上海市國醫學會、開緊急會議、公推顧渭川爲臨時主席、議決組織上海市中醫藥界救護團、由出席代表推舉董事、每一團體各舉董事十人、公推沈仲芳、丁仲英、顧渭川、蔡濟平、王仲奇、夏理彬、龔醒齋、陸震青、馮振鐸、蕭退庵、余伯陶、陳存仁、郭柏良、朱鶴皋、張潤生、蔡香孫、朱子雲、蔣文芳、黃寶忠、陸挺之、丁濟萬、戴達夫、俞同芳、倪息庵、賀芸生、周召南、陸士諤、葉熙春、陳耀堂、張贊臣、殷震一、張杏蓀、施濟羣、唐吉父、嚴二陵、顧筱岩、石筱山、朱星江、胡少堂、姚雲江、徐小圃、徐相任、沈衡甫、巢鳳初、葛子詒、朱松、程迪仁、鮑承良、陳玉銘、馮子鈞、邱延齡、高子文、施琴堂、沈和甫、宋輔臣、陶然、周乾生、袁品章、唐志良、李康年、聞董事成立大會、已定於八月二日、在光啓路中華國醫學會會所開會云、

## 平津間救 護極困難

中國紅十字會消息、㈠據北平來客談、南苑郊外傷兵、因運輸困難、從郊外至城內醫院、竟殊感棘手、致傷兵遍野、北平城內各醫院、現正竭力救治傷殘、㈡天津方面中國自治區、因日機轟炸猛烈、致救護無從着手、狀況不詳、㈢天津電報、昨日尚通、該會祕書長龐京周、昨日發電至天津唐棣春、朱世英、梁寶鑑、沈鴻翔、黎宗堯諸醫師、詳詢津租界救護工作情形、一俟復到、準備供給大量藥品、㈣南京救護事業總管理處、業經組織成立、主任爲劉瑞恆、副主任爲金寶善、龐京周、醫務組組長梅和琳、總務組組長徐世綸、紅十字會救護委員對於購買救護車、愛克司光、及大批裹傷包藥品、均已有具體決定云、又據紅會負責人談、此次平津政局變化太速、致該地救護工作、事實上祇可由平津醫學界所組織之中國紅十字會、華北救護委員會、盡力辦理、而上海紅十字總會、現正努力購置裹傷包布及大宗藥品、將轉運保定滄縣等地使用云、

——摘自《民报》（上海），1937 年 8 月 2 日

日機五架偵察津市

# 繼續轟炸大沽

## 在津空散荒謬傳單

【南京一日中央社電】京中接津訊：日飛機五架，一日晨十時許起飛，在河東特二區一帶偵察，現在特二區又有大批難民陸續由河北而來，但因房舍已滿，均停留於各馬路便道上待救。

【南京一日中央社電】京中接到津訊，日機一架，一日下午四時許在津上空散布傳單，係用「華北民衆反戰同盟會」名義，主張不應對日抗戰，並懸賞告發保安隊等，內容極爲荒謬。

【天津一日中央社電】大沽及附近，刻已完全由日軍佔據，日軍連日以飛機在大沽一帶施行轟炸，大沽造船所，幾已完全轟燬，海防指揮部亦遭日軍大砲之轟擊，附近人民，損失甚鉅。

【天津一日中央社路透電】日飛機今日在空中散發傳單，謂如有人割斷日軍電話線或干涉運輸，則日軍將予處決，如不能拘獲原犯，則日飛機將以炸彈轟擊寓於出事地點附近之人民。

——摘自《神州日报》（上海），1937年8月2日

# 津沽之血與淚

## 大經路一帶餘焰復燃

## 東馬路死者重傷者無人救濟

## 日兵密佈仍搜查或鎗殺行人

◎天津一日中央社電、一日天氣晴朗、日軍昨在河北縱火焚燒之房舍、餘焰今日因以復起、大經路一帶煙雲團繞、迄午後始稍止、日軍在河北東馬路所慘殺之民衆、屍體枕藉、受重傷者亦呻吟於路傍、無人救濟

### 搜查行人有鎗殺

◎南京一日中央社電、關係方面接津電、黑衣警察、一日雖陸續增加、但特三區東馬路河北一帶、日兵仍密佈未撤、遇有行人即行搜查、其不幸遭槍殺者亦復不少、全市難民益衆、多麕集於特一二兩區、約達數萬人、飲食極感困難、而救濟無人、各難民聚集處、無不痛哭流涕、爲狀至慘、

### 日機散荒謬傳單

◎南京一日中央社電、京中接到津訊、日機一架、一日下午四時許、在津上空散布傳單、係用「華北民衆反戰同盟會」名義、主張不應對日抗戰、並懸賞告發保安隊等、內容極爲荒謬云、

◎天津一日中央社路透電、日飛機今日在空中散發傳單、謂如有人割斷日軍電話線或干涉運輸、則日軍將予處決、如不能拘獲原犯、則日飛機將以炸彈轟擊寓於出事地點附近之人民云、

### 日稱將轟擊某村

◎天津一日路透電、日軍事當局宣布擬轟擊前德租界附近之某村後、該區域內之居民、現正扶老攜幼而退出、該村位於前德租界之南、保安隊現擬以攻擊日人之紗廠、該區域內凡寓有外僑多人、現亦遷移、美僑刻由美兵護送至安全之處、前德租界之居民紛紛退出、後聞日軍事當局復稱、不致轟擊該村、故人心已爲稍定、中國警察現衣冬季制服、在華界上崗、故亂況漸靜、惟在華界巡視一週、殘破狀況、觸目傷心、郵務總局現仍由日軍佔據郵務當局現正與日軍交涉恢復職務事宜、領事團今日開會、希望日當局從速減輕因日軍砲轟、棄家逃避大隊難民之恐慌、北寧鐵路高等職員、今日下午已回總公處、發出通告、令中國職工回局服務、該路現有鐵甲車來往巡邏、

（本文未完轉入第八版）

# 津沽血淚（接第六版）

## 三四十萬人待救

◎天津一日中央社電、津市現有難民三四十萬人待救、同時於砲下遭難而死者亦不計其數、屍骸枕藉於途、爲狀極慘、津慈善事業委員會、頃組織臨時辦事處、辦理一切救濟事宜、一日在銀行公會開會、計到士紳孟少臣・王文典・紀仲石等十餘人、決定全市設立收容所五六十處、收容露宿各處之難民、至於詳細救濟辦法、將於二日續開緊急會議商談、又特一區現有難民約萬五千人、此間英・法・德各國僑民組織救護會施行救濟、亦定二日開始辦理、

## 特二區難民擠滿

◎南京一日電、津中接津訊、日飛機五架、一日晨十時許起飛、在河東特二區一帶偵察、現在特二區又有大批難民陸續由河北而來、但因房舍已滿、均停留於各馬路便道上待救、

## 遭砲火渡河避難

◎天津八月一日路透電、日軍昨日砲轟華界、欲逐出抗日軍隊、東站與總站間之各區域、如鳳林村等、悉遭砲火、居民大爲惶駭、相率避入租界、致天津發生如何安置難民之嚴重問題、英法租界對面之俄租界河邊及河中、昨呈空前之悽楚景象、難民數千、大都爲較貧階級、爭先渡河欲達安全地點、河中小舟蟻集、滿載難民、渡至泊於英租界沿河之小火輪躉船與其他船上、惟此種船隻、已有難民甚多、致有傾覆之虞、英租界警察乃許大批難民登岸、沿河邊而往前德租界、入夜、日方停砲、天津居民得以驚魂稍定、安眠一夜、新任警察局長李景陽、召集警察訓話、諭其穿冬季黑色制服、照常服務以免與黃灰色制服之保安隊相混、昨日華界居民、行走稍可自由、惟大街常有流彈、故行人避之、高凌蔚被任爲天津治安維持會會長、

## 日軍攻大沽經過

◎天津一日中央社電、據塘沽來人談、近三數日來、日軍大批軍用品以輪船運抵塘沽、分別裝運來津、並稱大沽戰事係於二十八日發作、先是日軍於下午三時半、以步鎗向南岸射擊、繼以大砲轟炸各村莊共開十二次、二十九日晨八時、有驅逐艦兩艘、繼續開砲、其目的在海防指揮部軍警及大沽造船所、此數處均大部被焚、我軍傷亡甚衆、三十日已撤退、日軍轟炸各村莊時、有一老婦及四小兒同時被擊身亡云、

## 大沽造船所全燬

◎天津一日中央社重、大沽及附近、刻已完全由日軍佔據、日機連日在大沽一帶施行轟炸、大沽造船所、幾已完全被燬、海防指揮部亦遭日軍大砲之轟擊、附近人民、損失甚鉅、

◎天津一日路透社電、晨此間一切安謐、軍事活動均已停止、東馬路與華界河濱之商店、昨日日軍砲轟時、多中彈、南開小學校亦被焚、

## 路局大部被擊毀

◎天津一日中央社電、北寧路各高級職員、一日晨一部集合於總局視察、籌備恢復辦公、並派員赴河東特二區一帶、救濟被難之員工、據悉北寧路局舊樓、已全部被燬、新樓亦有一部遭砲彈射擊、北寧醫院亦受重大損失、蓋日軍曾開到院內、故內部亦多被破壞、

## 電話局機器被刦

◎天津一日中央社電、津電話二局及五局、自遭日機轟炸後、內部機器、本已損壞、一日午日軍又派人到局將所有重要機器全部運走、又有大批日鮮浪人等之、將一切零星機件及器具亦搬運一空、查二五局[illegible]所值約在數十萬元、

——摘自《时报》（上海），1937年8月2日

# 大沽被佔海防部等被毀

# 華南華北敵機橫行

## 張慶餘等部努力殺敵待命前進

## 日機炸天津造成災民三四十萬

## 津浦車被日軍破壞死亡極慘重

## 我馮治安部刻扼守良鄉

南京一日電。軍事機關據（一）保定二十七日電。此次北苑圈河立水橋一帶與敵搏戰者。係石友三所部倉濤宗。出敵不意。故受創甚鉅。（二）保定世（三十一）午十二時電。本午敵由豐臺向天津開出兵車六列。裝運槍炮等類。抵廊坊爲我軍阻止。退返豐臺。（三）青島世（三十一日）下午六時電。本日上午九時四十分。濟南發現日機一架。飛度甚高。視察一周。向東飛去。旋於十時二十分經膠濟路普集仍東向飛去。（四）開封三十日電。本日正午鄭州上空發現黑灰色日機一架。飛經中牟韓莊開封等處。至十二時十七分由西向東飛去。（五）廣州三十日電。本午惠陽淡水等處。發現怪機三架。在空盤旋。數十分鐘始去。據確息。（一）石友三部保安隊。日前參加宛平盧溝橋各役。抗戰甚力。終以日軍炮火轟炸猛烈。不得已由石率部向西南移動。現已到達平漢綫某地待命中。（二）此次通縣保安隊張慶餘暨硯田所部反正。轉襲冀東偽組織一舉粉碎。並予當地日軍以重創。及日機大隊猛轟。始行退出。現悉該隊已繞道開抵永定河以西某地區。與察北保安司令孫殿英所部取得聯絡。相機進取。

天津一日電。大沽口附近刻已完全由日軍占據。日軍連日以飛機在大沽一帶飛行轟炸。大沽造船所幾已完全被燬。海防指揮部亦遭日軍大炮之轟擊。附近人民損失甚鉅。

南京一日電。馮治安軍（一日晚十時半有電到京。據稱平漢綫我方部隊。今在良鄉車站防守中。天津方面。我方某部已與李文田部保安隊取得聯絡。迭向津方敵軍襲擊。極爲得手。

天津一日電。一日天津晴明。日軍昨在河北縱火焚燒之所。餘燼今日因以復起。大經路一帶煙雲圍繞。迄午後始稍止。日軍在河北東馬路所慘殺之民衆屍體枕籍。受重傷者亦呻吟於路旁。無人救濟。

## 日軍大肆屠殺以來 我被難人民數十萬

（天津一日電）津市民現有難民三四十萬人待救。同時槍炮下遭難而死者。亦不計其數。屍骸枕藉於途。爲狀極慘。津慈善事業委員會。頃組織臨時辦事處。辦理一切救濟事宜。東（一日）在銀行公會開會。計到士紳孟少臣。王文俊。紀仲石等十餘人。決定全市設立收容所五六十處。收容露宿各處之商難民。至於詳細救濟辦法。將於冬（二日 緒開緊急會議討。又特一區現有難民約萬五千人。此間美法德各國僑民。組織救護會。施行救濟。亦定冬（二日）開始辦理。

天津一日電。據塘沽來人談。近三數月來。日軍大批軍用品以輪船運抵塘沽。分別裝運來津。並稱大沽戰事係於二十八日發作。先是日軍于午後三時半以步槍向南岸射擊。繼以大炮轟炸。各村莊開十二發。艷（二十日）晨八時有驅逐艦兩艘。繼續開炮其目標在我防指揮部軍營。及大沽造船所。此數處均大部被燬。我軍傷亡甚衆。陷三十日）已撤退。日軍轟炸各村莊。時有一老婦及四小兒。

天津一日電。 津電話局及五局自遭日轟炸後。內部機器本已損壞。東（一日）午日軍又派人到局將所有重要機器全部運去。又大大批日鮮浪人隨之將一切零星機件及器具亦搬運一空。查二五局機器所值約在數十萬元。

（南京一日電）京中接津訊。日飛機五架。東（一日）晨十時許起飛。在河東特二區一帶偵察。現在特二區又有大批難民陸續由河北而來。但因房舍已滿。均停留於各馬路上便道上待救。

（徐州三十一日電。路訊。日偵察機東（一日 晨十一時有三架飛臨濟南上空偵察盤旋約二十分鐘。尤注意我軍津浦膠濟兩路運輸。旋向東北去。濟青兩地居民連日來徐西上者。擁擠不堪。

（南京一日電）京中接到津訊。日機 柴一日下午四時許。在津上空散布傳單。係用「華北民衆反戰同盟會」名義主張不應對日抗戰。並偵告發保安隊內等內容極爲荒謬云

## 津浦路軌被日拆卸 機車傾覆旅客死傷

徐州一日電。路訊。津浦北段世（三十一日）北上交通車一列駛抵獨流鎮時被日人將鐵軌拆卸四節致機車傾覆列車出軌。司機及燒火者均被掃斃。赴津旅客亦死傷多名。津浦路局決於東（一日）起將客運終點。改至德州平滬車終點改至濟南。

天津（一日電）河北郵務管理局。定冬（二日）遷回東站總局辦公。該局東（一日 特以駁船。隻專載由津寄往北及國外各地郵件。運至塘沽用輪船分別寄遞。向北郵務管理局長克 立地東（一日） 曾與日軍部人員有所接洽云。

（天津一日電）北檢路將於三日恢復通車。預定二日晨由路局派專車兩列由津分別開往平檢勘查。沿途情形如無障礙。即如期恢復通車云。

天津一日電。艷（二十九）平瀋通車曾在軍糧城出軌。共有三節車傾覆。一部日兵傷亡並有一十二歲童予軍身亡。該次車因津戰事發作又折返塘沽。其他北寧路各次車艷 二十九 起亦在塘沽下車。頃者所有乘客已於東（一日）乘輪由塘沽到津。

## 津市出現治安維持會 高凌蔚担任主席

南京一日電。關係方面接津訊津市東（一日）有地方治安維持會成立。委員共十一人。高凌蔚任主席委員。定冬起在河北造幣廠辦公。據稱該會第一步謀恢復地方治安。與交通。又聞李景陽亦有大去意。

（南京一日電）關係方面接津電。黑衣警察東（一日）雖在特三區東馬路河北一帶。日兵仍密布未撤遇有行人即行搜查其不幸還槍殺亦復不少。全市難民爲衆多麕集於特一二兩區。約達數百人飲食極感困難。而救濟無人。難民聚集處。無不痛哭流淚。爲狀至慘。

（歸綏一日電）湯恩伯。傅作義。趙承綬門炳岳各將領。三十一日晚對綏東防務。詳作磋商後。湯即於當時返防。門氏亦於東（一日午返防。

——摘自《全民日报》（长沙），1937 年 8 月 2 日

# 某部與保安隊取得聯絡
# 襲擊津敵軍極爲得手
## 我方部隊仍在良鄉車站防守中
## 石友三部已到平漢綫某地待命

中央社南京一日電　馮治安一日晚十時半有電到京、據稱、平漢線我方部隊・今在良鄉車站防守中・天津方面・我方某部已與李文田部保安隊取得聯絡・迭向津方敵軍襲擊・極爲得手・

中央社南京一日電　據確息、石友三部保安隊・日前參加苑平廬溝橋各役、抗戰甚力、嗣因日軍炮火轟炸猛烈、不得已由石率部向西南移動・現已到達平漢線某地待命中・

中央社南京一日電　軍事機關據保定念九日電、此次北苑團河立水橋一帶・與敵搏戰者・係石友三所部保安隊・出敵不意・故敵人受創甚鉅・

中央社天津一日電　一日天氣晴朗、日軍昨在河北縱火焚燒之房舍・餘燄今日因以復起・大經路一帶烟雲圍繞・迄午後始稍止・日軍在河北東馬路所慘殺之民衆・屍體枕藉・受重傷者亦呻吟於路傍・無人救濟・

中央社南京一日電　關係方面接津電、黑衣警察一日雖陸續增加、但特三區東馬路河北一帶日兵仍密佈未撤・遇有行人即行搜查・其不幸遭槍殺者・亦復不少・全市難民益衆、多麕集於特一二兩區、約達數萬人、飲食極困難、而救濟無人　難民聚集處・無不痛哭流涕・爲狀至慘・

中央社南京一日電　京中接津訊、日飛機五架・一日晨十時許起飛・在河東特二區一帶偵察、現在特二區又有大批難民陸續由河北而來、但因房舍已滿、均停留于各馬路便道上待救、

中央社天津一日路透電　今晨此間一切安謐、軍事活動均已停止、東馬路與英華界河濱之商店・昨日軍砲轟時多中彈・南開小學校亦被焚・

## 日機連日轟炸大沽

中央社天津一日電　大沽及附近、刻已完全由日軍佔據、日方連日以飛機在大沽一帶施行轟炸、大沽造船所幾已完全炸燬、海防指揮部亦遭日軍大炮之轟擊、附近人民、損失甚鉅、

中央社天津一日電　據塘沽來人談、近三數日來、日軍大批軍用品、以輪船運抵塘沽分別裝運來津、並稱大沽戰事、係於念八日晨發作、先是日軍於下午三時半、以步槍向南岸射擊、繼以大炮轟炸各村莊、共開十二發、念九日晨八時、有驅逐兩艘、繼續開炮、其目的在海防指導部軍營及大沽造船所、此數處均大部被焚、我軍死亡甚衆、三十日已撤退、日軍轟炸各村莊時、有一老婦及小兒、同時被轟身亡云、

## 天津難民爲數甚衆

中央社天津一日電　津市現有難民三四十萬人待救、同時槍炮下遭難而死者亦不計其數、屍骸枕藉於途爲狀極慘、津慈善事業委員會頃組織臨時辦事處、辦理一切救濟事宜、一日在銀行公會開會、計到士紳孟少臣、王文典、紀仲石等十餘人、決定全市設立收容所五六十處、收容露宿各處之難民、至於詳細救經辦法、將於二日續開緊急會議商討、又特一區現有難民約萬五千餘人、此間英法德各國僑民組織救護會、施行救濟、亦定二日開始辦理、

中央社天津一日路透電　日軍昨日炮擊華界、欲逐出抗日軍隊、東站與總站間之各區域如鳳林村等、悉遭炮火、居民大爲惶駭、相率逃入租界、致天津發生如何安置難民之嚴重問題、英法租界對面之俄租界河邊及河中、昨呈空前之悽楚景象、難民數千、大都爲較貧階級、爭先渡河、欲達安全地點、河中小舟蟻集、滿載難民渡至泊於英租界沿河小火輪躉船與其他船上、惟此種船隻、已有難民甚多、致有傾覆之虞、英租界警察乃許大批難民登岸、沿河邊而往前德租界、入夜日方停炮、天津居民得以驚魂稍定、安眠一夜、

中央社天津一日路透電　日軍事當局宣布擬轟擊前德租界附近之某村後、該區域內之居民現正扶老攜幼而退出、該村位於前德租界之南、保安隊現據以

攻擊日人之紗廠、該區域內且寓有外僑多人、現亦遷移、美僑刻由美兵護送至安全之處、前德租界之居民紛紛退出、後聞日軍事當局復稱、不致轟擊該村、故人心已爲稍定、中國警察現衣冬季制服、在華界上崗、故亂況漸靜、惟在華界巡視一週、殘破狀況、觸目傷心、

——摘自《民报》（上海），1937年8月2日

## 倭飛機轟炸保定車站

天津一日電。倭方消息・倭機轟炸保安車站・站內兵車一列被炸。倭機隨飛往涿縣。炸毀處軍車二列。又稱在徐水附近炸軍車一列。

北戴河開赴天津之客車出軌。斃六人。傷六十人。聞係華人故意拆軌。謀覆倭軍軍車云

——摘自《三民晨报》，1937年8月2日

# 日本大舉徵調軍民
# 十餘萬人待命侵華
## 敵機飛冀魯豫境肆意射擊

【本報濟南二日專電】昨晨日機一架，在黃河崖站附近，向經過之列車掃射，旋飛去。

【南京二日中央社電】據確報：日本國內軍事運輸現極呈忙碌，朝鮮鐵路已停止貨運，日軍高射砲隊及航空兵，約二千餘名，於上月中旬開津。野戰重砲及騎兵旅團共萬二千人，亦先後續開。第六師團現奉令整裝待發，九州後備兵預備軍陸續出動者約七萬人。神戶各地下令徵兵亦達六萬人，又大批軍火由高砂丸載運，日前駛往台灣，內手溜彈計數千餘箱，觀日軍徵調之廣，其謀我之亟可見。

【徐州一日中央社電】一日午由保定過徐南下之滬上某兩報記者談，日軍現仍向保定取攻勢，每日遣大隊飛機，掩護其部隊，追擊二十九軍。平漢列車被其轟炸者，日有數起，尤以電線輒被炸斷，故對整個抗戰局勢不明。

【洛陽一日中央社電】敵機一架，一日中午十二點飛洛陽偵察，高空盤旋一週東去。

【石家莊一日中央社電】日機一架，一日曾到此窺察，二日晨五時許仍有日機一架，出現上空，良久始去。

【南京二日中央社電】頃據交通界息，日飛機三十餘架，二日晨離津南飛。

【鄭州二日中央社電】鄭州一日下午三時，發現敵機一架，在二千公尺高空偵察數匝而去，安陽高空一日亦發現敵機四架，由北飛徐東南各地偵察。

【南京二日中央社電】京中某機關接卅一日平電：張自忠部入城之部隊，多已改為保安隊，每日晨昏均由日人詢話。張等已無主持能力，諸事皆由漢奸操縱，前途尚有演進。

【南京二日中央社電】交通界息：據保定二日電日機連日均有三五架來保盤旋，二日晨五時，石家莊上空亦有日機發現。

【南京二日中央社電】交通界息：濟南一日電，有敵機一架經德州南飛至黃河車站，適停有火車一列，該機即向之射擊，後向北飛去。同日午時，有敵機兩架，在德州上空盤旋一週後，一架向舊兵工廠營房射擊數次，並在車站附近向下射擊，傷三人，向北飛去。

——摘自《神州日报》（上海），1937 年 8 月 3 日

# 日軍在津搜殺無辜

（中央社南京三日電）京中關係方面接津電：日軍二日仍在街檢查行人，並續在河北東馬路一帶，挨戶搜查。凡有被認為可疑者，即有遭槍殺之虞。日軍開到特一區後，聞二日晚已將商品檢驗局佔據。又聞河北方面曾發現大批屍首，身上多帶傷痕，一般推測，恐係在北寧醫院醫治之保安隊，被日軍發現後槍殺者。又在津之日機，二日七時許有十架，結隊飛出，以後又有十餘架繼起，至晚已陸續返津云。

——摘自《大晚报》（上海），1937 年 8 月 3 日

## 太古輪船主抵滬談

# 日艦砲轟大沽慘狀

## 中國兵工廠全部被炸燬

## 無辜民衆死傷不可勝計

字林報云　太古公司順天輪船主蕭君、昨晚直接由華北戰區來滬、對本報記者詳述日艦對大沽村作慘無人道之砲轟、及無數平民逃難景象、茲記之如次、

此次不幸事件、於星期三晚開始、其時日本聲稱、日艦沿岸巡行時、忽被射擊、但係何方所射擊、則未言明、但翌晨八時、日軍即予以猛烈之還擊、其時日驅逐艦二艘、均泊於河口之外、另一日驅逐艦則開入口內、所停地點、離大沽村約四英里、至八時正、此驅逐艦即對準中國兵工廠、發砲轟擊、故損失奇重、蕭君謂該晚必有奸細在岸上作探、否則發砲當無如此準確、當發砲時、順天輪亦停泊於附近、但幸不在直接火線之內、而怡和之富生及德生二輪、則甲板上均落有流彈、德生輪之二副、受驚最甚、其帽上有一流彈飛過、星期四早晨、轟擊仍斷續不停、直至兵工廠全部毀後、日艦始移其目標於中國兵營、但射擊不準確、砲彈均落於平民房屋、其時村中居民、均紛紛逃避、情狀備極悽慘、死者不可勝計、而受傷者尤多、負傷者躑躅呻吟於曠地之上、或有未傷者負之奔逃、是晨日艦儘量作燬滅工作、直至正午始停、至下午五時、蕭君乃令順天輪開出赴滬、雖未裝貨、亦不敢再事逗留、且因船上擠有無數中國難民及外人、故急急於開行也、其時尚有干若外人亦欲乘輪來滬、第苦於無法登輪、最不幸者、爲其他公司之輪船、當順天開行後、該輪等仍未能卸下由滬裝去之貨物云、

——摘自《时事新报》（上海），1937 年 8 月 3 日

# 日軍殘酷行爲之一斑

# 大肆屠殺我方傷兵

## 北甯醫院中發現大批屍體

## 日軍續縱火焚燒津各機關

本報天津二日專電　二十九日晨抬往北甯鐵路醫院之受傷兵士及保安隊兵士、我軍二十九日晚撤退日軍佔據總站後、即將傷兵一律屠殺、狀極慘酷、維持會今在河北抬埋屍體時、始在北甯醫院發現

本報天津二日專電　日軍今日派人攜火油等分赴市府女師學院 及西南角等處空炸餘之建築物及學校機關縱火、遇有學生份子、即施行毆打、

同盟天津二日電　日軍司令部發表謂廊房中國兵營一日被日加藤工兵部隊根本的炸破・

——摘自《时事新报》（上海），1937年8月3日

**日軍毀壞文化機關**
**胡適等電告世教會**
**電文請孟祿在會中宣讀**
**大會昨開幕出席三千人**

中央南京二日電　胡適等爲敵軍蓄意炸毀張伯苓以卅三年精力創辦擴展之南開大學與附中、並燬冀省立女師學院及省立工業學院、特於七月卅一日晚電東京中國大使館、轉世教會聯合會會長孟祿博士、請將電文向大會宣讀、希望世教會議代表對於此種毀壞學術機關之野蠻行動、予以判斷、與指斥、聞七屆世教會議定二日晨在東京開幕、

同盟東京二日電　第七屆世界教育會議出席者、有英美法等卅九國代表、共計三千餘名、自二日午前十時半在東京帝國大學開會、分爲七部討論、各項教育會議完竣後、各代表至上野參觀美術館等處、午後四時應召赴宴、訂於午後八時召開第一總會、

——摘自《时事新报》（上海），1937年8月3日

**日機飛德州**
**射擊列車**
**車站附近傷三人**

◎南京二日中央社電、交通界息、濟南一日電、有敵機一架、經德州南飛至黃河車站、適停有火車一列、該機即向之射擊、後向北飛去、同日午時、有敵機兩架、在德州上空盤旋一週後、一架向舊兵工廠營房射擊數次、並在車站附近向下射擊、傷三人、向北飛去

——摘自《时报》（上海），1937年8月3日

## 冀女師學院 被炸全毀

◎南京二日中央社電、教育行政機關據報、日軍此次在津轟炸無武裝設備之文化機關、除南開大學各項建築犧牲殆盡外、其次爲河北省立女子師範學院、該院校舍廣大、樓房毗連、多爲最近二三年新建之大厦、二十九日午間即遭日軍大砲飛機轟炸、片時間沿天緯路之大樓、全部焚燬、該處本係職教員宿舍、院長及各課辦公室、陳列室、因是一切文件重要記錄、悉燬於火、數十年來學生優良成績、無一存餘、其旁之師中部大樓、亦遭波及、教室設備及理化儀器教材標本、皆化灰燼、自下午二時至晚六時止、先後中大小砲彈炸彈不下數十、各部燃燒至深夜未熄、該院長齊璧亭及教務主任胡君欲設法挽救、終以火勢太大、至次日率數名職工前往探視、忽遇十餘日兵、正在該院各處用機鎗射擊、將餘留各項破壞無遺、因此損失奇重、至今未能確實估計、河北工學院亦遭日軍轟炸、惟損失不若南開及女師之鉅云、

——摘自《时报》（上海），1937 年 8 月 3 日

## 北平日軍 搜捕市民

### 廿九獨立旅被解除武裝 平中央社職員亦被逮捕

◎北平二日快訊社電、此間情形頗爲安靜、城內治安、全由警察維持、駐平之廿九軍卅九獨立旅、一日全部被日軍解除武裝、日憲兵日來四出活動、嚴密搜查反日分子、學生及新聞記者、被誣爲反日分子而遭拘捕者、已有卅餘人、

◎南京二日中央社電、據京中所得北平電訊、北平警察局應日方要求、於七月三十一日晚將中央社北平分社職員十餘人逮捕拘押、聞將加以共黨嫌疑罪名、送法院處理、並聞尙有新聞界多人、亦在暴力摧殘之列、中央社按、本社社員、本國家民族立場、盡新聞記者天職、服務精神、度爲海內外人士所共見、此次北平淪陷、我分社同仁雖在萬分險惡環境之下、猶能盡其職責、報告新聞、國難至此、生死自早置度外、現北平已歸日軍武力控制、對此少數新聞從業員、生殺予奪、何求不得、正不必假借何題目、以圖掩飾全世界之耳目也、

——摘自《时报》（上海），1937 年 8 月 3 日

## 日軍在平津線
# 大舉屠殺
### 每村二三百人罹難

【保定二日中央社電】北寧路平津間軌道，被我軍民破壞甚多，日軍部派工前往修理，但仍被破壞。日軍乃至黃村廊坊口落岱等地，屠殺人民，每地有二三百人遭難。

——摘自《神州日报》（上海），1937 年 8 月 3 日

## 津日軍挨戶搜查
# 市民多遭害
### 河北發現帶傷屍首
### 衆信皆係保安隊警

【南京三日中央社電】京中關係方面津電；日軍二日仍在街上檢查行人，並續在河北東馬路一帶，挨戶搜查，凡有被認為可疑者，即有遭慘殺之虞。日軍開到特一區後，聞二日晚已將商品檢驗局佔據。又聞河北方面曾發現大批屍首，身上多帶傷痕，一般推測恐係在北甯醫院醫治之保安隊，被日軍發現後槍殺者。又在津之日機二日七時許有十架結隊飛出，以後又有十餘架繼起，至晚已陸續返津。

——摘自《神州日报》（上海），1937 年 8 月 4 日

# 敵殘殺我無辜民衆

中央保定二日電　北寗路平津間軌道、被我軍民破壞甚多、日軍部派工前往修理、但仍被破壞　日軍乃至黃村廊坊落垡等地屠殺人民、每地有二三百人遭難、

中央保定三日電　張漢全一日電宋哲元、馮治安、高樹勳等報告前方情況如下、㈠一日上午十時由津開落垡敵車三列、載日兵數十、及鐵道材料、沿途修理、天空有轟炸機二架隨護、㈡廊坊有日兵百餘、屠殺我民衆、除逃出者無倖免、全鎮房屋均被焚毁、

本報天津三日電　北寗鐵路津平段、各站員工、現均係由南滿路調來工作者、

中央保定三日電　敵侵入平津後、對民衆非常仇視、除將津工學院南及開大事焚毁外、並在安次廊坊落垡黃村等處、屈殺我無辜民衆數達一二千人、

——摘自《时事新报》（上海），1937 年 8 月 4 日

# 暴日飛機肆行轟炸

# 敵我現相持於良鄉

## 我軍擊落敵機并俘獲坦克車

## 石友三張慶餘率部奮勇殺賊

## 無辜民衆被殺者達數千

保定三日電。良鄉方面敵我兩軍仍在對峙中。

保定三日電。二日下午一時。敵騎數十名發現于鐵道鎮一帶。被我便衣隊擊潰。向長辛店方面逃竄。同時有敵戰車二輛。小摩托二輛到七里店附近。亦被我擊。

保定三日電。本日敵以裝甲車六輛。飛機五架到良鄉擾亂。在竇店被我擊落飛機一架。截獲裝甲車一輛。

保定三日電。張慶餘部。刻在通縣附近與敵激戰中。戰况甚利。

保定二日電。（一）日機東（一日）六度來保。一度以機槍掃射。冬（二日）上午三時七時兩度飛保偵察。當局爲安定人心。縮短戒嚴時間。勸令商店復業。同店員多離去。未全開。（二）石友三督率冀北保安隊掩護調防。抗戰激烈。陣亡官兵甚多。石東（一日）由淶水抵保。晉謁各軍事長官報告。石征塵滿面。談抗戰經過。極爲激昂。孫殿英聞仍在前方。

保定三日電。琉璃河一帶連日有小機一二架盤旋偵察。

南京三日電。據確息。（一）我便衣隊三日在平漢鐵路良鄉以南竇店鎮。擊落日機一架。日機師二人受傷身死。機上機關槍等武器爲我截獲。日機被擊落時碰傷當地人民兩人。（二）日軍一部三日衝過良鄉車站圖襲擊竇店。爲我便衣隊擊退。獲大型坦克車一輛。車上武裝及日兵均被俘獲。坦克車輪因被折毀。尙留竇店附近。（三）平漢綫前方三日無大戰。我軍仍扼守良鄉車站。

保定三日電。日機日前來保。散放荒謬傳單後。每日數次飛來偵察。有時以機槍向郊外掃射。我軍亦予以還擊。三日晨至午已到三次。第二次來五架。餘均一架云。

保定三日電。據對人報告前日情況如下。（一）一日十時由津開洛俗敵軍三列。載日兵數十。及鐵道材料沿途修理。天空有轟炸機二架隨護。（二）廊坊有日兵百餘。屠殺我民衆。除逃出者幸免外。全鎮房屋均被焚燬。

## 馮治安坐鎮保定

保定三日電。馮治安現在保坐鎮。並督率省府及所屬各機關職員晝夜加緊工作。三日手諭所屬一律準時辦公。不得擅離職守。馮亦按時到府親自處理要務。態度極鎮定。市民經日機轟炸後。多有離去者。各業均停。經省府及治安機關勸諭。經佈告後。現已漸復業。物價亦由地方官廳及商會等平衡。不得任意操縱因之人心漸安。

保定三日電。馮治安連日召集省府各廳處長。及地方領袖商談維持辦法。決努力安定金融。平抑物價。使社會秩序安定。並竭力收容散兵。免滋事端。現已分別辦理。

## 日機轟炸高碑店

海州三日電。三日晨五時起有日機八架在安東街上空盤旋甚久始去。

開封三日電。日來道口陽武鄭州安陽輝縣等處。均發現日機。鄭州二日電。二日上午十時三十分有日機在高碑店車站擲一彈。未有損失。又在涼州站擲彈約三十顆。均落南揚旗外。未有損失。

## 民衆數千人被殺

保定三日電。敵侵入平津後。對民衆非常仇視。除將津工及南開大事焚燬外。並在安次廊坊落山黃村等處。屠殺我無辜民衆。數達一二千人。

## 津水上炮輪被扣

南京三日電。交通界息。津水上之飛馬。海晏。海關。開鎮。四小炮輪。已被日軍扣留。航業通明兩公司之天文。新華兩小輪。亦被強迫徵發。與日輪金谷丸共將我大沽運船所重要機件運走。

——摘自《全民日报》（长沙），1937 年 8 月 4 日

## 日軍在津任意槍殺民衆
## 沿街屍身纍纍傷心慘目

中央社南京五日電。京中某慈善機關接津電。日軍在津市挨戶搜查。凡遇壯年活潑者。即指爲形跡可疑。當場牽出門外槍斃。故沿街屍身纍纍。傷心慘目。

中央社滄縣五日電。自上月三十日以來。此間麕集津難民達十餘萬人。流離飢苦。亟待救濟。難民因當地駐軍分食相饗。極爲感動。對日軍之殘暴轟炸。則深切痛恨云。

——摘自《湖南国民日报》，1937 年 8 月 6 日

# 津日軍挨戶搜查

## 遇壯年活潑者牽出槍斃

## 沿街屍身累累傷心慘目

中央南京五日電　京中某慈善機關接津電、日軍在津市挨戶搜查、凡遇壯年活潑者、即指爲形跡可疑、當場牽出門外槍斃、故沿街屍身累累、傷心慘目、

中央天津路透四日電（遲到）此間現漸沉靜、今夜英兵停止巡邏、華界電車明日將有一部份開駛、鐵路人員既陸續回局辦公、華界郵件亦將照常遞送、蘇聯領事今日偕日人二與領事團代表一同至蘇聯領署視察搗毀情形、並攝影以資考證、

本市訊　滬上德半官方面發表消息、駐天津德總領事、鄭重否認八月二日某外國通訊社所傳、德國領事協助日本軍當局佔領天津舊德租界之說、查天津德租界、自歐戰結束後、已不存在、同時其行政已完全歸還中國、德國總領事、初已無權過問此區域內之行政、因此、駐天津德總領、更無權轉讓此區域與日本、抑或予任何國家、外傳種種、完全無稽

又某外國通訊社所傳漢口日本商號停業、委託德國機關代爲執管云云、亦全無根據、德國絕無任何官場或私人機關、接受日人如是之請求、且亦從無此項接洽也云、

——摘自《时事新报》（上海），1937 年 8 月 6 日

## 日軍蹂躪下之平津

# 任意逮捕無辜

### 新天津報社長昨亦被捕押

### 平被捕之記者等迄未釋放

本報南京七日專電 據津訊、新天津報社長劉髯公昨被捕、押日憲兵司令部、聞劉與石友三係盟兄弟、石未附敵、劉亦不肯、劉因日方禁新天津在華界行銷、六日赴日憲兵部交涉時被扣、

本報南京七日專電 據津訊、日軍令維持會設新聞科、統制新聞、軍部派二人、維持會派二人、日軍部今午招待中國記者、僅到三人、由特務機關長茂川報告、限各報五日內復刊、否則永不准出版、

快訊北平七日電 此間情況、表面上雖已沉靜、然人心仍感不安、蓋因目下在平之華人生命財產、毫無保障、日軍到處活躍、藉口搜查反日份子、任意拘捕無辜人民、加以非刑、如數日前在平被捕之中國新聞記者及大學學生共二十餘人、迄今仍未釋放、生死未卜、今日之北平、已成第二瀋陽矣、

——摘自《时事新报》（上海），1937 年 8 月 8 日

# 敵機十二架昨在南站
# 轟炸候車之難民
## 兩百磅重炸彈八枚
## 六七百人斷脰肉飛

昨日午後二時許、敵機十二架、在南市大肆轟炸、南站及其附近共投每個兩百磅重之炸彈八枚、該站站屋天橋、及水塔車房、當被炸毀、同時在站候車離滬之難民均罹於難、死傷達六七百人、死者倒臥於地、傷者轉側呼號、殘肢頭顱、觸目皆是、血流成渠、泥土盡赤、景象之慘、無以復加、敵機於轟炸之餘、又投擲硫磺彈多枚、南站之外揚旗、及鄭家橋兩處、當即着彈起火、延燒甚烈、直至傍晚始行救熄、查南市一帶、絕無軍事設備、敵機竟橫加轟炸、慘殺平民、焚燒房屋、此種絕無理性有背人道之舉動、實可謂向全人類挑戰云、

昨日午後二時許、敵機十一架、飛往南車站轟炸飛翔甚低、計投四彈墜於煤屑路、着火焚燒民房、經消防隊救熄、惟受傷人李廷貴醫士等三十餘人、均輕重不等、但衣服上悉係黃色潰痕云、

——摘自《民报》（上海），1937年8月9日

侵略者瘋狂掠刼

# 在前線轟炸！屠殺！

## ×××我們要踏着同胞鮮血英勇邁進×××

一致奮起！洗滌幾年來敵人賜予恥辱！

新的中國！建築在大無畏犧牲精神上！

（上海通訊）在琉璃河登車的乘客、除了軍人以外、儘是些扶老攜幼的難民、在最最危迫的一刹那、他們離鄉背井、拋棄了最親愛最有情感的家屬或親友、特別是那些對泥土對農作物最有親切意味的農民們、要他們拋棄用血汗灌溉而成的高粱地、一顆樹、一根草、他們內心的怒火、該熾燃到什麼程度？而且逃出戰區之後、生活的前途、依然渺茫得沒有一點把握啊！日本帝國主義者的進攻和殘殺、我們逃、也是沒有生路、我們等待、更是死路一條、祗有挺身抗戰、從死路中去爭取我們的活路！

### 拚這殘命　打回老家去！

保定下車時已午夜、城門緊閉、路上行人斷絕、祗好在車站附近的小旅館中、幾十個人擠坐一室、以待日出、卅日、早上進城、到保陽旅館休憩一會兒、幾個南開大學東北大學學生慰勞傷兵代表、鬨集攏來談天、他們談到自己的學校——巍峨的南開大學校舍、被敵人燒得烈燄高張、濃烟遍天、什麼寶貴的圖書、什麼化學儀器、一切全校數十年來艱辛經營的設備、已成一片灰燼、他們眼睛圓睜、拍桌擊案的大聲疾呼：『完了、[illegible]們什麼都完了、今後只有一條命、要拿來跟敵人們拚！』這沉痛慘呼聲，像一隻受了創的獅子、嘴裏迸裂出這一聲怒吼、東北的青年、更不用談了、自己的老家、今已做了敵人侵略中國的巢穴、老家的父母、兄弟、姊妹、幾年來音訊不通、生死不明、在北平入東北大學讀書、晝夜夢魂縈繞着自己的那一片淪亡了的故土、如今連北平連半個河北省、也給敵人拿去了！無家可歸、無書可讀、到處流浪、到處淪落、這今後的生活、不要說他們不敢想像、連我自己也不敢想他們想像啊！東北青年悲壯的誓言是『拚這條殘餘的生命、打回老家去！』

### 血腥現實　鞭策上前線！

幾個青年在旅邸中又沉痛又高聲的談話、每個人都像瘋子、全身的血液、正像要衝冒而出、在前方的人、每個人都感覺自己的生命、沒有什麼特殊可貴之處、因爲敵人的殘殺、軍民悲壯的犧牲、迫使我們立刻拿不吝惜的捐出所有的血液、匯成一條巨大的血的激流、來洗滌幾年來敵人所給予我們民族的屈辱恥辱與鞭痕！全中國的青年男女、如果時至今日、猶想苟安、怕死、那末你們巍峨奇偉的學校、不久也要成爲過去的東北大學、今日的南開大學、敵人的進攻、粉碎我們腦海中一切的幻想、血腥的現實、偉大的時代、驅使我們中華民族的兒女們、戰鬥在民族解放的前線、

### 殘酷壓迫　認識敵人面目

保定的上午、已有敵機飛來偵察、並開機關鎗掃射、保定離平漢路的最前線——長辛店、路是相當的遙遠、但二十世紀的戰爭、是立體化的、敵機的轟炸掃射、並不替我們劃前線與後方的分野、而且今日的戰爭、決不是單純兩國軍隊的交戰、而是全中國的國民全部動員抗戰、儘管你夢囈做太平順民、但敵機飛來掃射、

機關槍的子彈疾矢般的下注、仍不分什麼是軍、是七?下午一時許、敵機五架飛來、全保定的汽笛、發出悠長的警號、頃刻呈空前緊張!敵機沿平漢鐵路線翱翔、低空飛過車站時、車站正停着一列再過十餘分鐘將開往石家莊的客車、裏面坐的有三四十男女老幼的乘客、敵機自東而西、就發出拍拍拍的機關槍聲、子彈從車頂上打進、這一批乘客祇有一二人未曾中彈、其餘死的死了、傷的傷了、第二次從西面外揚旗地方飛回來的時候、一顆重量的大炸彈、投向停在站的四輛彈藥車、再在車站左右、擲四五顆炸彈、房屋炸毀了、人們壓死在瓦礫堆中、電線、路軌、全毀了、敵機又繞向城內、以機槍不斷向下掃射、我們的高射砲高射機關槍一致迎擊、保定城內外、響起子彈着火的爆裂聲、槍炮聲、轟炸聲、在一陣大閙中、敵機完成了殘暴攻擊的使命而東飛了!

## 屠殺過後
### 慘絕人寰悲劇

過了一會兒、記者到車站去採訪、一路上目睹斷足折臂的受傷軍民、由擔架隊抬着、迎面而來、鮮血滴落在街上的泥漿中、作模糊的紫黑色、有的受傷者、常有低微的呻吟聲、可是有的已咬緊牙關、圓睜着眼珠、不聲不響了、臨死時掙扎的那種緊張痛苦的面孔、看了眞使人痛心!我的眼睛、要冒出火來了!車站被炸後的悽涼景象、更不用說了!一列客車中、死難同胞、有坐的、有臥的、一車儘是死屍!一個才滿四歲的女小孩、挺直地帶有吃乳氣的小孩子、手拉她母親的衣襟、在聲嘶力竭的喊「媽媽」、可是她的媽媽、左胸已中了兩顆敵人掃射下來的子彈、儘管女小孩涕淚交流的嘶叫、她決不會再答應愛女的呼喚了!人們把一具一具死屍、裝入薄薄棺材時、這個小女孩、仍帶哭帶跳的拉住她媽媽發硬了手脚不放、什麼騙她哄她的話、這孩子全不聽、我再也忍不住看這幕慘絕人寰的悲劇下一幕了!

## 白骨鮮血
### 建築新的中國

轟炸後的兩小時、車站上佈滿了棺材、幾個脚夫扛抬着到附近去掩埋、這些死難的同胞中、誰沒有父母?誰沒有家屬?他們的親人也許正在倚門望家人們的團集、可是在敵人的殘殺下、埋骨在遙遠的異鄉、同胞們、我們該不該為死難同胞報仇?誰在這時、猶夢想對敵人屈膝求和、他的心肝在何處?這種人還活在中國的領土上、是爲我們中華民族丟臉!再說、四輛彈藥車是最近才開到的、若不是敵人諜報佈置的完密、與漢奸的活躍、敵機怎會下午[illegible]飛來轟炸得那麼正確?爲死難同胞復仇、我們該拿敵人的頭顱、和漢奸們的肉、去祭奠、代替追悼會所用的花圈、我們不掉淚、不哀泣、踏着死難同胞的血跡、向前邁進!以我們的白骨、鮮血、來建造『自由中國』的橋樑!(陸詒)

——摘自《港报》，1937 年 8 月 9 日

## 津市被炸慘狀
### 津北洋工學院學生抵京

◎南京八日中央社電、津北洋工學院學生鄒高清等廿餘人、於津市抗戰後、相偕離津步行至滄州、頃乘車到京、據云當津市抗戰之際、我市民慘遭敵機轟炸及機鎗掃射死亡者在二千人以上、市房被燬約七百所、强敵對此無抵抗民衆横施殘酷毒手、聞之實令人髮指、

——摘自《时报》（上海），1937 年 8 月 9 日

## 昨日空戰

# 被難者之一斑

### 中外人士均有傷亡

昨日下午空戰劇烈之際、大世界附近不幸落下二彈、路人死者在三百以上、其時有美國牧師教務季刊主筆樂靈生君、偕其妻女駕汽車由虞洽卿路折入愛多亞路、將近南京大戲院時、因路人擁擠、車不通行、樂君乃下車視察究竟、忽有一彈片擊入心窩、頓時昏倒於其夫人臂上、其夫人初以爲有心臟病、繼於其背後發現彈洞、始知受傷、查樂君旅居中國傳敎三十六年、爲人和靄、昨日中外人士聞之、莫不惋惜、

（又訊）昨日外灘落下炸彈時、我國死難民衆中、除不知姓名者外、國人方面、有金城銀行高級職員吳延清、虞伯謙、余起階君等、外人方面、有字林報會計惠靈氏、克拉克私家偵探所卡爾卡司基雷氏、德醫藥研究院羅博生博士等人、

又訊 南京路外灘、沙遜大厦、昨曾爲飛機炸彈遺落轟損、今晨南京路自四川路以東至外灘斷絕交通、沙遜大廈自八樓至頂層、炸一大洞、自下仰望、每層地板、均已洞穿、對面匯中飯店、亦遭殃及、惟損失尙輕、路中停有炸燬之汽車一輛、外灘一帶大廈玻璃窗震散者甚多、匯豐銀行三樓、昨曾爲流彈飛入、死西崽印某一名、昨已由藍十字會備棺收險、

——摘自《时事新报》（上海），1937 年 8 月 15 日

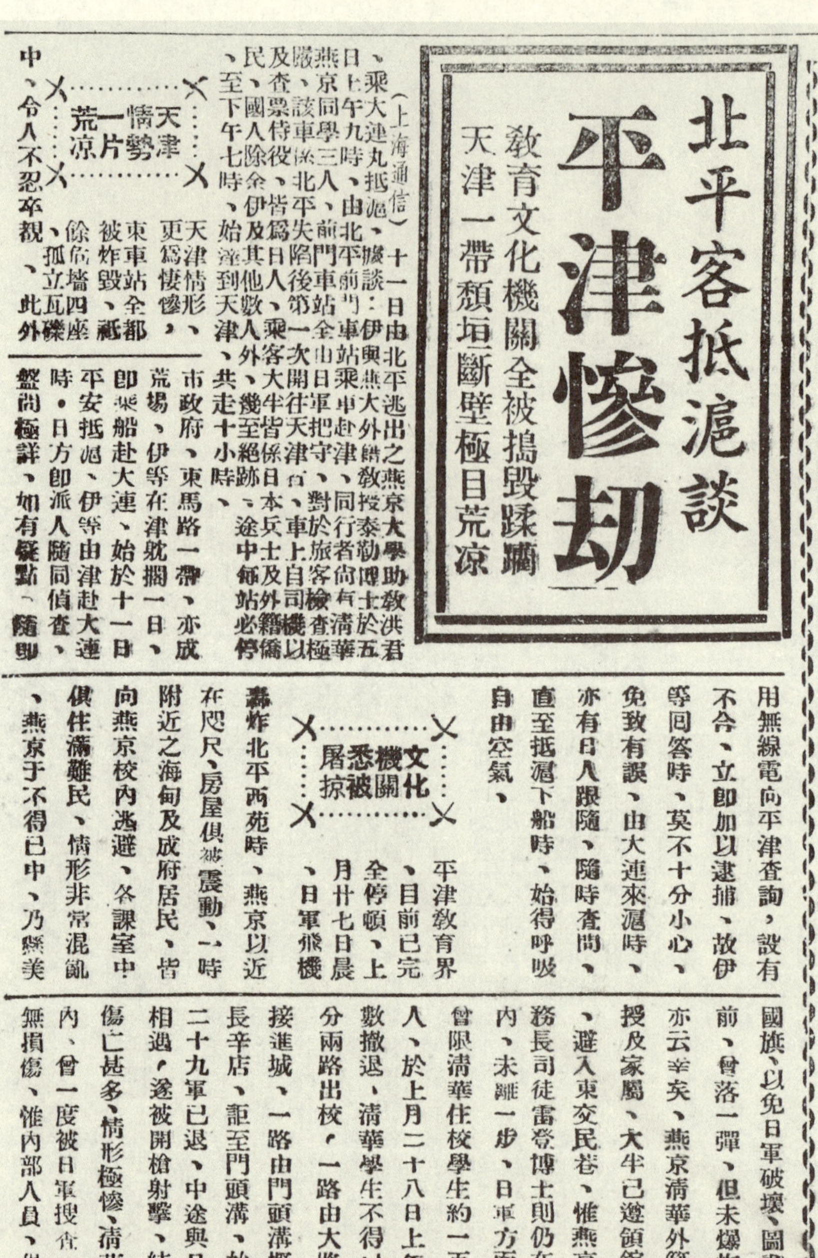

# 北平客抵滬談

# 平津慘劫

## 教育文化機關全被搗毀蹂躪

## 天津一帶頹垣斷壁極目荒涼

（上海通信）十一日由北平逃出之燕京大學助教洪君、乘大連丸抵滬、據談：伊與燕大外籍教授泰勒博士於五日上午九時、由北平前門車站乘車赴津、同行者尚有清華燕京同學三人、前門車站全由日軍把守、對於旅客檢查極嚴、該車係北平失陷後第一次開往天津者、車上自司機以及查票侍役、皆為日人、乘客大半皆係日本兵士及外籍僑民、國人除余伊及其他數人外、幾至絕跡、途中師站必停、至下午七時、始達到天津、共走十小時、

**天津情勢 一片荒涼**

天津情形、更為悽慘，東車站全都被炸毀、祇餘危墻四座、孤立瓦礫中、令人不忍卒視、此外市政府、東馬路一帶、亦成荒場、伊等在津就擱一日、即乘船赴大連、始於十一日平安抵滬、伊等由津赴大連時．日方即派人隨同偵查、盤問極詳、如有疑點、隨即用無線電向平津查詢，設有不合、立即加以逮捕、故伊等回答時、莫不十分小心、免致有誤、由大連來滬時、亦有日人跟隨、隨時查問、直至抵滬下船時、始得呼吸自由空氣、

**文化機關悉被屠掠**

平津教育界、目前已完全停頓、上月廿七日晨、日軍飛機轟炸北平西苑時、燕京以近在咫尺、房屋俱被震動、一時附近之海甸及成府居民、皆向燕京校內逃避、各課室中俱住滿難民、情形非常混亂、燕京于不得已中、乃懸美國旗、以免日軍破壞、圖書館前、曾落一彈、但未爆炸、亦云幸矣、燕京清華外籍教授及家屬、大半已遵領館令、避入東交民巷、惟燕京校務長司徒雷登博士則仍在校內、未離一步、日軍方面、曾限清華住校學生約一百餘人、於上月二十八日上午全數撤退、清華學生不得已乃分兩路出校、一路由大路直接進城、一路由門頭溝擬赴長辛店、詎至門頭溝、始悉二十九軍已退、中途與日軍相遇、遂被開槍射擊、結果傷亡甚多、情形極慘、清華校內、曾一度被日軍搜查、但無損傷、惟內部人員、俱已逃避一空、燕京社會學系主辦之清河試驗區、因我軍司令部曾設在內、受日機轟炸、完全被毀、損失甚大、

**藉查戶口 任意拘人**

日軍在北平、藉口清查戶口、對於知識份子、任意逮捕、並將北平各大學教授二百餘人、開列名單、實行搜捕、故北平居民平時不敢外出、街上行人、幾至絕跡、恐慌程度、達於極點、燕京新生考試、本定上月二十八日舉行、嗣因戰事暫停、有延期至本月八日補行之說、但是否能實現、則不得而知、其他各地大學、均呈無人主持現象、故下學期開學問題恐無希望矣、

——摘自《港报》，1937年8月15日

滬廣肇公所調查：

# 粵人四百遭暗殺

**日高射砲彈落下擊傷租界居民**

**東京軍部陰謀使租界變爲焦土**

【上海十六日特電】東武昌路、天潼路、崇明路、叁元宮等處粵僑財產、被敵損害尚微、惟叁元宮靠近崐山路、吳淞路小菜場日人區域、未及逃避租界中區粵同胞、叁日來失蹤及遭日青年團便衣隊慘殺者、據廣肇公所調查、已逾四百人、

（南京十六日特電）外部接某軍事機關、轉到情報、謂東京軍部密令、如日軍在滬襲戰、最後慘敗、决令實施上海租界焦土最恐怖大陰謀、利用華機誤炸租界之事實、必要時策動江北漢奸化裝浪人、在租界放火、及改裝華機、大施轟炸、各國領使館、租界官吏住宅、大洋行、均爲破壞目標、以達挑撥國際反共仇華宣傳目的、

（又路透社上海電）昨日下午有一華飛機欲轟炸出雲艦、一彈誤落於蘇州河、幸未爆炸、日高射炮之炮彈、每落於法界及公共租界、傷亡數十人、其中多係華人、外人多不敢外出、

## 糧食恐慌

**存糧僅數十日消費**

（又電）租界內人口極密、以華籍難民爲多、租界所存之糧食、僅足供十天之消費、工部局已向香港定購一萬噸米料、日內可到、法租界當局下令禁居民集會示威、嚴懲造謠份子、

（路透社十六日上海電）上海糧食發生恐慌、因交通斷絕、糧食不能輸入、境內銀行休假、令各界異常不便、煤氣亦斷絕供給、因防危險、

（又電）上海各外國銀行、以上海發生戰事、黃浦灘一帶生命財產、受重大威脅、今日宣佈暫行停業、以俟時局稍得安定、各該國政府、亦已批准外國銀行此舉、華人銀行之假期、亦將展長、

——摘自《港报》，1937年8月17日

# 浦東遭轟炸

昨日停泊於浦江中之日艦、向浦東方面砲轟、浦東方面之警察局浦東分局等處房屋稍有損毀、又敵艦昨晨由浦江中向浦東方面射擊、於五時半有砲彈兩聲中英美煙草公司工廠之鍋鑪間、有相當損毀、同時有另外之兩敵艦、亦已砲口瞄準、集中砲火向該公司轟擊云

(又訊)應援來滬之日本久留米師團、自抵滬入吳淞口、欲在虹江碼頭登岸、因該處我軍扼守甚固、兼以該碼頭已遭砲火燬滅、未能登岸、

昨午敵機七架、在浦東方面轟炸、於三時許在浦東其昌碼頭投下三彈後、並在楊涇保衛團部門首亦投三彈、有數彈爆發、損失不詳、旋於五時半並在浦東警察分局附近落下三彈、民房一間被毀、並無死傷、

(又訊)昨日下午四時、日飛機六架、於楊樹浦方面飛起、向浦東沿江一帶及爛泥渡等處擲下炸彈十餘枚、同時我軍飛機即於白雲中飛下、與擲炸彈之日機決鬬、開放機關槍、子彈飛舞天空、市民紛紛走避、十分鐘後、雙方不分勝負、

——摘自《时报》（上海），1937 年 8 月 17 日

# 三隊日機 轟炸閘北

## 東北方面火燒約二十分鐘

敵軍為挽回殘局、得新到部隊援助、正布置新陣地、惟恐我軍進襲、故於昨午四時派陸上轟炸機多架、分成三隊、由浦江外高飛而來、先在閘北引翔一帶來回盤旋後、即分散四飛、施行轟炸、投彈多枚、一時巨聲如雷、黑煙沖天、旋在東北方面、突然起火焰煙甚熾、時以東風勁厲、故火勢西延、約二十分鐘始行稍熄、

(又訊)昨日午後三時半許、有日轟炸機十五架、突由西北方飛來、當在市區內盤旋一週後、即分三架一隊、集向閘北方面飛行、翩歷時十餘分鐘、在寶山路・天通庵一帶先後擲下巨量炸彈十餘枚、有五六枚爆發、均在荒場上、故我方未受若何損失、後經我軍開高射砲[illegible]擊、日機即[illegible]入雲際、循[illegible]去、

——摘自《时报》（上海），1937 年 8 月 18 日

日人慘無人道

# 炸我傷兵醫院
# 屠殺赤手難民
## 提籃橋積屍野狗吞噬

敵機三架、昨晨飛眞如轟炸、在東南醫學院傷兵醫院投彈十三枚、有數彈爆炸、幸僅輕傷三人、傷兵醫院隊長、則受重傷、又我抗敵後援會、昨派童子軍押送慰勞品赴前方、被上空敵機開機槍掃射、幸童軍伏卡車下躲避、僅金鳴腰部中一彈穿過、已送醫院救治、並無生命之憂云、

據戰區逃出者言、虹口提籃橋一帶、積屍甚夥、大都係我平民、慘遭敵軍之殺戮者、陳屍街頭已多日、任野狗之吞噬、且因烈日之爆晒、異味難聞、

據市於今晨由紅十字會救濟出戰區之提籃橋一帶難民泣告記者、虹口東熙華德路、匯山路、大連灣路一帶、昨晚退集數千名敵軍、紛紛封閉各里弄門首、佔據擄奪財物、我市民有住居該處者、竟遭毒殺、卽看門巡警亦被槍斃、有一家一男子正病、妻及子女五人、不忍遠離、竟闔家被敵軍砍殺、其毒辣有如此者、並謂慈善界救護車、現亦被擯不許通過云、

——摘自《民报》（上海），1937年8月19日

# 陸家嘴高橋劇烈砲戰

## 日機夜襲投擲硫磺彈

## 浦東閘北大火滿天紅

昨晚爲日軍總反攻期、在上海方面分兩途進擊、一途爲我方閘北、一途則爲浦東、當在九時許、日飛機起飛一架、繞行於閘北方面之臨空、高率甚低、預作偵察、約在寶山路底方面之天半、擲下照明彈一、一粒紅丸冉冉下降、歷久始滅、旋又繼之、所擲共三、一般留心天半之軍事動作者、莫不引頸北望、詎末次之照明彈甫滅、轟浦東方面之砲轟聲繼起、隆隆聲中、雜以軋軋之機關鎗聲時正日軍以兵艦上之猛烈砲火爲掩護、冀在浦東陸家嘴附近之傍浦碼頭、作偷渡登岸之企圖實行其聲東擊西之戰策也、我方軍士沉着應戰、忠勇擊敵、砲擊者還以砲擊、機關槍掃射者還以機關鎗掃射、一時砲聲與機關鎗聲、撼天震地、日兵艦上之探照燈、發光射照、天半通明、酣戰約二十分鐘、卽告休止、時福州路直對之浦東地方、已被日砲射中着火、初則黑煙上騰、瀰漫天末、東南風發、北向拂送、蜿蜒逶迤、如垂簾幕、須臾、黑煙叢處、紅光突起、如赤蛇吐舌、旋卽燄高若山、天半爲紅、而大砲與機關鎗又繼起作響、其響緊密、足見戰鬭之劇烈矣、約三十分鐘後、砲聲鎗聲、始告停息、記者於火燄高張砲聲震撼之際、曾趨車赴福州路黃浦江邊、竚立瞻眺、遙矚隔江之臨懲浦濱所在、共有貨棧三所計爲隆茂洋棧、怡和棧房及英美煙公司、測度地位、似羅封者、爲隆茂洋棧、而公共租界與法租界兩地之西籍警務人員、亦胥認羅邁浩封者爲隆茂也、迨至今晨三時許、記者猶駕車至黃浦江畔、徘徊遠望、火勢依然、燄力稍殺、砰砰鎗聲疏落發作、辨其鎗音、發自手鎗與匣子炮、似爲守衛浦東之我方戰士、爲警戒而作也、又訊、夜間十二時半、敵

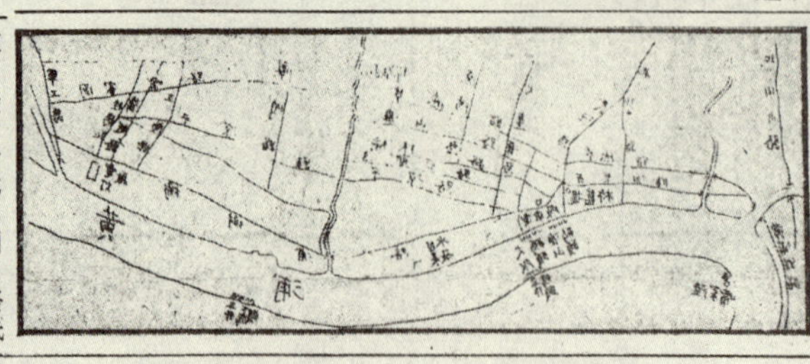

陣地最北者爲北四川路底陸戰隊司令部之根據地、憑其堅固之營房、孤軍困鬬、而我軍自攻克敵中路要隘之海軍操場後、經昨晨猛烈之攻擊、已迫入租界區、將敵之陣地切成曲尺形、卽可將其左右兩翼切斷、現敵之防地、東西狹長計爲八千公尺、南北

並夾雜機關槍聲、約十餘分鐘停止、浦東火光熊熊、建築物被燬者頗多、

## 高橋

唐家灣江面停敵艦廿餘艘、再企圖登岸、均經我軍阻止、昨夜十時半、浦江敵艦又發炮及機鎗、企圖掩

軍還擊阻止、約戰廿分鐘停止敵軍完全失敗、敵機三架於昨晚九時半飛往閘北浦東一帶投擲硫磺彈多枚、閘北北站之後、及寶山路寶興路附近、曾有三處着彈起火、浦東亦有一處着 起火、延燒甚烈、當時曾有敵機一架被

、刻正在搜查中云、昨晚九時許、北江西路海寧路轉角市房、被日飛機投一硫磺彈、當場起火、頓時延燒、火勢甚烈、救火會聞警、立即驅車前往施救、歷二小時之久、始行撲滅、結果焚燬房屋計江西路上四間海寧路三間

## 各國僑民

所、本不應作爲戰場、惟此次戰爭爆發、完全由日軍侵略、我爲求生存而被迫應戰、此爲天下所共見者、戰事開始以來、日軍利用租界、作軍事上種種有利之根據、使我軍前進、受盡牽制、在此種困難之環境下、我軍對外僑之生命財產、始終尊重、惟爲爭求軍事上之優勢起見、致有一二不可避免之意外發生、使友邦僑民、遭受損失、此爲我軍所絕對不願爲、且表示遺憾者、想友邦朝野、當能諒解、總之我國人民素愛和平、雖值全面抗戰之際、對保護外僑生命財產一點、亦必盡種種力量、達到目的云、

◎◎◎◎

——摘自《时报》（上海），1937 年 8 月 19 日

# 敵機慘無人道轟炸傷兵醫院

## 紅十字會工作至爲努力

## 戰區內已設立病院七所

據前線息：日方自連日迭遭慘敗後，竟不顧國際公法及戰爭道德，常派機轟炸我傷兵醫院暨救護機關，日前敵機飛往眞如時，在東南醫院上空盤旋多時，顯然有所企圖，幸紅十字會早洞其奸，即以迅速而有秩序之動作手腕，將該院所有傷兵完全移出，僅留少數人員駐院防守，果爾爲時未久，敵機轟炸彈即集中該院投擲，轟然一聲，聲震遐邇，駐留該院之擔架隊隊長張宗林即以身殉職。又日昨南翔方面紅十字會所設傷兵醫院，敵機又前往轟炸，投擲炸彈多枚，雖多數未能命中，然有一彈在附近爆炸，又死傷兵三人，擔架隊員一人。紅十字會自戰事開始以來，除在租界中所設傷兵醫院不計外，已在淞滬戰區一帶起至無錫爲止，在七日中先後成立傷兵醫院七所，其工作之迅速，頗爲各方所讚許。惟此後促進該會救護事業，有待於各界協助者尚多，願社會人士，共同努力，以加增其效率。

——摘自《大晚报》（上海），1937 年 8 月 20 日

## 日機飛江陰

# 投毒氣彈

敵軍侵滬經我迎頭痛擊、節節進迫、敵膽已寒、士無鬬志、兩日來、憑其飛機大砲、肆意轟炸屠殺、以圖擾亂我後線、挽回殘局、但我紮穩陣地、絕不爲所動、昨晨八時至九時間、又有敵機數架、飛往江陰、竟投擲毒氣彈數枚

——摘自《时报》（上海），1937 年 8 月 20 日

# JAPANESE AIR BOMBS SPREA
# FIRE AND TERROR IN SHANGHA
# RAID ON NANKING IS REPULSE

## BLAZE BRINGS LULL

### Tokyo Fliers First Set Fires, Then Destroy Fleeing Snipers

## JAPANESE AWAIT TROOPS

### Drive to Prevent Flanking by Chinese Is Expected as Soon as Army Men Arrive

## NANKING AVIATORS ACTIVE

### Japanese Reported Defeated in Biggest Air Battle—Nankow Pass Still Is Held

By ANTHONY BILLINGHAM

[illegible] to THE NEW YORK TIMES.

SHANGHAI, Sunday, Aug. 22.—About one-third of the International Settlement is ablaze and great billows of black and brown smoke obscure the sky.

Japanese seaplanes resumed their bombing of the Yangtzepoo area about 5 P. M. yesterday, methodically dropping their bombs into areas not yet ignited to drive out the remaining Chinese snipers. No rifle or machine gun fire answered the bombings, signifying that the number of Chinese defenders, if any remained in this seething inferno, was extremely small.

"The Shanghai fighting of 1932 taught us many things," the Japanese spokesman said.

One lesson is that the Japanese army must have planes to assume the brunt of the heavy fighting. Japan's ruthless bombings are proving as effective here as they were recently in Tientsin in removing obstacles while conserving man power.

The method followed is to drop incendiary bombs into a building housing the enemy, driving out the foe with fire, and then dropping high explosive bombs upon the unprotected troops.—

**More Japanese Expected**

Large numbers of Japanese army reinforcements with high ranking Japanese Army officers are expected to arrive today or tomorrow. The Japanese offensive against all Chinese troops in this entire area is likely to follow immediately. The Japanese are much concerned over the possibility of the Chinese forces outflanking their positions.

The Japanese spokesman discounted a report from Tokyo that fliers and airplanes were arriving at Nanking from the Buriat-Mongol Soviet Republic to assist the Chinese forces. It would be extremely difficult to make this flight unobserved, the spokesman said. Although the Japanese Embassy received information of the arrival of Buriat fliers it was unable to verify this.

The Japanese forces in the Yangtzepoo area of the International Settlement are temporarily satisfied with holding the northern boundary while the mopping up of Chinese snipers in this area proceeds. As soon as this action is satisfactorily completed the Japanese forces plan to advance northward into the area controlled by the Chinese.

The Japanese spokesman said he believed the reports that more reinforcements have arrived to back the Chinese troops in this area, although he said he was unable to verify them. It is said 20000 of these troops arrived from Canton.

**Chinese Claim Air Victory**

By The Associated Press.

SHANGHAI, Sunday, Aug. 22.—Shanghai's battle ebbed and flowed today beneath the smoke of miles of blackened ruins while high above the Yangtze toward Nanking a Chinese fleet of airplanes fought and won the biggest aerial battle of the war.

Japanese naval guns and Chinese batteries in Pootung early today resumed firing across the Whangpoo River, Shanghai's outlet to the sea. It was in such fighting that one American seaman was killed and seventeen wounded aboard the United States flagship Augusta Friday night. Until the warship guns began roaring Shanghai had enjoyed the quietest evening of its ten days of war.

Great fires which raged unchecked the northern and eastern districts of the city drove out even the contending armies, virtually erasing the front in those areas.

Continued on Page Three

# JAPANESE BOMBS BURNING SHANGHAI

**Continued From Page One**

Soldiers and marines had to flee before the flames.

Foreign police said the flames, bombing and shelling had leveled nearly all of Chinese Chapei and Japanese Hongkew, along Shanghai's northern edge; most of Yangtzepoo and Pootung, teeming industrial areas on opposite sides of the Whangpoo; and most of Kiangwan, northern suburb which contained greater Shanghai's palatial civic center.

Only the International Settlement, south of Soochow Creek, the French Concession and Nantao, the Chinese city south of the French area remained intact.

Even belligerents, both Chinese and Japanese, have had to flee before the flames in the eastern district, which spread unchecked, with no fire-fighting forces to combat them.

Reports persisted that the Japanese were preparing for a great attempt today to land army reinforcements, said to total 50,000 officers and men, newly arrived from Japan. Japanese officers refused to comment on the reports, which said the landing was to be made on the south bank of the Yangtze, fifteen miles north of Shanghai.

Chinese asserted Friday that their shore batteries had repulsed an attempted landing at Liuho, seventeen miles northwest of Shanghai, where a Japanese army was put ashore in 1932 to turn the tide of that campaign against the Chinese. Now, the reports said, the Japanese have established two airfields on Tsungming Island at the mouth of the Yangtze from which planes are to cover the landing.

The armada arriving in the Yangtze estuary was reported to be bringing tanks, armored cars and artillery, in addition to infantry. Japanese naval forces arrayed along the fifty-mile waterway between Shanghai and the China Sea were reported to have been increased to eighty-two ships, approximately half the power of Japan's mighty navy.

**Japanese Planes on Raids**

In the air the Japanese air fleets carried their forays far into the heart of the Yangtze Valley behind Shanghai, seeking to destroy the Chinese air force. But the Chinese command at Nanking claimed for its planes a series of successes as the raiding bombers from the coast were turned back at many points. It asserted at least eight Japanese planes had been brought down along the Yangtze Valley, while the Chinese lost only three.

The biggest raid was that attempted by twenty Japanese bombers from carriers off the mouth of the Yangtze, Chinese officers said. The raiders were en route to Nanking, seeking to destroy the Chinese capital, when they were met by Chinese pursuit planes above Chinkiang on the Yangtze about fifty miles east of Nanking.

The greatest air battle of the war raged above the Yangtze until the Japanese were beaten off with a loss of three planes. The Chinese admitted one of their planes was shot down. Another was damaged, but it returned to its base.

The Nanking Government declared Chinese airmen had brought down forty-six Japanese war planes since the beginning of the Shanghai battle, including thirty "giant bombers costing $150,000 each." A spokesman for the Chinese Foreign Office even asserted that a fleet of twenty-one Japanese bombers which attempted a raid on Nanking all ran short of fuel and had to land on the north bank of the Yangtze where "all were captured." There was no confirmation of this.

Japanese airmen bombed Kiukiang, Yangtze port in Kiangsi Province and gateway to Kuling, China's Summer capital. Kiukiang is 350 miles from the coast. Forty Chinese civilians were killed and many wounded when a bomb fell on a cotton mill.

Another bomb hit an airfield, but did no damage. Others fell in the Yangtze, which is in flood at Kiukiang, with water eighteen inches over the waterfront.

**China Lists Other Air Gains**

The Nanking command said a Japanese seaplane and two pursuit planes had been shot down at Shanghai, one Chinese pilot accounting for two enemy craft. Another Japanese raider was reported downed by a Chinese airman over Kwangteh, Anhwei Province, 100 miles southeast of Nanking, and another shot down by anti-aircraft guns.

There was great aerial activity, mostly Japanese, around Shanghai yesterday. Japanese planes repeatedly bombed Chinese positions in Pootung and the districts west of Shanghai. Two Chinese planes appeared, evidently trying to reach the Japanese flagship Izumo, but were turned back.

Heavy fighting continued through Shanghai's eastern district, surging around the Ward Road Jail, but no important changes of position were reported. It was established that Japanese army units newly arrived from home had landed to bolster the lines of marines in this sector.

On the Chinese side the Eighty-eighth Division, one of Generalissimo Chiang Kai-shek's best-trained divisions, was reported withdrawn from the Shanghai front because of heavy losses.

Independent authorities estimated the military casualties in the ten days of Shanghai conflict at about 5,000 Chinese killed to 600 Japanese. Civilian deaths could be estimated only roughly in the thousands.

The Italian Government ordered wives and children of Italian officers serving as aviation instructors to the Chinese at Nanchang to leave China for Italy. Nanchang, a little south of Kiukiang, is China's second largest air base.

Chinese military authorities in the Shanghai district decreed the death penalty for looting. The police of the International Settlement disclosed they had turned over thirty-three looters, including two Russians, to the Chinese for execution. Forty-two more were to be turned over.

Chinese officials declared that Japanese civilians, acting largely on their own responsibility, were terrorizing the Chinese parts of Shanghai as they did in the 1932 war, burning and looting and even shooting Chinese who opposed them.

## SNIPERS NOT EXECUTED

**Japan Reports More Humane Stand Toward Chinese Captives**

Wireless to THE NEW YORK TIMES.

SHANGHAI, Sunday, April 22.—Mindful of the storm of criticism they evoked in 1932 by indiscriminate shooting and the bayonet killing of Chinese civilians in the Hongkew area, Japanese authorities announced that on this occasion they have adopted a new and more humane policy.

Now snipers who surrender or are captured are not summarily executed and civilian suspects in the Hongkew and Yangtszepoo area are not killed unless they forcibly resist arrest.

Those who are captured are being detained in an emergency concentration camp and it has been announced that "at the conclusion of hostilities" they will be tried by a special tribunal, the nature of which has not been yet determined.

**Shanghai Bargains Lack Takers**

SHANGHAI, Aug. 21 (AP).—In the want ad section today: "One apartment. Cheap. Outside the shrapnel area." "One auto—free, in return for care until owner can return." "One flat. Cheap. Observation roof to detect air bombers." "One bungalow. Bargain. American marines within easy reach." "One house. Cheap. Bomb-proof cellar." The advertisements brought no replies.

——摘自《纽约时报》（The New York Times），1937年8月22日

## 敵軍暴行 慘殺同胞

據今日字林西報載：昨日曾有四華人被日軍雙手反縛，過令路於大阪碼頭，日軍之槍上咸上刺刀，立於背後，擊斃以後，復用刺刀，將屍體拋擲黃浦江中，此種殘酷行爲，實屬慘不忍覩。卽上海丸上之旅客，經過匯山碼頭，目擊此種情形時，對此種殘酷情形，亦深爲不齒云。

——摘自《大晚报》（上海），1937年8月22日

昨日日軍開放之毒彈氣落與我陣地未爆發
（國際社攝）

——摘自《时报》（上海），1937 年 8 月 22 日

**出雲艦修竣**

# 砲轟浦東

被我某種爆炸器一度炸損之敵司令艦出雲號、自移泊公和祥碼頭對面二號浮筒修理後、截至昨日爲止、該艦似已修理完竣、於昨日上午一度試機、駛至招商局中棧碼頭、旋又駛回原處停泊、忽又於下午四時起、發砲轟擊浦東、每分鐘發一砲、連續達半小時之久、聞浦東民房被毀不少云、

——摘自《时报》（上海），
1937 年 8 月 22 日

# 60,000 TROOPS BATTLING NEAR PEIPING IN DRIVE BY CHINESE TO REGAIN NORTH; 400 KILLED IN SHANGHAI FOREIGN ZONE

## BIG CLASH IN NORTH

### 30,000 Engaged on Each Side—Mud Halts Tanks of Invading Forces

### TOKYO PLANES GROUNDED

### Artillery Exchange Is Heavy—Fighting in Nankow Pass Still Rages After 9 Days

### CHAHAR CENTER IS BOMBED

### Kalgan, Chinese Concentration Point, Attacked—Conflict Spreads to Foochow

By The Associated Press.

TIENTSIN, China, Aug. 22.—The first major-scale battle in the seven weeks' North China conflict was raging today about thirty miles southwest of Peiping on the Peiping-Hankow Railway.

Thirty thousand men were reported engaged on each side. The battle, which began yesterday, was believed to be the opening clash in a determined Chinese effort to regain the territories which have fallen to the Japanese Army in North Hopeh Province since warfare began July 7.

Japanese reports said the battle was going in their favor. Independent sources indicated no decision was apparent.

Strong infantry forces clashed early yesterday after an artillery exchange that lasted several hours. Torrential rains have fallen most of the past week, turning large areas of Central Hopeh into a swamp.

**Mud Keeps Planes Grounded**

Under such conditions the Japanese superiority in tanks and heavy artillery was believed to have been largely neutralized. Also, ninety-seven Japanese airplanes concentrated at Tientsin in anticipation of this battle have been unable to get off the ground because of the deep mud.

The bitter struggle for Nankow Pass, thirty miles northwest of Peiping, continued, with the Japanese attack still impeded by the rains. In their nine days' offensive the Japanese have been able to push only about one-third through the fifteen-mile gateway to Mongolia.

Japanese reports, however, said Japanese army planes from Manchukuo had flown north of the Great Wall and heavily bombed Kalgan, principal Chinese concentration point in Chahar Province, causing heavy losses. They also bombed the Peiping-Suiyuan Railway between Kalgan and Nankow, the principal supply route for the Chinese defenders of the pass.

The Japanese are marching westward into Chahar in an effort to cut the Peiping-Suiyuan Railway.

In central Chahar Japanese, it

cut the Peiping-Suiyuan Railway.

In central Chahar Japanese, it
was said here, were depending on Mongol and Manchukuan irregulars to harass the Chinese, allowing the Japanese to save their full strength for heavier resistance expected from the forces of the Suiyuan Governor, General Fu Tso-yi, reinforced by Nanking Central Government troops.

A third Japanese force, estimated at 10,000, was operating along the Tientsin-Pukow Railway south of this city, to keep Chinese forces advancing from the south at a safe distance.

The Japanese now are believed to have 100,000 men in North China, where they are waging their campaign of conquest and consolidation without let-up, in spite of the conflict raging at Shanghai, 600 miles to the south.

---

**Fighting Reported in Foochow**

SHANGHAI, Aug. 22, (AP).—Fragmentary reports from Foochow, chief city of Fukien Province, said Sino-Japanese fighting of unspecified nature had broken out there. This came almost immediately after the Japanese had completed evacuation of their women and children from the city, taking them to Formosan ports under naval convoy.

Trouble loomed for Tsingtao on the Shantung coast, where hundreds of Americans have been summering and scores of missionaries from the interior of the province have been concentrated.

American naval and consular officers completed plans to evacuate

---

**Continued on Page Two**

# 60,000 IN BIG CLASH IN THE PEIPING AREA

Continued From Page One

all Americans from Tsingtao aboard naval vessels if it becomes necessary. Many ships of the United States Asiatic Fleet spend the Summer there.

Japanese sources said 6,000 Japanese women and children were taken out of Tsingtao and near-by towns aboard six vessels sent for their evacuation. Chinese forces were digging in along a line drawn around the city, establishing heavy gun positions. Some 6,000 Japanese male civilians remained in Tsingtao, where thus far only small Japanese naval units have been seen.

Chinese troops were said to have occupied a big Japanese hospital in Tsinan, capital of Shantung, following Japanese evacuation of that city. Rich Japanese spinning mill properties around Tsingtao were virtually surrounded by various Chinese forces.

## Americans Urged to Leave

NANKING, China, Aug. 22 (AP).—The United States Embassy today urged the few Americans remaining in Nanking to leave immediately for Hankow, up the Yangtze River, to which most of the American women and children already have withdrawn.

Officials expressed belief this capital of China was doomed to increasingly numerous and severe bombardment by Japanese air forces.

Three Japanese bombing planes tried to raid Nanking late tonight, taking advantage of bright moonlight, but were turned back before they could do any damage. Searchlights held them constantly in view for the Chinese anti-aircraft batteries.

Nanking has been bombed several times but with little damage. No Americans have been hurt.

## Kalgan Victory Reported

Wireless to THE NEW YORK TIMES.

TOKYO, Monday, Aug. 23.—Following up the attacks at Nankow by a sudden blow at concentrations assembling around Kalgan, the Japanese claim to have destroyed the threat to their right flank and removed the danger of Chinese penetrating into Jehol to menace their rear.

Asahi dispatches from this front state that five Chinese divisions in the mountainous country around Kalgan are now held by the Japanese front and rear. They are unable to use the railroad and can only escape over mountain roads. The Japanese are pressing their attacks by air and on land and, according to the Asahi correspondent, a complete dispersal of Chinese forces is imminent.

Three thousand Chinese who crossed the northern loop of the Great Wall and "invaded" Inner Mongolia have been driven back and the Japanese are pursuing them southward. Air and infantry units of the Kwantung Army assisted in this operation. Large forces of salt guards which are merely metamorphosed Chinese troops are in the suburbs of Tsingtao and great uneasiness prevails. The last of the Japanese women and children will leave today.

——摘自《纽约时报》（The New York Times），1937 年 8 月 23 日

# 南京路之彈係敵人所發

## 理由有三確切無疑

### 傷者續死交通晨恢復

租界各關係當局機關，檢視流彈鐵片，作爲責任問題之佐證、據記者今晨向中外各界探詢結果，咸一致確信係敵人所投。蓋當時我國空軍並未飛過租界，且自大世界發生不幸空炸案後，我空軍已自動離繞租界區上空，此可證明係敵方所投擲者一。其次，我浦東駐軍，昨日下午一時左右，並未發砲，緣百老匯路敵軍殘餘既潛伏不動，我浦東駐軍無庸開砲也。又虹口方面，昨日上午戰事沉寂，我軍以敵蹤潰退中，並不追趕，故浦東及虹口我軍，亦未發砲，昨日戰事重心，已移在吳淞口，我駐軍正貫注全副精神，向吳淞口外敵陣企圖登陸之敵陸軍掃蕩，自無砲彈飛至租界之理。外籍觀察軍事專家日稱，此彈必係吳淞敵陸軍用大砲猛攻我軍時，所落於租界者，此破壞租界安全之責任，應歸日方負擔無疑云。

南京路先施公司中彈被炸後，捕房嚴密偵查，在該處拾獲爆炸碎片多塊，正在研究中。當時，將先施與永安中間馬路之電線炸斷，彈片一面飛入先施公司二樓，一面飛至永安公司樓下永安樓下之大玻璃窗前，頗多販賣地圖及報紙之小販，故均首當其衝、路上行人及兩公司與附近各商店之職員顧客，傷亡亦甚衆。據確息傷者在寶隆醫院死者，有六十餘人，傷者百餘人，仁濟醫院死六十餘人，傷者有二百餘人，紅十字會死十餘人，而其他醫院及輕傷者，尚難勝數，計死傷當在四五百人，洵爲一大慘劇。截至今晨，有死屍八十餘具，暫於膠州路花園，內有女屍四名，將於今日下午由普善山莊掩埋云。

公共租界最繁盛區域之南京路浙江路口，於昨日下午一時零五分，由空擲下巨彈，發生重大慘劇後，交通即行斷絕，一面救護傷亡，一面派出大批路工修理馬路，而電話，電力，電車等公司，亦分別派工修理損壞話線，電線及電車路線，清道夫打掃路面血跡，經一夜之整理，將此驚心怵目之慘劇面目，始能稍爲掩蓋、但先施公司二樓及三樓中彈處，痕跡猶存，水泥完全毀落，鋼骨亦均露出，設非該公司建造堅固，勢必被炸塌下。至永安公司門面水泥庭柱，亦損壞頗重，交通亭已炸成曲形，可見當時炸力之一斑。南京路交通，業於今晨恢復，行人車輛，照常通行。先施永安等公司，則暫停業。其餘未波及之各商店，亦均照常營業云。

——摘自《大晚报》（上海），1937年8月24日

# 南京路先施公司東部飛來巨彈爆發

## 二三樓面炸毀 死傷三百餘人

昨日午後一時零五分、轟然一聲、霹震遐邇、俄見南京路中塵煙沖天、查悉係炸彈一枚、墮落於日昇樓口先施公司二三層樓洋台間、突然炸發、一時南京路上行人驚極奔逃、秩序大亂、捕房警捕及萬國商團等即馳往出事地點維持秩序、其四周交通即行斷絕、而救火會接得警報、大批出動、並派救護車馳往、該彈炸力殊大、先施公司被毀甚重、自大新公司以至三友實業社一帶玻璃及電燈管均震燬、狼藉滿地、是時行人頗多、故肇事時、罹難者三百餘人、其中百餘人當場身死、受輕傷重傷者二百餘人、送入醫院後、有四十餘人已不及救治、在路口指揮交通之印捕二人立被炸死、而斷臂折腿者遍地皆是、慘不忍覩、

### 日機飛過

據南京路某商舖店員述稱、當時目睹一飛機由東南越過日昇樓口飛行甚低、瞬即轟然一聲、顯係由該機落下炸彈爆炸所致、該機機翼係作紅色云、又該彈爆炸前之兩分鐘、即一時零三分、四川路福州路口、某美國人之房屋、亦落一炸彈、似爲同一飛機

（本文未完轉入第一版）

# 南京路炸彈

接第二版

上所落下者、該彈長三呎半、直徑十八吋、由屋頂落下、穿過二層、幸未爆炸、該彈上各項符號字跡、均尚完整、經各方研究、又斷定爲日本飛機炸彈云、

又昨日法租界及漢密爾登大厦後面之貨棧等處、亦各落炸彈均未爆發云、

## 另一炸彈

東路隆茂洋行棧之美國海軍貨房、由屋頂穿過四層樓板、直至底層、但未爆炸、僅擦去彈皮而已、故並無死傷、該管總巡捕房聞警、立派中西探捕前往察勘、查得該彈直徑十八英吋、彈皮與中先施公司之彈皮相同、當該彈擲下時、曾有人目擊該處上空有日機飛翔而過、

據確息南京路之流彈、於

、約在一百至二百人之間、肇事之後中區內所有救護車運貨車及救火車、立即駛往施救、被難人之屍體、經從速搬除、受傷者均送往附近醫院、此外據傳另有一彈、落在法租界、幸未爆裂、又有一彈、落在漢密爾登大厦後面之貨棧內、

## 被炸區域

據新新社記者調查所悉、被炸區域、面積約有三四十米突、先施公司東南部爲被炸中心、故受損甚大、二三層樓南面東亞酒樓之西菜部、玩具部及浙江路東部樓下、及南京路浙江路轉角大門、均被炸燬、波及最重者、爲浙江路方面之瑪大房茶食號・聚申菜館・三陽南貨號・沈大成點心店・釆芝齋糖菓店・陸稿薦肉舖・天福水菓店・小醉天酒店等各舖面、全被震燬、南京路之永安公司及浙江路大新街永安新厦、各層樓玻璃窗、亦全被震碎、

## 死傷人數

計送仁濟醫院死者約五十人左右、重傷留院療治者亦五十許、輕傷經醫生包紮後而出院百餘人、送寶隆醫院、死者廿六人、重傷五十餘人、輕傷一百廿餘人、紅卍字會救護送往第三醫院、輕重傷三四十人、無錫旅滬同鄉會救濟委員會救送該會醫院者六十餘人、送慈善醫院者有馬福泉蔡陸氏等六名、此外大西路宏恩醫院有重傷者華人西人各兩名、據當時目擊者談、見有身衣汗衫之西人三名受重傷倒於先施公司門口、

## 姓名調查

仁濟醫院內已死之五十人中、經查悉姓名者、有青島路明星大戲院經理蘇州人田毓麟（卅二歲）一名、寶隆中所死之廿六人中兆年（廿八歲）一名、腹部腸流於外而死、此外另有「一〇五一」「二〇〇〇」號華捕、摩登少年黃祖康等三名、傷人中則有永安公司副經理郭悅文（右臂受輕傷）、盧寶德醫生夫婦及馮潤等三人、又聞永安公司有女職員兩人受傷、其被炸斃之人、有面目模糊者、有首級炸去、有四肢殘缺者、有軀體被截兩斷者、種種形狀、慘不忍覩、其屍初陳於各醫院之太平間、旋經普善山莊陸續車去掩埋、

## 證明炸彈

昨日下午一時〇五分、南京路先施公司爆發之炸彈、現經證明、確係敵方之重轟炸機所投之彈、事後敵空軍宣傳機關、强指爲我軍某師所發之砲彈、實無根據、有下列各點可證、㊀經軍事專家確切證明、當時爆炸之彈、絕對爲飛機炸彈、而非砲彈、因野戰砲所發砲彈之威力、絕無如此强烈、㊁照彈落方面而論、落彈之處、並無敵蹤、我軍砲兵決無對此方向發砲之理、㊂當時我空軍並未在上海上空活動、而事先事後、敵人未發高射砲、聞租界當局正在研究炸彈之製造廠所、即非日本出品、亦不能任敵方卸諉責任、因敵軍炸彈、亦多數來自歐洲某國也、

關於先施公司及四川路福州路口、昨日墮落炸彈時、茲悉各方已查明該彈確係飛機炸彈、除由未爆炸之炸彈上各種記號及目覩者、所見飛機顏色可證明該彈、係日本飛機上所落下者外、查昨日我國並無飛機至租界上空、再者我國飛機每次飛到租界上空時、日艦均大發高射砲射擊、聲震遐邇、惟昨日租界上固未聞高射砲聲、此則任何國人均可證明者也、（中央社）

## 損失一斑

至物質上之損失、除首當其衝之先施公司二・三・四樓之洋台與內部物品外、外面四週之玻璃千里香之霓紅燈廣告等、被毀無餘、其他被毀之玻璃櫥窗、南京路方面計有如永安公司之新舊兩廈、新新公司・鴻翔公司・上海舊貨商店・泰康公司・華新公愼昌鐘錶行・福祿壽・偉大綢緞局・拔佳皮鞋公司・新雅酒家・宏興藥房・中國實業銀行・久豐綢緞局・華華綢緞公司・同昌車行・沈大成點心店・彩票店・印刷所・三陽南貨店・水菓舖 大滬銀行舊址某煙紙店・中華百貨商店・老久綸綢緞局・樂大昌銅錫號・三友實業社・大中華電器行等、浙江路方面、南越酒家舊址下面煙兌店・釆芝齋水菓店・聚申萊館・滬大房・大椿樓・小醉天等、其玻璃市招、無不炸毀、就中以先施損毀爲最、聞先施內員役死傷者、有十餘人、其他毗連先施各店舖職員、受傷者爲數亦不少、司紅綠燈之印捕、當亦罹難、

——摘自《时报》（上海），1937 年 8 月 24 日

緊要新聞

# 抗日軍訊

## ▲先施永安兩店被毀

廿三日共同通訊社上海電。是日下午一時零數分鐘。上海公共租界中心地點之南京路。羣衆正在出街用午膳之際。忽有一大炮彈跌落。當時爆發。被轟斃者至少有二百五十名。警察甚恐斃命者達四百名之多。共同通訊社訪員曾目擊血泊中之死屍凡二百餘具。傷者亦有四百餘名之多。華人百貨商店先施公司之前面。完全被炮轟毀。對面街之永安公司。亦被轟全破裂。在公共租界南部邊界附近。距黃浦江岸旁一個部落之美國海軍貨棧。亦被一炮彈轟中。該彈洞穿六層樓。而將士敏土建築之地窖轟裂。但該彈幷未爆發。

中日兩軍是日在上海及附近地方大戰。此次在南京路轟發之炮彈。從何而來。尚未明瞭。被轟斃之民衆。中有外國人甚多。該炮彈爆發時。濃烟蔽空。街上羣衆數千名。紛紛逃避。公共租界巡捕及消防隊聞耗馳至營救。南京路爲上海商務繁盛之街道。華麗之大旅館及商店甚多。受重傷各人中。有美國紐約太晤士報訪員比令威氏。該炸彈轟發時。比令威氏與紐約太晤士報訪員亞賓氏。正在永安公司之升降機中。惟亞賓氏則幸無傷及。該炮彈爆發地點。距黃浦江邊日艦所在之處。約有一英里之遙。

是日公共租界。因有飛機炸彈兩枚跌落。傷斃多人。情形現仍異常紛擾。該兩枚飛機炸彈。一枚在南京路跌落。一枚在美國海軍貨倉跌落。在南京路跌落之炸彈。炸斃行人約三百餘名。另炸傷者至少達一千名。炸彈跌落之地點。係在先施公司與永安公司兩大樓宇之間。是時爲下午一時十分鐘。街上行人異常擠擁。各觀察家以爲該炸彈係由一華人飛機上跌落者。該華人飛機因被日軍之高射炮擊中。已受損壞。故有此意外事發生。

又電。是日有重量大炮之炮彈一枚。在公共租界南京路先施公司之樓宇處跌落。行人斃命者約四百名。受傷者約一千名。先施公司樓宇之一角。被炮彈轟毀。對面街之永安公司樓宇。亦受損壞。斃命及受傷之行人。多係在該兩大百貨公司購買貨物出來者。炮彈突如其來。在行人最衆之地方爆發。兩大樓宇之磚瓦及木料。飛騰空中。遺殃之民衆。有被炮彈之碎片轟斃者。有被磚木等壓斃者。有被逃難之民衆踏斃者。血肉橫飛。屍骸枕藉。慘不忍覩。斃命之人數。一時尚難査悉其確數云。

又電。關於轟毀先施公司及永安公司之炸彈。現有軍事專家推測。疑係一百二十磅之八寸炮彈。乃由停泊於吳淞口日本軍艦之大炮發出者。當時日本軍艦在於吳淞方面向華軍陣地轟擊。以期掩護新到之日本陸軍登岸。一說謂該炮彈係由浦東之華軍大炮轟擊而來。又一說謂由日本飛機擲下者。

——摘自《少年中国晨报》，1937年8月24日

# 嘉定痛遭慘炸 熱鬧區成灰燼

（本報特訊）據今晨由黃渡步行抵滬之某君語本報記者，述情形甚詳。據云，黃渡情形，現甚安定，並無敵機騷擾，惟嘉定，南翔兩地，前日曾遭重大損害，而尤以嘉定爲甚。現嘉定因敵機投擲炸彈，熱鬧市區已盡成灰燼，又昨日我軍包圍羅店敵軍時，激戰至烈。又南翔方面，亦遭敵機投彈，惟損失不大。黃渡情形雖尚安定，但多數居民，業已遷往鄉間。彼由黃渡來滬，曾歷受艱險，經北新涇，華漕等處，徒步而來，但至白利南路租界時，又復遭阻攔，旋乃繞徐家匯而抵法租界，於清晨六時出發，至十一時許始到達云。

——摘自《大晚报》（上海），1937年8月25日

# 今晨敵機仍往 南市一帶轟炸

## 敵機昨夜襲首都未逞 重轟炸機一架被擊落

（本埠消息）今晨二時十分敵機一大隊，計九架，飛向我南市高昌廟上空，企圖投彈，我空軍一大隊，計××架，亦追蹤而來，當與敵機發生激戰，未及十分鐘，敵機即倉皇遁去。（又訊）今晨八時許，又有敵機四架，飛赴南市高昌廟一帶偵察，並拋擲炸彈數枚。

（又訊）今晨十時許，敵轟炸機三架飛赴南市滬杭車站附近及康衢路一帶上空盤旋偵察，拋擲炸彈數枚。

## 鄉間煙囪 竟成目標

（本報特訊）茲據嘉定來人談，婁塘鎮係縣屬繁盛市區，平日有居民二千餘人，市面甚爲熱鬧，鎮上居民，多以煎取薄荷柴油爲業。當前日敵機至嘉定擲彈時，該處高聳之烟囪，用以煎薄荷油者，竟爲敵機視作目標，肆行轟炸，惟損失甚微，僅焚毀房屋數處，有若干居民受傷耳。

——摘自《大晚报》（上海），1937年8月25日

# 滬南京路炸彈案中

# 罹難者一七三人

## 先施永安兩公司損失重大

## 遺骸一部份已由家屬認領

（中央社上海廿四日電）南京路炸彈慘案、罹難者屍體一七三具、已移膠州公園附近空地暫停、除有一部份經家屬認領外、餘由慈善團體備棺裝殮、南京路損壞之路面已修理、各項車輛廿四日照常通行、惟禁行人往來、先施永安兩公司因損失頗重、廿四日未開業、

（路透社廿四日上海電）先施公司被炸案、據續報告、內部之樓梯、已被炸毀、故消防隊未能登樓、聞五樓尚有屍骸若干具未殮、各窗門已悉被炸毀、暫用木板掩遮、以防盜匪、又各層樓均有鮮血淋漓之屍體、貨物淩亂、且多染血色、狀甚可怖、有數被炸斃者係顧客、當事起時、適在貨櫃側購物、賣貨員則在貨櫃內報應之、故顧客與店員、死狀殊可怖、有數屍骸、直樹于櫃側者、樓上有一大水管爆裂、是以有巨量之水瀉下、各層樓水流過屍骸、與血相和、故水帶有血色、而流落于溝渠中、又昨日落下于美海軍倉庫之炮彈、幸未爆發、否則在該處隣近之英美領事館臨時辦事處、日大使辦事處、宣傳局、中央巡捕房、及義勇軍司令部等、不免同遭于禍、查該彈長四尺、彈之底、有十六寸濶、據專家之意見、謂該彈如爆發、則一英畝區域內之樓房、不免被炸燬云、

——摘自《港报》，1937年8月25日

# 南京路墮彈慘案

## 據工部局調查結果：死傷逾七百

### 馬路經清除交通已恢復

南京路先施公司墮彈慘案、截至昨日止、死傷人數約計六七百人、各商店損失驚人、交通已完全恢復、茲分誌各情如次、

**死傷調查** 死傷人數調查、迄昨日止、死者在一百七十人以上、傷者在五百人以上、輕傷經自行醫治者、尚不在內、損失最重當為先施公司、次為永安、昨晨新新社記者再往視察時、尚有許夫清道夫打掃路面血跡、先施永安兩公司門窗、完全用木板釘住、左近除新新・大新公司照常營業外、其他商肆、亦大都停業、繁華市容、頓成蕭條景象、先施公司損壞部份、正竭力清理、並圍竹籬、以免二三層樓破壞之處傾塌、危害行人、至各店損失數目、現雖未能詳查、但預料為數、定必驚人、

**墮彈來源** 關於墮彈來源、尚言人人殊、惟經各方研究結果、有兩種批判、㈠以為浦江停泊之大隊敵艦、不時向南市閘北一帶、施放重砲、而南京路與白老匯路適與浦江、適成斜形直線、㈡前日（廿三）中午十二時許、正有兩敵機、在高空盤旋、故證諸上述二種批判、無論其砲彈或炸彈、均有可能、但該彈總屬敵方所施放、

**交通恢復** 工部局工務處、當事發後、派出大批路工修理馬路、電話電力電車等公司、亦分別派工修理損壞電話線及電車線、清道夫打掃路面血跡及震落玻璃、經一夜之整理、方將此驚心怵目之慘劇面目掩蓋、南京路交通、業於昨晨起已恢復、各種車輛照常通行、

申時社云、南京路先施公司門前、於前日午後發生墮彈慘劇、當時死傷人數、據工部局調查、共計七百餘人、其中死者一百七十三人、受傷者五百四十九人、當出事之後、即由工部局主管各處、將所有屍骸殘肢、以及碎片等、即經清除乾淨、各種車輛、於昨日起、已可通行、遭難者之死身中、有一百三十七具、已由南京路運往預備[illegible]醫院之空地上暫停、其中有一部份、經屍屬認領、或由中國慈善團體裝殮、復據申時社記者向先施永安兩公司探詢、現均從事修葺炸壞部份、並整理內部貨物、以便在最短期內、準備繼續營業、大約一星期之久、即可恢復舊觀、聞此次事件、先施公司所受損失、約在十三四萬元、永安方面亦有十萬元左右云、

——摘自《时报》（上海），1937年8月25日

# 南京路慘案發現

## 重要證據

### 彈頭開關上有一「安」字

### 虹橋事件日軍所用之手鎗開關之上亦有一「安」字

前午有炸彈一枚、墮落於先施公司、炸死者達一百七十餘人、茲悉此炸彈之頭、業經尋獲、檢視之下、發現彈頭開關之上、有一「安」字、前者虹橋事件發生之時、曾檢獲日軍官所遺之手槍一枝、該鎗開關之上、亦有一「安」字、由此足以證明前日先施公司之炸彈、確係日機所墮落云、（中央社）

——摘自《时报》（上海），1937年8月25日

# 日機轟炸高昌廟

## 江邊碼頭附近棚戶着火
## 虹口方面亦有大火多起

昨晨高昌廟被敵機轟炸、江邊碼頭附近之棚戶當即着彈起火、延燒至晚間始漸熄滅、同時虹口方面之吳淞路百老匯路等處、亦有大火多起、延燒甚烈、迄晚仍未稍殺、

### 松江實況

邇來因迭據由松到滬者傳來種種謠言、殊使旅滬松人聞而不安、茲爲探明究竟起見、特於昨日趁車到松、在新東門站（即現在終點處）下車後、步行入城、見沿街住戶、雙扉禁閉、寂靜無嘩、經過府前街至西門口一帶、各業商店猶如新春氣象、直過吊橋、稍形熱鬧、惟以連日被敵機亂擲炸彈、故大部居民、已避往附近鄉村、因此商店生意清淡異常、嗣向嶽廟前一商店詢問近狀、始悉滬戰開始後、時有敵機飛松偵察擲彈、在城廂內外隨處亂投、綜計最近三四日間、投彈不下數十顆、現該處居民均深居簡出、藉免危險、當記者正在問話之際、突聞軋軋機聲、知係敵機到臨、目睹該商店將牌門掩上、後仍圍坐談話、天空機聲、似未注意、足見我國民心已非昔比、此次抗戰圖存、爲全國一致主張、對於任何犧牲、本已置諸度外、尤能鎮靜應變、期待最後勝利云、

### 蘇省報告

◎南京廿五日中央社電、蘇省府近有兩電到京、報告敵機在蘇境降落情形、探錄如下、㊀敵機被擊降落於東台縣之富安及時堰各一架、儀徵縣之晏營一架、江都縣與泰縣接壤地方一架、㊁八月十五日溧水縣第三區烏山鄉太尉莊降落重轟炸機一架已燬、人員四人已死、檢得地圖九幅、緒言一本、木牌一個、五十錢日幣一枚、神符碎紙一袋、㊂廿一日江都縣第六區交平鄉降落一架全燬、人員四人已死、㊃十六日句容縣第一區石營光里兩鄉降落一架已燬、人員已死、㊄廿一日儀徵縣皖甘鄉婁家山降落一架已燬、人員已死、

——摘自《时报》（上海），1937年8月26日

# 敵軍暴行層出不窮
# 鎗殺紅十字會人員
## 違反國際公約使全世界不安
## 該會已電美請萬國紅會嚴處

中國紅十字會第二救護隊、駐於眞如東南醫學院、門首懸有紅十字旗、隊員皆佩臂章、詎於八月十八日晨六時、日機擲彈轟炸該院、除院內房屋炸燬外、並炸死擔架隊長張松齡、傷隊長龔繼長、醫師隊員許振德等四人、又於八月十九日上午十一時、南翔中國紅十字會第三救護隊、遭日機轟炸、傷副隊長趙汝信一人、隊員三人、死傷兵二人、又中國紅十字會第一救護隊駐寶山羅店、於八月念三日下午四時全隊人員共四十三人、皆佩有臂章、正在工作緊張之際、忽遇日兵多名、强將臂章攫去、令跪地上、開槍轟斃副隊長某、著名醫師一人、隊員三人、已救護之傷兵亦遭槍殺、逃免者僅邊敏健翁汝堯王方賡等三人、而傷重之女護士陳秀芳、雖經救出送中德醫院、不治而死、其他全隊人員、皆不知下落、紅十字會救護車輛在前方工作者、共三十輛、車務人員迭次報告謂日機見懸有紅十字會旗之車輛、即擲彈或用機關槍掃射、致已燬汽車七輛、日軍對萬國之國際紅十字會、竟敢施以轟炸槍殺、實屬違反國際公約、將引起全世界紅會之不安、刻由該會王曉籟、杜月笙、劉鴻生、林康侯等、急電駐美大使王正廷、速將此案提交紅十字聯盟會暨萬國紅十字會、予以嚴厲之處置云、

——摘自《时事新报》（上海），1937年8月27日

日機多架

# 轟炸閔行

夜襲南京被我擊落兩架

南鄉閔行昨日下午六時許、又來敵機六架、投彈十餘枚、沿浦張堰輪埠・浦海銀行・萬昌糟坊・永興石灰行・西灘口某木行等均遭損害、大街後水弄鮑方毀市房數十間、死傷十餘人、北街王姓樓房三幢、亦被炸毀云、又昨晨七時起時有敵機三四架盤旋漕河涇滬閔路一帶低落偵察、遇有難民麕集處所、即用機槍掃射、或以該處全屬鄉村、日來雖時有敵機盤繞、然未擲彈云、

中央社訊、昨(廿七)晨七時左右、敵機多架、飛至閔行鎮轟炸頗烈、沿浦江房屋、十九被燬、且傷亡無辜居民多人、鮮血淋漓、慘不忍覩、頓使該鎮滿佈恐怖局面、

又訊、敵機暴行、昨仍繼續進行、清晨起、敵水上機九架、分爲三隊、由浦江起飛、分東北西北正西三路進發、分在浦東・南市・眞如及吳淞閘北等處偵察、盤旋終日、至傍晚始先後飛還、於午後四時廿分、有一機自眞如方面飛歸時、尾部突然冒煙、隨即向下墮落、着地時、炸彈爆發、機身全燬、度其墮落地點、約在楊樹浦底之處、

## 南京

廿七日中央社電、敵重轟炸機十二架、廿六日晚十 時餘由東西南北四方面、先後來京、企圖夜襲、我軍聞報、當即派機前往截住、分別予以痛擊、直至廿七日晨三時、將敵完全驅去、並追至六合縣擊落敵機二架、一架落地起火、一架正在搜查中、其餘敵機、狼狽紛逃、事後調查、敵機在城郊外投下硫磺彈數枚、除有三處民房起火、旋由消防隊撲滅外、並無重大損失

——摘自《时报》(上海),1937 年 8 月 28 日

敵機在京贛

# 燬我文化機關

中央等校起火燃燒 死傷民衆各數百

本報南京廿八日電 倭寇殘暴行爲愈甚、敵機連日飛首都內地亂投彈燬我文化機關、南京中大及遺族學校、均有炸燬、無辜民衆被炸斃者達數百人、南昌所受損失及傷亡人民約相等、

中央南昌廿七日電 敵機廿六日進襲南昌時美國教會設立之葆靈女校內、曾着硫磺彈、立燬該校、校長美籍教員在廬避暑未歸、聞訊後、已電告美大使館向日方提出抗議、要求賠償、

——摘自《时事新报》(上海),1937 年 8 月 29 日

# 敵人炮火蹂躪的閘北

（上海通信）日本駐滬陸戰隊、自破壞和平、衝破上海停戰協定、恃横暴之侵略野心、向我保安部隊開鎗挑釁後、經我部隊沉着抵抗、連日激戰、日軍不支、大敗潰散、惟因利用租界、總作困獸之鬥、以是我方部隊、迄未總攻、數日以來、殺敵之沙場閘北一帶、究屬如何狀況、諒必爲讀者所關心、記者於八月十五日特前往觀察、時值陰雨連綿、市況冷寂、先擬由租界通過蘇州河、圖循捷徑而往、詎租界方面之鐵柵、久無開放消息、遂改由中山路前進、過滬西附近、而直達大通路、

## 豐田紗廠

滬西方面日商設廠甚多、豐田紗廠已由英軍駐守、廠中並無日人蹤跡、其他如喜和、日華、老大公、新公大等紗廠、及東亞蔴袋廠、則尚有少數日籍職員、留住廠中、若輩咸爲在鄉軍人、惟恐我方部隊襲擊諸廠、乃每於深夜、輒開二三槍、藉以壯胆、日人見我部隊之勇猛善戰、惶恐之情可以想見、既而抵達閘北大通路、沿途景況凄涼、但尚有少數居民猶徘徊路側、似尚泰然無逃難之意、據云、決心抵抗、甘以

## 焦土相見

何容逃避、既已誓死抗敵、敵又有何可畏、言時慎慨異常、我方哨兵、態度嚴肅、英勇氣概、令人見而起敬、據某步哨談、橫濱橋之役、渠曾參加應戰、日軍作戰、敗則氣餒、我方部隊晝夜苦戰、雖竟日不食、振奮依然、抗日殺敵、精神抖擻、即如十四日水電路之役、日軍雖設計企圖包圍、而我方沉着應付、卒至

## 肉搏良久

士氣益振、又謂浦江日艦輒向我方以炮轟擊、但皆難命中云云、記者旋又向前邁進、得悉我方前線距離租界確已甚近、迨至五時左右、記者遄返、途中又見上空飛機搏戰甚烈、嗣聞日機以機槍射擊時、流彈落於法租界伽納路、法大馬路元上里、及滙山碼頭等處、傷人二十餘名、又據新記浜路逃出大批避難同胞云、自日軍在滬作戰以來、

## 大批難民

每日輒作脫險之想、惟步至外虹橋、則皆被阻而返、外白渡橋、猶有日軍步哨、途中曾見日軍、駕駛卡車五輛、向天保路疾駛而去、並見浦江日艦、向閘北開炮轟擊時、一彈墜落外虹橋附近、被彈中傷者、二十餘人、前兩日日軍拉夫甚多、我方炮擊日軍時、上海紡織廠中彈起火、日人損失甚巨、日商之高大房屋之頂、均設置高射炮、以防我方空軍之轟炸云、（十六日）

——摘自《港报》，1937 年 8 月 29 日

# 南車站遭轟炸

## 死傷難民六七百人

昨日午後二時許、敵機十二架、在南市大肆轟炸、南站附近共投彈八枚、該站站屋天橋及水塔車房當被炸毀、同時在站候車離滬之難民均罹於難、死傷達六七百人、死者倒臥於地、傷者轉側呼號、殘肢頭顱、觸目皆是、血流成渠、泥土盡赤、景象之慘、無以復加、敵機於轟炸之餘、又投擲硫磺彈多枚、南站之外揚旗及鄭家橋兩處、當即着彈起火、延燒甚烈、直至傍晚始行救熄、查南市一帶、絕無軍事設備、敵機竟橫加轟炸、慘殺平民、焚燒房屋、此種絕無理性有背人道之舉動、實可謂向全人類挑戰云、（中央社）

又訊、昨日下午二時許、有敵機四架、盤旋於南站天空、擲下巨量炸彈兩枚、一彈落於站東木柵門內、一彈落站前大門斜對過轉運公司門前、兩彈先後爆炸、死傷約計數百餘人、車站起火、當經各區救火車及童軍救護隊等馳至、分別施救、被炸毀處計旱橋毀去一部及鐵路堆棧與車站之月台等、大火延至三時半許始經撲滅、被燬房屋達四十餘間、聞南區救火會暨工務局工程管理處亦遭波及、查當敵機擲彈時、開杭之客車適於十五分鐘前離站、同時另一隊日機飛向海潮寺附近投一彈、幸未爆炸、另有一彈落於海潮寺旁三民坊內、傷數人、毀屋數間、旋復續在王家碼頭董家渡兩處各投一彈、並低飛以機關鎗向路人掃射、路人被彈傷與炸傷者亦達十餘人、寶隆醫院送到炸傷男女三十餘人、內有四人已死、

## 高昌廟

又據高昌廟方面來人云、昨日敵機投下炸彈數枚、現高昌廟自江邊碼頭起至半淞園路華商電車站口房屋、盡行燒燬

## 爛泥渡

又浦東爛泥渡東明路其昌棧以至陸家嘴南匯縣境龍王廟等處房屋、昨日被敵機炸毀與燒毀者頗多、敵機間且用機關鎗掃射、路人死傷亦屬不少云、

又據浦東逃出之難民稱、昨日下午四時許、敵機數架飛至浦東洋涇鎮自東鎮而達西鎮連投燃燒彈無數、頓時烈焰飛騰、一片火光、未幾蔓延四週、火勢劇烈、全鎮被焚、業已成為焦土、

## 損毀一斑

昨午二時半有敵轟炸機八架、在滬南各處大施轟炸、我民衆市房損燬、死亡者頗多、計最重為南車站、敵機投彈三枚、炸燬龍頭房及機車一輛旱橋售票房等、死傷站務員役逃難民衆共約五百餘名、電話電報線均遭損壞、所有離滬客車、祇上午八時半一班、其餘各次車一律暫停、受損較次者為南區救火會後面半淞園路陳家橋附近、敵機投彈一枚、炸燬燃燒民房卅餘間、死傷百餘人、同時敵機在高昌廟投彈一枚、徽寧路一枚、魯班路一枚、三官堂路一枚、滬軍營國貨路一枚、地方法院一枚（炸去一角幸未傷人）、均有死傷及損燬房屋、

## 提早戒嚴

滬南各處昨日午後忽遭敵機轟炸、我當局為防止騷動、立刻嚴加警戒、通知市民鎮靜應付、並提早於昨晚五時宣告戒嚴、斷絕交通、同時法租界當局於午後將老北門大街・南陽橋・康悌路・新橋路等各處鐵門臨時關閉、以維秩序、

——摘自《时报》（上海），1937年8月29日

# JAPANESE BOMBS KILL 200, WOUND 400, IN SUDDEN PLANE ATTACK ON SHANGHAI; CHINA OFFERS TO TAKE HULL PEACE PLAN

## ENVOY FOR PARLEYS

### Stresses China Is Ready to Settle Differences With Japan

### BLOCKADE STILL A PUZZLE

### Washington Is Not Reassured by Tokyo Statement of 'Peaceful Commerce'

### ARMS VESSELS ARE ISSUE

### Ship With Bombing Airplanes and Barbed Wire for China Sails From Baltimore

*The text of Chinese Ambassador's statement is on Page 31.*

By HAROLD B. HINTON

Special to THE NEW YORK TIMES.

WASHINGTON, Aug. 28.—China is "as ready as ever to settle whatever differences she may have with Japan" by pacific means, in accordance with international law and the principles enunciated by Secretary of State Cordell Hull in his recent declarations of policy, Dr. C. T. Wang, the Chinese Ambassador, announced here today on behalf of his government.

The Ambassador chose the medium of a formal statement to the press to convey his government's official position, just as Mr. Hull made his latest statement of policy by the same medium last Monday. Dr. Wang pointed out that he had expressed this same position in a formal communication to the Secretary of State on Aug. 12.

Recalling the traditional policy of China looking toward the settlement of international disputes by pacific means, the Ambassador declared that China was "obliged to employ all means at her disposal to defend her territory and national honor and existence." He asserted the Chinese Government had been ready, if the Japanese had accepted it, to cooperate in the British plan for the cessation of hostilities in Shanghai.

#### Japanese Move Puzzling

Gratified as they were at the Chinese endorsement of the American position, State Department officials were not wholly reassured by the text of the official notification of the Japanese blockade of the Chinese coast, which reached them today. The Japanese statement follows:

Although Japan has been forced to adopt measures of self-defense in consequence of the lawless attacks by the Chinese upon Japanese forces and the Chinese wanton disregard of Japan's rights and interests in China, it has always been the Japanese Government's desire to limit the scope of the present affair.

But the Chinese armies by repeated outrages and provocations

Continued on Page Thirty-One

# JAPAN'S BOMBERS KILL 200 IN NANTAO

Continued From Page One

the war into Nantao yesterday and inflicted 600 civilian casualties. Sixteen planes participated in a leisurely, thorough bombing, strewing death and destruction in the narrow, crowded streets.

Mayor O. K. Yui of Greater Shanghai said 200 were killed and 400 wounded, all Chinese non-combatants.

Nantao is the old walled city that stood on the banks of the Whangpoo before the foreigners came 100 years ago to make Shanghai. Its walls were raised in the sixteenth century to keep out Japanese pirates. It lies just south of the French concession in which most Shanghai Americans have their homes.

Detachments of a Japanese landing party and Chinese troops waged a fierce six-hour battle early today near Kiangwan, a Northern Shanghai sector, compelling the retirement of the Chinese, the Japanese reported. The Japanese said that one of their lieutenants and many sailors had been killed and that Chinese casualties had been still heavier.

### Fleeing Americans Under Fire

Americans fleeing from Shanghai's perils were under fire again yesterday and the cruiser Augusta, flagship of the United States Asiatic Fleet, had another narrow escape from shelling. One hundred and sixty Americans, carried on a tender down the Whangpoo River to board the Manila-bound liner President Lincoln, witnessed a fight between Japanese bombing planes and Chinese land forces near Woosung, in which two Japanese bombers were shot down in flames.

Showers of shrapnel and shell fragments from Chinese and Japanese guns fell on the President Lincoln's decks, causing passengers to seek safety below, but none was hurt. The Augusta was endangered when a Chinese battery in Chapei went into action against Japanese shore positions in Hongkew. A projectile fell into the Whangpoo close to the cruiser, moored off the International Settlement.

The detonation and the shower of fragments caused the Augusta's crew to take refuge below decks, but neither the ship nor her crew suffered. Admiral Harry E. Yarnell, commander-in-chief of the Asiatic Fleet, ordered stricter precautionary measures to prevent repetition of the shelling of Aug. 20, in which one of the Augusta's seamen was killed and seventeen wounded.

### Civilian Dead Up to 6,000

Chinese authorities estimated that the toll taken in Nantao raised the list of civilian casualties in Shanghai's two weeks of war to 6,000, nearly all Chinese.

The Nantao raid came at the busiest hour of the day, shortly after noon, in the most congested points. Scores were trapped in flames set by big incendiary bombs. Thousands dashed in all directions that seemed to offer havens, only to find avenues of escape closed. Many fled to the Whangpoo River.

Throngs clamored at the gates of the adjacent French concession—already overflowing with Chinese refugees—only to be turned away. Some thrust themselves through barbed wire entanglements, heedless of their torn flesh.

Scores of little children were victims. The Lester Hospital reported it had admitted more than 100 wounded children.

This correspondent had an unobstructed view of the raid from a near-by rooftop. The drone of the Japanese planes heralded the approach of danger. Eight big bombers appeared flying up the Whangpoo from Woosung. They went straight to their work of destruction while three pursuit planes circled above to keep off any Chinese air fighters.

Immediately behind the first eight came another squadron of eight, which loosed their loads of projectiles. The resulting blast rocked the city.

When American newspaper correspondents asked Major Naokata Utsunomiya, spokesman of the Japanese Army here, whether Nantao's civilian population had received warning of the air raid, he replied, "They were warned by effective methods," apparently meaning the bombing itself. He declared Nantao would suffer further raids if Chinese troops entered that quarter.

When asked whether there had been important developments in the Shanghai area yesterday, Major Utsunomiya replied: "Nothing worth mentioning."

When correspondents pressed him to state Japan's real aims and objectives in China, he replied: "They are known to the higher military and government circles in Japan but there will be no announcement of them now."

Chinese artillery retaliated after the Nantao bombing by shelling Japanese-held Hongkew, inflicting numerous casualties. The Chinese guns were in Chapei, and refuted reports that the Chinese troops had withdrawn from that devastated section as they had from the Yangtzepoo area further east.

United States marines, holding a four-mile line along Soochow Creek facing Chapei and protecting the Anglo-American section of the International Settlement, strengthened their wire and sandbag barricades. This was in preparation for any drastic change in the Chapei military situation, which might send Chinese soldiers swarming against the settlement's boundaries.

Sandbag barricades were thrown up to form a triple defense line, and machine guns and small armaments were in position for instant action to defend the settlement. British, French and other foreign guard detachments likewise continued to strengthen their fronts.

Both sides prepared for resumption of the large-scale battle north of Shanghai, where the Japanese on Friday claimed the capture of the key town of Lotien. Foreign military officers estimated that the Japanese expedition already landed or about to land on this coast with the purpose of flanking Chinese positions just around Shanghai and compelling a wholesale retirement inland. totaled 60,000 men.

Part of the force, it was believed, had been landed at Chapu, on the Chekiang Province coast about forty-five miles south of Shanghai, to take part in an operation against the Chinese defenders of Shanghai.

The immediate Japanese objective is believed to be to drive all Chinese west of a line twenty miles inland from Shanghai, including such town as Anting, Tsingpu and Sungkiang. Japanese officers said this could be done in two or three weeks, after which they could continue their inland thrust to such vital Chinese military centers as Kashing and Soochow, on the railway to Nanking.

**Denies Chinese Withdrawal**

General Chang Chi-chung, commanding Chinese armies in the Shanghai area, denied that a general Chinese withdrawal had been ordered. He admitted, however, that strong defense positions had been prepared, line after line, extending sixty miles inland in the lake country behind Shanghai.

Today's departures by the liner President Lincoln brought the total of Americans evacuated from Shanghai to nearly 2,000, but about 2,500, including 700 women and children, remain. Most of these apparently intend to stay unless conditions become much worse.

United States Consul General Clarence E. Gauss has compelled all women members of his staff to leave. They have been replaced by men volunteers. In Nanking all women attached to the United States Embassy, including the wives of staff members, will be sent today to Hankow, up the Yangtze.

——摘自《纽约时报》（The New York Times），1937 年 8 月 29 日

## ▲敵機轟炸南市慘劇

廿八日共同通訊社上海電。日軍飛機十六架。是朝陸續向上海南市轟炸。。上海特別市市長俞鴻鈞宣佈。。平民被日軍飛機炸斃者二百名。。受傷者四百名。。此次日軍飛機轟炸。。並非向某處華軍攻擊。。祇係亂向平民居住區域轟炸。。欲令平民發生恐慌。。

廿八日共同通訊社上海電。。是日有日軍飛機共十六架。向上海華界南市轟炸。炸斃無辜市民共二百餘名。。另有四百餘人受傷。華軍是晚乃用大炮轟擊虹口區域。以爲報復。炮彈在日本捕房附近爆發。傷斃多人。。

轟炸南市之日軍飛機。共分四隊。每隊四架。南市方面起火者已有多處。無辜難民斃不爲炸彈所炸斃。亦爲烈火所焚斃。有欲逃入附近之法租界者。。惟法租界已爲難民所充塞。。以致無處棲身。。情形甚慘云。。

廿八日日軍飛機轟炸南市之南站。。轟斃華人平民約共七百名。其中婦孺甚多。受傷者約一千二百名。。

廿八日國際通訊社上海電。。日軍飛機是日轟炸南市。。無辜平民斃命及受傷者共達六百名。日軍之目的。係欲轟炸該處之南站。。據日方謂華人援軍。。現已行抵該處。。故日軍有將該車站炸燬之「必要」等語。。惟據外國觀察家談稱。。日軍飛機轟炸南市時。。并無華人軍隊行抵該處。祇有華人警察及保安隊數人守衛該車站而已　查當時有難民多人。在該車站預備乘搭下午一時半之火車。前往杭州。其中多爲抱嬰兒之婦人。。彼等均遭日軍飛機炸彈所炸斃或炸傷。。

南站附近之鐵路橋梁。被炸彈擊中兩次。又有一彈擊中南市之南關塘區。。毀壞房屋甚多。。居民斃命者五十名。。受傷者一百名。上海縣城西門附近。亦中一彈。。該處恐有居民約二百餘名被炸斃命。。受傷者亦甚多。。更有一彈擊中瑪利士東華人教會醫院　死傷人數。尚未查悉。。自南市慘遭日軍飛機恣意轟炸。。全市頓呈紛亂狀態。救傷車亦感不敷應用。

——摘自《少年中国晨报》，1937 年 8 月 29 日

# 甘為文明人類禍魁！

# 敵放毒瓦斯彈

## 平民手無寸鐵亦遭毒斃

## 敵機到處轟炸殺人放火

（海通社廿九日南京電）華軍部接得華北報告、謂日軍于星期五六兩日、在南口附近戰綫、派專在宛遼南口一帶、發放毒瓦斯彈、華軍早有預備、配帶防毒面具、故損失甚少、惟該稀少居民區域之人、多受毒彈所斃云、

（中央社保定廿九日電）交通界消息、廿九日晨五時許、敵重轟炸機三架、飛涿縣投彈十餘枚、傷我鄉民三人、其他均無損失、

（中央社保定廿九日電）敵機一架、廿九日午後三時半、飛保窺察、在高空盤旋十數分鐘東去、

——摘自《港报》，1937 年 8 月 30 日

## 南市

### 敵機亂彈　慘屠我民

（路透社廿九日上海電）日飛機昨轟炸南市、以南站及江灣軍械局爲目標、居民爭相逃避、有等欲避入法界、而被法巡捕阻攔者、法界各路口、均已封閉、祇准救傷車通過、南市之民房、多被炸彈焚燬、火光熊熊、在租界內可以望見、據調查所知、是日被炸斃之平民、至少有三百、傷者六百、有四彈落于南站、炸彈所落之區、遍地皆有尸骸、及呻吟地上之傷者、情狀極慘、是日又適有難民數百、聚于南站、正在候車往杭州者、日飛機之炸彈、適落于此羣人叢中、是以傷亡如此之多、而其中受害者、以婦孺爲多、據日當局宣稱、華軍源源開入南市、故不得不大舉轟炸之、倘華仍不斷開到、日空軍決再轟南市云、

（海通社廿九日上海電）據悉、日機轟炸南通、居民遇難七百八、華方謂該地、祇有民團駐守、英國警察方面、亦證實該地無中國軍隊、又現目居民、逃避一空云、

（中央社上海廿九日下午八時卅分電）敵機三架、於廿九日午十二時半、飛往閘北轟炸、幷在北站一帶、投擲炸彈十餘枚、中有一彈落於新疆路、當即起火、燃燒甚烈、計燬民房一百餘間云、

——摘自《港报》，1937 年 8 月 30 日

**日兵慘殺我平民**
**用繩綑縛推浦中**

昨日午後二時、某外輪公司小輪、由浦東洋涇附近駛回外灘、據船員談、在楊樹浦威安瑪路碼頭、見有日兵數人、將我無辜民眾十餘人、三五名連成一起、用繩綑縛、使之不得動彈、推入浦中溺斃、其手段之酷毒、令人髮指云、

——摘自《时报》（上海），1937年8月30日

**日機轟炸中央大學**
**羅家倫向日內瓦陳訴**

◎南京二十九日中央社路透電、中央大學校長羅家倫、已向日內瓦知識合作委員會陳訴日機於八月十九日轟炸中央大學事、謂化驗室・女生宿舍・試驗中學等悉被炸毀、而圖書館亦被摧毀云、

——摘自《时报》（上海），1937年8月30日

日機三架

# 轟炸閘北

焚燬新疆路民房百餘間

敵機三架、於昨午十二時半、飛往閘北轟炸、並在北站一帶、投擲炸彈十餘枚、中有一彈落於新疆路當即起火、燃燒甚烈、計燬民房一百餘間云、

又訊、昨日下午四時許、滬西極司非而路浜北及中山路上空、發現敵機四架、盤旋偵察、約半小時始去云、

**浦東** 南匯縣屬北蔡鎮、離滬約二十里、並非軍事地帶、日機昨忽飛往投彈、炸燬市房三四間、死傷民衆二十餘人、

——摘自《时报》（上海），1937年8月30日

# 敵機投彈閘北起火

本報訊 昨日下午十二時三刻、敵轟炸機四架赴北火車站一帶上空偵察、投下巨彈轟炸、新疆路南林里及天保里等處民房中彈燃燒、火勢頗烈、一時未能撲滅、迄下午四時許始熄、又昨晨南市楓林橋南火車站附近及大南門外海潮寺等處、亦有敵機飛往空中投下炸彈多枚、

中央社云 敵機三架、於昨午十二時半、飛往閘北轟炸、並在北站一帶、投擲炸彈十餘枚、中有一彈落於新疆路、當即起火、燃燒甚烈、計燬民房一百餘間云、

——摘自《时事新报》（上海），1937年8月30日

日機轟炸

# 中央大學

我向國聯陳訴

中央南京路透廿九日電 中央大學校長羅家倫、已向日內瓦知識合作委員會陳訴日機於八月十九日轟炸中央大學事、謂化驗室、女生宿舍、試驗中學等悉被炸毀、而圖書館亦被摧毀云、

——摘自《时事新报》（上海），1937年8月30日

# SHANGHAI DAMAGE PUT AT $275,000,000

## China's Loss Is $125,000,000; Japan's, $100,000,000; Other Nations', $50,000,000

## TWICE WAR TOLL IN 1932

### Official of Municipal Council Estimates It Will Take Five Years to Rebuild

SHANGHAI, Aug. 29 (AP).—American and British insurance underwriters estimated the total war damage to Shanghai since Aug. 13 at $275,000,000. After a survey of Shanghai and its suburbs the insurance men divided the losses as follows:

Chinese: In Chapei, Pootung, Yangtzepoo, Hongkew and Woosung—$125,000,000.

Japanese: In various districts—$100,000,000.

Other foreigners: $50,000,000.

American losses were about $25,000,000, of which about one-third was covered by insurance.

Sterling Fessenden of Augusta, Me., Secretary General of the Shanghai Municipal Council, said it would require more than five years to rebuild the destroyed parts of Shanghai. He based his estimate on the fact that three years were required to reconstruct Shanghai after the 1932 Chinese-Japanese conflict. Mr. Fessenden said the present fighting already had caused more than twice as much damage as that of 1932.

He said that while Japanese losses were great, they would not materially affect the revenues of international Shanghai because the Japanese community had refused for five years to pay taxes. Nevertheless, he said, the Japanese asked and received City Government grants for Japanese schools, roadways and other improvements.

——摘自《纽约时报》（The New York Times），1937年8月30日

# 日機轟炸大同

◎歸綏卅日中央社電、日機兩度飛大同轟炸、沿火車站及城内東南隅、皆有彈燬、民房被燬甚多、

——摘自《时报》（上海），1937年8月31日

蘊藻浜民房被炸、濃煙沖入雲霄、（張維寶）

——摘自《时报》（上海），1937年8月31日

## 復旦大學校舍

### 被日軍轟燬

頃據江灣來人談、經過復旦大學時、親見該校校舍被燬、計有體育館全座焚燬、子彬院（科學館）及宿舍三座均受損甚重、敵軍摧殘我國文化機關、於此更可證明、

——摘自《时报》（上海），1937 年 8 月 31 日

## 敵機連日在戰區外

# 殘暴行爲

### 死傷統計七百餘人

### 窮兇極惡世人共睹

上海卅一日電．敵機連日在戰區之外、轟炸我文化機關、並射擊無辜人民、暨救濟人員、其殘暴行爲、已爲中外人士所共睹、尤以廿八日南車站之事、被難無辜平民達數百人、最爲慘酷、當時被炸死二百餘人、受傷者五百餘人、據調查其屍體完整者、除由親屬認領，自行棺殮不計外、普善山莊收殮者、男七十四，女二八人、輔元堂收殮者、男卅人，女五、此外並有殘肢無算，至各醫院收容之傷者，經記者前往查明，並經醫院負責人出名冊証明者、計仁濟醫院約百人．有二

女，二男，一男孩，及一幼兒，因傷重卽死，廿二人重傷，留院四十人，送往他院診治，其餘輕傷者，經包紮後出院。寶隆醫院計廿八人，一男二女，到院卽死，另有四男二女，於到院一兩日後亦不治，另有十二人（內幼童四人）傷勢甚輕，當即出院，其餘七人仍留院。中山醫院有鄰近之居民左慶生，因傷重於今日已死，紅十會計十二人，內二人傷輕出院，餘送第三病院，其中男五女一及孩二已死，紅十字會計十三人，內三男一女卽死，三人留院，餘經包紮後卽出院，其他各醫院及救濟醫院，收容者尚有不少，總達五百餘人，詎意日同盟社竟發表消息，謂被炸者除十二小販外，餘均士兵共百廿人，半死半傷，此種顚倒黑白，混淆是非之宣傳，無非希圖藉以掩飾其暴行，豈知南站距租界匪遠，各國人士咸能目睹，而各醫院受傷之難民，尤曾經各國人士躬往參觀證據確實，由此可知日機遍飛我國各地，傷害無辜良民，日方遁詞掩飾，全屬荒謬之詞也，

又電　昨晨十時，有難民及傷兵二百餘人，停留於楊行鎭之長途汽車站，是時忽來敵機一隊，投擲炸彈十餘枚，難民傷兵無法逃避，全歸於盡，敵機之屢次轟炸難民及傷兵，慘無人道可謂達於極點，

——摘自《广西日报》（桂林），1937 年 9 月 1 日

# 敵機射傷紅會人員

昨日上午十時許、紅十字會派赴大場一帶之掩埋隊四人、正在工作之際、敵機忽向該隊亂射機關鎗、以致其中兩人受傷、現受傷者已送紅十字會醫院救治、

——摘自《时报》（上海），1937 年 9 月 1 日

# 敵機慘炸南站難民

## 日方宣傳不符事實

敵機連日在戰區之外、轟炸我文化機關、並射擊無辜人民暨救濟人員等、其行爲之殘暴無道、已爲中外人士所共鑒、尤以南車站之事、被難無辜平民達數百人、最爲慘酷、自滬戰爆發以來、北車站陷於火線中、故僅南車站爲遣送難民陸路交通之唯一出口、連日由各中外慈善團體救濟遣送者、日有數千人、廿八日午在站候車者頗爲擁擠、而敵機竟往投彈、當時被炸二百餘人、受傷者五百餘人、記者頃各方調查、其屍體完整者、除由親屬認領自行棺殮、男七十四、女二、同仁輔元堂收殮者、男卅九、女五、此外並有殘肢無算、至各醫院收容之傷者、亦經記者前往調查、並經醫院負責人出具證書、計仁濟醫院約百人、有二女、二男、一男孩、一女孩及一嬰因傷重即死、廿二人重傷留院、四十八人送往他院診治、其餘輕傷者、經包紮後出院、寶隆醫院計廿八人、一男二女、到院即死、另有四男二女、於到院一兩日後亦不治、另有十二人（內孩童四人）傷勢甚輕、當即出院、其餘七人仍留院、中山醫院有鄰站之居民左慶生、因傷重於卅日已死、紅卍會計十二人、內二人傷輕即出院、餘送第三病院、其中男九女一及孩二已死、紅十字會計十三人、內三男一女即死、三人留院、餘經包紮後即出院、其他各醫院及救濟醫院收容者尚有不少、總達五百餘人、詎意日同盟社竟發表消息、謂被炸者、除十二小販外、餘均士兵、共百廿人、半死半傷、此種顚倒黑白混淆是非之宣傳、無非希圖藉以掩飾其暴行、豈知南站距租界匪遠、各國人士、咸能目覩、而各醫院受傷之難民、尤曾經各國人士躬往參觀、證據確實由此可知日機遍飛各地、傷害無辜良民、日方矯詞掩飾、全屬荒誕之詞也、（中央社）

——摘自《时报》（上海），1937年9月1日

# 敵機昨肆意轟炸

## 在楊行鎮轟炸難民及傷兵

敵機昨仍四出投彈、上午有多架、在寶山縣城及縣屬月浦等鎮、肆意轟炸、民屋幾全被毀、下午五時許、在閘北方面投彈、麥根路車站投中三彈、惟僅毀路軌一小段、損失甚微、大統路新民路一帶、民房被硫磺彈投中爆發、當即起火、燃燒頗熾、入晚未熄、但未傷人、恆豐路水電廠水池內亦中一彈、未炸發、

前日上午十時許有由戰區救護出險之難民及傷兵約二百餘人停留於楊行鎮之長途汽車站、是時忽來敵機一隊、在空中盤旋數匝、突投炸彈十餘枚、此流離失所之難民及轉側沉吟之傷兵二百餘人、無法逃避、全歸於盡、敵機之屢次轟炸難民、及傷兵慘無人道、可謂達於極點矣、

——摘自《时事新报》（上海），1937 年 9 月 1 日

## 任意炸難民

# 敵飛機暴行

### 並射擊紅十字會掩埋隊

### 迫滬東貧民撤退

【上海三十一日午後一時三十五分電】三十日晨十時有難民及傷兵二百餘人、停留於楊行鎮之長途汽車站、是時忽敵機一隊、投擲炸彈十餘枚、難民傷兵無法逃避、全歸於盡、敵機之屢次轟炸難民及傷兵、慘無人道、可謂[illegible]極點、

【上海三十一日下午五時二十五分電】敵機三十一日晨、在大場向紅會掩埋隊射擊、有兩人受傷、

【上海三十一日電】敵軍三十一日突限滬東區一帶貧苦居民、即日撤退、以便駐紮援軍、幸經租界當局派車載運、得已安全出險、由各慈善團體收容、

——摘自《力报》（长沙），1937 年 9 月 1 日

# 胡佛輪被炸後

## 滬上美僑兩千人 必要時全部撤退

### 赫爾談

【華盛頓三十日同盟電】寧軍飛行機胡佛號爆擊事件，予美國以莫大衝動，赫爾國務卿三十日延見記者團時，發表談話如下：

此種不祥事發生，實不勝遺憾，政府已令詹森駐華大使，向寧府提出抗議，上海尚有約二千人之美國人殘留，如有必要，有全部以軍艦撤退之準備，又國務卿暗示，更對寧府要求損害賠償

【南京三十日同盟電】滯京中之美大使詹森，三十日夕刻接胡佛號事件之公電，立即對南京政府外交部，喚起關於事件之嚴重注意

【南京三十日同盟電】南京政府外交部，三十日午後十一時發表聲明，對於胡佛號事件，聲明由南京政府負全責任可爲十分之賠償

【上海三十日同盟電】關於胡佛號事件之海軍武官室聲明，（三十日午後）。

日本海軍飛行機，於揚子江及黃浦江無轟炸艦艇之事，此緣日本海軍於揚子江及黃浦江，已完全掌握制海權水上不見敵踪也

【舊金山三十一日同盟電】據胡佛號三十一日之無線電，三十日在上海洋面，被寧機轟炸而受重傷之乘組員賴奧爾哈司君遂死去。

——摘自《北平晨报》，1937 年 9 月 1 日

# JAPAN SPREADING WAR TO THE SOUTH

## 2 Attempts to Bomb Canton Fail—Swatow in Panic as Planes Fly Over Port

## AIRDROMES ARE ATTACKED

## 18 Reported Killed in Raid—Systematic Destruction of Bases Is Tokyo's Aim

Wireless to THE NEW YORK TIMES.

HONG KONG, Aug. 31.—The attempt by Japanese planes to bomb Canton today brings the war for the first time to South China, and Chinese commentators observe that Japan is determined to intimidate the whole of China.

A second projected Japanese air raid on Canton today, shortly before noon, did not reach the city but was intercepted by Chinese planes at Waichow, about ninety miles to the east, and the Japanese planes turned back.

Another Japanese machine reconnoitered over Sheklung, about forty miles east of Canton, and then vanished. Several planes flew over Swatow, about 216 miles east of Canton, causing panic in that port, but they dropped no bombs.

### Japanese Plane Shot Down

It was revealed that the bombs dropped by the Japanese planes in the first attempted raid on Canton today killed four and injured several other Chinese. One Japanese plane was definitely shot down, for the wreckage and three bodies of Japanese airmen were found.

Thousands of Chinese are leaving Canton owing to fear of further raids, but the authorities are calmly preparing for all eventualities.

Chinese commentators point out that serious repercussions are possible if planes should wreck the railway linking Hong Kong and Canton. [Hong Kong a British Crown colony, is a naval base and free port. The British area covers 391 square miles. Its population is over 1,500,000, mostly Chinese. Hong Kong is about seventy-five miles southeast of Canton.] The railway may be China's sole means of obtaining supplies and munitions.

Hong Kong has already proved a hindrance to Japan's blockade, which ends near Swatow, because the entrance to Canton is practically within British territorial waters. The Chinese have extensively mined parts of the south coast, including Bias Bay, and troops occupy strategic coastal points.

### Reports Airdrome Bombed

SHANGHAI, Aug. 31 (AP).—Reports from Canton today said six Japanese bombers, presumably from Formosa, attacked a military airdrome at Shepkei, fifteen miles east of Canton.

Two raids were made. Small bombs, some of which failed to explode, caused some damage, and Chinese said eighteen persons were killed. Some of the bombs were stated to have fallen on the near by Sun Yat-sen University. Chinese said two Japanese planes were brought down. The raiders came back a second time but were driven away.

### Other Raids in South China

TOKYO, Aug. 31 (AP).—The Domei (Japanese) News Agency reported today the "systematic" destruction of Chinese air bases in the Southern Chinese provinces of Kwangtung and Fukien.

Navy intelligence reports said Chinese airdromes at five points were bombed and that three Chinese planes were shot down over Canton.

——摘自《纽约时报》（The New York Times），1937 年 9 月 1 日

# 暴日以飛機
# 毀壞滬杭路交通
## 屢次襲擊無辜難民
## 對救護車亦施威脅

自淞滬戰事發生以來、上海大多數難民、以輪行阻梗、羣向滬杭路乘車逃難、詎八月念八日下午、上海南站突被敵機炸毀、候車難民死傷至五六百人之多、血肉狼籍、慘不忍覩、八月二十九日上午十一時、滬杭路鐵橋一所、又被敵機炸毀甚重、客車不能通過、修理至感不易、路局為疏運難民起見、漏夜趕工、冒險修理、乃昨日（一日）上午九時半、又有敵機三架、飛向該橋上空、連投炸彈數枚、受損奇重、短時間難以修復、當敵機投彈時、該局工務處處長懷德好斯、設計課課長徐承爔等、正在工次督修、幸未受傷、但數萬難民、行將逃生無路矣、

### 威脅上海西站

敵機肆意破壞我交通機關、並屠殺我無辜人民、上月念八日南車站之慘案、已引起各國人士之惡劣印象、乃彼暴敵好殺成性、昨午三時、有敵機八架、在上海西站（梵皇渡）一帶低飛、來去盤旋、約歷一小時、似有所企圖、致站上候車難民驚駭異常、四散躲避、該機旋在站之西北方面、先後投下炸彈十餘枚、落於蘇州河以北、炸死無辜二人、並傷多人

### 炸龍山輪難民

「龍山」號輪、往來滬甬間、前日自滬駛甬、載難民數千人、懸有意國旗、詎該輪駛至揚子江口時、突被日機轟炸、（前日下午七時四十五分）幸日機目標不準、故並無死傷云、

### 威脅救護車輛

昨日上午十一時、市救濟會有救護車一輛、赴閘北營救傷兵及難民、其時日機正在轟炸中興路太陽廟附近之民房、火燄炙天、詎當該車行經潭子灣時、日機兩架、即在上空威脅、車上救護人員、相率下車散避、始免為襲擊、然亦險矣、

——摘自《民报》（上海），1937年9月2日

# JAPANESE DRIVING DOWN FROM KALGAN

## Claim Control of Railroad All the Way From Peiping After Heavy Fighting

## HONGKONG CHINESE ANGRY

### British Officials Protect 1,300 Japanese Menaced After Bombings Near Canton

HWAILAI, Chahar Province, China, Thursday, Sept. 2 (AP).—The Japanese army now controls all of the Peiping-Suiyuan Railway from Peiping to Kalgan, it is claimed here, and is contemplating a push to the south, perhaps as far as the Yellow River.

Lieut. Gen. Seishiro Itagaki, divisional commander of Japanese troops with field headquarters in this former Manchu garrison fifty miles northwest of Peiping, made this statement to this correspondent yesterday.

General Itagaki, former Manchukuoan staff officer, indicated Japanese troops had consolidated positions at Kalgan and advanced southeast toward Suanhwa, where heavy fighting took place and hundreds of Chinese dead were reported seen yesterday.

**Considers Next Drive**

"We are now considering an advance to Paotouchen, Suiyuan railhead, or a drive southwest to conquer Shansi Province to the Yellow River as far as Tungkwan," General Itagaki asserted.

Momentarily, however, the army here and that proceeding from the Kalgan area have not established contact, apparently having left open the way for the Chinese Army's retreat southwestward into Shansi.

An armored train from Kalgan arrived here yesterday with an engineering corps to repair a long tunnel under the Great Wall, which retreating Chinese troops blocked by blowing up eight American-made locomotives. Two weeks to a month will be required to recondition the tunnel.

The populace fled towns and villages along the railway during hostilities, but a few now are returning. All the towns present dismal spectacles of wreckage, the result of bombing and apparently some looting.

There were terrible sights of bodies of Chinese lying along the road; ammunition was scattered, and apparently great confusion marked the evacuation of Chinese troops from villages in this North China war zone.

**Estimates Casualties at 600**

General Itagaki said the Japanese completed on Aug. 26 consolidation of their positions in the Hwailai and Yenking areas beyond Nankow Pass.

He estimated 200 Japanese troops were killed and 400 wounded in the entire campaign, which included the difficult infantry campaign at Nankow Pass, west of Nankow, where Chinese troops resisted stubbornly from their mountain entrenchments.

Japanese infantry battered their way through the boggy valleys and over precipitous ridges under protection of airplanes. General Itagaki said nearly 2,000 Chinese bodies had been found, and he believed Chinese casualties might be much higher than that figure.

This correspondent, traveling in a Japanese-escorted party, by rail, on foot and in armored cars, saw little evidence of fighting north of Chuyungkwan, first Chinese barrier four miles up Nankow Pass.

Japanese subjected all towns to the north to severe bombardment, including Hwailai, where the only sizable building undamaged is that of the local government, which General Itagaki is using as headquarters.

**Halted South of Peiping**

PEIPING, Sept. 1 (AP).—The Japanese advance on North China fronts is being effectively held up by determined Chinese resistance twenty-five miles to the south of Peiping and by torrential rains that have made military operations all but impossible for the highly mechanized Japanese expeditionary force.

For three successive days now the Japanese Army headquarters has announced no decisive change in the war fronts north and south of Peiping.

A force of 12,000 Japanese, straddling the Peiping-Hankow Railroad in the vicinity of Lianghsiang, twenty-five miles southwest of here, has been trying for a week to halt a strategic Chinese flanking movement in the western hills. The Japanese are facing superior strength and their effort to relieve the pressure on their flank is seemingly meeting with only meager success.

The weather undoubtedly is playing a major role in holding up the Japanese drive. Torrential rains have turned all roads into rivers and the fields are stretches of mud. The ordinarily highly mobile Japanese Army is literally bogged down and unable to take advantage of its obviously superior mechanized units.

**Chinese Mass on Railway**

Wireless to THE NEW YORK TIMES.

TIENTSIN, China, Sept. 1.—Japanese reports from Tsinghai state that Chinese forces north of Macheng, which is about thirty miles south of Tientsin, are massing along the Tientsin-Pukow Railway. Japanese forces are expected to engage them in those positions.

**Menace Japanese in Hong Kong**

HONG KONG, Sept. 1 (AP).—Officials of this British colony massed 1,300 Japanese today to protect them against Chinese crowds infuriated by Japanese bombing raids yesterday near Canton, China's southern metropolis. Mobs of Chinese gathered in front of Japanese shops.

About 200 Japanese women and children will leave tomorrow for Japan.

R. G. Howe, former British Embassy counselor at Nanking, was believed to be on an Imperial Airways plane expected to arrive at Hong Kong tomorrow. Mr. Howe left London to take charge of the British Embassy at Nanking after Ambassador Sir Hughe Montgomery Knatchbull-Hugessen was wounded in a Japanese aerial machine-gun attack last Thursday.

——摘自《纽约时报》（The New York Times），1937 年 9 月 2 日

# 日軍破壞文化機關
# 吳淞同濟大學被毀

國立同濟大學、校址設在吳淞、滬戰發生以後、日空軍迭加偵察、冀圖破壞、但以集中應付閘北戰事、初尚僅以軍艦炮火間加轟擊、洎此次敵方援軍開到、企圖在吳淞等地登陸、乃於戰事失利之際、集中炮火轟擊該校、二十八九兩日、竟日以飛機擲彈轟炸、該校所有建築、現幾悉遭破壞、尤以大禮堂、實習工廠、學生宿舍、理學院等項、工程巨大之建築、破壞殆盡、他如尚未完工之測量館等、亦遭炸毀、査該校位置遠在吳淞鎮北、在軍事上實非重要、卽我軍方面亦無利用該校作戰之事實、日軍如此破壞、謂非有計劃之陰謀、其誰能信、聞該校於戰事爆發之初、卽以破壞文化教育機關素爲日軍整個計劃、經將校內各項機械儀器圖書案卷、擇要移置安全地區、此外此具有數十年歷史、並在國內外頗著聲望之實科大學、實已與平津南開等大學、同其命運、而日軍此種蓄意破壞文化建設之行爲、實不啻對整個世界文化宣戰、猙獰面目、暴露益顯云、

——摘自《民报》（上海），1937年9月3日

**敵軍慘殺救護人員**

**王正廷電復已告美紅會**

中央社滬二日電。敵軍轟炸及槍殺我救護人員後。王正廷電覆紅十會。謂已轉告全世界及美國紅十會。

——摘自《湖南国民日报》，1937年9月3日

**敵機三度炸國際電台**

**偵察梵王渡 中山路投三彈**

中央社訊、敵機於前晚及昨日午後二時暨晚間六時許、三度飛往眞如轟炸國際無線電台、敵方於毀滅我文化機關之外、又蓄意破壞我交通建設、其陰謀之毒辣、莫此爲甚、

又訊、敵機三架、於昨午二時許、又往梵王渡車站上空盤旋偵察、低飛甚久、仍在蘇州河以上中山路處投下三彈、該處既非軍事重地、且離戰區甚遠、目標何在、殊難令人揣度、

（又訊）昨日下午七時許、敵機四架、飛赴閘北眞如一帶偵察、於盤旋一周後、曾在潭子灣・中山路・交通路・大統路及中華興路一帶、投彈五枚云、

——摘自《时报》（上海），1937年9月3日

# 虹口楊樹浦一帶

# 火焚及砲燬地段

自上月十三日滬戰爆發日起、以至今日、日人利用蘇州河北之公共租界爲作戰根據地、迄今因戰事遭火焚及砲燬之房屋、不可勝計、計自兆豐路起、至楊樹浦底止、據火險界報告石碑界號・（見圖）謂兆豐路二號・（南洋煙草公司）三號・四號・十六號・十七號・十八號（同春坊）・十九號・二十三號（匯山照相館附近一段）・二十四號（東海大戲院一段）二十五號・（下海廟一段）三十三號及華德路鄧朋路附近至蘭路止、四十五・四十六・五十一・二・六十二・三・六十六・七・七十九・八十號・八十三・四・（威妥瑪路）一百〇三・四・一百〇七・八・一百二十七・八在高郎橋之東、計一百三十二・一百四十二號兩廠房、則小被砲彈焚燬、在楊樹浦路鄧朋路之東、則有五十八號界焚燬、在周家嘴路上有住房多幢被砲火焚燬、計爲十一・二・二十七・八・三十・三十一・四十八號、其損失數字、則難以統計矣、三十七・八在華德路舟山路上、是處卽爲華德路西牢對面、四十・四十一・四十二號、則爲界於平涼路楊樹浦路間之住房、九十一爲華盛路與楊樹浦路附近之住房、亞德路熙華德路百老匯路間及北四川路虹口大旅社、北四川路虬江路以西、文監師路百老匯路附近之住房、被砲彈轟燬、狄思威路東南首起端處、直至北四川路、及北四川路之上海大戲院、均有多處房屋被砲彈轟燬、上述各處、火焚砲燬情形、均係可靠調查所得、自楊樹浦橋以東、尚未完全計算云、

——摘自《时报》（上海），1937 年 9 月 3 日

# 敵軍連日進攻未得逞

# 松井向東京乞援軍

## 羅店殘敵目下已陷于危險境地

## 月浦鎮吳淞鎮敵軍亦慘遭痛擊

## 同濟大學幾被燬無存

本報上海三日零時五十分電。楊樹浦方面敵軍連日向我軍進擾。均未得逞。一日晨又以炮兵向我遠東運動場方面轟擊。漫無目的。我軍未有損失。南王宅附近之敵軍。旋即在□□橋楊家宅一帶。企圖架橋渡□江向我進犯。我某部乘敵軍忙亂中突出進擊。以機槍猛烈掃射。敵創傷之餘向後潰退。

本報上海二日電。敵在滬增援三師團後。迭在我沿江一帶進擾。不但毫無進展。且屢經我軍痛擊。實力大損。銳氣全消。聞敵主將松井石根不得已。再向東京乞援。再續派兩師團來滬。聞敵軍計劃。擬俟增援部隊到達後。即在瀏河獅子林一帶登陸。並為威脅浦東及牽制我軍起見。一部分在奉賢附近登陸。我已有準備。屆時當再予敵軍以重大之打擊。

本報上海二日電。被困羅店西北隅之敵。茲悉係第六第十一兩師團云。第二。第四十三。第四十四。第四十七等四個聯隊。及工兵第七十一聯隊。我某某等部一日晨向敵進迫。先後佔領潘宅孟宅石性施相公廟及長橋附近。並向前繼續挺進。敵在危迫狀態中。是晚十一時許敵敢死五縱隊向我反攻。以圖奪圍而出。經我軍迎頭痛擊。敵軍屍橫遍野。創傷甚巨。殘部仍向後潰竄。

本報上海二日電。敵軍再度在吳淞登陸。部隊兩千人。茲悉仍係在張華濱上岸東（一日）以密集炮火向我軍。吳淞鎮之部隊猛轟。同時海空兩軍亦集中目標轟炸。我奮勇迎擊博戰至爲激烈。卒以該鎮地濱江邊。無險可守扼不得已後退。敵軍卽分爲兩路。一路向炮台灣獅子林方面襲犯。企圖進犯寶山。一路向月浦鎮進擾。測其目的無非在溝通至羅店之路綫。一面接應羅店區之殘敵。一面再向我全綫進犯。惟兩路敵軍均被我援軍迎擊。激夜血戰至二日晨益形猛烈。進犯砲台灣獅子林之敵與我軍遭遇後。各以全力相爭。我軍前卜後繼。勢如潮湧敵軍傷亡約七八百人。卒不支潰退。向吳淞鎮逃竄。我軍乘勝追擊。於二日晨十時許將該竄敵軍完全包圍。又進犯月浦鎮之敵軍。亦被我軍重重包圍。敵雖奮勇突擊。終不得逞。至羅店方面敵仍被我三面包圍。該處殘敵苦戰旬日疲憊不堪。傷亡極重。

本報上海二日下午七時十分電。二日拂曉及十時下午二時許。我軍三次炮擊虹口一帶之敵軍。日總領署附近敵軍某部集中處。着彈頗多。傷亡重大。

本報上海二日電。二日晨七時敵機一架飛南市高昌廟偵察。八時許又有敵機一小隊至南市浦東偵察。在南已投彈一枚。

本報上海二日電。敵機三架。冬（二日）午後二時許。又飛梵皇渡上空偵察。在中山路投下三彈。

本報上海二日下午七時四十分電。楊樹浦及虹口之敵軍自一日起迄二日晚止。屢次向我猛襲。均被擊退。我軍陣綫。迄無變動。

上海二日電。吳淞同濟大學。連日迭遭敵機擲彈轟炸。該校所有建築。現幾悉遭破壞。尤以大禮堂實習工廠學生宿舍及理學院等項工程巨大之建築。破壞殆盡。他如尚未完成之測量館等亦遭炸毀。查該校遠在吳淞鎮北。在軍事上實非重要。卽我軍方面。亦無佔用該校作戰之事實。敵軍此種蓄意。破壞文化建設之行爲。實不啻對整個世界文化宣戰。

本報上海二日下午六時五十分電。二日晨四時許。浦江中敵艦十餘艘發炮。向浦東之洋涇塘橋兩區轟擊。我方無何損失。

——摘自《全民日报》（长沙），1937年9月3日

# 敵機兩度襲杭

## 向筧橋擲彈死傷農民六人

## 過硤石掃射居民大被蹂躪

上午

（本市消息）三日晨、有敵機八架、於四時五十分、發現於觀海衛上空、向北飛來、經滸山、餘姚、澉浦、新昌、黃灣、海甯、又折向南飛、經蕭山、至五時四十七分、竄入杭市上空、在筧橋投彈數枚、我高射砲循聲發彈射擊、敵機見我空防嚴密、倉皇失措、卽飛經長安、硤石、桐鄉、嘉興、向上海方面逸去、杭市於五時敵機到達餘姚時、發佈空襲警報、五時三十分飛至黃灣時、發佈緊急警報、六時二十分敵機飛離杭市上空時解警、據自敵機在筧橋附近上空投彈時、均落阡陌間、除無辜農民有三四人死傷外、無其他無甚損失、（國民社

）（本市消息）三日晨五時許、敵機八架襲杭、在筧橋投彈八枚、因我高射砲猛烈射擊、敵機慌張、彈均落筧橋附近朝北總管堂、死一人、傷三人、內有生僅六月之嬰兒一名、另一彈落於錢家橋、重傷一人、醫治無效、旋即斃命、此外白石廟有六十歲之老翁、亦受傷、惟傷勢甚輕、

## 下午

（本市消息）三日下午四時許、又有敵機五架、自全公亭方面飛來、杭市防空當局得訊、即於四時五分發佈空襲警報、敵機飛經乍浦、平湖、海鹽、桐鄉、崇德、長興、等處、而至喬司筧橋等處、在筧橋上空、擲彈二枚、我無損失、敵機深恐我空軍追擊、倉皇飛繞蕭山、折向長安、海甯、海鹽、乍浦、全公亭等處遁去、杭市即於五時五分解除警報、（國民社）

## 轟炸硤石

（本報三日硤石電）三日下午四時十分、敵機五架、自東南方面飛硤、旋即飛筧橋海甯、四時半又折回、在硤石車站上空、盤旋偵察、即投彈六枚、並以機槍掃射、月台鐵棚受損、站房及附近之元帥廟受炸彈震撼、稍微受損、停留該站之空車、彈痕纍纍、附近居民、重傷者四人、輕傷者八人、敵機旋復投燒夷彈一枚、車站附近之草舍六間、盡遭燒燬、並炸斃一人、

（本市消息）路局消息、三日上午六時半、敵機三架、又飛石湖蕩投彈、炸我三十一號鐵橋、我方無甚損失、（國民社）

## 襲擊廈門

（路透三日馬尼剌電）據可恃方面消息、三日晨八時與九時間、有日本轟炸機一架、發現於廈門天空、其意顯在襲擊廈門、

## 偵徐鄭幷

（本報三日徐州電）三日上午十一時二十分、津浦綫三堡站發現敵機二架、當局發警報、敵機飛至九里山上空、盤旋數週、高度約五六千尺以上、旋向西方面飛去、遂解除警報、一切如恆、衆料係敵機來此偵察、

（本報二日鄭州急電）（遲到）日機三架、一日下午十一時、由徐經商邱北飛、二日上午一時二十五分、在汴南關發現、向北飛去、三時有日機一架、渡河侵鄭、至黃河南岸折回、

（本報二日太原電）（遲到）敵機一架、二日上午十一時餘、飛幷偵察、我防空部隊即開槍砲射擊、該機即急西飛、沿汾河南去、十二時該機忽又返回、仍發槍砲射擊、該機盤旋一週、即循原路向東逃去、二日晨石家莊亦發現敵機兩架偵察、

——摘自《东南日报》（杭州），1937 年 9 月 4 日

# 日擬在津浦線

# 施放毒瓦斯

## 已有三十車毒氣由津運前方

## 津日軍折民船建造軍用浮橋

【本報保定五日下午十時電】敵因津浦線戰事失利，竟由津載毒瓦斯三十車運往前方施放。

【本報上海五日下午三時電】傳日本前陸相寺內昨晚由東京啓程來東北，使命重大，一說係交換華北作戰計劃，更換駐屯軍司令等事。

【本報保定五日下午三時電】津日軍部拆民船多艘，及市府兩旁房屋，及津變時被炸燬之磚木等材料，悉運某地，建築軍用浮橋。

【本報保定五日下午三時電】日方擬將北寧路全部霸佔，局長內定一僞滿官吏，又陳覺生亦向日人求托運動。

——摘自《扫荡报》（汉口），1937年9月6日

# 人類的劊子手 敵機再炸滬西

## 庇亞士路等處死傷百餘人

（本報特訊）敵軍昨晨派大批飛機轟炸我後方非軍事區域之滬西北新涇周家橋陳家渡無辜平民後，今晨七時四十分至八時許，又派重轟炸機十一架，分三隊飛赴滬西庇亞士路（即羅別根路附近）一帶上空，繼續肆虐，投下巨量炸彈十餘枚，響聲震擧全市。當場炸死十五人，重傷十餘人 另有小車一輛備裝難民八人，除二人炸斃外其餘均受重傷。同時北新涇及徐家橋等處，敵機亦擲下炸彈多枚，當被炸斃平民數十人，該管蒲淞警察所正在調查中，傷者已由救護車分送各醫院療治無家屬認領三屍體，則歸普善山莊派員前往棺殮，分別掩埋。聞昨晨陳家橋等被炸之屍體，尚未埋完，普善山莊定今晨繼續前往掩埋云。

——摘自《大晚报》（上海），1937 年 9 月 6 日

## 敵慘炸北新涇

## 目擊者述經過

昨日敵機轟炸滬西北新涇及陳家渡，我貧窮民衆傷亡二百五十餘人，茲據自北新涇及陳家渡逃出之某君言，昨晨敵機兩次有組織前來轟炸，每隊敵機三架計共五隊，盤旋北新涇上空，投擲炸彈四十一枚，轟炸達四十五分鐘之久，敵機始向東飛去，四十分鐘以後，即上午九時許，敵機又來擲彈

及用機槍向下掃射，旋飛向陳家渡再施故技，無辜民衆死傷極多，當時有一炸彈墮於周家渡碼頭，碼頭上候渡之民衆，炸死十九人，傷者二十餘人，其中婦孺甚多，傷者爲炸彈巨力所震動，多跌入河中，沉浮水面，最爲極慘，有一洗衣婦人，正在河邊洗衣，爲炸彈威力所及，其上身竟炸去一半，飛入河畔之木槽中，事出以後，多數哀苦民衆，均紛紛在死屍堆內，尋搜彼等之家人及親戚，更有若干人，則携其僅存之物，急急向租界區域內逃避。陳家渡市場亦中兩彈，因敵機來時，均已停止交易，故受傷者尚少。又據另一報告，我方警長傷亡者亦有十餘人。

——摘自《大晚报》（上海），1937年9月6日

# 敵機十六七架瘋狂轟炸滬西

## 北新涇血肉橫飛死傷數百

## 經我空軍驅逐毀敵機一架

（本報五日上海電）敵機慘無人道、對非武裝地帶及和平民衆、亦濫施轟炸、此項事實、屢見不鮮、五日晨七時一刻、敵機七架、飛滬西中山路一帶窺探盤旋、在周家橋投彈多枚、七時半、又有敵機十架、在北新涇一帶大肆轟炸、投彈二十餘枚、當時該處小販及菜販麕集、慘遭敵機蹂躪、血肉飛濺、狼藉不堪、死傷在數百人以上、普善山莊已派掩埋隊出發工作、周家橋浜內停泊之麵粉船及柴船貨船等、全被炸燬、北新涇新昌石粉廠亦被炸、

（中央五日上海電）今晨七時敵機十六架、飛往北新涇一帶、大肆轟炸、投擲炸彈無算、北新涇鎮之民房、被毀殆盡、居民之不及逃出者、幾盡罹難、陳家渡有候船渡河之平民甚多、亦遭轟炸、死十九人、傷二十餘、周家橋亦死傷多人、

（本報五日上海電）五日晨七時半有敵機十六七架、轟炸北新涇、曹家渡、大夏大學等處、我機三架跟蹤驅逐、展開激烈空戰、聞敵機一架、在北新涇被我機擊落、刻正在調查中、

（本報五日上海電）五日中午十二時許、敵機三架、轟炸麥根路車站附近、一架被我擊中、當即着地焚燒、

（中央五日上海電）敵軍炸燬同濟大學、謊稱該校駐有軍隊、該校當局五日特發表聲明駁斥、

（本市消息）敵機三架、五日下午三時、由蘇州飛滬杭鐵路之石湖蕩附近窺伺、未投彈、歷十餘分鐘、旋即他往、去向不明、

——摘自《东南日报》（杭州），1937 年 9 月 6 日

# 北新涇 慘遭轟炸

## 傷亡無辜人民百餘人 陳家渡周家橋均波及

敵軍因戰局毫無發展、且受重創、其軍事當局在懊傷之餘、乃大舉轟炸、以爲報復、兩日來敵機盤旋全市上空、偵察掃射、晝夜不絕、致無辜人民傷亡不可勝計、昨日清晨、敵機十六架、在距離第一特區之西約五里許之北新涇鎮轟炸、投彈至數十枚之多、一時巨聲如雷、全市人民、均於睡夢中驚醒、記者於午後前往視察、但見殘垣頹壁、滿目皆是、蓋全鎮闤市已成廢墟矣、該鎮位於蘇州河之南、在羅別根路之西、其臨馬路之屋、尚屬完整、惟大街西端兩旁樓屋、均被炸燬、已成一片瓦礫、救護人員、正扒收屍體、該處受損最烈之處、爲一茶肆、後連菜市、幸時已收攤、故罹難者不多、尚有四處、則毀屋較少、該鎮居民不多、且自滬戰開始以來、留居者不及三分之一、經此

### 浩刦

人跡幾絕、記者過一點食舖、見桌椅凌亂、盃盤狼藉、惟爐火尤熱、鍋中殘羹、尚在沸騰、想見舖主倉皇奔避之情景、聞在各處檢得屍體、已有三十餘具、受傷者達四十餘人、敵機見目的已達、即行逸去、至約十時、又有兩架至該處偵察、並投兩彈、至離鎮不遠之陳家渡、亦投數彈、我在渡頭候船之難民、十九炸斃、受傷者十餘人、並在周家橋附近之遠東木廠及順昌石粉廠等處、亦被炸毀、死傷多人、敵軍之再轟炸我無辜平民、益堅我全民同仇敵愾之決心、並挑動世界人士之惡感而已、

### 爆炸

（又訊）昨早七時四十分、敵機九架、盤旋蘇州河上空之周家橋迄北新涇一帶、旋在周家橋浜北、陳家渡鎮上、投彈轟炸、先後共投六彈、分落於遠東鋸木廠・萬和石粉廠及該處清早沿路菜市中、時正菜販上市、群集沿路、死傷人數甚多、滿地血肉、慘不忍覩、萬和石粉廠職工受傷者十餘人、現經警局查到、共被轟炸及中機關鎗彈死者、三十六人、重傷四十六人、非致命傷者百餘人、其他尚在調查中、房屋被毀者二處、另有一彈、投中河中一大號麵粉船、當場擊沉死船夥十餘人、又渡船一只、亦受重傷、聞六炸彈中、有二彈未曾爆發、該處房屋本極簡陋、經此巨彈轟炸、全鎮房屋、十九受損、

### 火災

同時在北新涇鎮中市及北弄一帶、先後投彈十餘枚、下午二時許、又由敵機八架、二次來炸、又在原處、投彈十餘枚、二次共投三十餘彈、毀房屋百餘間、死傷一百五六十人、都屬小商店及平民住宅、被害人全係當地平民及避難者、早九時許・午後四時許、由救護車分別救送受傷人入醫院、惟未成重大火災、餘火均經曹家渡救火會先後馳往撲滅、

### 華漕

昨某晚報載北新涇西首俞巷地方、亦被轟炸、茲經查明、在北新涇直西約二里之莊家宅、係一鄉村、於昨早八時、由轟炸北新涇陳家渡之敵機、突來投下二巨彈、農宅村舍、被毀三四十間、死傷人民、尚未詳報、該處純係鄉村、又無人道、敵機來炸、不知是何用意、所傳俞巷、實係莊家宅、因該處無俞巷也、昨日自晨迄晚、敵機更番飛在滬西上空翺翔、全日未曾間斷、下午二時許華漕鎮北首蘇州河上空敵機四架、追逐難民船數艘、投四巨彈、均落河中並未爆炸、並以機鎗掃射、當場受傷者十餘人、尚未救送醫院云、

——摘自《时报》（上海），1937年9月6日

## 敵機屢炸大同

◎歸綏五日中央社電、四五兩日日機數架復至大同城郊窺察轟炸、計自八月廿一日起、日機無日不至大同轟炸、前後共來五十餘機、投彈二百餘枚、死傷人民三四十名、毀房數處、餘無損失、

——摘自《时报》（上海），1937年9月6日

## ▲敵機轟炸西站慘劇

五日共同通訊社上海電。日軍飛機十架。是日向滬杭鐵路之西站轟炸。。華人民衆死傷者共百餘人。。查日軍飛機屢次轟炸華軍陣地。多不能命中。。僅將無辜平民殘殺。

——摘自《少年中国晨报》，1937年9月6日

# 敵機昨仍在滬任意掃射行人

# 我機昨在廣德擊落敵機兩架

中央社上海七日電。七日午後敵機多架。先在江灣口中心區一帶投彈。旋又飛楊樹浦底窺察。另有三機。在海口馬橋一帶盤旋。更有一機。在瀾泥渡窺察。頻以機槍掃射行人。

中央社上海七日電。敵機七日。在滬各處投彈掃射後。至午二時。集結大隊。進擾滬杭路沿線各地。

中央社上海七日下午一時二十五分電。敵機十餘架。虞（七日）晨分飛閘北浦東滬西等處轟炸。並赴南市窺察。

中央社南京七日電。敵轟炸機五架驅逐機八架。今晨六時餘飛至廣德。企圖轟炸。投彈數枚。損失甚微。我空軍於事前據報。即派機出發與敵會戰。我空軍作戰英勇。將敵轟炸機[illegible]架擊傷墜落於洞庭山附近其餘敵機倉惶逃遁。敵機墜落地點。及一切詳情。空軍當局已電請江蘇省政府查復矣。

——摘自《湖南国民日报》，1937 年 9 月 8 日

# 敵機昨炸松江車站

## 毀車五輛死傷難民七八百人

確息、日本飛機、昨日又施行共滅絕人性、慘無人道之殘暴獸行、在松江轟炸滿載難民之火車、致車站上血肉橫飛、屍骸堆積、令人慘不忍覩、緣昨日上午十時十分由上海西站開出客車一列、滿載難民向杭州駛去、至十二時二十分到達松江、停於站內、時有日本機多架、飛翔上空、竟投彈轟炸、當有客車五輛全部炸毀、其中兩輛係二等車、三輛係三等客車、一時車內難民無法躲避、悉罹浩劫、炸斃者至少三百餘人、傷者至少四百餘人、車站之天橋及水塔亦全部炸毀、車站人員於敵機飛去後、救傷收屍、忙不暇給、 查滬戰發生以來、日本飛機、屢次轟炸我國非戰鬥人員及文化機關、事後均强詞飾辯、謂內有軍事關係、但昨日被炸之火車、係由滬赴杭、全載難民、極爲明顯、而浩劫之慘、亦最足令人怵目驚心、日軍此種獸行、徒足引起世人之憤怒與唾棄云、

本報松江訪員電告、敵機轟炸南站難民慘案、昨又重演於松江矣、昨晨有客車一列、共計十輛、由滬駛杭、當抵松江站時、被日機炸毀五輛、死者一二百餘人、傷者達四百餘人、上海日報公會車上售報員鄒大新、亦不幸遇難、敵軍之慘無人道、實人類之公敵云、

——摘自《时事新报》（上海），1937 年 9 月 9 日

# 敵機獸性昨又勃發 在松江炸難民數百

## 又在閔行炸燬英德法游艇各一艘

中央社上海八日電。敵機八日又施行其滅絕人性慘無人道之殘暴獸行。在松江轟炸備載難民之火車。緣八日晨十時許。由滬閉杭州車一列。滿載難民。於十二時二十分到達松江車站時。敵機多架。飛翔上空。竟投彈轟炸。被燬客車五輛。炸斃難民在百餘人以上。傷四五百人。車站之天橋及水塔均被炸燬。自滬戰發生。敵機屢次轟炸。我國非戰鬥人員。及文化機關。事後均強詞飾辯。謂因有軍事關係。但八日被炸之客車。係由滬赴杭。全載難民。極為明顯。而浩劫慘狀。亦最足令人怵目驚心。日軍此種獸行。徒足引起全世界人類之憤怒與唾棄也。

中央社。上海八日電。敵機多架。八日晨六時許。飛閔行轟炸時。有英德法三國遊艇各一艘。停泊於浦江內。均遭炸燬。

中央社。南京八日電。交通界息。庚（八日）上午十時十分。由上海西站。梵王渡開出之滬杭客車。於十二時二十分到達松江車站時。被敵機投彈炸燬[illegible]等客車二輛三等客車三輛。傷亡旅客難民五六百人。並無一兵在內。車站內千橋水塔均被燬。共

慘狀較之日前轟炸上海南站情形。為尤甚。敵軍之倒行逆施。于此尤可得一明證。

中央社。滬八日電。八日晨敵機兩度至南市浦東等處窺察。均未投彈。

中央社。滬八日電。敵機齊（八日）數度轟炸市中心區。及引[illegible]鄉我少數建築物被燬。

——摘自《湖南国民日报》，1937年9月9日

# 敵機飛松江車站

# 轟炸難民客車

## 毁車五輛死傷七八百人

（中央社訊）日本飛機、昨日又施行其滅絕人性、慘無人道之殘暴行爲、在松江轟炸滿載難民之火車、致車站上血肉橫飛、屍骸堆積、令人慘不忍覩、緣昨日上午十時十分由上海西站開出客車一列、滿載難民向杭州駛去、至十二時二十分到達松江、停於站內、時有日本機多架、飛翔上空、竟投彈轟炸、當有客車五輛全部炸毁、其中兩輛係二等車、三輛係三等客車、一時車內難民無法躲避、悉罹浩刼、炸斃者至少三百餘人、傷者至少四百餘人、車站之天橋及水塔亦全部炸毁、車站人員於敵機飛去後、救傷收屍、忙不暇給、查滬戰發生以來、日本飛機、屢次轟炸我國非戰鬬人員及文化機關、事後均强詞飾辯、謂因有軍事關係、但昨日被炸之火車、係由滬赴杭、全載難民、極爲明顯、而浩刼之慘、亦最足令人怵目驚心、日軍此種獸行、徒足引起世人之憤怒與唾棄云、

（又訊）昨晨由滬駛杭之客車一列、共計十輛、抵達松江站時、慘遭日機炸毁者、竟達半數、（計五輛）死者難民達七百餘人、上海日報公會車上售報員鄒大新亦遇難、

——摘自《时报》（上海），1937年9月9日

## 敵機投重彈

# 三度炸閔行

### 英美法游艇被擊沉 全鎮房屋十九被毀

昨晨六時九十分、敵機二架、飛至閔行西南二里許之竹江口投擲重炸彈四枚、測其目的、專注外僑置備停泊江邊之小汽游艇、（各艇上均高插英美法等國旗）致有二三艘被擊沉、死傷船戶等多人、毀民房十餘間、約半小時、又來敵機三架、沿浦灘輪渡上空盤繞數匝、又擲四五彈、死傷難民十餘人、四周房屋被毀者甚多、該機等飛去不久、旋復飛來、盤旋偵察、時有該地救護隊正在救護之際、敵機竟又投彈三四枚、並低飛用機關槍掃射救護人員阻止工作、按該鎮疊遭敵機摧殘後、商店居民大都走避、全鎮屋舍、十九被毀、故景像極形悽慘、惟以該地扼交通要道、因此戰區難民、咸趨該鎮擺渡逃生、距敵機亦竟時加轟炸、敵機多架、於昨晨六時許、飛往閔行轟炸、時有英德法三國游艇各一艘、停泊於黃浦江內、均遭炸毀

**引翔鄉** 連日敵軍向我市中心區及引翔鄉方面進攻、均經我軍奮勇擊退、敵軍傷亡重大、受創甚鉅、敵方以在陸上既無法進展、乃藉空軍[illegible]洩憤、昨日自晨[illegible]數度至市中心區[illegible]轟炸、惟以敵機投彈漫無標的、除少數建築物被毀外、我軍並無損害云、

——摘自《时报》（上海），1937 年 9 月 9 日

## 慘無人道之

# 敵軍獸行

### 轟炸滿載難民火車 死傷難民七八百人

上海八日電 敵機今日又施其滅絕人性慘無人道之殘暴獸行、在松江轟炸滿載難民之火車、緣今晨十時許、由滬開杭州車一列、滿載難民、於十二時廿分到達松江站時 敵機多架飛翔上空、竟投彈炸燬客車五輛、炸斃難民在三百餘人以上、傷四五百人、車站之押橋及水塔、均被炸燬。自滬戰發生。敵機屢次轟炸我國非戰鬥人員及文化機關。事後均强詞飾辭、稱因有軍事關係、但今日被炸之客車係由滬赴杭、全載難民、極爲明顯、而浩劫之慘、亦爲足令人怵目驚心、日軍此種獸行、徒足引起全世界人類之憤怒與唾棄也、

——摘自《广西日报》（桂林），1937 年 9 月 9 日

暴敵猙獰面目

# 施用毒氣攻我天池

## 我拚命抵抗敵死傷遍野

## 經夜間反攻敵稍稍退後

## 壯烈！我軍一團全團殉難

本報太原八日電。據前方電稱六日午敵與我鏖戰後。又以約萬人之衆附重炮飛機。向我天鎮附近陣地襲犯。並施用刺激性毒氣射擊。我陣地守兵。沉着應戰拚命突擊卒爲慘烈敵死傷遍野。後復有敵三千名附野炮十二門向我陣地猛衝。數度肉搏敵我傷亡均甚重大。入夜我全綫猛烈反攻敵雖稍退援兵續增。現仍在對峙中。是役我軍一團全團殉難

——摘自《全民日报》（长沙），1937年9月9日

# JAPANESE BOMBERS KILL 300 REFUGEES FLEEING ON A TRAIN

400 Others Wounded in Raid Near Shanghai by 5 Planes—Women and Children Victims

CHINESE MAP AIR DRIVE

Warn Neutral Shipping of It—Japanese Admit the Chinese Continue on Offensive

TOKYO FORCE IS AMBUSHED

4,000 Reported Slain in a Trap Near Peiping—British Fear Seizure of Important Isle

## The Warfare in China

Hundreds of Chinese piled into a train yesterday to escape from Nantao which had previously been bombed by the Japanese. Before they had gone far, however, Japanese aerial bombs crashed into the train and 300 of the refugees were killed and 400 wounded. But the Japanese may not have it all their own way in the air, for the Chinese announced that they would open an aerial offensive against the foe's transports and warships and warned vessels of other nations to beware. On the ground the Japanese were pushing inland toward Kiangwan, north of Shanghai, but they admitted that in general the Chinese were continuing on the offensive in other Shanghai sectors. [Page 1.] And in the North the Chinese reported having slain 4,000 Japanese in an ambush in the hills west of Peiping. [Page 2.] Nor will the road of the Japanese be easy if they advance from Shanghai; a tour by a correspondent from that city to Nanking revealed extensive Chinese preparations throughout the countryside. [Page 3.]

British fears were aroused by apparent Japanese preparations to take over the Chinese Island of Hainan, strategically situated between Hong Kong and Singapore. [Page 2.]

In Tokyo the House of Peers approved the $600,000,000 budget for prosecuting the warfare. [Page 2.]

## Refugee Train Bombed

By HALLETT ABEND

Wireless to THE NEW YORK TIMES.

SHANGHAI, Thursday, Sept. 9.—As bitter fighting continued in the Shanghai sectors, with the Japanese reporting slight gains in one sector as they withstood strong Chinese attacks elsewhere, a squadron of Japanese bombers attacked a train loaded with Chinese refugees fleeing the city yesterday and took a toll of 300 killed and 400 wounded.

Meanwhile, stung by the Japanese blockade of the Chinese coast, the Nanking Government warned all foreign embassies and legations that it was immediately launching an aerial offensive against Japanese warships and transports.

The Japanese attack on the Chinese refugees occurred at the Sungkiang station two hours after the train had left the Nantao section of Shanghai for the countryside beyond Hangchow. When the train pulled into Sungkiang five Japanese airplanes circled twice overhead, then power-dived, showering bombs upon the train and the station. The bombers hit all five coaches—one first class, one second class and three third class—which were packed so closely with men, women and children that none could escape.

The Chinese are unusually bitter over this bombing. They point out that the train obviously was headed away from Shanghai and hence certainly was not carrying soldiers or war supplies into the fighting zone.

### Chinese Still on Offensive

In the fighting on land, the Japanese admitted again today that the Chinese Armies about Shanghai were maintaining their offensive. Desperate attacks were made upon Japanese positions in Lotien, Paoshan and in the vicinity of Jukong Wharf. All, however, were declared to have been repulsed. These engagements ended with both sides holding their original positions, the Japanese spokesman said.

The Kiangwan sector, which was the scene of some of the bitterest fighting in February, 1932, again was a zone of heavy fighting as Japanese forces continued their stubborn attempts to push in toward the civic center, the Kiangwan race course and the village of Kiangwan.

The first Japanese gains of any importance were reported yesterday morning, when the invaders declared that seven huge Chinese pillboxes—concrete affairs, each large enough for sixty men—had been captured with the aid of the first fleet of Japanese army tanks thus

Continued on Page Two

# JAPANESE BOMBERS KILL 300 REFUGEES

Continued From Page One

far brought into action in the Shanghai zone. Later a Japanese spokesman reported the capture of a military road and an advance to the race course, which is on the outskirts of the civic center.

A Chinese spokesman conceded that on Tuesday night about twenty Japanese soldiers had forced their way inland from the Jukong Wharf area to a point near the main administration building of the civic center, but he insisted that yesterday the Japanese in that sector had been forced to relinquish all gains. In any event, the costly new civic center has been ruined by aerial bombs and warship shells.

Nearer the Hongkew sector the Aikou Girls' School was reported destroyed yesterday by daring Japanese volunteers who had set its buildings afire. The school had long sheltered a group of Chinese soldiers who had been firing away at the Japanese with three machine guns and two trench mortars. The destruction of the school was described thus by a spectator of the raid:

"At the Chinese Army breakfast hour nine Japanese volunteers carrying kerosene crept up on the school, set the buildings afire and returned to their own lines. Two were slightly wounded. When the Chinese attempted to quench the flames they were cut down by Japanese machine-gun fire. The buildings were entirely destroyed and few of the Chinese escaped."

**Neutral Shipping Warned**

In announcing its campaign against Japanese warships and transports, the Chinese Government asserted that it was "compelled to take appropriate action," in retaliation for the Japanese blockade.

In order to assure the safety, as far as possible, of neutral shipping, lives and property, the Government asked that all naval and merchant vessels of friendly powers exercise the utmost care to avoid sailing near any Japanese ships in approaching the Chinese coast. The warning also requested that neutral ships have their national colors painted on the top decks in a conspicuous manner easily recognizable by aviators.

Last night a lone Chinese bomber, seemingly a converted Douglas airliner, attempted a spectacular raid against the cruiser Izumo, the Japanese flagship, and other Japanese warships lying below the Bund.

The sky was suddenly illuminated by flares and tracer bullets and then came the cracking impact of anti-aircraft shells. The Chinese plane was crippled. It flew over the French Concession, losing height rapidly and wabbling badly, with its engines missing, and it is presumed that it landed or crashed somewhere in the Chinese lines beyond the Hungjao or Lunghwa areas.

**Mayor's Party Disrupted**

When the outburst of firing occurred Mayor O. K. Yui of Shanghai was entertaining a large gathering of foreign and Chinese newspaper men on the terrace of his home. As the plane was heard coming low there was a pell-mell rush into the bushes and into the Mayor's mansion, and all lights on the terrace and inside the house were immediately extinguished. The plane cleared the trees of the Mayor's garden by only about 200 feet.

Before having been subjected to the fire of the Japanese anti-aircraft guns the plane had dropped two huge aerial projectiles in the Hongkew section, behind the Japanese lines. The damage, if any, has not been determined.

The Japanese official explanation of the occupancy of the American Seventh Day Adventist compound while United States flags were flying is that the compound, at the junction of Ningkuo and Ward Roads, constituted a part of the extreme front line of the Japanese defense. Actual occupancy of any part of the compound over which United States flags were flying is denied, but it is conceded that sentries have patrolled there day and night. For a few days, the spokesman says, the Japanese occupied the mission house, adjoining the compound, from which Chinese troops previously were driven, but this, it is declared, has now been evacuated.

——摘自《纽约时报》（The New York Times），1937 年 9 月 9 日

# 敵機任意轟燬民房
# 機槍掃射虹口民衆

中央社。滬九日電。佳（九日）晨七時左右。敵機五架在南市低飛窺察。並在南昌廟等處投彈四枚。傷一五人。死四八。燬壞屋二十餘間。內一架飛行較高。在龍華一帶投彈三枚。九時許敵機六架。作龍華及高昌廟等處投彈九枚。重傷二人。輕傷三人。房屋被毀十餘間。又在南站附近投彈亦爆炸。旋復有敵機一架。又飛高昌廟一帶窺察。投彈一枚。二時許敵機四架投彈二枚。房屋略有損毀。四時左右敵機九架。在浦東方面投彈三枚。房屋共燬數間。

中央社。滬九日電。佳（九日）晨十時許。有敵機一隊飛滬杭路臨平站窺察。禾投彈向東飛去。

中央社。南京九日電。軍息。八月三十一日。敵令漢奸。騙我虹口方面之千餘民衆外出。令其集中一處。老弱在後。少壯在前。即用機槍掃射。少壯者均立死于槍下。老弱者即倖免于死。亦多負傷。敵軍此次殘殺我無辜民衆。計有一千數百人之多云。

——摘自《湖南国民日报》，1937年9月10日

日暉橋遭敵機轟炸慘況一斑 （夏曉霞）

——摘自《时报》（上海），1937 年 9 月 10 日

## 敵機昨飛 龍華投彈

### 高昌廟等處亦遭轟炸 日暉港死傷平民甚多

昨日敵機在南市浦東等處、又大肆無的轟炸、上午七時左右、敵機三架、在南市低飛窺察、並在高昌廟日暉港等處、投彈四枚、傷十五人、死四人、燬房屋二十餘間、另一架飛行較高、在龍華一帶投彈三枚、九時許、敵機六架、在龍華及高昌廟等處投彈五枚、重傷二人、輕傷三人、房屋被燬十餘間、又在南火車站

附近投彈三枚、損失極微、下午一時、敵機一架、又飛高昌廟一帶窺察、投彈一枚、二時許、敵機四架、投彈十二枚、房屋略有損毀、其中四彈未爆發、四時左右、敵機九架、在浦東方面投彈三枚、房屋被毀數間、

（又訊）敵機一再在非戰鬬區域轟炸民衆、昨日上午七時半、先有敵機四架盤旋於南市唐家灣小菜場一帶、旋又來敵機九架、分在西門及南市沿江一帶盤旋、最後乃飛往日暉港投彈、有五彈爆炸、因天時尚早、僅死傷鄉民二十餘人、有五名重傷送仁濟醫院醫治、死者近十名、輕傷亦有、而龍章造紙廠亦被炸毀、但所毀程度尚輕、窺敵方目的、專仇對我國文化或實業機關、經同仁輔元堂掩埋隊及救火會救護車前往分別收理及救護、乃至下午一時許、又有敵方重轟炸機一架飛往斜橋南老營盤方、投一彈、未炸、至三時半、敵重轟炸機四架、又飛至高昌廟相近之瞿真人路地方、投下五彈、其聲甚巨、煙霧迷漫、建築物毀壞不少、但居民早避、死者與上午相彷云、

## 高昌廟

敵機昨日全日轟炸南市、清晨六時半起即有敵機七架、盤旋城區南車站日暉港龍華、先有一機散下黃色荒謬傳單、斜橋一帶落地尤多、市民不屑拾視、均踐以足、繼即開始投彈轟炸、高昌廟自來水廠附近落四彈、廣東街落三四彈、外日暉橋龍章造紙廠落七彈、共毀民房二十餘間、死六人、傷二十餘人、內有婦女三人、小孩二人、午十二時一刻、敵機一架又來轟炸、在盧家灣南首投數彈、多落田野間、損害尚輕、午後二時五十五分又來敵機在以上各地作三次轟炸、連在外日暉橋附近投下五大彈、損害情形、尚無詳報、炸後仍結隊飛翔於上、迄六時猶聞機聲軋軋、又昨日全日轟炸南市之敵機、係新近到滬、敵第三航空隊之巨型重轟炸機、機身較大倍餘、上午七時半、下午二時五十分、在南市投彈、中有數彈着地、隆然巨響、逆料其彈之巨、當在五百公斤以上云、

## 日暉港

九日晨六時許敵機九架分三隊、空襲南市、於陸家浜附近擲下傳單、旋飛往高昌廟一帶上空、施行轟炸、擲彈二十餘枚、民房炸毀數十間、住民死亡無數、又外日暉橋龍華路九七二號之龍章機器造紙廠內着彈二枚、炸傷工友二名、又南市廣東街口爆發一枚、死三人、傷一人、又陳家橋爆發二枚、傷亡未明、當時即由紅十字會南市第七救護隊派出救護車四輛、分別由陸伯和組長蔡雲生股長等率領全隊隊員、分四組出發、救回傷民王根林洪松年傅阿寶顧老虎吉等、迅予醫治、查被炸所在及外日暉港等處生火警、因着彈而燃燒、當時由各該管警所警士冒險服務、維持秩序、並由第七救護隊電請南市西區消防隊及輔元堂掩埋隊等團體、協同扒開坍倒民房、分別施救、傷亡災黎、其狀至慘不忍目覩

——摘自《时报》（上海），1937 年 9 月 10 日

# JAPAN WILL BOMB TRAINS AND ROADS IN WIDE CHINA AREA

## MAY SPARE ALIENS

### Japanese Ask Requests for Immunity of Specific Trains

## INVADERS STILL CHECKED

### They Pay Tribute to Fighting Qualities of the Chinese on Shanghai Fronts

## SHELLS HIT SETTLEMENT

### One Chinese Killed, Score Hurt as Explosives From Both Sides Fall in Refugee Areas

By HALLETT ABEND

Wireless to THE NEW YORK TIMES.

SHANGHAI, Friday, Sept. 10.—Japanese authorities issued formal notice yesterday that they considered all methods, centers and channels of transportation and communication between Shanghai, Nanking and Hangchow as at present being put to Chinese military use and, therefore, the Japanese would bomb them more and more intensively.

When the question of sending Chinese refugee trains safely from Shanghai was broached, a Japanese spokesman said safety guarantees could be given, but only if safety were asked through neutral diplomatic channels.

On a question as to the safety of trains moving southward from Hankow to Canton—which must eventually be the way out for 1,200 Americans from the Hankow consular area—the Japanese spokesman said that if the United States Embassy notified Japanese authorities of the date, hour and routing of such trains, every effort would be made to assure them against disaster.

**Wants China to Be Consulted**

The spokesman added that the Chinese were likely to take advantake of such trains and follow them with military trains. He said foreign embassies should ask China to observe good faith in such instances.

"It is all a question of safety in China and hence primarily a concern of the Chinese Government; it is not Japan's business," he added.

Asked then if in that case Britain's protest against the bombing and machine-gunning of the British Ambassador, Sir Hughe Montgomery Knatchbull-Hugessen, should have been addressed to Nanking instead of Tokyo, the spokesman replied:

"In a strictly juridical sense yes, for no formal state of war exists."

The Japanese then said the safest mode of travel was by sea, which Japan controls and can guarantee the safety of neutrals afloat, unless Chinese aerial bombers attack. He admitted a moment later that Chinese armies still held part of the north bank of the Whangpoo River and the entire south bank from Pootung to the Yangtze, from which any suspect ships could be shelled and machine-gunned.

**Japanese Party Advances**

Early yesterday afternoon a Japanese naval landing party advanced along the entire Yangtzepoo line inland, in order to balance their front with new advance lines of the Japanese Army to the west of Yangtzepoo and Jukong wharf sectors, and during the day Japanese Army bombers for the first time actively participated in the fighting at Lotien.

The valiant stand of the Chinese in the Jukong sector has won an ungrudging tribute from the Japanese, a spokesman announcing that the Chinese defense of the wharf when Japanese landed and the subsequent "skillful and orderly retreat have won the greatest admiration and respect of all units of the Japanese Army involved in the affray." The Chinese troops that won this tribute were described as "some of Chiang Kai-shek's own."

Praise of this kind has been expected from the Japanese, for the Chinese have given the Japanese many serious and unexpected checks. Thus it is politic for home and foreign consumption that Japanese authorities admit that they are fighting a worthy foe and that it is high time the Japanese abandon their old view that the Japanese Army can easily beat any Chinese Army so long as the Japanese are not outnumbered more than seven to one.

One Chinese was killed in front

**Continued on Page Three**

# JAPAN WILL BOMB WIDE CHINA AREAS

Continued From Page One

of the American Club and three were wounded yesterday afternoon in front of the Hotel Metropole, both places being in the heart of the International Settlement, when shrapnel shells exploded. An investigation showed the shells were from Chinese anti-aircraft guns in Chapei, which were firing at two Japanese pursuit planes flying over the Settlement.

A short time later seven more Chinese were wounded when a small shell landed in Hankow Road, near Szechwan Road, less than a block from the Bund.

The explosion in front of the Hotel Metropole damaged the writer's automobile, which, unoccupied, was parked before the entrance to the hotel. The blast shattered the glass in the rear window and punctured the metal covering the spare tire in the rear.

The bursts of the shells seemed to be just outside of the windows of THE NEW YORK TIMES offices on the sixth floor of the Metropole. The busy streets below cleared with miraculous suddenness, for only two wounded Chinese were to be seen on the streets just after the explosions. The wounded crawled into the entrance of the Municipal Building.

At 3:45 P. M. seven shells of Japanese origin fell in front of the lines of the Fourth United States Marines, Second Battalion. Two hours later the Japanese Chief of Staff called at the headquarters of the Fourth Marines, admitted the shells were from Japanese guns, conveyed apologies and assurances against a recurrence and announced that orders had been given to all the Japanese forces here to exercise greater caution.

No marines were wounded by the shells, but thirteen Chinese were seriously hurt.

The Japanese Army claimed a slow but consistent advance against Chinese forces in the Eastern Yangtzepoo sector this morning. Little other Japanese progress was being made, although there were numerous bombings of Chinese concentrations.

In the vicinity of Shanghai, between Woosung and Jukong Wharf, considerable Chinese forces were making hardy resistance. Those troops, a Japanese spokesman asserted, will soon be wiped out.

Chinese bombers last night, under cover of darkness, swept the Yangtzepoo sector with bombs, and, according to the Japanese spokesman, apparently were aiming at Japanese warships in the Whangpoo, but bombed instead Chinese artillery positions located near the Standard Oil installation on the Pootung side of the river.

Japanese bombers have begun unloading pamphlets and leaflets as well as bombs over Chapei, Kiangwan, Lotien and other sectors adjacent to Shanghai, in an attempt to weaken the morale of the Chinese people. The pamphlets urge merchants and others to refuse to pay taxes or give money to the Nanking Government.

These leaflets are being derisively reprinted in the Chinese press here and ridiculed as clumsy and useless attempts to win the people from the government.

The United States transport Chaumont is reported to be making such good time that she is likely to arrive here Sept. 18 or 19, instead of Sept. 21. Her arrival will be warmly welcomed by the Fourth Regiment of Marines holding 7,000 yards of the defense line of the Settlement. An interlocking three-line machine-gun emplacement defense system has been completed, but more men are needed.

### U. S. Marines Have Close Call

SHANGHAI, Friday, Sept. 10 (AP). —United States Marines guarding the dangerous northern boundary of the International Settlement were placed in grave peril today as Japanese land and warship batteries began a furious bombardment of Chinese positions.

The base of a Japanese 9-inch shell plowed into the heart of the barricades manned by the Americans. The whirling 150 pounds of metal had first crashed through a neighboring Chinese warehouse. Had this not broken its momentum, many of the marines undoubtedly would have been killed or wounded.

It was the eighth projectile to endanger the American positions since last night. Thirteen Chinese were wounded and a marine patrol narrowly missed death when seven 3-inch Japanese shells crashed into the sector. Japanese Army authorities expressed their regret.

One hundred American marines, brought to Shanghai from Tsingtao on Admiral Harry E. Yarnell's yacht Isabel, landed and took their place in the four-mile line held by the marines along the northern edge of the Settlement. This reinforcement swelled the marine strength in Shanghai to 1,300.

Japanese destroyers stationed just off the International Settlement began pumping shells into the Chinese positions in Pootung, the ruined industrial area across the Whangpoo, at noon. Just northeast of the Settlement the heaviest Japanese artillery yet to go into action around Shanghai joined the battle.

Chinese batteries, deep within Pootung, replied, shells crashing into the Japanese-occupied Yangtzepoo section of the International Settlement. Chinese projectiles were striking increasingly nearer the Japanese Consulate and around the cruiser Izumo, the Japanese flagship, and Japanese hospital ships.

The populace of the International Settlement was thrown into a panic by this renewed outbreak. The Japanese bombardment was believed to be a covering action for the landing of hordes of reinforcements for Japan's army of 60,000, fought to a standstill by the determined Chinese.

Chinese soldiers held stubbornly to their lines on the fronts north of Shanghai in spite of fierce bombardments by airplanes, warships and artillery. The main Japanese attack was launched at Kiangwan, six miles north of Shanghai and the "back door" to this city, but even the Japanese admitted they had made no progress.

American observers in the Woosung area, at the confluence of the Whangpoo and Yangtze Rivers, confirmed reports that the Chinese still held their principal lines in the face of repeated Japanese attacks. At Lotien, near the western edge of the Yangtze front, the Chinese assumed the offensive but failed to dislodge the Japanese from their positions.

——摘自《纽约时报》（The New York Times），1937 年 9 月 10 日

# 敵機又一暴行 慘炸龍華古刹

### 敵機八架晨先後投彈廿餘枚

### 難民鄉民和尚死傷者數十人

（本報特訊）敵軍作戰失利，迭次向我後方非戰鬥員大施轟炸先後有先施公司，南火車站，北新涇，及松江車站等。今晨九時、敵機一隊又向我龍華鎮龍華寺等古刹慘炸寺內難民，本報記者聞訊後，當卽馳赴該鎮調査，沿途難民扶老携小，絡繹不絕。車抵龍華鎮、商店均閉門停市，路上行人稀少，景況悽凉。及我龍華寺門首，殘肢滿地，血肉狼藉，有破腹流腸者，亦有腦漿迸裂者，慘不忍睹。頭門附近民房，亦多炸毀，龍華寺頭三門鼓樓濟公殿大殿、斷垣殘壁，頓成瓦礫之場。上海近郊歷史上僅有之古刹，大部毀於敵機炸彈之下，誠浩劫也。惟龍華古塔，則依然高聳雲表，安然無恙。龍華寺西首之警察分所，亦遭波及，巡長黃標傷頭部，門崗劉萍生傷腿部。據該寺出險之和尚語本報記者；敵機於八時五十五分先來三架，在上空盤繞三匝，第一架投二彈，第二架各投一彈，旋又有敵機五架，由東北方面飛來，相繼投彈，約計共投彈二十餘枚，一時巨響震動，而寺內難民，及附近居民，慘叫之聲與上空軋軋之機聲，鬧成一片。敵機先後施行轟炸，約半小時左右，仍向東北飛去。嗣後難民居民尋子覓母，呼兄喚弟者，哭聲震野，極盡人間慘事。寺內和尚業經查明者，二傷一死，難民則紛紛逃避，尚未明瞭，附近居民小販亦有多人死傷，而葬身於瓦礫之內者，尚無法査明。綜計死傷至少當有數十人。當本報記者卽達該鎮時 滬南四區八一八隊救護員，正在從事救護，其中一彈並未爆裂，約重百磅。又敵機八架轟炸龍華後，於九時半途徑斜土路時，又投彈二枚，落於附近田中，並未傷人。

——摘自《大晚报》（上海），1937年9月11日

日海空軍協力攻擊

# 華南排日之急先鋒—汕頭
# 化爲不可名狀之廢墟

【香港十日同盟電】日海空呼應之汕頭攻擊，九日正午起開始，直至夕刻續行，該市要所，似已殆歸灰燼，先是正午日軍艦自汕頭港口向要塞一帶，一齊開砲門，於午後一時餘，口機編隊之日海軍機，突如出現，向市政府給水製鋼所等各軍事施設，投下炸彈，黑烟冲天，向反擊之寧軍浴以如雨之機關槍射擊，空襲約三十分，午後三時再空襲，敢行澈底的爆擊，更於六時半，三度敢行海上砲擊與爆擊，全市於此連續的攻擊，燒失大半房屋，華南排日之急先鋒之地，漸化爲不可名狀之廢墟，又潮州午後三時五十分，亦受日機轟炸，而呈大混亂。

【香港十日同盟電】依日海航空部隊之轟炸，汕頭全陷於混亂狀態，基於汕頭駐在總領事之要請，英國驅逐艦詳號十日晨離香港，急開汕頭，英國代理大使赫爾附乘驅逐艦代鈴號，亦於十日駐碇汕頭，目下從事在留英人之避難，又九日之爆擊，外人方面並無何等損害。

——摘自《北平晨报》，1937年9月11日

# 經過炮火洗禮

# 虹口已成一片焦土

**綿延兩日兩夜的大火吞沒了無數財富**

**楊樹浦路百老滙路槍炮痕跡滿目皆是**

【上海戰地特寫】最近一週間來，戰事的重心，集中在羅店，吳淞一帶，讀者的注意力也跟着戰區的擴展，而注意到那一一地方去。虹口區內的情形，雖然也是大家所急於要曉得的但是就爲了戰事重心的遷移，在大家的腦海里漸漸淡漠下來。本報記者，無意中在一個難民收容所里遇到一位剛從虹口區逃出來的同胞，得到一點關於該區比較詳盡的情形，現在，照他憑記憶所口述出來的，照錄在下面。這大概是本報讀者所樂於知道的吧。

他是住在楊樹浦一帶的貧民窟里的，戰事發生以後，就失了業，妻子在某一天晚上突然失蹤，自然是死去的了，他因爲病着，即使是在戰爭猛烈的時候，始終無法逃出戰區，他自問是必死無疑的了。但是奇怪的却是病却漸漸好了，求生的意志逼着他，終於歷盡了種多危險，安然逃過了蘇州河。講述這段故事的時候，猶有餘悸似的，即使聽的人，也好像聽着一段傳奇的故事。

因爲要逃避日本浪人的留難，他從楊樹浦繞走了許多馬路，所以能夠看到虹口區多方面的情形。現在馬路上的屍首已經沒有了，就是日本兵也很少看見，更因爲大火之後路上直是清靜極了，不過小弄里面，還有少數沒有移去的屍首，那些屍首已經分不清楚是被害的難民或者兵士了。

該區內大火燒了兩天兩夜的情形，我們所看到的祇是紅光滿天 火鴉亂飛而已，就是憑經驗的猜測，也僅僅是約在某路某一帶罷了。他告訴記者的情形，雖然也不能說是調查得很詳盡，但也可以見十之八九了。從楊樹浦路，百老滙路，直到外白渡橋、靠浦江一帶，大概都完好如初，即是槍炮的傷痕，所受的損失，也很有限。靠北一帶，眞如弔古戰場文中所說的『傷心慘目，有如是耶？』現在從他沿路看到的分述下面：

楊樹浦自來水廠（在華德路）後面，幾乎是一片焦土，三面馬路都犧牲在大火之中了。

從楊樹浦路向南來，沿途燒毀的房屋很多，不過是斷斷續續的。照普遍的情形說起來，應該是倖運的地帶了。

從茂海路，滙山路，沿百老滙路直到外虹橋，這一帶損失最重，完全是一片瓦礫之場了，即是碩果僅存的華記路一段，雖沒有遭到火難，也被毀于槍砲，所有房屋，都是百孔千瘡，東斜西傾的了。

東熙華德路上，從茂海路到華記路也完全燒毀

其他：提籃橋，公平路，塘山路，大連灣路，元芳路，兆豐路各處，都遭過火災，不過沒有百老滙路及東熙華德路之慘罷了。

在昆明路，滙山路，舟山路，發見了幾個極大的炸彈洞。

南洋兄弟烟草公司的廠房，沒有燒毀，兩旁的棧房，則是一片餘燼了。

（以下轉入第二版）

# 虹口已成焦土一片（續第一版）

至於我軍佔領匯山碼頭，據他告訴記者的情形是這樣：十七日的晚上，我們的軍隊確是到匯山碼頭的，當時日本軍隊紛紛潰退，還有一個插曲可以一記，就是屈臣氏滙業有一個棧房，由二個中國人在那裏看守，他們是得到日本軍隊特別保護的。但是那天晚上，有二個日本兵士突然去叩棧房的門，開門之後，他向內開放亂槍，那二個看守者幾乎嚇得面無人色，大概就在這天晚上，也溜之大吉了。

關於敵我兩軍對峙的地方，一個普通人民，當然無從探悉的，而且他是從那邊逃來的，不過照他所看到的，不妨記載在下面，作一個參考。

他是繞道從平凉路來的，遙望北面的河間路，在格林蘭路，寧武路，臨青路的三條路口，敵軍都築着很好的防禦工程，沙袋都是北向的，駐有很多的敵軍，在中虹橋東熙華德路南挽，也見堆着沙袋，因為東北面塘山路及兆豐路就是我軍的陣地。

此外（一）黃浦碼頭已經駐有正式陸軍，他們都是穿着橡皮鞋的。那些鞋子的式樣，或許是他們穿慣了木屐的緣故，有特別分出一個大拇脚趾的部份的，談到這一段記述的時候，其他的難民都大笑起來，但是記者却欽佩他在逃難的時候，還能注意到這些瑣碎的部份，因之推測他所談的情形，或不致十分含糊。（二）招商局中棧亦駐有日兵，門外巡邏的却是便衣隊，臂上都佩着黃布的肩章。（三）北蘇州河路自來橋北挽河濱大厦，也有日兵。（四）日本領事館門前，因為堆着很高的沙袋，所以無從知道到底被炸燬了沒有，而且照情形看來，裏面或許依舊駐有軍隊。

這一篇珍貴材料的收穫，我們應該特別向這位被難同胞感謝的。（九月三日）

——摘自《港报》，1937 年 9 月 11 日

# 敵機殘暴至極
# 慘炸南火車站
## 血肉的債祇有用血肉來還！

### 被炸時情形

（上海通信）八月廿八日午後記者甫離難民產科醫院、忽由南方傳來巨聲、知敵機又在肆虐、匆匆驅車至法租界打浦橋、目見空中往來偵炸之敵機、遠近共有十架、不久住在製造局路日暉港及陸家濱路的居民、紛紛向法租界逃避、人人臉上、充滿恐怖、和慘痛的表情、遠望滬南、陣陣濃烟、直沖霄漢、此時敵機已比來時較少、記者遂直駛南火車站、一片慘狀、顯呈眼前、救護車還沒有到、祇有×校二十餘名男女學生、在包紮抬救傷亡同胞、記者的汽車、也臨時被徵、運送了六名輕傷的難民、記者步進了車站、站前門、電線、架已震落、站台與馬路間、橫死無辜、密集倒臥、天橋本爲敵機投彈目標、月台上炸死者的斷肢殘軀、上、又覆上鉛皮木板、一瀏覽、逃難民汽車、還兀立路中、然已密佈彈痕血跡、箱籠包裹、遍地遺棄、平日擾攘之地、此時反全歸蕭寂、實足反映敵人侵略的兇狠殘酷、昨在南站所投炸彈、共有六枚、五枚爆炸、經記者目見者有四枚、站台天橋一枚、站東貨棧一枚、車站對面益元里口一六八號某轉運公司一枚、救火會斜對面車站柵中一枚、其中以天橋一枚傷人最多、大約死者在百名以上、傷者二百名以上、已分送寶隆、仁濟等醫院、南滙轉運公司門壁被炸後、復起燃燒、亦有死亡、昨日南市敵機轟炸車站時間、在午後二時許、不過敵機蹤跡、清晨即有發現、且常在黃家南碼頭一帶開機槍掃射、到午刻更變本加厲、亂擲亂投、昨全日計叢家渡興王碼頭、各投一彈、祇董家渡傷路人數名、其他如、高昌廟投數彈、三官堂路二枚、地方法院一枚、有海潮寺附近落一枚、寺旁三民坊一枚、至午後四時許、據浦東來之難民稱、洋涇與南匯境之龍王廟亦皆被炸、所傷均屬無辜居民、

### 炸後視察記

以前、我曾在距離二丈多以外、看過從三層樓上摔下的匠人、那腦漿迸裂血流滿地的慘狀、深印在我記憶之中、使我連做了三夜惡夢、四五天沒有能吃下飯去、從此以後、我再不敢正視一下死屍、尤其是慘遭橫死的。

但昨天從晚報上證了敵人在南市轟炸的消息之後、我却想非去視察一下不可、因爲我已慨然感悟、要做一個大時代裏的中華人民、應當要有面對這犧牲慘劇的勇氣、躲避已經不容你躲避了、膽怯畏縮更是個人的羞恥、我要磨練我的膽魄、準備將來肩負重大艱巨的担子、

晨光剛從窗裏透露進來、太陽還沒有曾照到大地、我同先已約好的兩位胆識都超越於我的朋友、便登車出發、

車過西門路一帶、正是早市熱鬧時分、路旁的菜販、以及上市買菜的男女、把街道擠得幾乎水洩不通、此地人口密度的驟然增高、也就是反映出了某幾處的逃亡者的衆多、看了這一片熙攘往來的情景、誰也想到在距離不遠之處、有一個瓦碎棟折、頹垣斷壁、以及死屍狼籍、血肉橫飛的非人世界呢、

南陽橋的鐵柵欄外面、擠滿着逃難的人民、手裏、不帶物件的、可以說很少、要是手提着箱子包裹、或肩挑着舖蓋傢具、那末×兵及中國捕的鞭子、就會無情地飛到身驗之上、滿車載着紅木傢具、或箱籠什物的、更莫想逼近鐵柵、這一幅流民

圖、永遠會掛在我的心扉之上、使我的心頭增加幾分沈重、

衝過鐵柵以後、經過老西門、中華路黃家闕路、蓬萊路等一帶、昔日市區的繁華熱鬧之處、都已變成了死寂清冷之地、店舖的門家家緊閉着、路上的行人、不是絕對沒有、但十分稀少、祇有幾家燒餅舖、麵館子、還在半開着門做生意、

將近半淞園路、就見到已斷的電線、從橫網佈於電車道上、漸漸走近南火車站、漸漸使我膽戰心驚、因爲畢竟這是我有生以來第一次閱歷這努力破壞下的慘像、幾個死如焦木似的屍體、手脚像樹枝般地伸着、橫陳在電車道旁、看樣子、那些都是難民、瘦削的臉龐、蓬鬆的頭髮、可憐他們在生前未曾過着人的日子、一條殘生、還終久要斷送在敵人的炸彈之下、車站附近的房屋、門窗都已震毀、甚至有倒坍的、東面的自來水亭、已整個被炸毀損、牆壁上還留下無數的彈孔、前面廣場中央、有一個深約五六尺的陷坑、

車站東西兩翼的房屋、並沒有多大毀損、自大門口、售票處、至月台一帶、已整個被炸得粉碎了、地上淩亂地舖着炸燬的器物、站台還堆着許多行李、十幾口黑漆棺材沈默地躺在那兒、還有一隻穿皮鞋的脚、一架無頭的屍、血肉糊地流落在軌道之旁、幾個工人、正在忙着搬運收拾、總之叫不忍卒覩「這句話、不足以形容我當時心裏所感的萬一、

血肉的債祇有把血肉來還、我們要把這句話敎訓着我們的子孫、(八、廿九——逸霄)

——摘自《港报》，1937 年 9 月 11 日

# 浦東市中心區
# 續遭轟炸

敵陸軍飛機來滬增援後、昨又四出活動、分至浦東及市中心區一帶轟炸、其在浦東方面者、投彈尤多、企圖炸毀我軍工事及炮兵陣地、而於浦江炮戰時、猶盤旋不斷投彈、惟我預作戒備、故未被命中、僅附近村落多處民房全燬、損傷奇重、至市中心區方面、其目標在我軍機關槍掩體、當轟炸時、敵艦亦開炮助虐、但彈多虛發、我損失甚少、

——摘自《时报》（上海），1937 年 9 月 11 日

# 敵機昨轟炸龍華寺

## 僧衆及居民罹難者四五十人

昨日（十一日）清晨、敵機在南市浦東閘北滬西等處盤旋低空窺察　並投彈轟炸、遲遲不去、忽於九時許、敵機九架、分成三小隊、結集於龍華天空、飛翔極低、盤旋數匝、倏然排成弧形、數機同時投下巨彈二十餘枚、轟轟之聲　遐邇咸聞、該區建築物被毀者不知凡幾、巍然之龍華寺大雄寶殿、完全坍塌　且有該寺僧衆、及附近居民罹難者四五十人、按龍華一區、原爲本市遊覽名勝、近年來經市政府當局劃爲風景區後　除原有之樓台亭榭、宮殿寺塔、加以修飾外　並另樹各種風景佈置、花枝招展、草木綺麗、無非供遊人賞心悅目、小駐憩休而已、不料此次經敵機之蹂躪、竟致斷垣殘壁、滿目凄涼、敵人對非軍事區域之一再施行殘暴行爲、其心實大可誅云、

本報滬南訪員報告　昨晨九時敵轟炸機五架、飛赴滬南龍華鎮一帶上空　隨即投下炸彈共計二十餘枚、龍華寺古刹頭三門鼓樓　濟公殿大殿、寺旁民房、均遭炸燬附近該管警察所派出所、亦被波及、寺內羅漢佛像、大半燬去、最可慘者、大批難民、殘肢滿地、血肉狼籍、有破腹流腸者、亦有腦漿迸裂者　慘不忍睹、警長十標與警士三人皆受重傷、內有平民花老五　四十一歲本地人）傷頭部甚烈、許迪卿（十八歲本地人　傷胸部及右腿甚重、張祖海（廿四歲山東人）傷右腿、車送同仁醫院　其餘均送滬西中山醫院醫治、當場炸斃者、除寺內和尚二傷一死外、其餘傷二十餘人、死十二三人、由同仁輔元堂掩埋隊收屍掩埋、旋敵機復飛往閔行北橋上空投下七八彈、北橋小學亦遭炸燬、

昨日上午八時半、十時半及下午三時半、敵機三度飛往北橋轟炸、共投炸彈二十餘枚、北橋小學、薔薇新村、及丁惠康之花園、着彈多枚、除房屋被毀外、並死傷平民多人云

——摘自《时事新报》（上海），1937 年 9 月 12 日

# 敵軍殘酷慘無人道

# 轟炸救護員屠殺平民

## 紅會優卹殉難烈士並致哀敬

## 救濟會搜集慘案照片備發表

中國紅十字會總會上海市救護委員會、對於此次滬戰辦理救護工作・備極艱險困苦、自八月十八日至二十三日 前方救護人員、迭遭日軍轟炸槍殺、當時殉難者五人、受傷者二十餘人、失蹤者二人、足徵日軍慘無人道、不顧國際公約、一方電美該會會長王大使、擬告紅十字會聯盟會等、一方繼續努力・並不因此稍餒、并積極擴大救護、以期完成使命、該會對殉難烈士、表示萬分惋悼・生前情愛篤懷・不避艱險・於槍林彈雨之中、奮勇救護、其堅毅精神・實深欽感、除擇期開會追悼、從優撫卹、並呈報政府褒獎外、更以至誠敬致哀悼、願同人爲國家民族共求生存・益加淬礪・庶可對諸先烈於地下云云、

又訊 上海市救濟委員會、掩埋組正搜集關於敵機轟炸各地慘案之照片、預備製版請各報發表、聞中有一幀、胎兒自母腹伸出一手・適被炸斃・掩埋時其已死胎兒仍行產下、臍帶相連、狀殊可慘・攝成照相、彌見敵人之殘酷而無人道也、 又該會其他各組昨日工作簡報如下・㈠收容組會同訓導組徵集難民壯丁並登記三十五人、㈡遣送組以蘇州河交通發生阻礙・自八日起至十日止暫停輪運遣送、㈢給養組本日給養難民二萬一千六百八十二人・㈣醫藥組醫治難民輕病一千一百另九人、重病四百六十五人、送救濟醫院十一人、㈤秘書處函紅十字會醫院勞工醫院等 請對本會掩埋隊因公受傷人員減輕醫藥費用、

——摘自《时事新报》（上海），1937年9月12日

敵機兩架

# 前下午襲犯韶關

在英德與我機遭遇即逸去

粵漁夫被敵擄去注射毒針

中央社。廣州十一日電。敵機兩架於（十日）下午二時許。由東北方侵入韶關。用機槍低飛掃射。旋飛英德與我機隊遭遇。敵機即向東逸去。

中央社。南京十一日電　敵連日在粵烈香浦附近海面之敵艦。擄去漁船十餘艘。將漁民服裝剝去。每人注射一針放回。所注射之針當係毒針。

——摘自《湖南国民日报》，1937年9月12日

敵機昨又炸南市等處

# 龍華寺被毀

……寺僧及居民四五十人罹難

北橋小學等處着炸彈多枚……

中央社。上海十一日電。頃（十一）晨敵機在南市浦東閘北路等處。盤旋上空窺察。並投彈轟炸。計南市投下巨彈二十餘枚。大建築物被毀者甚多。龍華寺大雄寶殿亦完全坍塌。該寺僧衆及附近居民。罹難者四五十人。按龍華原爲本市遊覽名勝。近經市政當局。劃爲風景區。乃敵人對此非軍事區域。又施殘酷行爲。其居心實大可誅也。

中央社。上海十一日電。十一日晨八時半十時半。及下午三時半。敵機二度飛北橋轟炸。共投彈二十餘枚。北橋小學丁惠康花園。着彈多枚。除房屋被燬外。並死傷平民多人。

——摘自《湖南国民日报》，1937年9月12日

# 龍華寺北橋小學

# 慘遭轟炸

## 僧衆及平民罹難四五十人

敵機連日轟炸南市、對非戰鬭員之民衆屠殺、昨日清晨六時、敵機十二架、飛至龍華寺投彈四枚、彈落龍華寺後埭、毀夷面平房及毗鄰之民房、死傷鄉民十餘人、查被炸之處、係在觀音殿之後、按該寺後埭在昔軍閥時代、曾有少數軍隊居住、自民國十六年以來、保護佛教、已十年不駐兵、

昨日（十一日）清晨、敵機在南市浦東閘北滬西等處盤旋低空窺察、並投彈轟炸、遲遲不去、忽於九時許、敵機九架、分成三小隊、結集於龍華天空、飛翔極低、盤旋數匝、倏然排列成弧形、數機同時投下巨彈二十餘枚、轟轟之聲、遐邇咸聞、該區建築物被毀者不知凡幾、該寺後埭、完全坍塌、且有該寺僧衆、及附近居民罹難者四五十人、按龍華一區、原爲本市遊覽名勝、近年來經市政當局劃爲風景區域、除原有之樓臺亭榭、宮殿寺塔、加以修飾外、並另樹各種風景佈置、花枝招展、卉木綺麗、無非供游人賞心悅目、小駐憩休而已、不料此次經敵機之蹂躪、竟致斷垣殘壁、滿目淒涼、敵人對非軍事區域之一再施行殘暴行爲、其心實大可誅云、

### 死傷調查

廟內屋宇、被炸穿屋頂、磚瓦四濺、擊傷數人、在廟前亦炸死男女大小八口、並傷數人、各機在上空見目的已達、相率飛去後、受傷諸人、由紅十字會救護隊馳往救出、分送各醫院醫治、致炸死者共四人、由家屬認明、當時抬回棺殮外、尙有奚同生・張麻子・與一黃包車夫及一炸碎孩童（尸已四散炸開）、由同仁輔元堂掩埋隊派員率領夫役馳往、將大尸三具及小尸舁回同仁輔元分堂拍照後殮埋、

南市紅十字會之第七救護隊、由俞隊長親率隊員履險急救、廟後民房又發生火警、在危急間、救回僧人姚 垣・陳正亮・顧正海・沈芝林等四人、及紹籍婦女余劉氏一名、該余劉氏傷下部、救回後至十一時四十分即告斃命、顧正海亦命在殆危中、其餘均由張醫師施行手術後、留隊醫治、

（又訊）龍華古剎昨晨被敵機轟炸時、除死傷鄉民二十餘人外、與該寺毗連之市警察局龍華分駐所亦遭炸毀、該所警長王標受重傷、另有警士三人被壓受傷、均經送入醫院醫治、現龍華全鎭居民、已逃

避一空、

**北橋投彈**

敵機五架、在滬華轟炸後、飛滬閔路先後擲彈八枚、除九號橋略被震毀外、並傷一路人、旋復飛至北橋鎭擲彈五枚、北橋小學校全部被炸、此外另毀房屋四間、死傷人數現尚未詳、中央社訊、昨日上午八時半・十時半・及下午三時半、敵機三度飛往北橋轟炸、共投炸彈二十餘枚、北橋小學・薔薇新村及丁惠康之花園、着彈多枚、除房屋被毀外、並死傷平民多人云、

**浦東方面**

有社莊廟者、供奉者係三老爺、相傳爲財神之司帳、當前年春迎神賽會、曾有二百六十行之花樣轟動上南川三縣前日敵機亦往轟炸、略毀房屋、竊敵機近來對於南市浦東、每與廟宇爲仇、實屬不解、而敵機至下午一時許、復有一小隊盤旋於南市之上空低飛、散發荒謬傳單、即租界上亦有飛下者、至下午二時許、敵機一架又在南市一帶盤旋、經產華路一帶高昌廟及沿黃浦並在環城一帶偵察、至四時許始向浦東方面而去

**大批敵機**

敵在楊浦樹路底公大紗之東、將原有之高爾夫球場、加以擴充、改作之臨時飛機場、爲敵空軍在滬活動之最大根據地、據悉、該場停有敵機數十架之多、場側上海紡織會社附近、置有紅燈四盞、及小旗一面、作爲敵機起落之標的、昨晨八時左右有敵機三十餘架、自該機場飛出、有十八架飛向蘊藻浜一帶而去、餘則還繞機場、飛行之低、若站各樓頂平台、幾乎伸手可摘、而爲數之多、則又若秋日蜻蜓、下午四時左右、各機始逐漸並率飛回云、

——摘自《时报》（上海），1937年9月12日

龍華寺炸毀一斑　　（李仲杰攝）

——摘自《时报》（上海），1937年9月12日

**救濟消息彙誌**

市救濟會

●●●●●●

# 搜集敵慘炸照片

## 孕婦破腹一頁更慘

市救濟委員會昨日所有工作之簡報如下、一●收容組、會同訓導組徵集難民壯丁亦登記二十五人、二●遣送組、以蘇州河交通發生阻礙、自八日起至十日止、暫停輪運遣送、三●給養組、本日給養難民二萬一千六百八十二人、四●醫藥組、醫治難民輕病一千一百〇九人、重病九百六十六人、送救濟醫院十一人、五●秘書處函紅十字會醫院勞工醫院等、請對本會掩埋隊因公受傷人員、減輕醫藥費用、六●掩埋組、搜集關於敵機轟炸各處慘象之照片、預備製版請各報發表、聞中有一幀、一胎兒自母腹伸出一手、適被炸毀、掩埋時其已死胎兒仍行產下、臍帶相連、狀殊可慘、

——摘自《时报》（上海），1937年9月12日

# 公雞島民船

# 被敵焚燬

◎濟南十日電、連日魯沿海一帶各縣、均時有日機窺察、十日晨八時、牟平有日機兩架、由東經蓬萊西飛、海陽公雞島方面、有敵艦一艘、將我兩民船焚燬、

——摘自《时报》（上海），1937年9月12日

# 敵機一架襲我韶關

## 粵海敵艦毒殺我漁民

本報廣州十一日電。敵機兩架十日下午二時許由東北方侵入韶關。用機槍低飛掃射。旋飛英德與我機隊遭遇。敵機即向東逸去。

本報十一日電。連日在粵烈夼浦附近海面之敵艦擄去漁船十餘艘。將漁民服裝剝去。每人注射一針放回。所注射之針。當係毒針。

本報廣州十日電。日艦在租界地個海炮擊我海關緝私巡船事件。雖往日當局發言人否認。肇海地點。係在港海。但關船上身臨目擊之兩英籍船員。向港政府報告。均堅強證實。日艦確在港海施行其違反國際公法之野蠻行爲。港政府除電英駐日大使向日政府抗議外。並已詳報英外部日艦現正拖押刦掠所得之關船。徘徊伶仃洋上。又汕領事團於日海空軍轟汕後。日召開領事團會議。準備聯合向日抗議。

——摘自《全民日报》（长沙），1937年9月12日

# 隨處投彈射殺平民

下午二時、又有敵機二架、在浦東低飛偵察、旋復飛往南市、在竇紹公司棧房附近低空窺察、又以機關槍掃射我無辜平民、三時許、該二機又飛往閘北、在庫倫路南公益里投二彈、當即起火、焚燒亦烈、南公益里及中公益里房屋、皆被焚無餘、嗣該二機復飛往浦東、往來盤旋、低空偵察、至下午六時許、始飛返楊樹浦東敵臨時飛機場、此外於昨日正午十二時左右、復有敵機多架、在楊行月浦一帶、往來偵察我軍陣地、同時投下炸彈多枚云、

——摘自《时事新报》（上海），1937 年 9 月 13 日

# 日違公約 續炸各地紅十字會

中央社。上海十二日電。敵機於八月三十一。轟炸滄縣紅十字會分會。並炸斃服務人員張書元一名。又汕頭紅十字會分會。救護隊員蔡錦懷。亦被敵機炸斃。該會以日係萬國紅十字會會員國。竟不顧信義。違反公約。已電該會會長王正廷。向紅十字會聯盟會報告。

——摘自《湖南国民日报》，1937 年 9 月 13 日

## 顧維鈞郭泰祺等發表宣言

# 述日本侵畧暴行

### 弁髦國際法規蔑棄人道主義
### 封鎖我國海面妨碍國際貿易

中央社。日內瓦十二日哈瓦斯電。國聯會大會中國代表顧維鈞郭泰祺錢泰頃發表宣言稱。

## 宣言全文

日本所行政策目的。在於征服中國大獨霸東亞。並控制太平洋。此其態衰加與日本簽定參度之各項國際條約。大相抵觸。不寧唯是。日本並訴之武力。為慣澈此項政策之工具。初則估領東三省。繼復侵及熱察綏冀。最近兩月以來。又復派遣外軍二十五萬人至中國。於強佔平津後。復侵入南口及張垣。今猶繼續向華北各地進展。在滬附近。則集中軍隊。約六萬員名。並迭次探取攻擊殺害中國平民數千。所招致之損失。以數千萬計。滬為長江門戶。並為遠東主要商業城市。日本之企圖不外乎控制上海。並由此以進攻南京。且日軍迭次轟炸軍事上毫無重要之不設防城市。並轟炸平民與難民。至如轟擊英大使許閣森爵士之一事。尤為蠻橫無理。凡此種種。對於國際法規。視若弁髦。對於人道主義。毫不顧及。實為文明世界所不齒。至若封鎖中國全部海岸一事。猶足以妨礙海洋自由與國際貿易云云。

## 發表文告

中央社日內瓦十二日電。我國出席國聯會。第十八屆大會代表顧維鈞。郭泰祺與錢泰聯袂抵此後。卽向記者發表關於中日衝突之正式文告。謂鑒於日本侵略中國空前未有之嚴重。中國政府。決再向國聯會。提出申訴。過去兩國間遠東局勢。已遭極端不幸之逆轉。此種局勢。不僅威脅中國之生存與獨立。且危害列強領土之安全與條約享受之權益。於滿洲事件發生時。中國參加國聯代表。已屢次聲明日本採取違背國策。以徵服中國。統治亞洲。稱霸太平洋•並採用武力。爲遂行其政策之工具。此爲日本武裝軍隊。自一九三一年以來。所由不斷對中國挑釁與侵略之眞正原因。亦卽日本強佔東三省後。復繼續侵入熱察綏冀之理由也。在最近兩月以來。日本製造七月七日之蘆溝橋事件後。派遣陸軍二十五萬人至中國。復於強佔平津南口張垣後。繼續向晉進攻。沿津浦平漢兩線

南侵。自八月中旬迄今。日本業已在淞滬區域。集中陸軍六萬員名。逕向中國防軍攻擊。以致數千人民。喪失生命。中外人士財產之損失。達數千萬之鉅。日本派遣如此重兵來滬。其目的無非欲控制富庶繁華之長江流域門戶。與遠東主要商業城市之上海。繼而進攻中國之首都南京。日空軍對於不設防之城邑。起自張垣與大同。迄至汕頭與廣州。濫施屠殺與損壞。而此城邑。[illegible]多係毫無軍事關係者也。各處平民。以及集於各火車站之婦孺難民。已遍遭轟炸。歸友邦之外交代表因公出外。遠距本地者。亦復遭日機之轟擊。與機槍掃射。日本對之國際公法。及尊重非戰鬥員之普通人道。完全不顧。此實貽文明之羞。

日本海軍。自艦隊集中楊樹浦江。與黃浦江中後。無日不對於平民充斥之上海。與人煙稠密實業興旺之浦東兩區域。從事轟擊。今日復宣布中國全部海岸之非法封鎖。對於經營合法貿易之中外船航。悉加干涉。海上自由與貿易自由之原則。乃大受影響。日本此舉之摧殘遠危局。現已切實演成世界危局。日本之侵略。不獨威脅中國之獨立與其領士完整。且亦危及世界一般和平。故中國政府與人民。益信代表嗜好和平的國家大團體之國聯。應響議並採行有效力之計畫。以制止日本在華侵略與殘暴之行爲。而維護國際條約之尊嚴。中國並希望注重和平與國際公道之美國。今後贊助國聯之行動。更希望其他各國之於遠東有利害關係。而非爲國聯會員者。亦各供獻其慷慨之努力。俾判明侵略而促成和平云。

——摘自《湖南国民日报》，1937 年 9 月 13 日

## 宋美齡女士向美廣播講演

# 詳述敵軍殘暴侵略行為

## 並感謝友邦人士同情以及精神援助

中央社南京十二日電。蔣夫人宋美齡女士。十二日晨七時。向美國廣播演講。茲誌其演詞如下。

今日向美國人民演講。頗費難於措詞。蓋最近在上海及其附近。連續發生之不幸事件。使一部份美國及其他國僑民。喪失生命。遭受損傷。或感受其他苦痛。其悲痛之回憶。為在縈繞余胸臆也。但余應向諸君深信勿疑者。即蔣委員長與余。對此等不幸事件。同深惋惜。並與死者家屬及遭受損傷者。同其悲感。尤以死傷之人。類有不乏為吾人私人之友者。中國政府。於可能範圍之內。現在竭盡所能。避免同類事件之發生。實則此類事件。如非日人以公共租界為根據地。在上海作戰。當亦不致發生也。

中國近年以來。革新工作。日千里。統一中華民族。建設近代國家。但日人不願覩此。故乘吾人工作未完成之前。多面襲擊。肆意破壞。彼等對中外人士生命財產之安全。毫不顧惜。觀於上海近事。信而有徵。日人無論寄居中國任何地方。即憑藉之以為根據。從而侵害中國人民。彼等所採之手段。或則利用軍事動作。或則販賣鴉片及其他毒品。以戕賊吾民族之體格。或則策動陰謀。以破壞吾中央政府之威力。此種情形。任何僑居中國之美國人。當可為諸君告也。

日本軍人。不但欺騙其本國人民。且欺騙全世界。為掩飾其陰謀計。任何藉口。亦所不惜。例如最近公然誣稱中國方面。會播散霍亂病菌。於其在滬軍隊。故將採取報復手段。試問日本果將採取何種報復手段乎。施用毒氣耶。其理由又果安在。殆以五週以來。未能屈服中國。如其所欲期賊。日本因會集中陸海空軍之威力。憑藉其最新武器大砲坦克。以求遂其所欲。然以我軍迄能奮勇抵抗。是以不無慣慨斗。

然日本目前在華之行動而論。諸君當能明見。日本居心險惡殘忍。依照其一預定計畫進行。數年以來。日本無日不在準備此征服中國之企圖。爲達此目的。即完完殲滅我中國人民。亦所不惜。所奇者。列國竟都袖手旁觀。無一以爲痛癢相關者。其因日本每日宣傳。虛構事實。竟獲雖信賊。都因日本有摧殘之技。世界政治家。竟墜其術中賊。日本「此非戰爭僅係一事變」之簡單光語。似賦有蠱惑魔力。驅使世界緘默。甚且八月二十八日。日本首相近衛之宣言。聲稱日本意在「鞭笞中國。使其屈膝。不敢再有抗戰之精神。」似亦未有任何効果。足以警醒世界。使其感覺此乃正在進展中之奇禍巨劫。列強簽訂九國公約。原在避此巨劫。九國公約設立。即所以特別保障中國。免受日本侵犯。列強又曾訂立巴黎非戰公約。以防遏戰爭。紅設國聯。以制侵略國家。向弱者作無理之侵家。所可異者。此等條約。今竟瀉然不存。爲前此歷史所未聞。

尤可慮者。積年累日。逐漸形成之戰時國際法。其複雜之結構。乃所以節制戰爭行爲。保護非戰鬥人員者。竟亦與此諸約。同化灰塵。用是今也。乃復返於弱肉強食之對蠻時代。不僅戰士死於疆場。即其家屬婦濡。亦所不免。凡此固告日本現在中國所力圖肆行者也。（未完）

——摘自《湖南国民日报》，1937 年 9 月 13 日

# 敵機午後轟炸浦東

## 死傷平民約數十人

## 晨在閘北投彈放火

（本報特訊）今日下午一時四十分，敵轟炸機四架，低飛於南市董家渡及外馬路對面浦東南碼頭一帶上空，投下巨量炸彈十餘枚，響聲震動全滬，死傷無辜平民數十人。

（中央社）今晨（十三日）六時起，敵機在南市，龍華等處窺察，初僅兩架，旋增至六架，忽分忽合，未投彈，僅在各處用機關槍向下掃射，幸未傷人。另在閘北共和路一帶，由飛機上悄然散下硫磺，及其他引火物，以致火勢蔓延，不可嚮邇。暴敵之無端縱火，蓄意破壞，其詭計陰謀，層出不窮，實屬可恥。

——摘自《大晚报》（上海），1937 年 9 月 13 日

# 敵機四出肆虐

# 閘北兩處大火

## 南公益里中公益里房屋全燬

昨日敵機、復四出肆虐、計自晨八時起至下午六時止、迄未稍停、玆將昨日敵機肆虐經過、彙誌如下、昨晨八時左右有敵機六架、自楊樹浦路底敵臨時飛機場起飛、盤旋數匝後、飛閘北中山路、並回飛至高昌廟及南市一帶偵察、不時並低空窺探、用機關鎗掃射我無辜平民、旋該六機又越浦東飛、偵察我浦東陣地、十時許、該機六架、後分爲兩隊、一隊四架、西飛虹橋路羅別根路一帶、在虹橋飛機場附近投六彈、炸毀民屋二間、一隊二架、始終低空盤旋於浦東上空、直至十二時半、該機二架、始繞楊樹浦飛至閘北一帶偵察、在麥根路站附近投一彈、炸毀民房數間、

### 蒙古路

一帶投五彈、其中兩彈爆發、又毀民房數間、旋更在廣肇山莊附近恒豐路廣肇路一帶、投硫磺彈二枚、彈落該處貧民草棚、以致發生大火、燃燒頗烈、且因近地無水、致救火人員、只得拆毀附近房屋、以免延燒、但因火勢過猛、搶救困難、直延燒及晚始漸熄滅、下午二時、又有敵機二架、在浦東低飛偵察、旋復飛往南市、在寧紹公司棧房附近低空窺察、又以機關鎗掃射我無辜平民、三時許、該二機又飛往閘北、在南公益里投二彈、當

### 庫倫路

即起火、焚燒亦烈、南公益里及中公益里房屋、皆被焚無餘、嗣該二機復飛往浦東、往來盤旋、低空偵察、至下午六時許、始飛返楊樹浦東敵臨時飛機場、此外、於昨日正午十二時左右、復有敵機多架、在楊行月浦一帶、往來

偵察我軍陣地、同時投下炸彈多枚云、

## 百餘間

（又訊）昨日下午零點時、閘北有敵飛機兩架、在各處投彈、旋恒豐路長安路一帶先後起火、其勢甚猛、不料未幾東首蒙古路警察所該管之國慶路庫倫路、亦相繼起火、始則濃煙密佈、繼卽火光熊熊、幸各該處火場離蘇州河尙近、當經救火會驅皮帶車到場灌救、無如火勢太猛、杯水車薪、無濟於事、故國慶路庫倫路之火直燒至傍晚六時左右、始經救熄、計燬市住房共三十餘間、而恒豐路之火、至記者屬稿時、尙在燃燒、入晚後紅光燭天、計已焚燬屋平房及樓房約七八十間、兩共一百餘間、救火車正在竭力施救云、

## 流彈

▽廣東路山東路口一四七號安吾堂藥房昨晨六點半鐘、墮下一砲彈、門戶爲毀、人則無損、

▽昨日下午五時十分、虞洽卿路福州路口倉樂里口有一小孩沈弟弟四歲、頭部中一流彈後、經救護車送醫院醫治、

——摘自《时报》（上海），1937年9月13日

# 敵機昨又轟炸難民

## 死傷達四百餘人慘無人道

昨日午後四時半有小輪兩艘、共一拖帶帆船九艘、滿載難民、駛往嘉興、另一艘拖帶帆船十二艘、亦係裝載難民、駛往蘇州、當赴嘉興之小輪駛抵蘇州河野鷄墩時、突遇敵機兩架、橫加轟炸、卽被炸沉帆船三艘、並毁六艘、死傷難民達四百餘人、另一艘駛往蘇州之小船、則幸啓行較遲、並未罹難、敵機之再三轟炸難民、誠爲向全世界之人類挑戰矣、

又訊　昨晨(十三日)六時起、敵機在南市龍華等處窺察、初僅兩架、旋增至六架、忽分忽合、未投彈、僅在各處用機關槍向下掃射　幸未傷人、另在閘北共和路一帶、由飛機上悄然散下硫磺、及其他引火物、以致火勢蔓延、不可嚮邇、暴敵之無端縱火、蓄意破壞、其詭計陰謀、層出不窮、實屬可恥、下午二時左右、敵機七架、在浦東白蓮涇一帶輪流投彈九枚、四時左右、敵機又在該處投彈六枚、在該處之中國酒精廠被炸毁、

——摘自《时事新报》（上海），1937年9月14日

宋美齡女士向美廣播講演

# 詳述敵軍殘暴侵略行爲（續）

## 並感謝友邦人士同情以及精神援助

然而條約之崩潰。與夫此二十世紀之有大規模殘殺無辜慘劇之發生。文明各國。要亦不能無咎。於一九三一年。日本佔我滿洲之際。列國曾容許其肇始。泊乎一九三二年。日本轟炸上海閘北居民於睡夢之中。列國實縱容其繼續。及今日本再度大舉侵略。鐵蹄遍佈中國全境列國竟亦默許熟視無睹。則至日本月以爲毀滅學校。摧殘文化機關。亦得到處自由行動。爲此欲爲天津南開大學。河北女師及河北工業學院。旣燬於彈火。猶以爲未足。復益以石油。務求其殘餘。亦爲灰燼。上海滬江大學。見燬於日本。重砲及空軍之彈火。吳淞同濟大學。則蕩然不存。南京中央大學。南昌保口女校。亦獲日本飛機炸彈之垂青。此尤未已。南通美國教會醫院。眞茹紅十字會醫院。以及其他若干處紅十字會救護處所。更遭故意轟炸。日方飛機。且曾掃射央大使。畚以擲彈。而其外務之臣。現猶靦顏狡賴。以爲日本飛機。斷不出此。所幸英國陸軍武官。固然證明。確係日機。以否認日本政府現猶妄作之讕言也。

今戎戮方始。殺人毀物之惡行。已如前述。則於日本以完全掃滅中國相恫嚇。以後更將如何加甚。結局如何。今且勿論。其決心消滅中國文物。則已開始。而若干年來。在華美國宗教文化事業。辛苦慇懃。所獲成就者。亦同將見毀於此野蠻暴行之手。美國教會機關。會獲美國人民踴躍捐輸。對於中國復興。貢獻亦巨。苟聽任日本。爲所欲爲。則此傳教會機關本身。卽不全毀。其工作。亦必慘遭摧折。蓋日本國指斥此等機關。爲培植將來抵抗勢力之處所也。實則日本對於外國勢力。嫉視至深。無論此種勢力。係爲文化的。或商業的。均欲加以破壞。或竟根本剷除。此中事實。海外各國。實應明白瞭解也。

因此余對旅華歐美各國婦孺之安全。殊感焦慮。中國人民。對於各國教士在華之服務。素極推崇。惟余爲情形所迫。對於彼號於短明內撤退之措施。不得不咸然加以援助。縱有少數外人。仍欲羈留。與吾人共嘗艱苦。然余可告歐美各國人士。中國政府。對於逃避戰禍者之運輸問題。將竭力援助。使之達[illegible]海岸。吾人對僑華外人。誠願加以保護。但日本今已宣告封鎖中國海岸。並要求各國停止。以軍火供給中國。（未完）

——摘自《湖南国民日报》，1937年9月14日

# 我出席國聯代表團

# 已向國聯遞送申訴書

## 日侵華為與國聯全體有關事件

## 請建議適宜辦法採取必要行動

中央社。南京十三日電。外部息。本月十二日。我國出席國聯代表團。已以首席代表顧維鈞名義。向國聯秘書長。遞送正式申訴書。原文如下。本代表。茲奉本國政府訓令。謹請貴秘書長注意。日本以其陸海空軍兵力。侵略中國。並仍繼續侵犯中國之各部。此乃對於中國領土完整與政治獨立之侵犯行動。中國爲國聯會員國。故此種行動。明白構成應依國聯會章第十條處理之案件。又日本之侵犯行動。所造成之嚴重情勢。亦在同會章第十一條範圍以內。故亦爲與國聯全體有關之事件。至於本案事實。則請閱中國政府致國聯之聲明書。該聲明書。已由國聯。轉送各會員國。及一九三三年二月二十四日。國聯大會依照會章第十五條第三項規定。通過決議案而成立之諮詢委員會。鑒於日本現在對國聯之關係。及其在中國之行動。中國政府認爲國聯會章第十七條。亦同樣適用。但國聯大會曁行政院。對中日糾紛。截至現在止。對於一切決議。其繼續有效性及拘束力。並不因此而受影響。代表謹以本國政府之名義。請求適用國聯會章第十條。第十一條。及第十七條。並向國聯行政院申訴。請對於上述各本條所規定之情勢。建議適宜及必要之辦法。並採取適宜及必要之行動。

# 我申訴意義

## ——促使中日問題諮詢會復活

## ——援用第三第十第十七各條——

中央社。日內瓦十二日哈瓦斯電。中政府向國聯提出申訴之主要目的。乃在促使一九三三年。國聯臨時大會。所設中日問題諮詢委員會之復活。此項委會。係由英。法。德。義。美。蘇。比。捷。波。挪威。西班牙。瑞典。荷蘭。瑞士。土耳其。匈牙利。葡萄牙。愛爾蘭。墨西哥。哥倫比亞。危地馬拉。巴拿馬。加拿大二十三國組成。復活後。其最大利益。卽爲美國亦能參加。中國政府各法理顧問所由主張。從新提出此項申訴者。乃因日本已於（九三二年。三月二十七日。宣告退出國聯。因此中國必須再度提出申訴。俾冉援行盟約第十七條所載。關於會員國與非會員國間。發生衝突之規定。此外中國政府。此次並援引盟約第三第十兩條。按之第三條所載。國聯大會。得處理關係世界和平之任何事件。因此行政院於討論中國所提申訴後。荷向大會。提出決議草案時。大會酒時。僅須召集中日問題諮詢委員會。而不必另組其他委員會。加以處理。似此中政府所抱主要目的。卽促使英法美蘇各大國。在遠東方面。採取共同政策一層。亦可內之意到矣。至盟約第十條所載。乃關於尊重與保持會員國領土完整主權獨立者。中政府亦予以援引。此其利益。自偏理論方面。大約行政院於接受中國申訴後。自必依據盟約十七條。邀請日本。承受會員國之義務。以翼解決爭端。特日本未必予以承受耳。（按之第十七條第三項所載。被邀請之非會員國。若拒絕承受會員國之義務。以解決爭端。而向當事一方會員國。從事戰爭。則對於該非會員國。卽可適用第十六條之規定。而加以制裁）此間中國人士。頃宣稱中國所由提出申訴者。乃希望國聯能以各大國所應担負之義務。昭告各該國。此種希望。並不過者。近日向各方面試探意見。結果深信當可如願以償云。

# 補充聲明書

——詳述日軍在華之殘暴行爲——以及日飛機任意襲擊慘狀——

中央社。南京十三日電。我外部曾於八月三十日。將日本侵略及暴行事實。向國際聯合會提出正式聲明。並將全文迻譯公布。本月七日外部續將日本最近暴行補充聲明。電由我駐國聯代表辦事處。於十二日送達國聯。茲將此補充聲明全文。迻譯如次。

## 補充聲明提出理由

自中國政府。於八月三十日。向國聯提出關於日本侵略中國事之第一次聲明以來。日本在華之侵略。益趨嚴重兇殘。對於非戰鬥員生命財產。乃至第三國人民之生命財產。均予恣意蹂躪。殘暴萬端。中國政府。鑒於情勢之嚴重。認爲有提出補充聲明之必要。尤希對於下開重要事實。特別注意。

## 八一三後日屢增兵

（一）軍事及政治狀況。日本海軍陸戰隊。既於八月十三日造成上海戰事。其後日戰隊海空軍。又繼續增援。情勢愈見緊張。估計日軍除原有海軍一萬餘人外。在遞增援之陸軍。計達五師之衆。且携有最新式武器。及多數之軍用飛機。日本既決心幸調中國之第一通商商埠。故對於第三國。關於雙方撤兵包括軍艦之提議。雖經中國原則上予以接受。彼亦悍然拒絕。現在滬戰。已日生命財產以極大之犧牲。而以兩方大軍對峙爲生死之決鬥。滬戰勢將延長。

## 日在華北使用毒氣

至於華北方面。中國軍隊。奮勇扼守南口要地。約歷兩週之後。終以日軍使用毒氣進襲。復以日本關東軍自熱河來犯。中國軍隊。將不免腹背受襲。不獲已而撤退。日兵更趁勢西侵。佔據平綏路線各城。且進佔察省省會之張家口張垣。中國軍隊亦於來（八月）感（二十七日）被迫撤退。九月支（四日）日方且宣稱。即將在該地組織所謂（南察自治政府）之傀儡組織。

## 平漢津浦日軍暴行

平漢津浦兩路北段。續有戰爭。日軍在該方面之兵力。計達九師之衆。不下十五萬人。至彼在日人掌握下之平津一帶。則秩序紊亂。人心恐惶。北平有外籍教士十人。曾遭擄物。日本軍方。亦自認北平日兵。迭有搶劫情事。現正設法杜防。日方爲毀滅中國沿海商業計。現已擴展其海軍之活動。

## 日本飛機荼毒華南

至於華南。八月三十日。日軍用飛機六七架。轟炸惠州。同日汕頭潮州亦遭襲擊。九月三日。在日艦轟擊廈門炮台以後。日本[illegible]上飛機。復又轟炸該市。九月八日。汕頭再遭日機轟擊。

蓋在中國全境內。除少數省份外。鮮有不遭日本空軍之蹂躪者。而日本空軍人員。於其實行轟炸荼毒之際。又復對於戰鬥員與非戰鬥員。毫無區別。此種殘暴行動。即將於上文詳述之。

## 日方封鎖海面經過

（二）日本宣告封鎖中國海岸。八月二十五日。日本海軍宣告封鎖自上海至汕頭南某點爲止之海面。禁止中國船舶航行。東京方面。雖稱對於第三國（和平貿易）不加干涉。而在中國作戰之日本第二艦隊之法律顧問信夫淳平而則對國界宣稱。巡弋封鎖洋面之日本軍艦。得令外籍船等。停止候檢，並宣稱如果日方認爲外籍船舶所載。係屬戰時違禁品。則日方或將有適當優先購買權之可能。九月五日。日方更宣告將封鎖區域擴大。北起秦皇島。南迄北海。於是中國海岸全綫。事實上均在封鎖之內。同時日海軍當局。宣告日方。在中國領水內。對於一切船舶。均保留查驗船物之權。並要求各外國輪船公司。將其船隻。在中國領水之行動通知日方。

## 日機轟炸紅十字會

（三）日本飛機轟炸紅十字會。日本雖係一九二九年日內瓦公約簽字國之一。然其在華軍隊。竟違犯該約規定。對於從事人道工作救護傷兵之紅十字會。一再蹂躪。中國紅十字會負責人。顏福慶博士。曾於八月二十九日。對報界發表談話。據謂上海方面紅十字會。共有救護車三三十架。爲日本飛機炸毀者。共達七輛之多。紅十字會會徽。本屬極易辨認。而日本飛機。對於紅十字會車輛。每多故意追逐。有時且對之擲彈。

## 紅十醫院亦遭轟炸

八月十

八月十日。如紅十字會醫院轟炸。所幸傷兵已於事前他去。僅死救護床肩夫一人。傷醫師一人。及其他救護人員三人。次日南翔紅十字會救護隊。又遭日本飛機轟炸。死傷兵二人。傷隊員四人。八月二十一。羅店方面日軍。槍射紅十字會。彼時救護隊員四十三人。方在拯救傷員。突遭日本包圍。且將彼等白色制服上紅十字徽號。遂命撕下。加以槍擊。醫師一人。護士四人。當場斃命。乘間逃逸負傷護士三人。而共一於逃逸時。爲日軍槍擊受傷。次日亦死。其餘隊員。迄今尤生死不明。

### ——日方辯護全屬無稽——

日軍如此橫暴。遂使紅十字會工作。至感困難。目前該會日間已不能工作。大都均須夤夜進行。藉以稍避危險。至日方所稱紅字會護車運載軍火之說。則全屬無稽。中國紅十字會。對於紅十字會之使用。至爲審慎。現有之救護車三十輛。均曾得上海公共租界及法租界當局特別准許通過。各該租界當其出發戰區以前。且均曾詳細檢查。因此日方故意轟紅十字會醫院。及救護車輛。絕非以何藉口所能措飾。

### ——蓄意攻擊非戰鬥員——

（四）蓄意攻擊非戰鬥人員。日本空軍。對於非戰鬥人員。不加辨別。濫施攻擊。案件繁多。爲舉數例。藉示日軍之殘暴。八月十七日。日機約十架襲擊距滬八十英里之南通。對美國教會醫院。擲彈六枚。一中該院主厦。着火焚燬。死中國醫師二人。護士二人。傷者甚多。中且有正在值班之美籍護士二人。

### ——日機襲擊南站大場——

八月二十八。日機十二架。襲擊上海南站。南站人口稠密。係平民居住區域。絕無中國軍隊或陣地。日彈密集南車站附近。死無辜平民二百餘人。傷五百餘人。罹難者。均係候車離滬之難民。猶以婦孺爲最多。八月三十一日日機轟擊大場鎮。公共汽車站難民傷兵者。當場斃命者二百餘人。同日距天津南約七十英里之滄州。亦同遭慘劇。平民死於日本飛機之手者。又數百人。九月五日。侵晨日機十六架。襲擊上海公共租界西邊。日並非戰區之北新涇。多數房屋受燬。人民死傷亦

來。日機於其飛翔該地上空之際。見蘇州河中有滿載難民之帆船兩隻。乃亦立予轟擊。一隻受炸死四十人。傷六十人。另一隻則爲飛機機關槍所掃射。亦死甚多。

### ——恣意摧殘文化機關——

（五）日軍恣意摧殘文化教育機關。自戰爭爆發以來。日軍對於中國教育文化機關。均將特殊注意。以爲目標。恣意摧殘。聲望素著之南開大學。及其附屬中學。同遭日本炮火焚燬。是爲其佔領天津以後。最早暴行之一。自此以後各級學校。局部或全部。被燬於日方空軍之轟炸者一不而足。南通鍾英女校。南昌靈女院及鄉村師範。南京中英大學及其附屬實驗學校遺族學校以及與淞同濟大學。均其最著。

### ——被燬學校皆非戰區——

尤可注意者。又日軍轟擊之各大學而外。俱係因戰區極遠。與戰事絕無關係。即以同濟而論。亦不在實際之作戰區域。而於其被燬之時。亦絕未有中國軍隊。駐紮在內。以上所述。日本軍隊。過去數週中。在中國領土內之行動。足以證明日本。係決心擴大其侵略行動於中國。如日方所謂爲以毀滅中國政治機構。消滅中國文化。以遂其征服大陸之迷夢。

### ——日圖破壞世界和平——

抑尤有進者。按照上述事實。可知日本武力。於其侵略中國領土之時。對於一切國際公法律道規定。與夫人道信條等。均已絕對蔑視。不顧法招濁德。純恃強權暴力蹂躪。恣行無忌。醉心於征服之迷夢。遂一以慘酷破壞爲依歸。是不特我中國四萬五千萬人之生命可危。即世界之文化與安全。殆亦若一髮之繫。前途不堪着想也。

——摘自《湖南国民日报》，1937年9月14日

# 敵機又違法炸燬
# 美教會惠陽醫院
## 該院並未駐有軍隊
## 此種行動顯係故意

中央社上海十三日電。據香港十二合衆電。惠州教友派教會之湯姆士牧師。十二抵此。隨來為日機炸傷之華人二名。

### 湯牧師談

據湯氏言。當日機轟炸該教會及其附屬之惠陽醫院時。飛行甚低。甚能見及飛揚該教會屋頂上之一美國國旗。且該教會與附近之華軍駐在地至少相差半英里。但日機于轟炸華軍駐在地後。繼即向該教會投彈。故其此種行動。

### 顯出故意

該教會所受之損失。約在三千元以上。其向惠陽醫院所投之彈。皆告命中。以其悉落于醫院之庭園中。該處華人。對於日機此種暴行極為憤慨。

中央社港十三日路透電。惠陽美教會醫院主任湯士元晨抵港。言及又（十二）惠陽醫院被日機轟炸事。

### 轟炸情形

謂彼等今晨離廣州攜有受傷者二人。一為男子。一為華人主任醫師之。據彼等所得之最近消息。日機元（十三）晨。又向該醫院及附近飛行場投彈轟炸。醫院雖懸美旗。然日機不加理會。故無論何國人民住於醫院附近。現皆不復安全云。

中央社廣州十三日電。美總領對惠州惠陽醫院被炸事。極為重視。

### 美領交涉

今電詹森報告。請向日大使交涉。按該院為美教會主辦。設備完善。為粵東江最大規模之醫院。被轟炸前。屋上懸有美國旗。日機仍橫加摧毀。顯然對國際公法及人道。毫無顧忌。其狂妄之態。暴露無遺。

——摘自《湖南国民日报》，1937年9月14日

## 楊行之敵傷亡慘重
## 敵機昨又轟炸難民

敵運輸艦昨又運到一批軍用品

中央社上海十三日電。楊行方面我軍安然移至新陣線。敵以傷亡慘重。亦在整理補充中。故十二日夜。該線戰事沉寂。刻我軍已飛調生力軍。準備反攻。至月浦方面。我因受楊行局部環境關係。亦放棄原有陣地。待機進攻。以與楊行正面相策應。

中央社。上海十四日電。元（十三）午後四時三十分。有一輪船拖帶帆船九艘。滿載難民。駛往嘉興。甫抵蘇州河野雞墩時。突遇敵機兩次橫加轟炸。當被炸沉三艘。毀六艘。死傷難民達百餘人。

中央社。杭州十三日電。敵機八架。元（十三）十時許。沿滬杭路飛杭。旋至翁家埠覓橋一帶偵察。即向東北逸去。

中央社上海十三日電。元（十三日）晨敵運輸艦鳥國丸。停靠大阪碼頭。有敵軍約千名登陸。又敵運輸艦衣笠丸。停靠招商局中棧。起卸軍火。下一時後。又續有敵運輸艦天津丸大陸丸及東泰丸等三艦。相繼駛入停靠招商局北棧大阪黃浦等碼頭。除敵軍約二千登陸外。並卸下大批重軍械如坦克車裝甲汽車重砲及其他軍需品等。

中央社上海十三日電。元（十三）午後二時及四時。敵機兩度飛百老滙投彈。

中央社上海十四日電。十三日夜大雨傾盆。前線戰事沉寂。

——摘自《湖南国民日报》，1937年9月14日

## 敵機八架
## 飛杭州窺伺
### 昨兩度飛往白蓮灣投彈
### 野鷄墩難民船隻被炸沉

【杭州十三日電】敵機八架、十三日上午十時許沿滬杭路、旋至翁家埠覓橋一帶窺伺、即向東北遁去、（中央社）

【上海十三日電】十三日下午二時及四時敵機兩度飛白蓮灣投彈、

【上海十四日上午一時零五分電】十三日午後四時半、有一輪船拖帶帆船九艘、滿載難民駛往嘉興、甫抵蘇州河野鷄墩時、突遇敵機兩架、橫加轟炸、當被炸沉三艘、死傷難民達百餘人、

——摘自《力报》（长沙），1937年9月14日

## 野雞墩難民船被炸 死傷四百餘

上海市救濟會、昨日租協茂公信等兩小輪、拖帶民船二十艘、輸送難民赴內地、計協茂輪拖船十一艘往蘇州、公信輪拖九艘往嘉興、於下午一時許由老閘橋蘇州河啓碇、行駛經滬西野雞墩地方、敵機三架、突出現於該處天空、追逐上項難民船隻、施行轟炸、兩小輪之水手、亟以利刃砍斷難民船之纜繩、疾駛逃避、同時使難民船四散開、冀圖避免敵機之轟炸、詎已不及、敵機連投炸彈、頓時有碼頭船兩艘、快船一艘、被炸沉沒、炸死與溺斃及炸傷等共達三百餘人、出事後、即經曹家渡救火會、滬西童軍戰地服務隊、暨紅十字會紅卍字會等救護隊到場、將死傷人衆由水中撈起、計受傷者約百餘人、分別送紅十字會、紅卍字會等醫院醫治、其死者之屍身、聞尚未完全撈起、將於今日繼續打撈云、

中央社訊、昨日午後四時半、有小輪兩艘、其一拖帶帆船九艘、滿載難民、駛往嘉興、一艘拖帶帆船十一艘、亦係裝載難民、駛往蘇州、當赴嘉興之小輪駛抵蘇州河野雞墩時、突遇敵機兩架、橫加轟炸、即被炸沉帆船三艘、并毀六艘、死傷難民達四百餘人、另一艘駛往蘇州之小輪、則幸啓行較遲、並未罹難、敵機之再三轟炸難民、誠爲向全世界之人類挑戰矣、

——摘自《时报》（上海），1937 年 9 月 14 日

## 日軍任意放毒瓦斯 捉人民打毒藥針

南京電：日本帝國主義對中國的進攻，是更加殘酷了。連日來各個戰綫上均發現了日軍施放殺人最利害的毒瓦斯。上海蘊藻浜，張華浜一帶敵軍曾放輕性毒瓦斯若干。平綏綫日軍進攻天鎮時亦放射毒瓦斯彈，致我軍遭受重大損失。更加可恨的，就是日本最近在廣東海面之敵艦，捕去我國漁船十餘艘，將漁民衣服完全剝除乾淨，每人注射一針毒藥針，凡注射的以後就要成殘廢，根本不能作事，日寇屠殺中國人民的毒辣手段，可謂殘酷已達極點了。

——摘自《新中华报》（延安），1937 年 9 月 14 日

## 寶山路一帶焚燒甚烈

敵機十三架、於昨日下午四時起、相率盤旋於閘北上空、自五時起、不斷輪流投彈、炸閘北民房、至六時半始止、寶山路虬江路一帶房屋被敵擲硫磺彈起火、焚燒甚烈、

——摘自《时报》（上海），1937 年 9 月 15 日

# 寶山各屬受敵人
# 蹂躪慘狀
## 壯丁作先鋒老弱投火坑

自滬戰發生後、敵在虹口楊樹浦等處、均遭失利、乃將戰事外擴寶山及寶山縣屬、東自獅子林、西至楊林口、均有敵軍企圖登陸、其後敵軍更挾其銳利之武器、於重砲及飛機掩護之下、猛向我軍陣地進犯、以致寶山全境、在暴敵蹂躪之下、幾無尺寸安樂之土、田地荒蕪、居民轉輾溝壑、厥狀之慘、更罄紙難宣、茲誌各情如下

**居民顛沛** 寶山全境人口約卅萬左右、此次突遭暴敵進犯、一般居民、携老扶幼、挨餓忍凍、避難逃出戰區、該旅滬同鄉、亦紛起組織救濟難民團體、前往戰區救護難民出險、其後因戰事激烈、戰區擴大、施救更難、救護車輛不能開入、故境內居民、僅藉步行至滬西北新涇一帶、方可由救濟團體載運來滬、但沿途受流彈擊中傷命者已不在少、而敵機無的投彈、難民之送於非命者、更不知凡幾、現該縣已經救出之難民約十餘萬、但以本市收容所收容有限、更覺難於設法安置、且難民逃生、一切應用物件、均無法携出、天氣日趨寒冷、則此十餘萬難民、更將受凍餒之苦矣、

**田園荒蕪** 尚有一部份居民、因值此秋收將屆、不忍離棄其田園、雖在砲火密集之下、仍耕耘其田園、而暴敵進犯一村一鎮後、必實行搜索、勒令居民停止一切田間工作、壯丁則給以日本衣服、迫令穿着、開入火線衝鋒、較老者則責令爲敵軍服役、老弱婦孺、則於縱火焚燒房屋之際、投入火坑、其絕滅人道、實至此已極、按該區域以棉花及稻穀爲收入大宗、本可於本月內收穫、今不幸損失、僅此一項、當在六百萬元以上、其他尚不計焉、

——摘自《时报》（上海），1937年9月15日

宋美齡女士向美廣播講演

# 詳述敵軍殘暴侵略行爲（續）

## 並感謝友邦人士同情以及精神援助

蓋欲中國軍火來源斷絕。即對保衛本國人民。亦將發生問題。而日本仍可源源輸入。切殺人武器也。如此橫暴要求。實屬空前未見。吾人希望世界各國。毋予接受。日本竟敢提出如斯要求。其對控制世界之權利。似有極大把握。蓋彼已公然宣布。欲使中國屈服。今後希冀獲得國際援助。置吾人於死地。假若自信世界無任何一人。敢予非議者。此亦或係事實。然世界各國。對於日本之屠殺毀滅。若竟守緘默。則人類文化。殆直臨末日矣。

中國素被誣爲怯懦無能。且軍事上亦無充分準備。然今已決定放棄容忍政策。不再忍受暴敵之侵略殘毀。及其無理侮辱。全國奮起。爲國家生存而抗戰。在此抗戰聲中。余欲稱道者。即海外愛國同胞之忠誠實助。洵將爲我國最後勝利之一大因素。於此余謹代表蔣委員長。對海外僑胞之慷慨捐輸。表示謝意。並保證吾人爲捍衛疆國之奮鬥。必不辜負彼輩合作鼓勵之美意。對於友邦人士之同情。以及精神之援助。余亦欲表示謝意。各友邦之同情。實予吾人以極大興奮。且亦屬必要。蓋吾人尚須依賴世界各國之智慧與公平。庶日本朝夕孜孜所散播怪誕流言。對世界及中國不致發生不良影響。余並希望吾人之主張與努力。得獲條約之援助。此等條約。係中國之素所信守與維護者也。

日本軍閥。實已昭示世界。對於其國際信用。悍然不顧。致使其舊日武士。泉下蒙羞。武士道之高尚精神。爲之減色。而於世人目擊其醜行以後。猶復厚顏。不以爲羞。此中眞因。實以其自信世界列強。莫敢與違。要無疑問。是以日本軍閥。乃努力於其征服計劃之進行。自信可以摧滅中國。及時且可損絕泰西文化與商務力。故我華人。苟不加以抵遏。行見於其征服中國之餘。創立大陸日本帝國。以擾亂世界。良以國際道義。既經其摧毀無餘。則其大陸帝國。必純以武力爲根據。日本居心。至必亦欲宰制東方各國。以求更進一步操縱國際行動與政策也。日本既抱如此野心。則其公然質問中國。爲何膽敢抗戰。事無足異。其內閣總理近衛之責難。亦勢所必然。以前中國一味屈服。世界各國咸蔑異。中國爲何不從事抵抗。今日情勢。恰與此相反。中國已開始抗戰。爲主權而戰。爲生存而戰。爲條約之尊嚴而戰。而各國則反坐視其在華之權益。橫被日本摧殘。在華之僑民。被迫遷徙流亡。寧非奇事。

各各國此種逆來順受情形。常爲日本軍人所最樂觀者。蓋彼輩心目中。以爲歐美在遠東之威望。已毫不費力。被日人掃蕩無遺矣。於是吾人惑焉有感。此殆文化崩潰之徵兆乎。不觀乎日機投彈。彌漫各地。浦江敵艦。亘延數十里。大砲機槍。不可計數。中國民衆。慘遭其居裂。不觀乎家宇市廛。或燬於野蠻火焚。或ナ炸而淪爲灰燼。不視乎血流遍野。屍積如丘。不視乎中外難民。盈千累萬。驚駭呼號。冀獲苟全自命。悲我華民。千萬婦孺。既視其家宅淪亡。蕩然無存。無衣無食。乃爲無歸無告之人。及其欲去滬濱。避此浩劫慘劇。日來愈爲可駭。數日以前。有千百難民。麕集上海南站候車。離過之際。日本飛機。出現於其上空。恣意投彈。三百無辜人民。血肉橫飛。傷者亦達四百人。該站附近。並無兵士。如此慘毒。絕無理由。字林西報英人。在遠東所辦之大報也。其主筆對於此種野蠻之行爲。曾指爲係一種肆意戕賊人類之罪惡。其殘酷無以復加。數日以後。多數難民。在距滬若干英里之松江車站乘車。離滬時。復遇同樣襲擊。於是又有三百人粉身碎骨。同歸於盡。更另有數百人。身罹重傷。該車之上。固又絕無兵士一人。

大美晚報美人。在遠東所辦之大報也。其所著之社論。對於第一次暴行。則謂係故意殺人。及至第二次暴行發生。則直謂在字典中。對於如此兇惡之行爲。不能覓得一適當形容之字。又在距滬不遠且絕無軍隊之常熟。八月一日。日本轟炸機。業亦飛往。先對其繁盛街市之一側。以機槍掃射人民。並以炸彈轟炸民房與商舖。然後再飛往其他之一側。同樣動作。直至死者數百。全市爲墟而後止。如此之慘殺。現正置施於我全國。將來在其所強佔之海島。或在上海之日本郊球場上。築就飛機場。則其慘殺之程度。當尤益趨於劇烈。余今敢問西方諸國。坐視如此之殘殺與破壞。噤無一詞。是否可視爲講求人道。注意品德。尊俠尚義。信仰耶穌文明之戰勝乎。又試問現在第一等強國。袖手旁觀。一若震懾於日本之暴力。敢不敢以一語相評詆。是將不視爲國際道德。耶穌信條。或所謂西方優美道德之墜落之先聲乎。

如果西方各國。對於以上各節。漠不關心。對於所締條約。輕於[illegible]棄。則吾素以私懦者視稱目連年埋頭苦幹之中國人。亦只廿就其力之所至。抵抗到底。吾人將奮鬥以迄獲得最後之勝利。或奮鬥以迄至最後之慘敗。縱使大好江山。悠遠歷史。均爲鮮血所染。同歸毀滅。亦所不惜。諸君由無線電中。當可聞砲擊之聲。但此間將死者之呻吟。受傷者之以及將傾房屋之聲戀。諸君或只能想像及之。而如彼遊行無爲。驚魂不定。無辜受害之無家可歸。大大多數人民之痛苦飢餓。以及懸材之哭其愛子。被焚家屋之黑煙與火焰。種種慘絕人世之狀況。當又非諸君之所能見及也。余言止此。諸君再見。

（完）

——摘自《湖南国民日报》，1937年9月16日

# 敵機轟炸南翔車站

## 附近平民罹難者三十餘人

敵機數架　前日下午六時另五分至南翔窺察數匝後、即以車站爲目標投彈多枚、均落於月台及站房、卽行爆炸、當時在車站附近之無辜平民、罹難者約三十餘人、又昨晨天氣陰霾、浮雲佈空、細雨如絲、敵機僅於中午始有一架、在滬南浦東天空、飛行極低、環繞盤旋良久、並未投彈、僅在浦東用機槍向下掃射、但我方絕無損失、

申時社云、昨日下午三時二十分許、敵機一架、在浦東轟炸投彈四枚、落於陸家嘴附近、曾有民房數處起火燃燒、適其時傾盆大雨、故不久卽熄滅、敵機投彈後、並低飛向下以機關槍掃射、記者在高厦瞭望時、機關槍拍拍之聲、隱約可聞、最後但見該機突然傾倒落下、然後低飛逸去、似被我軍擊傷云、

——摘自《时事新报》（上海），1937年9月16日

# 敵在川沙築機場

## 屠殺難民異常殘酷

中央南京十五日電　軍息、川沙白龍港對面有黃沙地爲一浪成之沙灘、縱約七十里、居民約三四百人現已爲敵軍盤據、闢成飛機場、將該灘之居民、無論老幼、完全屠殺、無一倖免、又淞滬之敵、由漢奸引導、搜捕壯丁、載之船上、不知何往、又敵於北塘退却時將我傷兵十餘名、釘於壁上、逐一槍殺、顧家油車有四齡幼女被腰斬、有五十老婦被姦後下體復被割裂、對我難民尤殘酷異常、施行搜刼後、卽以刺刀戳死　凡敵所到之處、燒殺奸淫、極盡人間之慘事

——摘自《时事新报》（上海），1937年9月16日

# 敵機襲太原

## 用機槍掃射並投彈

## 傷亡無辜平民數人

本報太原十五日專電　敵機十五架、十五日晨由東北方向飛并、在并市城郊用機槍掃射、並投彈十餘枚、我無辜人民傷亡數人、嗣經我高射砲機槍射擊、敵機向北逸去、至十二時許敵機四架二次襲并、在城內外又投彈十餘枚、僅炸毀房屋數間、經我砲擊逸去

——摘自《时事新报》（上海），1937年9月16日

## 暴日侵滬

# 全市精華悉遭浩刦

## 俞市長談暴日逐出之後 五年之內不難重復壯觀

上海市政府、對於市政建設、不遺餘力、一二八之役、暴日犯滬、慘遭兵燹、損失奇重、經吳前市長努力建設、已復舊觀、而大上海建設計劃、亦於五年之內、迅速完成、其規劃之宏偉、建築之壯麗、尤稱全國冠、綜計各項建設費達二千萬元、今次暴日又啓戰端、全市精華、悉遭浩刦、而市中心區又淪敵手、覆巢之下、將無完卵、昨據俞市長向記者表示、市府建設、所受損失雖大、但我爲正義而戰、任何犧牲、在所不計、將來逐出暴敵後、再埋元苦幹、當不難於五年之內、重復壯觀云、茲探錄市府各項建築費如下、市府大廈七十五萬頭、博物館三十萬元、圖書館三十萬元、醫院四十萬元、衛生試驗所二十萬元、各局所辦公處三十萬元、模範村五十萬元、大運動場一百萬元、其他建築三百七十五萬元、各項設備費一百念五萬元、馬路及其他建設一千五百萬、共計二千萬元云、

——摘自《民报》（上海），1937年9月16日

# 楊行以東之綫我軍反攻大勝

# 敵軍狼狽潰退遺屍遍野

## 由顧家閣等處進攻之敵始終未得進展

## 復圖斷我引翔區部隊後路亦勞而無功

## 敵軍獸行令人髮指

（中央社）上海十五日下午九時三十五分電。在楊行之東與劉行之北。與潘涇濱中行之南北綫。以永安橋爲中心。十四日敵機飛往轟炸同時敵軍即在敵機掩護之下。向我該地進犯。激戰至烈。敵軍於傍晚進襲。犯至林家宅。張宅。徐宅。及新宅一帶。是時我軍後方之部隊。已到達增援。即在大雨之下。併力反攻敵軍大爲驚惶。蓋我軍反攻之速。出乎其意料之外也。我軍乘敵軍立足未穩之際。猛力衝入敵軍陣地。在泥濘雨水之中。與敵肉搏。殺聲震天。白刃盡赤。敵軍狼狽潰退。遺屍遍野。我軍即在十五日晨拂曉之前。恢復原有之陣地。迄十五日晚止。我軍仍扼守該綫。敵軍亦未敢來犯。

（中央社）上海十五日電。目前戰事重心。仍在羅店方面。十四日敵艦集中礮火向我羅店新鎮之綫不斷轟擊。同時敵機亦飛臨上空轟炸。顧家閣。瀏里橋及五斗涇方面之敵。即在敵機及砲火掩護之下。以坦克車爲前導。向我由羅店至新鎮之綫進犯。我軍冒雨應戰。俟敵逼近。即以機關槍密集掃射。並以手溜彈向敵襲擊。敵坦克車亦以大雨。道途泥濘。失其效力。敵軍數度猛衝。終以彈如雨下。未能逼近。我軍陣地。激戰整日。敵軍傷亡重大。不支而退。同時另有少數之敵。向西由東宅巷及西宅巷推進。我軍扼守顧家閣至永安橋之綫。阻敵前進。激戰甚烈。敵未得逞。十五日晨八時起。敵軍又開砲向我羅店新鎮及永安橋一帶陣地轟擊。直至上午十時許。砲聲始漸稀少。我軍並無損失。敵軍徒耗彈藥而已。

（中央社）上海十五日電。虹口之敵。固守匝月。茲我軍自動撤至第一道防綫。十四日晚突然蠢動。以鐵甲車多輛爲前驅。後隨步兵。分兩路以東體育會及其美路爲目標。向北進犯。企圖斷我引翔區前驅部隊之後路。我軍早有準備。俟其過近。將敵迎頭痛擊。激戰整夜敵。受重創而退。

（中央社）上海十五日電。翔殷路之敵。十五日屢犯其其美路及黃興路陣地。均受重傷而退。迄晚未得逞。

（中央社）上海十五日電。自十四日晚以迄十五日晨。敵軍數度向我閘北進犯。同時並由廣中路向我粵東中學一帶陣地猛攻。均經我軍奮勇擊退。

（中央社）上海十五日電。十四十五兩日。敵屢次攻我愛國女學陣地。均被我軍奮勇擊退。又敵機曾於十四日晚轟炸該處後方之一帶地段。我無損失。陣地堅無變動云。

# 敵又圖在浦東登陸 并轟炸我南翔車站

（中央社）上海十五日電。十五日晨十時五十分起。浦江敵炮艦一艘。又炮擊我浦東。旋即停止。敵二十一號驅逐艦。今晨由吳淞口駛入浦江。停泊於四號浮筒。至十一時半。突爲敵軍百餘人。由艦而下。即乘汽艇多艘。遊弋浦中。似又企圖由浦東登陸。我已嚴密戒備。

（中央社）上海十五日電。敵機數架。十四日晚六時許。飛至南翔車站投彈。附近無辜居民。罹難者三十餘人。

（中央社）上海十五日電。據稱自前綫歸來者談。敵軍每至一地。必先被索壯丁。目的不明。敵軍由羅店北塘口退却時。曾將我受傷兵十餘人。釘於壁上。又在顧家油車。將一四齡之孩童腰斬。並有一五十歲之老婦。被敵軍輪姦後。以利刃割去其陰戶。敵軍獸行層去不窮。殊屬令人髮指也。

——摘自《全民日报》（长沙），1937年9月16日

閘北北寶興路底晏摩氏明德中學禮堂被敵機及砲火轟炸洞穿多處、（戰地攝影夏曉霞）

——摘自《时报》（上海），1937 年 9 月 17 日

## 日軍的殘酷行為

### 屠殺人民
### 搜捕壯丁
### 奸淫婦女

南京電：川沙白龍港對面有一黃沙地，縱橫約數十里，居民三四百人，現在被日人佔據闢為飛機場。日軍將該地居民，無論老少，完全屠殺。淞滬之敵由漢奸引導，大搜捕壯丁，以船載去。又敵軍在羅店一帶把我方傷兵釘在壁上而死。同時捉獲三四歲的小娃娃實行腰斬。該地一老婦約五十餘歲，被敵軍輪流奸淫後，以刺刀割去其陰戶。敵人對待我國同胞的獸行，是無所不用了。

——摘自《新中华报》（延安），1937年9月19日

## 日軍又一暴行

### 刺刀戳死我平民

日軍之殘暴行為、層見迭出、無辜民衆之慘遭殺害者、不知凡幾、月之十六日匯司捕房曾在海寧路北江西路口德興里查獲一年約三十歲之華籍男子一名、被日軍以步槍殺害、乃相隔三日、於昨日上午十時匯司捕房又在該德興里二十七號門牌內查獲一年三十餘歲之男子死於屋內、察得係屬為日軍用刺刀致死、經報請第一特區法院委派張宗儒檢察官、法醫張炎、檢驗結果、驗得該男尸左手大指虎口部份有刺刀傷一處、腹部腔部有刺刀傷一處、右背部有刺刀傷一處、委係被刺刀殺死、查無屍屬、故諭飭普善山莊收埋、據悉該里內尚有一部份居民留居於內云、

——摘自《时事新报》（上海），1937年9月21日

# 敵機昨又襲京

# 被我空軍擊落四架

## 丹陽常熟等處續有敵機墜落

## 蘇州站又被炸死傷難民甚多

中央南京二十日電　敵機五十架、廿日晨十時、分兩隊來京侵襲、我軍聞報、即派機前往攔擊、在京中近郊、即發生鏖戰、我軍奮勇殺敵、在紫金山上，連擊落敵機二架、落地起火、敵機見勢險惡、除有三四架竄入京空肆虐外，餘機紛紛逃去、我軍鼓翼追擊至棲霞山上空，又入遭遇戰、敵轟炸機動作笨拙、難逃我敏捷射擊、一架當即受傷、落地焚燬、我軍是時更乘勝進迫威脅、至江陰一帶、有一敵機尾部被我射中、頓時發火，墜於江邊、我軍均安全返防、事後調查，敵方此次在城中所投炸彈甚多、惟無何重大損失、至十二時四十分解除警報、一切恢復原狀、敵方十九日在滬會向各外國記者表示，敵機十九日來京空襲時、已將首都我機消滅殆盡、此種妄誕宣傳，誠不值識者一笑、而敵機廿日晨又來襲擊、當由我英勇空軍擊落敵機四架，此更是證明敵方之虛僞宣傳、徒以自欺而欺人也、

中央南京廿日電　敵機五十架二十日晨十時二十分大舉來京空襲，惟敵機所擲之彈、均落於城南及城中居民較稠密之區、肆意逞暴　致平民十五人炸死、十六人炸傷、房屋五十餘間被炸燬、

中央南京路透二十日電　日機今日又來京肆擾、不下四次之多、共約八十架、首二次空襲、每次有驅逐機十二架、第三次廿五架、第四次卅一架、在最後二次中平均每一重轟炸機輒隨有驅逐機兩架、聞平民死傷多人、全城幾皆有炸彈落下、有墜於國民政府附近者、中央大學、挹江門、和平門、兵工廠、自來水廠及飛機場等附近、亦皆有之、紫金山巓氣象台附近、亦聞有大爆炸聲、馬路之被毀者、爲國府附近之國府路、及鼓樓附近之中山路北段、當首二次敵機來襲時、高射砲聲隆隆不斷、幾兩小時、現確悉今晨擊落日機四架、兩架落於棲霞山附近、一在鎭江與江陰之間、一在江東門外、

中央蘇州廿日電　廿日午後四許、敵機九架復來蘇州上空進襲、盤旋四十分鐘之久、向火車站等處投彈廿餘枚、適有難民正在車站附近休憩、不及躱避、無辜被敵機炸死傷者甚多、刻正救護中、

中央南京路透廿日電　總司令部今晚接蘇州長途電話報告、午後四時至五時、日機十二架飛過崑山、沿京滬鐵路數點擲落炸彈、蘇州東站亦投下炸彈多枚、紅十字火車被擊中、致傷兵死傷多人、我軍擊落日機兩架、

中央南京二十日電　空軍總指揮部於二十日晚深夜接得蘇州地方當局報告云、敵機於二十日中午襲京後、皆紛紛東來、過蘇州上空時、市民多目擊有二敵機左右猛烈搖動、飛駛不穩、稍頃、見黑烟縷縷、突向下墜、足見已被我擊傷過重、不克支持、約在離蘇十餘里地帶、該二機果墜落地上、當時發出巨烈爆炸聲音、遠近皆聞、現已派人前往搜查、一俟尋獲即運京、

本報常熟二十日專電　二十日午後敵機襲京回返過白茆時、被我擊燬一架、落七丫口沙灘、三機師俱擊斃、我獲機關槍兩挺、手槍三架、

中央南京二十日電　空軍總部頃據丹陽縣府報告稱、二十日上午十一時許、當我空軍與敵機交綏時、突有敵方一受傷轟炸機、自遠方狼狽飛來、至丹陽湖邊、不支墜落、當時並未起火、該地壯丁均紛紛前往搜查、機身全部甚爲完整、損壞部份亦極輕微、機內二戰鬥員已中彈斃命、縣府現已派人保管、定日內運京展覽云、按我空軍於二十日上午前後已擊落敵機四架、計連此架共達五機、

——摘自《时事新报》（上海），1937 年 9 月 21 日

# 受傷敵機墜落蘇丹

## 敵機掃射蘇站難民

南京二十日電：空軍總指揮部於二十日晚深夜接得蘇州地方當局報告云、敵機於二十日中午襲京後、皆紛紛東來過蘇州上空時、市民多目擊、有二敵機左右猛烈搖動、飛駛不穩、稍頃見黑煙縷縷、突向下墜、足見已被我擊傷甚重、不克支持、約在離蘇十餘里地帶、該機果墜落地上、當時發出巨烈爆炸、聲音遠近皆聞、現已派人前往搜查、一俟尋獲、即運京、（中央社）

南京二十日電：空軍總部頃接丹陽縣府報告稱、二十日上午十一時許、當我空軍與敵機交綏時、突有敵方一受傷轟炸機自遠方狼狽飛來、至丹陽湖邊不支墜落、當時並未起火、該地壯丁、均紛紛前往搜查、敵機身全部甚為完整、損壞部份亦極輕微、機內二戰鬥員已中彈斃命、縣府現已派人保管、定日內運京展覽云、按我空軍於二十日上午前後已擊落敵機四架、計連此架共達五架、（中央社）

蘇州二十日電：二十日午後四時許、敵機九架復來蘇州上空進襲、盤旋四十分鐘之久、向火車站等處投彈二十餘枚、適有難民正在車站附近休憩、不及躲避、無辜被敵機炸死、傷者甚多、刻正救護中、（中央社）

——摘自《力报》（长沙），1937年9月21日

# JAPANESE DENIES USE OF POISON GAS BY NAVY

## Spokesman Says Resort to That Weapon Is Not Contemplated —Weather Slows Fighting

Wireless to THE NEW YORK TIMES.

SHANGHAI, Tuesday, Sept. 21.—"The Japanese Navy never has and does not intend to use poison gas," its spokesman declared this morning in reply to an inquiry whether in the threatened bombings of Nanking the use of gas was contemplated.

Soggy, drenching Autumn rains are further hampering all army land movements in the Shanghai sector. A low ceiling is making flights of Japanese planes infrequent and ineffective in areas around the city.

In the Lotien sector, however, the Japanese Army claims to have captured two small villages four miles northwest of Lotien and to be gradually dislodging Chinese forces from front-line positions southwest of that town.

What is termed satisfactory progress is claimed by the Japanese at Yanghang, while around Kiangwan two small villages were reported taken and it was stated Futun University was gradually being encircled.

Simultaneously the Japanese Army claims its detachment from the civic center is working toward Kiangwan village from the north, menacing the Chinese rear and left flank in the Kiangwan sector.

The claim also is made that all Chinese positions in Pootung have finally been located with exactitude with two divisions split between seven locations with three or four thousand men in each place. Intensive aerial bombings of these forces are indicated when the weather clears.

——摘自《纽约时报》（The New York Times），1937年9月21日

## 津敵軍肆意
## 加暴行人

（本報二十一日天津電）敵憲兵檢查行人及汽車站旅客益嚴、濫加逮捕、如伶人馬連良一行五人、由平來津演戲、三人在站被拘、且任何嫌疑被拘後、均短時期內無釋放希望、又檢查時、肆意加暴行人、二十日晚在堤頭地方、將行人十餘、檢查後反縛二臂、將首納入褲內、予棄道旁、踢打其臀部以為一樂、迄二十一日晨始為人發現釋去、

——摘自《东南日报》（杭州），1937 年 9 月 22 日

# 敵機兩度侵襲廣州
# 被我空軍擊落四架
## 嘉善盛澤等處亦遭轟炸
## 海州徐州並受敵機襲擊

（中央二十一日廣州電）今日上午六時二十九分、敵機十八架、經唐家灣、飛襲廣州、我空軍據報、即派機迎擊、一時市內高射槍砲紛然雜作、激戰約一小時餘、當被我軍在白雲山附近擊落二架、敵機於倉惶中、向市東郊投彈三十餘枚逃去、我機乘勝追擊、先後復在赤坭、深圳附近擊落二架、始安然返隊、警報遂於八時四十分解除、是役我除二機不幸略受微傷、機師一人因跳傘下降、面部擦損、即送醫院救治外、僑郊外民居被燬數所、又敵機曾在粵漢路小坪車站附近、亦投彈二枚、均落荒地中、

（路透二十一日廣州電）二十一日晨、日機約在二十架至三十架、襲擊廣州、轟炸至兩小時以上、是爲廣州空前未有之空襲、據華方消息、因擲下炸彈、大半落於曠地、故損失極微、日機於六時二十分出現於拉拍（譯音）島上後、即二三機一隊、分飛廣州、在數地施行轟炸後、即有若干架西飛、若干架北飛、惟經短時間之平息後、飛機即復出現轟炸、彈如雨下、轟炸之聲、與地上之高射炮聲相應、後中國飛機若干架、忽出現於空際、於是空戰隨即發生、在東北各郊空中、互以機槍射擊、中國方面稱、日機三架被擊落、沙面方面外人見一機落地、惟不能判明係日機抑係華機、

（中央二十一日廣州電）敵機十五架、二十一日下午一時三十五分、第二次來襲廣州、經我空軍奮勇迎擊、敵張惶投彈十餘枚、僅傷數居民、即行遁去、

（路透二十一日廣州電）日機二十一日下午、重來此間、一時三十五分、城中即發出警號、不久日機即在北東二區投彈、城中高射砲齊鳴、日機倉皇遁去、

◇上海 （本報二十一日上海電）二十一日晨六時、敵重轟炸機十餘架、

由虹口方面向滬杭綫西飛（中央二十一日上海電）二十一日下午四時許、敵機四架、飛浦東窺察、同時停泊外白渡橋浦面之敵艦、亦向浦東發砲、我砲兵亦即開砲還擊、日領署附近中數彈、頓時着火、約二十分鐘後、砲聲始歸沉寂、

◆嘉善（本報二十一日嘉善電）二十一日上午二時、敵驅逐機一架、掩護轟炸機八架、窺探嘉善多時、飛向西南、即聞轟炸聲、隔七八分鐘、又折回本縣上空、投彈四枚、落於干窰洪溪間之七星橋東西浜、我一無損失、

◆盛澤（國民二十一日嘉興電）二十一日上午二時左右、敵重轟炸機一架、沿蘇嘉路跟蹤客車至盛澤站附近謝鐵港地方、投彈三枚、燬平房數間、死林姓夫婦及幼兒、隔鄰老嫗亦受傷、

◆江陰（中央二十日無錫電）二十日敵機復大肆活躍、九時許、有敵機兩架、經東南方飛抵江陰、向東北而去、曾在長江盤旋、投下二彈、均落江面、我無損失、十九日落澄（江陰）之敵機、兩機師被義渡船救起後、即連船失蹤、至今尚未弋獲、（中央二十日無錫電）二十日上午九時、敵機飛江陰、被我長江軍艦擊落一架、墜三圩港面、敵機師二人被擊斃、

◆常州（中央二十日無錫電）二十日下午一時許、常州到敵機八架、在車站東北毗家塘投一彈、傷一老農、

◆徐州（本報二十日徐州電）（遲到）十九日下午二時半、據連雲港電話、敵機二十四架、自港外母艦起飛、十二架在海州轟炸、十二架西飛徐州、下午三時、敵機分批來襲、向東站一帶投彈十餘枚、並以機槍掃射、彈多落空地、我損車皮一輛、傷數人、在海州投彈二十餘、損失不明、又於敵機轟炸時、警所在站捕漢奸一名、於其身邊搜出暗記、東站燬屋三十餘間、餘無損失、

（本報二十一日徐州電）十九日敵機襲徐州時、被我擊傷一架、機尾墜落於城東三十里之侯集、當晚由農民舁送來城、機身正在尋查中、

◆日照（本報二十日濟南電）（遲到）二十日敵機飛魯省日照掃射、擾我海防、我已準備迎頭痛擊、

◆磚河（本報二十一日濟南電）二十一日晨、敵機飛津浦綫磚河（在滄州南）站轟炸掃射、傷六人、在磚河北小王莊被我擊落敵機一架、

（中央二十一日濟南電）路息、二十一日磚河北十八里小王莊、我駐軍擊落敵機一架、

◆濟南（中央二十一日濟南電）二十一日午、敵機一架、來濟窺察、投數彈、傷九人、經我砲擊倉皇逸去、

——摘自《东南日报》（杭州），1937年9月22日

## 敵巡艦三艘抵吳淞
## 崇明敵軍慘殺居民

中央社上海二十一日電。二十一日晨有一萬餘噸之敵巡洋艦三艘駛抵吳淞口。泊三峽水江面。想係續載敵援軍到滬。

中央社南京二十一日電。航空界息。據崇明縣屬枸杞山海島逃出居民云。有日本巡洋艦一艘。驅逐艦一艘。停泊枸杞山之西。陸戰隊登陸。用槍掃射島民。除一部份逃出山外。餘均被拘。形勢緊張。

——摘自《湖南国民日报》，1937 年 9 月 22 日

## ●敵機炸南京九十分鐘

南京廿二日（美聯社）電，最近倭海軍當局遣大批轟炸機向南京投彈、倭機此次爆擊南京約九拾分鐘久。南京城所受損失如何。刻尚未悉云。

——摘自《大汉公报》，1937 年 9 月 22 日

# 松江血痕

## 列車被炸慘劇

（上海通信）松江車站八日被轟炸、記者十二日遇見一松江來客、當時敵機施行轟炸曾經在場目睹、現在把當時情形報告給本報讀者、

八號那一天、由上海開到一列客車、人數總在一千以上、開到松江的西站、大約是下午十二點二十分、當車子由上海出發之後、就發見八架日機跟着列車飛行、列車也用了很高的速度、向松江進發、

列車到松江靠了站、那八架飛機突然分成四小隊、每一隊兩隻、由上直竪向下、作極低的飛行、這時所有車上的旅客和難民都已經知道不好、大衆倉惶啼哭的由車廂裏車窗跳下來、很快的向南北農田裏奔避、正在這非常危急的時候、四小隊低飛的敵機、便對準了客車、一齊瀉下了重量的炸彈、共計炸彈十二枚、燃燒彈四枚、一時聲震淞江全城、瓦屋都爲震動、

這時靠月台的四輛客車馬上先後中彈爆炸、當時即起火燃燒、敵機於空中一面瀉下炸彈、一面又用機關槍對奔避的旅客掃射、

這時車裏車外、相率奔避在田野的旅客、被炸彈炸死炸傷、或被密集的機關槍射中而死傷的、共計有四百七十多人、當場被擊斃的計一百七十餘人、受傷的有三百多人、

月台中彈然燒的四輛客車、頭二等車各一輛、三等車二輛、車上有難民數十人、因來不及爬下來、竟燒死在車廂裏、爲狀之慘、令人悲憤莫名、

敵機在空中盤旋了有半小時以上、方離開車站、當時我們有一架飛機剛經過松江、我機將士是何奮發、他看見松江車站被炸、便以一當八、在空中對敵以機槍竭力掃射、中有兩架受傷飛逃、其他數機也紛紛逸去、某君自己也受了點輕傷、現在某醫院療養、不日即可全愈、

事後松江各救護隊紛出救護、輕傷當場包紮後、即送醫院或收容所暫住、

車站上共計有炸彈穴六個、南月台東西二個、北月台滬河旁二個、東外揚旗水亭旁一個、站中軌道一個、各彈穴直徑約有四五六公尺、炸彈重量、估計總在二百磅左右、車站懸橋、站旁、以及停着的客車八輛、都有機關槍嚴密的槍洞、電燈、電話、電報、路軌、被震毀的也不少、但現在已大體修復、

——摘自《港报》，1937年9月22日

# U.S. AND BRITAIN PROTEST TO JAPAN

## Urge Tokyo Not to Carry Out a Mass Bombing of Nanking —Bad Precedent Seen

## STRESS CIVILIAN POPULACE

## Hull Says Warning to Foreign Governments of Raids Lacks Support of Any Law

Special to THE NEW YORK TIMES.

WASHINGTON, Sept. 21.—The United States has made vigorous representations to Japan against the threatened mass bombing of Nanking and is hoping that the attack will not occur.

This was disclosed today by Secretary of State Cordell Hull upon his return from his speaking tour to New York and Boston. The representations were made in the past twenty-four hours by Joseph C. Grew, the United States Ambassador in Tokyo, to the Foreign Office there, and by R. Walton Moore, as Acting Secretary of State, to Hirosi Saito, the Japanese Ambassador here.

What effect they will have is not yet known. Mr. Hull said he had received no formal answer and nothing of an informal character that was definite enough for him to announce. This Government, he declared, was assuming that the bombing would not take place.

**Act Separate From Britain's**

While Great Britain made similar representations, the United States' action was separate and independent. In fact, Secretary Hull said when this Government acted he did not know that Great Britain was making representations also.

The American representations were against the threatened bombing as such, against the danger that American lives and property would be subjected to, and against the prospect that the attack might disrupt official communications and contacts of the United States with the Chinese Government.

They also had in mind the long advocacy of various governments for prohibition of air bombing of civilian populations. This attitude was reflected in the report of a commission of jurists at The Hague in 1923 for a set of rules of aerial warfare. The commission was appointed under a resolution of the Washington Disarmament Conference and consisted of representatives of the United States, Great Britain, France, Italy, Japan and The Netherlands.

It drafted rules banning aerial bombardment of civilian populations or property and of cities, towns and villages not in the immediate neighborhood of military operations. The United States announced that she was prepared to enter into a convention with the other Governments accepting the rules, but nothing ever came of it.

**Holds Japan Lacks Authority**

The American representations to Japan were made, Secretary Hull said, when Japanese officials gave notice of the intention to bomb Nanking and suggested that the foreign Governments take precautions. This Government, Mr. Hull said, considered that the Japanese course lacked authority of any law.

In the face of criticism that Nelson T. Johnson, the American Ambassador to China, has been forced by his Government against his will, and when other diplomats are standing their ground, to leave the United States Embassy at Nanking and board the gunboat Luzon in the Yangtze, Secretary Hull defended those instructions today.

He declared that the same course was being pursued as was followed during the Spanish civil war. He recalled in that connection that, after American officials had left Madrid for Valencia, Belgian diplomats remained and one of their attachés was killed. Then the Belgian mission left.

It was a case now, Mr. Hull maintained, of merely exercising reasonable precautions and at the same time continuing to maintain full official relations with the Chinese Government. Ambassador Johnson, he said, was in as constant contact with the Nanking Government from the United States gunboat as he would be from the embassy building and that was the important consideration. Physical details of where the embassy staff might be, Mr. Hull contended, were of minor importance.

**Must Answer to Country**

Moreover, he asserted, should Ambassador Johnson and his staff remain in the embassy building, that would encourage other Americans to remain in the city and they might be injured. Then, he emphasized, the country would hold Washington responsible.

It would be unfortunate, Secretary Hull declared, if mechanical phases of the situation should eclipse broad questions of basic policy. This Government, he added, does not expect its representatives abroad to expose themselves needlessly to imminent danger, especially if their duties can be conducted just as well in safer positions. When it is learned here, he said, that they are in danger, they are informed that they should as a matter of discretion undertake to avoid the danger.

The National League of Women Voters today commended the acceptance by the United States of the invitation of the League of Nations to be represented on the Far Eastern Advisory Committee at Geneva.

"War anywhere concerns the United States," it said, "and pursuance of 'the ostrich policy of isolation' would prove disastrous to the cause of peace. The League of Women Voters welcomes this opportunity for a further international effort against war."

**Britain Cautions Japan**

By FERDINAND KUHN Jr.

Wireless to THE NEW YORK TIMES.

LONDON, Sept. 21.—The British Government took swift diplomatic action today to avert, if possible, a tragedy on an immense and unprecedented scale in Nanking.

Instructions were flashed to Sir Robert L. Craigie, the new British Ambassador to Tokyo, asking him to make "representations" against the threatened destruction of China's capital and the inevitable slaughter of thousands of defenseless civilians by Japanese planes. A courteously worded note to this effect was delivered by Sir Robert to the Japanese Foreign Office later in the day.

Although the text of the note was not issued, it was understood to have reminded Japan that she should confine her bombing attacks to legitimate military objectives. The entire city of Nanking is not such an objective, according to the note, and a wholesale attack upon it would endanger the lives of noncombatants, including those of British subjects now in that city.

The note concluded with a warning—already delivered to Japan on a number of occasions—that the British Government reserved the right to hold Japan strictly responsible for any loss of British lives or damage to British property that might be caused by Japanese forces.

**Called Polite Admonition**

Except for this passage today's communication from London was not so much a warning as a polite admonition on moral grounds. The word "warning" implies that some action may be taken to follow it up, but Britain can hardly take action if Japanese planes should kill thousands of noncombatants in Nanking without harming British nationals or destroying British property.

But Britain has again taken a stand on a broader issue, just as she did in her note of Aug. 29 after her Ambassador to China, Sir Hughe Montgomery Knatchbull-Hugessen, had been wounded by a Japanese airplane attack. She has simply called the attention of Japan officially to the fact that no nation has a right in law or in morality to bomb crowded cities from the air and so make war indiscriminately upon noncombatants and combatants alike.

Britain's own cities are too crowded and too vulnerable for her to allow another nation to establish such a precedent without at least a verbal challenge. The British Government does not know what effect such "moral" lectures may have upon Japan, but there is some hope here that they may do some good.

As if to show the usefulness of moral protests the news reached London today that Japan was finally ready to admit her responsibility and apologize for the wounding of the British Ambassador. It is almost a month since the incident occurred, but the British feel that this news, if true, is worth waiting for.

The "final" reply of Japan to Britain's note of Aug. 29 is now on the way to London and will be given out here Thursday, according to the report.

With the prospect of a favorable reply on the way from Japan and improved feeling between London and Rome, Prime Minister Neville Chamberlain decided today it was unnecessary to have a Cabinet meeting tomorrow. There is nothing urgent or important to warrant the Ministers' meeting, although Anthony Eden, Foreign Secretary, who returned tonight from the Continent, undoubtedly will see Mr. Chamberlain tomorrow and make a full report on the Geneva situation.

The Cabinet may be called to meet later in the week, but there is considerable feeling of relief here that after the events of recent weeks the government is not faced with pressing problems.

**Japan Replies to Britain**

Wireless to THE NEW YORK TIMES.

TOKYO, Wednesday, Sept. 22.—Japan's reply to the British note regarding the shooting of Sir Montgomery Knatchbull-Hugessen, British Ambassador to China, was handed to Robert Craigie, the British Ambassador here, last evening. Its contents were not divulged, but it is believed the reply does not entirely meet the British demand.

Regret is expressed that the Ambassador was injured, and Britain is informed that Japanese fighters never attack noncombatants. The request for punishment of attackers cannot be accepted because Japanese naval inquiries have failed to establish definitely the identity of the plane that attacked Sir Hughe.

The reply was prepared with great care after exhaustive discussions with the Navy, and Foreign Office officials express the hope that the British Government will accept it as closing a deplorable incident.

Some time after this note had been presented in Tokyo the British Government amended its description of the place where the attack was made. Apparently the exact spot, which was not known to the Ambassador's party, was wrongly described by their Chinese chauffeur. No Japanese planes could be traced in or at the neighborhood at the requisite time. Later inquiries enabled the British to give a corrected description, but the inadvertent error in the first account of the locality partly accounts for the delay in answering the British note.

It was eventually found at another point of the road taken by Sir Hughe that Japanese airmen had bombed two vehicles which they described as a large car or bus and a truck which they took to be Chinese and military.

**Rumor of Joint Protest**

SHANGHAI, Wednesday, Sept. 22 (AP).—Reports were current in Shanghai today that world powers were drafting a strong, joint protest to Japan against the Japanese threat to devastate Nanking.

The reports were without official confirmation, but gained ground when it was pointed out that both the United States and Great Britain had made representations to Tokyo.

**British Freighter Halted**

HONG KONG, Sept. 21 (AP).—The 1,881-ton British freighter Shun Chih today was detained an hour by warships eighty miles out of Hong Kong but was not boarded. After signaling her identity the freighter, listed by Lloyds as owned by the Sing Hing Steamship Company, Ltd., proceeded on her voyage.

——摘自《纽约时报》（The New York Times），1937年9月22日

# JAPANESE PLANES DOWNED AT CANTON

## Forts and Fliers Fight Four Raids as Many Civilians Are Killed by Bombs

## AIR FIELD BUILDING IS HIT

## One Chinese Craft Crashes in Flames—Damage Heavy as Fires Are Started

CANTON, China, Sept. 21 (AP).—Chinese war planes, rising to fight off two Japanese air raids on Canton today, shot down at least six, possibly ten, Japanese planes. One Chinese pursuit plane was seen crashing in flames and others also may have fallen.

Residents of the Shameen sector, where most of Canton's foreign inhabitants live, crowded to rooftops to watch the diving, circling battle overhead. Chinese pursuit ships power-dived at the heavier Japanese bombers, spurting machine-gun fire. Spectacular dogfights gripped thousands of onlookers.

In the first raid one Japanese bomber exploded in the sky and crashed. Its crew of two was killed. Three other Japanese airmen were burned to death when their ship was shot down near White Cloud Mountain.

One of the second wave of raiders was brought down and its crew of three seized. Two other planes, evidently damaged, flew off.

**Chinese Pilot Parachutes**

The pilot of the downed Chinese plane jumped out and floated down with his parachute. He was wounded and burned.

Heavy civilian casualties were inflicted by the first bombardment, but only slight property damage was said to have been done to the city.

The Japanese airmen centered their fire on Chinese airdromes but the bombs burst in surrounding fields, injuring several farmers.

A bomb from the second attackers demolished the Tingho Aviation School office building. Other explosives fell near the Saichuen Cement Works. At least ten bombs were dropped.

The planes were believed to have come from the Japanese aircraft tender Notoro, which is said to be cruising just outside the mouth of the Canton River along the South China coast.

Neutral observers at the Portuguese colony of Macao, on the mainland near the mouth of the Canton River, said twenty-one Japanese planes were sighted this morning flying toward Canton but, two hours later, only thirteen returned.

This bore out Chinese claims that eight of the invading warplanes were destroyed. The Chinese asserted that only ten of the first attackers reached Canton. They said three of the others were shot down by anti-aircraft guns of the Boca

Tigris forts in the Canton River about fifty miles below the city and that the rest turned back.

**Two More Raids Made**

Special Cable to THE NEW YORK TIMES.

HONG KONK, Wednesday, Sept. 22.—Following two air raids on Canton yesterday, the Japanese staged two more early this morning, doing considerable damage, chiefly in the vicinity of the airdrome. The Chinese contend that four of the raiders were downed.

The scene was more spectacular than in the previous raids because of the use of searchlights and flares and an element of uncertainty as the bombs detonated and fires arose.

The first raid this morning lasted from 2 o'clock until 6, after which there came a lull, but an hour later there was another visit that lasted two hours.

Several fires were started, chiefly in the western part of the city, but it is impossible at present to estimate the damage, although it is known that many private houses were demolished. The casualties will probably total several hundred. Two bombs fell within a few yards of the Sun Yat-sen Memorial.

——摘自《纽约时报》（The New York Times），1937 年 9 月 22 日

# 敵機昨兩襲廣州

# 炸轟極慘酷

## 平民死傷達數千人

## 屠殺情狀外人撟舌

【廣州廿三日中央社電】廿三日上午零時卅分起，迄七時五十分止，大隊敵機分三次來襲廣州，經我機及高射槍炮夾擊後，已擊落多架，現尋獲二架，敵在市區各地投彈數十枚，死傷無辜市民百餘人。

【汕頭廿二日中央社電】廿二日午敵廣三架飛惠來海陸豐沿海各地窺察，旋悉我有備急向甲子港方面逸去，未投彈。

【廣州廿三日中央社路透電】日本空軍，於不[illegible]廣州民衆稍得喘息之時間中，復於今晨兩度來襲，第一次在晨四時，日機一架單獨來此擲五彈，當其來去之際，經過沙面，飛行極低，而于越過英國橋時爲甚。第二次來襲，爲八時三十分，有數彈落於城市之中，恐生命損失極大，此次來襲有重轟炸機十架，及若干較小之戰鬥機，其實前此所未見。空中各方面

### 令人胆寒

均極度緊張，空中戰鬥及高射炮之射擊，在碧藍天空之中，蔚爲壯觀。再則來襲之機，以三架爲一小隊，大約以飛機場及政府機關爲目標，中國人民每有逃至隣近沙面之沙基而靜觀日機之從事毀壞工作者。路透社記者今日親往各被轟炸之地點視察見東郊外之東山貧民房屋有無一完棟者。有數處死屍尚

### 全街破碎

未移去，堆積地上，如吸蠅紙上之死蠅，殘肢腦骸已俱不可辨認。而婦女一面號泣，一面扒動死屍，以尋覓其親屬，并有若干喪家之人，漫遊街道，神經似均已錯亂。據記者之調查，死者或受傷殘者，當不下數千人，而確實數目，恐非數星期之內所能估計。蓋今日實遠勝于上海八月十四日之

### 轟炸之慘

事態也。外人觀察者，對於日本之目標，多茫然不解，因政府機關之房屋及軍事區域都無恙，而炸彈大多數悉墜落于貧民聚居之處，外人自沙面外視察者，目擊非戰鬥員之被屠殺之慘，多途中遇一男子，手持蘆席內

### 撟舌不下

貯不可辨認之殘骸一具彼告

記者，「此余妻也」。記者所到之處，莫不哭聲震野，而如癡如狂之小兒，奔走呼號其父母，聞之尤令人慘切云！

——摘自《神州日报》（上海），
1937 年 9 月 23 日

# 敵軍慘無人道

# 使用毒氣毒彈

## 士兵平民均發現中毒

## 日作反宣傳猶圖誣賴

（中央二十二日南京電）據悉宋哲元近有電來京報告稱、固安方面敵軍、現已使用窒息瓦斯、所幸我前敵將士、早經準備防毒面具、故毫無損傷、惟戰區附近一帶平民之不及逃避者、曾有多人中毒云、

（中央二十二日南京電）據確訊、敵軍在上海楊行方面已使用催淚彈、我後方醫院中、已發現有上項毒彈所傷之士兵、

（中央二十二日南京電）日方前日無綫電廣播、誣我軍在滬使用毒瓦斯、頃據我軍事發言人談、我軍自抗戰以來、絕未用過任何瓦斯、我軍作戰目的、純在抵抗敵人之侵略、其作戰方法、完全以國際公法爲準則、凡違反國際公法與不需要或不人道之舉動、向爲我軍事當局所譴責、日方廣播所云、如非造作謠言、企圖淆惑國際視聽、卽係故意散佈空氣、以爲其本身使用毒氣地步、所幸世人對於日軍之轟炸紅十字會、襲擊非戰鬭人員、破壞文化機關之種種殘暴行爲、早有認識、絕不致墮入日方詭計也、

——摘自《东南日报》（杭州），1937 年 9 月 23 日

# 敵機昨兩度襲京

# 我空軍迎頭痛擊

## 來五十一架被擊落四架

## 死傷逾四十英船亦被炸

## 董明德單機追敵至江陰

（本報二十二日南京電）自昨晚迄今晨拂曉、此間大雨如注、敵機未敢來犯、拂曉後天氣陰晦、十時午敵機自南方突來偷襲、我空軍奉令出動、在句容鎮江上空發生空前遭遇戰、敵機竄入城內者有三十餘架、在城南投彈多枚、發生火警、未幾、即經我消防隊撲滅、是時我空軍跟蹤追擊、敵機施放烟幕、被突出重圍逃逸、當敵機遁去時、西北方又有敵機一隊約十餘架襲京、投彈多枚、我空軍奮勇迎戰、敵機遁去、事後調查、敵機被我擊落四架、一落浦口方面、一落大行宮、一落貓兒山、一落下關、我方飛機一架受傷、

（中央二十二日南京電）二十二日晨十時一刻、敵轟炸機及驅逐機五十一架、來襲首都、我空軍早先升空準備、迎頭痛擊、十一時許、敵我兩軍在京郊相遇、即發生猛烈戰事、我英勇戰士居高臨下、齊向敵機以機槍密集掃射、敵軍招架不住、當有二機中彈受傷、狼狽遁去、一機飛至浦口北三十餘里、起火落地、一機飛至鎮江附近、爆炸墜地、其餘敵機情急、聯合十餘機、向我一戰鬥機撲來、以衆寡勢殊、我機在三汊河對江受傷、降於水上、二戰士受微傷、敵機即紛向江陰方面逃去、我空軍健將董明德君、殺敵心切、乃單人獨馬、猛加追擊、至江陰上空時、當將一敵轟炸機控制在手、使其絲毫不能逃出機槍射程、戰鬥約數分鐘、該敵機油箱中彈起火、黃烟一縷、機墜地上、爆炸巨響、聲震數里、其餘敵機、齊向董君之機猛烈圍攻、董君急騰飛高空、衆敵機見無機可逞、且受嚴重威脅、不得不迅速逃去、迨董君飛返京空時、警報業已解除、當我空軍在城外與敵交綏時、竟有十餘敵機、乘隙竄入京市上空、一時高射砲及高射機關槍齊發、敵機均倉皇高飛、彙之我軍自城外趕來追擊、敵軍愈形慌張、與我軍稍有接觸後、即在各處投彈、計中央黨部投五彈、燬房屋多間、損傷尚微、其餘落池塘及荒地者各十餘枚、落路面者七八枚、落民房者十餘枚、死傷平民四十餘人、燬房五十餘間、至十一時三刻、警報解除、一切即恢復原狀、事後調査、敵機計被我擊落四架、除三架業已證實外、尚有一架在搜尋中、至我受傷之二戰士、傷在面部、日內即可痊愈、該機因落水中、並未損壞、稍加修理、仍可參加戰鬥、下午一時一刻、敵機廿一架、又來作第二次侵犯、迨其發見、我空軍已在上空列陣迎擊、未敢侵入市空、乃竄至浦口及京滬車站一帶、投十餘彈而去、我軍亦未窮追、

（中央二十二日南京電）廿二日下午敵機二次來犯時、曾在浦口下關投彈多枚、除炸燬我民房數十間外、下關江邊英商和記洋行躉船、亦被敵機投擲一彈、該躉船損傷甚重、並炸死一人、傷四人、均爲我國平民、

（中央二十二日鎮江電）念二日午第一次侵襲首都之敵機十餘架、於十一時半被我機兩架追逐向江北逃遁、敵機陣容紊亂、形態倉惶、我機不計衆寡懸殊、鼓翅追擊、見者莫不欽佩我空軍之蠻勇、旋我機折回、敵機始整隊折向東飛、殆飛至鎮南門上空時、黑雲間突飛出我機三架、向敵機襲擊、一時機槍聲清晰可聞、敵機一架受傷、搖搖欲墜、餘機倉皇急遁去、至受傷敵機、據報已墮落靖江縣境內、

——摘自《东南日报》（杭州），1937年9月23日

不顧各國抗議

# 敵機昨兩次襲京

## 我方事先早有準備戰機臨空迎擊

## 敵機四架中彈黃烟縷縷自空墜地

## 飛將軍董明德單槍匹馬驅逐敵機

### 第一次

（中央社南京廿二日電）廿二日晨十時一刻、敵轟炸機及驅逐機五十一架、來襲首都、我空軍事先升空、準備迎頭痛擊、十一時許、敵我兩軍在京郊相遇、卽發生猛烈戰事、我英勇戰士、居高臨下、齊向敵機以機關槍密集掃射、敵軍招架不住、當有二機中彈受傷、狼狽逃去、一飛至浦口北卅餘里、起火落地、一飛至鎮江附近、爆炸墜地、其餘敵機情急、聯合十餘機、向我一戰鬥機撲來、以衆寡勢殊、我機在三汊河對江受傷、降於水上、二戰士受微傷、敵機卽向江陰方面逃去、我空軍戰將董明德君、殺敵心切、乃單人獨騎猛加追擊、至江陰上空時、當將一敵轟炸機控制在手、使其絲毫不能逃出機槍射程、戰鬥約數分鐘、該敵機油箱中彈起火、黃烟一縷、機墜地上、爆炸巨響、聲震數里、其餘敵機、齊向董君之機猛烈圍攻、董君急驅飛高空、衆敵機卒無機可逞、且受嚴重威脅、不得不迅速逃去、迨董君飛返京空時、警報業已解除、當我空軍在城外與敵交綏時、竟有十餘敵機、乘隙竄入京市上空、一時高射砲及高射機槍齊發、敵機均倉皇高飛、俄之我軍自城外趕來追擊、敵軍愈形慌張、與我軍稍有接觸後、卽在各處投彈、計中央黨部投五彈、燬房屋多間、損傷尚微、其餘落池塘及荒地者各十餘枚、落路面者七八枚、落民房者十餘枚、死傷平民四十餘人、燬房五十餘間、至十一時三刻、警報解除、一切卽恢復原狀、事後調查、敵機計被我擊落四架、除三架業已證實外、尚有一架、在搜尋中、

### 第二次

（中央社南京廿二日電）敵轟炸驅逐機廿二架廿二日下午一時一刻、第二次來

京企圖空襲、我軍早已聯空列隊、準備迎擊、敵機將近京郊時、見形勢險惡、急掉頭至浦口及京滬路綫投數彈而去、至二時一刻、警報解除、一切恢復原狀、

（路透社廿二日南京電）南京下午一時十五分第二次發出警報、華空軍派出八架驅逐機、升空迎擊之、隔十五分鐘後、日機則來從高度投下炸彈、被城中之高射砲發密彈射擊、日機未得逞、下午二時二十分、解除警報

（路透社廿二日南京電）

## 被炸損害情形

南京城今日被日機轟炸數次、傷亡之數未確、堤岸有一難民聚居之帳幕、被炸彈擊中、難民百名悉被炸斃、中央黨部後有房屋數座被機、總之今日被日機轟炸者、有卅餘處、每一次有落兩彈者、有落三彈者、查首都之南城、住民甚密、即係意美法三國大使館所在之地、又有許多外僑住宅、亦竟被日機轟炸、殊爲駭異、

——摘自《港报》，1937 年 9 月 23 日

# 敵軍使用毒瓦斯

## 證據確實不容狡賴

（中央社南京廿二日電）據悉、宋哲元近有電來京報告稱、固安方面敵軍、現已使用窒息瓦斯、所幸我前敵將士、早經備防毒面具、故毫無損傷、惟戰區附近一帶平民之不逃避者、經有多人中毒云、

（中央社南京廿二日電）日方前日無線電廣播、誣我軍在滬使用毒瓦斯、頃據我軍事發言人談、我軍自抗戰以來、絕未用過任何瓦斯、我軍作戰目的、純在抵抗敵人之侵略、其作戰方法、完全以國際公法爲準則、凡違反國際公法與不需要或不人道之舉動、向爲我軍事當局所譴責、日方廣播所云、如非造作謠言、企圖淆亂國際視聽、即係故意散佈空氣、以爲其本身使用毒氣地步、所幸世人對于日軍之轟炸紅十字會、襲擊非戰鬥人員、破壞文化機關之種種殘暴行爲、早有認識、絕不致墮入日方詭計也、

（中央社南京廿二日電）茲據確訊、敵軍在上海楊行方面、已使用達姆彈、我後方醫院中、已發現有上項毒彈所傷之兵云、

——摘自《港报》，1937 年 9 月 23 日

# The Warfare in China

For several hours yesterday fifty Japanese planes staged two series of raids on Nanking, and after the last bomb had fallen more than 200 civilians were found to have been killed or wounded. [Page 1.] In the south the Tokyo fliers were active, too. After a raid on Canton yesterday in which 300 were feared killed, they returned this morning and attacked again. [Page 20.]

Washington was stirred to more vigorous action and sent a new and strongly worded protest to Tokyo "objecting" to aerial attacks on the Chinese capital and reserving "all rights." At the same time it was announced that United States Ambassador Johnson had returned to the embassy. [Page 1.] The simultaneous American and British representations of the previous day elicited from Tokyo a promise that noncombatants would not be attacked and that foreign rights would not be infringed. [Page 20.]

Another diplomatic issue of the Far Eastern conflict was resolved when the British accepted as satisfactory a Japanese note expressing "deep regret" over the shooting of the British Ambassador in China. [Page 1.]

Japan's armies pushed another wedge into Suiyuan Province in North China, where they hope to create a buffer between China and Soviet-dominated Outer Mongolia. [Page 20.]

——摘自《纽约时报》（The New York Times），1937年9月23日

# U. S. IN SHARP NOTE TO JAPAN 'OBJECTS' TO NANKING RAIDS; FIFTY PLANES ATTACK CITY

## CASUALTIES AT 200

### Those Helpless to Flee Are Chief Sufferers in Heavy Bombings

### CHINESE MORALE HOLDS

### 300 Noncombatants Reported Killed by Japanese Bombs in Raids on Canton

### JOHNSON BACK IN EMBASSY

### U. S. Envoy Says It Is as Safe as on Gunboat in River—Japan Repeats Warning

By F. TILLMAN DURDIN

Wireless to THE NEW YORK TIMES.

NANKING, China, Thursday, Sept. 23.—Japanese aerial bombers attacked Nanking yesterday, killing or wounding scores of noncombatants and causing considerable damage, but the attacks, in the morning and afternoon, left China's capital without apparent loss of morale and without vital material damage.

[The number of killed or wounded in the Japanese bombing of Nanking yesterday was "more than 200," according to an Associated Press dispatch, which said nearly all the victims were in the Hsiakwan slum section of the city.]

The day saw several bombardments, none more intense than Monday's sample of what the threatened great Japanese raid might be like after the deadline set at noon Tuesday. The Chinese announced that approximately fifty Japanese planes participated in the two-hour attack yesterday morning and fourteen in the afternoon raid.

Areas inside the city walls were special targets in the morning. Five hits were scored on the Kuomintang [Chinese Nationalist party] headquarters, one of the centers of anti-Japanese activities in the last few years and at present a focal point for war propaganda. The Kuomintang compound suffered only minor damage. None of the staff was hurt. They took refuge in bomb-shelters.

**Many Buildings Wrecked**

Bombs caused considerable damage in the southern part of the city, wrecking many buildings. Dozens of bombs started fires, which were soon checked. Elsewhere in the city the Hsiakwan railway station and train-ferry landing and the vicinity were bombed. Considerable material damage was done to the station when the platform was hit. A coach was wrecked and rails were torn up.

Some missiles landed in the closely packed hut district of Hsiakwan, killing or injuring scores of poor persons, according to a Chinese estimate.

The arsenal, airdromes, waterworks and Pukow railway centers all were made objectives of the raiders, but they failed to inflict major damage. The Japanese bombers, accompanied by many pursuit planes, loosed their bombs from high altitudes, often above 5,000 feet.

Chinese anti-aircraft guns kept up an intense fire and some Chinese planes engaged the attackers. It was asserted four Japanese planes were brought down. Having anticipated a much larger invading armada and a much heavier attack, the Chinese find their morale soaring. Officials are now optimistic about coping with the worse attacks to come.

**Johnson Returns to Embassy**

The Chinese were further gratified over the return of United States Ambassador Nelson T. Johnson and members of his staff to the United States Embassy yesterday afternoon. The Ambassador had planned to leave the floating embassy aboard the United States gunboat Luzon yesterday morning to visit ashore, and his car had been sent for him, but on its arrival the Japanese air attack prevented his leaving the ship.

In mid-afternoon, after the second bombings, he arrived at the embassy and announced his intention of remaining, explaining that events had proved that the shore embassy was probably safer than the Luzon and was far more convenient for executing the embassy tasks.

The seven members of his staff

Continued on Page Eighteen

# BOMBINGS INFLICT TOLL AT NANKING

Continued From Page One

who accompanied him temporarily aboard the Luzon and the Guam Monday night, following Japan's warning of intensified bombings of Nanking, returned to the embassy later in the afternoon and this morning.

The Luzon and Guam weighed anchors during the day's bombardments, and the Ambassador and others aboard witnessed the Japanese attacks on the Hsiakwan railway station. They also saw two thrilling fights between Japanese and Chinese planes. A few pieces of shrapnel from an anti-aircraft shell fell on the Luzon's decks in the morning without injuring any one.

The Chinese feel that the Ambassador's return indicates a stronger American attitude.

### First Raids Are Heavy

The morning raiders yesterday struck first from the same direction as on Monday, sweeping in from the southwest in groups of three, then diving and loosing bombs while still at a great height over the southern part of the city. Soon the skies over the capital were filled with the Japanese bombers going about their deadly business.

A small group of newspaper men and nearly a hundred Chinese employed by the United States Embassy and their families sought refuge in the embassy compound along with J. Hall Paxton, Second Secretary, who was in charge while Ambassador Johnson and the rest of his staff were maintaining the floating embassy on the gunboats.

Most of the Chinese remained huddled in the bomb-proof shelter throughout the raids. And the foreigners, too, sometimes rushed inside when the plane attacks were near; otherwise they viewed the bombardments from vantage points, and frequently they went over to the Italian Embassy next door, joining Admiral Luigi Villagrua, First Secretary Desandré and their Chinese interpreter, G. Ros. They are remaining in charge of the Italian Embassy.

In the most dangerous periods the well-built Italian cellar sheltered the entire group; at other times they all climbed the roof of the four-story building.

### Shell Fragments Found

Following the raids Mr. Paxton picked up fragments of anti-aircraft shells that struck the gatehouse of Mr. Johnson's residence, without injuring any one. This shell was the closest approach to casualties at the embassy.

The morning raiders concentrated on areas inside the wall, although the arsenal, Hsiakwan waterfront; Pukow, across the river, and airdromes also were bombed.

Close inspection by newspaper men was prohibited, but the wrecking of part of the Central Political Council offices was noticeable. About two dozen bombs landed in the general vicinity of the United States Embassy, one falling on a vacant lot adjoining the imposing Chinese Foreign Office Building, and two others excavating huge craters in Chungshan Road within a block of the Metropolitan Hotel.

A number of bombs hit residences of members of the staff of the Bank of China, behind the main banking buildings. The houses were wrecked, but the occupants in dugouts were uninjured. A big fire was started near the gendarmerie headquarters at the Ministry of the Interior but was soon checked.

The writer toured the city immediately after "all clear" had sounded and found first-aid workers, firemen and clean-up men already busy and evidences of the bombings quickly disappearing. Craters in the streets were being filled. In a few hours traffic was normal and the populace turned out in huge numbers to inspect the damage.

### Scores Burned to Death

By The Associated Press.

NANKING, Thursday, Sept. 23.—Japan's threat to rain death and destruction on China's capital was carried out yesterday in disregard of American, British and French protests against unrestricted bombing of a great city.

More than fifty Japanese planes took part in two raids, killing or wounding more than 200 Chinese civilians, mostly in the poorer quarters of the city. Scores were burned to death as incendiary bombs lighted tinder-like straw huts along the Yangtze River front.

Most of those who died were too feeble or helpless to join the great exodus to the open countryside to escape the death from the skies.

Thirty sections of the capital were bombed, with an average of three bombs for each spot. The stations of two of China's most important railways, the Shanghai-Nanking and Tientsin-Pukow lines, were bombed. These stations are near where American, British, French, and Italian warships are anchored in the Yangtze.

The Japanese raiders were over Nanking a total of four hours, bombing and fighting spectacular combats with the Chinese who rose to meet them. From the roof of the Italian Embassy an unobstructed view of the city was obtainable.

There were scores of individual combats, with thrills exceeding even a motion picture director's idea of what an air battle should be. Loops, breath-taking dives and sensational climbs were seen everywhere as the opposing air fleets battled for position.

Nearly all the havoc fell on denizens of the Hsiakwan slum quarter, huddled near the Yangtze waterfront. The sight of old men, women and children mangled by bombs or burned to death or beyond aid was heartrending.

Cowering among the dead were still hundreds of helpless refugees, apparently too scared to join the great rush from the city, which went on all day and far into the night, by motor car, ricksha, wheelbarrow—any means of travel available.

Last night thousands were encamped in the country-side around the city, believing it inevitable that the Japanese air armada would strike again.

Nineteen Americans, seven of them women, remained in Nanking during the Japanese attacks, in peril from both the bombs and the curtain of anti-aircraft fire sent up by the Chinese batteries placed all about Nanking.

So far as could be learned, no foreigners were harmed in the raids, and foreign property escaped serious damage. But this was not because Japanese bombs did not fall on those sections chiefly inhabited by foreigners. Aside from the slum district near the river, the area where most bombs fell was the new residential quarter where the American, German and Italian Embassies and the Netherlands Legation are situated.

One anti-aircraft shell fell in the American Embassy compound, and fragments were embedded in the gatehouse. A bomb struck near the Italian Embassy, and the embassy staff, which had returned from a gunboat on the river shortly before the raid, was badly shaken, although no one was injured.

It was learned that the raids caused no interruption in the schedule of Generalissimo Chiang Kai-shek, who went to the front lines near Shanghai for an inspection tour. Mme. Chiang remained in her offices here as head of the Chinese Aviation Commission.

An hour after the raids were over workmen were filling holes in the streets and electricians were repairing damaged light and telephone lines. Farmers in the countryside stoically resumed their work in the fields after only short interruptions.

**Big Raid on Nanking to Come**

Wireless to THE NEW YORK TIMES.

SHANGHAI, Sept. 22.—Japanese authorities at Shanghai were emphatic in declaring that the raids on Nanking today were not the "big show" against which they had warned foreigners and Chinese noncombatants to evacuate the Chinese capital.

The Japanese version of the raids today is that every half hour after 11 A. M. aerial fleets, "each composed of more than a dozen planes, raided in rapid succession, attacking only military objectives." Chinese reports said more than fifty Japanese planes participated in the first raid, and some foreign observers placed the number at between thirty and forty.

The Japanese spokesman said:

"Only a few Chinese planes were found aloft, and four were shot down. Up to 4 P. M. the Japanese fliers had suffered no losses whatsoever."

The objectives of the morning raid

The objectives of the morning raid were the Chinese National Air Commission headquarters, Nanking's local military airforce headquarters, and the Central Kuomintang party headquarters, a fine new building. The Japanese spokesman excused the bombing of the Kuomintang headquarters, not upon the ground that it is the Chinese Nationalist party headquarters and the center of anti-Japanese propaganda in China, but on the ground that the building is being used for Chinese military purposes.

He further said that the raids would continue until the Sino-Japanese hostilities had entirely ceased on all fronts, and, therefore, he warned foreigners to stay away until an armistice or peace is concluded.

Asked if Generalissimo Chiang Kai-shek's residence in Nanking would be bombed, the Japanese spokesman cryptically replied:

"At the present moment it is not one of our objectives."

The policy inspiring the Japanese aerial attacks on Nanking is based on the conviction that destruction of Chinese Government and military bases there would hasten the collapse of the Chinese armies in the field.

Another large fleet of Japanese bombers this afternoon raided the Kiangyin forts, about ninety miles northwest of Shanghai. There a boom has stopped navigation of the Yangtze. The Japanese fliers also attacked three Chinese cruisers anchored at Kiangyin. Details of this raid have not yet been received.

## AMERICANS IN NANKING

### Teachers, Nurses and Newspaper Men Are in Group

NANKING, Sept. 22 (AP).—The Americans in Nanking include:

Miss Grace Bauer, nurse, of University of Nanking Hospital, Baltimore, Md.

F. Tillman Durdin, correspondent of THE NEW YORK TIMES, Pecos, Texas.

Miss Iva Hynds, Nanking University Hospital nurse, Los Angeles.

The Rev. James F. Kearney, Spokane, Wash.

The Rev. Francis A. Rouleau, Yakima, Wash.

Miss Beatrice Liu, Northfield, Minn.

Charles Henry Riggs, Nanking University professor, Syracuse, N. Y.

Lewis Strong Smythe, Nanking University professor, Chicago.

Miss Catherine A. Sutherland, Ginling College teacher, St. Louis, Mo.

Miss Minnie Vautrin, Ginling College teacher, Secor, Ill.

Miss Yung Sen-chai, Miss Marjorie Wing and Frank Wing, all of San Francisco.

Dr. R. F. Brady, Nanking University Hospital, Oklahoma City, Okla.

Dr. C. S. Trimmer, Nanking University Hospital.

William L. Andrus, radio operator for China National Aviation Corporation.

J. Hall Paxton, second secretary of the American Embassy, Danville, Va.

C. Yates McDaniel, Associated Press correspondent, and his wife.

# U.S. IN SHARP NOTE TO JAPAN 'OBJECTS' TO NANKING RAIDS; FIFTY PLANES ATTACK CITY

## REPLY CALLED FOR

### New Protest Warns We Reserve 'All Rights' on Losses by Citizens

## ATTACKS TERMED ILLEGAL

### Jeopardy to Noncombatants Is Decried—Previous Japanese Assurances Are Cited

## EMBARGO IS HELD NEARER

### Application of Neutrality Act Again Urged—Envoy's Return to Embassy Pleases Capital

*Text of Secretary Hull's note of protest appears on Page 19.*

Special to THE NEW YORK TIMES.

WASHINGTON, Sept. 22.—A more determined stand, the most forthright to date, was taken by the United States Government today in the Sino-Japanese situation as a result of the bombings of Nanking by Japanese air raiders.

The United States stand was marked by the delivery of a new, formal and strongly worded protest to the Tokyo Foreign Office and the return of Nelson T. Johnson, the Ambassador to China, from his temporary headquarters on the gunboat Luzon to the embassy building in Nanking.

Ambassador Johnson's return was viewed as permanent and it pleased officials who had been concerned over the criticism of his moving from the embassy.

What the United States would do if the protest should go unheeded was not revealed. As the protest was formal, a reply was automatically called for. It appeared, at least, that the vigorous diplomatic move made more difficult the withholding of application of the United States Neutrality Act to the Sino-Japanese warfare. This is regarded as obvious, because with Japan engaging in large-scale bombing attacks on cities, it becomes more difficult for President Roosevelt to consider that a state of war does not exist.

**Sharper Tone Used**

The note was significant for the stronger tone it used in comparison with previous representations. It synchronized in this respect with the developing situation. Heretofore, so grave a problem had not been presented, since, at Shanghai there was an apparently genuine effort made by both China and Japan to avoid the International Settlement in their operations. Such incidents as occurred there appeared to be largely, if not wholly, accidental.

Today's note reinforced in a sharper tone and in more elaborate detail the representations made orally earlier this week by Joseph C. Grew, the United States Ambassador to Japan, to the Tokyo Foreign Office and by R. Walton Moore, as acting Secretary of State, to Hirosi Saito, the Japanese Ambassador here.

It objected to the Japanese bombing of Nanking, reserved "all rights" on behalf of the United States Government and its nationals "in respect to damages which might result from Japanese military operations in the Nanking area" and closed by expressing "the earnest hope that further bombing in and around the city of Nanking will be avoided."

**Previous Assurances Noted**

It "strongly objected" to the creation of a situation in consequence of which the American Ambassador and other agencies of this Government are confronted with the alternative of abandoning their establishments or being exposed to grave hazards. The communication declared, moreover, that in the light of previous Japanese assurances, the United States Government could not believe that the plan to submit the whole Nanking area to bombing operations "represents the considered intent of the Japanese Government."

"The American Government," the communication said, "objects both to such jeopardizing of the lives of its nationals and of noncombatants generally, and to the suggestion that its officials and nationals now residing in and around Nanking should withdraw from the areas in

Continued on Page Nineteen

# U.S. NOTE 'OBJECTS' TO JAPAN ON RAIDS

Continued From Page One

which they are lawfully carrying on their legitimate activities."

The note declared that "any general bombing of an extensive area wherein there resides a large populace engaged in peaceful pursuits is unwarranted and contrary to principles of law and of humanity," and it held that the time allowed for the withdrawal of Americans was inadequate.

The note was formulated yesterday afternoon by Secretary of State Cordell Hull with the approval of President Roosevelt after preliminary Japanese bombing operations had been conducted at Nanking. It was cabled to Mr. Grew and delivered to the Foreign Office early this morning, Washington time, at about the time the first mass attack of planes was being made over Nanking.

Ambassador Johnson returned to his embassy in the exercise of his own discretion. The State Department learned of his action first through the United States Naval Attache in Nanking.

There was a scarcely disguised hope that this move by the veteran diplomat, who had left his office for the gunboat under general instructions of the State Department to avoid imminent risk, would put at rest the criticism that has arisen. The criticism had been especially bitter because some other diplomatic missions remained in Nanking.

**Johnson Explains Incident**

Mr. Johnson, in informing the State Department of his return to the embassy building, made a report of the circumstances of his going on board the Luzon. This differed from some earlier press versions from Nanking. His report was summarized by the State Department as follows:

"Ambassador Nelson T. Johnson reported to the Department of State today that he and his entire staff have returned to the embassy premises at Nanking. At no time since the Japanese notice to foreigners to leave Nanking has Ambassador Johnson or his staff been away from Nanking.

"Ambassador Johnson and his staff, with the exception of Second Secretary Paxton, who remained at the office to keep contact with the ship and authorities ashore, have been on the U. S. S. Luzon, which at times has been anchored off the Bund within twenty minutes' ride by motor car of the embassy premises. Ambassador Johnson has been in communication with Mr. Paxton at all times by telephone from the river front, ten minutes' ride from the ship.

"Ambassador Johnson stated a press report of a statement attributed to him 'is incorrect in saying I was going on board the Luzon under orders of the department. I did say I was unhappy, as it was the first time I had left my office in thirty years' service. I said that under the circumstances I did not feel I could remain at my post on premises and subject my staff to possible danger and that for this reason I was taking them with me and expected to maintain offices afloat at Nanking and contact with [Chinese] government. I tried to make it clear that I was not leaving Nanking.'"

"Bombs from Japanese aircraft had fallen within the walls of Nanking on the 19th and on the 20th. Ambassador Johnson and his staff embarked on the Luzon on the 20th as above and returned to the embassy premises on the 22d."

It was understood at the State Department that at the time Ambassador Johnson boarded the Luzon the Italian Embassy staff was to go aboard a merchantman previously chartered. The German Ambassador and the Soviet Ambassador expected to remain on their premises in Nanking, as they had no vessel available.

The French staff was already sleeping on a French gunboat. The British expected to stay, but subsequently the British staff was put on a gunboat, with the Charge d'Affaires and the military attache remaining ashore prepared to board ship if conditions required.

At his press conference today Secretary Hull preferred to let today's note, the terms of which he announced at that time, speak for itself. The only report received of damage to American property was that a shell had exploded in the embassy enclosure.

Mr. Hull had no official reports from Shanghai to indicate that representatives of the powers there were planning a joint protest to Japan on the bombing of Nanking, and he had heard nothing through official channels to the effect that Great Britain was contemplating approaching Washington with a suggestion that both Governments withdraw their Ambassadors from Tokyo.

There was no official comment on a charge today of six peace organizations that, in view of the bombing of Nanking, there was a "deliberate nullification by the administration" of the Neutrality Act.

"If the President continues after the bombing of Nanking," they said, "to claim there is no war, his failure to apply the act must be accepted as deliberate defiance of the will of the National Legislature and of the people."

The organizations are World Peaceways, National Council for Prevention of War, Women's International League for Peace, Fellowship of Reconciliation, Committee on Militarism in Education and Freedom, Emergency Peace Campaign. They asked President Roosevelt to answer the following questions:

"If our nationals are not to be protected, why have we permitted additional marines to land in China? If they are not to protect American citizens, whom or what are they to protect?

"If we are cooperating with the League of Nations [Advisory] Committee only for pacific solution of the Asiatic situation, why do we add American boys to the international armed forces in China?

"If there is danger of involvement if American ships carry munitions to the belligerents, why is the Administration content with a warning which may be ignored, when application of neutrality by prohibiting such traffic would give the country complete protection against such dangers?

"Why do we adopt measures short of neutrality, the practical effect of which is to deprive China alone of munitions, and not apply the law which would put equal restraint, so far as munitions and loans are concerned, on both belligerents?

"Since the Presidential orders issued have been in the direction of the intent of the neutrality legislation, to keep out of war, is the influence of war trade interests being exerted to delay the law's application?"

The Sino-Japanese situation was discussed "briefly and generally" today by Dr. C. T. Wang, Chinese Ambassador to the United States, with Hugh R. Wilson, newly appointed Assistant Secretary of State. Dr. Wang called primarily, however, to pay his respects to Mr. Wilson whom he had not previously met.

Attorney General Homer Cummings said today that the United States court at Shanghai was still functioning. He said he had no intention of ordering the court "withdrawn," but had left the matter to Judge Helmick. He understands, he added, that a prosecuting attorney is still there.

——摘自《纽约时报》（The New York Times），1937 年 9 月 23 日

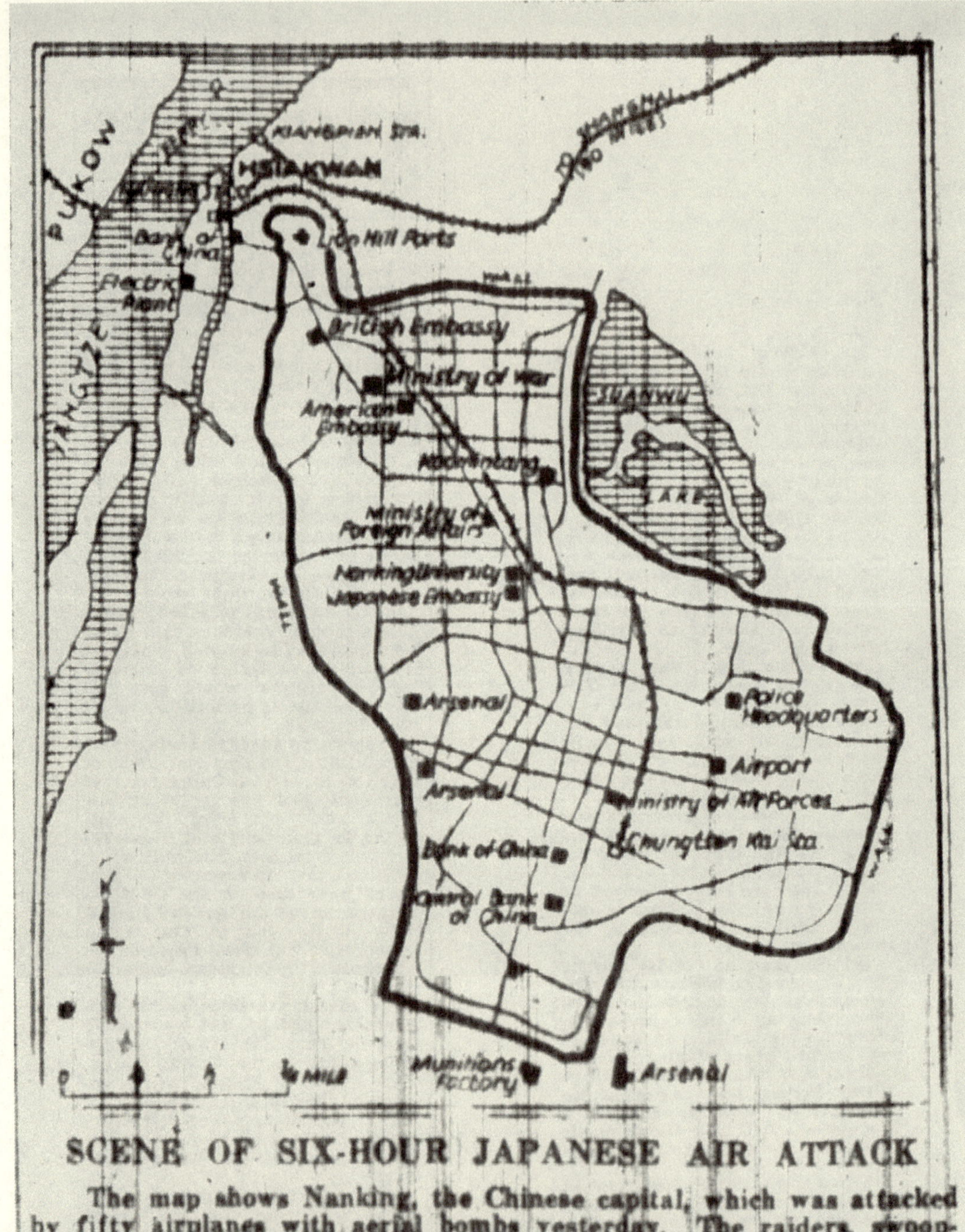


## SCENE OF SIX-HOUR JAPANESE AIR ATTACK

The map shows Nanking, the Chinese capital, which was attacked by fifty airplanes with aerial bombs yesterday. The raiders, swooping in from the southwest, dropped missiles on the southern part of the city, then bombed the thickly populated Hsiakwan hut district in the northwestern corner. Five hits were scored on the Kuomintang headquarters, the offices of the Nationalist party, near Suanwu Lake, and bombs fell near the American Embassy to the west of this building. Pukow across the Yangtze River was another target of the air fleet. The heavy line on the map indicates the city wall.

——摘自《纽约时报》（The New York Times），1937 年 9 月 23 日

# JAPAN'S AIR ATTACKS DENOUNCED IN BRITAIN

## News Chronicle Says World Opinion Must Act to Prevent Such Happenings in Europe

Special Cable to THE NEW YORK TIMES.

LONDON, Thursday, Sept. 23.—The bombing of Nanking and Canton has aroused horror in almost all sections of the British press. The Liberal News Chronicle is the only newspaper which points out in so many words that unless world opinion is aroused "what is happening in the far-off East today will happen in our own West tomorrow."

The Times of London is moved to exclaim that Britain shares the "indignation and disgust" felt in the United States and other countries. It adds that the "plain man" who feels that the Japanese would not have carried out the bombings had the Chinese been able to undertake reprisals is "revolted." The Times rejects the theory that Canton and Nanking are "open towns"—which under international law exempt them from bombardment—but insists that the attacks only make it more difficult for Japan to subjugate China effectively.

The conservative Daily Telegraph, while deploring them, took the attacks calmly, but The Daily Express joined the Laborite Daily Herald and The News Chronicle in bitter criticism of the slaughter.

Speaking as a "friend of Japan," the conservative Morning Post said that in order to avoid international complications and "in the absence of overriding military exigency, which cannot plausibly be pleaded in the case of Nanking, Japan should restrict her operations to the immense areas where no direct foreign interest exists."

——摘自《纽约时报》(The New York Times)，1937年9月23日

# U. S. Note to Japan

Special to THE NEW YORK TIMES.

*WASHINGTON, Sept. 22.—The text of the United States Government's note to Japan protesting against the previously announced plan of Japan to bomb Nanking, the Chinese capital, was made public today by the State Department and is as follows:*

The American Government refers to the statement by the Commander in Chief of the Japanese Third Fleet which was handed to the American Consul General at Shanghai on Sept. 19, announcing the project of the Japanese Naval Air Force, after 12 o'clock noon of Sept. 21, 1937, to resort to bombing and other measures of offense in and around the city of Nanking, and warning the officials and nationals of third powers living there "to take adequate measures for voluntary moving into areas of greater safety."

The American Government objects both to such jeopardizing of the lives of its nationals and of non-combatants generally and to the suggestion that its officials and nationals now residing in and around Nanking should withdraw from the areas in which they are lawfully carrying on their legitimate activities.

Immediately upon being informed of the announcement under reference, the American Government gave instruction to the American Ambassador at Tokyo to express to the Japanese Government this government's concern; and that instruction was carried out. On the same day the concern of this Government was expressed by the Acting Secretary of State to the Japanese Ambassador in Washington.

**Holds Attack Unwarranted**

This Government holds the view that any general bombing of an extensive area wherein there resides a large populace engaged in peaceful pursuits is unwarranted and contrary to principles of law and of humanity. Moreover, in the present instance the period allowed for withdrawal is inadequate, and, in view of the wide area over which Japanese bombing operations have prevailed, there can be no assurance that even in areas to which American nationals and non-combatants might withdraw they would be secure.

Notwithstanding the reiterated assurance that "the safety of the lives and property of nationals of friendly powers will be taken into full consideration during the projected offensive," this government is constrained to observe that experience has shown that when and where aerial bombing

——摘自《纽约时报》（The New York Times），1937 年 9 月 23 日

# CANTON AIR RAIDS RENEWED BY JAPAN

Dozen Planes Participate in Attack on South China City —Damage Not Serious

MANY CIVILIANS KILLED

Tokyo Warships Bombard Port of Haichow—Shells Hit Station of Lunghai Railway

Wireless to THE NEW YORK TIMES.

HONG KONG, Thursday, Sept. 23.—A policy of persistent air raids of Canton is evident with the intensive bombing of the city this morning in which nearly a dozen Japanese planes participated. The city for more than an hour was rocked by the explosions of bombs and anti-aircraft fire which observers describe as accurate, forcing the raiders to fly high.

Chinese planes engaged in many dog fights watched by thousands. The station and bridge of the Canton-Kowloon railway received chief attention, but the damage was not serious.

The Japanese planes machine-gunned Chinese batteries and other defensive works. One Chinese plane was seen in distress and forced to land.

HONG KONG, Sept. 22 (AP).—Three hundred lives were feared lost at Canton today in a series of devastating raids by Japanese bombing planes. The fourth attack of the day and the sixth within twenty-four hours came in mid-afternoon. Estimates of the toll in lives and property—all unofficial—mounted hourly.

Foreign witnesses told of piles of bodies, most of them civilians, in the streets of the Southern Chinese metropolis. Railway facilities were taxed by throngs trying to flee the city.

Foreign observers described the scene at the Canton railway station. Fear-crazed men, women and children sought safety under two trains standing near the station. The trains were rocked by near-by blasts while the refugees huddled under them.

A foreign woman and child in the Tungshan residential district suffered concussion from a projectile that exploded close at hand.

Officers of the British freighter Shun Chih, which had been detained by Japanese destroyers eighty miles off Hong Kong yesterday, saw several bombers return to an aircraft carrier and reported one crashed into the sea, apparently out of fuel.

——摘自《纽约时报》（The New York Times），1937 年 9 月 23 日

# 敵機十三架

# 飛武漢轟炸

## 經我痛擊一架墜地

## 貧民死傷達數百人

【漢口廿四日中央社電】廿四日午後四時廿分，敵機十三架，由九江向武漢飛行，防空部接報，即先後發出空襲及緊急警報，嚴行戒備，我空軍亦按時出動，敵機於四時五十分到達武漢上空，我地上及海軍兵艦各高射槍砲，均向敵機射擊，我空軍亦奮勇截擊於空中，敵見我有備，即倉皇在漢口，漢陽，沿襄河兩岸投下十餘彈，轟倒貧民房屋十餘間，壓傷平民數十人，即於五時向東沿原路逃去，其他毫無損傷，聞有敵機一架，被我擊落在葛店附近，現在派員查察中。【南京廿四日中央社路透電】據漢口電話，日機十三架來自南方，八架來自北方，於午後四時半襲攻漢口，漢陽，武昌三處，死傷至少八百人。【漢口廿四日中央社路透電】漢口今日受敵機之襲擊，時爲午後四時五十分，日轟炸機六架與驅逐機三架，出現於此間天空，擲落炸彈九枚，其中三枚落於此間人烟稠密之城中，四枚落於漢河對岸，兩枚落於江中，距英砲艦阿非斯號停泊處不足二百碼。現估計至少死一百人，傷二百人，皆係窮苦平民。外僑無受傷者。漢口方面毀屋八十所，他處損失現尚未悉。日機顯以漢陽兵工廠爲目的物，惟據可恃方面消息，軍事機關無被擊

中者，警察局長，指揮救護工作，並安慰居民甚著勤勞，武漢大學生亦努力襄助當局救護傷民，被災區域景象極慘，妻哭其夫，子哭其親，，加以傷者呻吟，一片悲聲，慘不忍聞。

——摘自《神州日报》（上海），1937年9月24日

# 敵機屠殺非戰鬥員

# 昨三次轟炸廣州

## 平民慘遭炸斃者達數千人

## 敵殘酷行為外人均為撟舌

本報香港廿三日專電　據息、敵因在滬作戰失敗、及礙於國際關係、決移轉目標於華南、今後將時有空襲、粵對應戰、已有新準備與決定、廿三日又三度來襲、第一次在晨零時、敵機來襲、我機應戰、幷放高射砲、戰事甚烈、投彈甚多、至四時敵機不支、向西區沙基逃逸、第二次五時半敵機十餘架復來襲、向西村工業區投彈十餘枚、一敵機被我擊毀油箱、下墮粉碎、七時半敵機向西南逃、未幾又來、仍不得逞、被我擊落兩架、一全燬、一落東北郊、生擒敵機師二人、八時許解除警報、事後調查、被炸死傷者多係平民、不下數千人、敵人行為之殘酷、令人悲憤、

中央廣州路透廿三日電　日本空軍、於不使廣州民衆稍得喘息之時間中、復於今晨兩

度來襲、第一次在晨四時、日機一架、單獨來此擲五彈、皆其飛昂之標、經過沙面、飛行極低、而於越過英國橋時爲甚、第二次來襲、爲八時三十分、有數彈落於城市之中、惡生命損失極大、此次來襲有重轟炸機十架、及若干較小之戰鬥機、其令人胆丧、實前此所未見、空中各方面均極度緊張、空中戰鬥及高射砲之射擊、在碧藍天空之中、蔚爲壯觀、再則來襲之機、以三架爲一小隊、大約以飛機場及政府機關爲目標、路透社記者今日親往各被轟炸之地點視察、見東郊外之東山貧民房屋有全街破碎、無一完棟者、有數處死屍尚未移去、堆積地上、如吸蠅紙上之死蠅、殘肢髏骸已俱不可辨認、而婦女一面號泣、一面扒動死屍、以尋覓其親屬、並有千餘毀家之人、漫遊街道、神經似均已錯亂、據記者之調查、死者或受傷殘者、當不下數千人、而確實數目、恐非數星期之內所能估計者、蓋今日轟炸之慘、實遠勝於上海八月十四日之事態也、外人觀察者、對於日本之目標、多茫然不解、因政府機關之房屋及軍事區域都無恙、而炸彈大多數悉墜落於貧民聚居之處、外人自沙面外視察者、目擊非戰鬥員之被屠殺之慘、多撟舌不下、途中遇一男子、手持蘆蓆內貯不可辨認之殘骸一具、彼告記者「此余妻也」、記者所到之處、「莫不哭聲震野、而如痴如狂之小兒、奔走呼號其父母、聞之尤令人慘切云、

——摘自《时事新报》（上海），
1937 年 9 月 24 日

# 日機在獻縣
# 轟炸教會與婦女醫院
## 各關係國領事提嚴重抗議

中央天津路透廿三日電　日轟炸機今日對冀省獻縣教會與婦女醫院投彈轟炸、擲彈達三十枚之多、主教住宅與醫院皆被擊中、雖該教會有中法教士及美國加拿大與匈牙利等國籍女修道士百餘人、然幸無死傷、各有關係國領事、已因此事向日當局提出嚴重抗議、

——摘自《时事新报》（上海），
1937 年 9 月 24 日

## 人類的劊子手

# 敵機轟炸平民

### 首都難民百餘慘遭炸斃

### 外報痛斥日軍殘酷行爲

中央南京路透廿三日電　昨晚日機欲來而未果、故已度過一極安靜之良夜、現方大雨連綿、視線極不佳、故首都一時不至再受轟擊、一般人之意見、覺日本企圖擊破華軍抵抗之決心、將再來南京從事轟擊、昨日轟炸死傷人數、現尚未能加以估計、因死傷之人在轟炸尚未停止之時、已經隨時移去也、惟下關收容所之難民百餘人、則遭不測、慘不勝言、其他各地死傷尚不多、中央黨部被中五彈之多、但祇死一人傷四人、因此死傷總數不至超過二百以上云、至外人財產損失、僅英商國際出口公司之浮橋一座被擊沉、華方稱華機祇一架受傷、飛機師亦傷二人、惟敵機被擊落者共四架、其中三架已尋獲云、今日華報載英商亞細亞火油公司之經理法勒君之談話、聲明該公司將留京不去、再則各國新聞記者及攝影員、已齊集南京、來自上海者亦甚衆、其中數人係於昨夜乘汽車出發、而於今晨安抵首都者、預定前往上海前線攝製戰事影片之攝影師、現已變更計劃、重返南京攝製被轟炸後之南京情況云、

本市英文大美晚報二十三日社論、題爲「轟炸平民」、對日人殘酷行爲嚴詞抨擊、爰將該文迻譯於後、「日本空軍轟炸南京廣州、此舉實與吾人所認爲文化之行爲、背道而馳、中國城郊、屢遭空襲、致無辜平民、死亡纍纍、觀於日本飛機在中國上海南京廣州等處之施虐、則今日非戰鬥員生命財產之被蹂躪、殆已認爲軍事上之目標矣、姑不從人道主義之觀點上觀之、此種殘忍屠殺之策略、不特與事無補、且實際上所收之後果、決不能遂其所欲也、中國全國軍民、必將因此團結益固、日人此種手段、徒見其心勞日絀而已、總之、在任何環境下、敵人之企圖殘殺他國平民者、決難獲得好果也」云、

——摘自《时事新报》（上海），1937 年 9 月 24 日

## 敵機瘋狂轟炸廣州貧民窟

### 全街房屋毀壞無餘 殘肢臟骸俱不可辨 哭聲振野慘絕人寰

（路透二十三日廣州電）日空軍於不使廣州民衆稍得喘息之時間中、復於二十三日晨兩度來襲、第一次在晨四時、日機一架、單獨來此擲五彈、當其來去之際、經過沙面、飛行極低、而於越過英國橋時爲甚、第二次來襲、爲八時半、有數彈落於城市中、恐生命損失極大、此次來襲、有重轟炸機十架、及若干較小之戰鬬機、其令人胆寒、實前次所未見、空中各方面均極度緊張、空中戰鬬及高射砲之射擊、在蔚藍天空中、蔚爲壯觀、再則來襲之機、以三架爲一小隊、大約以飛機場及政府機關爲目標、但中的與否、一時尚難證實、

（路透二十三日廣州電）記者二十三日親往各被轟炸之地點視察、見東郊外之東山貧民房屋、有全街破壞、無一完棟者、有數處死屍尚未移去、堆積地上、如吸蠅紙上之死蠅、殘肢臟骸、已俱不可辨認、而婦女一面號泣、一面抓動死屍、以尋覓其親屬、并有若干喪家之人、漫遊街道、神經似均已錯亂、死傷數目、一時尚難確知、外人觀察者對於日本之目標、多茫然不解、因政府機關、之房屋及軍事區域都無恙、而炸彈大多數墜落於貧民聚居之處、外人自沙面外視察者目擊、非戰鬬員之被屠殺之慘、多橋舌不下、途中遇一男子、手持蘆席、內貯不可辨認之殘駭一具、彼告記者、此余妻也、記者所到之處、莫不哭聲振野、而如癡如狂之小兒、奔走呼號、其父母聞之、尤令人慘切云、

——摘自《东南日报》（杭州），1937 年 9 月 24 日

## 敵機三十餘架 兩次襲擊廣州

廣州電：日機三十餘架，於二十一日晨襲擊廣州投彈百餘枚以上，損失重大，我方飛機亦出動迎戰，結果擊落日機三架，我方亦損失二架，下午又有日機十五架來襲，投彈十餘枚，傷亡居民十餘人。

——摘自《新中华报》（延安），1937 年 9 月 24 日

# 敵機轟炸我首都

# 難民百餘人慘斃

## 英·法·美·各國輿論均嚴詞抨擊

○南京廿二日中央社電、透訊、昨晚日機欲來而未果、故已度過一極安靜之良夜、現方大雨連綿、視線極不佳、故首都一時似不至再受轟擊、一般人之意見、覺日本企圖擊破政府抵抗之決心、將再來南京從事轟擊、昨日轟炸死傷人數、現尚未能加以估計、因死傷之人在轟炸尚未停止之時、已隨時移去也、惟下關收容所之難民百餘人、則遭不測、慘不勝言、其他各地死傷尚不多、中央黨部被中五彈之多、但死一人傷四人、因此死傷總數不至超 二百以上云、至外人財產損失、僅英商國際出口公司之浮橋一座被擊沉、華方稱並擊落一架受傷、飛機師亦傷二人、惟敵機被擊落者共四架、其中二架已尋獲矣、今日華報載英商亞細亞火油公司之經理法勒君之談話、聲明該公司決留京不去、再則、各國新聞記者及攝影員、已齊集南京、來自上海、亦甚衆、其中數人係於昨夜乘汽車出發、而於今晨安抵首都者、預定明往上海、線攝製戰事影片之攝影師、現已[illegible]更[illegible]制、重返南京攝製、轟炸之南京情況、

## 倫敦

廿二日中央社哈瓦斯電、英國各報對於日本飛機大舉轟炸南京事、均表示憤慨、保守黨各報亦謂日本竟以此方式、強使中國「表示誠意」、安可加以容忍、工黨每日民聲報載稱、「吾人對於中國除表同情之外、亦當進一步、以持久的忍耐、與熱忱、加強國際聯會之力量、俾克及早挽救世界和平」、自由黨新聞紀事報登一被炸傷之中國幼孩照片、並加按語云、「君其漠然無動於中歟、抑以中國寫遺儒而置之不顧歟、英國人目睹此種可怖之照片後、若果感之驚駭、則應立即要求英國政府、會同各國、以有效的行動、藉以制止此種盲目不分的轟炸行爲、以免再誤事機」云、

○倫敦廿三日中央社路透電、今日泰晤士報因論日本對轟傷許閣森大使事件之復文、而及於中國戰事、稱日本之正式復文、繼之以次作文、已爲滿意、但日外部發言人既稱不攻擊非戰鬥員、不侵及外人之利權、則今日對於南京之廣泛範圍[illegible]道、轟炸將作何解、該報稱此種轟炸已引起各國之憤

怒與厭惡、而美國輿論對於日本以此稀奇怪方法、強迫敵人向之「表示誠意」、尤為一般人覺得使中國有力能作空襲之報復者、日人必不敢出此、而日人竟如此傲慢狂妄、實令人憎惡、泰晤士報謂中國在此不宜之戰爭中、迄今尚無崩潰之現象、中國之抗戰恐逼迫日本軍部使再更改其戰事之預算、而會使中國之民眾團結一致、如中國共產黨之歸順中央、而足表示日本軍人之政策、在已往三年之中、已成就蘇聯十五年宣傳之功、所未能成就之全國一統云、泰晤士報末謂日本之民眾目前或尚不願接受調停、但將來中立國家其利益之在中國受有影響者、勢將出斡旋和平云

◎倫敦廿三日中央社路透電 英保守黨報紙認政府對於日本轟傷許閣森之文、有用作為結束之理由、但對於最近日機之轟擊南京廣州、則表示深切之關念、彼等認此種攻襲、顯然與日本關心於非戰鬥員之安全及人權利財產之相保相提並論也、新聞記事報則代表自由黨之意見發言曰、「此種殘殺行為、實為近代史上不分皂白之屠戮之醜惡之榜樣、」該報復請閱者試觀下一頁半版之攝影、上有傷殘之小兒一人、臥於昇牀上、由童子軍為之包圍、並命讀者應各致書於其議院中之代議士、要求設法聯合各國制止此種慘無人道之轟炸、每日民聲報則代表工黨之意見、稱日本軍之襲擊南京與廣州、為野蠻種類不受文化民族之行為、倘各文明國家不由國聯之機構聯合起來、則今日南京之命運、明日將降臨我等各國之首都云、

## 巴黎

廿三日中央社哈瓦斯電、關於日本飛機轟炸南京事、法國左右兩派報紙均一致而以抨擊、巴黎人報載稱、「或謂攻擊對方平民使之氣餒而屈服、乃是一種作戰方式、欲達到目的、儘可支解嬰孩之肢體、摧毀無辜之家庭、醫院學校、亦不可任其倖免、又為軍事勝利軍隊光榮計、更須以轟炸手段摧毀平民、凡此雖非侵略者本意、究亦無可如何、其然豈其然乎、人道安在、此、夫復何言、」急進社會黨事業報載稱、「日內瓦方面聞悉日本飛機轟炸南京之後、即已為之震動、國聯會人士最有力之見解、乃各國若能協助中國戰勝侵略國、即對於和平事業有莫大貢獻、」右派斐伽羅報駐倫敦訪員宣佈、「英國輿論憤怒已達極點、英國政府亦以時局嚴重、已非提出抗議所可濟事、並未以新訓令授駐日大使克萊奇、英國政府或與美國會商之後、採取必要措置、用以保護南京僑民之安全及其利益云、

## 上海

英文大美晚報二十三日社論、題為「轟炸平民」、對日人殘酷行為嚴詞抨擊、爰將該文迻譯於後、「日本空軍轟炸南京廣州、此舉實與吾人所認為文化之行為、背道而馳、中國城郊屢遭空襲、無辜平民、死亡纍纍、觀於日本飛機在中國上海南京廣州等處之施虐、則今日非戰鬥員生命財產之被蹂躪、殆已認為軍事上之目標矣、姑不從人道主義之觀點上觀之、此種殘忍屠殺之策略、不特與事無補、且實際上所收之後果、決不能遂其所欲也、中國全國軍民、必將因此團結益固、日人此種手段、徒昂其心日細而已、總之、在任何環境下、敵人之企圖殘殺和平者、決難獲好果也」云

——摘自《时报》（上海），1937 年 9 月 24 日

## 廣州疊遭轟炸
# 死傷數千人
### 敵慘酷行爲外人均爲橋舌
### 昨日三次襲擊被擊落三架

◎廣州二十三日中央社路透電、日本空軍、於不使廣州民衆稍得喘息之時間中、復於今晨兩度來襲、第一次在晨四時、日機一架單獨來此擲五彈、當其來去之際、經過沙面、飛行極低、而於越過英國橋時爲甚、第二次來襲、爲八時三十分、有數彈落於城市之中、恐生命損失極大、此次來襲有重轟炸機十架、及若干較小之戰鬭機、其令人膽寒、實前此所未見、空中各方面均極度緊張、空中戰鬭及高射砲之射擊、在碧藍天空之中、蔚爲壯觀、再則來襲之機、以三架爲一小隊、大約以飛機場及政府機關爲目標、路透社記者今日親往各被轟炸之地點視察、見東郊外之東山貧民房屋有全街破碎無一完棟者、有數處死屍尚未移去、堆積地上、如吸蠅紙上之死蠅、殘肢腐骸已俱不可辨認、而婦女一面號泣、一面扒動死屍、以尋覓其親屬、並有千餘喪家之人、漫游街道、神經似均已錯亂、據記者之調查、死者或受傷殘者、當不下數千人、而確實數目、恐非數星期之內所能估計者、蓋今日轟炸之慘、實遠勝於上海八月十四日之事態也、外人觀察者、對於日本之目標、多茫然不解、內政府機關之房屋及軍事區域都無恙、而炸彈大多數悉墜落於貧民聚居之處、外人自沙面外視察者、目擊非戰鬭員被屠殺之慘、多橋舌不下、途中遇一男子、手持蘆蓆內貯不可辨認之殘骸一具、彼告記者「此余妻也」、記者所到之處、莫不哭聲震野、而如癡如狂之小兒、奔走呼號其父母、聞之尤令人慘切云、

◎廣州二十三日中央社電、二十三日上午〇時三十分起、迄七時五十分止、大隊敵機分三次來襲廣州、經我機及高射槍炮夾擊後、已擊落多架、現尋獲二架、敵在市區各地投彈數十枚、死傷無辜市民百餘人

◎香港二十三日電、二十三日晨零時至八時、敵機十餘架分三次輪襲、我機迎擊、戰甚烈、敵機向市中心各軍政機關投彈、多不命中、被我擊落三架、民衆死廿餘人、

——摘自《时报》（上海），1937 年 9 月 24 日

# CIVILIANS VICTIMS

## City in South China Main Target of Enlarged Tokyo Air Fleet

### NANKING IS NOT ATTACKED

### Bad Weather or Protests of Foreign Countries Believed to Have Saved Capital

### KIANGYIN FORTS BOMBED

### Yenchow and Tsining in South Shantung Are Damaged—Both Are Rail Centers

By The Associated Press.

SHANGHAI, Sept. 23.—Japan's air forces today carried their campaign of death and terror to a score or more cities throughout nearly all of Eastern China.

Canton, great metropolis of the south, suffered the most terrible punishment, with 2,000 dead or wounded in two days of heavy bombing.

Nanking, the capital, escaped after two raids yesterday, but numerous towns within a 200-mile radius felt the wrath of the Japanese bombers.

Whether rainy weather or the protests of the United States, Britain, France and Germany, against the Nanking bombardments kept the Japanese airmen away from the capital was uncertain. At any rate, Nanking went unbombed although reports that an enemy air armada of fifty-five planes had left the Shanghai region, flying west, kept the capital in acute tension for several hours.

That airfleet apparently spent most of its force against the Kiangyin forts on the Yangtze River about eighty miles east of Nanking, although fragmentary reports indicated several other towns in the lower Yangtze Valley were bombed.

**Civilians Are Main Victims**

American and other foreign observers told of harrowing scenes in Canton, where uncounted corpses littered the streets after a series of bombings which apparently surpassed in destructive effect anything either Nanking or Shanghai has felt.

Eyewitnesses said they were appalled by the extent of the slaughter. They told of seeing weeping women and children searching the ruins for lost relatives and of thousands roaming the streets bewildered or deranged by anguish and terror.

Nearly all victims were civilians, most of them refugees huddled in pitiful camps. Foreign observers said the bombers had not damaged a single government building or military establishment in Canton.

Japanese air squadrons invaded Southern Shantung Province, hitherto immune from their attacks, and bombed Yenchow and Tsining, important railway cities, with damaging effect. A lone raider dropped bombs on Tsinan, the provincial capital, wounding nine Chinese. Other raids were made on Hsuchow in northern Kiangsu Province, junction of the north-south Tientsin-Pukow Railway and the east-west Lunghai trunkline, and other nearby cities.

**Johnson Remains in Embassy**

United States Ambassador Nelson T. Johnson and his staff remained in the embassy at Nanking, to which they returned after Wednesday's air raids, ending a two-day sojourn aboard American gunboats on the Yangtze River.

The Ambassador said he was determined to remain in the capital and expressed confidence in the protection afforded by the bombproof shelter in the embassy garden.

"It held about 100 persons during Wednesday's raids," he commented, "and anyhow it seems as safe here as on the river, where the Japanese dropped bombs."

Mr. Johnson explained that his decision to evacuate the embassy and board the gunboat Luzon Monday—which caused much disappointment among Chinese leaders—as well as his decision to return here were entirely his own.

He said he acted under standing orders received some time ago from Washington to use his own discretion in safeguarding the lives of Americans in Nanking. He added

Continued on Page Ten

# 20 CITIES IN CHINA BOMBED FROM AIR

**Continued From Page One**

that he really never intended to abandon the capital altogether, but expected to maintain contact with it by telephone from Wuhu, thirty miles upstream.

"I expected to return to the capital whenever the military situation permitted," he said.

**Weather Aids Nanking**

Brief reports of the raids on the Kiangyin forts said the air bombers silenced one Chinese anti-aircraft battery and damaged a Chinese gunboat. What loss of life was inflicted was not stated. At least thirty planes took part in the attack.

Under a blanket of rain Nanking breathed easier, feeling that further Japanese air raids would be postponed until the weather cleared. The exodus of the fear-stricken populace from the capital slackened, but the streets were deserted, with the majority of stores locked and boarded in anticipation of more air attacks.

Thus far the Japanese airmen have failed to inflict serious damage on any government building or military establishment in the capital and no prominent Chinese has been harmed. All foreigners have escaped injury.

Two Japanese planes heavily bombed Pootung, just across the Whangpoo River from the Shanghai International Settlement, searching for hidden Chinese batteries.

**End of Hostilities Is Aim**

Wireless to THE NEW YORK TIMES.

SHANGHAI, Sept. 23.—An explanation was given in Japanese circles here today that the great fleets of Japanese planes that took off during the day "for bombing and other punitive operations throughout China" were sent with a view to bringing hostilities to an early conclusion, destroying the supply bases of the Chinese armies and convincing the Chinese Government that it must put an end to anti-Japanese policies.

Both navy and army planes participated in today's extensive raids but army and navy headquarters here profess that reports on the various flights have not yet been received. In many cases late starts were made because of inclement weather.

The Japanese Embassy here says that it lacks any intimation of Tokyo's reaction to American and other neutral protests against the bombing of Nanking. All official Japanese circles in Shanghai are smarting under the almost universal American and European condemnation of their policy of aerial frightfulness. Long cabled summaries of editorial comments in the world's leading newspapers were received at the Japanese Embassy here with a curious mingling of astonishment, bewilderment and indignation.

An official spokesman announced the formal launching of a joint Sino-Japanese peace preservation commission in the Peiping, Tientsin and Tatung areas, adding with a broad grin:

"The Chinese have been greatly worried by a similar local commission in the little village of Paoshan, near Shanghai. Now here is news about bigger and better puppet regimes for them to really worry about."

**Foreign Observers Appalled**

The havoc being wrought by Japanese airplanes and the increasing slaughtering of civilian men, women and children are having a sickening effect on foreign observers here, who already are appalled by the many inhumane features of this undeclared war.

Many Japanese civilians, while ardently on the defensive on general national policy, are appearing shamefaced and apologetic as the revolting details of the killing and maiming of thousands of noncombatants reach Shanghai from many cities, particularly Canton.

The bombing of the Jesuit mission and women's hospital at Sienhsien, Hopeh Province, which was hit by thirty missiles, is the latest ghastly attack upon an institution without military value or connections. The hospital and the bishop's home were both hit, but no casualties were reported among the excess of 100 American, Canadian and Hungarian priests and nuns.

Eighty-five Japanese planes raided eight Shantung cities and towns, including the birthplace of Confucius.

——摘自《纽约时报》（The New York Times），1937 年 9 月 24 日

# CHINESE IN A MOVE WEST OF SHANGHAI

## Provincial Troops, Replaced by Regulars at Front, Hurry to Kungshan, 35 Miles Away

## TOLL OF BOMBINGS SEEN

### Masses of Despondent Women and Children Huddle at Rail Station at Soochow

Wireless to THE NEW YORK TIMES.

SOOCHOW, China, Sept. 23.—Chinese troops west of Shanghai began some sort of movement in the rear of the fighting front last night, which continued until daylight this morning. Large forces hurried toward Kungshan, about thirty-five miles west of Shanghai. [Soochow is about forty-five miles west of Shanghai.]

Most of the troops appeared to be from Hunan and Kiangsi Provinces. Numerous officers, when questioned, professed to have no knowledge of the Shanghai areas and said they did not know which sector they had been holding. According to these officers, Central Government troops had replaced them in the front lines.

The movement continued for miles, the troops lining one side of the highway, carrying the wounded on stretchers and leading heavily packed horse trains. The soldiers had a single thought—to travel as fast and far as possible before daylight hours should find them on the open roadway of countryside, where they could be observed by Japanese airmen.

**Area Crawls With Troops**

The entire countryside between Shanghai and this old walled city appears to be literally crawling with Chinese troops. The country's vast flat delta land is crossed by numerous canals and covered with innumerable rice paddies. There are few roads.

Virtually the entire farmer population of this region has left, and every small station along the railway holds a huddled mass of despondent women and children who have nowhere to go. The streets for blocks around the Soochow station are filled with similar masses of miserable humanity.

These huddled masses present an excellent target for Japanese airmen, who seem always to choose railway stations as bombing targets. Soochow has escaped serious damage thus far, although a bombing three days ago caused many civilian casualties, and bodies still remain strewn about the demolished railway station platform.

The Shanghai-Soochow highway sustains considerable traffic at night, but there is little traveling on this road during daylight. Japanese planes keep a careful watch on all traffic and repeatedly bomb and strafe the road, making necessary the employment of large numbers of Chinese coolies to keep the highway repaired.

Nanking maintains secret field headquarters in the vicinity of this city. It is believed General Feng Yu-hsiang, China's famous Christian general, and General Pai Chung-hsi, noted Kwangsi warlord and military strategist, are both here.

The spy scare among Chinese makes unrestricted traveling impossible in these areas, but the soldiers are extremely courteous to the few traveling foreigners. It has been impossible to obtain an interview with a single high officer, as the only guide authorized to act for the Nanking military headquarters has been forced to make a hurried return to the capital.

The junior officers, mainly provincial soldiers, seem satisfied with the results of the war in this area, although they shake their heads dubiously over the losses suffered by the Chinese air fleet.

**Report Killing of 300 of Foe**

SHANGHAI, Sept. 23 (AP)—The Chinese claimed to have surrounded and killed all but one of 300 Japanese in the vicinity of Lotien, Yangtse delta center of China's "impregnable" fortifications. Japanese, the Chinese said, continued to attack Lotien, which is fifteen miles northwest of Shanghai.

The Japanese admitted they were facing increasing difficulties on that front, as continued bad rains made quagmires of the roads and immobilized their mechanized power.

Escorted by the United States destroyer Stewart, the British steamer Hsinpeking left Ningpo with 115 American war refugees bound for Shanghai. In the group were fifty women and fifty-seven children from Hangchow, capital of Chekiang Province, and Mokanshan and other Summer resorts in that Province.

——摘自《纽约时报》（The New York Times），1937 年 9 月 24 日

# 漢口貧民窟

# 儼然修羅場

## 死孩滿車驚人心魄

## 斷腿殘肢慘不忍覩

【漢口廿五日中央社路透電】路透記者昨晚於日機施虐將漢口貧民窟區域炸爲瓦礫場後特往災區視察，映入眼簾者，盡爲極慘景象。五井廟（譯音）區各街，寬僅六呎，兩旁俱爲貧民住宅，今則

### 悉成瓦礫

居於此者與行於道者，皆葬身其中，殘缺肢體，遍處皆是。救護隊正從事收集而堆置之，其尤慘者，破壁殘垣，常掛着一臂一腿，見者輒爲之心悸。記者立於路隅，約十分鐘之久，見受重傷而由人抬過者，有一百二十餘起，其中有作淒楚呻吟聲者，亦有氣息已斷者，其最令人見之

### 驚心動魄

傷感不已者，爲滿載傷亡嬰兒之救護車，災區遍地死者與未死者混合，多數傷者裸體無衣，血從創處流出。幼孩死屍，似較成人爲多，殆日機肆虐時，幼孩大都在戶內也。警察學生與商團，在極艱苦狀況下，努力工作，從瓦礫堆中掘取傷者，遇有死骸，輒移去之，許多學生夜深猶未捨其悽慘工作，雖呈疲乏之象，迄未稍息。市長等要人，親自到場，指揮救護事宜，

### 秩序井然

電線走火，施救較感困難，醫士與救護員雖工作不停，然人數甚少？此亦一大缺憾。五井廟原有居民一萬人，附近若干哩內，未有軍隊，而顯爲日機轟炸目標之兵工廠則至少在四哩以外，除漢口外，

### 漢陽武昌

亦遭襲擊，漢陽落一炸彈，適擊中一難民收容所，炸死六十人，傷多人，漢口教會醫院內有受傷者數百人，亦幾爲炸彈所毀。

——摘自《神州日报》（上海），1937年9月25日

# 滅絕人道暴行無已！

# 敵機五次轟首都

## 前後共九十六架擲彈二百餘枚

## 被我擊落五架敵隊長斃命

【南京廿五日中央社電】敵機九十六架，廿五日上午九時半至下午四時半，分五次襲擊南京，第一次來三十一架，第二次來三十二架，第三次來六架，第四次來十二架，第五次來十五架，均僅有一小部分竄入京市上空。當第一次來襲時，我空軍當即出動迎擊，京郊發生激烈空戰，敵機雖大半被擊潰退，仍有十餘架竄入市空，我各方高射槍炮，一齊向敵機猛擊，敵機仍冒險在各處投彈，並用機槍向下掃射，一時爆炸聲與槍炮聲轟然並發，震撼全市，下關電廠被炸機器略有損傷，至十時半始解除警報。

敵機昨日飛京肆虐，被我擊落五架，據同盟社發表，被我擊斃者有一人為敵機隊長名坂本。

——摘自《神州日报》（上海），1937年9月25日

# 敵機昨飛武漢肆虐

## 死傷民衆達數百人

### 我擊毀一敵機落於葛店

### 廣州南昌瓊崖亦被投彈

【南昌二十四日下午十一時發專電】敵機十三架二十四日下午三時由合經贛東北侵鄂，下午五時後折回贛北各地窺伺，旋贛閩邊境又發現敵機十五架，亦向贛北飛來，下午六時一刻，其中十二架進擾南昌，我高射砲向之轟擊，敵乃高飛四千公尺，于市區東北角及東南郊投彈數枚，逸去，死無辜市民五人，傷二十餘人。

【香港二十四日下午十時發專電】敵機八架二十四日晨四時十分又襲廣州，我高射砲隊及空軍夾擊，敵機三架先受傷逃去，餘五架與我交戰，未幾兩架衝入市內，投下五彈，多中空地。

【中央社廣州二十四日電】今日下午三時五十分敵機三架，繞道崖門襲廣州，我空軍曾在江門附近上空截擊，但敵機且戰且竄，闖入市空，向中山紀念堂投彈，當炸穿一洞，並在附近落彈數枚，炸毀民房兩間，死傷市民十餘名，旋在市東北兩郊投彈三枚，亦毀房屋數間，死傷農民十餘名，至五時始去。

【中央社廣州二十四日電】交通界息，二十四日下午一時四十五分有敵機數架轟炸瓊崖，現正與我空軍激戰中。

【本報專訪】敵機十三架昨日下午四時五十分經廣德襲擊武漢三鎮，此間防空司令部據報，當即發出空襲警報，笛聲鳴時，各通衢闤市即禁絕行人，嚴行戒備，各區警察及防護團均分別出動，各盡職守，於鎮靜中應付敵機之來臨，我空軍亦於警笛聲中騰空，敵機五時許到達，一時我陸上及海軍兵艦上各高射槍砲齊向敵機射擊，同時我空軍亦奮勇截擊，敵機見我有備，當於倉惶中在武漢三鎮分投一二彈十餘彈不等，即行遁去，我方除震倒平民房屋數百間，死傷貧民數百外，其他重要處所，並無絲毫損害，敵機有數架被我擊傷，並有一架擊落於葛店，刻正派員查察中，至五時四十五分警報解除，一切恢復原狀，聞敵機飛返時，曾在南昌投彈三十餘枚，亦無重大損失，茲分誌詳情如次。

### 漢口方面

漢口方面，敵機在二區內共投彈三枚，一落興隆巷，一落黃蕉巷，一落竹排巷，其中以竹排巷一處轟炸面積最大，二十餘棟房屋均被炸毀，該處附近電線因被炸斷，致電火四射，一部房屋遂起火燃燒，幸消防隊警察及義勇隊奮力救撲力，不久火即熄滅，三處合計被炸毀房屋八十餘棟，當敵機來襲時，人民多被流彈傷殘拾傷，此外被倒塌房屋壓斃受傷者亦不少，至晚十時許，該三處掘出之受傷者約百五十餘人，重傷者三四十人，死亡者十餘人，當炸彈爆炸時，四週皆爲炸耗之濃烟所籠罩，同時該地軍警義勇隊冒險進行救護工作，繼後紅十字會、紅卍字會各區救護團、醫師公會等亦携担架等進行救護，受傷者呻吟于黑暗之斷壁頹垣中，倖免於難者，投身炸燼之家中，號哭其親屬，情狀慘痛，受傷者當晚已用担架分送至市立醫院、普愛醫院及附近醫院救治，形狀至慘，重傷者，渾身血跡，或頭顱破碎，或腸流腹外，或則足折臂斷，令人目不忍覩：有一小孩兩足均被炸去，僅存半身，更有數小孩，多僅及週歲，亦被炸傷甚重，在醫院中尚無人認領，普愛醫院中醫生看護士咸手持爉燭，爲受傷者裹傷，醫師公會亦同時在該處協助診治重傷。又昨日事後，市長吳國楨，警察局長陳希曾，市商會主席黃文植，醫師公會李鑾五等均赴該處指揮救護及維持治安工作，由普愛醫院至怡心茶樓一帶，迄晚猶禁車輛通行，迄十時許担架隊在災場中仍繼續工作中，避難民衆，大部爲苦力或小攤販，現無家歸之難民，至少在千人以上，甚望武漢各界迅于設法救濟云。

## 漢陽方面

敵機襲擊漢陽，投彈數目較多，記者於空襲警報解除後，自武昌渡江買車至集家嘴搭划子往漢陽，是時划船至爲擁擠，幾全數爲遞送受傷平民至漢口之用，受傷者或已斷臂折腿，或因房屋震塌埋於泥水之中，血泥污及全身，呻吟之聲不絕，厥狀至慘，記者自碼頭入正街，道路淤水尚未盡退，架木板杉木爲小橋，左曲右折，長短啣接，步履維艱，然救護人員則在泥水中往來奔馳，奮勇工作，頗堪欽佩，行十五分鐘，至省會公安局第十分局，門內滿集已救出之傷民，有老翁，有幼童，有少婦，傷勢雖輕重不等，而其自身所感受之痛苦，幾均相同，呻吟之聲達於戶外，慘不忍聞，有老婦至局所內尋兒覓女者，有少婦至局內探視其夫者，面部慘痛陰鬱之表情，幾筆難形容，敵機在漢陽所投之彈，大部均落於第十區公安分局界內，計彈家巷、品字街、品字橫街、段家巷等處均落彈，居民除被敵彈炸傷外，更因漢陽房屋浸於水中者多日，經敵彈震動，房屋倒塌者甚多，因而居民被碾傷亡者亦衆，某工廠德鄰里興仁里之工人住宅亦中敵彈，損失不重，雙街原設第五避難所一處，於敵機來時，居民多入避於所中，而該處適中一彈，無辜傷亡竟達五十餘人，洋油街東西菜場落一燒夷彈，正燃燒時，經該區分局長徐棟承率警努力撲滅，未釀巨災，亦云幸矣，其他第十一區公安分局界內亦遭敵投彈，均幸落於江中，絲毫未受損失，漢陽居民傷亡較重，於敵機濫炸後，第一，二，五，九，十各區防護團當即出發救護，同時漢口武昌省立醫院醫師公會紅十字會等團體亦趕至漢陽參加救護，傷民抬出後，即送往十區公安分局加以緊急治療消毒等手續，然後再送往各醫院，至晚八時半止，由十分局送往醫院之受傷者已達一百餘人，仍繼續努力救護中，估計漢陽一處房屋被燬三百餘間，傷亡民衆共達三百餘人，記者於歸程中，覩多數棺木抬往敵炸區域，收殮死者，更在雙街目覩此一帶舊式民房被炸被震而燬，無辜民衆慘遭屠戮，情況之慘，千古未聞，更有一屋內兩幼童及一三十餘歲壯男由屋內爬出，據彼哭訴，彼一家大小十三口，其餘生死尚難預料，敵機來漢炸時，漢陽電話電報一度不通，旋即修復，警察因維護治安，亦有數人受傷，已送醫院內救治云。

## 武昌方面

昨日下午日敵機在武漢投彈，擲於武昌者僅有一枚，落於胭脂山高家巷英國教會所主辦之文學中學操場內。因操場雨後泥濘，土質鬆軟，彈落泥中，並未爆炸，敵機到時，全校教職員學生時正在樓下食堂晚餐，均未受若何損害，惟敵機在該上空掃射時有該校三樓病室養病學生程超中彈，身死，另一學生受傷，其他並未有絲毫損害，又中華大學旗桿被日機掃射折斷，武昌於空襲警報解除後，當即恢復原狀，該市各醫院及慈善團體因漢陽漢口傷亡貧民較多，遂紛紛渡江施行救護工作云。

——摘自《大公报》（汉口），1937年9月25日

## 蔑視人道暴行未已

# 敵機昨空襲武漢

### 轟炸貧民區域死傷盈千

### 武昌天主教中學亦中彈

**本報漢口廿四日急電** 敵機十三架、廿四日下午四時許空襲武漢、我高射砲齊發、敵機愴惶在漢口漢陽及沿襄河兩岸投彈十數枚、震倒貧民房數十間、死傷數十人、至五時許、向東逃去、我空追擊、聞葛店擊落敵機一架、

中央漢口二十四日電 廿四日午後四時二十分．敵機十三架由九江向武漢飛行、防空部接報、即先後發出空襲及緊急警報．嚴行戒備、我空軍亦按時出動、敵機於四時五十分到達武漢上空、我地上及海軍兵艦各高射槍砲、均向敵機射擊、我空軍亦奮勇截擊於空中、敵見我有備、即倉皇在漢口漢陽沿襄河兩岸投下十餘彈、震倒貧民房屋十餘間、壓傷平民數十人、即於五時向東沿原路逃去、其他毫無損傷、聞有敵機一架、被我擊落在葛店附近、現在派員查察中、

中央漢口念四日路透電 今日下午日飛機襲擊．死傷最多之處、乃在漢口貧民聚居之五井廟（譯音）、該處附近並無軍事機關．落於漢陽之四彈、恐亦死傷甚多、聞武昌天主教中學之天井中．亦落下兩炸彈、惟僅死中國學生一人、炸彈落處、火焰四起．直至深夜、猶焚燒甚烈．警察與商團團員營救傷者、移運死者、至夜未已、至於死傷實數、一時無從查明．恐明日所知之數、未必少於南京廣州兩處也、現悉者死二百餘人、傷約五百人、

中央南京路透念四日電 據漢口電話、日機十三架來自南方．八架來自北方、於午後四時半襲攻漢口、漢陽、武昌三處．死傷至少八百人、

中央漢口路透念四日電 漢口今日受敵機之襲擊、時爲午後四時五十分、日轟炸機六架、與驅逐機三架、出現於此間天空．擲落炸彈九枚、其中三枚落于此間人烟稠密之城中

、四枚落於漢河對岸、兩枚落於江中、距英砲艦阿菲斯號停泊處不足二百碼、現估計至少死一百人、傷二百人、皆係窮苦平民、外僑無受傷者、漢口方面毀屋八十所、他處損失現尚未悉、日機顯以漢陽兵工廠爲目的物、惟據可恃方面消息、軍事機關無被擊中者、警察局長指揮救護工作、並安慰居民、甚著勤勞、武漢大學生亦努力襄助當局救護傷民、被災區域景象極慘、妻哭其夫、子哭其親、加以傷者呻吟、一片悲聲、慘不忍聞、

——摘自《时事新报》（上海），1937 年 9 月 25 日

# 敵機又飛廣州投彈

中央廣州念四日電　念四日上午四時、敵機兩架竄入廣州市空、向我西北兩方投十餘彈而去、燬民房數所、死傷平民數十名、

中央廣州念四日電　自念一日迄念四日、敵機日夜來襲廣州、不下十餘次、每次侵擾二小時至五小時不等、尤以夜襲爲甚、前後共投彈百餘枚、無辜平民死傷達數百、因日夜有警報、無從確計、重傷者多不救、死者肢體不全、生者亦鱗傷遍體、慘狀令人不忍目覩、甚至與軍事毫無關係之中山紀念堂、亦三次遭炸、落彈三枚、四階均炸有巨洞、屋頂亦落一彈、大堂內坐椅燬數十、其居心何在、令人莫測、

中央廣州二十四日電　廿四日上午三時五十分、敵機三架繞道厓門襲廣州、我空軍曾在江門附近上空截擊、但敵機且戰且竄、闖入市空、向中山紀念堂投彈、當炸穿一洞、及在附近落彈數枚、炸燬民房兩間、死傷市民十餘名、旋在市東北兩郊投彈三枚、亦燬房屋數間、死傷農民十餘名、至五時始去、

中央廣州廿四日電　交通界息、廿四日下午一時四十五分、有敵機數架轟炸瓊崖、現正與我空軍激戰中、

——摘自《时事新报》（上海），1937 年 9 月 25 日

# 大批敵機昨襲南昌

中央南昌二十四日電 二十四日下午三時、贛閩邊境發現敵機十三架、由東南向西北方飛來、我防空部據報後、立卽發出警報、三時許、敵機經贛東各縣、至四時向贛北侵入鄂境、五時餘敵機由鄂回贛、正在贛北各縣上空盤旋間、贛閩邊境又發現第二批敵機十五架、仍由東南向西北方飛來、至六時、與第一批敵機在贛東北方會合、六時三十分敵轟炸機十二架驅逐機十數架、襲進本市上空、經我高射砲隊猛烈射擊、敵機一架受傷、餘機見勢不佳、乃高飛五千公尺以上、在市東北角及郊外投彈多枚、死傷平民十餘人、燬屋數幢、旋卽向東南方飛去、餘機亦同時往向贛閩邊境而去、至七時解除警報、

——摘自《时事新报》（上海），1937年9月25日

# 敵機又襲廣州墳崖 肆意轟炸武漢滄州

## 南昌亦遭成隊敵機襲擊

## 武漢死傷平民逾五百人

（中央二十四日廣州電）曾養甫市長今日電顧代表維鈞、詳述數日來敵機不分晝夜轟炸廣州慘殺市民之實情、請向各會員國代表公布、

### 轟炸武漢

（本報二十四日漢口急電）敵機十三架、二十四日下午四時、由九江襲漢領空、我空軍即起飛應戰、海陸軍齊發高射砲、敵見我戒備嚴密、即沿襄河兩岸漢陽漢口投十餘彈、震倒貧民房屋數十間、死民人數十人、五時敵機向東來原路遁走、據聞在葛店附近、覩我擊落一架、刻正搜查中、事後查得漢市武聖廟泉隆巷河邊漢陽高公橋修德堂前等三處、各中一彈、延燒民房數十棟、傷四五百、死者確數未詳、約二百人、多係貧民、餘彈均落江中、

（本報二十四日漢口急電）敵機在武昌亦投數彈、無損失、博文中學學生被機槍掃射、一死一傷、

（中央二十四日漢口電）二十四日午後四時二十分、敵機十三架、由九江向武漢飛行、防空部接報、即先後發出空襲及緊急警報、嚴行戒備、我空軍亦按時出動、敵機於四時五十分到達武漢上空、我地上及海軍兵艦各高射槍砲、均向敵機射擊、我空軍亦奮勇截擊於空中、敵見我有備、即倉皇在漢口漢陽沿襄河兩岸下十餘彈、震倒貧民房屋十餘間、壓傷平民數十人、即於五時向東沿原路逃去、其他毫無損傷、聞有敵機一架、被我擊落在葛店附近、現在派員查察中、

（中央二十四日漢口電）敵機十餘架、二十四日下午四時許、來襲武漢、經我空軍截擊于葛店附近、發生激戰、旋有敵機數架、乘機侵入武漢上空、飛行高度約在三千尺左右、我空軍及高射部隊、當即猛烈對準射擊、敵機倉皇于襄河兩岸投彈後遁去、記者目覩各被炸處情狀至慘、三鎮死傷平民約在五百人以上、被毀平民居室約七百間、防護團正在分途工作、若干受傷民衆、陸續舁入附近之普愛醫院內施救、武昌文學中學操場中央落一燒夷彈、無損失、學生程超、在三樓病室養病、腦部中敵機關槍彈殞命、

（中央二十四日漢口電）二十四日敵機在武漢擲彈、所炸死者、均係平民、事後調查、普愛醫院內至下午七時左右、已收容輕重傷者約百五十人、舁往市立醫院或其他醫院救治者亦有多人、其重傷者渾身血污、或則腸流腹外、或則頭顱破碎、或則臂折足斷、令人目不忍覩、有幼童一人、雙足均被炸去、僅存半截身體、又有苦力一人、渾身均成烏黑色、係爲烈火灼傷者、被炸處附近商店住戶、約三十家、已成一片瓦礫、至於死亡人數、截至晚間、發現者僅屍體數具、大部屍體尚在瓦礫之中、念五日即可查明、各處遭難民衆、大都爲苦力或小攤販、現無家可歸之難民、至少千五百人以上、各界正設法救濟中、

### 再擾廣州

（本報二十四日廣州電）敵機八架、二十四日晨進犯廣州、投彈五枚、我無損失、傳我機一隊、昨由某處出動、轟炸敵航空母艦、敵機十餘架被炸毀、又敵砲艦二十一日夜曾砲轟海南島海口、

（中央二十四日廣州電）二十四日上午三時五十分、敵機三架、繞道虎門襲廣州、我空軍曾在江門附

近上空截擊、但敵機且戰且竄、闖入市空、向中山紀念堂投彈、當炸穿一洞、及在附近落彈數枚、炸燬民房兩間、死傷市民十餘名、旋在市東北兩郊投彈三枚、亦燬房屋數間、死傷農民十餘名、至五時始去、

（中央二十四日廣州電）二十三日下午八時許、敵機一架、偷襲廣州、當飛至虎門上空、被我機截擊、不支敗退、至十二時三十分、敵機三架、繞道崖門上空、再圖襲廣州、飛至江門附近、被我軍截擊潰退、

（中央二十四日廣州電）自二十一日迄二十四日、敵機日夜來襲廣州、不下二十餘次、每次侵擾二至五小時不等、尤以夜襲爲甚、前後共投彈百餘枚、平民死傷達數百、因日夜有警報、無從確計、重傷者多不救、死者肢體不全、生者亦驚傷過甚、慘狀令人不忍目覩、甚至與軍事毫無關係之中山紀念堂、亦三次遭炸、落彈五枚、四階均炸有巨洞、屋頂亦落一彈、大堂內桌椅燬數十、其居心何在、令人莫測、

（中央二十四日廣州電）曾養甫今語中央社記者稱、敵機連日襲廣州、不下二十次、投彈百餘枚、太半擲向我民房、店舖、名勝建築物、中山紀念堂亦被炸、我市民死百餘人、傷二百餘、塌屋數十間、按諸日方官稱「不毀我非武裝國民」、實言行不顧、曾氏並謂日軍此種暴行、我全國同胞必更堅强與敵偕亡之決心、齊一步驟、誓死抗戰、曾氏末謂日來世界輿論、無不痛憤日軍野蠻殘暴、爲之髮指云、

（路透二十三日倫敦電）今晚倫敦各報登載目覩今日廣州被日機轟炸者所發之報告、以大字標題、大書「從來未有最可怖之天空襲擊」、「平民驚極狂奔」、「死屍遍街」、「死於最兇狠天空襲擊者數千人」、「日機掃射平民」、「廣州空襲之浩刼」、及「日本摧毀廣州」等字樣、各報所接來電、皆謂非戰鬥員死傷奇重之數字、係私人所估計、但未能證實、並謂日機並未轟中軍事目的物云、

## 襲擊瓊崖

（中央二十四日廣州電）交通界息、二十四日下午一時四十五分、有敵機數架、轟炸瓊崖、現正與我空軍激戰中、

## 飛犯南昌

（中央二十四日南昌電）二十四日下午三時、贛閩邊境發現敵機十三架、由東南向西北方飛來、我防空部據報後、立即發出警報、三時許、敵機經贛東各縣、至四時向贛北侵入鄂境、五時餘敵機由鄂回贛、正在贛北各縣上空盤旋間、贛閩邊境又發現第二批敵機十五架、仍由東南向西北方飛來、至六時與第一批敵機在贛東北方會合、六時三十分、敵轟炸機十二架、驅逐機十數架、襲進本市上空、經我高射砲隊猛烈射擊、敵機一架受傷、餘機見勢不佳、乃高飛五千公尺以上、在市東北角及郊外投彈多枚、死係平民十餘人、燬屋數幢、旋即向東南方飛去、餘機亦同時經向贛閩邊境而去、至七時解除警報、

## 竄擾兗滄

（本報二十四日濟南電）二十四日晨前方炮戰甚烈、我佔優勢、敵機四架飛滄縣車站東關投彈七八枚、又五架由滄飛磚河、復折回滄縣轟炸、

（本報二十三日徐州電）（遲到）據兗州電話、敵機十一架、於二十二日下午三時許飛兗州空襲、投彈十餘枚、車站略有損毀、我擊落敵機一架、機師三名、一被擊斃、二遭生擒、

（本報二十四日濟南電）二十四日晨、敵機三架、飛襲滄州、轟炸兩次、我無損失、

## 擊落敵機

（中央二十四日南京電）本月十九日上午十時、大隊敵機襲我首都時、在江甯縣屬第一區、被我擊落一架、已誌前訊、茲再探悉詳情如下、該敵機番號爲「愛知第二十三號」、係九六式艦上輕轟炸機、機身前部及二翼全燬、僅存殘餘機頭及後部、傾斜於該區古泪鄉第二保民田內、機內乘員二名、一名宮川一空曹已被壓斃、一名川口茂彥第七分隊長、身受重傷、即送醫院診治、中途因傷重斃命、隨即攝影、所有機內機槍子彈及零件頗多、並于屍軍衣內、搜出圖表數件、屍身已飭鄉丁掩埋、樹誌標識、以作抗倭紀念、

——摘自《东南日报》（杭州），1937年9月25日

## 多行不義必自斃

# 全世界反對敵機轟炸

## 日機轟炸南京廣州乃野蠻之尤

## 惟以有效行動制止日此種暴舉

敵人近因淞滬戰事失敗。惱羞成怒。乃以飛機。向我內地。大肆轟炸。致各地無辜平民。被其殘殺者甚多。殘酷卑劣。實爲人類蟊賊。世界各國人士。爲維持人道及國際公法計。乃一致對其加以抨擊。雖云空言。似無補實際。然千夫所指。無病而死。道德制裁。實亦爲實現有效制裁之先聲。爰將各國報紙對於敵機。任意轟炸我京粵各地之言論。彙誌於次。一以彰公理自在人心。一以見敵人多行不義之益陷於孤立矣。

## 此種暴行實違反公約
## 是而可忍孰不可忍

### 美國哥倫比亞校長痛斥日本

中央社上海二十四日電。紐約二十二日合衆社電。哥倫比亞大學。今日行開課禮時。校長白脫勃博士致辭。對於世界現狀。有極動人之演說。略謂今日世界之危機。實爲人類一千年以來所未有的。氏續謂就各獨裁政治之侵略性而觀。蘇聯獨裁統治之危險性。實遠不足道。獨裁者之野心。無非在擴張其效力於他國人民之境域。自由國家之人民。對於此種無饜之要求。自須予以嚴正之拒絕。除此而外。絕無可以終止暴行之道。於此而更言中立。則無異不道德。民主國家之敵人非他。即爲各黷武國家。氏又以田中奏議。爲害甚巨。以爲日本之目的。不僅在征服中國。且有征服亞洲以及其他國家之野心。更有與美國開戰之可能。故今茲日在華之軍事行動。正乃蔣委員長所謂出於日本之預定計劃。白氏末謂。日本此種暴行。顯與九國公約。巴黎非戰公約。大相逕庭者。此而可以容忍。則孰不可以容忍哉。

# 日用此方法壓迫華人 傲慢狂妄實令人憤惡

## 英倫泰晤士報指摘日軍暴行

中央社倫敦二十三日路透電。泰晤士報二十三日刊論。日本對擊傷許閣森大使事件之復文。而及於中國近事稱。日本之正式復文。較之上次復文。已大爲滿意。但日外部發言人。既稱不攻擊非戰門員。及不侵及外人之利權。則今日對於南京之廣泛範圍。施以無人道之轟炸。將作何解。該報稱。此種轟炸。已引起各國之憤怒與厭惡。而英國輿論。對日本以此種奇怪方法。強迫華人。因之表示屈服。尤爲髮指。一般人感覺倘使中國有力。能作空襲之報復者。日人必不敢出此。而日人竟如此傲慢狂妄。實令人憤惡。該報繼謂。中國在此不宜之戰爭中。迄今尚無崩潰之現象。中國之抗戰。恐將逼迫日本軍部。使再更改其戰事之預算。而益使中國民衆。團結一致。如中共黨之歸順中央。即足表示日本軍人之政策。在已往三年中。已成新中國多年來所未能完成之全國一統云。該報末謂。日本目前或當不願聽候調停。但在將來中立國家之利益。在中國受有影響者。勢將出而斡旋和平云。

# 此種可恥的殺人行爲 世界各國應加以譴責

## 英自由黨明星報之嚴峻論評

中央社。倫敦二十三日哈瓦斯電。關於日機轟炸南京廣州事。英國輿論。一致表示憤激。即平時親日人士亦然。晚報亦然。該報素以親日著名。頃載稱日本欲保全榮譽。達到軍事上之目的。則除以濫用轟炸之結果。昭示西方各國外。當另有其道在焉。日政府若能加以考慮則善矣。自由黨明星報論調。尤爲嚴峻。略謂。吾人所習見之日人獰笑。實僅死神之假面具而已。彼日機轟炸南京廣州之行爲。實乃對蠻之尤。世界各國。茲當同聲予以唾棄。抑吾人能否制止此種獸行。姑置不論。但爲人類正義計。不得不譴責日本。並望他日世人。均斥之爲可恥的殺人行爲也云。

## 會同各國以有效行動 制止皂白不分的轟炸

### 英新聞紀事報發表嚴正主張

中央社。倫敦二十三日。哈瓦斯電。英國各報。對日機大肆轟炸南京事。均表示憤慨。保守黨各報。並謂日本竟以此種方式。強使中國表示誠意。安可容忍。工黨每日民聲報稱。吾人對中國。除表同情外。並當進一步。以持久的忍耐心與熱忱。加强國聯力量。俾克及時挽救世界和平。自由黨新聞紀事報。登一被炸傷之中國幼孩照片。並加按語云。君其漠然無動於中歟。抑以中國遼遠。儘可置之不顧歟。英人目覩此種可慘照片後。若爲之驚駭。則應立即要求英政府。會同各國。出以有效的行動。以制止此種皂白不分的轟炸行爲。以免延誤事機云。

## 德義均反對日機轟炸 並保留損害賠償要求

中央社。東京二十四日電。日外務省發言人。二十四日午。接見各國記者。經種種質問後。關於轟炸南京問題。始知二十日德駐日參事官訪東鄉歐亞局長。二十一日義蘇兩國駐滬總領事。訪日總領岡本。皆表示反對轟炸意思。並保留損害賠償要求權。該發言人。謂日對美國務卿赫爾書面抗議。週內可答復。發言人又朗讀聲明大意。謂日政府已再嚴重訓令前線轟炸南京。僅限於中國軍事根據。免傷害非戰鬥員。及關係國權益。（各國記者問）。是否新訓令。（答）。二十日以後所發者。（問）。日對召集九國公約會議。意見如何。（答）。現不能言。（問）。日參加二十三國中日問題諮詢委員會否。（答）。日改定政策。關於政治問題。不與國聯合作。且認中日問題。由兩國解決。免增糾紛云。

## 英報大登廣州慘狀促起注意

中央社。倫敦二十三日路透電。今晚倫敦各報。登載目睹今日廣州。被日機轟炸者所發之報告。以大字標題大書（從來未有最可怖之天空襲擊）。（平民駭極狂奔）。（死屍遍街）。（死於最兇狠天空襲擊者數千人）。（日機掃射平民）。（廣州空襲之浩劫）。及（日本摧毀廣州）等子樣。各報所接來電。皆謂非戰鬥員。死傷奇重之數字。係私人所估計者。斷非一時所能證實。並謂日機並未擊中軍事目的物云。

# 日飛機轟炸南京廣州 實違國際法及其諾言

## 法國時報對日暴行表示憤慨

中央社巴黎二十三日哈瓦斯電。時報評論。日機轟炸南京廣州事云。人類所發明用以摧毀一切之最可怖武器。現已在遠東方面。開始應用。彼日本飛機轟炸南京廣州之舉。不但違反國際法。抑亦違反日政府所明白提供之諾言。且中日兩國。並未正式宣戰。中政府亦並無與日絕交之意。而日機仍肆轟炸。此實國際輿論所大惑不解者也。

——摘自《湖南国民日报》，1937年9月25日

# 廣州再被轟炸

# 漢口南昌遭空襲

## 我空軍迎戰擊落敵機一架

## 窮苦平民死傷至少八百人

◎漢口廿四日中央社電、廿四日午後四時廿分、敵機十三架由九江向武漢飛行、防空部接報、即先後發出空襲及緊急警報、嚴行戒備、我空軍亦按時出動、敵機於四時五十分到達武漢上空、我地上及海軍兵艦各高射鎗砲、均向敵機射擊、我空軍亦奮勇截擊於空中、敵見我有備、即倉皇在漢口漢陽沿襄河兩岸投下十餘彈、震倒貧民房屋十餘間、壓傷平民數十人、即於五時向東沿原路逃去、其他毫無損傷、聞有敵機一架、被我擊落在葛店附近、現在派員查察中、

◎漢口二十四日電、敵機十三架二十四日猛襲漢、與我空戰、敵機沿襄河兩岸投彈十餘枚、傷貧民數十、倒屋數十間、乾隆巷及漢陽有數處民房起火、空戰時我擊中敵機一架、飛至葛店墮燬、

## 江中英艦

### 機被命中

◎漢口廿四日中央社路透電、漢口今日受敵機之襲擊、時爲午後四時五十分、日轟炸機六架與驅逐機三架、出現於此間天空、擲落炸彈九枚、其中三枚落於此間人煙稠密之城中、四枚落於漢河對岸、兩枚落於江中、距英砲艦阿菲斯號停泊處不足二百碼、現估計至少死一百人、[illegible]

## 教會中學
### 亦中兩彈

◎漢口念四日中央社路透電、今日下午日飛機襲擊、死傷最多之處、乃在漢口貧民聚居之五井廟、（譯音）該處附近並無軍事機關、落於漢陽之四彈、恐亦死傷甚多、聞武昌天主教中學之天井中、亦落下兩炸彈、惟僅死倚窗觀飛機襲擊之中國學生一人、炸彈落處、火焰四起、直至深夜、猶焚燒甚烈、警察與商團團員營救傷者、移運死者、至夜未已、至于死傷實數、一時無從查明、恐明日所知之數、未必少於南京廣州兩處也、現悉者死二百餘人、傷約五百人、外僑無受傷者、漢口方面毀屋八十所、他處損失現尚未悉、日機顯以漢陽兵工廠爲目的物、惟據可恃方面消息、軍事機關無被擊中者、警察局長指揮救護工作、並安慰居民、甚著勤勞、武漢大學生亦努力襄助當局救護傷民、被災區域景象極慘、妻哭其夫、子哭其親、加以傷者呻吟、一片悲聲、慘不忍聞、

◎南京廿四日中央社路透電、據漢口電話、日機十三架來自南方、八架來自北方、於午後四時半襲攻漢口・漢陽・武昌三處、死傷至少八百人、

——摘自《时报》（上海），1937 年 9 月 25 日

# 倭寇飛機 昨晨又襲廣州市

## 投炸彈十餘枚燬房數所死者數人

中央社廣州二十四日電。二十四日上午四時。敵機兩架侵入廣州市空。向城西北兩方投十餘彈而去。燬民房數所。死傷平民數十名。

### 英報大字標出前日廣州被炸慘狀

中央社倫敦二十三日路透電。今晚倫敦各報登載。目睹今日廣州被日機轟炸者所發之報告以大字標題。大書「從來未有最可怖之天空襲擊」「平民駭極狂奔」「死屍遍街」「死於最兇猛天空襲擊者數千人」「日機掃射平民」「廣州空襲之浪刦」及「日本摧毀廣州」等字樣。各報所接來電皆謂非戰鬥員死傷奇重之數字。係私人所估計者。斷非一時所能稽實。並謂日機並未擊中軍事目的物云。

中央社廣州二十四日電。二十三日下午八時許敵機一架擬襲廣州。當飛至虎門上空。被我追擊。不支敗退。至十二時三十分。敵機三架繞道崖門上空。再圖襲廣州。飛至江門附近。被我軍截擊潰退。

### 四日來情形

中央社廣州二十四日電。自二十一日迄二十四日。敵機日夜來襲廣州。不下十餘次。每次侵擾二至五小時不等。尤以夜襲爲甚。前後共投彈百餘枚無辜平民死傷達數百。因日夜有警報無從確計。重傷者多不救。死者肢體不全。生者亦鱗傷遍體。慘狀令人不忍目覩。甚至與軍事毫無關係之中山紀念。亦三次遭炸。落彈五枚。四階均炸有巨洞。屋頂亦落一彈。大堂內坐椅燬數十。其居心何在。令人莫測。

### 曾養甫談話

中央社廣州二十四日電。曾養甫今語中央社記者稱。敵機連日襲廣州。不下二十次。投彈百餘枚。太半擲向我民房。店舖。名勝。建築物。中山紀念堂亦被炸。我無辜市民。死百餘人。傷二百餘。塌屋數十間。揆諸日方宣稱不殺我非武裝國民。實言行不顧。曾氏並稱。日軍此種暴行。我全國同胞必更堅強與敵偕亡之决心。齊一步驟。誓死抗戰。曾氏末謂。日來世界輿論。無不痛恨日軍野蠻殘暴爲之髮指云。

——摘自《全民日报》（长沙），1937 年 9 月 25 日

# The Warfare in China

Britain and the United States showed a stiffer front on the Chinese problem yesterday. The British Ambassador to Tokyo was instructed to make a strong protest against slaughter of noncombatants by bombing planes. This action was caused by inflamed public opinion. A strong movement for an economic boycott of Japan was under way. [Page 1.] The Navy Department in Washington gave out a statement by Admiral Yarnell at Shanghai saying his fleet would remain in Chinese waters to protect Americans and "risks must be accepted." [Page 1.]

China's first elaborate defense line in the north was broken by the fall of Paoting, and Tokyo heard the Japanese had also captured Tsangchow, at the eastern end of the line. It was announced that the garrison of Paoting, outflanked, had been annihilated. [Page 1.]

Japanese planes continued their terroristic raids on Chinese cities, including Nanking, and some of them penetrated 450 miles up the Yangtze to Hankow and neighboring cities, where hundreds were reported killed and wounded. The spokesman at Shanghai said the raids would continue. [Page 8.]

——摘自《纽约时报》（The New York Times），1937年9月25日

8 L++

# HANKOW AREA RAID BY JAPAN KILLS 200

## Civilians, Mostly Women and Children, Again the Victims in Attack on Wuchang

## 36 PLANES BOMB NANKING

## Canton and Nanchang Also Struck At—Spokesman Says Air Raids Will Continue

By HALLETT ABEND

Wireless to THE NEW YORK TIMES.

SHANGHAI, Saturday, Sept. 25.—More than 200 persons were killed and more than 500 wounded when Japanese bombers attacked Hankow yesterday afternoon. It was the first severe bombing of Hankow, and it caused horrible destruction in the slum districts.

Foreign observers at Hankow reported that no military objectives were hit and that there were no uniformed dead or wounded. The same planes that raided Hankow crossed the Yangtze River and raided Wuchang [one of the group of Wuhan cities—Hankow, Wuchang and Hanyang]. These cities are about 450 miles from Shanghai by air and about 600 miles by way of the Yangtze.

Nanchang, the capital of Kiangsi Province, was subjected to an air raid at 6 o'clock Thursday evening, when twelve Japanese planes bombed the city. A large airdrome was the particular objective. The Japanese reported three important airplane repair sheds were destroyed, among other damage.

### Shanghai Fronts Bombed

Clearing weather today brought a resumption of the Japanese offensive on all Shanghai fronts. Many planes took off throughout the morning, bombing Chinese positions near Shanghai and on other sections of the front. The bombs could be observed plainly falling on Chapei, throwing up great clouds of smoke and fire. This bombing continued for more than an hour.

A Japanese Consulate spokesman, greatly concerned over the avalanche of criticism let loose abroad because of the bombings of Nanking, Hankow and Canton, said:

"We have now ordered every pilot to exercise minute care in bombing only objects of a military nature."

Asked to verify a report that an additional 40,000 Japanese reinforcements had been landed in the Shanghai area this week, a Japanese Army spokesman said:

"Many more will come. The Chinese are increasing their forces here too."

The Japanese spokesman estimated the Chinese losses in killed and wounded during the last week's assault north of Paoting, in North China, at between 30,000 and 40,000. He estimated the Japanese Army losses in the same area at about one-fifth of that number.

The Japanese navy spokesman announced that the steamer Nagasaki Maru had sighted a floating mine near Tsoming Island, off the China coast, and he said the Japanese Navy was warning vessels of all nationalities and would attempt to find and destroy the menace to navigation.

### Fliers Use Machine Guns

SHANGHAI, Saturday, Sept. 25 (AP).—A Japanese air fleet penetrated the heart of China yesterday to bomb the Wuhan cities—Hankow, Wuchang and Hanyang—where estimates of the dead ranged between 100 and 200 and of wounded between 200 and 500.

Japanese air bombers renewed their raids on Nanking, China's capital, today. Chinese asserted the city's strong anti-aircraft defenses shot down four of a fleet of thirty-six planes that roared over Nanking before noon, ending the capital's respite from the Japanese aerial campaign to destroy it. There were no immediate reports of casualties or damages.

Nearly all the victims were noncombatants, many of them women and children, stricken when the raiders bombed and machine-gunned Wuchang, on the south side of the Great Yangtze River.

American and British gunboats were endangered as bombs fell near their berths in the river, but as far as could be learned no foreigners were hurt.

Nine planes, presumably from a base near Shanghai, took part in that attack, which began at 5 P. M. yesterday.

Although six great Occidental powers, including the United States, have protested in varying degrees against the Japanese bombing of non-military centers in China, a spokesman for the Japanese navy declared the bombings would go on.

This, he said, was especially true of Nanking, China's capital, since the Japanese General Staff had decided Nanking's destruction as the center of the Chinese Government would be "the quickest way to end hostilities."

The United States gunboat Tutuila and the British gunboats Aphis and Cricket were lying off Hankow when the Japanese raiders, six bombers and three pursuit planes, appeared in the east. Naval officers reported the first attacks were on Hanyang, where a great army arsenal is situated.

**Bombs Hit Teeming Streets**

Two bombs then plunged into the river near the Aphis and Cricket, but did no damage. The planes swarmed over Wuchang, where the greatest punishment was inflicted. Bombs plunged into narrow, teeming streets, while the pursuit planes swooped low with their machine guns blazing.

Bombs also fell in Hankow, but not inside the foreign concessions.

A radio message from the Tutuila said no Americans were believed to have been hurt. Most of Hankow's American residents were said already to have departed by rail for Canton, far to the south, in efforts to leave the war-ridden country. Twenty Americans were known to have left on this long rail journey early yesterday morning.

The Japanese raiders apparently attempted to bomb railway stations on both sides of the river. Foreign officers believed one purpose was to paralyze all rail communications from the Wuhan center, from which trunk lines run north to Peiping and south to Canton.

While the raiders were over the river anti-aircraft gun crews aboard the three foreign gunboats manned their weapons but did not go into action.

**Cholera Kills 200 Japanese**

Cholera, which has visited Shanghai with the worst epidemic in its history, was taking toll of the Japanese forces. About 200 Japanese soldiers were reported to have died of the disease in the Paoshan sector, north of here, while 300 more were said to be ill.

The Chinese declared five of six battalions composing a Japanese attacking force in the Lotien sector, fifteen miles northwest of Shanghai, had been wiped out in a fierce three-day battle. More than 400 Japanese were killed in a single night encounter, said Chinese reports, and huge quantities of war material captured.

Cholera cases in the International Settlements reached a new high of 1,600, an increase of 500 in one week. American and other foreign doctors prayed for cold weather, which they said "would kill all flies" and do more good than all the doctors in China.

**Two Raids Near Canton**

Wireless to THE NEW YORK TIMES.

HONG KONG, Saturday, Sept. 25.—Following the series of big Japanese air raids, Canton has had two days of comparative immunity, with a visit by a single plane Thursday night and another last night. On each occasion a few bombs were dropped on the outskirts of the city. There was virtually no damage.

It is not known here whether the revulsion of feeling against Japan everywhere following upon the raiding is responsible for this lull, but authorities in Canton are not taking chances, and squadrons of Chinese planes have been posted in outlying areas. The Chinese have an elaborate system of alarms, their policy being to intercept raiders rather than permit a battle to take place over the city.

Probably with the intention of keeping up the morale of the populace, the Canton Government is deliberately minimizing the effects of the raids, and Chinese newspapers are not giving full casualties.

——摘自《纽约时报》（The New York Times），1937 年 9 月 25 日

# BRITAIN EXPRESSES 'HORROR' OF BOMBINGS, TALKS BOYCOTT; OUR FLEET TO STAY IN CHINA

## LONDON IN PROTEST

### Envoy Cites Slaughter of Noncombatants in Canton, Other Cities

### BRITISH PUBLIC INFLAMED

**Popular Movement for Some Sort of Economic Retaliation Now Growing Swiftly**

### PRESS TURNING ON JAPAN

**Even in Quarters Favorable in the Past to Tokyo Outrage Is Expressed Over Raids**

**By FERDINAND KUHN Jr.**

Wireless to THE NEW YORK TIMES.

LONDON, Sept. 24.—The British Government today flashed instructions to Sir Robert L. Craigie, its Ambassador at Tokyo, to deliver a strong protest against the slaughter of innocent noncombatants in Canton and other cities in China.

The Ambassador was told to call the Japanese Government's attention to the bombing of non-military objectives in China and to express the "horror felt in this country at the deplorable loss of life among the civilian population" caused by Japanese bombing planes. It was the second time within a week that Britain had felt it necessary to make "representations" of this sort in Tokyo.

The use of the word "horror" today was unusual in such a diplomatic communication, but it was only a faint reflection of the bitterness felt and expressed by every section of British opinion. Stories from Canton have inflamed the British public to such an extent that a prompt protest in the strongest terms was the least the Government could afford to do. Already mass meetings with important speakers of all parties are being arranged to demand the economic boycott of Japan. A popular movement for some sort of economic retaliation is growing as swiftly as the demand for sanctions against Italy two years ago.

**Britain's Eyes on Europe**

At the moment it is inconceivable that Britain will do more officially than deliver moral protests. Her eyes are firmly fixed on Europe and neither her people nor her Government wishes to become embroiled in the Far East.

But the demand for a boycott of Japanese goods is rising in most unexpected quarters.

Even in the "City"—until now the citadel of pro-Japanese feeling—one could feel a sense of outrage today at the tales of wholesale massacre in the crowded cities of China. For once the destruction of British property and the loss of potential markets in China took second place in the minds of hard-headed business men. Today they were thinking only of the Japanese "frightfulness" and wondering how Japan could be made to pay for it.

More surprising still was the anti-Japanese blast from Lord Beaverbrook who until now has been strictly an isolationist in every international crisis. In the cases of Manchuria, Ethiopia and Spain Lord Beaverbrook's one cry was: "Let's mind our own business." Only a week ago he was denouncing the Nyon agreement in his newspapers as unnecessary involvement in other nations' quarrels.

**Japanese Trade Figures**

But today in The Daily Express and The Evening Standard Lord Beaverbrook hinted that an economic boycott of Japan might be desirable.

"Japan looks so strong and behaves so contemptuously to those who protest against her barbarities," said The Express. "However Japan lives by selling merchandise and this is where she sells it. To the British Empire 28.1 per cent, to America 23.6 per cent, to the Dutch 6.5 per cent, to China 6 per cent and to the French 3 per cent. Tokyo might figure out those figures and remember that customers' feelings are important."

The Evening Standard went further tonight along the same line.

"A nation whose well-being depends on the willingness of other countries to buy its goods but whose actions outrage the conscience of every nation is courting disaster," said The Standard editorial. "The most effective boy-

Continued on Page Eight

# BRITAIN PROTESTS KILLINGS IN CHINA

Continued From Page One

cotts are not organized but arise from the instinctive repulsion of the man and woman on the street. No country which breaks the common law of humanity can ultimately be immune from the adverse public opinion of the world."

Cartoonists have never been so horrified, to judge from their performances today—and cartoonists' horror can be a powerful influence in molding public opinion. Will Dyson in The Daily Herald pictured a Japanese officer stalking from a temple marked "League of Humans" and heading straight for the jungle where gorillas were waiting for him with open arms. The caption was: "Is he leading another league?"

**Likened to Genghis Khan**

David Low in The Evening Standard showed a grinning officer and a line of Japanese pilots confronting a heap of mangled corpses. The officer is bowing and saying: "My honourable Government will take steps against any Japanese proved to have deliberately or negligently dropped bombs on noncombatants. Will honourable remains please identify."

The Manchester Guardian with grim seriousness likened the present day in Japan to Genghis Khan and his Mongol barbarians of long ago who laid waste to every city and town in their path from Peking to the walls of Budapest.

The Japanese doctrine of war, according to The Guardian, would be recognized by Tartars, Mongols, Goths and Huns.

Japanese correspondents in London have cabled little or none of these outbursts back to their newspapers. The Japanese Embassy, according to reliable information, is not troubling to telegraph such expressions of opinion, but is mailing them in diplomatic pouches. The probability is that the Japanese public will never hear of them and that the Japanese Government will try to ignore them.

But if British anger continues to develop as spontaneously as it did today the effects of this week's bombing raids may yet be felt by Japanese exporters and ultimately by the Japanese Government itself.

**Japanese Studying Notes**

TOKYO, Sept. 24 (AP).—The Japanese Government today studied communications from six great Western powers objecting in varying degrees to the bombardment of Chinese cities by Japan's air forces.

Tokyo officials gave no indication of how these representations, which included a vigorous formal protest from the United States, would be answered.

The Foreign Office spokesman said a reply to the protest against the bombing of Nanking, capital of China, delivered Wednesday by United States Ambassador Joseph C. Grew, was in preparation. But he did not disclose the tenor of the reply nor when it would be made.

The Foreign Office spokesman said the six powers had "discussed" the China bombings with Japanese officials but had not protested. But from non-Japanese sources it was learned the German communication, like the American, was a formal protest.

An official source said the French Ambassador, Charles Arsene-Henry, discussed with Kensuke Horinouchi, Vice Minister of Foreign Affairs, Japanese bombardments of Hainan Island, off the South China coast and near French Indo-China.

Mr. Horinouchi replied the bombardments were "in self-defense following Chinese attacks."

It was announced that Viscount Kikujiro Ishii, former Foreign Minister, would go shortly to London as head of an unofficial mission to explain Japan's purposes in her invasion of China to the British public.

**State Controls Munitions Plants**

Previously it had been understood that Viscount Ishii, once Ambassador to Washington, would go to the United States for a similar purpose. Tokyo newspapers said that assignment probably would go to Chokyuro Kadono, president of the Japan Chamber of Commerce, now in New York, where he headed a Japanese economic mission recently.

War and Navy Ministries issued regulations putting into effect the policy of controlling factories and workshops in the munitions industry. A spokesman said State control was necessary to bring the industry to the highest stage of efficiency.

Such measures were legalized under the Munitions Industry Mobilization Act of 1918 and legislation enacted at the recent emergency session of Parliament.

Japan prepared to intensify her activities in the world propaganda battle. A new Cabinet information committee, designed to be a powerful instrument for controlling information and propaganda, received imperial sanction and is ready to begin functioning.

The Premier will supervise a board consisting of twenty-three members, who are empowered to collect, regulate and communicate "foreign and domestic information and matters of each government office concerning propaganda and enlightenment."

——摘自《纽约时报》（The New York Times），1937 年 9 月 25 日

Say Japanese Used Gas

WASHINGTON, Sept. 24 (AP).—The Chinese Embassy made public tonight a message from Nanking stating that Chinese soldiers who had withdrawn from Kwan, about thirty-five miles south of Peiping, reported that the Japanese in capturing the city had used asphyxiating gas.

——摘自《纽约时报》（The New York Times），1937年9月25日

人道的呼聲

# 日機轟炸京粵 全歐輿論騷然

## 各大報競刊慘狀照片 請政府採取有效措置

【日內瓦二十五日中央社電】敵機迭次恣意轟炸我國首都，全歐輿論深爲震動，歐洲最重要報紙均紛紛刊載無辜平民慘遭日機轟炸之照片若干報紙，並申斥日本爲「二十世紀文化之摧毁者」瀾自此次戰事發生以還，歐洲輿情及各種報紙態度，均與一九三二年迥然不同，尤以各國反對派報紙爲甚。自日機轟炸南京後，均對日本漸表不滿，例如法國之晨報日報，英國之每日郵報晨郵報等，又有若干素主人道主義之機關，亦均紛紛呈請政府，採取有效措置，或組織宣傳機關揭發日本之暴行，例如國際聯合委員會等，最近發表宣言，籲請人民各本一己之天良，贊助中國，保障國際正義，至日內瓦國際團體方面，則僉認爲日本轟炸無辜平民，每多一次，世界反對日本之輿情則愈益堅固云。

## 英報主張 各報對日制裁

### 召回駐日大使

【倫敦廿五日中央社哈瓦斯電】關於日本飛機轟炸中國城市事，美國政府昨向日本提出抗議之後，泰晤士報頃加以評論云：關於許閣森大使案，日本政府所提出之復文，會向英國提供保證，謂當尊重平民之安全，今

該國飛機轟炸南京廣州市連續不已，直是出爾反爾。新聞紀事報載稱，英國政府除提出空洞之抗議而外，更當在經濟上壓迫日本。換言之，即以「抵制手段對付之，日本出口貨百分之廿八，均由英國予以購進，日本轟炸機所用之汽油，乃係英美兩國所供給，然則日本經濟，實有賴於全世界商業界之維持，吾人自應以經濟的壓力，促使日本憬然覺悟。」每日民聲報載稱，「英法美蘇荷蘭五國，允宜發起國際會會議，令其處理中日兩國糾紛，此外，各該國每年購進日本貨物實佔該國輸出總額半數以上，茲雖單獨予以抵制，即足以削弱日本軍事力量，而強其中止屠殺平民」云。

「倫敦二十五日海通社電」此間今日各報，對日本轟炸中國各城市之暴行，抨擊更趨激烈，自由黨「紀事報」加以強硬抗議外，主張英國召回駐日大使，并實行抵制日貨。「晨郵報」載稱警告日本，指責其對南京廣州之轟炸，已引起整個文明世界之憤怒，乃英國義不容辭之責任。該報力言，如日本悍然不顧，一意孤行，則不啻以整國世界為仇讎云。

## 英總工會極表憤慨

·函郭大使表示慰藉·

「倫敦廿四日中央社哈瓦斯電」英國總工會全國俱樂部，頃以公函送達中國駐英大使郭泰祺，略謂：「日本空軍在廣州及其他城市，對於毫無防禦能力之婦孺，肆行轟炸，此種摧殘生靈之行為，窮兇極惡，凡在民治主義文明各國之輿論，莫不深惡痛絕，髮指眥裂。吾人聞訊之餘，亦至為憤激，茲請貴大使以吾人眞誠慰藉之忱，轉達貴國政府與民衆，關於日本飛機此種野蠻行為，以及該國毫無理由之侵略戰爭，倘能以有效方式提出抗議，吾人無不樂於參加。此函頃經錄送日本駐英大使，並以附聞」云云。

——摘自《神州日报》（上海），1937年9月26日

# 敵機昨日五次襲京

## 轟炸文化慈善機關

### 我空軍迎戰擊落敵機五架

### 廣州昨亦遭敵機兩度侵襲

【中央社南京二十五日電】敵機九十六架今日自上午九時半至下午四時半分五次擊襲南京，第一次來三十一架，第二次三十二架，第三次六架，第四次十二架，第五次十五架，我空軍均先後起戰應飛，當敵機第一次來襲時，我空軍即出動迎擊，戰事頗激烈，敵機敗退，但仍冒險在各處投彈，並以機槍掃射，轟炸之聲，震動全市，下關電廠被炸，機器略有損傷，至十時半始解除警報，此役敵機被我擊落五架，大半係高射砲所擊下，計驅逐機一架，落城南三府園二十七號天井內，轟炸機二架落于下關，當即焚燬，尚有二架負傷，仍圖脫逃，但中途仍墮落，一落泰興縣界焚燬，一架落于何處尚未查明，第二次敵機於中午十二時半來襲，洪武路中央通信社落三彈，社屋完全炸燬，死工友三人，江東門中央廣播電台亦被炸，機件炸燬，至下午一時二十分始解除警報。第三・四・五三次時間均較短，因我空軍及防空部隊攻擊猛烈，敵機投彈較前兩次爲少，總計此次我方所受損失，除中央通信社及中央廣播電台外，尚有衛生署及中央醫院附近一帶以及四牌樓衛生事務所分所，廣東醫院等慈善機關，此外尚有商店平民住宅區。計中山汽車行，三條巷，江東門，建康路門東，半邊營，等處，京市黨部及法國哈瓦斯通信社南京分社亦被轟炸，死傷人數，計衛生事務所死一人，傷五人，廣東醫院死三人；傷六人，江東門死六人，傷十餘人，三條巷死十一人，傷二十餘人，半邊營死八人，傷十餘人，至詳細情形尚在調查中，此役我空軍奮勇抗敵，結果僅有兩架受傷，總計此次敵機所投炸彈當在二百枚以上，惟所炸機關多屬文化衛生機關，被炸死傷者多係平民，敵軍殘酷如此，野蠻行爲完全暴露，違反國際公法，爲全世界之公敵。

【香港二十五日下午四時發專電】敵機由二十四日下午至二十五日午三襲廣州，首次爲二十四日下午十一時五十分，敵機三架在市郊投五彈，一時逸去，二時零五分來敵機三架，一架侵入市空，投彈數枚，并開機槍掃射後逸去，二十五日上午十一時二十分敵機數架三度來犯，我機迎擊，將敵擊退，彈落郊外，我無損失。

【中央社廣州二十五日電】今日上午十時五十分敵機一隊來襲粵垣，經我空軍派機在虎門附近天空截擊，激戰約二十分鐘，敵機不支，乘虛他逃，在虎門附近擲彈數枚，落洋面及田野，有一敵機仍欲闖入市空，但爲我機尾追不捨，卒未能逞到市區上空。

——摘自《大公报》（汉口），1937年9月26日

# 敵機先後九十六架

# 昨日五次侵襲首都

## 我空軍迎戰敵機被擊落五架

## 敵投彈集中文化衛生各機關

中央南京二十五日電　敵機九十六架、二十五日上午九時半至下午四時半、分五次襲擊南京、第一次來三十一架、第二次來三十二架、第三次來六架、第四次來十二架、第五次來十五架、均僅有一小部分竄入京市上空、當第一次來襲時、我空軍當即出動迎擊、京郊發生激烈空戰、敵機雖大半被擊潰退、仍有十餘架竄入市空、我各方高射槍砲、一齊向敵機猛擊、敵機仍冒險在各處投彈、並用機槍向下掃射、一時爆炸聲與槍砲聲轟然並發、震撼全市、下關電廠被炸、機器略有損傷、至十時半始解除警報、此役敵機被我擊落五架、大半爲高射砲所擊中、計驅逐機一架、落於城南王府園廿七號院內、重轟炸機二架、落於下關、均起火焚燬、尙有兩架被擊傷後、仍圖飛遁、一架在泰興墜落焚燬、一架尙未查明墜落地點、以上爲第一次襲擊之情形、第二次係午間十二時半來襲、在洪武路中央通訊社總社共投三彈、社屋全被炸燬、傷工友三人、江東門外中央廣播電台亦被炸、機件被毀、至一時廿分解除警報、第三四五次襲擊時間較短、蓋以我空軍截擊及防空部隊轟擊之猛烈、敵機竄入之數較前兩次爲少也、敵機廿五日迭次轟炸、除上述首都電廠中央社總社及中央廣播電台外、尚有衛生署中央醫院附近一帶、四牌樓衛生事務所分所、廣東醫院等慈善性質之機關、至商店民房被燬者、有中山汽車行、三條巷、江東門、建康路門東、邊營一帶房屋多所、其死傷人數、衛生事務分所死一人、傷五人、廣東醫院死三人、傷六人、江東門死六人、傷十餘人、三條巷死十餘人、傷廿餘人、邊營死八人、傷十餘人、其詳細數目、因時晏尚不及查明、敵機二十五日投彈總數當在二百枚以上、所轟炸者多爲文化衛生各機關與民宅、被炸死及受傷者、俱爲平民、敵軍殘酷野蠻之獸性、完全暴露、其蔑視人道與違反國際公法、實爲全世界人類之公敵云、

中央南京路透二十五日電 今晨日飛機兩次來襲後、至正午時、警報又發、下午十二時五十分、敵機二十一架又由東飛來、密集擲彈、有落於廣播電台附近者、炸彈落地、炸聲甚巨、美國大使署之門窗均震動作聲、美大使詹森與其職員則辦公如故、市中心區落下炸彈六枚、毗連財政部之海關公署附近、聞亦有彈落下、外人目擊者曾見道中炸成之巨穴、但未見房屋有受損者、居民相信危險已過、正由避彈窟外出以進午餐時、大隊敵機又由東南飛來、在自來水廠與廣播電台附近擲下多彈、時正下午二時、今晨下關太古公司碼頭附近落下二彈、又英商祥泰木行公司屋內亦中一彈、但兩處均未死傷一人、日飛機之襲擊、其影響不過使居民起居爲之不寧而已、今日之襲擊、顯以自來水廠與電力廠爲其目的、兩處雖經受損、但當局刻正竭力修理、俾可早日恢復原狀、寓距電力廠約百碼揚子江旅館之美國攝影員一團、今日獲有良機、當敵機炸彈逐一由空墜落炸裂時、均經一一留影、計歷十分鐘之久、路透電社四周五百碼內落下炸彈六枚、房屋與庭前地窟均感受重大之震動、土街口中央通訊社總社中三炸彈、傷職員三人、二僅微傷、一較重、今日死傷人數尚未查明、現信平民死傷者共約百人、據空軍司令部宣稱、今日共擊落敵機四架、兩架落下關、一落南城、一落南門外云、三架之擊落、曾經人目覩南城中山路一帶曾因中彈起火三處、該處商店頗多、今晨擊落敵機、全賴高射砲之力、高射砲取準之正確、大出意料、

本報鎭江念五日專電 敵機有上下午兩次侵襲首都、下午時間較長、四時許敵機一架由東南過鎭、向西北飛至高資外江、見我軍艦一艘、即擲炸彈一枚、幸未命中、旋經我艦發砲射擊、乃向東南逸去、

——摘自《时事新报》（上海），1937年9月26日

# 漢貧民窟又遭慘炸

中央漢口路透二十五日電　漢口昨日下午、經歷轟炸之死亡毀滅之恐怖後、日機復於昨夜、重來投擲多彈、昨夜之轟襲、不過十分鐘、但破壞亦甚烈、現武漢所有之醫生、包紮者及護士、均已由當局敦請服務、并經中國紅十字會、及美以美令醫院之竭力施救治療、死傷者之痛苦、已爲之大減、且電燈電力不足、多數手術及切肢、均於燭光下執行、重傷者、且不得不注射嗎啡、以減少其痛苦、今晨發現一約二百尺長、一百五十尺寬之地段、連中三彈、已完全炸毀、現救濟工作仍在進行之中、並於瓦礫之中、尋覓有無死屍云、

中央漢口路透二十五日電　昨遭轟炸之漢口貧民窟五井廟、在昨夜又承日轟炸機惠顧之後、愈呈凄楚之象、驚惶失措、無家可歸者數千人、散佈於各街、而勞頓已甚之救護員

、猶從瓦礫堆中・掘某屍骸、其中有未死者、但傷勢甚重、肢體不完、大有生不如死之概、路透記者、見一年約十齡之華童・肩負母屍、直至醫院、而置之於司閽者之前、請其予以安葬・渠則往覓其失蹤之弟妹、路透記者後至一小屋前、向內視察、見有男子三人、端坐如生、細視之、則皆死屍也、其中有一人、懷中尚抱一死孩、記者又在另一住宅中、見一屋內、有死屍多具、而在另一屋內、則有一婦人、方從容治餐、若無事者然、聞中國驅逐機、昨在距漢口、四十公里處、擊落日機一架、估計日機、昨日飛行高度約二千呎、據外人專家意見、日機定可窺見五井廟居民稠密、及未有軍事目的物之情形、

中央漢口路透廿五日電　路透記者昨晚於日機施虐、將漢口貧民窟區域・炸爲瓦礫場後、特往災區視察、映入眼簾者、盡爲極慘景象・五井廟(譯音)區各街、寬僅六呎、兩旁俱爲貧民住宅、今則悉成瓦礫、居於此者與行於道者・皆葬身其中、殘缺肢體遍處皆是、救護隊正從事收集而堆置之、其尤慘者、破壁殘垣・常掛着一臂一腿、見者輒爲之心悸、記者立於路隅、約十分鐘之久・見受重傷而由人抬過者、有一百二十餘起、其中有作凄楚呻吟聲者、亦有氣息已斷者、其最令人見之、驚心動魄傷感不已者・爲滿載傷亡嬰兒之救護車、災區遍地死者、與半死者混合・多數傷者、裸體無衣、血從創處流出、幼孩死屍、似較成人爲多、殆日機肆虐時、幼孩大都在戶內也・警察學生與商團、在極艱苦狀況下、努力工作、從瓦礫堆中掘取傷者、遇有死骸、輒移去之・許多學生夜深、猶未捨其凄慘工作、雖呈疲乏之象、迄未稍息・市長等要人、親自到場、指揮救護事宜、秩序井然、電線走火、施救較感困難、醫士與救護員・雖工作不停、然人數甚少、此亦一大缺憾、五井廟、原有居民一萬人、附近若干哩內、未有軍隊、而顯爲日機轟炸目標之兵工廠・則至少在四哩以外、除漢口外、漢陽、武昌亦遭襲擊・漢陽落一炸彈、適擊中一難民收容所、炸死六十人、傷多人、漢口教會醫院內、有受傷者數百人・亦幾爲炸彈所毀、

——摘自《时事新报》（上海），1937 年 9 月 26 日

# 敵機九十六架

# 昨分五次犯首都

## 被炸者多為文化衛生機關民宅

## 死傷者皆平民我擊落敵機五架

南京二十五日電。敵機九十六架。今日上午九時半至下午四時半。分五次襲擊南京。

**各次敵機**

第一次三十一架。第二次三十二架。第三次六架。第四次十二架。第五次十五架。均僅有小部份竄入京市上空。

**我軍迎擊**

當第一次來襲時。我空軍當即出動迎擊。京郊發生激烈轟炸。敵機雖大半被我擊退。仍有十餘架竄入京市上空。

**空戰激烈**

我各方高射槍炮。密集向敵機轟擊。敵機仍冒險在各處投彈。並用機槍向下掃射。一時爆炸聲。槍炮聲。轟然並發。震撼全市。下關電廠被炸。機器略有損傷。至十時半始解除警報。

**擊落敵機**

此役敵機被我擊落九架。大半被我高射砲所擊中。計驅逐機一架。落於城南王府園二十一號院內。重轟炸機二架。落於下關。均起火焚燬。尚有兩架被擊傷。仍衂飛遁。一架在泰興墜落焚燬。一架尚未查明墜落地點。以上為第一次襲擊之情形。

**炸中央社**

第二次係午間十二時半來襲。在洪武路中央通訊社總社共投三彈。社屋全被炸燬。傷工友三人。江東門外中央廣播電台亦被炸。機件被燬。至一時二十分解除警報。

**連來五次**

第三四五次襲擊。時間較短。蓋以我空軍截擊。及防空部隊轟擊猛烈。敵機竄入之數。較前兩次為少。

**損失調查**

敵機今日迭次轟炸。除上述首都電廠。中央通訊社。中央廣播電台外。尚有衛生署。中央醫院。及附近一帶四牌樓衛生事務分所。廣東醫院。慈善性質之機關。至商店。民房被燬者。有中山汽車行。三條巷。江東門。建康路門東。邊營一帶房屋多所。京市黨部及法國哈瓦斯通訊社南京分社。亦被轟炸。

**死傷概數**

共死傷人數。衛生事務分所。死一人傷五人。廣東醫院死三人傷六人。江東門死六人傷十餘人。三條巷死十一人傷二十餘人。邊營死八人傷十餘人。共詳細數目。因時晚尚不及查明。

**投彈總計**

我空軍今日奮勇應戰。結果傷兩架。敵機今日投彈總數當在二百枚以上。所轟炸者。均非關於軍事。多為文化衛生各機關。及民宅。被炸死及受傷者均為平民。敵機慘酷野蠻獸行。完全暴露。其蔑視人道及違反國際公法。實為全世界人類之公敵。

**斃敵隊長**

中央社上海二十五日電。敵機二十五飛京肆虐。被我擊落五架。據同盟社發表。被我擊斃者。中有一人為敵機隊長明坂本云。

——摘自《湖南国民日报》，1937年9月26日

# 敵機前襲武漢

# 死傷人數統計

二十五日從瓦礫中掘出之屍體

漢口二十五日電：敵機二十四日襲漢據警察局發表統計漢陽方面共投下重約二百磅之爆炸彈十枚、小燒夷彈枚、被毀房屋完全坍塌、已査明者共二百餘棟、受震及彈片炸損一部份者、則不計共數、財産損失約三十萬元、平民死傷二十四日晚已査明、確數共死亡一百零九人、屍體當晚即已分別掩埋、重傷一百五十六人、輕傷一百九十四人、此外防護團人員受傷者五人、死亡一人、二十五日從瓦礫中掘出之屍體、截至下午三時止、共約三十餘具、迄晚猶在發掘中、死亡平民總數至少當在二百人左右、漢口方面、由警察局長陳希曾督同防護團等在被炸區域內積極救護、二十五日下午四時發表、二十四日從瓦礫中掘出之平民屍體、已有一百十三具、尚在繼續發掘中、重傷六十四人、輕傷五十人、倒塌房屋一百五十九戸、財産損失尚無統計、（中央社）

——摘自《力报》（长沙），1937年9月26日

# 敵機轟炸我平民

# 英向日强硬抗議

## 英各民衆團體一致表示憤慨

## 許大使傷愈出院

倫敦二十五日路透電：英駐日大使克萊琪、茲已奉本國政府命令、對中國境內非軍事目的物之被轟炸、向日政府提出强硬抗議、並對廣州平民生命可悲之表史、表示英國人民之駭怪、刻英國民衆對中國非戰鬥員橫遭轟炸、一致憤怒、紛紛召集會議、通過議案、國聯同志會執委會、頃復通過決議案、向政府提出要求、倘國聯諮詢委員會、查明目前戰爭、應由日本負責者、凡有關係之國家、應一致抵制日貨、再則英福音自由教會之全國幹事部、亦已通過決議案、對日本在中國各地轟炸之駭人的無人道之暴行、表示驚駭及憤恨、英政府已受請求、應採取一切可能之步驟、以限止兇殘行爲之進行、並須特別探討、陳請國聯航空委員會、設法廢止空戰之可能云、（中央社）

上海十五二日電：許閣森傷愈、二十五日晨十時三刻出院返邸（中央社）

——摘自《力报》（长沙），1937 年 9 月 26 日

# 敵機九十六架
# 昨五次襲我首都
## 文化衛生慈善機關及民宅多所被炸
## 投彈在二百餘枚敵機五架被我擊落
## 中央社南京總社昨亦被炸燬

南京二十五日電・敵機九十六架、二十五日自上午九時半至下午四時半、分五次襲擊首都、第一次三十一架、第二次二十二架、第三次六架、第四次十二架、第五次十五架、各次均僅有一部份竄入京市上空、當第一次來襲時、我空軍當即出動迎擊、在京四郊發生激烈空戰、敵機雖大半被擊退、仍有十餘架竄入京市上空、我高射槍砲亦齊向敵機猛擊、敵機仍冒險在各處投彈、幷用機槍向下掃射、一時爆炸聲及槍砲聲轟然並作、震撼全市、下關電廠被炸機器、略有損傷、至十時半始解除警報、此後敵機被擊落五架、大半為我高射砲所擊中、計有敵驅逐機一架、落於城南王府園二十七號院內、重轟炸機二架、落於下關均起火焚燬、尚有二架被擊傷後、仍圖飛遁、一架在泰興墜落焚燬、餘一架墜落地點尚未查明、以上為第一次襲擊之情形、第二次係午間十二時半來襲、在洪武路中央通訊社總社共投三彈、社屋全被炸燬傷工友三人、江東門外中央廣播電台亦被炸、機件被燬、至一時二十分解除警報、第三四五次敵機來襲時間較短、因我空軍截擊、及我防空部隊猛烈轟擊、敵機竄入之數較前為少、敵機今日迭次轟炸、除上述首都電廠、中央通訊社、及中央廣播電台外、尚有衛生署、中央醫院附近一帶、四牌樓衛生事務所分所、廣東醫院等慈善機關、至商店民房被燬者、有中山汽車行、三條巷江東門、建康路、門東半邊營一帶房屋多所、京市黨部、及法國哈瓦斯通訊社南京分社、亦被轟炸、其死傷人數、計衛生事務所死一人、傷五人、廣東醫院死三人、傷六人、江東門死六人、傷十餘人、三條巷死十餘人、傷十餘人、半邊營死八人、傷十餘人、其詳細數目、因時間尚不及查明、我空軍今日奮勇應戰、結果傷二架、敵機今日投彈總數、當在二百枚以上、所轟炸者、多為文化衛生慈善之各機關、及民宅、被炸死及受傷者、俱為平民、敵軍殘酷野蠻之獸行、完全暴露、其蔑視人道及違反國際公法、實為全世界人類之公敵、（中央社）

南京二十五日電：敵機二十五日晨午、兩次襲京、第二次十二時半來襲、於十二時四十分時、在中央總社擲三彈、社屋全燬、傷三人、

——摘自《力报》（长沙），1937 年 9 月 26 日

## 漢口五井廟

# 貧民窟慘目驚心

### 敵機轟炸後外記者前往巡視後紀述

◎漢口二十五日中央社路透電、昨遭轟炸之漢口貧民窟五井廟、在昨夜又承日轟炸機惠顧之後，愈呈凄楚之象，驚惶失措、無家可歸者數千人、散佈於各街、而勞頓已甚之救護員，猶從瓦礫堆中、掘發屍骸、其中有未死者、但傷勢甚重、肢體不完、大有生不如死之概，路透記者見一年約十齡之華童，肩負母屍、直至醫院、而置之於司閽者之前，請其予以安葬，渠則往覓其失蹤之弟妹、路透記者後至一小屋前向內視察、見有男子三人端坐如生、細視之、則皆死屍也、其中有一人懷中尙抱一死孩、記者又在另一住宅中、見一屋內有死屍多具、而在另一屋內、則有一婦人方從容治餐、若無事者然、聞中國驅逐機昨在距漢口四十公里處擊落日機一架、估計日機昨日飛行高度約二千呎、據外人專家意見、日機定可窺見五井廟居民稠密及未有軍事目的物之情形、

◎漢口二十五日中央社路透電、路透記者昨晚於日機施虐將漢口貧民窟區域炸爲瓦礫場後、特往災區視察、映入眼簾者、盡爲極慘景象、五井廟（譯音）區各街、寬僅六尺、兩旁俱爲貧民住宅、今則悉成瓦礫、居於此者與行於道者、皆葬身其中、殘缺肢體、遍處皆是、救護隊正從事收集而堆置之、其尤慘者、破壁殘垣、常掛着一臂一腿、見者輒爲之心悸、記者立於路陬、約十分鐘之久、見受重傷而由人抬過者、有一百二十餘起、其中有作悽楚呻吟聲者、亦有氣息已斷者、其最令人見之驚心動魄傷感不已者、爲滿載傷亡嬰兒之救護車、災區遍地、死者與半死者混合、多數傷者裸體無衣、血從創處流出、幼孩死屍、似較成人爲多、殆日機肆虐時、幼孩大都在戶內也、警察學生與商團、在極艱苦狀況下、努力工作、從瓦礫堆中掘取傷者、遇有死骸、輒移去之、許多學生夜深猶未捨其悽慘工作、雖呈疲乏之象、迄未稍息、市長等要人、親自到場、指揮救護事宜、秩序井然、電線走火、施救較感困難、醫士與救護員雖工作不停、然人員甚少、此亦一大缺憾、五井廟原有居民一萬人、附近若干里內、未有軍隊、而顯爲日機轟炸目標之兵工廠則至少在四里以外、除漢口外、漢陽武昌亦遭襲擊、漢陽落一炸彈、適擊中一難民收容所、炸死六十人、傷多人、漢口教會醫院內有受傷者數百人亦幾爲炸彈所毀

——摘自《时报》（上海），1937 年 9 月 26 日

社論

# 瘋狂殘暴的轟炸

敵機連日轟炸我首都廣州等各地以來，炸毀的不過一些民房，炸死的也不過是無數老百姓。所謂非軍事地帶非戰鬥人員，敵人竟不顧一切，悍然的實行來轟炸了！這種滅絕人道野獸般的瘋狂行爲，已引起世界凡有正義國家的共同憤慨。只要看這幾天來的各國輿論界指責暴日的獸行，就可知道「公道猶在」「正義不滅」。其實敵人這樣殘暴轟炸的結果，誠如各外國報紙所說「更激起全中國民衆抗日情緒的高漲」，是一點都不錯的。敵前任外相有田八郎氏，華北視察完畢歸途中，在大連發表談話，也是這樣說：「以目前之行動，而欲消滅華方之排日意識：事實上恐不可能。而且越使華方增强排日意志，陷於更惡劣之狀態。」這實是一針見血之言。

目前我們只有沉着應付，抵抗到底，犧牲到底。蔣委員長前日在京對外報記者說：「日本之侵略一日不止，中國之抵抗亦一日不停」。又說：「不論此次戰爭將延長至何限度，中國已有無限制抵抗能力。因中國實一威力無窮財力無盡之國家也」。所以敵人目前，侵略所用種種殘暴方法，我們絕無絲毫畏懼，只有更興奮，更激昂，加强我們的抵抗力。因此敵人轟炸我各地的結果，除各地每天送幾架飛機做禮品以外，收獲的不過是全世界人類的「公憤」而已。

現在各地的戰線，隨時各有進退，進固不能算他們勝利，退也非我們的失敗。前幾天敵人在平綏線的激進，總以爲可以長驅而囊括晉綏了，誰知到了平型關，就殺得他全軍幾乎覆沒。平漢線我最後防線的保定，將遭遇我堅强的抗戰。津浦線決不使敵人越過滄州。至於上海方面的戰線，更使敵人對我一無辦法。敵人焦灼着戰局難於進展，而且又不能速決，於是急得沒有辦法，就只得用飛機來我各都市恣意無目標的轟炸，但這是他獸性的發揮，戰爭的末路！

——摘自《神州日报》（上海），1937 年 9 月 26 日

# 80 JAPANESE PLANES BOMB NANKING FOR SEVEN HOURS; 200 KILLED; HEAVY DAMAGE

## VAST AREA RAIDED

### Japanese Fliers Attack Many Important Cities in Eastern Provinces

**CAPITAL HAS WORST DAY**

**$1,000,000 Electric Plant Is Ruined by Explosives From Only One Bomber**

**WUHAN DISTRICT SUFFERS**

**Chinese Aviators Retaliate at Night—Invaders Open Sharp Drives in Shanghai Zone**

Japan yesterday resumed her effort to destroy Nanking. Eighty planes raided the Chinese capital and bombed it for seven hours. Much damage was done, including the destruction of a $1,000,000 electric plant, and 200 deaths were reported. Many other important cities suffered similar attacks. [Page 1.] On land the Japanese launched fierce drives along a forty-mile front in the Shanghai zone, but the Chinese insisted that their lines held. [Page 35.]

In Tokyo the widespread raiding was interpreted as a sign that Japan was trying to force an early victory in China. Her armies were seen to be lagging behind schedule, with sufficient reinforcements not in sight, and there was fear of Russian intervention unless a decision could be reached soon. [Page 1.]

Japanese forces in the north advanced past Paoting and the Chinese south of Tientsin were reported retreating toward Shantung. [Page 1.]

In Geneva the League of Nations Advisory Committee on the Far East was informed by Japan that she could not participate in discussions on the warfare in China. [Page 36.]

**Nanking Bombed by Big Fleet**

By The Associated Press

SHANGHAI, Sept. 25.—China's greatest cities, except those under Japanese occupation, were subjected today to devastating bombing by the Japanese air forces, ranging over nearly all the eastern Provinces.

Hundreds of Chinese noncombatants died. Property damage ran into millions of dollars. Terror and anguish ruled half a dozen great communities with populations approaching or passing the million mark.

Nanking, the capital, suffered five successive waves of Japanese air raiders, who remained over the city seven hours. Officials said the death toll in the bombings, part of Japan's announced campaign to destroy the center of Chinese military resistance, was about 200.

### Wuhan Cities Again Raided

Hankow, Wuchang and Hanyang, the Wuhan cities of the middle Yangtze Valley, suffered a new series of early morning raids within a few hours of the air attack the Japanese airmen made on these same cities, comprising a great industrial center, late Friday.

Chinese officials revised their estimates of the dead in Friday's Wuhan raid upward to nearly 1,000 and said more casualties had been added when enemy planes again attacked Hankow, 450 miles from the coast, before dawn.

Nanchang, the capital of Kiangsi Province and a Chinese aviation center, was heavily bombed. Canton was subjected to a series of minor raids.

With all this widespread activity, designed to strike terror into the Chinese people, the Japanese air forces mustered other planes to inflict heavy punishment on the Chinese battle lines northwest of Shanghai.

### Chinese Raid Shanghai

Late tonight the Chinese air force struck back with a raid on the Japanese airfield in Yangtsepoo at the eastern end of Shanghai's international settlement. The attack was made in heavy darkness, before the moon rose. Many incendiary and explosive bombs were dropped.

Japanese anti-aircraft guns ashore and on the warships on the Whangpoo River near Shanghai blazed away into the darkness, apparently without effect.

The air raids on Nanking were

Continued on Page Thirty-five

# NANKING IS BOMBED BY EIGHTY PLANES

Continued From Page One

the greatest the capital had experienced. Beginning shortly after 9 A. M., the Japanese warplanes came in wave after wave, dropping hundreds of bombs and causing greater material damage than in any of the previous attacks on Nanking, although the casualties were less than on other occasions. At least eighty planes took part in the attacks.

Chinese said there were five distinct attacks, but to watchers it seemed the bombardment was almost continuous. For seven hours the sky was never clear of hostile planes. Chinese said seven of the raiders were shot down, and foreign observers saw three plunge to destruction.

Ambassador Nelson T. Johnson, watching with his staff from the roof of the United States Embassy, saw two of the Japanese planes fall. Their pilots bailed out, but their parachutes fouled and they plunged to death. Another plane was seen to fall in flames into the Yangtze River. The nearest bombs fell a mile away from the embassy.

Nanking's $1,000,000 power plant, on which 1,000,000 persons depended for light, water and transportation facilities, was reduced to ruins by a spectacular attack by a Japanese squadron leader, who made a vertical dive to release his cargo of bombs directly on the plant.

**Defenders Fight Invaders**

American cameramen recorded this episode as well as most of the Japanese forays. Thousands of police, soldiers and civilians remained in the streets to watch the air battles over the city as Chinese combat planes rose to grapple with the raiders and cheered as enemy craft were seen to fall.

Another Japanese air fleet attacked the Kiangyin forts, on the lower Yangtze River about eighty miles east of Nanking. A Chinese warship near the forts was set afire, the Japanese reported.

In Nanking three blocks of the city's best shops were wiped out by Japanese bombs. Projectiles rained about the National Health Institute and the near-by hospital sheltering 1,000 wounded Chinese soldiers, but there were no casualties. Chinese said another hospital had been hit, but without serious damage. Bombs narrowly missed the home of T. V. Soong, former Minister of Finance and brother of Madame Chiang.

In Canton bombs fell near the station of the Hankow-Canton Railway, important route of escape for American and other foreigners in Central China, but with little effect.

The American community of Canton telegraphed Secretary of State Cordell Hull protesting against the Japanese air attack and urging that American neutrality laws be not applied since they would weaken China and aid Japan.

American missionary doctors at Wuchow, important commercial center of Eastern Kwangsi Province, published an open letter bitterly condemning the Far Eastern policy of the Washington Government.

The Japanese Embassy in Shanghai indicated the bombings would continue, although six great occidental powers, including the United States, have protested against them. An embassy spokesman, in spite of reports of widespread killings of Chinese civilians, insisted the bombers attacked only military objectives.

**Hainan Attack Reported**

Canton dispatches said Japanese planes, presumably from carriers offshore, bombed several points on Hainan Island Friday. Early today a Japanese cruiser and several destroyers appeared off Hoihow, the island's principal port, and threw about twenty shells into the town. Only minor damage was done. Hainan lies off the South China coast, near French Indo-China.

An Associated Press correspondent saw 120 corpses carried out of one small area in the Wuhan cities Friday. In Hanyang one Japanese bomb killed sixty Chinese. A large proportion of the victims were children, caught in the debris of wrecked homes. Fires added to the horror. Thousands roamed the devastated streets, wailing or crazed by grief and terror.

Japanese Navy officers declared that the Chinese Army's big arsenal at Hanyang and an important Government steel and iron plant at Hankow were seriously damaged in Friday's raid. This was not confirmed by Chinese sources.

Japanese said the Chinese Government was being moved to Nanchang. Nanking reports contradicted this. They said General Chiang Kai-shek, head of the Chinese Army and Government, remained in the city, and that Mme. Chiang, head of the Chinese air force, visited wounded in hospitals after the raids.

The Japanese spokesman revealed that Japan had a legal adviser for the army.

"As evidence that we are following out the rules of warfare according to international law," he began, "we have enlisted the services of Dr. Junkei Shinobu, Japan's greatest authority on international law, whom we consult on every major move made by the army, navy and air force in China."

Until recently, Dr. Shinobu was attached to the Chinese Central Government at Nanking as judicial adviser.

### Chinese in 2 Shanghai Raids

Wireless to THE NEW YORK TIMES.

SHANGHAI, Sunday, Sept. 26.—Making a slight but spectacular return for the series of Japanese raids on Nanking yesterday Chinese fliers flew over Shanghai twice last night.

The first visit at 11 P. M. drew anti-aircraft fire from the flagship Izumo and other Japanese war vessels in the Whangpoo River. No bombs were dropped. The second raid at 1:30 A. M. today dropped bombs on the lower Yangtzepoo district and near the new Japanese air field. The damage was not revealed. All the Chinese planes escaped.

Contradicting Japanese claims that only one of their planes was shot down at Nanking yesterday Chinese announcements said six were downed. Foreign observers said the Japanese lost three or four.

Communications between Shanghai and Nanking are disrupted but reports from Chinese and foreign sources indicate Nanking was raided from 9:30 in the morning until 4:30 in the afternoon. The casualties were said to have been small compared with recent slaughters at Canton and Hankow. The total of killed was placed at 100.

The power plant was damaged and the broadcasting station and the Central News Agency building were destroyed. Many bombs fell near the waterworks, effectively damaging the plant and service was curtailed.

The municipal health station and the Kwangtung Hospital were said to have been destroyed. Many homes and stores were wrecked and some were burned according to Chinese versions.

The fire of the Chinese anti-aircraft batteries was said to have been the best thus far displayed, several direct hits causing Japanese planes to explode in mid-air.

The Chapei and Pootung districts of Shanghai were methodically bombed yesterday, beginning at 9 A. M. The Japanese apparently are in complete control of the air here, the bombers flying low and slow without many escorts.

The spokesman reassured residents of the International Settlement and French Concession, saying that the special expert squadrons assigned to this area were such excellent marksmen that they "can hit an ant hill from 10,000 feet" and that while bombs might alight near the boundaries the foreign areas were safe. Apparently the Chinese anti-aircraft batteries around Shanghai were silenced or withdrawn.

Late yesterday afternoon at the Japanese press conference in a downtown hotel, those present watched seven Japanese bombers circling low over Pootung, dropping their deadly missiles often. The spokesman was forced to pause by the roar of exploding bombs which sometimes landed so close to the Whangpoo River's bank that the flames were clearly visible. Then came an immediate enormous mushrooming into the air of clouds of smoke, dust and débris about the size of a six or eight story office building.

The spokesman explained that this bombing was designed to demolish Chinese artillery positions.

——摘自《纽约时报》（The New York Times），1937 年 9 月 26 日

# 敵機施暴五次襲粵
# 三襲首都均被擊退
## 粵死傷百餘人浦口受損害

【廣州廿七日中央社路透電】廣州今日連遭日機襲擊三次，第一次僅日機一架，時在黎明以前，第二次時爲午前九時二十分，約共有日機十三架，參加襲擊。第三次空襲，有日機五架，在午後二時半，第一次投彈兩枚，落於空郊，徒擾人清夢，第二次日機十三架，甚注意粵漢鐵路，在廣州城外數處擲落炸彈多枚，其意在破壞該路交通，黃沙車站距沙面僅數百碼，被一日機擲下三彈車站房屋事後自遠處觀之，似無甚損毀，衆信車站附近之民房，必有被毀者，因該處火勢頗熾也。據半官消息，今晨黃沙站被擊之結果，死傷共八十人，死者泰半爲附近居民，其死於車站者，僅六人耳。

【廣州廿七日中央社電】敵機三十架，廿七日下午二時，分數隊第四次來襲，與我機隊在市郊遭遇激戰，未入市區，僅在西北郊石井附近投數彈，即沿粵漢路北飛，在江村站以北投彈，至四時許分向南方逃遁。

【廣州廿七日中央社電】廿七日下午五時十五分，敵機復第五次威脅廣州上空，此次僅三架，由西南方向北急飛，至五時五十五分，復向南飛去。

【廣州廿七日中央社電】敵機三架，於廿七日下午九時許，飛經江口西岸蓮石灣炸燬村落一處，死傷五十餘人。

【南京廿七日中央社電】敵機廿七日又三次來京空襲，八卦洲及浦口方面平民生命房屋，均遭受巨大之損害，第一次敵機十一架，於上午十時許來襲，與我空軍在郊外八卦洲遭遇，敵機未得侵入市空，即在該處投彈數枚而去。第二次敵機九架，於下午零時四十分，沿京滬線飛來在浦口上空盤旋半小時，共投重量炸彈十餘枚，

津浦路局受相當損傷，浦口小學及扶輪小學校均一部被炸燬，小河南下碼頭合成街等處民房炸燬甚多，死傷二十餘人，肢飛體裂，慘不忍覩。又敵機在三汊河距法國軍艦二百公尺地方投下五彈，聞法軍艦方面甚為憤慨，敵機投彈後，仍企圖侵入市空，經我空軍抵禦未遂，掉頭飛去，至下午一時一刻該九架敵機復闖入我警戒綫，企圖第三次襲犯，亦被我空軍及防空部隊擊退。

【南京廿七日中央社路透電】據浦口電話，日機今晨所投之炸彈，擊中貧民草屋，死三人，傷三十人，午時襲擊，則炸燬路軌四十尺，與貨車三輛，並有一彈落於浦口初等小學之外，死一人傷十餘人，約距浦口北十哩之永利化學廠，今晨亦被炸燬，聞共擲彈九枚，但該廠主要部份之房屋，猶巍然存在也。

——摘自《神州日报》（上海），1937年9月27日

# 卑劣手段寇所慣施
# 寇機竟冒用我標識
## 昨飛廣德金華衢州等處投彈
## 我外部已照會各使館

【中央社杭州廿六日電】敵機二架，冒用我黨徽，廿六日上午十一時，由廣德竄杭，用機槍向下掃射，旋飛筧橋翁家埠窺伺逸去，同時敵機三架，由福鼎方面竄入浙境，於金華車站，投彈一枚，衢州車站，投彈六枚，死傷平民約六十。

【中央社南京二十六日電】二十六日上午十時十分，有日本單翼飛機兩架，冒充我國飛機，飛往廣德，投擲炸彈兩枚，其機型狀顏色，與我機完全相同，並冒用我黨徽，我政府得報後，以日本不顧國際信義，國際約規，慣用此類卑鄙不法行爲，萬一將來在我國之友邦人民生命財産因此受有傷害，應由日本負完全責任，已由外交部于二十六日下午，將此不法事實，照會各國在華使館，請其報告各該國政府，嚴密注意云。

【中央社鎭江二十五日電】二十五日下午五時許，敵機一架，由東南飛來，在高資江面低飛，向我正在行駛之軍艦投彈一枚，落水未中，我艦當卽發砲射擊，敵機見有準備，卽漫放機槍後，仍向東南逸去。

【中央社南京二十六日電】自抗戰局面展開以來，敵機到處向我轟炸，迭爲我忠勇奮發之空軍將士予以重創，其木更津航空隊，幾全被消滅，敵人受此教訓後，膽寒已極，乃窮極無聊，爲圖減少其來襲時被擊落之損害計，竟冒用我國飛機標識，以與我國輕轟炸機型式顏色相同，並漆有我黨徽之敵機二架，於二十六日上午十時十分，飛赴廣德縣城附近，騷擾轟炸，投下一百二十公斤炸彈兩枚後，卽由該地向上海方向飛去，按敵人空軍此種卑劣行爲，有類鼠竊之行，汚辱其國家體面已極，以視歐戰時，德國空紅武士厲秋芬男爵，特別漆紅所駕飛機，與交戰國空軍以堂堂之陣迴翔格鬥于上空，兩者之軍人人格，眞有霄壤之別矣云。

——摘自《扫荡报》（汉口），1937年9月27日

# 我代表顧維鈞氏

# 對國聯補述敵機暴行

## 並說明敵機從事轟炸毫無目標

## 故毀無軍事關係房屋慘殺平民

### 錢泰演說國際爭端是否能用和平方式解決已可懷疑

中央社日內瓦二十五日哈瓦斯電。國聯中國代表團。本日極爲活動。（一）該國首席代表顧維鈞。頃照會國聯祕書廳。對日機轟炸南京。廣州。蘇州各處情形。提出補充情報並說明日機。從事轟炸。毫無目標。並將並無軍事關係之房屋多所。故意炸燬。普通人民。死傷極多。（二）國聯軍縮問題委員會。二十五日開會時。中國代表錢泰。以動人言辭。敘述中國境內。現所發生之悲劇。略謂就軍縮問題言。去年倫敦海軍會議。獲有重大成就。誠堪欣幸。但國際各項爭端。是否能用和平方式。予以解決。則各國民族。懷疑心理。日益加甚。溯當一九三一年。滿洲事件發生後。吾人倘能强令侵略國。尊重國聯盟約。則軍縮會議。必不至於失敗。而軍備競爭。自亦不至開始。現則競爭結果。業在遠東方面。引起大禍。日本軍閥。多行不義。致陷該國於危境。乃侵略他國。冀有以解除困難。此際日軍。並在中國境內。向非戰鬥員。肆行襲擊。夫中國乃酷愛和平之國。自滿洲事件發生後。逆來順受。已歷六年之久。今任何措置。凡以正義與集體安全原則爲基礎。而足以鞏和平機構者。尤其是成立協定。限制軍備辦法。均爲中國所贊助。結論則謂國際時局。演進結果。惟有兩途可循。非戰爭與破壞。卽和平與國際合作。各國應在二者之間。有所抉擇云。（三）國聯社會問題委員會。二十五日。賡續開會。討論設立遠東辦事處。處理防止。婦孺敗賣問題。當由特種小組委員會。建議各關係國。應會同設立國際辦事處一所。歸由國聯節制。而與之密切合作。但因事實上與財政上關係。其行政事務。不屬於國聯管轄之下。中國代表顧雅倩女士聲稱。中國政府。前此所由贊成在遠東設立辦事處者。乃以爲該辦事處。由國聯管轄。今與原議不符。故中國政府參加與否。自不得不提出保留案云。

——摘自《湖南国民日报》，1937 年 9 月 27 日

# 敵機轟炸目的 在蹂躪我國平民

## 並圖摧毀我文化衞生慈善機關 足證敵方仇視正義與不顧人道

中央社南京二十五日電。據某軍事專家談稱。敵機二十五日。大肆轟炸首都。其被炸之地點。均爲非戰門人員之所在。逞肆野蠻之獸性。其目的在蹂躪我國平民。摧毀我文化衞生慈善機關。甚爲明顯。日前各國以長谷川通告轟炸南京之計刻後。曾紛向日政府提出嚴重抗議。日方雖曾表示避免轟炸非戰國人員。但以二十二日及二十五日兩日轟炸之結果觀察。適足證明敵方之仇視國際正義。與不顧人道。此殆爲一種對各國抗議之正式答覆矣。

### 廣州被襲之慘狀

中央社廣州二十六日電。敵機連日轟炸粵垣。截至二十五日晚止。市民慘死已查明者。達二百零六人。今晨掃除東華東路。東猪欄。西草路陳家祠。朝天街。大塘樹。雙槐洞。白雲路。及廣雅中學等被燬居民。復。瓦礫中。掘獲屍體五十六具。均焦頭爛額。肢體不全。慘不忍覩。死者家族。閩繞搜尋親屬。其有尋獲者。拋屍哀號。慘不忍聞。其不傷者。徬徨失措。有若顯狂。重傷救治罔效者。醫院殞命者。截至今午止已達七十九人。

### 法教會憤敵暴行

中央社法國黑爾城二十五日哈瓦斯電。冀獻縣法天主教耶蘇會房屋。昨被日機轟炸後。此間耶蘇會當局發表公報稱。本國教士遭此奇禍。吾人實難坐視云。

### 敵機冒用我國徽

中央社南京二十六日電。自抗戰局面展開以來。敵機到處向我轟炸。迭爲我忠勇奮發之空軍將士。予以重創。其木更津航空隊。幾全被殲滅。敵人受此教訓後。胆塞已極。乃竊極無聊。爲圖減少其來襲時被擊落之損害計。竟冒用我國飛機標識。以與我輕轟炸機型式額色相同。並漆有我黨徽之敵機二架。於二十六日上午十時十分。飛到廣德縣城附近。倫襲轟炸。投下一百二十公斤炸彈兩枚後。即由該地向上海方向飛去。按敵人空軍。此種卑劣行爲。有類鼠竊。污辱其國家體面。已達極點。以視歐戰時。德國空軍紅武士厲秋前男爵。特別漆紅所駕飛機。與交戰國空軍以堂堂之陣。廻翔格鬥於碧空。兩者之軍人人格。眞有霄壞之別。

### 杭發現假冒敵機

杭州二十五日電。敵機二架。冒用我黨徽。二十六日上午十一時。由廣德進犯杭州。用機槍向下掃射。旋飛我筧橋翁家戶窺視。同時敵機三架。由胡踞方面竄入浙贛。在金華車站投彈。在衢州站投彈六枚。死傷平民六十餘人。

### 漢口續發現屍體

漢口二十六日電。二十四日敵機轟炸後。曾於瓦礫中掘出屍體二百餘具。二十六日仍機續工作。漢陽又發現八具。漢口又發現十餘具。漢醫院中亦有數人。因重傷斃命。垂危者亦有數人。

### 敵機昨襲南海縣

中央社廣州二十六日電。二十六日午十二時四十分。敵機三架。由西南方來襲。經虎門時。遭我高射炮猛擊。在荒山及江面投彈數枚。即升逃遁。我無損失。二時敵機一架。飛南海縣屬白沙投彈。燬村莊數間。死傷農民三十餘人。

### 敵機毀南昌醫院

中央社南昌二十六日電。二十四日午後。敵機襲擊南昌時。教會設立之婦幼醫院。中一彈。炸斃平民七人。傷男女勞工五十八人。被災者計八十五戶。共被災人民之慘狀。不忍卒睹。敵軍此種野蠻行爲。適足以增加我民族抗敵到底之決心。

### 敵機又飛粵滋擾

中央社廣州二十六日電。二十六日上午一時至四時。敵機四架。輪流來襲。飛經廣州上空。在黃埔港投兩彈。死傷江面漁戶數十人。旋復飛淸遠縣屬。砲江附近村落。投兩彈。燬民居三十餘間。死傷鄉民數十人。經我機隊追逐。四時許向南遁去。

### 贛閩邊發現敵機

中央社南昌二十六日電。二十六日上午十時。贛閩邊境發現敵機六架。由東南向西北方飛來。防空部當發出警報。敵機至贛東各縣上空盤旋。在貴溪投彈數枚。損失待查。至十一時許。敵機均向東南飛去。本市始解除警報。

中央社南昌二十六日電。敵機六架。二十六日上午十時。在贛東貴溪縣投彈六枚。傷農夫三人。又在上饒投彈三枚。傷鄉民數人。

### 請各國注意假機

中央社南京二十六日電。敵方慣施卑劣手段。今又得一例證。即廣德突發現冒飾我國徽之敵機投彈。是二十六日晨十時十分。廣德方面。發現飛機兩架。由東南方飛來。我方聞報。即加戒備。迫該二機飛近時。見其機身。飾有我國之徽。形式亦與國機酷似。且飛行甚低。僅離地面五百尺。咸認爲我機歸來。詎該二機。突擲下二彈。幸均落於牆根。無何損傷。我當局以敵方此種行爲。實屬卑劣已極。非第可以加害於我。且易引起國際誤會。頃特通知滬租界當局。及各國軍艦。予以切實注意。

### 羅家倫沉痛談話

中央社南京二十六日電。敵機二十五日下午四時半。第六次襲擊首都時。中央大學三學院。全部被炸燬。該校醫學院。與市府合辦之衛生事務所。同時被炸燬。記者今晨。前往調查時。適遇羅校長家倫。羅氏於憤慨之餘。對記者發表談話如次。中大被敵機轟炸。此係第四次。（按第一次在十五日。第二次在十九日傍晚。第三次在二十六日深夜。）文化機關。而遭肆意轟炸。彼有何說。日本軍人。應認識每一飛機炸彈。在中國教育上之意義。其深刻遠過於百萬本反對日本之書籍。每一個炸彈。在文化機關轟炸後之裂俱。在中國青年腦海內。是永遠不能消滅的。這幾句話。至少希望日本能敎育家。能夠注意。

——摘自《湖南国民日报》，1937年9月27日

# 請看敵軍之殘酷

□釘傷兵於壁再逐一槍殺

□腰斬幼女强姦五十婦人

□劉總指揮之電告

劉總指揮。昨電令云。（銜略）據霍揆彰蒸電稱敵于北塘口退卻時。將我傷兵十餘名。釘於壁上。再逐一槍殺。又顧家油車有四齡女孩。被其腰斬。又有五十許婦人被强姦后。割去陰戶。敬聞等由除分電外。希將敵人殘酷行爲。分飭所屬並各該防區民衆一體知照爲要。劉建緒哿（二十）參謀，（命）

——摘自《湖南国民日报》，1937 年 9 月 27 日

# 敵機轟炸首都詳報

南京二十六日電：敵機九十六架、於昨上下午分五次來京轟砲、我文化衞生慈善等機炸多被摧殘、商店及平民住宅、被炸毀者亦不少、致平民百餘人、因日軍之殘暴行爲、而慘遭犧牲、二十六日各被炸機關、均以最敏捷之方法、從事整理佈置、恢復工作、清潔總隊、及紅十字會、今日仍在各被炸地點從事收拾殘物、餘屍計在中山東路檢獲屍體七具、三條巷三具、大世界一具、胡家巷一具、百子亭一具、此種屍體、多已斷肢殘臂、焦頭爛額、慘不忍賭、敵軍慘無人道之野蠻行爲、於此暴露無遺、記者今日前赴各被炸地點視察、親睹中央醫院後面所落炸彈一枚、被毀地廣及十三四公尺、深及六七公尺、可知其所擲炸彈、必爲五百公斤以上者、敵軍深知該醫院建築堅固、故施用此種巨量炸彈、以破壞我最重要公益機關、又在中央大學文學院附近、投下一彈、亦爲五百公斤以上、敵軍蓄意破壞我最高學府、昭然若揭、據記者調查、昨日被炸者倘有劉公祠、針巷、中山碼頭、美新煤炭廠、三汶河、致和街、觀音寺、頭條巷、二條巷、胭脂巷、牢豬巷、大紗帽巷、和平街、和合里、峨嵋路、等多處、幸多數居民、均躲入避難室、內未及難至被炸身死者、均屬平民京市、昨日雖遭受此嚴重之空襲、一般市民、仍能力持鎭靜、沉著應付、今日雖値星期日、各機關團體、仍照常工作、敵機此種不顧人道及國際公法之野蠻行動、予本市以若干之破壞、雖然百萬市民、同仇敵愾之心、一因此愈爲堅强不拔矣、

——摘自《力报》（长沙），1937 年 9 月 27 日

南昌教會醫院被炸

# 敵機又襲粵贛皖

## 二敵機冒我國徽飛廣德投彈

## 粵漢續掘發殘骸

廣州二十六日電：二十六日上午一時至四時、敵機四架輪流來襲、初經廣州上空、在黃浦港投四彈死傷江面漁戶數十人、旋復飛清遠縣屬琶江附近村落投兩彈、燬民居三十餘間、死傷鄉民數十人、經我機隊追逐、四時許向南遁去、

廣州二十六日電：二十六日午十二時四十分、敵機三架、由西南方來襲、經虎門時、遭我高射炮猛擊、在荒山及江面投彈數枚、即行逃遁、我無損失、二時、敵機一架、飛南海縣屬白沙投彈、燬村莊數間、死傷農民三十餘人、（中央社）

南昌二十六日電：敵機六架、二十六日上午十時、襲贛東貴溪縣投彈六枚、傷農夫三人、又在上饒投彈三枚、傷鄉民數人、

南昌二十六日電：二十六日上午十時、贛閩邊境發現敵機六架、由東南向西北方飛來、防空部當出警報、敵機至贛東各縣上空盤旋、在貴溪投彈數枚、損失待查、至十一時許、敵機均向東南飛去、本市始解除警報、

南昌二十六日電：二十四日午後敵機襲擊南昌時、教會設立之婦幼醫院中一彈、炸斃平民七人、傷男女勞工五十八人、被災者計八十五戶、其被災人民之慘狀、不忍卒睹、敵軍此種野蠻行爲、適足以增加我民族抗敵到底之決心、（中央社）

南京二十六日電：敵方慣施卑劣手段、今又得一例證、即廣德突發現冒飾我國徽之敵機擲彈、是日二十六日晨十時十分、廣德方面發現飛機兩架、由東南方面飛來、我方聞報、即加戒警備、迫該二架飛近形、見其機身適有我國國徽、式亦與國機酷似

、且飛行甚低、僅離地面五百尺、咸認爲我機歸來、詎該二機突投下二彈、幸均落於牆根、無何損傷、我當局以敵方此種行爲、實屬卑劣已極、非第可以加害於我、且易引起國際誤會、頃特通知滬租界當局、及各國軍艦、予以切實注意、（中央社）

——摘自《力报》（长沙），1937年9月27日

## 敵機襲京之損壞一斑

◎南京二十六日中央社路透電、今晨二時四十五分、空襲之警報又作、居民甫經全日之震恐、又從睡夢中驚醒、衆聞警報、匆遽披衣、趨入避彈室、維時巨風怒號、甚覺寒冽、但敵機並未出現、一小時後、警報解除、衆復安心就寢、昨日敵機來襲、有一炸彈落於鐵道部軍政部之間、距英大使署僅四百碼、敵機之轟炸下關電力廠、英砲艦蜜蜂號與蚊號之水手均曾旁觀、因兩艦泊處均在電力廠二百碼內也、中國當局謂昨日死者共四十人、傷者倍之、電力廠與自來水廠昨均受損、暫時發生妨礙、今晨已復原狀矣、全國衛生署全部被毀、中央醫院險中重量炸彈兩枚、兩枚重約五百公斤、地面炸成巨穴、外人目擊者對於敵機希圖摧毀全國衛生中心點、均爲惶惑不解、國聯衛生專家波爾西克氏之辦公所設於衛生署、昨曾目覩該署毀於敵人無情之炸彈、當敵機由雲霄突下向衛生署擲彈時、聞有兩架墜毀於下關電力廠營業部附近、外人目擊者曾見轟炸機一架半沒於電力廠附近之池中、駕機員炸落距機百呎之外、頭顱與兩手兩腿均與其軀體分開、一彈落於新設之國際聯歡社附近之池中、致附近一帶、死魚狼藉、敵機肆虐、雖細鱗亦不保其生、殊可嘆也、數外人曾在義大使署目擊數彈在距宋子文住宅百碼之內爆炸、中央大學校長羅家倫語路透訪員謂、該大學之美術科與公共衛生處、全爲敵機炸毀、幸公共衛生處中有病人五十、適於晨間運往他處、否則恐全將罹難矣、此爲敵機第四次轟炸中央大學云。

（滬訊）日機前日襲京、對於文化機關濫施轟炸、除中央社總社被毀外、並悉法國之哈瓦斯社、美國之美聯社及德國之海通社等在京辦事處、亦均遭日機炸毀、滬上中外同業聞訊、昨日紛電慰問云、

——摘自《时报》（上海），1937年9月27日

寇機肆虐

# 廣州市民死傷纍纍

查明者達二百〇六人

（中央社）廣州二十六日電。敵機連日轟炸粵垣。截至二十五日晚止。市民慘死已查明者。達二百〇六人。今晨掃除東華東路。東猪欄。西草路。陳家祠。朝天街。大塘街。雙槐洞。白雲路。及廣雅中學等。被毀民居。復於瓦礫中。掘獲死屍體五十六具。均焦頭爛額。肢體不全慘不忍覩死者家族圍繞搜尋親屬。其有尋獲者抱屍哀號。慘不忍聞。其不獲者。徬徨失措。有若癲狂。重傷救治罔效。在醫院殞命者。截至今午止。已達七十九人。

——摘自《全民日报》（长沙），1937 年 9 月 27 日

日寇襲京時

# 專燬文化善慈機關

仇視國際正義不顧人道

（中央社）南京二十五日電。據某軍事家談稱。敵機二十五日。大肆轟炸首都。其被炸之地。均爲非戰鬥人員之所在。還肆野蠻之獸性。其目的。在欲蹂躪我國平民。摧毀我文化衛生慈善機關。爲明顯。日前各國以長谷川通告轟炸南京之計劃後。曾紛向日政府提出嚴重抗議。日方雖曾表示避免轟炸非戰鬥人員。但以二十二日及二十五日兩日轟炸之結果觀察。適足證明敵人之仇視國際正義與不顧人道。此殆爲一種對各國抗議之正式答覆矣。

——摘自《全民日报》（长沙），1937 年 9 月 27 日

寇機四架

# 昨又襲廣州

在黃浦投彈四枚

毀屋卅間人數十

中央社廣州二十六日電。二十六日上午一時至四時。敵機四架輪流來襲。飛經廣州上空。在黃浦投兩彈。死傷江面漁戶數十人。旋復飛清遠縣屬琶江附近村落投兩彈。燬民屋三十餘間。死傷鄉民數十人。經我機隊追逐。四時許向南逃去。

## 南亦現寇機

中央社廣州二十六日電。二十六日午十二時四十分。敵機三架由西南方來襲。經虎門時遭我高射炮猛擊。在荒山及江面投彈數枚即行逃遁。民無損失。二時敵機一架飛南海縣屬白沙投彈。燬村莊數間。死傷農民三十餘人。

——摘自《全民日报》（长沙），1937 年 9 月 27 日

劉總指揮電告

# 敵人殘酷行為

傷兵被釘逐一槍殺

五十婦女割去陰戶

劉總指揮昨電令云（銜略）據霍揆彰蒸電稱敵於北塘口退却時將我傷兵十餘名釘於壁上再逐一槍殺。又劉家油車有四齡女孩。被其腰斬。又有五十許婦人被強姦後。割去陰戶。敬開等由除分電外。希將敵人殘酷行為。分飭所屬並各該防區民衆一體知悉為要。劉建緒叩（二十參課。

## 彭松齡電告參戰勝利

第十六師師長彭齡松近在湘滬參加抗敵戰爭。洪獲勝利。曾誌前報。茲悉彭師長又於昨日電呈何主席。略云。職師此次在劉行綫與敵激戰。戰況極為猛烈。職師死傷近千。敵三倍於我。繳獲戰利品無算。甚得中央高級指揮之嘉獎。已發給特。職現奉命扼守劉行綫。無論如何。絕不退卻。以期無負鈞座之訓示等語。殊彰師作戰如此勇敢。足發揚我湘軍之勞譽也。（志）

——摘自《全民日报》（长沙），1937 年 9 月 27 日

**Canton Is Heavily Bombed**

Special Cable to THE NEW YORK TIMES.

HONG KONG, Monday, Sept. 27.—Canton is again experiencing a severe air raid. A single plane appeared near the city last night and dropped two bombs on the outskirts, causing no damage, but this morning at least six bombers appeared and heavily bombed various objectives. They concentrated on the railway terminals.

Three bombs hit the Wongsha station, the terminus of the Canton-Hankow Railway, and fires have broken out in various places.

——摘自《纽约时报》（The New York Times），1937 年 9 月 27 日

# NANKING RECOVERS FROM VAST RAIDS

## Total of Dead Put at 100, but More Bodies Are Being Found as Debris Is Removed

## CAPITAL NOT TO BE MOVED

## Foreign Office Charges Foes' Planes Carry Chinese Emblem in Raid on Kwangteh

Wireless to THE NEW YORK TIMES.

NANKING, China, Sept. 26.—Nanking today concentrated its energies on effacing and alleviating the effects of yesterday's terrific Japanese air bombardments. The labor corps worked at a forced pace removing the debris, clearing streets, repairing telephone lines and broken water mains. Special efforts were made to restore the central power station to normal service.

Rain and low hanging clouds presumably were responsible for the peaceful Sunday the capital experienced.

A surprising number of shops reopened and the citizenry generally displayed remarkable equanimity. A Government spokesman repudiated the suggestion that frequent repetitions of such raids would make it advisable to transfer at least the civil arm of the Government far into the interior.

"We are not surprised by the barbarity and the military insignificance of Saturday's attack but we are unanimously determined to hold our capital and we refuse even to consider the possibility of being driven out," the spokesman insisted.

Foreign observers termed yesterday's bombardment the fiercest ever carried out against any city in the history of aviation and voiced grave doubts whether the people and the Government would be able to endure the tension. Fear has prostrated many at unthreatened points.

Among the many institutions operating today despite the damage were the Central News Agency, the usual Chinese and English church services and nationwide radio broadcasts.

Official Chinese reports put yesterday's casualties at fewer than 100 but more dead are constantly discovered as wreckage is removed. The property loss was remarkably small; about 1,000,000 Chinese dollars. The National Health Administration buildings suffered $200,000 damage.

Dr. Y. L. Mei, a Johns Hopkins University graduate, bitterly condemned the bombing. He stressed that the hospital of the Health Center had a large red cross painted on top of the building. Several Red Cross ambulances were destroyed but 150 civilian patients in the building were not injured.

British consular officials announced that British losses were slight. Two lumber yards and one jetty were hit.

The Chinese Foreign Office spokesman denied tonight renewed Japanese allegations of a secret mutual-assistance pact between China and Russia. The report was termed "sheer fabrication."

The Foreign Office, in a communication to all foreign embassies and legations in China, charged Japanese planes were painting the Chinese emblem on their wings. Reporting that two such planes dropped bombs on Kwangteh today, the note informed diplomatic missions of "the treacherous, unlawful practice of the Japanese, in the hope that in the interest of law, justice and the safety of third parties such unlawful practices will be stopped." [In Shanghai a Japanese spokesman denied that Chinese insignia had been used by the raiders.]

The note also calls attention to the possibility of Japan's attempting thus to shift responsibility upon China for losses of foreigners' lives and damage to foreign properties caused under such disguise. The note also declared the Chinese forces had never used Japanese emblems as a war ruse.

——摘自《纽约时报》（The New York Times），1937 年 9 月 27 日

# 敵潛艇在港海面肆虐
# 炸沉我漁船十餘艘
## 漁民多炸成虀粉葬身魚腹
## 傷者飄流海面僅少數獲救

國民香港廿七日電　據今日抵此之中國沙船漁人十名言、去香港三十英哩之海面上、有中國沙船十二艘、漁人三百名、於五日前突受日本潛水艇之襲擊、該沙船十餘艘當被擊沉、漁人多爲炸成虀粉、葬身魚腹、其中一艘及其船員、雖皆受傷、但仍能開往香港、至受傷未死者、大抵緊攫炸毀船隻之碎木、飄流海中、歷時五日　始獲德郵船香霍斯脫號之援救、唯大多數人、則多以受創過重、力竭不支、於三四日後、即行滅頂云、

中央香港路透廿七日電　德船商賀斯特號今日抵此、載來其在海上救起之華人十名、據船長稱、今晨在香港外遙見多人、據一木筏、浮於海上、渠乃將船駛近、察見九男一女、而男子中且有三人受重傷、船員旋將遇難者救起、施以急救、給以衣食、據難民言、彼等業漁、共三百餘人、分乘漁船十二艘、九月廿二日在基朗鈎(譯音)角外捕魚時、倏遭日潛艇一艘攻擊、有漁船一艘在砲火下、揚帆逃出、餘十一艘被一一擊沉、受傷男女幼孩在水中撐持呼號、日潛艇仍繼續其殺人工作、不加援救、卒乃駛去、其死裏逃生者、僅彼等十人而已、此十人多數受傷、現已送入醫院、估計死者婦孺約百人、男子約二百人、中國漁民大都以船爲家、所有眷屬悉在船上、故死亡若是之多、其中來自澳門與廣州者殆居多數、聞其中有在香港註册者、香港警察因此正着手調查、

——摘自《时事新报》（上海），1937 年 9 月 28 日

# 敵機轟炸草屋
# 貧民慘遭浩刧

中央南京路透念七日電　據浦口電話、日機今晨所投之炸彈、擊中貧民草屋死三人、傷三十人、午時襲擊、則炸毀路軌四十尺、與貨車三輛、並有一彈落於浦口初等小學之外、死一人傷十餘人、約距浦口北十哩之永利化學廠・今晨亦被炸毀・聞共擲彈九枚、但該廠主要部份之房屋、甚巍然存在也、泊於下關之外艦人員、覩今日之空襲情形・甚爲明瞭・彼等駐實炸彈擊中草屋、幷見一電桿爲炸彈擊毀、美孚油行經理米德在美孚山之巔目覩兩次空襲、頃渠告路透記者、第一次空襲中之日機十二架、向下游老虎山砲台投彈轟炸・惟距渠處相隔甚遠、故轟炸之結果、莫能言之、至於第二次襲擊情形、則渠能明白覩之、日機從甚高處轟擊浦口車站、投彈頗多・炸彈落處、距其目標輒在二百碼以外、多落於江中、間有擊中車站南北兩面之煤棧與貨棧者、據南京法領署人員稱、星期六日日機襲擊時、有炸彈四枚各重五百磅落於距法領署不足一百碼之處、

中央南京廿七日路透電　今日日機兩次來襲首都、第一次居民僅遙見敵機、因敵機似專事轟炸下游十五哩之各地點也、旋悉彼等在燕子磯下八卦洲擲彈　警報於晨十時發出後卅分、敵機現城北天空・其數未詳、就炸彈轟發聲　與高射砲彈在天空發出之烟痕察之、敵機乃向東北飛行、遠望祇見敵機五六架・後悉來襲者共有十一架、警報既作、下關中國商船卽駛至上游、泊於距北約五哩處、以避轟炸、旋見中國驅逐機在沿江上下、從容翱翔、偵察敵機行動並迎頭截擊、十一時警報解除・一小時後復有敵機十餘架飛至・來自東北、在浦口天空作單行環飛、依次擲落炸彈、其目的殆在津浦路車站、繼向東北飛去・

——摘自《时事新报》（上海），1937 年 9 月 28 日

# 敵潛艇襲我漁船

## 慘斃逾三百

### 港政府正考慮保護漁民 並如何裁制此遠東海盜

（中央二十七日廣州電）據外人消息、本月二十二日有日本潛艇一艘、在香港領海南方、追擊中國漁船、將漁船十二艘全部擊沉、死漁民及妻孩逾三百人、時適有德郵輪沙賀號駛經海面、救起十人、均已重傷、該輪抵港後、即送醫院救治、據香港當局調查、被沉漁船、均曾向港政府註冊、現港政府正考慮如何裁制此遠東之海盜行爲、俾漁民得安然在港海附近捕魚、

（合衆二十七日香港電）據今日抵此之中國沙船漁人十名言、去香港三十哩之海面、有中國沙船十二艘、漁人三百名、於五日前、突被日潛艇襲擊、當被擊沉、漁人多炸成粉齏、其中一艘及其船員、雖皆受傷、但仍能駛港、至受傷未死者、大抵緊握炸毀船隻之碎木、飄流海中、歷時五日、始獲德郵船香霍斯脫號之援救、唯大多數人、則多以受創過重、力竭不支、於三四日後、即行滅頂云、

——摘自《东南日报》（杭州），1937年9月28日

# 刼後之武漢

### 死傷平民約在五百以上 被燬平民居室約三百間

中央社漢口通訊。敵機十餘架。於昨日（二十四）下午四時許。來襲武漢附近。經我空軍截擊於葛店附近。發生激戰。旋有敵機數架。乘機侵入武漢上空。飛行高度約在三千尺左右。

**投彈地點**

我空軍及高射部隊當即猛烈轟擊。敵機於我平民麕集之所。倉皇投下爆炸彈數枚後。即行逃去。敵機投彈之處。現已查明者。有漢口漢正街福元茶樓。泉隆巷。竹牌巷。寧紹碼頭江面。武昌文學中學。漢陽、頭高公橋雙街務滋里等處。

**被炸情形**

中央社記者目視各被炸處所情形。至爲悽慘。三鎮死傷平民約在五百人以上。被燬平民居室約三百間。漢口漢正街一帶。電線震斷。若于傷者。呻吟于黑暗之中。情狀殊覺慘痛。

**防護工作**

當[illegible][illegible]到達訊[illegible]時。防護團立在黑暗中沿途工作。若于受傷民衆。由担架隊陸續舁入附近之普愛醫院內施救。有老婦數人及兒童多名。啼哭于街頭。經警察力加勸慰。啼聲始止。普愛醫院內。至七時左右。已收容輕重傷者約百五十人。後至者均由防護團長陳希曾。指示舁往市立醫院或其他醫院救治。普愛醫院全體醫生護士。咸手持燭光。爲傷者裹創。極爲忙迫。

**傷者慘狀**

有受傷者多人。渾身血污。或則頭顱破碎。或則腸流腹外。或則背折足斷。令人目不忍覩。有幼童二人雙足均被炸去。僅存半截身體。又有苦力一人。渾身均成烏黑色。係爲烈火灼傷者。市立醫院院長李博仁。並親自在場照料一切。

**一片瓦礫**

漢昌肥皂廠屋檐下。懸有煤氣燈一盞。照明對街被炸之福元茶樓及其附近商店住戶。約卅家。已成一片瓦礫。該處街道之上。遍地都是玻璃碎片。及瓦片木屑。附近有一磁店。離炸彈落點約五十公尺。店內磁器十之七八。均被震碎。怡心茶樓至普愛醫院一帶。迄晚猶禁止車輛通行。因救傷之担架隊。仍絡繹于途也。

**貧民遭殃**

泉隆巷被炸之處。爲貧苦民衆麕集之所。被毀居室約二十餘間。並曾起火。幸消防隊搶救得力。隨即撲滅。竹牌巷被毀房屋約三十間。此兩處受傷平民。現尙無確切統計。至於死亡人數。截至晚間。發現者僅屍六具。大部屍體尙在瓦礫之中。大約今日即可查明。寧紹碼頭所落之彈。沉于江底。並未爆炸。故無損失。

**武昌方面**

武昌方面文學中學操場中央。落一燒夷彈。無損失。惟該校有學生名程超者。在三樓病室養病。腦部中敵機關槍彈。立即殞命。候子街亦有一小孩中彈而死。

**漢陽方面**

漢陽方面。敵機所投之彈共五枚。分落於山頭雙街務滋里等處。其中以務滋里中兩爆炸彈。全里房屋十九倒塌。居民死傷約二百餘人。附近一茶場全毀。省會市政處處長楊錦昱。會同省會防護團長蔡孟堅。及黃佑南等。均澈夜在該處指揮團員工作云。

又訊昨日（二十四日）敵機轟炸武漢。各處遭難民衆大都爲苦力或小攤販。現無家可歸之難民至少在千人以上。

——摘自《湖南国民日报》，1937 年 9 月 28 日

## 敵機昨又襲犯京粵

# 並沿粵漢路投彈

## 浦口平民生命房屋均遭損壞

## 粵漢路南站被敵機投擲二彈

南京二十七日電。敵機今日又來空襲。八掛洲浦口方面平民生命房屋均遭鉅大損壞。

### 三次襲京

第一次敵機十餘架。於上午十時許來襲。與我空軍在郊外八掛洲遭遇。敵機未得侵入市空襲擊。僅在該處投彈數枚而去。第二次敵機九架。於下午四時十分。沿京滬線飛來。在浦口上空盤旋半小時。共投重量炸彈十餘枚。津浦路局。受相當損傷。浦口小學及扶輪小學校舍一部被燬。小河南下碼頭和成街等處。民房炸燬甚多。死傷二十餘人。屍髓分裂。慘不忍睹。及敵機於三叉河距法艦二百八尺之處。投下五彈。聞法軍艦當局。均甚憤懣。

### 未入市區

敵機投彈後。仍企圖侵入市空。經我空軍抵禦。未能得逞。即遁去。至下午一時一刻。該九架敵機。復又闖入我警戒綫。企圖作第三次轟炸。亦被我空軍防空部隊擊退。

### 法艦圖襲

南京二十七日電。浦口三叉河。停泊有法艦一艘。今日敵機襲擊下關時。曾投彈數枚。落於該艦二百公尺之地方。幸未命中。敵機此項舉動。似係有意襲擊。敵機用意。現尚不明。法海軍當局。對此甚為憤懣。

### 襲犯廣州

中央社。廣州二十七日電。敵機三十架。二十七日下午二時。分數隊第四次來襲。與我機隊。在市郊遭遇激戰。未入市區。僅在西北郊。石井附近。投數彈。即沿粵漢路北飛。在江村站以北投彈。至四時許。分向南方逃逸。

### 炸燬村落

中央社。廣州二十七日電。二十七日下午五時十五分。敵機復第五次威脅廣州上空。此次僅三架。由西南方向北急飛。至五時五十五分。復向南飛去。

中央社。廣州二十七日電。敵機三架。於二十七日下午五時許。飛經珠江口西岸蓮石灣。炸燬村落一處。死傷五十餘人。

### 突放機槍

中央社。廣州二十七日電。二十七日上午零時五十分。敵機一隊。繞道過西郊。沿粵漢路北飛。竊伺我交通要區。至三時十分。突有敵機一架。由西方抄入市區上空。飛往東北郊。往東盤旋。至三時三十九分。該敵機復由東南。向市北進發。抵長庚路。與粵秀山飛之間。突放機關槍一排。向下掃射。流彈掠空而過。

### 呼呼有聲

時我高射機關槍隊。亦還槍仰擊。敵機知我有備。倉惶高飛。向東逃去。市民方擬安寢。詎至

五時五分。復有敵機。自北方飛來。掠過市區上空。向南飛粵漢路江村以上投彈。直至六時四十分始解除警報。

### 轟擊南站

中央社。廣州二十七日電。敵機十架。二十七日晨八時半。分兩隊第三次來襲。一隊四架。由西南方飛入市區。向粵漢路南站投彈三枚。一為燒夷彈。落站外空車房。起火。幸消防隊立即趕到施救。當即撲滅。死路警第六分所第二分駐所所長陳玉章。傷警兵二名。練習生一名。一彈落該路四側鄉家祠附近。燬民居三十餘間。死傷百餘人。

### 死傷難民

第三彈落站外避難所門前。死傷避難市民二十餘人。記者赴被害地點調查。見消防隊救護隊。在瓦礫場中。從事救護工作。被炸死屍。而目焦黑。無從辨認。一般難民。扶老携幼。翻磚覆瓦。哭聲震天。以尋覓其劫後之殘餘骨肉。

### 炸粵漢路

另一隊六架。沿粵漢路飛江村站投彈。炸燬該站附近橋祠許。又在大朗站投彈。燬工房一所。幸未傷人。敵機於銀盞坳投彈十餘枚。均落荒野。無礙該路交通。

——摘自《湖南国民日报》，1937年9月28日

# 粵南站避難所被炸燬

# 敵機沿粵漢路投彈

## 下午復四次襲粵被我擊退

## 敵艦昨又向虎門砲台開砲

廣州二十七日電：敵機十架、二十七日晨八時半、分兩隊第三次來襲、一隊四架、由西南方飛入市區、向粵漢路南站擲彈三枚、一爲燒夷彈、落站外空車房起火、幸消防隊立卽趕到施救、當卽撲滅、死路警第六分所第二分駐所所長陳玉章、傷警兵二名、練習生一名、一彈落該路西側鄭家祠附近、燬民房三十餘間、死傷百餘人、第三彈落站外避難所門前、死傷避難市民二十餘人、記者赴被害地點調查、見消防隊救護隊、正在瓦礫場中從事救護工作、被炸死屍面目焦黑、無從辨認、一般難民、扶老携幼、翻磚覆瓦、哭聲震天、以尋覓其刧後之殘餘骨肉、另一隊六架、沿粵漢路飛江村站投彈、炸燬該站附近橋洞少許、又在大朗站投彈、毀工房一所、幸未傷人、敵機於銀盞坳投彈十餘枚、均落荒野、無礙該路交通、（中央社）

廣州二十七日電：二十七日上午零時五十分、敵機一隊繞道過西郊、沿粵漢路北飛、窺伺我交通要區、至三時十分、突有敵機一架、由西方抄入市區上空、飛往東北郊、往來盤旋、至三時三十五分、該敵機復由東南向市北進發、抵長庚路、與粵秀山麓之間、突放機關槍一排、向下掃射、流彈掠空而下、呼呼有聲時、我高射機關槍隊、亦還槍仰擊、敵機知我有備倉皇高飛、向東逃去、市民方擬安寢、詎至五時五分、復有敵機自北方飛來、掠過市區上空、向南飛至粵漢路江村以上投彈、直至六時四十分、始解除警報、（中央社）

廣州二十七日電：敵機三十架、二十七日下午二時、分數隊第四次來襲、與我機隊在市郊遭遇激戰、未入市區、僅在西北郊石井附近投數彈、卽沿粵漢路北飛、在江村站以北投彈、至四時許、分向南方逃遁、（中央社）

廣州二十七日電：二十七日下午五時十五分、敵機復第五次威脅廣州上空、此次僅三架、由西南方向北急飛、至五時五十五分、復向南飛去、（中央社）

廣州二十七日電；敵機三架、於二十七日下午五時許飛經珠江口西岸蓮石灣炸燬𡈽落一處、死傷五十餘人、（中央社）

廣州二十七日電、二十七日晨敵艦向虎門沙角砲台開砲時、有敵機三架、飛臨要塞上空、用機槍掃射、幷飛向沙角投彈、我砲台防備鞏固、幷無損失、

廣州二十七日電；敵驅逐艦兩艘、二十七日晨六時許再犯虎門、向沙角砲台用炮十餘響、虎門要塞司令陳策、當卽親率防軍、沈續應戰、俟敵艦駛近、突發重炮擊中、敵艦舵樓敵艦負傷、相率向赤灣方面逃遁、我要塞無損失、（中央社）

——摘自《力报》（长沙），1937年9月28日

## 中國漁船十二艘被敵艦擊沉

港領海內之海盜行為　死漁民三百餘人

廣州二十七日電：據外人消息、本月二十二日有日本潛艇一艘、在香港領海內南方追擊中國漁船、將漁船十二艘全部擊沉、死漁民及妻孥逾三百人、時適有德郵輪沙賀駛經海面、救起十人、均已重傷、該輪抵港後、即送醫院救治、據香港當局調查、被沉漁船、均會向港政府註冊、現港政府正考慮如何裁制此遠東之海盜行為、俾漁民得安然在港海附近捕魚、

——摘自《力报》（长沙），1937年9月28日

## 敵機慘炸後之武漢

死傷平民五百餘被毀民居三百間

無家可歸者至少在千人以上

漢口通訊：敵機十餘架、於昨日（二十四日）下午四時許來襲武漢、經我空軍截擊於葛店附近、發生激戰、旋有敵機數架、乘機侵入武漢上空、飛行高度約在三千尺左右、我空軍及高射部隊、當即猛烈轟擊、敵機於我平民房集之所、已皇投下燒炸彈數枚、即行遁去、敵機投彈之處、現已查明者、有漢口漢正街福元茶樓、泉隆巷、竹牌巷、甯紹碼頭、江面、武昌文學中學、漢陽山頭、高公橋、雙街、務滋里等處、中央

社記者日睹各被炸處所情形、至為悽慘、三鎮死傷平民約在五百人以上、被燬平民居室約三百間、漢口漢正街一帶電綫震斷若干、傷者呻吟於黑暗之中、情狀益覺慘痛、當記者到達該處時、防護隊正在黑暗中分途工作、若干受傷民衆、由擔架隊陸續昇入附近之普愛醫院內施救、有老婦數人、及幼童多名、啼哭於街頭、經聲嘶力加勸慰、啼聲始止、普愛醫院內、至七時左右、已收容輕重傷者約百五十人、後至者均由防護團長陳希曾指示昇往市立醫院、或其他醫院救治、普愛醫院全體醫生護士、咸乎[illegible]燭光、為傷者裹創、極為忙迫、有重傷者多人、渾身血污、或則頭顱破碎、或則腸流腹外、或則臂析足斷、令人目不忍視、有幼童一人、雙足均被炸去、僅存半截身體、又有苦力一人、渾身均成烏黑色、係為熱火灼傷者、市立醫院院長李溥仁、並親自在場照料一切、漢昌肥皂廠屋樑下懸有煤汽燈一盞、照明對街被炸之福元茶樓、及其附近商店住戶約三十家、已成一片瓦礫、該處街道之上、遍地都是玻璃碎片及瓦片木屑、附近有一磁店、離炸彈落點約五十公尺店內磁器十之七八均被震碎、怡心茶樓至普愛醫院一帶、迄晚猶禁止車輛通行、因救傷之擔架隊、仍絡繹於途也、泉隆巷被炸之處、為貧苦民衆麕集之所、被毀居室約二十餘間、並曾起

火、幸消防隊趕救得力、隨即撲滅、竹牌巷被毀房屋約二十間、此兩處受傷平民、現尚無確切統計、至於死亡人數、截至晚間發現者、僅屍六具、大部屍體、尚在瓦礫之中、大約今日即可查明、甯紹碼頭所落之彈、沉於江底、並未爆炸、故無損失、武昌方面、文學中學操場中央落一燒夷彈、無損失、惟該校有學生名程超者、在三樓病室養病、腦部中敵機關槍彈、立即殞命、鐵子街亦有一小孩中彈而死、漢陽方面、敵機所投之彈、共五枚、分落於山頭雙街務滋里等處、其所中以務滋里中兩爆炸彈、全里房屋十九倒塌、居民死傷約二百餘人、附近一菜場全毀、省會市政處處長楊錦昱、會同省會防護團長蔡孟堅、及黃佑南等均徹夜在該處指揮團員工作云、又訊、昨日（二十四）敵機轟炸武漢各處、遺難民衆、大都為苦力或小攤販、現無家可歸之難民、至少在千人以上、

——摘自《力报》（长沙），1937年9月28日

敵人鐵蹄蹂躪下

# 東北青年無自由

當兵必戰死不當兵則殺全家

亡國之慘難以言喻

（中央社）南京廿七日電、軍息、據淞滬前方某師長報稱、前在虬江碼頭一帶作戰『當我部奮勇突、與敵接近時聽敵方說話、多有東北人口音、經問『我們同為中國人、為何受敵驅使、自相殘殺、何不攜械來歸啊一、該兵等當答云、我們何嘗願意、無奈受人壓迫、不能自由、不來當兵、則殺全家、就是來當兵、如有背叛行為、亦殺全家」等語、竊思倭寇肆虐、東北淪陷、我同胞日在敵鐵蹄蹂躪之下、動輒全家被殺、亡國之慘・實難言喻、敵人狼毒、強驅我東北青年壯丁、用作箕燃、進必死於陣前、退則戮其家族、皆用心在殺盡東北青年、使全東北人民除不止、鑁請迅知全國各界、咸以東北同胞處境為鑒、是聞雞起舞、作鐵血之奮鬥、切勿觀望苟安、致有後悔等語、查敵軍壓迫東北青年、驅赴前線作戰、已誌本報、觀於某師長之報告、更可證實前傳之不

——摘自《华西日报》，1937 年 9 月 28 日

# 敵機三次襲京

# 八卦洲上空被截

## 浦口投彈車站及小學被炸

◎南京二十七日中央社電、敵機二十七日又三次來京空襲、八卦洲及浦口方面平民生命房屋均蒙受巨大之損害、第一次敵機十一架、於上午十時許來襲、與我空軍在郊外八卦洲遭遇、敵機未得侵入市空、即在該處投彈數枚而去、第二次敵機九架、於下午零時四十分、沿京滬線飛來、在浦口上空盤旋半小時、共投重量炸彈十餘枚、津浦路局受相當損傷、浦口小學及扶輪小學校均一部被炸燬、小河南下碼頭合成街等處民房炸燬甚多、死傷二十餘人、肢飛體裂、慘不忍覩、又敵機在三汊河距法國軍艦二百公尺地方投下五彈、聞法軍艦方面甚爲憤慨、敵機投彈後、仍企圖侵入市空、經我空軍抵禦未遂、掉頭飛去、至下午一時一刻、該九架敵機復闖入我警戒線、企圖第三次襲犯、亦被我空軍及防空部隊擊退云、

◎南京廿七日中央社路透電、今日日飛機兩次來襲首都、第一次居民僅遙見敵機、因敵機似專事轟炸下游十五哩之各地點也、旋悉彼等在燕子磯下八卦洲擲彈、警報於晨十時發出後卅分、敵機出現城北天空、其數未詳、就炸彈轟發聲與高射炮彈在天空發出之煙痕察之、敵機乃向東北飛行、遠望祇見敵機五六架、後悉來襲者共有十一架、警報既作、下關中國商船即駛至上游、泊於距京約五哩處、以避轟炸、旋見中國驅逐機在沿江上下、從容翱翔、偵察敵機行動並迎頭截擊、十一時警報解除、一小時後復有敵機十餘架飛至、來自東北、在浦口天空作單行環飛、依次擲落炸彈、其目的殆在津浦路之車站、繼向東北飛去、

——摘自《时报》（上海），1937 年 9 月 28 日

## 敵機襲漢 彈炸教會

◎北平廿七日中央社路透電、漢口外人方面消息、九月二十四日日飛機襲擊漢口時、飛行甚低、向英國美以美教會附近中國商店多家擲下炸彈、教會房屋之屋面受損、玻窗震碎、室門皆毀、百碼外之教會醫院、幸未中彈、附近並無軍事目的物、日飛機似圖炸毀醫院、蓋該醫院之建築、在貧民區中、巍然高峙也、

——摘自《时报》（上海），1937年9月28日

## 敵機炸武漢詳情

中央社漢口通訊。敵機十餘架。於昨日（二十四日）下午四時許來襲武漢。經我空軍截擊于葛店附近。發生激戰。旋有敵機數架。乘機侵入武漢上空。飛行高度約在三千尺左右。我空軍及高射部隊當即猛烈轟擊。敵機於我平民麕集之所。倉皇投下暴炸彈數枚後。即行遁去。

敵機投彈之處。**現已查明**者。有漢口漢正街。福元茶樓。泉隆巷。竹牌巷。寧紹碼頭江面。武昌文學中學。漢陽山頭。高公橋。雙街務滋里等處。中央社記者。目視各被炸處所情形。至為悽慘。三鎮死傷平民。約在五百人以上。被燬平民居室約三百間。漢口漢正街一帶電線。震斷若干。傷者呻吟於黑暗之中。情狀益覺慘痛。當記者到達該處時。防護團正在黑暗中分途工作。若干受傷民衆由担架隊陸續舁入附近之**普愛醫院**內施救有老婦數人及幼童多名。啼哭於街頭經警察力加勸慰。啼聲始止。普愛醫院內。至七時左右收容輕重傷者約百五十人。後至者均由防護團長陳希曾指示。舁往市立醫院。或其他醫院救治。普愛醫院全體醫生護士。咸手持燭光。為傷者裹創。極為忙迫。有重傷者多人。渾身血污。或則頭顱破碎。或則腸流腹外。或則**臂析足斷**。令人目不忍覩。有幼童一人。雙足均被炸去。僅存半截身體。又有苦力一人。渾身均成烏黑色。係為烈火灼傷者。市立醫院院長李博仁。並親自在場照料一切。漢昌肥皂廠屋檐下。懸有煤氣燈一盞。照明對街被炸之福元茶樓及其附近商店住房。約三十家已成一片瓦礫。該處街道之上。遍地都是玻璃碎。及瓦。木屑。附近有一磁店。離炸彈落點約五十公尺。店內磁器十之七八**均被震碎**。怡心茶樓至普愛醫院一帶。迄晚猶禁止車輛通行。因救傷之担架隊。仍絡繹於途也。泉隆巷被炸之處。為貧苦民衆麕集之所。被毀居室約二十餘間

。並曾起火。幸消防隊趕救得力。隨卽撲滅。竹牌巷被毀房屋約三十間。此兩處受傷平民。現尙無確切統計。至於死亡人數。截至晚間發現者。僅屍六具。大部屍體尙在瓦礫之中。大約今日卽可查明。單紹碼頭所落之彈。沈于江底。並未爆炸。故無損失。武昌方面。文學中學操場中失落一燒夷彈。無損失。惟該校有學生名程超者。在三樓病室養病。腦部中敵機關槍彈。立卽殞命。筷子街亦有一小孩中彈而死。漢陽方面敵機所投之彈。共五枚。分落山頭雙街。務滋里等處。其中以務滋里中兩爆炸彈。全里房屋十九倒塌。居民死傷約二百餘人。附近一菜場全毀。省會市政處處長楊錦昱。會同省會防護團長蔡孟堅及黃佑南等。均澈夜在該處指揮團員工作云。

又訊。昨日（二十四日）敵機轟炸武漢各處被遭難民衆大都爲苦力或小攤販。現無家可歸之難民。至少在千以上。

——摘自《全民日报》（长沙），1937年9月28日

# 我致諜蘇外部 暴露日寇殘暴

（中央社）莫斯科二十七日路透電。中國大使館二十五日致諜蘇聯外部。詳述日機轟炸和平民衆，難民，紅十字會，救濟隊。以及文化機關等之暴行。並請求蘇聯政府採取相當辦法。以促成此種未開化及無人道行爲之早日停止。該文指明日本在違反國際公法及道德觀念之行爲中。有意企圖實行其全部戰爭之野蠻主義。日本正向中國文化挑戰中。凡和平工作者可居之處。已爲大批毀滅。且竟要求南京之各國使館撤退。使彼得達其毀滅中國首都之目的云云。

——摘自《全民日报》（长沙），1937年9月28日

## The Warfare in China

Japan's terrorism has been extended to the sea. Survivors of a Chinese fishing fleet arriving at Hong Kong yesterday told of the sinking of eleven junks by a submarine with the loss of 300 lives. Other attacks of the same sort were said to have been made. Planes raided Canton and other cities, slaying 100 to 200 civilians. [Page 1.]

The air raids brought condemnation yesterday from the Far Eastern Advisory Committee at Geneva, which adopted a resolution saying "no excuse can be made for such acts, which have aroused horror and indignation throughout the world." [Page 1.]

Britain addressed another protest to Tokyo and the economic boycott of Japan was pressed by peace bodies, churches and opposition parties in Parliament. [Page 12.]

The United States was watching control of customs in North China, and American business men in Shanghai complained the Japanese were trying to set up a system to dominate commerce there. [Page 13.]

The tension between Japan and Russia was marked by the concentration of troops on the borders of Manchukuo, and Tokyo heard the situation was serious. Moscow believed peace would be preserved. [Page 1.]

——摘自《纽约时报》（The New York Times），1937 年 9 月 28 日

## CHINESE DISPUTE CHARGE

### Consulate Here Denies Japanese Prisoners Are Maltreated

An article by Pearl S. Buck that appears in the October issue of the magazine Asia and about which THE NEW YORK TIMES made editorial comment yesterday caused the Chinese Consulate General at New York to issue a statement last night which said:

"The statement by Miss Buck to the effect that Japanese prisoners are maltreated by their Chinese captors is disproved by the statements of the prisoners themselves, which have been conveyed to the Chinese Consulate General by an eyewitness who arrived here from Nanking a few days ago."

The statement said Japanese aviators had been "astonished" to find themselves well cared for by their Chinese captors in Nanking.

"Asked why they had taken part in bombing Chinese civilians," the statement went on, "the Japanese aviators said that they were compelled to follow orders and those had been the orders. They had been told in Japan that the Chinese troops had massacred Japanese civilians all over China and that their bombing of Chinese civilian areas was only being done in retaliation."

——摘自《纽约时报》（The New York Times），1937 年 9 月 28 日

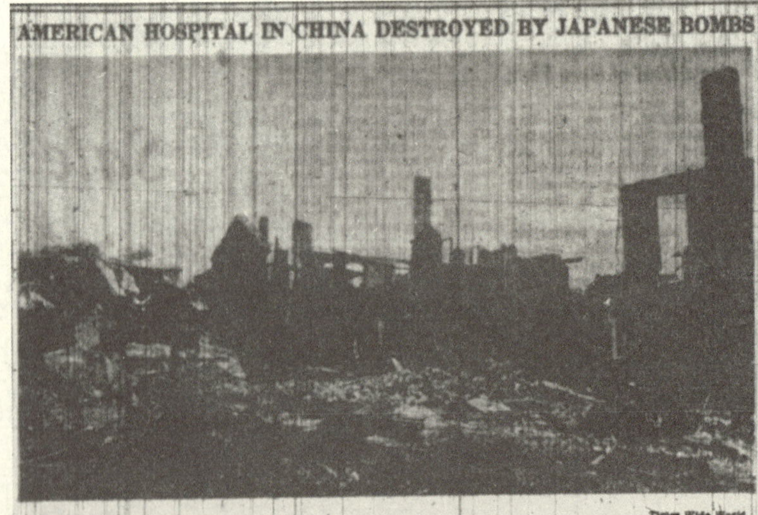

AMERICAN HOSPITAL IN CHINA DESTROYED BY JAPANESE BOMBS

Times Wide World

The ruins of the American Mission Hospital at Nantungchow after eight Japanese bombers raided the city on Aug. 17. One of the bombs fell through the roof of the operating room, exploding on the floor below, killing a surgeon and wounding four assistants and a patient.

——摘自《纽约时报》（The New York Times），1937 年 9 月 28 日

# 300 KILLED AT SEA

## Survivors at Hong Kong Say Warship Made No Attempt at Rescues

### 11 VESSELS SUNK IN RAID

### 100 Women and Children Said to Have Been Among the Victims of Attack

### CANTON, PUKOW BOMBED

### More Civilians Are Killed as Japan's Fliers Continue Blasting at Cities

Wireless to THE NEW YORK TIMES.

HONG KONG, Sept. 27.—While the attention of the world has been centered on Japanese bombing raids upon Chinese cities, another phase of Japan's war against the Chinese has been overlooked. For the past few weeks Japanese warships have been systematically destroying Chinese trading and fishing junks and often displaying callous disregard of human life.

The story of the sinking of a fleet of junks by a Japanese submarine, with the loss of about 300 lives—men, women and children—was brought to Hong Kong today by ten men survivors aboard the German liner Scharnhorst. Several of these survivors were wounded; they were placed in hospitals here. All had drifted on the seas for five days before being picked up by the liner.

They reported that on Sept. 22 a Japanese submarine shelled the fishing fleet of twelve craft not far outside British territorial waters, and some of the junks in the fleet, they said, were of British registry, operating from Hong Kong villages. The men told of the terror in the fleet as junk after junk was sunk by the submarine, which, they said, made no attempt to rescue any one.

**No Chance, Say Fishermen**

Travelers arriving at Hong Kong have been commenting on the absence of Chinese craft along the coast, whereas immediately inside the safety zone of British waters the number of junks reached the hundreds. Tales brought by occasional Chinese fishermen who had managed to escape death and had painfully found their way to Hong Kong all agreed that the Japanese were not giving them a chance, but were sinking and burning indiscriminately. Several captains of steamers have reported sighting derelict junks, some of which showed signs of fire, and picking up a few survivors clinging to planks or other wreckage. Such survivors are absolutely destitute, as their craft, worth on the average 8,000 Hong Kong dollars, and their cargoes are lost without hope of compensation.

Occasionally these patient toilers of the sea have put up a fight, pitting their miserable muzzle-loaders, used generally to keep off pirates, against the might of Japanese naval guns, whereupon they have been blown out of the water, possibly a sole survivor drifting for days and living to tell a tale of ruthlessness.

Thirteen Japanese planes bombed Canton during the forenoon today and five more returned in the afternoon, making the Canton-Hankow Railway their main objective. Wongsha station was badly damaged and a number of workmen were killed or wounded. Chinese observers said the Japanese airmen also deliberately machine-gunned several hundred civilians.

The damage to parts of the railway, including a bridge on the outskirts of the city, was believed to be considerable. Train service has been temporarily suspended.

**100 Women and Children Lost**

HONG KONG, Sept. 27 (AP).—Ten survivors declared today 300 men, women and children were killed when a Japanese submarine sank a fleet of Chinese fishing junks off Cheelongkau Point, on the South China Coast.

They asserted the Japanese submarine rose to the surface suddenly, opened fire and sank junk after junk. While the wounded and dying, including 100 women and children, struggled in the water, the submarine went away.

Only one junk out of the fleet of twelve managed to hoist its sails and escape from the submarine.

Continued on Page Fourteen

# SUBMARINES SINK JUNKS; MANY DEAD

Continued From Page One

For some time the ten survivors drifted helplessly aboard it until they were picked up by the German liner Scharnhorst. They received first aid aboard the liner.

### Timed to Avoid Americans

By HALLETT ABEND

Wireless to THE NEW YORK TIMES

SHANGHAI, Tuesday, Sept. 28.—Acting on the assumption—which is probably not justified—that the last of the 1,200 American refugees from China's interior had reached Canton on a train due there at noon Sunday, Japanese naval planes at 11 o'clock yesterday morning bombed parts of the Canton-Hankow Railway and the towns of Lochang and Ichang.

These raids were executed by more than thirty planes. The Japanese fliers were reported to have been instructed to confine their bombing to destroying railway stations, trackage and freight cars and to avoid moving trains and passenger cars.

A Japanese spokesman here explained that a fortnight ago United States Ambassador Nelson T. Johnson in Nanking notified the Japanese Embassy here that hundreds of American refugees in the interior were gathering at Hankow and would evacuate that city by railway to Canton—and thence to Hong Kong—by Sept. 26 (Sunday). The spokesman declared that since then "Japan had shown the greatest patience and did not bomb this railway until twenty-three hours after the American evacuation was supposedly completed."

Meanwhile, he charged, the Chinese had been taking great advantage of the situation by landing imports of arms and munitions at Hoihow, Hainan Island; from there transporting them to Canton on scores of small steamers and junks, and then shipping them northward through Hankow to the Shanghai and Hopeh fronts.

Asked if safe carriage had been assured to other foreign nationals, besides Americans, on the Hankow-Canton Railway, the Japanese spokesman said other embassies had not informed Japanese authorities regarding the movements of their citizens.

### Civilian Dead at 100 to 200

SHANGHAI, Sept. 27 (AP).—Japanese bombing planes attacked scattered points in Eastern China today, killing an estimated 100 to 200 civilians in a drive to shut off supplies from China's armies.

The new attacks were part of a campaign announced yesterday by Rear Admiral Tadao Honda, Japanese naval attaché, who warned that bombardment of military objectives would be carried out regardless of loss of life.

### Big Chemical Plant Bombed

By F. TILLMAN DURDIN

Wireless to THE NEW YORK TIMES.

NANKING, Tuesday, Sept. 28.—Eight Japanese bombers, protected by four pursuit planes, badly damaged yesterday minor buildings of the Chinese $20,000,000 Yuanli chemical works, about fifteen miles down the river from Nanking on the north bank of the Yangtze.

American experts served in a planning capacity when the factory was constructed two years ago, and much of the equipment is from the United States. The main structures were not damaged.

The arrival of a second group of raiders at Pukow, across the river from Nanking, was heralded at noon yesterday. Diving out of the clouds from a great height nine Japanese bombers made for the railway station, power station and water tower. Some of the bombs wrecked twenty houses near the police station, killing six persons and injuring thirty, all civilians.

Those aboard the United States gunboats Luzon and Guam in the Yangtze watched the bombardment. One bomb dropped in the water at the river's edge 200 yards from the two ships and sent up a huge geyser of mud and water.

Rainy weather, for which Nanking is becoming exceedingly thankful, began late yesterday afternoon, protecting Nanking from further attacks. The capital made great strides toward normal Sunday and yesterday. But more intensified bombings are expected here soon, and the construction of additional bombproof shelters continues. The British Embassy, fearing an attack on the near-by Naval Ministry, is completing a new shelter designed to withstand even direct hits.

Meanwhile, the Chinese are playing up the Japanese air attacks. Chinese cities have reversed the previous policy of minimizing the effects of the bombings. It is asserted 600 were killed or injured in Saturday's attacks. Although many new dead are being discovered here, it is believed the casualties could not greatly exceed 300 for the entire city.

### 30 More Planes Raid Nanking

NANKING, Tuesday, Sept. 28 (AP).—Thirty Japanese war planes bombed this capital of China today in a renewal of the raids with which Japan has declared she will destroy the "base of Chinese resistance."

### Ranger's Escorts Stop at Balboa

Special Cable to THE NEW YORK TIMES.

BALBOA, C. Z., Sept. 27.—The United States destroyers Worden and Hull, escorting the aircraft carrier Ranger from the air conference at Lima, Peru, to San Diego, stopped at Balboa for fuel last evening and left this afternoon to rejoin the Ranger at sea.

——摘自《纽约时报》（The New York Times），1937年9月28日

# 五次擾粵二次犯京
# 敵機襲杭竄甬散毒
## 遍飛各地擲彈轟擊

（中央二十七日南京電）軍息、連日敵機炸我京滬沿綫、係由海軍航空第三第四兩中隊担任、指揮官爲和田、其率領者爲高橋、白相、山下三大尉、（編者按山下已在太倉被俘）

## 再犯首都

（中央二十七日南京電）敵機二十七日又三次來京空襲、八卦洲及浦口方面平民生命房屋、均遭受巨大之損害、

### 第一次

敵機十一架、於上午十時許來襲、與我空軍在郊外八卦洲遭遇、敵機未得侵入市空、即在該處投彈數枚而去、

### 第二次

敵機九架、於下午〇時四十分沿京滬線飛來、在浦口上空盤旋半小時、共投重量炸彈十餘枚、津浦路局受相當損傷、浦口小學及扶輪小學校均一部被炸燬、小河南下碼頭合成街等處民房、炸燬甚多、死傷二十餘人、肢飛體裂、慘不忍覩、又敵機在三汊河距法國軍艦二百公尺地方、投下五彈、聞法軍艦方面甚爲憤慨、敵機投彈後、仍企圖侵入市空、經我空軍抵禦未遂、掉頭飛去、

### 第三次

至下午一時一刻、該九架敵機、復闖入我警戒綫、企圖第三次襲犯、亦被我空軍及防空部隊擊退云、

## 空襲廣州

### 第一次

（中央二十七日廣州電）二十七日上午零時五十分、敵機一隊、繞道過西郊、沿粵漢路北飛、窺伺我交通要區、至三時十分、突有敵機一架、由西方抄入市區上空、飛往東北郊、往來盤旋、至三時三十五分、該敵機復由東南向市北進發、抵長庚路與粵秀山麓之間、突放機關槍一排、向下掃射、流彈掠空而過、砰然有聲、時我高射機關槍隊亦還槍仰擊、敵機知我有備、倉徨高飛、向東逃去、市民方擬安寢、詎至五時五分、復有敵機由北方飛來、掠過市區上空、向南飛至粵漢路江村以上投彈、直至六時四十分、始解除警報、

### 第二次

（中央二十七日廣州電）敵機十架、二十七日晨八時半、分兩隊、第三次來襲、一隊四架、由西南方飛入市區、向粵漢路南站擲彈三枚、一爲燒夷彈、落站外空車房起火、幸消防隊立即趕到施救、當即撲滅、死路警第六分所第二分駐所所長陳玉章一名、練習生一名、傷警兵二名、一彈落該路西側鄭家祠附近、燬民居三十餘間、死傷百餘人、第三彈落站外避難所門前、死傷避難市民念餘人、記者赴被害地點調查

、見消防救護隊正在瓦礫場中從事救護工作、被炸死屍、面目焦黑、無從辨認、一般難民、扶老携幼、翻磚覓瓦、哭聲震天、係尋覓其劫後之殘餘骨肉、另一隊六架、沿粵漢路飛江村站投彈、炸燬該站附近橋洞少許、又在大朗站投彈、燬工房一所、幸無傷人、敵機於銀盞坳投彈十餘枚、均落荒野、無礙該路交通、

◇◇◇第四次 （中二十七日廣州電）敵機三十架

、二十七日下午二時、分數隊第四次來襲、與我機隊在市郊遭遇激戰、未入市區、僅在西北郊石井附近投數彈、即沿粵漢路北飛、在江村站以北投彈、至四時許、分向南方逃逸

◇◇◇第五次 （中央二十七日廣州電）二十七日

下午五時十五分、敵機復第五次威脅廣州上空、此次僅三架、由西南方向北急飛、至五時五十五分、復向南飛去、

（中央二十七日廣州電）敵機三架、於二十七日下午五時許、飛經珠江口西岸蓮石鄉炸燬村落一處、死傷五十餘人、

## 竄杭擲彈

（本市消息）二十七日下午二時另八分、敵機七架、發現於全公亭上空、即向海鹽海甯襲來、經長安至杭州筧橋、盤旋良久、先後投彈四枚、至三時四十五分向紹興方面飛去、經曹娥時、以機槍掃射、無損失、又飛甯波窺探、（國民社）

（本市消息）二十七日下午二時〇八分、全公亭發現敵機七架、經乍浦海鹽海甯、二時五十分竄入杭市筧橋、盤旋窺探、爲時甚久、先後擲彈三枚、在李家井投彈一枚、三時四十五分竄向紹興、在曹娥以機槍掃射、又飛甯波窺察、我以高射機槍掃射、敵機不敢低飛、在高空亂擲炸彈七八枚、我一無損失、又下午二時四十九分、敵機五架、由蘇邊竄吳興武康德清等處窺探、後越南潯仍向蘇省逸去、

## 窺擾曹娥

（本報二十七日紹興電）二十七日下午四時二十分敵水上轟炸機七架、由杭侵入紹興、分兩隊、三架由瀝海所飛曹娥、四架在城內環飛窺察一匝、飛向曹娥、在陶堰投燒夷彈一枚、燬民房一間、東關中心區、投燒夷彈二枚、當即起火、半小時後始撲滅、曹娥某處投二彈、損失甚微、四時四十分敵機竄向甯波、

## 飛甬散毒

（國民廿七日甯波電）廿六日午十一時三十五分敵機兩架在櫟社投彈、又在市區散發黃色白色細粉、據醫化驗、白粉毒性甚烈、人食後數小時內即斃命、黃粉形似砂泥、顯微鏡下觀察頗似蜘蛛、斷爲疫菌、

（國民廿七日甯波電）廿七日下午四時三十分、敵機七架、由杭襲甬、先到櫟社投彈八枚、落胡家祠堂附近、損失未詳、旋又竄入市空、撒下大量毒粉、

（本報二十七日甯波電）二十七日下午五時、敵機七架、在曹娥投擲一彈後、飛鄞櫟社投八彈、無所損失、旋在市區撒放毒粉後、向北逸去、該項毒粉經化驗爲肺癆菌、一說入水即變虫、有毒、現正在繼續研究中、

## 俘敵隊長

（中央念七日蘇州電）念六日上午十時、有敵機九六式一二六號、在太倉縣境受傷墜落、俘獲敵空軍聯隊第二分隊長山下七郎一名、據供籍貫係九州福岡縣久留米市梅滿町九三零番地、父名山下德次郎、並云、中國軍隊之英勇、實出乎日人意料之外、伊甚望早日停止戰事、能得生還、誓不再做軍人、被俘獲後、蒙我方優待、尤爲慚愧云云、

——摘自《东南日报》（杭州），1937 年 9 月 29 日

# 敵機二十三架

# 昨午又襲我首都

## 在嘉興當被我空軍擊落一架

## 敵向浦口難民投彈傷亡極重

（中央社）南京二十八日電。敵機二十三架分兩隊。於二十八日午來京企圖空襲。我空軍聞報。前往迎擊。十二時半在京近郊發生激戰。敵十餘機乘隙竄入京空。我高射炮機槍齊發。敵機盤旋一週逸去。在城外與我軍交綏之敵機。因受重大威脅。急向嘉興一帶遁逃。我空軍奮勇追擊。在嘉興上空將敵轟炸機一架擊落起火。我機以任務已達。均安然返防。事後調查。敵機此次在蕪湖。淮陰及句容一帶投彈甚多。損失待查。

南京二十八日電。敵機於二十五日來京轟炸我非武裝區域時。本市和會街法領事館內曾被擲下一彈。幸無損失。詎昨日敵機又在停泊下關三義河兵艦約二百公尺處擲下五炸彈。我政府某高級官今日語記者。謂吾人除對法國駐京代表及海軍當局表示深切之同情與關心。並覺日空軍此種蔑視友邦財產生命之事。尤表痛恨。又謂對日本軍閥之殘暴行為。實不啻自走滅亡之路。

南京二十八日電。二十五日敵機襲南京時。下關江邊英商祥泰木行。亦被轟炸。計中兩彈。炸燬木牌甚多。該行已將損失詳情電告上海總行。轉告英政府。以便向日方交涉。

南京二十八日電。昨午敵機轟炸浦口時。津浦路局頗受損失。茲查明敵機在浦口所投十餘彈。均係重量炸彈。該路車房被燬。水塔車軌均被燬。最慘酷者莫過於車中所載數百難民。幾全被難。

（中央社）鎮江二十七日電。二十七日午十時。有敵機十二架。過鎮襲京。旋即逸回向東逸去。十二時半又有敵機九架。分兩批在鎮京間上空往來盤旋窺察數周。二時向東飛去。並在鎮焦山對峯和尚洲投一彈。未炸無損失。

——摘自《全民日报》（长沙），1937年9月29日

## 大批敵機轟炸南京

南京廿五日電：敵機九十六架，於廿五日分五次襲擊南京，投彈二百餘枚，被炸的多是文化衛生機關及民房，死傷居民達百餘人之多。當日機來時，我空軍亦奮起迎戰，高射炮亦猛烈攻擊敵機，結果日機被擊落五架

——摘自《新中华报》（延安），1937年9月29日

## ●賊機卅架炸擊南京

▲敵炸擊句容溧水等處飛行場

南京廿八日（美聯社）電，是日賊機卅架又來南京投炸。賊機此次似因歐美各國之抗議，故不向人民繁盛區域投炸，專炸擊南京郊外區域。投彈約十分鐘久，即行逃去，賊機此次向句容 溧水 江都三處飛行場。及軍械局投炸云

——摘自《大汉公报》，1937年9月29日

## More Survivors Confirm Raid Upon Chinese Junks

Special Cable to THE NEW YORK TIMES.

HONG KONG, Wednesday, Sept. 29.—European passengers aboard the steamer Kaying, which has arrived at Hong Kong, report having seen a Japanese destroyer firing on two Chinese junks on Monday evening.

The Kaying also brought two Chinese fishermen, who had been picked up after clinging for five days to a bamboo raft, and they told the same story of a submarine attack Sept. 22 upon a fleet of fishing junks. The details are being sent to London by the Hong Kong government.

TOKYO, Sept. 28 (AP).—The Japanese Naval Ministry denied today that a Japanese submarine had sunk a fleet of Chinese fishing junks. Ten Chinese, brought to Hong Kong yesterday aboard the German liner Scharnhorst, said 300 other Chinese were lost when a Japanese submarine shelled twelve junks. The Ministry called the report "fabricated propaganda."

——摘自《纽约时报》（The New York Times），1937年9月29日

# HULL BACKS LEAGUE IN REBUKING JAPAN

## Says Bombing of Civilians Is 'Contrary to Principles of Law and Humanity'

## SIMILAR TO FIRST PROTEST

### Group Resumes Its Demand for Application of Neutrality Act to the Far East

Special to THE NEW YORK TIMES.

WASHINGTON, Sept. 28.—Secretary of State Cordell Hull gave support today to the action of the League of Nations in condemnation of Japanese aerial bombardment of Chinese open cities and civilians. In a statement he reiterated the view of the United States that such activities were "unwarranted and contrary to principles of law and of humanity."

Mr. Hull read the statement at a press conference after he had been informed of the text of the League's resolution by Leland Harrison, the United States Minister to Switzerland, who is participating in the deliberations of the Far Eastern Advisory Committee of the League but without a vote. It followed very closely the language used in the United States protest of Sept. 22 to Japan against the bombings, a protest to which Japan has not replied.

**Secretary Hull's Statement**

The statement read by Secretary Hull follows:

The Department of State has been informed by the American Minister to Switzerland of the text of the resolution unanimously adopted on Sept. 27 by the advisory committee of the League of Nations on the subject of aerial bombardment by Japanese air forces of open towns in China.

The American Government, as has been set forth to the Japanese Government repeatedly and especially in this Government's note of Sept. 22, holds the view that any general bombing of an extensive area wherein there resides a large populace engaged in peaceful pursuits is unwarranted and contrary to principles of law and of humanity.

Secretary Hull declined to elaborate on the statement or to interpret it. By those skilled in diplomatic analysis, however, it was not considered a direct endorsement of the League's action. Rather it was regarded as evidence of collaboration of the United States with the League in the Sino-Japanese crisis at this juncture through taking official note of the resolution and commenting on it.

Some, stating it more baldly, said it meant that the United States agreed with the League in its position, but reminded the League that "we said it first." The cautious phrasing of the statement was also a reminder that the United States is not accepting the obligations of League membership and still desires to retain its independent judgment.

That the statement was intended to have the full force of an official pronouncement was indicated when Secretary Hull said Mr. Harrison would be at liberty to read it to the Advisory Committee and that it would be made available to other nations, including Japan, in ordinary course as a public announcement.

If the League takes other concrete action or presents definite proposals to the United States, Secretary Hull said full consideration would be given them, but he refused to be drawn into a discussion of hypothetical cases or uncompleted steps.

It was manifest that this was a deliberate policy which he feels will avoid possible misunderstanding. He has reached this decision out of long experience in deliberative bodies, where he has learned that individual suggestions are often not adopted.

It was apparently for this reason that he declined to comment today on a report from Geneva that the United States had intimated that it would be opposed to a conference of powers having interests in the Orient in an effort to solve the Sino-Japanese controversy on the ground that peace was at stake and therefore of interest to the whole world.

The National Council for Prevention of War resumed today its demand for application by the United States of the Neutrality Statute to Japan and China. A study of the record, it declared, showed that the failure to invoke the Neutrality Act was "threatening its nullification and setting a precedent for executive disregard of Congress in war-peace policies."

## LEAGUE CONDEMNS JAPAN

### Assembly Backs Committee's Censure on Bombings in China

Wireless to THE NEW YORK TIMES.

GENEVA, Sept. 28.—Sitting for the first time in its stately new hall, the League of Nations Assembly adopted today its Far Eastern Advisory Committee's resolution of yesterday condemning as inexcusable Japanese bombings of Chinese open towns.

Julio Alvarez del Vayo, the Spanish Government representative, alone spoke in favor of the resolution. He explained that he did so to make clear that Loyalist Spain was not thinking of herself alone. The resolution was adopted with consent given first by silence and then by a burst of applause from almost all the delegates, with the Swiss delegation, headed by Giuseppe Motta, the most conspicuous exception.

The League Council's committee for technical aid to China will meet tomorrow on China's request that the program it adopted for this year be dropped and that all efforts be concentrated on fighting epidemics and caring for war refugees. There is reason to believe that the League experts who have been consulted estimate that, to do anything to meet the epidemic and refugee situation, a fund of at least $1,250,000 will be needed. It is understood that Governments, including the United States, will be invited to provide this fund.

### British Plan Lagging

The British idea of using this Council committee as a means of indirectly aiding China in other than humanitarian ways is meeting opposition and appears to be definitely on the downgrade. The Chinese, it is understood, want this and other aid provided through the Advisory Committee.

The Council's committee is composed of members of the Council and the United States, which has always participated merely as an observer. The United States will be represented tomorrow by its Geneva consul.

The Advisory Committee will meet in the afternoon to consider the whole Far Eastern question. It is expected that a proposal will be made to it that it name a subcommittee composed of its specific members—if the United States does not refuse to sit with it—to consider what to do.

The Assembly unanimously elected Belgium today to fill Spain's Council seat.

The Aga Khan, in opening the new Assembly hall as president of the Assembly, said that "when an institution such as ours erects such an edifice as its workshop, it gives testimony of its confident faith in its future."

**Plea Made by Holsti**

Foreign Minister Rudolf Holsti of Finland, the first delegate to speak in the hall, called on all peoples to realize that their true enemy was "not in neighboring nations, but in the miseries and suffering of mankind."

Lamenting the fact that mothers have been too little heard and saying that they had "the noblest conception" of honor—"a love which sacrifices itself for creative life"—Dr. Holsti declared that "the more this voice can be heard in these halls that much more will maintenance of peace be guaranteed in the world."

"The world's peoples," he added, "have never forgotten to build temples to war; may this sanctuary of all human dreams, this cradle of political and social peace become the victorious home of good-will and constructive work in the service of mankind."

——摘自《纽约时报》（The New York Times），1937年9月29日

# CHURCH COUNCIL HERE CONDEMNS JAPANESE

## *Bombing of Civilians Scored in Statement as Violation of All Human Rights*

The Federal Council of Churches of Christ in America, through its executive committee, has issued a statement condemning Japan's action in China as a violation of "every principle of international justice and of regard for human rights as well as those Christian principles by which we must all be judged." The statement, made public by the Rev. Roswell P. Barnes, associate secretary of the Department of International Justice and Good Will, follows:

"Thinking, as all of us do, under the constraint of the spirit of Christ and of the corporate consciousness of the Christian Church, we feel a profound response to the sense of the horror of war, its grim inhumanity, and its inevitable breaking of every Christian sanction.

"We urge all Christian people by prayers and speech and action to support that loyalty to a world of universal justice and good-will to which Christians are committed by their loyalty to Christ. There can be no lasting solution of the problem of China and Japan apart from mutual respect, conciliation and friendliness.

"Consequently, although Japan's aggression against China must be condemned and her deliberate bombing of civilians viewed with horror we must not permit that judgment to induce enmity or violence against the Japanese people. We earnestly hope that our missionaries may be strengthened in their difficult task of helping their Christian brethren in both nations to refrain from bitterness and recrimination."

——摘自《纽约时报》（The New York Times），1937年9月29日

# 寇機襲海口

## 寇艦擊沉我漁船

【中央社海口二十八日電】二十八日下午一時許，有敵機一架，飛抵本市上空盤旋，並投下炸彈兩枚，均落大英島附近水田中，當即爆炸，我守軍槍砲齊發，敵機倉皇遁去，下午二時，有敵機一架，復飛抵府城，投彈兩枚，均落荒野，亦被我擊退。

【中央社廣州二十八日電】汕頭二十七日電，海豐二十六日長途電話，二十五日據漁戶報稱，二十二日晨拖漁船十艘，由鈔港釜到遮浪村匠，突遇敵艦開砲擊沉九艘，餘一艘受損逃回，計當時死亡者數十人，傷者數十人，拖船旋獲救返汕醫治。

【中央社廣州二十八日電】合浦二十六日電，（遲到）北海森頭嶺前海面之敵艦，二十六日下午往來遊弋，五時駛泊距岸一千密達海面，派出電船數艘，追捕附近漁船，計十餘隻，縱火焚燒，漁民死傷數十人。

【中央社廣州二十九日電】汕頭二十八日電，汕海外又來敵巡洋艦一艘，二十七日無若何動作。

——摘自《扫荡报》（汉口），1937 年 9 月 30 日

### 敵機前日襲蕪

# 竟冒我空軍標誌

敵機多架、於前日飛往蕪湖轟炸、昨據我發言人宣稱、據接該地電報謂、是日先有飛機一架、兩翼漆有我空軍標誌及國徽、我駐軍未曾覺察、任其在上空盤旋偵察、旋即離去、引來轟炸機多架、投彈數枚、即行逸去云、記者按、敵軍虛負聲譽、連日進襲京杭、爲我擊落不少、敵以計窮、乃出此下策、一再假冒我空軍標誌偷襲、此種鼠竊狗盜之行爲、已引起世界輿論之聲斥、東亞强國之聲威已全掃地矣、

## 粵文化機關遭敵機炸燬

### 軍會派員拍攝被燬情形

中央廣州廿九日電　粵垣迭被日機轟炸文化機關及非戰鬥員慘遭殺燬、軍委會政訓處電影股特派攝影羅靜予金崑來粵、實地拍攝被燬情形、兩君今已開始工作、

——摘自《时事新报》（上海），1937 年 9 月 30 日

武昌文學中學生

## 被敵機炸斃

該校美籍董事

已向本國報告

中央漢口二十九日電 敵機二十四日空襲武漢、炸斃武昌文學中學學生程超、厥狀極慘、現經該校美籍董事艾主敎將該生殉難後照片及被難詳情一併備文報告該國駐漢領事、轉請美大使提出抗議、

——摘自《时事新报》（上海），1937 年 9 月 30 日

敵艦暴行

## 焚燬我漁船

漁民多遭慘殺

中央廣州念八日電 合浦念六日電（遲到）北海冠頭嶺前海面之敵艦、念六日下午往來游弋、五時駛泊距岸一千密達海面派出電船數艘、追捕附近漁船計十餘隻、縱火焚燒、漁民死傷數十人、

中央汕頭廿八日電 澳頭海面、廿七日來三敵艦、旋派輪四出驅捕漁船、恣意焚燬、慘酷萬狀、

國民社本埠消息 總稅務司梅樂和接廣東北海港來電稱、中國漁船多艘今日被日本巡艦焚燒、港中所停內河小輪船一艘亦遭日本海軍飛機用機關槍掃射云、

——摘自《时事新报》（上海），1937 年 9 月 30 日

# 津浦綫我守新陣地

# 東光昨有激戰

## 敵機飛連鎮掃射難民

（本報二十九日濟南電）二十九日午、我軍在東光抗戰、右翼激戰劇烈、我組敢死隊與敵死拚、敵機飛連鎮向我數千難民掃射、死傷極多、並飛濟甯轟炸、

（本報二十九日濟南電）二十八日晚在東光北三十餘里與南霞口北十餘里之胡集、均有劇戰、斃敵甚衆、今晨東光車站仍在激戰中、

（中央二十八日濟南電）二十八日晚九時、津浦綫我軍改守南霞口陣地、待機反攻、我鋼甲車亦開至南霞口站停、

（中央二十八日濟南電）二十八日午後五時、津浦線之敵、又向我泊頭站北新陣地發砲轟擊、泊頭站南北附近、落砲彈甚多、我軍沉着應戰、至六時半始沉寂、我右翼抄入敵後、與敵白刃相搏、迄晚七時、仍在激戰中、

（中央二十八日濟南電）津浦線我軍現在泊頭鎮北十餘里處、與敵拚死抗戰、二十八日拂曉、敵軍便衣隊一部襲入泊頭站北四五里處、經我軍發覺、立即包圍、擊斃甚多、餘竄去、晨九時許、敵機又到泊頭站迤南投彈四五枚、

（中央二十八日濟南電）二十八日有日機一、來濟市窺察、經濟陽、惠民、陽信北返、

（兗州快訊）濟南來人談、津浦綫敵人增援後、屢以重兵向我壓迫、我軍扼守姚官屯北之綫、忠勇將士浴血抗戰、連日來戰事極猛烈、我軍勇往直前、與敵肉搏、斬獲甚衆、屍遺遍野、總計二三日來敵人被我擊斃者在三千人以上、故敵人慘敗之後、不敢衝殺、二十四日遂改以飛機大炮掩護向我猛攻、我軍奮勇抗戰、血戰數次、姚官屯屢得屢失、斃敵甚多、午後砲火更烈、敵大砲數十門、向我陣地排擊、我正面陣地全被摧毀、我軍爲避免無謂犧牲、乃放棄姚官屯、將兵力集結於滄縣以北、再圖抵禦、宋哲元請假後、此時我前方另換統帥、以生力軍重新布置、鋼甲車往來於滄縣磚河間、梭巡掩護、後方軍隊陸續前開、二十四日晚、敵軍入姚官屯、先頭騎兵、曾一度在姚官屯之南發現、但被我擊退後、未敢再來、至二十五日早、我軍陣地、正面爲滄縣、另在滄縣南磚河北之捷地布置工事、左翼在姚官屯西之白馬坡、右翼在磚河北依城河一帶、詎意敵人將磚河西運河鑿開、我左翼軍遂被水包圍、所作工事、爲水淹灌、不得已將先頭部隊向後撤退、軍部即預備船隻、運土堵擋、當時軍前又紛傳保定不守、人心未定、敵人於是乘機來犯、右翼磚河城河對岸忽又發現敵人、滄縣正面、受此種種威脅、遂不得不放棄此翼南重鎮、再略向後撤退、駐滄縣城內我軍亦同時南退、我鐵甲車二三兩隊在磚河北馮家口掩護、站北大橋已破壞、此時敵軍鐵甲車趕來、以砲火向我壓迫、我軍後退後、左右翼陣地布置未定、正面磚河站亦無險可守、下午五時、遂又由磚河撤至泊頭、至二十五日晚止、敵人未再南來、現我生力軍已集結完畢、決扼守此最後堡壘、與敵抗戰、總之、此次滄縣退守原因、一爲左翼被水圍、破壞工事、二爲新換防部隊、陣地尚未十分堅固、三爲保定不守、滄縣戰略受其牽制、不得已向南移退、但兵力完全無損、現在布置已定、即日反攻、決予敵人以重創、（九、念六）

——摘自《东南日报》（杭州），1937 年 9 月 30 日

## 敵艦在北海海豐

# 捕殺我漁民

## 漁船或被擊沉或被焚燬

## 漁民死傷者已達數十人

中央社。廣州二十八日電。合浦二十六日電。（遲到）北海冠頭嶺前海面之敵艦。二十六日下午。往來遊弋。五時駛泊距岸一千密達海面。派出電船數艘追捕附近漁船．計十餘隻。縱火焚燒。漁民死傷數十人。

中央社。汕頭二十七日電。海豐二十六日長途電話。二十五日據漁戶報稱。二十二日晨拖漁船十艘。由鈔港駛到返浪村方面。突遇敵艦。開砲擊沉九艘。餘艘受損逃回。計當時死亡者數十人。傷者數十人。拖船旋獲救返汕醫治。

中央社。汕頭二十八日電。澳頭海面。二十七日。來敵艦。旋派小輪四出。驅捕漁船。恣意焚燬。慘酷萬狀。

——摘自《湖南国民日报》，1937 年 9 月 30 日

## 寇機到處轟炸

# 駐漢外僑極憤慨

### 英領派兵保護醫院教會

前（廿四）日敵機侵襲武漢時，在本市漢正街一帶投彈轟炸我無辜平民，致該地段內英僑主辦之普愛醫院，循道會，福音堂女醫院，訓育小學等房屋四週，均被殃及，頃聞該各院長校董等極爲憤慨，除通電世界各國揭露日寇殘暴行爲外，並經呈請駐漢英領及海軍予以安全保障，聞該國駐漢當局已派員前往該地視察，並調派水兵數人駐守，並聞該各院屋頂已裝設有新型高射機槍，以資保護。（寅）

自抗戰發生，敵機到處轟炸，滅絕人道，曾於本月二十四日空襲武漢，炸斃武昌文學中學學生程超，厥狀極慘，現經該校美籍董事艾主教，將該生殉難後照片及被難詳情，一併備文報告該國駐漢領事，轉呈南京美國大使，痛陳日寇暴行，并請提出抗議，保證以後再無同樣事實云。（辰）

——摘自《扫荡报》（汉口），1937年9月30日

**Canton Region Is Bombed Anew**

HONG KONG, Sept. 29 (AP).—Japanese aerial attacks in the Canton area today were reported to have caused widespread destruction and many casualties. Two raiding planes were shot down.

War-planes, Chinese reports said, machine gunned the village of Chiulin, near Kongmoon, killing about forty persons and wounding about 100.

Three bombs fell in the Sun Yat-sen University compound near Shekpai airdrome and another wrecked the kitchen of the Canton Military Academy. The Canton railroad station shed was damaged, but a bomb intended for the Canton-Honan bridge missed and plunged into the river without exploding.

The Boca Tigris forts were bombed by squadrons of Japanese planes, with Japanese warships joining in the bombardment. Several sailors were wounded aboard a Chinese gunboat, the Chaosho.

One Japanese plane was brought down in the river and another near Laptak. Planes bombed Kongchuen, a market town, Chinese reports said, wrecking houses and killing two persons.

——摘自《纽约时报》（The New York Times），1937年9月30日

# Japanese Angered by War Pictures Here; Officer Says Chinese Fake Scenes of Cruelty

Lieut. Col. T. Takahashi, an officer of the general staff in Tokyo, sailed yesterday on the Cunard White Star liner Berengaria bound for Europe on a special military mission that will take him round the world. He will return to Tokyo from Moscow over the Transsiberian Railway.

The officer was indignant over photographs purporting to show a Japanese soldier practicing bayoneting on the body of a Chinese, printed in some New York newspapers, and said they were false, the same as the articles published about the cruelty of the Japanese soldiers to the Chinese.

"The soldiers shown practicing are Chinese soldiers," he said. "They do not use their weapons in the same manner or attitude as Japanese soldiers. I cannot be sure about the uniforms, but you can get Japanese uniforms anywhere. They might have been made five years ago in Manchuria when the Chinese were fighting each other and there was all kinds of propaganda."

"The war will last another year," he continued, "but it will eventually end in a victory for Japan. Russia is helping China, morally, diplomatically and economically, but I do not think the Soviet Air Force will be used against Japan. I do not think that Russia wishes to go to war.

"The Soviet has too much internal trouble between the Communist leaders and the Red army. The massing of troops on the frontier is only a precaution, in my opinion, but if Russia attacks Manchukuo, then Japan must defend it.

"I think Russia wants the Sino-Japanese affair prolonged. She does not want Japan to develop Manchukuo or North China and thinks the prolonged use of money and soldiers will weaken Japan."

He said that Japan would not try to fight Russia now and he did not think the situation was serious. The pictures and articles about Japanese cruelties, he added, were propaganda sent out by the Chinese Government to win the sympathy of other nations.

Colonel Takahashi, who is an artillery officer, said Japan ultimately would win in all her campaigns, because Chinese artillery was not to be compared with that of the Japanese.

He denied that Japan planned permanent military occupation of South China.

"It would be too expensive," he said. Japan wants to be "friendly" with the Chinese people, he said, and expressed regret that noncombatants had been killed.

Colonel Takahashi said "Japan's aim in China is to awaken an unfriendly Chinese Government." He insisted that his country did not want a monopoly of trade with China.

——摘自《纽约时报》（The New York Times），1937 年 9 月 30 日

# 敵機蹂躪杭州 激起無限憤慨

## 轟毀多民房並非軍事工事 炸死皆平民更非戰鬥人員

自從二十八那天、市區聽到機關槍聲以後、杭州是每天有空襲警報了、大家的心理、似乎顯得比以前更緊張些、

三十日底上午、大約是八點多光景起、警報接連地響了三次、第一次是無聲無息的模樣、旋即解除、第二次在市區中隱隱地也會聽得從雲端噴出來的敵機軋軋聲、第三次警報是十時三十五分、五分鐘之後、敵機軋軋的飛翔聲漸漸地響近地面了、有三架重轟炸機、發見在杭市東南角上空、機身全是銀灰色的、機翼上的圓形的標識、半個青半個白、看去幾乎令人辨認不出是敵機、記者仰望着這無恥的殺人的工具、向西北方面飛去、心裏陡然激起無限的憤慨、未幾、這三架敵機又由東飛西、在錢江和六和塔附近的上空盤旋一週後、二架向下直衝、地面立即發出轟然巨聲從遠處傳來、顯然、在那裏是有炸彈爆裂了、高射砲和機槍聲、不斷地響應着、敵機倉皇竄逃上空、直昇雲端、向吳山方面飛來、十分鐘後、敵機又飛向錢江上空升降着、隆隆的巨聲、跟着斷續地震響、我方高射砲的彈火、終於使敵機不能橫過、倉皇地向南方逸去、

十二時半、警報解除之後、記者立即到被炸區去視察、到了閘口車站、那裏鵠立着許多各式各樣的人們、這時站方正在趕辦善後、離月台西百武之軌道間、有一個被炸彈炸成的大窟隆、深可五六尺、中間一輛被翻了身的七七八六號聯運平車、傾靠在旁邊的一列客車上、十七節車廂的玻璃等等、全被震壞了、鐵路分道伕的小屋旁、也有被炸的彈痕、地位雖不大、旁邊的屋棚却被震坍了一些、記者經此、站方正在棺殮一個被炸斃的苦力、屍體的左腋以下沒有了、鮮血淌灑在流出的臟肺上面、旁邊還有一個老婦在淒涼地痛哭、情景悽慘、令人酸鼻、據說死者是閘口車站的分道伕、名樓炳海、現年五十六歲、在職已有三十一年、誰能料他是那樣的殉職了、

在康益公司的北岸、那裏八間小房子、被震坍得東倒西歪、過去潮神廟六和初級小學以及附近的一帶民房、大約有三十多間、全祗留着被炸的痕跡、還有僅賸拉手的三輛黃包車、在車夫的哭臉面前橫陳着、敵人的飛機、好像是專門對付這些苦人似的

此外、盛興煤行、機器翻砂廠、冷汽房及安家堂後面、都被投彈、幸而損失並不大、據目擊當時投彈情形者說、昨天敵機轟炸、除將六七個炸彈砰砰碰碰的丟在江裏、南岸的泥地上、也有一個未炸的巨彈、呆呆地豎立着等候我們的處置、北岸新路軌和附近、雖也被投了幾彈、結果僅被毀了一點路面、震碎了幾塊玻璃而已、

綜括這次被炸的死傷、除了那個分道伕、和一個燒餅司務之外、最冤枉的有一個病人、嚇死在附近馬路上、至於傷的、一個分道夫朱阿三、其餘的八九人、都是無辜平民、

末了、記者不能不提出的、據說昨天當敵機轟炸時、有人以木壳槍向空射擊、雖然他們恨不得粉碎敵機、是表現着抗戰的英勇、其實還是沒有多大效果的、深願遵守中央禁令、守住自己的崗位、

——摘自《东南日报》（杭州），1937年10月1日

# 敵艦遍佈東南海 不斷窺擾浙粵

## 徘徊浙海登陸刦掠糧食 橫行粵海肆意慘殺漁民

（本報三十日甯波電）象山港外、來敵艦四艘、徘徊鄞縣象山甯海奉化一帶江面、迄晚未去、

◇◇◇～～～**錢倉所**（本報三十日甯波電）石浦電話、敵艦數艘、二十九日下午五時許、停泊石浦銅頭山、向我發四砲、八時三十分移泊錢倉所、有敵軍數十人、登陸搶劫粮食、經我駐軍進擊、始行逃去、

（國民三十日甯波電）二十九日下午八時、象山錢倉所發現敵艦一艘、向前倉開砲六響、且有水兵十餘人企圖登陸、經我軍開砲還擊、敵始倉皇逃去、

（國民三十日甯波電）三十日上午、距鎮海口約三十里洋面、發現敵艦一艘、稍作窺探、即行離去、據報尚泊在舟山羣島洋面、

（本報三十日甯波電）象山東鄉倉前海濱、二十九日下午四時有敵艦一艘、放小汽艇兩艘、載水兵十餘名、以機槍掩護、企圖登陸、我守軍開炮阻止、敵不支、狼狽潰退、

◇◇◇～～～**觀海衛**（本報三十日餘姚電）慈北觀海衛洋面、三十日上午四時、發現敵航空小型母艦一艘、往來餘姚洋浦、中午向東遁去、八時十分敵機四架、在餘姚鹽區義四鄉長勝市上空分路、二架北飛、二架西擾、至九時、又有敵機五架、越餘姚鹽區上空、向西南飛去、

◇◇◇～～～**馬嶼口**（中央三十日廣州電）交通界息、敵艦兩艘、二十九日駛來馬嶼口、又東西沙羣島發現敵艦三艘、

（中央二十九日香港電）漁船二艘、二十七日在橫灘燈塔附近海面、被敵潛艦以機鎗掃射、當即沉沒、漁民多人遭難、時英輪嘉應號適經此處、亦被敵艦指令停航、輪中外籍搭客目擊敵軍暴行、深表憤慨、事前該輪救回被擊沉之漁民二人、駐滬英領戴維遜、亦在場目擊、

◇◇◇～～～**榆林港**（中央三十日海口電）三十日接崖縣無綫電告、該縣榆林港外、發現敵大巡洋艦一艘、似欲向該港駛進模樣、

——摘自《东南日报》（杭州），1937 年 10 月 1 日

## 日機轟炸我城市暴行

# 日復美抗議

◎華盛頓二十九日國民新聞社電、國務部今日宣布、美國駐日大使格魯、已將日本答覆美國抗議轟炸中國城市之照會、轉達華府、照會內容、非經日本請求、不擬宣布、國務部長赫爾暨該部其他要員、已著手研究該項覆文矣、

◎紐約三十日中央社路透電、紐約泰晤士報華盛頓訪員今日聲稱、日政府答復美國抗議日飛機轟炸中國非戰鬭員之牒文、殊爲簡短、倘非僅爲一種例行公事、亦幾近乎敷衍塞責、文中在實質上對於大局並未供獻新要素、亦無尊重世界輿情而對其政策作退步之表示、覆文且隱露日本陸海軍指揮現操發言之權、外務省對於其特別範圍內至重要問題、毫無眞正主裁之權、

——摘自《时报》（上海），1937 年 10 月 1 日

# 閘北被轟大火

## 燬瓦屋草屋數百間

二十九日下午二時許、閘北交通路大洋橋堍草屋、中敵方砲彈起火、閘北各段各驅救火車到場灌救、至下午五時撲滅、計燬平屋四十餘間、草屋一百餘間、二十九日下午九時三十分、大統路中華新路又告火警、各救火會仍各馳車赴救、至三十日上午六時許救熄、計焚燬草屋八百餘間、平屋二百六十三間、樓房一百十九幢、

二十九日下午十時二十分、中興路大統路一帶平屋起火、經灌救至下午十一時四十分始熄、計焚燬平屋二十五間、

——摘自《时报》（上海），1937 年 10 月 1 日

# 東溝西溝平民慘死

日軍迭次進窺浦東不遂、每日惟用飛機飛向各處平民區域、擲彈轟炸、以爲得計、查慶寧市（即高廟）以東有東溝西溝兩鎮、面臨黃浦、戰事發生以來、貧民以經濟關係、大多未曾逃避、詎敵機竟於前日午後、前往兩鎮濫施轟炸、計西溝口東楊家弄小鎮落下二彈、死男子一名、小孩一名、傷男子二名、女子一名、楊家弄北小陳家宅落彈數枚、炸燬民房十餘間、後面小張家宅落彈四五枚、均在田中、炸斃農婦三名、趙家濱落彈一枚、傷男子一名、東溝鎮外馬路炸毀與姓民房一間、東溝鎮上投下硫磺彈數枚、焚燬商店房屋二十餘間、

——摘自《时报》（上海），1937 年 10 月 1 日

# 炸我救護車

上海市文化界救亡協會與四川旅滬同鄉會合組之紅十字救護隊、昨日上午出發前線救護傷兵、分乘卡車兩輛、於上午十時餘車抵眞如附近之洛陽橋地帶、忽來敵機三架、環繞該隊卡車、投彈十數枚、司機見狀、即加足速率、疾駛至洛陽橋時、該橋已被炸斷、司機不察、致前一輛卡車沖翻、將該隊隊員摔於橋下、該卡車復被炸毀、而該隊員即藏身河浜水中、直俟敵機去後、始由後一卡車隊員將各受傷人救回送仁濟醫院醫治、計重傷車夫阿林・隊員金人、輕傷隊員金祖同・楊金華・黃一賢等數人、

——摘自《时报》（上海），1937 年 10 月 1 日

# 慘無人道！

## 李覺電告

# 敵機在浙散黃白毒粉

## 同時在甬東北散下甚多

## 經醫院化驗係肺癆細菌

李軍長覺儉（二十八）由浙電呈省府何主席。報告敵機襲浙殘暴情形。原電如下。主席何。（一）敵機散落黃白毒粉。經慧愛醫院化驗。係肺癆細菌。（二）昨午後四時。敵機七架來甬（寧波）機場附近。投彈八枚。尚無損失。旋向東北飛去。沿途又散下毒粉甚多。職李覺呈儉（二十八）辰秘印。（湖）

——摘自《全民日报》（长沙），1937 年 10 月 1 日

# 敵機窺京不逞
## 襲擊粵贛浙蘇
### 先後被我擊退一落一傷
### 廣州平民慘斃千二百人
### 浙贛沿線四站俱遭蹂躪

（中央一日南京電）敵機五架、一日晨九時半、發現於溧水上空、盤旋數週、作低飛窺察、嗣向首都進發、企圖空襲、我空軍聞報、即飛往攔擊、敵機見勢不佳、即相偕逃去、

（中央一日蘇州電）嘉興王店農民、于二十九日午發覺前日在逃之敵機師三人、匿于距王店三里許之古廟內、因攜有武器、當報路警及憲兵、聞已予逮捕、

## 轟炸粵境

（中央一日廣州電）今日上午六時四十五分、敵機十架、由唐家灣飛往白沙附近、投彈數枚、我高射砲隊即猛加射擊、當被我擊落一架、墜於江村夏茅附近、現正尋覓中、餘均倉皇遁去、至八時三十五分、韶州馬壩方面、又發現敵機三架、有進襲本市模樣、我空軍即派機一隊抑擊、卒將敵機擊退、

（中央一日廣州電）敵機三架、今日下午一時五十分、飛襲黃埔、與我防軍激戰二十餘分鐘、投彈二枚逃去、

（國民一日廣州電）廣州市長曾養甫今日對美聯社記者稱、日機屢次轟炸廣州、共死平民一千二百十名、傷二千五百餘名、

（中央一日廣州電）週來敵機轟炸廣州、已展至粵市各縣市鎮、佛山、三水、大良、惠州、清遠、英德、新會、中山等地、均受其摧殘、即遠如瓊崖、東沙、潮州、汕頭、亦為敵機施行慘無人道之轟炸、沿海地帶、敵航艦泊於唐家灣、每日分批派機輪流赴各縣市鎮投彈數次、多者數十枚、少亦三五枚、此種半農村性之市鎮、絕無武裝防衛、人民亦無防空設備、敵機乃為所欲為、逞其暴行、據一般估計、日來各市鎮平民死者已達千五百餘、傷且倍之、屋宇建築之損失、其數殆已非具有人類同情心者所能淡然無動矣、

（本報一日廣州電）敵機連日在東山外僑住宅投彈、英美法駐粵領事分電本國、請政府向日抗議、以保護遠東僑民及商業、又據兩廣外交特派員刁作謙談、所有留粵外僑、現遷沙面、彼輩對我政府保護得力、極表感慰、

（中央一日廣州電）八月三十一日起、我軍擊落襲粵敵機、已查明者如下、八月三十一日重轟機一架、死機師五人、九月二十二日水上轟炸機一架、死機師二人、二十五日重轟機一架、死機師六人、二十八日重轟炸機一架、死機師十一人（內一架落虎門海面、為太古蘇州輪救起機師六名）三十日輕轟機一架、死機師二人、十月一日重轟炸機一架、機師待查、共八架、機師傷亡二十六人、尚有墮落山野或洋面之敵機多架、未經列入、

## 飛擾贛垣

（中央一日南昌電）敵轟炸機四架、一日下午一時三刻、由東南向西北飛來、本市均加戒備、敵機在贛東一帶上空、盤旋達半小時、并用機槍向平民掃射、旋在弋陽卜饒兩處、投彈多枚、仍向原路飛去、計在弋陽投彈一枚、死平民一人、傷五人、又在浙贛路上饒車站附近、投彈十餘枚、燬傷修車房及炸燒車員子弟學校宿舍各一所、

（中央一日南昌電）一日下午五時、贛閩邊境發現敵機十二架、由東南向西北南來、六時十五分、飛至南昌市空、高約四千公尺、當經我高射砲迎擊、敵機一架、尾部受傷、餘機在市東南方投彈五六枚、燬民房數間、隨即逸去、

（本市消息）敵轟炸機三架、一日中午十二時、飛上饒上空盤旋、旋向機廠及車站投彈十五六枚、內有數枚燃燒彈起火延燒、機廠及所存材料等被燬、

工人宿舍亦遭炸毀，路軌數根損壞，損失頗鉅，一時二十分，敵機三架，飛弋陽車站投彈多枚，毀路軌數根，炸斃路工及市民二名，傷六名，已分別送醫院及棺殮，至杭州南昌間客車，仍維持交通，惟旅客須中途換車，一面派工趕修，即可恢復原狀，

（中央一日南昌電）廿六日上午十時，敵大型轟炸機三架，機翼冒繪中國國徽，在上饒，貴溪，金華，衢縣等地，投彈轟炸，死傷平民三十餘人，防空部頃將此項敵空軍侮辱日本國體之卑劣行爲，電京報告，

（中央一日漢口電）一日下午五時三十五分，據報有敵機十二架，經過鄱陽湖，向武漢飛行，我乃發出空襲警報，嚴行戒備，敵機在鄱陽湖瑞昌間，盤旋頗久，嗣因天氣不佳，於六時半又折向南昌，投彈數枚，向原路逸去，我乃解除警報，

## 窺伺浙省

（本市消息）一日下午一時另五分，鎮海水面發現敵機四架，旋侵入甯波上空，後經慈溪，觀海衛，瀝山至臨山，轉向杭州灣飛去，二時一刻過海甯，新倉，又轉向東北竄來，過黃灣，澉浦，海鹽，乍浦窺探，二點四十一分過全公亭，向上海方面逸去，下午又有敵機二架，經太湖飛往安徽窺探，四時二十五分，有一架經過於潛，臨安，德，餘杭，塘棲，長安，硤石，海鹽，乍浦等處，五時另一分，沒跡於全公亭方面，杭市一日並未發見敵機，僅兩度虛警而已，惟各機關公共汽車及私人小包車，仍滿載人員逃奔，街市情形，亦兩次緊張，行人東西趨避，聞杭州防空司令部除令防空部隊在各交通要道妥爲指導人民避難外，並令各處崗位，

## 嗣後緊急警報發出後、如有公用汽車載眷屬奔避者、應即將其通行證沒收、

汽車停止前進、（國民社）

（國民一日甯波電）一日下午一時許，有敵機四架飛甬，在上空盤旋後，飛往櫟社地方投彈八枚，被炸毀一小屋，人畜無傷，損失微細，

（本市消息）九月二十六日，敵機竟冒用中國國徽，竄至浙贛鐵路金華衢縣上饒貴溪四車站，投彈轟炸，被炸斃受傷者，又多爲非戰鬥人員之婦孺平民，殊屬慘無人道，該路抗敵後援會某君，一日向記者述及受損情形，極爲憤慨，并謂局方已派員分赴受炸各站辦理善後，被炸詳情述后，

◇金華◇ 敵機在金華站計投四彈，一彈落月台，車站辦公室，電話交換室，電報房受損，一彈落功德旅館，房屋全燬，附近小商店平房均倒塌，又一彈落站屋之西南角，死平民四十餘人，該路員工及家屬死者，計輪夫李宗德及其一子一女，范金春之妻及二子一女，輟夫鄭永綏及其妻，換軌工人劉富之妻及子，道工馬忠及一妻一子，均係當場炸斃，道工馬興傷腿，該路金華員工子弟小學，距車站約半里之遙，亦被彈片波及，樓房屋頂炸穿一洞，幸是日爲星期日，學生不在校，未受傷害，

◇衢縣◇ 敵機在衢縣共投五彈，一落月台，站屋倒塌，煤台破壞，一落第一道水鶴邊，略有損失，一落第三道，一落荒地，車輛震翻二輛，該路之職工教育館屋，亦遭燬損，附近商店，亦多受震坍塌，死料夫戴書廉，鍋匠喻梅軒，司爐什錫甲，驗車錢錫銘，及拾煤夫四人，傷者有報務員戴洪運，站夫錢寶寶，司機戚潤田，司爐唐炳乾，擦車夫魏某，及水塔小工一人，司料夫一人，拾煤夫二人，又練習生吳亨華，職工教育館館員李家修亦受傷，站長章尙德受傷較重，但次日仍扶傷辦公售票，計衢縣車站員工死八人，傷十二人，及家屬一人，附近平民炸斃約六十人，

◇上饒◇ 上饒車站傷該路鍋爐幫匠王春木及其妻與工人戴阿龍之妻，該路修車廠及職工學校均略受損失，

◇貴溪◇ 敵機在貴溪車站擲彈，俾燬軌道一處，即予修復，死平民二，小孩一，車站尙無損失，（國民社）

## 襲擊蘇北

（本報三十日徐州電）（遲到）敵機七架，於二十九日下午三時許，由東南飛來襲徐，在東車站一帶投彈十四枚，炸毀車站下沿馬路南北兩旁商店房屋四十餘間，津浦貨廠與存貨，全被炸燬，未有傷亡，

（中央三十日徐州電）敵轟炸機七架，二十九日下午三時，由連雲港來徐肆擾，在東站一帶，共投彈十數枚，多落空地，經我高射砲猛烈射擊，敵機盤旋約二十分鐘向東北逃去

——摘自《东南日报》（杭州），1937 年 10 月 2 日

敵艦及潛艇

# 又擊沉我漁船

## 港政府將公開徹查

中央廣州一日電 據香港外文報載、在港註冊之漁船、復有四批被日艦及潛艇擊沉、第一批十艘、在黃攔沉沒、死三百餘人、生還三十二人、第二批九艘、在遮浮環沉沒、死一百五十餘人、生還二十餘人、第三批在汕尾沉沒、死十一人、生還二人 第四批在碣石沉沒、死人數未詳、生還者已陸續向港警署報案、

中央香港路透日電 香港政府殖民司勞斯、今日徵實關於九月二十二日日潛艇一艘轟沉在香港註冊之中國漁船多艘一案、將舉行公開澈查、或由海軍當局擔任此舉・按此案消息、初由德船香霍斯特號抵此時傳來、因該船曾在海中救起華人十名、彼等自稱乃被沉漁船十三艘罹難三百餘人中之餘生者、

——摘自《时事新报》（上海），1937 年 10 月 2 日

# 敵機轟炸粵省各縣市鎮 平民死者已達千五百餘

◎廣州一日中央社電、周來敵機轟炸廣州、已展至鄰近各縣市鎮、佛山、三水、大良、惠州、清遠、英德、新會、中山曲江等地、均受其摧殘、即遠如瓊崖東江潮汕、亦爲敵機施行慘無人道之屠殺地帶、敵航空母艦泊於唐家灣、每日分批派機輪流赴各縣市鎮投彈數次、多者數十枚、少亦三五枚、此種半農村性之市鎮、絕無武裝防衛、人民亦無防空設備、敵機乃爲所欲爲、逞其暴行、據一般估計、日來各市鎮平民、死者已達千五百餘、傷且倍之、屋宇建築之損失、其數殆已非具有人類同情心者所能漠然無動衷、

◎廣州一日路透電、此間接訊、今晨日機又向黃埔襲擊兩次、炸沉一帆船、又損港內小船多艘、石埧附近之飛行場亦落下炸彈數枚、但是處場中無一飛機、

◎廣州一日國民新聞社電、廣州市長曾養甫今日向美聯社記者稱、日本飛機屢次轟炸廣州、共死平民一千二百十名、傷二千五百餘、

——摘自《时报》（上海），1937 年 10 月 2 日

# 敵機在浦東肆虐 半月來統計

敵軍一再進攻浦東失敗後、每日僅賴飛機向無辜平民以機鎗掃射、並投彈轟炸、惟損害情形、未如外傳之盛、記者昨日午後、晤及浦東紅十字第十救護隊担架長莊榮華、出示該隊半月中紀錄敵機肆虐之確實統計如下、八月十五日、自晨至晚、飛來敵機九架、擲彈二枚、毀屋一間、有二機用機鎗掃射、無死傷、十六日、來十七架、六架開機鎗、無死傷、十七日來十五架、三架開機鎗、死猪二隻、十八日、來三十架、二架開機鎗、無死傷、十九日來十九架、擲彈二枚、無損傷、二十日來廿四架、三架開機鎗、無死傷、廿一日來一架、未投彈、廿二日來二架、擲二彈、傷男二、毀一墳山、廿三日來廿架、擲十七彈、傷女子二、毀平房一間、廿四日全日無機、廿五日來五十四架、擲廿三彈、並投石塊、無死傷、廿六日來廿六架、投十四彈、一架開機鎗、傷男一、女二、死男一、女四、毀平房十五間、廿七日來十五架、投九彈、三架開鎗、無死傷、廿八日來三十一架、投四彈、傷男一、女五、死女九、毀平房廿三間、廿九日來三十六架、投四彈、四架開機鎗、傷男五、女三、死女四、毀平房五間、三十日來十四架、投九彈、傷男三、女一、死男五、女二、

——摘自《时报》（上海），1937 年 10 月 2 日

## 敵艦又轟擊

# 沉漁船四批

◎廣州一日電、據香港外文報載、在港註册之漁船、復有四批被日艦及潛艇擊沉、第一批十艘、在黃欄沉沒、死三百餘人、生還卅二人、第二批九艘、在遮浮環沉沒、死一百五十餘人、生還廿餘人、第三批在汕尾沉沒、死十一人、生還二人、第四批在碣石沉沒、死人數未詳、生還者已陸續向港警署報案、

◎香港一日國民新聞社電、關於激查日本潛艇擊沉漁船十餘艘、死亡漁民三百人一事、此間現正靜待英政府之訓令、就今日港政府殖民司諾斯氏所發出之通告觀之、此項激查工作何時開始、現尚未規定日期、唯僅謂「此項事件之激查、以香港爲最相宜、以其證人證物皆在香港、同時被擊沉之漁船、亦有數艘曾在香港政府中註册也、」

——摘自《时报》（上海），1937年10月2日

## 寇機十六架

# 昨襲粵被擊落一架

### 分在白沙黃埔投彈并圖侵入廣州

### 週來被寇機轟炸死傷者達四千人

中央社廣州一日電：今上午六時十五分，敵機十架由唐家灣飛往白沙附近投彈數枚，我高射炮隊即猛加射擊，當被我擊落一架，墜於江村夏茅附近，現正尋覓中，餘均倉皇逃去。至八時三十五分韶州馬壩方面又發現敵機三架，有進襲本市模樣，我空軍即派機一隊迎擊，卒將敵機擊退。

中央社廣州一日電，敵機三架，今下午一時五十分，飛襲黃埔，與我防軍激戰二十餘分鐘，投彈二枚逃去。

中央社廣州一日電：週來敵機轟炸廣州已屆至鄰市各縣市，鎮，佛山，三水，大良，惠州，淸速，英德，新德，中山，曲江等地均受其[illegible]機，即[illegible]如[illegible]，東江，潮汕亦爲敵機施行慘無人道之屠殺地帶，敵航艦泊於唐家灣，每日分批派機輪流赴各縣市鎮投彈數次，多者數十枚，少亦三五枚，此種半農村性之市鎮，絕無武裝防衛，人民亦無防空設備，敵機乃爲所欲爲，逞其暴行，據一般估計，日來各市鎮平民死者已達千五百餘人，

傷日倍之，屋宇建築之損失無數，殆已非具有人類同情心者所能漠然無動矣。

中央社廣州一日電，粵當局以敵機敵艦連日窺伺粵海，爲嚴密防範計，已於三十日晚將虎門暫時封鎖，粵港澳輪船，均暫行停航。

中央社廣州一日電：八月三十一日起，我軍擊落襲粵敵機已查明者如下：八月三十一日重轟炸機一架，死機司五，九月二十二日輕轟炸機一，死機一死機司師二二十四日，重轟炸機一，死機司六。二十八日重轟炸機三，死機司十一。（內一架落虎門海面爲太古蘇州輪救起機師六名），三十日輕轟炸機一死機師二，十月一日重轟炸一機師待查，共八架，機師傷亡二十六人，尚有際落山野或洋面之敵機多架，未列入。

——摘自《全民日报》（长沙），1937年10月2日

# 寇機襲寧波峽石

# 並竄杭市開槍掃射

## 杭江路發現冒我國徽寇機

中央社杭州三十日電：三十日八時敵機五架，由乍浦竄寧波，投彈數枚，詳情在調查中，十時敵機四架飛峽石一帶窺探，十一時許，敵機二架飛來，至蕭山時增至八架，五架向杭州灣飛去，餘三架竄入杭市，以機槍掃射，我高射炮機槍齊鳴，敵倉皇在峽口投彈十餘枚逸去。

中央社南昌一日電，二十六日上午十時，敵大型轟炸機三架，機翼冒繪中國國徽，在上饒，貴溪，金華，衢縣等地投彈轟炸，死傷平民三十餘人防空部已將此項敵空軍侮辱日本國體之卑劣行爲，電京報告。

——摘自《全民日报》（长沙），1937年10月2日

# Stop Japan's Ships And Save China's Children!

## BRITAIN CAN DEAL WINNING BLOW

*The Political Bureau of the Communist Party yesterday issued the following statement:*

**THE destruction of China, the wholesale murder of its civilian population, the reduction of its cities to heaps of smoking ruins, is not inevitable. The butchers can be stopped.**

**That is the virtually unanimous opinion of the British people today. Virtually unanimous opinions must, however, be transformed into virtually unanimous action.**

It is good to decide not to buy Japanese goods. It is better to bring the utmost pressure on the Government to stop supplying war materials to Japan. It is still better to demand that the Government takes the initiative in calling on the leading countries to impose the most complete boycott on Japanese imports and exports.

**BUT THESE THINGS WILL NOT MATERIALISE UNLESS THE BRITISH WORKING-CLASS ACT NOW, BY REFUSING TO LOAD OR UNLOAD JAPANESE SHIPS CALLING IN BRITISH PORTS. ONE SHIP STOPPED IS WORTH SCORES OF RESOLUTIONS. ALL SHIPS STOPPED WOULD BE THE GREATEST VICTORY FOR PEACE IN OUR GENERATION.**

It is not a question of the dockers taking this action alone, but of their being backed morally and materially by the whole Labour movement and by all lovers of peace.

**One definite refusal to load a ship from Japan, and the whole country will be roused.**

**We therefore ask all our comrades and sympathisers working in ports to watch the movements of Japanese vessels and prepare the workers for action.**

**We ask them to carry on agitation against the loading of any vessel whatsoever for Japan. We ask them to report the movements of all Japanese vessels, or of vessels loaded for Japan to the Daily Worker so that we can arouse public indignation on this question.**

**The failure of our movement to act in 1931, when Japan first struck against China, encouraged the aggressors everywhere, and has brought the threat of war to our doors.**

**THE SUCCESS OF OUR MOVEMENT TODAY AGAINST THE SHIPS OF THE MURDEROUS IMPERIALISTS WILL INSPIRE THE PEACE FORCES EVERYWHERE, AND WILL LEAD TO INTERNATIONAL ACTION THAT WILL ADMINISTER A CERTAIN BLOW TO THE FORCES OF BESTIAL FASCISM AND WAR.**

——摘自《工人日报》（Daily Worker)，1937年10月2日

# 敵機昨又襲黃埔

## 廣州連日傷亡三千餘人
## 內地各縣平民亦遭濫炸
## 昨圖襲首都中途被截

▲中央社廣州一日路透電 此間接訊、一日晨日機又向黃埔襲擊兩次、炸沉一帆船、又損港內小船多艘、石壩附近之飛行場、亦落下炸彈數枚、但是時場中無一飛機。

▲中央社廣州一日電 一日上午六點四十五分、敵機十架由唐家灣飛往白沙附近投彈數枚、我高射砲隊即猛加射擊、當被我擊落一架、墮於江村夏茅附近、現正尋覓中、餘均遁去、至八時三十五分、韶州馬壩方面又發現敵機三架、有進襲本市模樣、我空軍即派機一隊迎擊、卒將敵機擊退。

▲中央社廣州一日電 敵機三架、一日下午一時五十分飛襲黃埔、與我防軍激戰十餘分鐘、投彈六枚逃去。

▲中央社上海一日電 據廣州一日合衆電、曾養甫一日向合衆社記者稱、日機屢次轟炸廣州、共死平民一千二百十名、傷二千五百餘人。

▲中央社廣州一日電 八月三十一日夜起、我軍擊落轟炸敵機及敵機師傷亡已查明者如下、八月三十一日重轟炸機一架、死機師五、九月二十二日水上轟炸機一架、死機師二、二十四日重轟炸機一架、死機師六、二十八日重轟炸機三架、死機師十一、（內一架落廈門海面、爲太古蘇州輪救起機師六名）、三十日輕轟炸機一架、死機師二、十月一日重轟炸機一架、機師待查、共八架、機師傷亡二十六人、尚有墜落山野或洋面之敵機多架未列入。

## 南昌

▲中央社南昌一日電 一日下午五時、贛閩邊境發現敵機十二架、由東南向西北飛來、六時十五分飛至南昌市空、高約四千公尺、當經我高射砲迎擊、敵機一架尾部受傷、餘機在市東南方投彈七八枚、燬民房數間、隨即逃去。

▲中央社南昌一日電 敵轟炸機四架、一日下午一時三刻、由東南向西北飛來、在贛東一帶上空盤旋、達半小時、並用機槍向平民掃射、旋在弋陽上饒兩處投彈多枚、仍向原路飛去、浙贛路上饒車站中燒夷彈被焚、損失待查。

▲中央社南昌一日電 上月廿六日上午十時、敵重轟炸機三架、機翼竟冒繪我國國徽、在上饒貴溪金華衢縣等地投彈轟炸、死傷平民三十餘人、此間防空部已將此項敵空軍之卑劣行爲、電京報告。

## 徐州

▲中央社徐州一日電 敵機一架、一日上午九時飛徐州窺察、旋向扶輪學校投一彈、損失不詳。

▲中央社徐州廿日電 敵轟炸機七架、廿九日下午三時、由連雲港來徐肆擾、在東站一帶共投彈十數枚、多落空地、經我高射砲猛烈射擊、敵機盤旋約廿分鐘、向東北逃去。

## 杭州

▲中央社杭州三十日電　三十日上午八時、敵機五架由乍浦竄鄞縣、投彈五枚、詳情在調查中、上午十時、敵機四架飛金公亭破石一帶窺探、上午十一時許敵機三架飛來、至蕭山時增至八架、五架由杭州灣飛去、餘三架竄入杭市、以機槍掃射、我高射砲機槍齊鳴、敵倉皇在閘口投彈十餘枚遁去。

▲中央社蘇州一日電　嘉興王店農民、于二十九日午發覺前日在逃之敵機師三人、匿于距王店三里許之古廟內、因携有武器、當報路警及憲兵、聞已予逮捕。

——摘自《中央日报》（南京），1937 年 10 月 2 日

# 長江珠江下游各地
# 敵機不斷窺伺轟擊
## 魯南蘇北大遭蹂躪
## 閘北滬南亦被掃射

（中央二日上海電）二日下午四時半、敵機三架、先在閘北一帶偵察、旋飛滬西蒲淞鎮附近投七彈、死平民三人、傷九人、炸沉渡船三艘、五時許、又有敵機一架、在徐家匯西南土山灣天主堂匯南街一帶、用機槍掃射死傷未詳

（本報二日嘉興電）二日下午十時〇六分、敵機二架由金公亭口外啓飛、在嘉興東南方上空盤旋後、即向西北遁去、

### 不斷犯粵 被我驅退

（中央二日廣州電）二日

上午八時念六分、敵機三架、由唐家灣起飛、遥來廣州、我機隊於虎門上空攔截、敵機未投彈、向東逃去、

（中央二日廣州電）二日下午一時半、敵機四架、復飛黃埔上空窺伺、遭我機截擊、倉皇投彈數枚飛去、

（中央二日廣州電）二日下午三時二十分、敵機二架、由厓門經江門、作第三次進襲廣州、爲我軍迎擊於石灘、戰十數分鐘、敵機不支、急向原路逃竄、

（中央二日廣州電）敵水上機十一架、二日下午四時半、飛寶安縣赤溪一帶偵察、并向各村落掃射機槍、旋見我機隊趕到、即向西南方飛逸、

（中央二日廣州電）粤河流錯綜、各江交通、均賴以小汽輪拖行之木質貨船、自敵機犯粤、一般市民、均乘此種毫無防護設備之木船回鄉避難、日來敵機即向之開機槍追擊、或投炸彈、據東西北三江交通界報告、我赤手空拳之良善平民、死傷於此種暴行者、已達百餘人、猶幸敵彈多未命中、未發生沉船慘劇、否則更不堪想矣

## 瘋狂轟炸 蘇魯各地

（中央二日徐州電）敵機一日飛赴徐淮海及魯南各地肆擾、第一次兩架、晨到徐窺伺、第二次四架、午到魯南投彈、第三次八架、到清江浦海州各地空襲、各機均由連雲港外起飛、

（中央一日鎮江電）據息、一日上午、有敵機五架、突飛蘇州、宜興、廣德、句容、溧水、武進等縣窺察、並在江陰投彈五枚、

（本報二日徐州電）一日上午七時許、敵機八架、由連雲港海面起飛、八時三架抵達徐空、盤旋半小時、未投彈飛去、事後得海州電話、敵機由徐飛返時、在海州投彈數枚、未有若何損失、同時敵機三架、亦飛淮陰偵察、兩架飛台兒莊偵察、又下午三時、敵機十二架、飛台兒莊、棗莊兩處轟炸台趙支路及中興煤礦、損失極微、

（本報一日清江浦電）敵機三架、一日晨七時半又襲淮陰、在市郊上空盤旋數匝、見我有備未投彈、八時許、向泗陽方面逃去

（中央二日徐州電）敵大隊轟炸機二十架、一日分別向棗莊及台趙支路、淮陰、蚌埠、徐州、海州、各地轟炸、中興煤礦及台莊大橋、淮蚌海各處、均投彈多枚、有所損失、敵機到處皆遇我高射砲猛擊、未能任所欲爲、

（中央二日徐州電）敵機三架、一日晨八時、由連雲港到徐、盤旋窺察廿分鐘、被我高射砲猛擊、敵機倉惶遁去、

（本報二日蘇州電）二日晨十時另五分、敵機六架、至蘇崐公路正儀汽車站投彈四枚、旋飛崐山城內投五彈、新陽縣前薛老娘家房屋人畜全燬、震塌瓦屋二十餘間、對面縣黨部圍牆震倒、正陽橋附近一荳腐店、中彈全燬、死平民五人、下午一時半、敵機四架、飛青陽港投四彈、無損害、

（本報二日蘇州電）二日晨另時、敵機一架襲吳江、投彈五枚、兩落西門外蕃芋田中、燬半畝、一落蘇嘉鐵路二十八號橋南空地上、燬篙桿木二根、死一兔、又二彈落北門外三里橋堍芋田中、無他損失、

（中央二日蘇州電）敵機一日飛嘉定轟炸、當投彈十餘枚、死傷平民百餘人

## 分飛襲擊 蚌埠臨淮

（本報一日蚌埠電）（遲到）一日午後五時許、敵機四架、由臨淮關飛蚌埠、投彈十餘枚、傷亡市民六七十人、焚燬民房二十餘間、我高射砲齊鳴、歷一刻鐘、敵機向西北飛逸

（中央二日蚌埠電）敵機一日晚襲蚌、三碑街被炸最慘、棠園炸毀一部份、車站落彈十三枚、多爲硫磺彈、毀貨房數間、全埠死傷平民百餘人、二日晨九時許、津浦綫宿徐間、發現敵機、蚌市兩度發出警報、

## 敵機隊長 供非本願

（中央二日蘇州電）敵空軍大尉山下七郎、於上月二十六日飛京轟炸、當在太倉上空被迫降落、刻已爲我俘虜、予以優待、按山下係日本福岡縣久留米市人、住長崎縣大村町、九月七日由大村出發至上海、九月二十六日往南京轟炸三次、在太倉降落、據山下談稱、此次作戰、全爲軍部之主張、普通百姓及下級軍官、對戰事非常厭惡、本人轟炸南京、全由命令所壓迫、殊非本心所願意也、山下一日致函其妻、略謂刻被俘虜、頗受優待、請家中勿念、並云俟戰事停止後、即擬留學、不再從事戰事云、

——摘自《东南日报》（杭州），1937 年 10 月 3 日

## 避難民衆 被敵槍殺

中央社。

廣州二日電。粵河流錯綜。各江交通。純賴以小汽輪拖行之木質貨船。自敵機犯粵。一般市民。均乘此種毫無防護設備之木船回鄉避難。日來敵機即向之用機槍追擊。或投炸彈。據東西北三江交通界報告。我赤手空拳之民衆。死傷於此種暴行者。已達百餘人。猶幸敵彈多未命中。未發生沉船慘劇。否則更不堪設想矣。

——摘自《湖南国民日报》，1937 年 10 月 3 日

## 寶安村落 被敵掃射

中央社。

廣州二日電。敵水上機十一架。二日下午四時半。飛寶安縣赤溪一帶偵察。並向各村落掃射機槍。旋見我機隊趕到。即向西南方飛逸。

——摘自《湖南国民日报》，1937 年 10 月 3 日

## 敵炸蚌埠 死傷百餘

中央社。

蚌埠二日電。敵機一日晚襲蚌。三徑街炸最慘。棠閘毀一部份。車站落彈十三枚。多爲硫磺彈。毀貨房數間。全埠死傷平民百餘人。二日晨九時許。津浦線宿遷徐州間發現敵機。蚌市兩度發出警報。

中央社。蚌埠一日電。一日下午一時許。敵機五架飛蚌空投彈。死四人。傷六人。餘無損失。敵機經高射砲射擊後逸去。

——摘自《湖南国民日报》，1937 年 10 月 3 日

# 炸嘉定南翔

◎蘇州二日中央社電、敵機一日飛嘉定轟炸、當投彈十餘枚、死傷平民百餘人、前日下午五時左右、有敵機八架、飛赴南翔鎮一帶偵察、旋即南飛、在南翔錫滬汽車站附近輪流投彈、先後竟達廿餘枚之多、南翔錫滬汽車站房屋當即全被轟燬、該處附近有平民四十餘、亦慘遭炸斃、

——摘自《时报》（上海），1937年10月3日

# 三江民船被轟炸

◎廣州二日電、粵河流錯綜、各江交通、純賴以小汽輪拖行之木質貨船、自敵機犯粵、一般市民均乘此種毫無防護設備之木船回鄉避難、日來敵機即向之用機鎗追擊、或投炸彈、據東西北三江交通界報告、我赤手空拳之良善平民、死傷於此種暴行者、已達百餘人、猶幸敵彈多未命中、未發生沉船慘劇、否則更不堪設想矣、

◎廣州二日電、敵水上飛機十一架、二日下午四時半、飛寶安縣赤溪一帶偵察、並向各村落掃射機鎗、旋見我機隊趕到、即向西南方飛逸、

——摘自《时报》（上海），1937年10月3日

# 蒲淞鎮被炸

昨日下午四時半、有敵機三架、自楊樹浦路底的臨時飛機場起飛、先在閘北一帶盤旋數匝後、即西飛至滬西北新涇一帶偵察、在蒲淞鎮北眞如橋附近投七彈、炸斃平民三人、傷九人、炸沉渡船一艘、五時左右、又有敵機一架、在徐家匯西南土山灣天主堂匯南街一帶低空窺察、並不時用機關槍掃射、越半時許、始行飛去、死傷情形、尚待詳查、

## 浦東

敵機兩架、於昨晨八時許、飛至浦東欽賜仰殿西首投擲炸彈四枚、二彈爆炸、傷農民一、男孩一、午後三時、又來一架、在楊家宅一帶開[illegible]鎗掃射行人、無死傷

## 佘來廟

金山訊 二十九日下午六時許、敵機一架、在二區佘來廟附近大義浜口、投彈一枚、落於浦畔、當即爆炸、旋敵機又在第一區公所及泖港小學一帶、用機槍掃射、均無損失、

——摘自《时报》（上海），1937年10月3日

# 敵轟炸文化機關

社評

暴日的飛機，昨天又到廣州，轟炸中山大學，損失頗重，毀滅學校，摧殘文化機關，早已成爲敵人的慣技，這種卑劣舉動，從侵略戰開始到今天，已經數不勝數，天津南開大學，河北女師及河北工學院，首先受到炸彈的轟擊，還感到不足，再用煤油來焚燒，毀滅成一堆灰燼，上海滬江大學，接著受到暴敵砲火的摧殘，成爲斷瓦頹垣，吳淞同濟大學，一二八之役，已經敵人一度蹂躪，近幾年稍復舊觀，重罹浩劫，還有南昌的葆靈女學，武昌的文學中學，都成敵機轟擊的目標，南京中央大學，先後被轟炸到四次之多，中山大學，總算是最後臨到的一個，暴敵這種毫無人性的行爲，除了充分暴露其野蠻和醜惡外，我們沒有言語來形容，更沒有方法可以解釋其心理，遭受這次打擊以後，人類進化的程序，要退後幾百年，現代文明，因此留下不可湔滌的污點。

近幾天的報紙，常常登載暴日遣派使節赴歐美游說的消息，似乎敵人瘋狂進行其屠殺工作的時候，還想在國際方面博取同情，這眞是最滑稽而可恥的事，我們所懷疑的是，他們這次遣派的使節，到底用什麼方法來掩飾其本國軍人的瘋狂和醜惡，國際信義，在他們早已不算一回事，卽如不轟炸非戰鬥員及與軍事無關的區域的諾言，他們的政府當局已一再向各國担保，英大使受傷以後，他們對英提出的復文，也明白加以承諾，但是事實證明暴敵的行爲，只有變本加厲，非但非軍事區域屢受摧殘，就是以倡導學術爲世界文明公例所維護的文化學術機關，也成爲他們仇視毀滅的對象，到這個時候，再搬著國際信義的幌子，用巧言來欺騙人，恐怕沒有那一個國家會上當吧！否則他們惟有用種種方法，來解釋他們行爲的正當，而前述文化機關，都與軍事區域相距極遠，並且絲毫未作其他用途，橫施轟炸，究將何以自解。

敵人所執以進行侵略戰的理由，爲我民族反日情緒的高張，根據這種錯誤的心理，所以對我們的智識份子，十分仇視，其轟炸文化機關的原因，大抵在此，我們要正告敵人，你們這種辦法是錯誤的，你們的飛機炸彈，至多只能毀滅我們的物質，絲毫不能搖動我們文化的精神，你們的每一枚炸彈，勝過了一百萬本反日書籍（中大羅校長有此語）使中國青年，深切地認識了你們居心的毒辣，永遠不能忘記，中日兩民族，從此結下深仇宿恨，完全是你們這般野心者造成的，中國智識份子，不能負責，就是你們國內的大多數人民和智識份子，又何嘗願意，快此停止這種自掘墳墓的行動吧！否則歷史的裁判終究要臨到你們頭上的。

——摘自《中央日报》（南京），1937 年 10 月 3 日

# 敵艦及潛艇

# 屢擊沉我漁船

## 先後死亡達五百人

## 東京尚圖狡辯諉罪

▲中央社廣州一日電 擄香港外文報載、在港註冊之漁船、復有四批被敵艦及潛艇擊沉、第一批十艘、在黃欄沉沒、死三百餘人、生還者卅二人、第二批九艘、在遮浮環沉沒、死一百五十餘人、生還者廿餘人、第三批在汕尾沉沒、死十一人、生還者二人、第四批在碣石沉沒、死亡人數未詳、生還者已陸續向港警署報案。

本京息、敵潛水艇迭在港海外擊沉我國漁船、被擊斃或溺死之漁民達五百人、生還者僅五十餘人、其經過詳情、中外各報頗多揭載、港政府因各漁船均在港註冊、曾令詳實調查、據已被救起漁民之報告、與德輪香霖斯脫號船員之談話、敵軍之殘忍屠殺非戰鬥人員之暴行、已成鐵般事實、各國輿論、嚴加譴責、敵方自知理屈、已犯衆怒、違反公法與人道主義、初尚諉爲傳說無稽、繼則詭稱其潛艇適在他處操演、巧詞詭辯、益引各文明國家之憎惡、英工會及坎特白里大主教等、乃有聯合經濟制裁之提議、敵方知難可再圖賴、乃於一日晚七時以海軍省副官之名義發表談話、據同盟社消息、該副官避免涉及漁船、竟謂我國帆船有各種種類、其大者能載五百噸貨物、且備有機關槍大砲等武器、並列舉日艦曾遭遇有武器帆船襲擊之「實例」、謂「日軍爲自衛計、不得不制壓其攻擊、其結果所發生之損害、係彼等自招者、與日方毫無關係」等語、查我國漁船是否裝有武器、則註冊機關之港政府自知其詳、無待深辯、至于襲擊日艦之說、更爲可笑、日本新聞機關傳佈消息莛靈、向例彼方有所動作、必先捏造事實、誣爲先動、以爲攻擊摧殘之根據、如果捨漁船而言帆船、則此後我國民間帆船、必將橫遭轟擊無疑、若謂漁船在日人眼光中亦係備有武器帆船之一種、則襲擊日艦之舉動、日方何不于受損害之日即行公布、必待舉世譴責之後圖賴不成始爲追述耶、屠夫之猙獰面目、早已畢現、欲蓋彌彰、徒見其心勞日拙而已。

——摘自《中央日报》（南京），1937 年 10 月 3 日

# 敵機在嘉定 殺害我無辜

## 平民住宅區慘被炸燬 先後死傷共二百餘人

據嘉定逃出難民魯某語記者：近日敵機時飛嘉定，施行其滅絕人性慘無人道之獸行。上月三十日，下午四時許第一次光降，投彈三枚而去，幸死傷平民不多。惟前日（一日）則最爲慘重，敵機大隊約十五架，分三架成一人字形，盤踞上空甚久，旋三隊向西而去，兩隊則愈飛愈低，飛翔兩週後，砰砰擲彈，共投下炸彈有二十餘枚之多，似爲二百五十磅之彈，炸力甚强。致燬壞房屋頗多，平民慘遭炸斃者凡百餘人。昨晨拂曉再前往轟炸，投下炸彈八九枚，總計前往三次，房屋被炸焚燬數十間，平民無辜死傷達二百人以上。

——摘自《神州日报》（上海），1937年10月4日

# 敵猶詭辯掩飾 殘殺漁民罪惡

## 謂我帆船備有機槍大砲 畢露屠夫猙獰面目

【南京二日中央社電】敵潛水艇迭在港海外擊沉我國漁船，被擊斃或溺死之漁民五百人，生還者僅五十餘人，其經過詳情，中外各報頗多揭載。港政府因各漁船均在港註册，曾令詳實調卅，據已被救起漁民之報告，與德輪香羅斯脫號船員之談話，敵軍之殘忍屠殺非戰鬥人員之暴行，已成鐵般事實。各國輿論咸嚴加譴責，敵方自知理屈，遂反公法與人道主義，已犯衆怒，初尚諉爲傳說無稽，繼則謊稱其潛艇適在他處操演，巧詞詭辯益引各文明國家之憎惡。英工會及坎特白里大主教等，乃有聯合經濟制裁之提議，敵方知難以圖賴，乃於一日晚七時許，以海軍省副官之名義，發表談話，據同盟社消息，該副官避免涉及漁船，竟謂我國帆船有各種種類，其大者能載五百噸貨物，且備有機關槍大炮等武器，並列舉日艦曾遭遇有武器帆船襲擊之「實例」，謂「日軍爲自衛計，不得不制壓其攻擊，共結果所發生之損害，係彼等自招者與日方毫無關係」等語。查我國漁船是否

裝有武器，則註冊機關之港政府自知其詳，無待深辯。至于襲擊日艦之說，更爲可笑，日本新聞機關傳佈消息甚夥，向例彼方有所動作，必先捏造事實，誣我先動，以爲攻擊摧殘之根據。如果捨漁船而言帆船，則此後我粵民間帆船，必將橫遭轟擊而無疑。若謂漁船在日人眼光中，亦係備有武器帆船之一種，則襲擊日艦之舉動，日方何不於受損害之日，即行公布，必待舉世譴責之後，圖賴不成，始爲追述耶？屠夫之猙獰面目，早已畢現，欲蓋彌彰，徒見其心勞日拙而已。

## 敵擊沉漁船

### 共廿九艘

【香港二日快訊社電】據此間報載，中國漁船，在粵省沿岸被日艦及潛艇擊沉者，共有廿九艘，死五百十二人，其中有一部曾在港註冊。

——摘自《神州日报》（上海），1937年10月4日

## 炸斃我分娩婦 寇機襲粵逞獸行

### 陳策談寇艦兩擾虎門經過 我警備至嚴寇決不敢再犯

【中央社廣州三日電】敵機七架，由唐家灣飛襲本市，我空軍當即派機隊截擊，在黃埔上空發生激戰，我空軍居高臨下，緊迫追擊，敵機投彈十枚，七枚落水，三枚落附近拔潭村，死傷村民二三十人，內有區氏婦，昨甫分娩，聞警無法逃避，母子同時遭難，其夫係海員，聞訊痛不欲生，敵機經我機追擊後遁去。

【中央社廣州三日電】記者今承陳策司令邀約，獲晤陳氏於山勢雄險之虎門要塞司令部中，陳氏歷述敵艦兩次侵擾虎門經過，謂上月中敵艦麕集赤灣，向我進攻，被我軍擊沉一艘，逃後，越數日又再來擾，亦傷一艘而逃，邇來即未見有何舉動云，記者往視我軍防地，見我戎兵荷槍實彈，警備至嚴，陳氏於記者參觀各巨型砲位之餘，笑謂斯林林者，正磨礪以須，煩語後方同胞，此地誠金湯不啻也。

【中央社廣州三日電】汕頭三日電：敵巡艦一艘，今駛抵馬嶼口外遊弋。

——摘自《扫荡报》（汉口），1937年10月4日

# 敵機遍飛南北肆虐

## 恣意襲擊嘉興崑山等處

## 不斷擲彈轟炸晉皖贛粵

（中央三日上海電）三日晨、敵機三架、在南市及浦東一帶盤旋窺察、向行人用機槍掃射、殃及拾荒小童廿餘人、

### 轟炸嘉興

（本報三日嘉興電）敵重轟炸機三架、輕轟炸機五架、三日下午一時二十五分、由乍浦平湖襲禾、在車站三千五百米達上空盤旋、敵機列成一字形後、即瘋狂轟炸、投彈三十餘枚、我以高射砲猛擊、敵亦以機槍掃射。有三架被我擊傷、當炸彈爆發時、驚震遐邇、停靠車站第二道路軌之頭二三等客車五輛、行李車一輛、及裝有貨物之列車三輛、均中彈起火、燃燒甚烈、損失甚重、車站北段及鐵橋收票處、均被炸毀、旅客炸斃四人、重輕傷二十餘人、已分別送醫、站屋受震、略受損失、機房中彈、機頭一輛水箱受損、蘇嘉路禾站月台完全被燬、小花園亦有損害、郵局房屋機槍彈痕纍纍、鐵路工程處、診療所、被震受損、車站路西商店三家被燬、損失甚重、宣公路本報代派處及該處商店轉運公司等、受震甚烈、門面受損者十餘家、小烟雨樓中一彈、小船一艘受傷、南湖邊高家池塘後面空地中彈一枚、無甚損失、敵機投彈後、三架向東北遁去、五架竄向東南、

### 窺探杭州

（本市消息）三日下午六時二十三分、觀海衛方面發現敵機三架、經過澉浦、黃灣、海甯、襲擊筧橋、並在翁家埠附近窺察、投照明彈三枚、當敵機在筧橋盤旋時、該處草舍外突有人竟燃火柴、爲敵機所見、即在該草舍上空投擲三彈、毀草舍數間、炸斃一名、（編者按、慘劇之來、咎由自取、深望市民於敵機襲境時、切勿以電筒照耀、及擦火柴抽烟、以蔽敵機夜襲目標、）敵機投彈後、旋向海鹽折往餘姚方面逸去、

（本市消息）三日上午、有敵機兩架、從江蘇方面沿蘇嘉路侵入嘉興上空、時爲八時二十一分、後經桐鄉、硤石、崇德、長安、而於八時五十分發現在筧橋上空、並一度盤旋於艮山門一帶窺探、後飛經黃灣、澉浦、海鹽、向東北方面逸去、離開浙境時爲九時十四分、杭市即解除警報、下午一時〇四分、敵機八架、飛至嘉興轟炸、杭市亦曾發出空襲警報、（國民社）

### 蹂躪崑太

（中央三日上海電）敵機八架、三日晨七時半飛崑山、在車站附近投彈甚多、房屋略有損毀、未傷人、下午一時半、復有敵機三架、飛嘉興窺察、在車站附近投多彈、損失甚微

（中央三日蘇州電）連日敵機轟炸南翔甚烈、三日晨八時起、又有日重轟炸機十餘架、在南翔上空盤旋、並投下炸彈三十餘枚

（中央三日蘇州電）三日晨七時許、敵機六架、由滬飛往崐山上空、當在火車站一帶投彈廿餘枚、月台及停站之客車車輛被炸、並死傷無辜旅客三十餘人、又息、敵機三日晨曾飛往太倉投彈、

### 襲擊安慶

（中央三日安慶電）敵機六架、三日午後二時、飛省投十餘彈、燬民房兩間、死童子二、傷婦人一、敵機越十餘分鐘始去、

（中央三日蕪湖電）三日上午十二時廿分、廣德上空發現敵機十架、盤旋稍頃、有四架飛往贛境、企圖不明、六架經孫家埠、南陵、銅陵、貴池等地、於一時五十分竄至安慶、在城外投彈十餘枚、損失不詳、機又折回原路線、窺察一週而去、

### 圖犯南昌

（中央三日南昌電）敵機

四架、三日下午五時、發現於贛閩邊境、盤旋數週、經向南昌進發、我空軍聞報、飛往追擊、敵機見勢不佳、在樟樹投彈四枚、即行逸去、

（中央三日南昌電）敵機四架、三日下午五時襲贛、在樟樹投彈四枚、死傷農民四人、惟據防空部息、敵機今日在樟樹低空飛行、機翼竟冒飾我國國徽、此種醜行、已暴露敵喪盡軍人人格、污辱其國家體面、◇◇◇

## 迭犯廣州

（中央三日廣州電）敵機七架、由唐家灣飛襲本市、我空軍當即派機一隊截擊、在黃埔上空發生激戰、我空軍居高臨下、緊迫追擊、敵機投彈十枚、七枚落水、三枚落附近拔潭村、死傷村民二三十人、內有區氏婦、昨甫分娩、聞警無法逃避、母子同時遭難、其夫係海員、聞訊、痛不欲生、敵機經我機追擊後遁去、

（本報二日香港電）（遲到）敵機五架、二日晨八時半、由唐家灣繞道進襲韶關江門及粵漢路、我派機截擊、發生猛烈空戰、敵不得逞．紛投數彈逃去、彈均落田中、有一架被我擊傷、◇◇◇

## 敵受重創

（中央三日上海電）二日我軍在大場擊落敵機一架、駕駛員三等航空軍曹篠原龍夫、及一等水兵寶井三五郎均斃命、又九月二十五日敵機空襲南京、在下關被我擊落者、爲指揮機、該隊長坂本中佐、與一等航空士協田、駕駛兩員、均敵空軍之精銳戰鬥員、素負盛譽、坂本來滬參戰、尚未滿半月、九月二十二二十三兩日、曾率敵機在京肆虐、卒於再犯我首都時、被擊斃、又九月二十九日在閘北斃命之眞木少佐、係坂本同學、亦負有能戰之譽、敵空軍損失之重大、可見一斑、

（中央杭州訊）被擊燬降落屠甸寺之敵機、二日午由嘉興運蘇轉京、擊落之敵機師二名、一爲金九山、係隊長、一名大塚、係四分隊長、身上搜出手槍各一支、雙筒信號槍一支、我國地圖一幅、各佩有白布條、上書「太宰府天滿宮守護」等字樣、◇◇◇

## 肆虐太原

（中央二日太原電）二日午十時四十分、敵機十八架襲并、在城外投彈十餘枚、城內投彈數枚、我平民死傷頗多、◇◇◇

## 盤旋魯境

（中央二日濟南電）魯南北各縣、二日晨均有敵機窺伺、午刻有敵機四架、過德縣南窺、其方向似在濟南、當發緊急警報、該機飛至平原北返、午後一時、始解除警報、

——摘自《东南日报》（杭州），1937 年 10 月 4 日

敵海軍部發言掩飾

# 敵艇擊沉我漁船

## 巧詞詭辯益使各國憎惡

## 欲蓋彌彰徒然心勞力拙

中央社。南京二日電。敵潛水艇。迭在港海外。擊沉我國漁船。被擊斃或溺死之漁民達五百人。生還者僅五十餘人。其經過詳情。中外各報。頗多揭載。港政府因各漁船。均在港註冊。曾令詳實調查。據已被救起漁民之報告。與德輪香雀斯丸號船員之談話。敵軍之殘忍屠殺。對非戰鬥人員之暴行。已成**鐵般事實**

各國輿論。咸嚴加譴責。敵方自知理屈。遂反公法與人道主義。已犯衆怒。初倘誘爲傳說無稽。繼則謊稱其潛艇。適在他處披演。巧詞詭辯。益引各文明國家之憎惡。英工會及坎特自里大主教等。乃有聯合經濟制裁之提議。敵方知無可**再圖抵賴**乃於一日晚七時。以海軍省副官之名義。發表談話。據同盟社消息。該副官避免涉及漁船。[illegible]謂我國帆船。有各種種類。其大者皆載五百噸貨物。並備有機關槍大炮等武器。並列舉日艦曾遭遇有武器帆船襲擊之「實例」。訓「日軍爲自衞計。不得不制壓其攻擊。其結果所發生之損害。係彼等自招者。與日方毫無關係等語」。在**我國漁船**是否裝有武器。則註冊機關之港政府。自知其詳。無待深辯。至於襲擊日艦之說。更爲可笑。日本新聞機關。傳布消息。甚靈。向例彼方有所動作。必先揑造事實。誣我先動。以爲攻擊摧殘之根據。如果捨漁船而言帆船。則此後我國民間帆船。必將橫遭轟擊而無疑。若謂漁船在日人眼光中。亦係備有武器帆船之一種。則襲擊日艦之舉動。日方何不於遭受損害之日。卽行公布。必尚舉世認責之後。尚顧不成。始爲追述耶。居夫之狰獰面目。早已畢現。欲蓋彌彰。徒見其心勞力拙而已。

——摘自《湖南国民日报》，1937 年 10 月 4 日

# 敵機繼續肆虐

# 昨又襲粵贛等地

## 廣州近郊死傷村民二三十人

## 駐粵外僑籲請各國制止暴行

敵機肆虐。有加無已。昨竟冐飾我國徽。在樟樹鎮等處。低飛投彈。共毒辣陰險。一至如此。玆將各地昨日被敵機空襲情形。彙誌於次。喚起國人注意。

### 廣州

中央社。廣州三日電。敵機七架。由唐家灣飛襲本市。我空軍當即派機一隊截擊。在黃埔上空發生激戰。我空軍居高臨下。緊迫追擊。敵機投彈十枚。七枚落水。三枚落附近拔潭村。死傷村民二三十人。內有一民婦昨甫分娩。聞警無法逃避。母子同時遭難。其夫係海員。聞訊痛不欲生。敵機經我機追擊後遁去。

中央社。廣州三日電。廣州外僑駱克華先生。白朗尼教授。加布里醫生。貝落斯醫生等數十人。擊於日本侵略我國。肆意轟炸平民。特組織對華正義會。編發會刊。向全世界呼籲。主持公道。其宗旨標明。（一）主張英美兩國。對目前中日危機。採取共同行動。（二）主張列強對日本實施經濟裁制。（三）主張協助中國購買運輸自衛器械。（四）主張九國公約簽字國。立即召集會議。（五）救濟廣州及中國各地遭受日本殘害之難民。

### 南昌

中央社。南昌三日電。敵機四架。三日下午五時。發現於贛閩邊境。盤旋數週。經向南昌進發。我空軍聞報。飛往追擊。敵見勢不佳。在樟樹鎮投彈四枚。即行逃去。

中央社。南昌三日電。敵機四架。三日下午五時襲贛。在樟樹鎮投彈四枚。死傷農民四人。惟據防空部息。敵機今日在樟樹鎮低空飛行。機翼竟冐飾我國國徽。此種醜行。已暴露敵軍。喪盡軍人人格。汚辱其國家體面。

### 杭州

中央社。杭州三日電。敵機二架。三日八時。由蘇嘉路竄杭。在筧橋艮山門一帶窺探甚久。旋向海鹽逸去。下午一時許。敵機八架。由全公亭飛嘉興投彈數枚。損失在調查中。

### 嘉興

中央社。杭州三日電。敵機八架。三日下午二時半。竄嘉興投彈二十餘枚。燬貨車四輛。路軌數段。貨房月台。站長室。均受損。死難民五人。傷十二人。民豐紙廠房屋。亦被毀。又下午七時。敵機三架。由杭州灣飛杭。在筧橋投照明彈三枚。炸彈三枚。均落空地。無損失。

### 安慶

中央社。安慶三日電。敵機六架。三日午後二時飛省。投十餘彈。燬民房兩間。死兒童二。傷婦人一。敵機越十餘分鐘始去。

### 廣德

中央社。蕪湖三日電。三日午十二時二十分。廣德上空。發現敵機十架盤旋。稍頓。有四架飛往贛境。企圖不明。六架經孫家埠南陵銅陵貴池等地。於一時五十分。竄至安慶。在城外投彈十餘枚。損失不詳。繼又折回原路線。窺察一週而去。

### 濟南

中央社。濟南三日電。三日晨九時。敵機一架。來濟窺伺。經我開槍射擊。倉皇北逃。

### 崑山

中央社。蘇州三日電。三日晨七時許。敵機六架。由滬飛往崑山上空。轟在火車站一帶投彈二十餘枚。月台及停站之客車車輪被炸。並死傷旅客三十餘人。又息。敵機三日晨曾飛往太倉投彈。

### 南翔

中央社蘇州三日電。連日敵機轟炸南翔甚烈。三日晨八時起。又有敵重轟炸機十餘架。在南翔上空盤旋。並投下炸彈二十餘枚。

### 太原

中央社。太原二日電。二日午十時四十分。敵機十八架襲并。在城外投彈十餘枚。城內投彈數枚。我平民死傷頗多。

——摘自《湖南国民日报》，1937年10月4日

# 敵機肆虐

# 昨轟炸我南北各地

## 太原死傷平民甚多襲粵被阻

## 皖贛邊境及魯各縣發現敵機

### 敵機無恥又冒飾我國徽在贛投彈

（中央社）廣州三日訊、敵機七架、由廠家灣飛襲本市、我空軍當即派機一隊截擊、在黃埔上空、發生激戰

我空軍居高臨下、緊追追擊、敵機投彈十枚、七枚落水、三枚落附近拔潭村、死村民二三十人、內有區氏婦

昨南分晚、聞驚無法逃避、母十同時遭難、其夫係海員聞訊、痛不欲生敵機經我機追擊後遁去

（中央社）太原二日電、二日上午十時四十分、敵機十八架、襲并在城外投彈十餘枚 城內投彈數枚 我平

民死傷頗多、

（中央社）濟南二日電、魯南北各縣二日晨均有敵機窺伺、午刻有敵機四架、經德縣南來、窺其方向、似在

濟南、當發緊急警報、該機飛至平原北返、午後一時、始解除警報

、（中央社）蕪湖三日電、三日午十二時廿分、廣德上空發現敵機十架盤旋、少頃有四架飛往贛境、企圖不明

、六架經孫家埠 南陵繁昌貴池等地、於一時五十分、竄至安慶在城外投彈十餘枚、損失不詳、又折回原路線窺

察一週而去、

（中央社）南昌三日電、敵機四架、三日下午五時發現於贛閩邊境盤旋數週、經向南昌進發 我空軍聞報飛往追擊、敵機見勢不佳在樟樹投彈四枚、即行逸去、

（中央社）南昌三日電 敵機九架、三日下午五時飛贛、在樟樹投彈四枚、死傷農民四人、惟據防空部息、敵機今日在樟樹低空飛行、機翼竟冒飾我國國徽、此種醜行、已暴露敵寇軍人人格汚辱其國家體面

（中央社）上海三日電、二日晚二日晨我偵察機多架來滬、在楊樹浦及定海島一帶偵察敵軍陣地及其動靜、敵軍以猛烈之高射炮轟擊、但我飛將軍從容往返、於完成任務後、安然返防、

（中央社）蘇州三日電、連日敵機轟炸南翔甚烈、三日晨八時起又有敵轟炸機十餘架、在南翔上空盤旋并投下炸彈二十餘枚、

（中央社）蘇州三日電、三日晨七時許、敵機六架由滬飛往崑山上空、當在火車站一帶投彈二十餘枚、月台及停站之客車車輛被炸、並死傷無辜旅客二十餘人、又息、敵機三日晨、曾飛往太倉投彈、

（中央社）安慶三日電 敵機六架 三日午後二時飛省投十餘彈、燬民房兩間 死童二、傷婦一、敵機越十餘分鐘始去、

（中央社）杭州三日電、敵機二架 三日八時由蘇嘉路竄杭、 在筧橋良山門一帶窺探甚久、旋向海鹽逸去、下午一時許敵機八架由全公亭飛嘉興投彈數枚、損失在調查中、

（中央社）杭州三日電、敵機八架、三日下午二時半竄嘉興投彈二十餘、毀貨車四、路軌數段、貨房、月台、站長室均受損、死難民五、傷二十二、民豐紙廠廠屋被毀、又下午七時敵機三架由杭州灣至杭州筧橋、投照明彈三、炸彈三、均落空地無損失、

（中央社）杭州二日電、被擊降落屠甸等之敵機、二日午由嘉興運蘇轉京、擊斃之敵機師二名、一爲金九山、係隊長、一名大山、係四分隊長、自身上搜出手槍各一支、雙筒信號鎗一支 我國地圖一幅 各佩有白布條上書、太宰府天滿宮守護、等字樣

——摘自《华西日报》，1937年10月4日

### 嘉興崑山車站被炸 死傷平民旅客多人

◎嘉興三日電、三日十二時〇五分、敵機八架飛禾轟炸、在車站一帶投彈十七枚、我以高射炮射擊、敵以機鎗掃射、並散發荒謬傳單、三架被我擊傷始共逃去、彈多爆發、燬車四輛、月台路軌亦損、附近民房燬多間、死八人、傷十餘人、中央社云、交通界息、昨午敵機八架、在嘉興附近窺察甚久、在車站投彈數枚、死傷平民廿餘人、該機向南逸去、路軌雖有損毀、惟旋即修復、車行無阻、

◎蘇州三日電、三日晨七時許、敵機六架、由滬飛往崑山上空、當在火車站一帶投彈廿餘枚、月台及停站之客車車輛被炸、並死傷無辜旅客卅餘人、又息、敵機三日晨曾飛往太倉投彈、

——摘自《时报》（上海），1937年10月4日

# 敵機掃射南市浦東

## 拾荒童子遭殃

昨晨敵機三架、於八時許在南市及浦東一帶盤旋窺察、間向行人用機槍掃射、又在十六舖碼頭對岸之大阪碼頭堆棧附近投彈四枚、適該處有拾荒小童二十餘人致被殃及、敵機即飛向北去、同時停泊浦江中之敵艦亦向浦東方面發砲數響、旋即歸於沉寂、

### 南翔

蘇州三日電、連日敵機轟炸南翔甚烈、三日晨八時起、又有敵重轟炸機十餘架在南翔上空盤旋、並投下炸彈三十餘枚、

### 眞如

昨日下午四時半、眞如方面、亦有敵機活動低飛、以機槍掃射我平民、

### 滬西

二日晚六時餘、敵機三架、作兩度之轟炸滬西、於北新涇附近擲彈八枚、當由蒲淞警所電知紅十字總會第七隊急救、時已傍晚、該隊陸組長率領隊員到達該地、在黑暗中救回十餘人、歸隊療治、惟重傷佔多、故將一部份重傷者轉送洪興協會後方醫院醫治、

### 杭州

杭州三日電、三日晨九時、敵機二架、來杭市上空窺探、十時向東北飛去、未投彈、晚六時三刻、敵機一架來杭筧橋上空、投照明彈・轟炸彈各二枚、我無損失、七時半向東北飛去、

### 松江

松江通訊、二十九日下午四時半、突來敵轟炸機一架、在南門外米市渡黃浦江上盤旋偵察、見渡船中渡有鄉民二三十人、即投下炸彈五枚、兩彈落於浦灘、炸毀禾稻、三彈落於浦中、未爆發、惟船中渡人驚惶失措、哭聲震天、紛紜擾攘、擠落多人、溺斃者四人、日機向東南飛去、

### 南昌

南昌三日電、敵機四架、三日下午五時、發現於贛閩邊境、盤旋數週、經向南昌進發、我空軍聞報、飛往追擊、敵機見勢不佳、在樟樹投彈四枚、即行逸去、死傷農民四人、惟聞防空部息、敵機今日在樟樹低空飛行、機翼竟冒飾我國國徽、

### 太原

◎太原二日電、二日上午十時四十分、敵機十八架襲幷、在城外投彈十餘枚、城內投彈數枚、我平民傷亡頗多

### 安慶

◎安慶三日電、敵機六架、三日午後二時飛省、投十餘彈、燬民房二間、死童子二人、傷婦女一人、敵機越十餘分鐘始去、

◎蕪湖三日電、三日午十二時二十分、廣德上空發現敵機十架盤旋、稍頃、有四架飛往贛境、企圖不明、六架經孫家埠南陵銅陵貴池一帶、於一時五十分竄至安慶、在城外投彈十餘枚、損失不詳、繼又折回原路線窺察一周而去、

——摘自《时报》（上海），1937 年 10 月 4 日

# 敵機炸崑山嘉興

交通界息、昨午一時四十分敵機八架、在嘉興附近窺察甚久、在車站投彈數枚、死傷平民廿餘人、路軌雖有損毀惟旋即修復、車行無阻、該機向南逸去、七時半在崑山上空發現、亦曾投彈、車站房屋被毀、死傷旅客三十餘人、又四時半、眞如方面、亦有敵機活動低飛、以機槍掃射我平民、有否殃及、尙待調查、

又訊 敵機數架於昨日(三日)天方拂曉出現於大場一帶天空盤旋窺察、我防空步隊卽以高射砲向空射擊、敵機在倉皇中投下炸彈數枚、均不命中、我方毫無損失、

又昨晨敵機三架、於八時許在南市及浦東一帶盤旋窺察、間向行人用機關槍掃射、又在王家碼頭對岸之大坂碼頭堆棧附近、投彈四枚、適該處有拾荒小童二十餘人、致被殃及、敵機卽飛向北去、同時停泊浦江中之敵艦、亦向浦東方面發砲數響旋卽歸於沉寂

中央蘇州三日電 三日晨七時許、敵機六架由滬飛往崑山上空、當在火車站一帶投彈廿餘枚、月台及停站之客車車輛被炸、並死傷無辜旅客卅餘人、又息敵機三日晨曾飛往太倉投彈、

——摘自《时事新报》（上海），1937 年 10 月 4 日

# 朔縣陷落敵手

# 居民三千餘遭屠殺

## 何柱國部六七百人全部殉難

## 我軍扼守原平發生激烈戰事

本報太原三日電　敵軍在平型關於上月底兩次受重創後、敵乃改變戰略、以大砲飛機坦克車壓迫我雁門關之某部、並乘虛由長城東西各口乘虛而入、致在長城線內之繁峙、代縣、寧武、相繼陷於敵手、我軍現扼守五台山原平一帶（按原平在太原北約一百公里）我某軍事長官親赴前線指揮、士氣大振、正向敵反攻、原平方面戰事激烈、

中央南京三日電　晉綏方面、上月廿八日敵以大部圍我朔縣、（按朔縣在雁門關外西北約三十公里）並以戰車大砲向我猛攻、激戰竟日、但因我守軍過少、城之東北兩門均被敵轟燬、我守軍何柱國部六七百人、全部殉難、城內居民三千餘概被屠殺、（按本報太原二日電我某路軍已於三十日收復朔縣）、

中央太原二日電　二日上午十時四十分、敵機十八架襲并、在城外投彈十餘枚、城內投彈數枚、我平民傷亡頗多、

——摘自《时事新报》（上海），1937年10月4日

# 朔縣淪陷 全城被屠！

## 守軍何部亦悉數殉難

本京息、晉綏方面、上月廿八日敵以大部圍我朔縣、并以戰車大砲向我猛攻、激戰竟日・但因我守軍過少、城之東北兩門均被敵轟燬、我守軍何柱國部六七百人全部殉職、城內居民三千餘、槪被屠殺。

▲中央社太原一日電（遲到）一日晨敵機數架兩度來并、因被我機追逐、未能侵入市空、下午二時復來五架、在城外投彈廿餘枚、僅毀民房數間、餘無損失。

——摘自《中央日报》（南京），1937年10月4日

# 敵機橫行廣東

## 粵省下令封鎖虎門

廣州電：這一個禮拜以來，敵人飛機每天飛到廣州市來轟炸，廣州市受了不少的損失。現在敵機轟炸範圍已經擴大到廣東全省各縣，如佛山，三水，惠州，中山，龍關，趙德等處，就是瓊崖潮州，汕頭也被敵機施行無人道的摧殘。敵人航空母艦停泊在廣東海面附近，每天派機赴各縣轟炸。據一般統計，這個禮拜來僅廣東一省被敵機炸死的有一千五百餘人，傷的約三四千人。

廣東當局因爲敵艦敵機窺伺廣東海面，從卅日晚起，暫行封鎖虎門，輪船一律停止航行。

——摘自《新中华报》（延安），1937年10月4日

# 廣東中山大學被敵機炸燬

## 鄒海濱發表談話

## 敵蓄意毀我文化機關

（中央四日廣州電）廣東中山大學被敵機肆意炸燬、該校校長鄒海濱氏、特發表書面談話如下、倭寇對我國侵略、不但欲亡我全中國、且欲消滅世界文明、故開戰以來、對於我國文化機關、特別加以摧殘、肆意轟炸、天津之南開大學、河北女師、河北工學院、滬江大學、吳淞同濟大學、南昌之葆靈女學、武昌之文學中學、中央大學、此世人共知者、中山大學、爲總理手創之大學、而石牌新校、又爲總理所計劃、故規模最大、員生素受總理主義之特別熏陶、抗敵精神、亦最發揚、敵人早有以「中山大學爲抗日之大本營」之名詞、所以抗戰以來、數次轟炸中山大學、至昨日則竟被炸毀、我法學院中山大學周圍三萬餘畝、並無其他建築物、敵人報紙曾目之爲文化區域、如非敵人故意欲消滅文化機關、決無數次轟炸之理、有謂總理規劃此校、規模宏大、致被敵人轟炸、則其他規模之大、不如中山大學者、亦遭轟炸、可見敵人專欲消滅我文化機關、無分規模之大小、有謂中山大學抗敵精神最爲激昂、致招轟炸、此則不特中山大學爲然、全國學校、全國民衆、何一不抱與國偕亡之心、敵人轟炸之彈愈烈、我人敵愾之心亦愈熾、是則敵人之轟炸、不啻我國之警鐘也、須知總理精神長存、不特總理所手創之學校、無從摧毀、且本諸總理之精神、終能打倒敵人、復我失地、完我主權、置中國於獨立自由之地位、是則吾人可以自信者、亦敵人所應覺悟者云、

——摘自《东南日报》（杭州），1937年10月5日

## 敵艦在浙粵海面

# 刼殺鹽漁民

### 在乍浦海面發現三艘
### 刼奪官鹽繳護運隊械

（本報四日餘姚電）姚場與乍浦海面、四日晨九時、發現敵巡洋艦一艘、黃盤山亦發現敵艦二艘、大牌頭浙東公廠裝往紹興鎮塘殿之官鹽三大船、共五千餘包、途遇敵艦、突開三砲、彈落海中、幸未傷人、船被劫持、護運隊四五名被繳械、敵復强迫船夫及護運隊士將所有官鹽、拋入海中、稍不如意、卽遭兇毆、事後、敵將鹽船放回、又訊、姚場海面、敵艦出沒無常、入晚以探海燈照射、並測量海道深淺、有所企圖、

（中央四日廣州電）上月二十二日敵潛艦在麒麟角海面擊沉大隊漁船、連日逃生回港之遭難漁民、詳述事件經過、據三四零七號漁艇艇主李文談、二十二日上午八時半、當余等一家數口及伙伴等、正與其他漁艇在麒麟角海面捕魚時、忽見一日本潛艦、自遠駛來、該艇半沒水中、露出觀望台及大砲、毫無警告、該艦突發三砲、向余艇轟來、第一彈已將余妻及女三人轟斃、第二彈遂將余艇轟沉、余等逃生者十五人中、有兩婦女、同在水中力握折毀之帆船破板、順流向麒麟角漂去、後遇遠來之船艇、將余等救起、始獲生還、當時余目擊漁艇十餘艘、次第中砲沉沒、該艦發砲之先、從未有警告云、言下不勝悲痛、又船戶陳蓮談、余澳門人、漁艇爲一七五三號、當日余等正在燈塔附近捕漁、突有一兩烟囱之日毀滅艦駛至、三十餘日水兵、跳上余艇、迫使余及全艇伙伴卽下繫在艇側余之小舢舨中、揮使余等開行離去、彼等隨卽將艇上所有鮮魚數籮、悉數挑回艦中、繼用火油將艇立毀、余飄搖二日餘、始轉回澳門云、

——摘自《东南日报》（杭州），1937 年 10 月 5 日

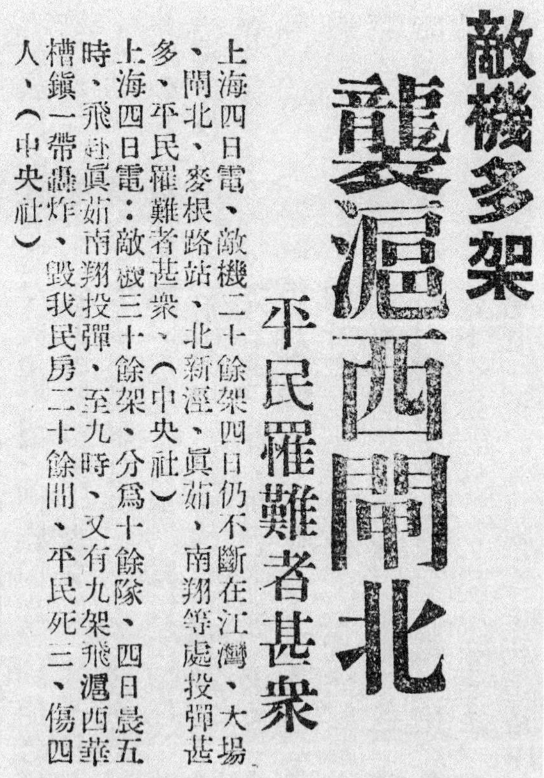

## 敵機多架襲滬西閘北

### 平民罹難者甚衆

上海四日電、敵機二十餘架四日仍不斷在江灣、大場、閘北、麥根路站、北新涇、眞茹、南翔等處投彈甚多、平民罹難者甚衆、（中央社）

上海四日電：敵機三十餘架、分爲十餘隊、四日晨五時、飛赴眞茹南翔投彈、至九時、又有九架飛滬西華漕鎭一帶轟炸、毀我民房二十餘間、平民死三、傷四人、（中央社）

——摘自《力报》（长沙），1937年10月5日

## 敵機在滬郊又濫施轟炸

## 華漕被炸罹難多

### 江灣大場眞如南翔北新涇均被炸

敵機十六架、於昨晨五時十五分起、轟炸滬西華漕鎭市街、往返回旋歷三四小時、至十時許始相率飛去、計先後鎭上及附近一帶、共投四十一彈、該鎭中市房屋大部被炸毀、在蘇州河上之渡船二艘、船夫渡客共四十九人、全部罹難、渡船沉沒無蹤、該鎭西里許某村落、亦被炸甚烈、全村房屋幾全毀、陸上死傷人數、刻尙未悉、約計當有百名、該鎭先後被炸四五次、此次最爲慘酷、

昨晨黎明起、敵機廿四五架、結隊群飛滬西上空、盤旋華漕北新涇周家橋梵王渡一帶、曾猛炸周家橋浜北里許某鄉村、共投十餘彈、損害不詳、又炸北新涇西眞北路之蘇州河橋、投彈不少、路橋無恙、中央社云、敵機二十餘架、昨仍不斷肆虐、在江灣・大場・閘北・麥根路車站・北新涇・眞如・南翔各處盤旋不已、投彈甚多、我平民罹難者不少、尤以北新涇眞如兩處、在田間工作及担荷入市之鄉民、爲敵機軋軋之聲、驚擾不已云、又訊、昨晨五時起、有敵機三十餘架、每三架爲一隊、分十餘隊、陸續自楊樹浦路底敵臨時飛機場飛出、在本市四郊上空盤旋數週後、即飛赴眞如南翔一帶投彈多枚、折旋其中一部約十餘架、折回至閘北一帶我陣地窺察、在麥根路車站附近又投下炸彈多枚、我高射砲隊當即予以還擊、敵機遂倉皇逸去、如是者凡數次、另在滬西北新涇附近、自昨晨五時起、亦有敵機多架、在該處往來盤旋、並不時低飛窺察、直至十一時許始行飛去、

虹橋路統一花園種花園人王阿根、叔姪二人、家住南翔附近、前日下午四時、二人步行返家、行經離南翔三四里田野間、被敵機投彈轟炸、其叔當場身死、姪折左臂左足、昨黎明時、送救護醫院、

——摘自《时报》（上海），1937年10月5日

# 敵艦擊沉大批漁船

## 遭難漁民詳述經過

◎廣州四日電、上月廿二日敵潛艦在麒麟角海面擊沉大隊漁船、連日逃生繞道回港之遭難漁民、均能詳述事件經過、據三四零七號漁艇艇主李文談、廿二日上午八時半、當余一家數口及夥伴等、正與其他漁艇、在麒麟角海面捕魚時、忽見一日本潛艦自遠駛近、時該艦半沒水中、祇露出觀望台及大砲、毫無警告、該艦突發三砲、向余艇轟來、第一彈已將余妻及女三人轟斃、第二彈遂將余艇轟沉、余等逃生者十五人中、有兩婦人同在水中力握折毀之帆船破板、順流向麒麟角漂去、後遇遠來之船艇、將余等救起、始獲生還、當時余目擊漁艇十餘艘、次第中砲沉沒、該艦發砲之先、從未有警告云、言下不勝悲痛、又船戶陳蓮談、余澳門人、漁艇爲一七五三號、當日余等正在燈塔附近捕魚、突有一兩煙囱之日本毀滅艦駛至、三十餘日水兵躍上余艇、喝令余及全艇夥伴卽下繫在艇側余之小沙舨中、揮使余等開行離去、彼等隨卽將艇上所有鮮魚數籮悉數搬回艦中、繼用火油將艇焚燬、余等搖划日餘、始得回澳門云、

——摘自《时报》（上海），1937年10月5日

# 敵砲轟浦東

## 民衆男女多人受傷

浦東戰事昨仍有斷續炮戰、當前晚我炮軍與敵艦猛烈交鋒時、敵彈漫無標的、各處鄉村間、紛紛墮落、致有若干無辜民衆、受彈片炸傷、查得本地婦人吳衛氏傷右脚、鹽城婦人王孫氏傷頭部、揚州婦人宋王氏傷手臂、鹽城少女姜雲弟傷膝蓋、崇明男孩徐野囡傷頭部、本地婦人張徐氏傷右腰、海門少女兪兆文傷右臂、並有二男子炸斃、

### 流彈

昨晨六時許、愛而近路三六六弄（卽均益里）、突由虹口方面飛來炮彈一枚、炸燬該里第二弄第一家之屋面及牆角、幸未傷人、六時十五分、愛而近路中段第三百六十一號北萬興糕糰店、及三百六十三號同森煤炭號中間、亦墮下砲彈一枚、由屋頂穿入爆炸、其時夥友等均未起身、致炸傷四人、計北萬興號主李兆祥傷手臂、李子傷兩腿、（均蘇州人）、及友人王姓、北平人、傷腿部、同森煤炭號主寧波人韓洪富（三十八歲）、傷腦部、較重、經匯司捕房查悉、立派救護車前來、將受傷之四人、一併車

送仁濟醫院救濟、

前晚六時半、南市龍德橋東龍德小學西隔壁五間門面之距離某產科醫院、突飛來長約一英尺大砲彈一枚、從屋頂墜下、壓坍該院門面三間、穿出路中、壓傷看屋老嫗李氏及小姑娘二人、當由該處救護隊車送醫院救治、

昨日上午、槍彈一枚飛至新聞路二六七號、擊破店舖玻窗一面、幸未傷人、

據工部局救火會報告、三日晚七時半、白利南路凱旋路口、有彈片飛來、擊傷華人一名、當經派救護車送往醫院、是日除上述之受流彈傷者一名外、尚有在街頭受傷者二名、

——摘自《时报》（上海），1937 年 10 月 5 日

# 江灣大場眞如等處
# 敵機昨日繼續肆虐
## 投彈甚多平民罹難者甚衆

敵機二十餘架、昨仍不斷肆虐在江灣大場閘北麥根路車站、北新涇眞如南翔各處盤旋不已、投彈甚多、我平民罹難者不少、尤以北新涇眞如兩處、在田間工作及擔荷入市之鄉民、爲敵機軋軋之聲、驚擾不已云、

又訊　昨晨五時起有敵機三十餘架、每三架爲一隊、分十餘隊、陸續自楊樹浦路底敵臨時飛機場飛出、在本市四郊上空盤旋數週後、即飛赴眞如南翔一帶投彈多枚、旋其中一部約十餘架折回至閘北一帶我陣地窺察、在麥根路車站附近又投下炸彈多枚、我高射砲隊當即予以還擊、敵機逐倉皇逸去、如是者凡數次、另在滬西北新涇附近、自昨晨五時起、亦有敵機多架在該處往來盤旋、並不時低飛窺察、直至十一時許始行飛去、

又昨晨九時敵機九架飛至滬西華漕鎭一帶、大肆轟炸、所投炸彈達三十餘枚、被燬民房二十餘間、死傷居民現已發現者、計死三人傷四人、

——摘自《时事新报》（上海），1937 年 10 月 5 日

# 我虹口楊樹浦財物
# 被敵軍搬運一空
## 暴敵窮兇極惡軍紀蕩然

自滬戰爆發虹口楊樹浦一帶，陷入火線，該區域內工廠林立，居戶毘連商業亦極繁盛。乃以禍起倉卒，故不論住戶工廠商店一切物件，均未遑運出。日前各該區曾一度開放，任外籍人士入內搬運物件。據前往該區之外人談：所有我國各工廠鋼版鐵版車床機件以及住戶之細軟物件，書畫，珍品，商店之商品貨物，均已被敵軍搬走一空。暴敵窮兇極惡軍紀蕩然，於此可見一般。按日方在我國內所有租界，此次日僑撤退時，所有日僑財產，均經我方妥爲保護，絲毫無損，兩者相比，可見敵我兩國國格迥然不同。

——摘自《神州日报》（上海），1937 年 10 月 6 日

# 津浦綫戰事劇烈

# 相持德州桑園間

## 我軍佔優勢敵傷亡慘重

## 敵機飛窺蘇魯各地擲彈

（本報五日濟南電）五日晨津浦前綫有激烈戰事、迄午仍在德州桑園間相持、我佔優勢、敵傷亡甚重、

（中央五日濟南電）軍息、德州戰況極爲激烈、敵以飛機大砲掩護、向我陣地猛轟、經我某師某旅長率隊出擊、將該敵擊退、斬獲甚多、我亦略有傷亡、（二）四日下午一時、我德州前線某師、與敵發生激烈砲戰、迄五時仍在激戰中、（三）我生力軍已開到、卽向敵總攻、四日敵機又飛平原恩縣長淸齊河窺察、並在孫氏、年東、北堡、大汶口、各投一彈、我無損失、

（本報五日徐州電）敵機十九架、四日下午二時許、由連雲港海面起飛、八架飛津浦綫、轟炸韓莊鐵橋、及難民列車、投彈十餘枚、路軌被炸燬、交通暫斷、路局正派工趕修、日內可通車、難民車亦燬、損失不詳、餘機飛向不明、

（中央五日徐州電）敵機十八架、四日午由青口海面起飛、分往蘇北魯南各地肆擾、八莊到韓莊、向津浦路南下難民車投彈二十餘枚、炸斃難民八名、傷二十餘名、列車略受損燬、四架到台莊臨城、四架到濟甯、兗州、均投彈、

——摘自《东南日报》（杭州），1937 年 10 月 6 日

## 閘北被轟昨又三處大火

## 廣福路最烈

# 焚兩百餘間

昨日閘北方面、[illegible]炮戰激烈、而敵機又濫施轟炸、自中午迄黃昏止、發生火災三處、㈠下午二時一刻、東寶興路北四川路附近民房火燒、半小時後即熄、焚去房屋約十餘間、㈡下午三時二十分、閘北共和新路與永興路之間、有猛烈之火、至五時許熄滅、焚燬平房二十餘間、㈢傍晚六時半起、閘北潭子灣北首廣福路上發生大火、濃煙滿天、勢極猖獗、燒至深夜十時、火勢更烈、幸經曹家渡救火會冒險前往施救、至十一時十分漸漸熄滅、燒四小時半之久、約焚燬民房兩百餘間、其中被燒之屋、十分之七八爲廣福路前後一帶之商店、較爲規模宏大者、則中華麵粉廠、振華油漆廠、泰隆棧房、與一某銀行堆棧、聞日商江南牛皮廠亦全燬、

——摘自《时报》（上海），1937 年 10 月 6 日

敵機八架、三日又飛嘉興轟炸、在車站一帶投彈二十餘枚、死傷平民五十餘人、毀車數輛、及車站附近房屋多間、(上圖)客車被炸粉碎之一部、(下圖)行李車被炸後燃燒情形、 (楊鳳麟攝)

——摘自《时报》（上海），1937 年 10 月 6 日

敵機在蕪湖投彈後

# 又空襲首都

## 津浦路難民車又遭轟炸

中央南京五日電　敵機十一架五日晨飛蕪湖投彈十餘枚、旋向京進發、遇我空軍於當塗上空、即發生鏖戰、敵機見勢不佳、均紛紛逸去、五時一刻、敵機六架襲京市上空、經擊退後、夜十一時五十分、又來窺探、

中央徐州五日電　敵機十八架四日午由青口海面起飛分往蘇北魯南各地肆擾八架到韓莊、向津浦路南下難民車投彈二十餘枚、炸斃難民八名、傷二十餘名、列車略受損燬、四架到台莊臨城、四架到濟甯、四兗州均投彈、

——摘自《时事新报》（上海），1937年10月6日

蘇北魯南各地

# 遭敵機分批轟炸

## 向津浦路難民車投彈

## 武進鄉村昨亦遭空襲

▲中央社徐州五日電　敵機十八架、四日午由青口海面起飛、分往蘇北魯南各地肆擾、八架到韓莊、向津浦路南下難民車投彈廿餘枚、炸斃難民八名、傷廿餘名、列車略受損燬

、四架往台莊臨城、四架往濟甯兗州、均投彈。

▲中央社鎮江五日電 五日下午四時許、有敵機三架在武進魏村西夏墅圌鄉對投彈十餘枚、損失未詳。

▲中央社鎮江五日電 五日上午十時、有敵水陸兩用偵察機一架、在鎮江揚中間江面及沿江一帶上空低飛、高度僅五百公尺、往來盤旋窺察、約三十分鐘始向東飛去、並悉高淳無錫等地、亦有敵機多架飛去窺探。

## 首都

敵重轟炸機及輕轟炸機共十一架、于昨（五）晨九時飛往蕪湖、投彈十餘枚、旋飛當塗、有企圖襲擊首都模樣、九時半遇我機于當塗上空、當卽發生空戰、約歷廿分鐘、敵機始逸去、至下午五時一刻、又有敵輕轟炸機六架、自西方過安慶、直向南京飛來、我軍聞報前往截擊、敵機飛至句容一帶、遙見我軍猛烈撲攻、乃濫投十餘彈、遙向北方逸竄、六時許敵機發見于京市上空、經我槍砲猛射、我機奮勇追擊、敵機始退去、五日晚十一時五十分、有敵機一架、由東南方飛來、在京市四週及江甯鎮盤旋窺探、歷一小時始去、因其飛行甚高、我防空部隊、俾藉探照燈明察其行動、未予射擊云。

## 蕪湖

▲中央社蕪湖五日電 敵轟炸機八架、五日晨九時十二分經高淳竄至蕪境、在北郊投彈十餘枚、並以機槍掃射、燬草屋數間、敵機盤旋半小時、復飛至和縣境裕溪白渡磯一帶窺察、嗣仍經蕪向東北逸去。

▲中央社廣州五日電 粵淸遠德敎堂一所、九月廿九日被敵機炸燬、德駐粵總領康培、五日始接到報告、當卽電大使館呈報、並請示處理辦法。

——摘自《中央日报》（南京），1937 年 10 月 6 日

**賊机又向南京郊外投彈**

△我高射砲及追逐機擊退賊機

南京五日（美聯社）電。。昨朝貳夕倭賊飛機六架飛至南京郊外拋炸彈十餘枚、旋被我方高射砲、暨追逐機驅退云。。

——摘自《大汉公报》，1937年10月6日

**賊軍艦砲擊粵省漁村**

△及擊沉漁船多隻

上海六日（美聯社）電。是日據華方消息。倭賊軍艦在廣東沿岸砲擊漁人村落。及擊沉華人漁船多隻云。

——摘自《大汉公报》，1937年10月6日

**暴日鐵蹄下之北平**（續）

漢奸活動社會紊亂人心恐慌

日本軍人橫行霸道無所不為

糧價高漲日本金票價格下跌

◇傀儡戲劇◇

這裏依得特別提出的兩幕傀儡戲，第一幕就是中秋節的所謂「萬民同慶中秋」的滑稽劇。在那天由公安局下令各家各舖，都要懸燈結綵，一時市上紅燈籠供不應求，有許多商戶人家因為買不着紅燈，只得把白色的紙燈籠掛起來，後來被日本人發現，大不高興，以為這是不吉利的兆頭，結果又下令給警察局，發動全城警察，按戶檢查，如查到有掛白燈籠的，就立刻給染成紅的，一時各街各戶都掛滿了鮮紅的顏色，有許多善於預

言的老人家便互相和語的說：還恐怕是屠城之慘劇的先兆吧！晚間有日本人組織的「宣撫班」領導提燈遊行，並規定各商鋪各學校都要派人參加，結果人人都不敢參加，但是又迫於日本威勢，而不得不參加，結果只得用錢雇了不少的流氓，提着各代表的燈籠的遊行，當晚大家都怕出事，沿路商家雖不能敢明白的將大門關起來，可是主要的人却都逃避一空了，結果遊者自遊，逃者自逃，冷冷清清，領導的日本人，不久也覺得沒趣，無精打采的亦作鳥獸散了。第二幕便是「紀扎」，其滑稽的情形，更非一言半語所能形容了。日本人與漢奸本是同床異夢，其無聊的程度與「過中秋」是一樣的。

## 過鬼門關

由北平到天津，是北平逃難羣衆的鬼門關，旅客在北平東車站，就要被搜查一遍，沿途到了天津東站，也要搜，那更是最大的鬼門關了。普通的人，凡是高大個子的，似學生的，不管清紅皂白，先給扣留，每次車總有數十數百個同胞，毫無原因的被扣留。其扣留的標準，亦不易捉摸。逃出的人，只有聽命運而已。扣留後的遭遇，最慘的，便不容易得下落了。不過在這當中，也有不少可注意可發噱的事，也更可看出日本兵士對此次戰爭的態度。他們審問被扣難民的方法，非常使人奇怪，當被扣的人被帶到日本軍司令部以後，只略略問姓名，作何事，何處去等簡單的問題，如已登名鬼錄，當然沒命，如普通人無大可疑的，便因在一大屋中，等到半夜，忽然有一人將他推醒，仍問了他所問的問題，如答對了，天明後便可無事放行。如有不符時，那下落恐怕就不得而知了。有一次，有一清華職員赴津辦事，因其體格太好，而被扣了，和他同行的尚有一位同事，亦同時不知所以然的被扣留了，後來知道因爲他恐怕車中買不到吃食，登車前，先在北平法國麵包房買了一盒點心。日本兵把他帶到日本軍司令部後，第一就問他手拿的是什麼？同時把他的一盒點心搶過去，他們發現了這是一盒點心，以如狼似虎的亂起來，然而這個清華的職員可就乘機安然的走出來了。不幸而被留的一位，日本兵就竟異想天開的令他「打滾」，因爲他體格太好了，他不會打滾，日本兵便問他會作文章不會，他答應是會，日本兵立時就出了三個題目，第一是殷汝耕與蔣介石的比較，第二是「地方維持會的辦事何以不努力工作論」，第三是「事變之經過」。等到天色亮了，他這三篇文章，亦好容易作完，後來他對人說，自有生以來，未作過這樣難的題目。守門的日本兵這時候看着同伴都睡着了，就走過來，拿過他的筆，寫着日本文法的漢文，問貴方有錢否？他答有，日本兵又問，有多少？他答三元二角，日本兵繼續寫，「可否全給我」，後來經這位先生用筆和日本兵紛爭的結果，將兩元二角錢給了看守的日本兵，等天大亮，他亦得安然到天津租界了。

——摘自《大公报》（汉口），1937 年 10 月 7 日

# 蘇州站被猛炸

## 待車旅客死傷近百

## 周涇站亦被炸毀客車

◎蘇州六日電、晨八時四十分、敵機八架襲蘇、在火車站投彈一十七枚、待車旅客婦孺死二十六人、傷五十餘、燬貨車十餘輛、延燒至下午一時始熄、站屋燬一部、九時半又來敵機十二架、至周涇港站投十九彈、燬客車數輛、並在滸關西開機槍、無死傷、

◎蘇州六日中央社電、敵轟炸機兩架、戰鬭機三架、於六日晨八時半來蘇空襲、當在火車站投彈十餘枚、並以機槍掃射、約十餘分鐘始去、車站房屋及車輛等略受損毀、並死傷旅客及傷兵甚多、

——摘自《时报》（上海），1937年10月7日

# 敵機昨三次襲粵

## 在廣州近郊及沿粵漢路轟炸

◎廣州六日電、敵機今三次襲粵、第一次八時十五分、十二架敵機、由唐家灣起飛、六架至東郊新塘上空、即遇我機隊、發生激戰、敵機且戰且走、至黃埔投彈十餘枚、另六架飛從化投彈數枚而去、第二次九時四十八分、敵機三十六架、分三路、一經崖門、一經佛山、又一沿粵漢路北飛、紛向江村、夏茅、滘江、韶關、各處轟炸、共投彈四十餘枚、損毀夏茅附近路軌一小段、滘江民房店舖數十間、韶關民房十餘所亦被燬、敵機投彈技術至劣、目標多不命中、我非武裝之平民生命與房屋、橫被波及、亦云慘矣、第三次爲下午一時二十分、敵機十八架、復飛向夏茅、石井、黃埔一帶、擲彈二十餘枚、企圖將我舊水雷局廢址炸燬、

——摘自《时报》（上海），1937年10月7日

# 七寶鎮被炸

## 死傷數十毀屋近百間

## 北新涇又被炸死多人

敵轟炸機六架、分作三隊、於昨日下午三時五十分鐘飛至滬西七寶鎮盤旋數匝、繼卽擲下重炸彈二枚、中塘北大街楊鼎源軋花廠老廠屋頂、炸力猛烈、廠屋三十餘間暨周圍市房俱遭坍毀、軋花機廿一架馬達三部全損、老司務二名當場壓死、宅內傷一女傭、毗鄰成衣匠楊雲江之妻炸去腦殼而死、又楊伯榮之妻等數人被彈片轟中受傷、其時該鎮午時未散、鄉民不明利害、竟麕集塘橋頂仰頭觀看、致被敵機窺見、又復低飛向塘橋擲下二彈、當場爆炸、致南北橋境內街商舖丁福記・益大豐・東永興老飯館・寶生堂・程寶祥・恒山堂・朱永裕等數十家舖面、頓成廢墟、霎時間血肉橫飛、慘不忍睹、事後該鎮救護隊全體出動、先將重傷者廿餘人僱船運滬、送院救治、死者經扒出者有十三具、先後掩埋、惟據鎮人測、恐尙有壓斃兩岸河灘未經發現之屍體、玆錄罹難姓名如下、顧大弟(住顧家塘)、阿妹(六歲住塘灣裏)、張振魯(恒山堂藥店擋手)、唐阿生・徐大山・林寶才・蘇阿福・王福生・鞋匠杏生 劉四・張阿小・沈徐氏・李木金 十三名、其受輕微傷者不知其數、聞送滬救治之廿餘人中、有數人受有重傷、生命頗危、

# 滬西

敵巨型機二架、又重轟炸機三架、配以驅逐機三架、結隊於昨日上午十一時、由浦江飛起、由南市疾趨滬西北新涇及羅別根路華漕虹橋一帶轟炸、有二小時之久、事後調查、蘇州河兩岸房屋炸毀十餘間、羅別根路炸毀房屋三間、華漕已三次被炸、幾成瓦礫、非戰鬬之民衆傷亡二三十人之多、查羅別根路係越界築路、原稱王滿泗橋 該處有趙姓花園主人、將財產歸於英商、懸有英國旗、敵機竟亦加以轟炸、且彈片炸死附近鄉民婦孺四人、

又訊、昨日上午、敵機在滬西北新涇沿河浜羅別根路一帶陳家宅趙家花園等處投彈轟炸、並開機關槍掃射、炸死鄉人徐柳生之老母與妻、及兩女兒、黃洪福之十六歲女與黃照根、江北男小孩孫德清・與一年約三十餘歲無名男子等大小尸體七具、尤以女子黃照根尸體身首分離、與徐柳生之老母腹破腸流、慘不忍覩、

——摘自《时报》（上海），1937年10月7日

# 津浦路客車被轟炸

本報濟南六日電 今晨敵機十架、由東來、經臨沂棗莊莒縣蒙陰、十時竄抵津浦線鄒縣泰安間、來往轟炸、計鄒縣大橋被炸、吳村南雷線炸壞、旋修復、北來三〇六次客車被炸毀二節、毀車五輛、軌四節、大汶口投七彈、一落水中、一落道旁、炸毀三十六號機車、東北堡炸壞貨車一輛、該機午經臨沂原道東返、又早九時、平原一敵機投二彈北竄、又二架八時半由臨淄沿膠濟線到濟窺探一週東去、又一架九時由平原到濟盤旋一週北返臨禹城車站、城內外投三彈、過平原投四彈後東飛、

——摘自《时事新报》（上海），1937年10月7日

# 昨又三次襲粵垣
# 寇機暴行慘無人道
## 韶關慘被轟炸且投放毒氣彈
## 前日襲粵寇機被我擊落三架

【中央社廣州七日電】敵機今襲粵，截至記者發電時止，已有三次，第一次上午八時五十五分敵機十六架，分由唐家灣崖門起飛，沿粵漢路一帶轟炸，六架侵入市區，我機隊一隊，迎戰於東郊，戰情激烈，敵僅在東郊外投彈十餘枚即逃去，至黃埔無目的亂投彈三枚，落民房，焚燒村民住宅十七間，死傷六十餘人，正在救護中，粵漢路被炸三處，夏茅江村間，有一段鐵軌被燬，長約十餘丈，第二次十二架，分兩隊一襲從化，又一飛黃埔，投三彈後，闖入市東郊，再投三彈，聞敵已佔蓮石灣與蜘蛛島間附近之荷包島，建飛行場，有陸戰隊六百餘名住守，此次犯粵之敵機，似即由該島起飛者，第三次爲下午二時十三分據報敵機十三架，正由唐家灣迴飛迴江，肆行其屠殺行爲也。

【本報香港七日下午三時四十五分電】魚（六日）我空軍在琶江與寇機空戰，我四機向寇重轟炸機猛攻，寇不及防，二機損墜，另一機在樂昌被我高射砲擊中焚燬。

## 湘蘇皖閩上空亦有寇機踪跡

【中央社福州七日電】七日晨八時半，敵機一架飛泉，在水頭地方，突因機件損壞，墜地焚燬，機師亦均跌斃。

【中央社長沙七日電】七日十二時半，資興方面，發現五敵機，沿鐵道線向郴州飛行，在棲鳳渡投彈五枚，三落水中，二落鐵道附近，無損失，後經我機追逐，始遁去。

【本報蘇州七日下午十一時電】昨午一時寇機八架，襲無錫投彈二十餘枚，經我機二架迎擊後，寇始逃去。

【中央社南京七日電】敵重轟炸機二架，于六日下午五時半在滬陣地被我軍高射砲擊中後，敵機仍圖飛行六時許，至蘇州附近起火墜落，機內人員均即斃命，又今晨八時有敵驅逐機一架，在大場上空被我兵士以步槍擊中墜地焚燬。

【中央社鎮江六日電】錫訊，六日午一時，有敵機八架襲錫，在車站附近及城中市區投彈二十餘枚，燬屋多間，并有數處着火延燒，傷亡待查，同時石塘灣車站附近，亦被投彈轟炸，損失不詳，又六日午三時襲京敵機十餘架，被我機痛擊潰散後，有四架飛竄揚州投彈十餘枚，損失待查，六架竄句容，用機槍掃射，無損傷，五架飛鎮七里甸窺探後，向東逃去。

【中央社蕪湖六日電】六日晨十時四十五分至十二時三十分，敵機兩度襲蕪，第一次五架，在北郊十里牌投彈十二枚，均落田野水塘中，我毫無損害，第二次三架侵入市空，盤旋數匝即去，同時安慶亦發現敵機十架，在城外投十餘彈，多未爆炸。

——摘自《扫荡报》（汉口），1937年10月8日

窺探轟炸

# 敵機四處騷擾

## 蘇錫車站投彈十餘枚 滬平車乘客死五十人

【中央社南京六日電】交通界息、敵機九架、六日晨八時四十分在蘇州車站投彈十餘枚、毀車三輛、下午二時廿五分、敵機八架飛無錫車站投彈十餘枚、三零一次滬平通車乘客死達四五十人

【中央社清江浦六日電】敵機三架、六日晨繞宿遷泗陽等地進襲淮陰、八時許到達淮郊上空、於運河北岸投下四彈、毀損屋數間、未傷人、旋向北逸去、

【中央社南昌七日電】敵機多架、七日上午十一時餘、現於贛南某縣上空、由南向北飛行、企圖不明、至下午一時始離贛境、

【中央社南京七日電】五日上午有敵機數架、飛津浦路鄒縣大汶口間轟炸、於滋陽曲阜間投彈數枚、燬客車三輛、平民傷亡甚多、於大汶口北落下一彈、機車一輛署被損壞、

【中央社蕪湖六日電】六日晨十時四十五分至十二時卅分、敵機兩度襲蕪、第一次五架、在北郊十里牌投彈十二枚、均落田野水塘中、我毫無損害、第二次三架侵入市空、盤旋數匝即去、同時安慶亦發現敵機十架、在城外投十餘彈、多未爆炸、

【中央社安慶六日電】敵機十四架、六日午分兩隊來襲、經我軍猛烈射擊、在城郊盤旋半小時、以機槍掃射、並投彈數十枚、乃向東南方逃去、我無損失、

【中央社鎮江六日電】錫訊、六日午一時、有敵機八架襲錫、在車站附近及城中市區投彈廿餘枚、燬屋多間、並有數度着火延燒、傷亡待查、同時石塘灣車站附近、亦被投彈轟炸、損失不詳、又六日下午三時襲京敵機十餘架、被我機痛擊潰散後、有四架竄揚州、投彈十餘、我損失待查、六架竄句容、用機槍掃射、無損傷、五架飛鎮七里甸窺探、後向東逃去、

【中央社長沙七日電】七日午十二時半資興方面、發現五敵機、沿鐵道線向郴州飛行、在棲鸞渡投彈五枚、三落水中、二落鐵道附近、無損失、復經我機追至始遁去、

——摘自《中山日报》（广州），1937年10月8日

# 敵機昨襲市郊

# 再圖轟炸我粵漢路

## 各地民房被燬鄉民遭殃者四五百

## 我在曲江擊落敵機一架

【本報專訪】敵機六日大舉向粵漢路轟炸後、昨（七）日復派機向黃埔及本市市郊轟炸、并以大隊再襲粵漢鐵路、與我空軍在曲江馬壩上空發生激戰、敵機被我擊落二架、又敵機一架在市郊白雲山天空被我高射砲擊傷、茲將昨日敵機三次來犯情形分錄如次、

第一次、昨（七）日上午八時五十五分、防空處接崖門情報、有敵機八架、自南飛北、有襲廣州模樣、九時六分、發出警報、九時十分、復接

### 轟炸市郊民房

唐家灣情報、敵機九架來襲、隨發緊急警報、九時二十五分、敵機六架已經江門到達虎門上空、九時卅二分敵機六架在白雲山天空發現、我高射炮隊即密集向敵機轟擊、敵機倉皇向西北方飛逃、一架被我擊中頭部、受傷極重、旋在本市東郊投落炸彈廿餘枚、附近民房毀壞極多、人民死傷甚衆、敵機投彈後、向西北方飛逃、同時敵水上轟炸機六架、又在黃埔上空發現、當又投落炸彈十數枚、民房被燬、傷亡亦衆、而長洲方面、亦被投炸彈數枚、附近民房當即着火、蓋敵所投炸彈、一半係屬夾燒彈、敵機投彈後、復向西北方飛去、十時卅三分解除警報、

# 曲江激烈空戰

敵機在市郊投彈後、再飛粵漢鐵路上空集合、企圖轟炸、十時四十五分接粵漢路源潭站情報、敵機十五架在此發現、盤旋天空、十時五十七分發出警報，十一時五分、敵機六架在小塘站發現、繼又飛至石井、旋沿北江而上、我駐某地空軍凌空迎擊、雙方在曲江馬壩上空劇戰、我機隊奮勇異常、戰約廿分鐘、敵機不支潰敗、急折回向南而逃、我機隊啣尾追擊、敵機不敢戀戰、在湛江天空、畧加抵抗、即倉皇飛逃、十二時四十五分、敵機八架逃至源潭、在上空盤旋數匝、繼續南下、十二時五十二分飛至石井、隨經西南、三水、佛山各處而遁、故未有襲入市空、乃於一時廿五分解除警報、

# 二次襲擊曲江

第二次敵機在曲江天空被我機隊擊敗後、一時卅五分、又接崖門及唐家灣情報、敵機十五架、分頭起飛、會于江門上空、向西南方飛行來襲、一時四十八分發出警報、未幾、敵機經河南高空、向北飛沿粵漢路而上、企圖第二次襲擊曲江、二時五十分、敵機飛抵江村站、在天空盤旋數匝、繼續向北飛行、我駐某地空軍復接敵機進襲情報、立又派機多架凌空迎擊、沿鐵路南下驅逐、敵機飛到湛江時、遙見機隊迎頭而來、不敢前進、倉皇在附近投落炸彈十餘枚、附近民房被毀十數間、死傷鄉民數十人、敵機投彈後、急折回南逃、經佛山九江江門各處飛返敵航空母艦、三時十三分解除警報、

又敵機昨日襲擊粵漢鐵路、三時十三分解除警報後、記者隨赴粵漢路車站探訪、適與該路派往曲江修理之工人返抵廣州、據談、今（七）日上午十一時許、敵機四架飛到曲江襲擊、証被我駐某地空軍派機凌空驅逐、乃在該處天空發生猛烈空戰、我機隊極見活躍、敵機屢受壓迫、戰約廿分鐘、當有敵機兩架、受傷墮落、至降落何處、尚未查悉、又敵機昨日兩次向粵漢路襲擊、在銀盞坳以上各站、均有投落炸彈、軍田江村各站未有落彈、

【中央社】敵機四十一架昨（七）日分上下午三次來襲本市郊外、黃埔、粵漢路各地、茲將事後調查詳細情形錄下、

第一次、敵機十六架于昨日上午八時五十五分由新會崖門中山唐家灣兩處來襲、計分兩隊、每隊八架、一隊飛向黃埔中山水雷局舊址一帶、投彈十二枚、附近山崗及河面均落兩枚、其餘八枚落於該局附近村落、炸燬民房十餘間、農民死傷六十餘人、旋敵機以我機大隊飛至追擊、乃倉皇飛竄、有六架闖入市空、其餘為我截擊、向東南方飛遁、竄入本市上空之敵機、經我市郊各高射炮沿線對空猛擊、敵機不敢低飛、僅掠過市空、向粵漢路方面北飛、其餘一隊、飛至市東郊、投彈十餘枚、復飛至番北夏茅鄉、江村一帶、肆其殘暴、是時敵機兩隊十四架、已重行會合、紛紛在江村車站附近村落投彈十餘枚、炸燬該處村市房屋卅餘間、死傷人民八十餘人、粵路江村段路軌、十餘丈亦遭炸燬、經我機由東南方趕至、各敵機畏我截擊、于上午十時三十四分聯向西南方竄去、

第二次、上午十一時、正敵機十二架分兩隊由中山縣屬蓮石灣附近蜘洲葵島毗連荷包島飛出、逕飛黃埔、在平崗附近河邊投下三彈後、即闖入市東郊再投三彈、即轉飛從化城、意圖轟居民、幸空軍追擊及各高射炮機槍密集射擊、敵機即倉皇逃去、所有炸彈十餘擲下、多落城外、數彈且落於村落、農民被炸死傷廿餘人、

第三次、下午一時四十五分、敵機十三架又由唐家灣飛繞東北、沿途經我防空網高射砲轟擊、惟此次各敵機目的似專為粵漢沿線各村鄉民衆、計敵機前後投彈四十餘枚、以致附近車站之民房、多被炸燬、死傷人數約四五百人、據交通界消息、敵機飛至韶關時、在市街一帶投彈、燬商店廿餘間、死傷五十餘人、旋經駐韶防軍發砲對空猛射、及我機隊由某處突然凌空截擊、卒將敵機隊驅逐出境、敵機數架確已負傷逃竄、至三時十二分、敵機已向南分散飛逃、警報即告解除、計昨日敵機三次來襲、炸擊無抵抗之房屋人民生命比歷次尤為兇殘、故死傷民衆更為悽慘、

——摘自《中山日报》（广州），1937 年 10 月 8 日

# 敵機犯粵漢路 大肆屠殺平民

## 分竄湘南皖北擲彈多枚

## 一敵機經泉州墜地焚燬

（中央七日南京電）交通界息、六日晨九時起至下午三時止、敵機四十餘架、分批飛往粵漢路廣州曲江間投彈轟炸、前後擲彈數十枚、曲江站投彈九枚、死傷十四人、瓦萸橋落彈十四枚、小坪站十二枚、皆有平民死傷、敵方對外宣傳不炸非武裝之平民、而事實上則處處皆以平民爲轟炸目標、其言行之矛盾、於此又可得一證明、

（中央七日廣州電）日機今日襲粵、截至記者發電時止、已有三次、第一次上午八時五十五分、敵機十六架、分由唐家灣崖門起飛、沿粵漢路一帶轟炸、六架侵入市區、我機隊一隊、迎戰於東郊、戰情激烈、敵僅在東郊外投彈十餘枚、即逃去、至黃埔無目的亂投彈七枚、落民房、焚燬村民住宅十七間、死傷六十餘人、正在救護中、粵漢路被炸三處、夏茅江村間有一段鐵軌被燬、長約十餘丈、第二次十一時、敵機十二架、分兩隊、一襲從化、又一飛黃埔投三彈後、闖入市東郊、再投三彈、聞敵已佔蓮石灣與蜘蛛羣島間附近之荷包島、建飛行場、有陸戰隊八百餘名佳守、敵機即由該島起飛、第三次爲下午二時十三分、據報敵機十三架、正由唐家灣遷飛滃江、肆行其屠殺行爲也、

（中央七日廣州電）敵機今日下午第三次襲粵、共十三架、由荷包島飛韶關投彈十餘枚、返徃英德附近、在連江口遇我機迎擊、敵不支、投三彈、事後查明、二彈落水、一落荒郊、

（中央六日廣州電）交通界消息、敵機三十餘架、六日上午十時五十分、飛抵滃江、猛投大小炸彈共十餘枚、當將車站附近村落炸燬、有二小村幾全部化成瓦礫、死傷約百人、附近街市、亦落數彈、人商店民房被燬十數所、死傷不下百五十人、該地缺乏救護機關、一般傷者雖被收容於臨時救護地點、但醫藥均缺乏、炸死之屍、由當局會同慈善機關處待認、然大都屍體不全、血肉模糊、又小坪車站亦遭敵機投彈、死傷詳情未明、另據長途電話、敵機六日飛韶關、在城內外投二十餘彈、燬民房商店十餘所、死傷人數待查、衆信當在二三百人之間、現正由各界提施救護中、

（中央七日廣州電）據此間外人消息、粵漢路雖因日本飛機之轟炸而止通車、但由漢啓程南下之英海

軍官員二百五十名、仍不顧一切、繼續南下、所乘列車、行駛甚速、六日晚九時許過長沙、七日晚八時已安抵曲江、沿途經我鐵路當局招待、旅途甚為舒適、

（中央六日廣州電）德駐粵代總領康培談、清遠德教會被日機投下兩爆炸彈、損失甚重、屋宇幾全毀、該會屋上懸有德國社黨萬字旗、主持教士蘭格孟、適因事他往、未遭難、總領署已分電德大使及柏林當局、請示處置方針、

### 擊落敵機

（中央七日廣州電）據中山縣確報、敵機一架、今午飛粵時、被我高射砲擊中、負傷逃遁、在中山縣屬橫檔海面墜落、人機當即沉沒、

### 襲擊錫揚

（中央六日鎮江電）無錫訊、六日下午三時、襲京敵機十餘架、被我機痛擊潰散後、有四架竄揚州投彈十餘、我損失待查、六架竄句容、用機槍掃射、無損傷、五架飛鎮七里甸窺探後、向東逃去、

（中央六日鎮江電）無錫訊、六日下午一時、有敵機八架、飛錫、在車站附近及城中市區投彈二十餘枚、燬屋多間、並有數處着火、延燒、傷亡待查、同時石塘灣車站附近、亦被投彈轟炸、損失不詳、

（中央六日南京電）交通界息、敵機八架飛無錫車站投彈十餘枚、三零一次滬平通車乘客死達四五十人、

### 飛犯淮陰

（本報六日清江浦電）（遲到）六日晨敵重轟炸機一架、由兩驅逐機保護、由海州赴徐州空襲、抵運河站上空遇我機、途發生遭遇戰、三敵機不支、遂改途經宿遷泗陽來襲淮陰、八點五十六分抵淮、在北郊投四彈、毀屋十餘、至九時十分向東北逸去、

### 分擾皖境

（中央六日安慶電）敵機十四架、六日午分兩隊來襲、經我軍猛烈射擊、在城郊盤旋半小時、以機槍掃射、並投彈數十枚、乃向東南方逃去、我無損失

（中央六日蕪湖電）六日晨十時四十五分至十二時三十分、敵機兩度襲蕪、第一次五架、在北郊十里牌投彈十二枚、均落田野水塘中、我毫無損害、第二次三架、在蕪空盤旋數匝即去、同時安慶亦發現敵機十架、在城外投十餘彈、多未爆炸、

（中央七日蚌埠電）敵機三架、七日晨十時許、飛至津浦路夾溝站投彈六枚、同時靈壁北雙溝鎮、亦發現敵機三架、

### 窺伺湘贛

（中央七日長沙電）今午十二時半、資興方面發現五敵機、沿鐵道綫向郴州飛行、在棲鳳渡投彈五枚、三落水中、二落鐵道附近、我無損失、後經我機追至、始遁去、

（中央七日南昌電）敵機多架、七日上午十一時、發現於贛南某縣上空、由南向北飛行、企圖不明、至下午一時、始離贛境、

### 敵機墜燬

（本報七日福州電）七日晨八時許、有敵機一架、飛經泉州水頭、墜地焚燬、兩飛行員均斃命、

（本報七日長沙電）敵機十二架、七日午自東南來進襲湘南永興資興郴州上空、在棲鳳渡投彈五枚、二枚落於粵漢鐵道旁、三枚落河中、未爆炸、且繼有襲衡陽模樣、經我機出發迎擊、追至樂昌上空、將敵機擊燬二架、餘機狼狽逸去、我機安然飛返、

——摘自《东南日报》（杭州），1937 年 10 月 8 日

## 敵機竟飛東莞 投擲毒氣彈

### 炸彈爆發有惡性氣味 居民皆昏眩手足疲軟

（中央七日廣州電）九月二十七日有敵機六架、飛至虎門要塞附近之東莞縣城內外、盤旋片刻、即行投彈、彈着點均在平民集居之區、炸彈爆發後、各居民頓時覺有惡性氣味、旋即昏眩、手足疲軟、可見敵機當時所投者為毒氣彈無疑、查抗戰以來、敵機到處轟炸我城市居民商店及文化慈善機關、今益違背國際公法、投下毒氣彈、其窮兇極惡、直非人類所應有、惟敵人此種野蠻之暴行、適足以堅我抗戰決心、吾人以為求民族生存維護人類正義、決與敵周旋到底云、

——摘自《东南日报》（杭州），1937 年 10 月 8 日

# 敵機昨襲湛江

## 投彈六十餘枚死傷二百餘人

## 韶關平民死傷甚多

（中央社）廣州六日電 交通界消息、敵機三十餘架六日上午十時五分飛抵湛江、猛投大小炸彈、六十餘枚、當將車站附近村落炸燬、有二小村幾全部化成瓦礫、死傷機民約百人、車站附近街市亦落數彈、商店亦燬十數所、死傷不下一百五十人、該地缺乏救護機關、一般傷者雖被收容於臨時救護地點、但醫藥均缺乏、炸死之屍、正由當局會同慈善機關移於僻處待葬、然大都肢體不全、血肉糢糊、又小坪車站、亦遭敵機投彈、死傷數十、詳情未明、另據長途電話、敵機六日晨飛襲韶關、在城內外投廿餘彈、燬民房商店三十餘所、死傷人數待查、衆信當在二三百人之間、現正由慈善界趕施救護中

——摘自《华西日报》，1937年10月8日

# 敵機昨又飛粵狂炸

## 徐州被投彈贛南亦發現

【中央社廣州七日電】敵機今襲粵，截止發電時止，已有三次，第一次上午八時五十五分，敵機十六架，分由唐家灣虎門起飛，沿粵漢路一帶轟炸，六架侵入市區，我機隊一隊，迎戰于東郊，戰情激烈，敵僅在東郊外投彈十餘枚即逃去，至黃埔，無目的亂投彈三枚，落民屋，焚燒村民住宅十七間，死傷六十餘人，正在救護中。粵漢路被炸三處，夏茅江村間，有一段鐵軌被燬，長約十餘丈。第二次十一時，敵機十二架，分兩隊，一襲從化，又一飛黃埔，投三彈後，闖入市東郊，再投三彈。聞敵已佔蓮石灣與蜘蛛島間附近之荷包島，建飛行場，有陸戰隊六百餘名駐守，此次犯粵之敵機，似即由該島起飛者。第三次爲下午二時十三分，據報敵機十三架，正由唐家灣飛湛江，肆行其屠殺行爲也。

【中央社廣州七日電】敵機今日下午第三次襲粵，共十三架，由荷包島飛韶關，投彈十餘枚，返往英德附近，在連江口遇我機截擊，敵不支，投三彈而逃，事後查明，二彈落水，一落荒地。

【南昌七日下午十時發專電】敵機多架七日午十二時經閩竄伺贛南，旋向粵飛去。

【中央社長沙七日電】七日午十二時半，資興方面，發現五敵機，沿鐵道線向郴州飛行，在棲鳳渡投彈五枚，三落水中，二落鐵道附近，無損失。後經我機追至，始遁去。

【上海七日下午四時發專電】揚州電，六日午敵機四架在揚州西郊外以機槍掃射，並擲彈八枚。

【徐州七日下午七時發專電】七日敵機三架由連雲港過徐北翔，在夾溝新峯山投彈五枚，傷民婦三人，餘無損。

【中央社安慶六日電】敵機十四架六日午分兩隊來襲，經我軍猛烈射擊，敵機在城郊盤旋半小時，以機槍掃射，並投彈數十枚，乃向東南方逃去，我無損失。

【中央社蕪湖六日電】六日晨十時四十五分至十二時三十分，敵機兩度襲蕪，第一次五架，在北郊十里牌投彈十二枚，均落田野水塘中，我毫無損害，第二次三架侵入市空，盤旋數匝即去，同時安慶亦發現敵機十架，在城外投十餘彈，多未爆炸。

【中央社清江浦六日電】敵機三架六日晨繞宿遷泗陽等地進襲淮陰，八時許到達淮郊上空，于運河北岸投下四彈，毀房屋數間，未傷人，旋向北逸去。

【中央社廣州七日電】據中山縣確報，敵機一架，今午襲粵時，被我高射砲擊中，負傷逃遁，在中山縣鳳橫擺海面墮落，人機當即沉沒。

【中央社福州七日電】七日晨八時半，敵機一架飛長，在水頭地方，突因機件損壞，墜地焚燬，機師亦均跌斃。

——摘自《大公报》（汉口），1937 年 10 月 8 日

## ▲粵省發生劇烈空戰

七日共同通訊社上海電。據是日報告。日軍大隊飛機昨向廣東省各處擲炸。。傷斃平民約五百餘名。。

據中國中央通訊社消息。有敵機八架。中有重擲炸機兩架。被防守粵漢鐵路之華軍擊落。粵漢鐵路有十二處被敵機擲炸。傷斃平民三百名。。

日機在廣東北部擲下炸彈甚多。。傷斃人民數百名。在韶州擲下炸彈二十枚。毀壞房屋三十間。當時日機共三十六架。向粵漢鐵路擲炸。華軍飛機七十架凌空。與日機作戰。故粵漢鐵路所受之損失甚微。此次空戰。。誠爲中日兩軍在廣東省內空戰之最劇烈者。計日機三十六架之中。被擊落八架。華軍飛機被擊落兩架。

——摘自《少年中国晨报》，1937 年 10 月 8 日

## 敵機在雨中 炸閘北滬西

昨日上午九時卅分許、敵機數架、在滬西中山路及極司非而路一帶上空盤旋、因天雨未能詳視、後在浜北一帶連續投彈二十餘枚、旋卽向北飛去、復在眞如投彈十餘枚、傷四鄉農、燬房屋十餘間、又訊、敵機六架、於昨日上午九時許、在閘北潭子灣麥根路浜北盤旋後、投彈十數枚、有數處民房着火焚燒、火勢甚烈、至晚未熄、

敵機三架、昨日下午四時許、在滬西中山路一帶飛繞、偵察數匝、復向西飛、在距離七寶約二華里之蒲匯塘港中、瞥見有一灘船、由滬滿載逃難人、運往內地、被該機低飛追逐、並開放機槍向下掃射、有婦人徐朱氏及一八歲女孩、各在肩臂等處略受微傷、

——摘自《时报》（上海），1937 年 10 月 8 日

## 殘暴之敵兵 加害我婦女

### ……迫做苦工割去耳鼻

昨有一河南女子劉氏、年已三十二歲、兩耳一鼻均被利刃割去、投浦東紅會第十救護隊就診、據伊自稱、家住楊樹浦地方、在戰事發生後、被敵兵迫充洗衣煮飯等苦役、每日自晨至晚、工作不息、前日擬乘機逃出、不料又被拘住、强割耳鼻後放行、我有親戚、住於浦東和豐工廠後面、故來投宿等語、言下悲泣不已、査殘暴之敵兵、如此慘無人道之行爲、竟層出不窮云、

——摘自《时报》（上海），1937 年 10 月 8 日

# 廣州近郊與沿粵漢路

# 昨復被連續空炸

## 敵機一架墮落中山海面

◎廣州七日電、據中山縣確訊敵機一架今午襲粵時、被我高射砲擊中負傷逃遁、在中山縣屬橫檔海面墮落、人機當即沉沒、

◎香港七日電、七日晨九時、敵機十四架分由赤灣崖門來襲、六架衝進東山、擲六彈、死傷平民三十餘、旋飛粵路小坪站擲數彈、被我護路機隊擊退、八架在黃埔、被我機截擊、發生空戰、敵機擲十餘彈、兩中某村、死傷平民數十、午十一時敵機二十餘、又由崖門來襲、我機飛黃埔截擊、發生劇戰、旋敵機飛向粵漢路、我機中港江南下迎擊、敵不支、向西南方逃、二時半又[illegible]十三架、從崖門來、我機在郊外迎擊、劇戰至三時許、不得逞、相率逃、

◎廣州七日電、敵機七日襲粵、截至記者發電時止、已有三次、第一次上午八時五十五分、敵機十六架、分由唐家灣崖門起飛、沿粵漢路一帶轟炸、六架侵入市區、我機隊一隊迎戰於東郊、戰情激烈、敵僅在東郊外投彈十餘枚、即逃去、至黃埔無目的亂投彈三枚、落民房、焚燬村民住宅十七間、死傷六十餘人、正在救護中、粵漢路被炸一處、夏茅江村間有一段鐵軌被燬、長約十餘丈、第二次十一時、敵機十二架、分兩隊、一[illegible]從化、又一[illegible]黃埔投三彈、後闖入市東郊、再投三彈、聞敵已佔蓮石灣與蜘群島間附近之荷包島、建飛行場、有陸戰隊六百餘名駐守、此次敵機、杳係陸機形式、似即由該島起飛者、第三次爲下午二時十三分、据報敵機十三架、正由唐家灣巡飛琶江、肆行其屠殺行爲、

◎廣州七日電、敵機七日下午第三次襲粵、共十三架、由荷包島飛韶關、投彈十餘枚、返往英德附近、在連江口遇我機截擊、敵不支、投三彈、事後查明、二彈落水、一落荒、

◎南京七日電、交通界息、六日晨九時起、至下午二時止、敵機四十餘架、分批飛往粵漢路廣州曲江間投彈轟炸、前後擲彈數十枚、曲江站落彈九枚死傷十四人、江村橋落彈十四枚、小坪站十二枚、皆有平民死傷、敵方對外宣傳不炸非武裝之平民、而事實上則處處皆以平民爲轟炸目標、其言行之矛盾、於此又可得一證明、

### 湘

長沙七日電、七日午十二時半、資興方面發現五敵機、沿鐵道線向郴州飛行、在棲鳳渡投彈五枚、三落水中、二落鐵道附近、無損失、後經我機追至、始遁去、

### 魯

濟南六日電、六日晨日照發現敵機八架、經莒縣・沂水・臨沂、四架向西南、四架向西北、次第發現於費縣、賢莊・滕縣・鄒縣・滋陽・曲阜・大汶口・泰安等處、在曲阜投彈、死傷數平民、七時許、臨沂發現敵機二架、經張店至濟市、我高射砲齊發、該機倉皇逃去、九時、平原一架、飛抵濟市、亦被擊退、該機返經禹城平原投彈、十時三刻濟市解除警報、

◎濟南七日電、敵八機到泰安站、投十餘彈、

### 皖

蕪湖六日電、六日晨十時四十五分至十二時卅分、敵機兩度襲蕪、第一次五架、在北郊十里牌投彈十二枚、均落田野水塘中、我毫無損害、第二次三架、侵入市空、盤旋數匝即去、同時安慶亦發現敵機十架、在城外投十餘彈、多未爆炸、

◎蚌埠七日電、敵機三架、七日晨十時許飛至津浦路夾溝站、投彈六枚、同時靈璧北雙溝鎮、亦發現敵機三架、

### 贛

南昌七日電、敵機多架、七日上午十一時餘、發現於贛南某縣上空、由南向北飛行、企圖不明、至下午一時始離贛境、

——摘自《时报》（上海），1937年10月8日

# 敵放毒氣

## 我軍部呈請電國聯制止

羅店方面之敵、四日晚向我北周宅施相公廟東南陣地進犯時、竟用含催淚性毒氣、致我守兵數十人中毒、昏迷嘔吐、五日晨、敵復用噴放器施放噴嚏性毒氣、我傷亡官兵數十名、我軍部據情呈報、請電國聯制止敵軍之暴行、（中央社）

◎廣州七日中央社電、九月廿七日有敵機六架、飛至虎門要塞附近之東莞縣城廂外、盤旋片刻、即行投彈、彈着點均在平民集居之處、炸彈爆發後、鄰近居民登時覺有惡性氣味、旋即昏眩手足疲軟、顯見敵機當時所投者爲毒氣彈無疑、查自抗戰以來、敵機到處轟炸我城市居民商店及文化慈善機關、今並違背國際公法、投下毒氣彈、其窮凶極惡、直非人類所應有、惟敵人此種野蠻之暴行、適足以堅我抗戰決心、吾人爲求民族生存、維護人類正義、決與敵周旋到底云、

——摘自《时报》（上海），1937 年 10 月 8 日

# 敵機炸無錫

## 死傷平民二百餘

◎無錫七日電、六日下午零時四十分、敵機七架、襲錫時、適京滬三零一次下行車抵錫在東揚旗外被炸一彈、燬車一節、附近東隆里落二彈、工運橋北堍鐵路貨棧落二彈、鐵路飯店投四彈、西揚旗外新仁堆棧落三彈、大火、至十二時始熄、北新橋通惠路仁壽里國際飯店附近及淮南煤礦公司先後着彈、車站無恙、盤旋二十分鐘、投二十餘枚、死傷平民二百餘人、

（尚有炸各地詳情分載第一第三版）

——摘自《时报》（上海），1937 年 10 月 8 日

## 敵機昨三犯廣州

# 在東郊被逐

### 黃埔村民又遭轟炸
### 粵漢線死平民亦多
### 敵在荷包島建飛行場

▲中央社廣州七日電　敵機七日襲粵，截至發電時止，已有三次：第一次上午八時五十五分、敵機十六架、分由唐家灣、崖門起飛，沿粵漢路一帶轟炸・六架侵入市區，我空軍一隊迎戰於東郊，戰情激烈，敵僅在東郊外投彈十餘枚，即飛去、至黃埔亂投彈三枚，均落民房，焚燬村民住宅十七間、死傷六十餘人，正在救護中，粵漢路被炸三處，夏茅江村間有一段鐵軌被燬，長約十餘丈、第二次十一時，敵機十二架、分兩隊，一隊襲從化，另一隊飛黃埔，投彈後，闖入市東郊再投三彈，聞敵已佔據蓮石灣與蜘蛛島間附近之荷包島，强建飛行場，有陸戰隊六百餘名駐守、此次來襲敵機，似即由該島起飛者，第三次為下午二時十三分，據報敵機十三架正由唐家灣巡飛逼江，投彈肆虐。

【本報七日上海專電】港電，敵機八架七日晨襲黃浦、投十二彈，我機騰空應戰，擊傷敵機二架，有六架侵入天河，被我緊追，未投彈。

▲中央社廣州七日電　據中山縣確報，敵機一架七日午襲粵時，被我高射砲擊中負傷逃遁，在中山縣屬橫檔海面墜落，人機當即沉沒。

## 北江各站慘遭轟炸

交通界息，六日晨九時起至下午二時止，敵機四十餘架，分批飛往粵漢路，廣州，曲江（即韶關）間投彈轟炸，前後擲彈數十枚，曲江站落彈九枚，死傷十四人，江村橋落彈十四枚，小坪站落彈十二枚，皆有平民死傷，敵方對外宣傳不炸非武裝之平民，而事實上則處處皆以平民為轟炸目標，其言行之矛盾，於此又可得一明證。

▲中央社廣州七日電　敵機七日下午第三次襲粵，共十三架，由荷包島飛韶關投彈十餘枚，往返英德附近，在連江口遇我空軍襲擊，敵不支，投三彈逸去，事後查明，二彈落水，一落荒郊。

## 在東莞投六毒氣彈

▲中央社廣州七日電　九月二十七日有敵機六架飛至虎門要塞附近之東莞縣城廟外，盤旋片刻，即行投彈，彈着點均在平民集居之處，炸彈爆發後，鄰近居民，登時覺的惡性氣味，旋即覺昏眩，手足疲軟，顯見敵機當時所投者為毒氣彈無疑，查自抗戰以來，敵機到處轟炸我城市居民商店，及文化慈善機關，今更違背國際公法，投毒氣彈，其窮凶極惡，直非人類所應有，惟敵人以此種野蠻之暴行，適足以堅我抗戰決心，吾人為民族生存，維護人類正義，決與敵周旋到底云。

## 湘南方面 首次來犯

▲中央社長沙七日電 七日午十二時半，賓興方面發現九敵機、沿鐵道線向郴州飛行，在棲鳳渡投彈五枚，三枚落水中，二枚落鐵道附近，無損失，後經我機追至，始遁去。▲中央社南昌七日電 敵機多架，七日上午十一時餘現贛南某縣上空，由南向北飛行，企圖不明，至下午一時始離贛境。

## 江蘇各地 亦遭空襲

▲中央社鎮江六日電 錫訊，六日下午一時，有敵機八架來無錫空襲，在車站附近及城中市區投彈二十餘枚，燬屋多間，並有數處着火延燒，傷亡待查。

、同時石塘灣車站附近、亦被投彈轟炸，損失不詳，又六日下午三時襲京敵機十餘架，被我機痛擊潰散後，有四架竄揚州，投彈十餘枚，損失待查，又有六架竄句容，用機槍掃射，無損傷，五架飛鎮江七里甸，窺探後，向東逃去。

▲中央社蘇州七日電 晨七時敵機二架飛往常熟，即在福山投五彈後，飛去，死農民兩人，傷七人，並燬房屋十餘間。

## 津浦沿線 敵機肆虐

▲中央社蚌埠七日電 敵機三架、七日晨十時許飛至津浦路夾溝站投彈六枚，同時靈璧北雙溝鎮亦發現敵機三架。路息，本月五日上午有敵機數架飛津浦路鄒縣大汶口間轟炸，於滋陽曲阜間投彈數枚，燬客車三輛，平民傷亡甚多，於大汶口北落下一彈，機車一輛略被損壞。

▲中央社徐州七日電 七日敵機三架由連雲港過徐北翔，在夾溝新崙出投彈五枚，傷民婦三名。

▲中央社徐州七日電 敵機四架，六日晨到徐，盤旋廿分鐘窺察，即到柳泉，向停站列車投彈九枚，又到利國驛，向北上客車以機槍掃射，機車頗受損，旅客受傷，人數尚待調查。

——摘自《中央日报》（南京），1937 年 10 月 8 日

## 清遠德教會 被敵機炸毀

### 駐粵德總領談 已電柏林請示

▲中央社廣州六日電 德駐粵代總領康培（Kempe）談：清遠德教會被敵投下兩爆炸彈，屋宇幾全毀，損失甚重，該會屋上懸有國社黨萬字旗，主持教士蘭格爾（Langer）適事他往，未遭難，總領署已分電德大使及柏林當局，請示處置方針。

——摘自《中央日报》（南京），1937 年 10 月 8 日

敵機轟炸我國平民
美國人士極爲震憤
美公民及婦女團體電蔣夫人
表示同情并由紅會轉來捐款

京息、蔣委員長夫人今日接得美國紐約州白來森維爾地方之男女公民克拉克等廿三人聯名電云、鄙人等對于日本之侵略貴國行爲、尤其轟炸不設防城市之平民、沿海之漁船、及不設防之鄉區、至爲震驚、茲謹向夫人及蔣委員長暨貴國全體國民、表示深切之同情、及誠摯之悃忱、並由紅十字會奉上鄙人等之捐款云。

▲中央社上海七日電 滬美婦女總會及美國大學女生聯合會、電蔣委員長夫人云、同人等對於日本之轟炸中國非戰鬥員及婦孺、深爲震憤、並表示深切之同情、茲已致電羅斯福夫人及美國各婦女團體、請共敦促美政府、領導各國制止日本之侵略及野蠻行爲云。

——摘自《中央日报》（南京），1937年10月8日

違背國際公法
敵方屢放毒氣
我軍部請電國聯制止暴行

羅店方面之敵四日晚向我北周宅施相公廟東南陣地進犯時、竟用含催淚性毒氣、致我守兵數十人中毒、昏迷嘔吐、五日晨敵復用噴放器施放噴嚏性毒氣、我傷亡官兵數十名、我軍部據情呈報、請電國聯制止敵軍之暴行云、

敵機在東莞投毒氣彈

中央廣州州七日電 九月廿七日有敵機六架、飛至虎門要塞附近之東莞縣城廂外、盤旋片刻、卽行投彈、彈着點均在平民集居之處、炸彈爆發後、鄰近居民登時覺有惡性氣味、旋卽昏眩、手足疲軟、顯見敵機當時所投者爲毒氣彈無疑、查自抗戰以來、敵機到處轟炸我城市居民商店及文化慈善機關、今益違背國際公法、投下毒氣彈、其窮兇極惡、眞非人類所應有、惟敵人此種野蠻之暴行、適足以堅我抗戰決心、吾人爲求民族生存維護人類正義、決與敵周旋到底云、

——摘自《时事新报》（上海），1937年10月8日

## 殘虐狠毒暴露無遺

# 敵竟施用毒瓦斯

### 我軍廿人不及救治而死

### 尚有廿餘人皆中毒

敵軍連日進犯羅店西北及施相公廟附近我軍陣地，經我奮勇擊退，敵以被創過重，竟不惜背棄國際公法，屢次施用毒瓦斯彈，其殘虐狠毒之本性，已暴露無遺。據我軍部發言人負責發表，敵於五日在北周宅所用之噴嚏瓦斯經醫學及化學家之化驗報告，含有毒性，故受毒之五十人，中有二十人診斷結果，確有中毒徵象，廿人已因不及救治而死，尚有六人中毒甚深，已無生望。其餘數人，刻尚未清醒，可見敵所用瓦斯毒性之烈，六日敵又在羅店西南施用毒氣致我軍廿餘人中毒甚重。

——摘自《神州日报》（上海），1937年10月9日

# 寇機又襲粵

### 前日竟掃射送殯行列

### 聞六日寇機九架失蹤

【中央社廣州八日電】今日上午八時三十五分，敵機十五架，由崖門襲粵，有四架以極高度飛行，侵入市區，在白雲山投彈二十餘枚，多落於山麓。

【本報廣州八日下午三時電】陽（七日）下午三時廿分，敵機飛經佛山小壩，遇送殯者竟低飛開機槍掃射，當死六七人，傷十餘。

【本報廣州八日下午三時電】魚（六日）襲粵寇機確數爲三十一架，逃時我哨偵悉，僅餘廿二架，證實有九架失蹤，當爲我擊落。

【中央社徐州七日電】敵機四架，六日晨到徐盤旋廿分鐘窺察，郎到柳泉向停古列車投彈九枚，又到利國驛向北上客車，以機槍掃射，機車略受損。

【中央社徐州七日電】七日敵機三架，由連雲港過徐北翔，在夾溝新峯山投彈五枚，傷民婦三人。

——摘自《扫荡报》（汉口），1937年10月9日

## 英外次樸萊茅斯

# 斥日殘我平民

## 薛西爾讚美羅斯福演說

【中央社倫敦七日路透電】英外交次長樸萊茅斯、七日在斯加波羅地方保守黨大會中發言、對遠東平民生命之非必要喪失、深致不滿、謂保守黨八日舉行公開大會時、英相將詳細言及遠東局勢云、

【中央社倫敦七日哈瓦斯電】英國聯同志會七日舉行集會、會長薛西爾、發表演說、對美總統演說、加以稱道、謂羅斯福之言、實與英國同志會見解不謀而合、信守國際約束原則、此種原則倘不予以恢復、則國際時局勢、必完全淪于無政府狀態、以言遠東時局、日軍所用作戰方法、變本加厲、因此局勢愈益嚴重、目前主要問題、乃在設法制止中日戰事、此而不能、則切勿以飛機轟炸、倘能予以制止、吾人對于戰爭即可較爲寬宥、須知戰爭原爲窮兇極惡之事、任何企圖、凡其目的欲使戰爭在相當程度內、受人尊重、而加以寬宥者、終必歸于失敗也云、

——摘自《中山日报》（广州），1937年10月9日

北郊民房被敵機轟炸慘狀

◁本報記者攝▷

——摘自《中山日报》（广州），1937年10月9日

# 敵機昨又三次來犯

# 在滃江英德間受創

## 本市北郊民房中彈死傷鄉民數十

## 前日我空軍共毀敵機四架

## 我陳黃兩分隊長勇戰殉國

【本報專訪】敵機昨八日三次來犯、在北郊投落炸彈多枚、鄉民死傷數十人、然在我高射砲隊嚴密監視下、始終不敢飛入市空、而粵漢鐵路又被兩次襲擊、與我空軍在曲江滃江上空發生猛烈空戰、茲將情形分誌如下、

## 敵襲北郊投七八彈

昨日上午八時卅分、防空處接赤溪情報、敵轟炸機三架由此起飛、自東至西、八時卅五分、復接崖門江門情報、敵機各六架、在此發現、有襲廣州模樣、乃于八時卅八分發出警報、敵機十五架分頭起航後、經石歧、佛山各處進襲、九時卅五分、敵機六架、由東南方飛經白雲山、我高射砲隊立即密集向之轟擊、敵機倉徨向西北而逃、不敢襲入市空、隨在北郊廣花公路下塘附近投落炸彈七八枚、燬附近民房廿餘間、當即燃燒、鄉民死傷數十人、有男婦三人、因首當其衝、被炸肢體不全、敵機投彈後、續向西北飛、我高射炮發炮轟擊、敵機在我猛烈炮火監視之下、始終不能闖入、此外敵機九架、沿粵漢路而上、九時四十分、敵機六架又在軍田站發現、斯時我駐某地機隊、已凌空截擊、未幾、敵機在曲江天空與我空軍遭遇、遂發生激烈空戰、戰約廿分鐘、敵機不支潰敗、沿鐵路南逃、十時十分解除警報、

【又訊】昨（八）日上午九時卅五分敵機六架飛市北郊廣花公路塘下附近投落炸彈七八枚、民房被毀十數間、死傷鄉民數十人、有一婦人被炸至遍身鱗傷、送往方便醫院留醫、記者隨往訪問、據該婦稱梁謝氏、四十四歲、番禺人、夫梁紹、有子女各一、向以種菜販賣爲活、今晨八時、氏担苦瓜一籮入市販賣、不料行經牛蘭崗廣花公路時、突見敵機從東北方飛來、氏急捨去菜担、奔避于附近竹林、同時有男子兩人、一年約四十餘歲、身穿黑土布衫褲、抬葱一担、一則年約卅餘歲、穿黑土布衫褲、另一年約廿餘歲、身穿黑衫褲之婦人、亦同避于路旁竹林、未幾、敵機即在此附近投落炸彈七八枚、有一彈落于距離本人約二丈許之田間、當堂爆炸、該兩男子首當其衝、被炸成數橛、而該婦人亦被炸爲兩段、均血肉糢糊、不能辨認、死狀極慘、氏被炸片傷及頭背腰各部、流血如注、幸未斃命、然已當場暈去、迨後方便醫院派車前來救治、送氏留醫、又該被炸斃之三男女、頃已由方便醫院殮葬、

# 湛江英德兩遭遇戰

敵機被我空軍擊敗後，倉皇飛返敵航空母艦、旋又派機前來窺探、十一時五十五分、接崖門情報、敵機三架、由赤溪向西北飛行、企圖襲擊廣州、本市于十二時發出警報、十二時五分、接唐家灣情報、敵機二架、飛虎門一帶窺伺、旋又折向東飛、惟至十二時卅分、未見敵機迫近市空、遂解除警報、十二時四十五分、突接逆石灣情報、敵驅逐機五架、轟炸機二架、在此發現、自南而北、乃即發出警報、既而魚珠又發現敵水上轟炸機二架、盤旋天空、在黃埔附近投落炸彈數枚、即行逃去、十二時五十五分、接江門情報、有敵驅逐機十二架、掠過該處上空、經容奇桂州三水、一時五分、到達佛山、兩架領先、六架次之、四架殿後、俱向北江飛行、我駐某地空軍接得情報、立派機多架凌空迎擊、雙方遭遇于琶江站上空、遂再發生劇烈空戰、我機隊奮勇異常、上下衝擊、繼而將敵機包圍、戰約半小時、敵機不支、企圖向南飛逃、但被我機隊攔截、以機槍掃射、遂折返向北潰逃、我機隊啣尾追擊、一時四十五分、敵機敗至英德站、恐遭我空軍南北夾攻、盤旋不敢前進、旋在該處投下炸彈三枚、路軌幷無損傷、祇傷斃附近鄉民、場民房十數間、時我機隊已啣尾追至、再發生劇戰、我空軍愈戰愈勇、敵機兩架當被擊傷、其餘衝出重圍、向南敗逃、經江村站時、怯于廣州高射砲威力、轉向西南方而遁、經西南過佛山江門、逃返敵航空母艦、故第三次敵機敗逃時、廣州未聞機聲、而本市亦于二時五十一分解除警報、

【中央社】敵機廿七架昨（八）日分次轟炸市郊鄉村、及粵漢路南段沿線詳誌如下、

### 第一次

昨（八）日上午八時卅五分、敵機十五架由赤溪及唐家灣分隊向本市進發、一隊由東南竄入、經東郊、各高射槍砲轟擊、卒為我軍炮火猛烈衝散、隨在東郊天河村及沙河墟附近田野投數彈後、旋在北郊三元里附近、投彈七八枚、燬民房廿餘間、正在燃燒中、死傷農民極眾、由方便醫院粵救護隊救治、發現屍體三具、正由屍親收殮入棺、另一農者則被炸至數段、慘不忍覩、計重傷者有十數人、輕傷者[illegible]人、已逐一為之敷藥或載返醫院、是時復有敵機四架、繼由東南方高飛掠過本市上空、為我近郊各高射砲轟擊、各敵機藉秋雲掩蔽、向北疾駛、其餘一隊則由郊外西南、轉西北、沿粵漢路北飛、會合東南各機、由江村沿路轟炸附近鄉鎮、炸燬各村落房屋、傷亡眾多、至十時五分、各敵機經我機凌空截擊轉向西南方逃竄、

### 第二次

上午十一時五十五分、敵重轟炸機三架由赤灣繞至江門、轉航向廣州進襲、該敵機三架、因我市區空防鞏固、未敢直航來省、即沿原來航線飛返、等候其他各機、會同進犯、至正午十二時四十一分、敵驅逐機及輕轟炸機共九架、乃由唐家灣飛出、聯同重轟炸機隊共十二架、經江門、沿西南進犯粵漢路、在英德、連江口、湛江、烏石、馬壩等沿路村鄉、肆行轟炸、投彈三十餘枚、敵機轟炸目的似在摧燬粵漢路南段沿線各橋樑涵洞、惟轟炸技術幼稚、且畏我沿路高射砲隊射擊、不敢低空轟炸、故各彈多落在附近鄉村民房爆炸、並頻以機槍掃射走避之民眾、各站間被炸斷鐵軌外

、然敵彈落于鐵路沿線民房、約計已達四十餘間、傷害鄉人百數十人、各敵機旋見我機大隊、由某處突然飛出迎擊、遂倉皇折向東南方飛遁、其中有兩敵機經黃埔附近、將所餘炸彈四枚、向附近鄉村投下、村民走避不及者、死傷十餘人、均已分別由各機關團體加以救治、

【本報專訪】七日敵驅逐機十八架掩護轟炸機七架、飛往湛江投彈、爲我機隊擊落兩架、查是日敵我機隊劇戰時、我某隊分隊長陳順南又第某分隊長黃凌波、隊員陳其輝、周人海、各駕一機、力戰敵驅逐機八架、除已將敵兩轟炸機擊落外、並將敵驅逐機兩架擊毀、我機奮勇追擊、至英德以下、不料敵機八架自南增援北飛、藉白雲掩護、乘我四機不備、居高向我襲擊、我四機突失聯絡、遂爲敵機所乘、然猶奮力苦戰、卒因彈盡降落、觸[illegible]、我英勇四戰士各皆中彈受傷、分隊長陳順南黃凌波不幸傷重殉國、隊員陳其輝周人海傷非要害、可無大阻、現陳黃兩烈士遺骸已運詔關厚殮、是役敵驅逐機兩架亦負重傷、聞至中途已墮燬、現我正飭令各縣搜索中、查殉難陳黃兩烈士、均廣東人、陳爲廣東航校三期乙班生、黃爲歸國華僑飛航生、

——摘自《中山日报》（广州），1937 年 10 月 9 日

## 敵機在江村竟投毒彈

【本報專訪】據某機關消息、敵機昨（八）日進襲本市、被我防空部隊擊潰、旋即繞道至江村上空、投下毒氣彈一枚、該地無辜鄉民中毒者多人、刻當局正派員調查中、俟搜得確據、即行公佈、使世界人士盡知敵人之違反國際法及手段毒辣之一斑、

——摘自《中山日报》（广州），1937 年 10 月 9 日

## 敵機大舉轟炸廣州

八日國際通訊社香港電。廣州市昨日被日軍飛機大舉轟炸。共歷十二小時之久。至昨晚夜深始告停息。現計被炸斃之市民。共達五百餘名以上。死屍佈滿街上云。

——摘自《少年中国晨报》，1937 年 10 月 9 日

# 敵機大施毒手
# 粵民衆慘被轟炸

## 昨兩度炸廣州市郊及粵漢路
## 燬我鄉村民居傷害平民甚多
## 敵機一架被擊墮於市北

由六日起、敵機再施其瘋狂手段、不斷派機在粵省內各地肆虐、尤以粵漢鐵路一帶附近、受害爲慘、無辜人民生命財產被燬者、不計其數、昨(八)日敵機又三次進襲、

**敵機來襲 未能入市**

第一次在上午八時四十分、本市防空處、據前方監視哨報告、謂有敵機六架、由赤溪暨唐家灣母艦起航、似向本市進襲模樣、該處據報後、即通知空軍總站、派機起飛、準備迎擊、一面發出首次來襲警報、市內防護人員、暨各處高射砲營地聞報、即分頭出動、及準備一切、未幾、敵機飛行將迫近市郊外空、繼續即再發緊急警報、當敵機抵達本市東北郊外時、曾與我方機接觸、發生空戰甚烈、附郊各高射槍砲營地、亦紛紛放發槍砲向敵機密擊、敵機在我機截擊及砲火威力之下、無法竄入市空、且一架被我擊中尾部起火墜下、餘機遂向東逃去、我方機隊仍即緊追、敵機爲狼狽、追追去某處附近時、已失敵機所在、我機遂即折回、本市旋於十時十分解除警報、至此次墮落敵機、當局現正調查中、查此次本市圖襲敵機、計共六架、二架由赤溪海面母艦起航、二架由唐家灣母艦起航、另有二架係來處不明者、各機除無法衝入市空外、在郊外亦未投彈云、又十一時五十分本市防空處再據前方監視哨報告、謂發現敵機數架、有折回本市模樣、隨後再行發出空襲警報、我方機隊亦再起飛準備迎擊、旋機後、已失敵機所在、在市空盤旋搜索一週、見無敵踪、遂于十二時卅分解除警報云、

**敵炸鄉村 傷亡慘重**

敵機二十日來、轟炸廣州、虎門、廣三、粵漢、廣九等鐵路、及華南各城市、日不間斷、慘殺無辜平民、傷斃逾千人、昨八日自上午八時至下午三時、又三度轟炸粵省廣州各地、一度侵淮廣州北郊、在三元里牛欄崗投彈五枚、又在粵路自銀盞場起、向北站路轟炸至銀盞場附近村落、被炸慘、其他沿路附近鄉村、亦多遭浩劫、無辜鄉人死傷者數百人、

**殘殺平民 大施轟炸**

敵機廿架、八月分兩次轟炸廣州市及郊鄉村、粵漢路南段沿綫、詳情如下、第一次八日上午八時卅五分、敵機十五架由赤溪及唐家灣、分路向本市進發、一隊由東南竄入、經東郊各高射槍砲密擊、為我軍砲火猛烈衝散、隨在東郊大河村、及沙河墟附近一野投數彈後、旋在北郊三元里附近投七八枚、炸燬民房、被炸在燃燒中、傷農民極衆、計餘間、由方便醫院救護隊發現整個屍體二具、正由屍親認殮、另炸至數段、入館、慘不忍睹、農民則被炸傷者、或十數人、已送醫院、或一時復之有數、敵機四架、由東南方高飛、掠過本市上空、高射砲轟擊、爲我近郊各敵機藉秋雲掩蔽、向北疾駛、則由郊外向西南方、其餘一隊、沿粵漢路北飛、會合東南各機、由江村沿路轟炸附近鄉鎮、炸燬各村落屋、傷衆多、至十時五分、各敵機遭我機凌空截擊、急向西南方逃竄、

第二次爲上午十一時五十五分、敵重轟炸機三架、由赤溪灣繞至江門、轉航向廣州進襲、該敵機三架、與我市區空防鞏固、未敢直航來省、即領頭敵機、來航綫飛返、其他敵機、同進犯、等候至下午十二時四十一分、敵乃驅機及轟炸機共九架、由唐家灣出動、聯同重轟炸機隊共十二架、肆行轟炸、沿江門西南進犯粵路、沿投彈卅餘枚、敵機轟炸目的似在破壞粵漢路、沿綫各橋樑、洞、我高射砲隊射擊、且共投炸彈、故多不敢低飛、炸燬村房、均多落在鄉間、被擊射之民衆、除各站炸斷鐵軌外、間於四十餘間、傷害鄉民約計已達十人、各敵機見我機大隊由某處向東南方飛出迎擊、其中有兩架倉皇折敵機、經黃埔附近、將所餘炸彈四枚、向該村落投擲、村民走避不及、死傷十餘人、均已分別送各機關團體加以救治、

——摘自《港报》，1937年10月9日

# 敵機炸各地

## 炸津浦路

◎徐州八日電、敵機三架、七日午襲[illegible]徐南曹村車站、企圖破壞交通、投彈五枚、均未中、交通如常

◎徐州八日中央社電、敵機二架、七日晨經徐飛曹村投彈五枚、津浦路軌車輛無損、旋飛徐屬各縣窺察、即向東海方面逸去、

◎徐州七日中央社電、敵機四架、六日晨到徐盤旋廿分鐘窺察、即到柳泉向停站列車投彈九枚、又到利國驛向北上客車以機槍掃射、機車略受損、

◎濟南七日中央社電、七日早十時、敵機八架、飛抵泰安掃射轟炸、計在車站投彈十九枚、毀車皮兩輛、民房二四十間、死難民四人、其他無損失、

◎徐州七日中央社電、七日敵機三架、由連雲港過徐北飛、在夾溝新峰山投彈五枚、傷民婦三人、

◎蚌埠八日電、八日下午二時許、敵機三架飛津浦路三舖、在南揚旗外投彈五枚、損失甚微、旋南飛符離集窺察、折向東北飛去、

## 圖襲武漢

◎漢口八日電、八日下午一時四十五分、據報有敵機五架、由咸寧方面向武漢飛進、防空司令部接報後、當即發出警報、我空軍及高射部隊同時出動、但細雨濛濛、敵技頗難辨認、經我空軍在雲霧中搜索驅逐、敵機無法展布、旋即向東逸去

◎漢口八日電、敵機五架、八日傍晚冒雨二襲武漢、被我空軍驅逃、

## 株醴被炸

◎長沙八日電、株州電、敵機七架、八日下午二時十五分由東南方面飛株、盤旋甚久、投彈多枚、向醴陵方面飛去、我無若何損失、又淥口亦發現敵機四架共投六彈、死傷平民十餘人、淥口至株州間荒野中亦落敵彈數枚、均無損害、

◎長沙八日電、敵機十餘架八日午前由粵境至贛南、經永新、於十二時許過蓮花、分兩隊、一至醴陵、一至株州、下午一時許至醴陵敵機七架、盤旋空中約半小時、投彈數枚、傷平民十餘人、餘無損失、又敵機七架、下午二時十五分飛株州、在沈家壩投數彈、傷平民十人、又在田心壩地方投十餘彈、傷平民數十人、更飛淥口上空、投彈六枚、死傷平民十餘兩隊敵機仍分途向東南方面逸去、

——摘自《时报》（上海），1937 年 10 月 9 日

# 浦江昨兩度砲戰

## 敵機偵察投彈炸燬民房

我軍重砲於前晚猛轟敵艦及虹口楊樹浦敵軍陣地、標的準確、予敵重創、敵為報復計、於昨晨八時左右、即派機三架、至浦東我陣地上空低飛窺察、同時浦中敵艦、即齊向浦東猛烈砲擊、一時隆隆之聲、震驚遐邇、我為避免敵機襲擊計、悉置不理、敵機毫無所獲、又因天雨、始悻悻而去、而浦中敵艦、雖於昨日午前尚不時向我浦東作漫無標的之轟擊、下午四時許、我軍大砲又施神威、浦中敵艦又倉皇還擊、五時許止、敵機六架分為二隊、又至浦東活動、我方即暫停發砲、敵機無奈、遂在我爛泥渡·楊家渡·塘橋等處先後擲彈廿餘枚、毀我民房多間、敵機躊躇滿志、於暮色蒼茫中飛去、

——摘自《时报》（上海），1937 年 10 月 9 日

# 廣州市郊連被空炸

## 粵漢路毀路軌數段

◎廣州八日電、八日上午八時三十五分、敵機十五架、由崖門襲粵、有四架以極高度飛行、侵入市區、在白雲山投彈二十餘枚、多落於山麓、十一時五十五分、敵機十二架襲粵、重轟炸機三架由赤溪飛至江門、旋因畏我攻擊、復折至唐家灣、會合其他敵機九架、巡飛連江口粵漢路沿線投彈十餘枚、圖炸我橋梁涵洞、但多不中的、除路軌數段被炸燬外、該路附近民居被燬十餘所、死傷數十人、至十二時四十五分、敵機二架飛向黃埔投彈四枚、燬民房四所、死七人、傷十二人、記者八日下午曾赴市郊外三元里鄉調查上午敵機蹂躪之處、見被燬民房二十餘間、一部份餘燼仍熾、死傷農民甚多、由各醫院救護隊極力救治、記者目擊整個屍體三具、正由屍屬收殮入棺、另一農民被炸、分爲數段、慘不忍覩、其餘重傷十餘、輕傷三十餘、已逐一由護士爲之敷藥、或載返醫院、

◎香港八日電、八日晨九時、敵機八架、由唐家灣襲市區、我機迎戰、敵機在西北郊牛池崗投十餘彈、坍民房數十、死傷數人、敵機藉雲掩護、竄赴粵北、在江村投數彈、落荒野、無大損傷、十二時、三敵機再來襲、謀炸粵漢路、我機在黃埔迎擊、敵不支、卽逃、下午一時、十敵機由崖門唐家灣三次來襲、與我機在黃埔大戰、敵投彈二十餘、多落空、另數敵機向粵漢路襲擊、沿路擲彈、但多落空、三時被我機擊退、

——摘自《时报》（上海），1937年10月9日

# 狂暴敵機 騷擾湘贛鄂閩

## 傷斃無辜平民甚衆

【中央社長沙八日電】株州電、敵機七架、八日下午二時十五分由東南方面飛株盤旋甚久、投彈多枚、向醴陵方面飛去、我無若何損失、又達口亦發現敵機四架、共投六彈、死傷平民十餘、遠口至株州間、荒野中亦落敵彈數枚、均無損害、

【中央社長沙八日電】敵機十餘架、八日午前由粵境至贛南、經永新、於十二時許過蓮花、分兩隊、一至醴陵、一至株州、下午一時許至醴陵、敵機七架盤旋空中約半小時、投彈數枚、傷平民十餘人、餘無損失、又敵機七架、下午二時十五分飛株州、在沈家壩投數彈、傷平民十人、又在田心壩地方投十餘彈、傷平民數十人、更飛淥口上空、投彈六枚、死傷平民十餘、兩隊敵機仍

分途向東南方面遁去、

【中央社蚌埠八日電】八日下午二時許、敵機三架飛津浦路三鋪、在南揚旗外投彈五枚、損失甚微、旋南飛符離集窺察折向東北飛去、

【中央社南昌八日電】八日上午十一時贛東君登發現敵機數架、向贛湘邊境飛翔、聞在醴陵投彈數枚、下午一時半敵機又由湘飛至贛西各縣上空窺察、至下午二時均向贛閩邊境飛去、

【本報漢口九日上午十一時十分專電】八日傍晚敵機五架由武甯方面冒雨來襲武漢、我空軍迎擊、與之遭遇、因大雨有霧、未交綏敵機即遁、

【本報福州九日上午十一時十五分專電】八日下午二時敵機三次飛省偵察、未投彈、盤旋各十餘分鐘遁去、

——摘自《中山日报》（广州），1937 年 10 月 10 日

被敵機轟炸後無辜民衆在瓦礫場中尋覓其親人屍骸

——摘自《中山日报》（广州），1937 年 10 月 10 日

# 昨晨敵機犯虎門後

# 沿粵漢路各站投彈

## 銀盞坳源潭從化各地慘受轟炸

## 我空軍由馬壩抄擊敵分路潰逃

【本報專訪】昨（九）日敵機卅架兩度來犯、兩架先飛虎門各處窺探、其後又派廿八架飛粵漢路轟炸、機又轉從化黃埔投彈、惟未向廣州進犯、故本市昨日未聞機聲、茲將情形分誌如下、

昨晨防空處接赤溪情報、敵機二架、由該處起飛、八時四十分、敵機已經崖門江門、本市即發出警報、十分鐘後、再發緊急警報、八時五十三分、兩敵機在虎門上空發現、在高空盤旋數匝、窺伺良久、始向西南方逃去、九時四十四分、解除警報、

【中央社虎門長途電話】敵機四架昨（九）日上午兩次襲擊虎門、第一次由九時卅分至五十分、敵轟炸我要塞、投彈六枚、損燬木建哨兵崗位一所、因哨兵未避、幸未受傷、第二次由十時四十分至五十五分、又有敵機二架飛來投彈四枚、均落荒、我砲位兵房均無損失、

【本報專訪】兩敵機向我虎門要塞窺伺後、十一時廿五分、赤溪又來情報、敵機廿八架、（轟炸機十架、驅逐機十八架）由敵航空母艦起飛、向北進發、十有襲廣州模樣、市內遂于十一時卅六分發出警報、十一時四十五分再發緊急警報、十一時五十八分敵機飛抵江門、經九江、十二時十三分到達佛山、隨以兩架在佛山天空盤旋、廿六架則繼續北飛、經高塘到粵漢鐵路、沿路而上、企圖向我粵路各站再施轟炸、隨在銀盞坳、源潭、潖江各站投落炸彈卅餘枚、多未命中、損傷甚微、惟各站附近鄉民、又慘遭屠殺、據交通界息、是午敵機向粵漢鐵路各站投彈甚多、命中者極少、祇路軌毀壞共十餘丈、惟附近民房、被毀數十間、鄉民死傷數十人、敵機投彈後、再復北上、此時我駐某地空軍已派機多架凌空驅逐、下午二時五分敵機到英德、投落炸彈多枚、企圖再襲曲江、然我機隊已南下搜索、雙方乃在馬壩附近遭遇、發生空戰、敵機不支潰敗、向南而逃、我機隊啣尾追擊、敵機敗至英德站、乃分兩隊、一隊十五架轉向東方而逃、餘十一架則繼續向南而逃、二時四十分、敵機十五架飛至從化上空、在某處投落炸彈多枚、投彈後、經增城而出、又向魚珠虎門等處投彈、擬再襲廣州、惟怯我高射炮空軍之威力、不敢進犯、遂轉向江門逃去、其餘敵機十一架、在潖江盤旋數匝後、經原路掠過佛山而去、至下午三時、警報解除、

【中央社】昨（九）日上午十一時四十分、敵機二十八架由崖門襲粵、當飛至江門時、忽有一架中途折回、餘二十七架仍繼續飛行、掠過佛山上空、沿粵漢路北駛、向英德以上沿路投彈、凡六十餘枚、曲江車站附近民房被毀甚多、大坑口曲江兩鐵橋亦受損、沿路鐵軌被炸燬多段、至三時餘、敵機始分向從化江門兩路遁去、

——摘自《中山日报》（广州），1937 年 10 月 10 日

## 敵機昨四度擾并

### 投彈十餘枚目標欠準確

### 魯省大汶口昨亦遭轟炸

（中央社）太原十七日電、敵機今日擾井達四次、僅下午一時許一次、我方略受損失、侵入之敵機為九六式轟炸機四架、盤旋約半小時以上、投彈十餘枚、因被我高射砲密集射擊、致目標欠準、僅毀民房數十間、死工人二名、至三時許雖有警報發出、但敵機未入城、僅向塔城一帶偵察、

（中央社）濟南十七日電、十七日晨八時半、[illegible]發現敵機四架、經營縣沂水新泰東北堡、在大汶口投四五彈、又九時發縣發現敵機四架、經滕縣界河在兩下店投燬彈、損失情形在調查中

（中央社）杭州十七日電、十七日上午八時許、敵機三架、沿滬杭路飛抵長安車站、投彈六枚、適有客車一列停於揚旗外、當被炸燬客車二輛、死旅客十五人、傷廿餘人、婦女居多

——摘自《华西日报》，1937 年 10 月 10 日

## 敵機轟炸無錫詳情

### 火車被炸毀一輛旅客跳車急避

### 商店民房被毀甚多新仁堆棧損失最重

### 平民死傷二百人以上

無錫訊、敵機七架、於六日下午零時四十分到無錫上空、斯時京滬三〇一次下行車、適由京開錫、駛過車站、停東揚旗外、首先為敵機作轟炸之目標、第一炸彈、即在車右十步之遙爆炸、第二第三彈、一落揚旗附近東門外通隆里、一墮入河中、斯時工運橋挽鐵路貨棧一帶、又投下三彈、鐵路飯店附近投四彈、同時鐵路南面新市場新仁堆棧・北新橋・通匯路仁壽里、均相繼着彈、國際飯店附近投兩彈、均墮入河中、敵機在錫盤旋轟炸、約二十分鐘、投彈二十餘枚、並用機槍掃射、查敵機所炸地點、既非武裝區域、在錫亦屬平民、茲詳誌各情如下、記者於敵機轟炸後、即出發調查各處被燬情形

### 鐵路飯店毀

、工運橋畔鐵路貨棧着二彈、一在中部、一在門首

、鐵蓬飛至二丈以外、河邊亦落一彈、毀電桿兩根、工運橋西首自交通旅館迄福新興麵館、門面十餘幢、全部震毀、鐵路飯店對面淮南大通煤礦聯合辦事處門首落一彈、燬牆丈餘、房屋略損、鐵路飯店前後落四彈、兩彈中四十九號房間、毀房屋約四十餘間、沿通惠路一帶之洋台均震毀、幸旅客均先事避入地下室、未有死傷、通惠路仁壽里着二彈、房屋全坍、死傷十餘人、

**新仁棧大火**

當敵機轟炸客車時、東門外亭子橋東首通隆里工房內被擲下二彈、一落河中、一落工房內、燬房屋二十餘間、死工二人、傷十餘人、通惠路原聲里着兩彈、燬房屋十餘間、傷十餘人、又車站西外揚旗新市場對面新仁堆棧、先後被投三彈、因棧內堆置申新三廠之棉花及紗布極多、着彈即行起火、不可遏止、延燒至晚間十二時方始熄滅、損失逾百萬

**新市場落彈**

當敵機轟炸新仁棧時、對岸新市場亦落二彈、長春裕米行及興盛米行房屋坍倒、死傷十餘人、河下所泊麵粉船一艘、及黃沙船一艘、均遭沉沒、其他如工運橋以南之新世界無錫飯店等處沿河之玻璃窗均被震碎、通勤路陳白頭巷一帶亦坍民房極多、

**死傷二百餘**

敵機襲錫後、本邑各救護隊及擔架隊分別全體出發、計擔架六十餘付、救護隊員及醫師等二十餘人、於半小時內將各處受傷人民全數送往各醫院急救、計衛生事務所收容三十餘人、周新鎮臨時醫院二十餘人、普仁醫院重傷十三人、輕傷十人、死一人、兄弟醫院重傷十六人、輕傷四十餘人、死六人、陶涵醫院重傷八人、輕傷十六人、同仁醫院重傷六人、輕傷八十人、死二人、能仁醫院重傷一人、總計受傷者二百餘人、至死亡確數尚難調查、

**客車燬一輛**

由京開滬之三〇一次下行車、當零時三十分抵站時、適值敵機到錫、站長即令列車東行、並未靠站、駛至東揚旗以外即遭轟炸、一彈落附近、車震動、多數旅客、紛紛下車避入桑田及蘆葦中、第二彈燬第三節車、繼復以機關槍掃射、幸旅客經已四面逃散、死亡尚輕、

——摘自《时报》（上海），1937 年 10 月 10 日

# 敵機昨襲粵被截擊

## 徐北魯南連日被轟炸

【香港十日晨八時發專電】九日午十一時半，敵機二十八架，又襲粵漢路之英德韶關，與我空戰一小時餘，敵機無法低飛，在高空投燃燒彈，爆炸彈五十餘，多落村莊，四處起火，民居多被炸，死傷百餘人，後敵機二架被擊落，乃逃，下午三時十五分，解除警報。

【香港九日下午六時發專電】九日晨八時五十分敵重轟炸機二架犯廣州，被我機在東北郊截擊，未侵入市區，敵機北飛，似擬炸粵漢路。

【廣州八日下午七時發專電】敵修築東沙島水陸機場已完工，現開來重轟炸機，準備襲粵。

【中央社廣州八日電】八日上午十一時五十五分，敵機十二架襲粵，敵重轟炸機三架，由赤溪飛至江門，旋因遭我攻擊，復折至唐家灣，會合其他敵機九架，巡飛蓮江口粵漢路沿線，投彈十餘枚，圖炸我橋樑涵洞，但多不中的，除路軌數段被炸毀外，該路附近民居，被燬十餘所，死傷數十人。至十二時四十五分，敵機二架，飛向黃埔，投彈四枚，燬民房四所，死七人，傷十二人。記者八日下午赴市郊外三元里鄉，調查上午敵機蹂躪之處，見被毀民房二十餘間，一部份餘燼仍熾，死傷農民甚多，由各醫院救護隊極力救治。記者目睹整個屍體三具，正由屍親收殮入棺，另一農民被炸，分爲數段，慘不忍睹。其餘重傷十餘，輕傷三十餘，已逐一由護士爲之敷藥，或載返醫院。

【徐州九日下午六時發專電】敵機連日轟炸徐北魯南，擾亂我後方，八日午敵機三架，又由連雲港窺徐，盤旋十餘分，在三堡投彈六枚。

【中央社長沙八日電】敵機十餘架，八日午前由粵竄至衡南，經永新，於十二時許過蓮花，分兩隊，一至醴陵，一至株州，下午一時許，至醴陵敵機七架，盤旋空中約半小時，投彈數枚，傷平民十餘人，餘無損失。又敵機七架，下午二時十五分，飛株州，在沈家墈投數彈，傷平民十人，在田心壩地方投十餘彈，傷平民數十人，更飛淥口上空，投彈六枚，死傷平民十餘人，旋敵機仍向東南方面遁去。

——摘自《大公报》（汉口），1937 年 10 月 10 日

# 敵機前日分襲湘鄂

## 醴陵株州淥口死傷平民甚多

▲中央社長沙八日電　敵機十餘架、八日午前由粵境至贛南經永昌、於十二時許過蓮花分兩隊、一至醴陵一至株州、下午一時許至醴陵、敵機七架盤旋空中約半小時、投彈數枚、傷平民十餘人、餘無損失、又敵機七架、下午二時十五分至株州、在沈家塅投數彈、傷平民十人、又在田心塅地方投十餘彈、傷平民數十人、更飛淥口上空投彈六枚、死傷平民十餘人、兩隊敵機仍分向東南方面逸去。

▲中央社長沙八日電　株州電、敵機七架、八日下午二時十五分由東南西飛株、盤旋甚久、投彈多枚、向醴陵方面飛去、我無若何損失、又淥口亦發現敵機四架、共投六彈、死平民十餘、淥口至株州間荒野中、亦落敵彈數枚、均無損害。

▲中央社南昌八日電　八日上午十一時、贛東南發現敵機數架、向贛湘邊境飛翔、聞在醴陵投彈數枚、下午一時半又由湘飛至贛西各縣上空窺察、至下午二時、均向贛閩邊境飛去

▲中央社漢口八日電　八日下午四時四十五分、據報有敵機五架由咸甯方面向武漢飛進、防空司令部接報後、當即發出警報、我空軍及高射部隊同時出動、當時細雨濛濛、經我空軍在雲霧中搜索驅逐、敵機無法展布、旋即向東逸去。

——摘自《中央日报》（南京），1937年10月10日

# 粵漢路南段
## 昨又遭轟炸

▲中央社廣州九日電 敵機四架、九日上午兩次襲虎門、第一次由九時三十分至五十分・敵轟炸機兩架向我要塞投彈六枚・損燬未建哨兵崗位一所・因哨兵走避・幸未受傷・第二次由十時四十分至五十五分・又有敵機二架飛來投彈四枚・均落荒地・我無損失。

▲中央社廣州九日電 九日上午十一時四十分、敵機二十八架由崖門襲粵、當飛過江門時忽有一架中途折回、餘廿七架仍續飛行、掠過佛山上空、沿粵漢路北飛、向英德以上沿路投彈凡六十餘枚、曲江車站附近民房被燬甚多、大坑口曲江兩大橋亦受損、該路鐵軌被炸燬多段、至下午三時餘、敵機始分向從化江門兩路離境。

▲中央社廣州八日電 八日上午十一時五十五分・敵機十二架襲粵、先有敵轟炸機三架・由赤水飛至江門、旋因畏我攻擊、復折至唐家灣、會合其他敵機九架、逕飛連江口粵漢路沿線投彈十餘枚・圖炸我橋梁涵洞・但除路軌數段被炸燬外・該路附近民居被燬十餘所・死傷數十人、至十二時四十五分・敵機二架飛向黃埔投彈四枚・燬民房四所・死七人・傷十二人・記者八日曾赴市郊外三元里鄉調查上午敵機蹂躪之處・見被燬民房廿餘間，一部份餘燼仍熾・死傷農民甚多・由各醫院救護隊竭力救治・記者目擊整個屍體三具・正由屍親收殮入棺・又一農民被炸分爲數段・慘不忍覩・其餘重傷十餘人、輕傷卅餘人・已逐一由護士爲之敷藥・或載送醫院療治・

——摘自《中央日报》（南京），1937 年 10 月 10 日

## 中國向國聯控告敵軍施放毒氣

八日聯合通訊社日內瓦電。國際聯盟中國代表顧維鈞博士是晚發表消息。在上海方面之日軍竟用毒氣向華軍攻擊。中國政府已獲得確實之証據。將向國際聯盟正式起訴。

九日聯合通訊社日內瓦電。中國是日致通牒於國際聯盟。控告日軍在上海向華軍施放毒氣。

同日聯合通訊社倫敦電。駐英中國大使館是日發表文件。指責日軍在上海用毒氣作戰。據中國大使館發言人談稱。日軍在上海與華軍舉行巷戰時。曾使用噴火之器具。而在羅店鎮附近之日軍。則施用毒氣。華軍因受毒氣斃命者共廿一名。另有六名病勢垂危。華人並謂日軍曾施用令人「噴嚏」之毒氣云。

——摘自《少年中国晨报》，1937年10月10日

## 星期論文

（昨逢國慶 今日補登）

## 天空轟炸平民問題

——從國際法上觀察天空轟炸平民之非法——

陶樾

自中日全面戰爭爆發以來，日本空軍大施活躍，并無視國際公法，對吾首都及各大小城市猛烈轟炸，死傷平民，毀滅財產無算。此種暴行已引起國際輿論之劇烈反響，國聯二十三國諮詢委員會亦於九月二十八日通過決議案，鄭重譴責此舉之非法，足證世道尚在人心，橫蠻無理之倭奴，終觸一全世界人士之憤怒，而加以唾棄也。——（用國聯決議案句）

天空轟炸平民之舉；夫人而知其爲違背國際公法，惟所謂國際公法究所何指，以及有何成約可得援引，恐知者尚鮮，誠以航空國際公法原爲輓近新興之科學，飛機之發明，迄今祇三十年，經大戰時之大規模嘗試，其進步始一日千里，造至今日，可謂已登峰造極。飛機成爲戰爭中最激烈最有效最破捷之工具，空戰乃爲陸戰與海戰之急先鋒，亦爲決定勝敗之重要因素。唯其效能宏大，無遠弗屆，故其所予人與物之損害程度，較諸陸海戰爭，愈爲嚴重，於是不得不制立法規，限制及規律其一切行動，使其獲一準繩，不至濫用無度，此即今在發展中之航空國際公法也。

國際法在目前猶乏強制力量，尤其航空法尚在萌芽時期，約章成例不多，力量似更薄弱，然文明國家對於維持國際社會秩序之所有新舊規範，理應自動遵守，不稍假借。日本自謂爲文明國家，顧其暴行之撤演，不一而足，直視法章如敝屣，殊堪痛惜。茲就國際法之立場，一論日本空軍轟炸平民之非法，倘亦讀者所樂聞歟！

在航空國際公法上所許可之轟炸行爲，厥唯對於軍事目的物之全部或一部破壞，而予一已以軍事上之莫大利益。按照一九○七年海牙空戰法規第二十四條第一節所規定・所謂軍事目的物乃指(一)軍力，即軍隊；(二)軍事工程；(三)軍事建築物或軍械庫；(四)軍械製造廠；(五)軍用之交通與運輸路線。除此以外，如轟炸之目標毫無軍事性質，則均在禁止之列，尤其對於平民之轟炸，國際法上定爲絕對禁止。揆厥原因，有如下述：

第一，就目的言、天空轟炸純在摧毀敵方之軍事機能・而平民爲無防禦之老百姓，初與軍事無涉，對其轟炸，實失轟炸之目的。

第二、兩國或數國間交戰爲萬不得已而出此，雙方祇求速戰速決，務使對方失敗言和，當戰爭進行之中，祇爲雙方武裝戰鬥員間之衝突，兩國或數國之人民情感，固仍保持不墜，平民爲非戰鬥員，當不在衝突之列，雙方理應予以尊重。

第三、根據人道主義立場，戰爭之殘酷程度，須儘量設法避免或減少，即將敵軍俘虜後，亦不應加以虐殺，則爲無辜之平民，對其濫施轟炸，自與人道主義大相逕庭。

天空轟炸平民行爲，無論在學理方面，或在法律方面，均爲非法之舉。著名國際法學家如博脫，華及，勒菲，羅朗，斯班脫等無不承認其爲非法。昔在大戰時代，德國齊伯林飛船以及飛機時時夜襲巴黎倫敦，德人嘗謂：轟炸之目的一則在乎破壞敵方之軍事力量；一則對於平民予以威脅，使其降服。其後段論據受人攻擊甚烈，足覘轟炸平民舉動在學理上之斷難成立。至在法律方面、雖因航空國際法之未臻完備，是以吾人所可援引之國際約章不多、惟有一於此，已証天空轟炸平民之絕對不合法。一九一一年國際法學會開會於西京馬德里，會通過下列之規則：一空戰爲允許的・惟其條件須對人民及和平民衆之財產、較陸戰或海戰，並不予以更大之危險一。又海牙國際法學家委員會所訂法規第二十二條規定：一禁止以威嚇平民，或毀滅、損害非軍事性質之私人財產，又或傷害非戰鬥員爲目的之天空轟炸。一又規定：一禁止轟炸不居住於陸軍軍隊附近區域之平民，當城鎮住所及建築物中存有軍事目的物，而欲將其轟炸，勢必將不分皂白殊及平民時，則交戰國因此即應放棄轟炸。一國際法規對於戰時平民之保護，可謂無微不至。厥後軍縮會議一般委員會於一九三二年七月十三日通過一決議案，對於平民之轟炸，更嚴加防杜，懸爲絕對禁止之例；其決議案言：一本會議深感天空轟炸，在未來衝突事件中，對於文明之危險，因此決定採取一切實際之方法，以避免此種危險，在現階段之工作期間，記錄如下之結論：一(一)對於平民之種經襲擊務須絕對禁止；(二)各締約國在各國之間，相約廢止天空轟炸。一是軍縮會議非特欲禁止天空轟炸平民，並有意將一切天空轟炸，完全廢棄，誠以轟炸之慘酷，罄竹難書，非完全廢止不足以發揚文明，該會議之苦心孤詣，實堪令人驚服，惜乎今日之下，野心國多，熙熙擾擴，雅不願作繭自縛，卒致慘淡經營之軍縮會議本身，竟亦壽終正寢，迄至最近，仍無起死回生之望。否則逆料禁止天空轟炸平民一點，暨其他航空法規，將有更詳盡確切之規定，顯然，此一決議案在航空國際法上，仍不失爲一値得大書特書之著名前進條欵。

日本空軍種種轟炸行爲之違反國際公法，不勝舉述。如日機機身塗漆吾國國徽，轟炸吾無防禦城市，文化藝術歷史建築物，傷兵醫院，衛生機關，炸難民與漁民船隻，以及天空散佈毒藥等等，均爲法律所不容，而就中尤以到處轟炸吾無辜平民爲最駭人聽聞之事。日人之獸性表現，彰彰在人耳目；而尚欲改發僞君子之姿態，強詞奪理，詭辯其不義之暴行；一曰其轟炸之目的，祇在殲滅吾各重要都會之軍事目的物，從未有意傷害平民；**然則日機故意轟炸廣州北新涇等地之難民老百姓，**又將作何解釋？二曰因轟炸時深恐殃及平民，故先予通知，使彼等速離軍事目的物區域，以防萬一，然中日兩國不宣而戰，日本何得有權對我人民發佈通知？抑其所謂通知也亦屬無稽，據吾人所知，日本祇曾通知首都外僑離境，冀償其整個炸毀我首都之獸慾，與吾平民固無涉也，試問轟炸廣州、漢口、蕪湖、嘉興、蘇州、松江等地，事前曾否通知？斯鬼蜮伎倆；全球人士無不早已洞燭其奸矣。三曰日本空軍轟炸非戰鬥員；爲國際公法所許可（見日大使館海軍武官本田少將之謬論，）此眞咄咄怪論，不知何所據而云然？國際公法原爲整個的，在全世界只有一部，其神聖條款，證之四海而皆準，日本爲國際社會之一份子，豈容例外？本田之歪曲解釋，其所根據者殆爲日本軍閥所欽定自製之國際公法歟？吾人敘述至此，不勝浩歎。天空轟炸平民之非法一點，國際公法早經皇皇懸爲禁例，天下至明顯之事實唯此，而日本倘欲多方掩飾，無理詭辯，其信義，其道德，誠已淪喪殆盡。然事實究勝雄辯，吾徒見若輩之心勞日絀，其自我絕滅之期殆不遠矣。

——摘自《大公报》（汉口），1937年10月11日

# 寇軍殘暴性成

## 在滬各線使用毒瓦斯

## 我軍中毒者已有多人

【本上海十日下午十一時三十分急電】曹王廟以北陣地，寇又用毒瓦斯進攻，我軍中毒二十餘人，均嘔吐狼籍，惟陣地無變動。

【本報上海十日下午六時電】我大批防毒面具，已運前綫，寇覬滬戰，重于華北，屢次增援，終未得逞。

【中央社上海九日電】敵犯蘊藻浜南岸黑大黃宅時，曾用流淚瓦斯，我軍中毒者甚多，故敵軍克以從容渡過，敵之殘暴，可見一斑，我軍增援後，於九日午起猛烈反攻，戰事異常激烈，惟敵則匿臨時工事內，不敢出擊，似有久守企圖。

——摘自《扫荡报》（汉口），1937年10月11日

# 寇機又犯粵

## 轟炸中山大學及粵漢路 在黃埔等處投彈數十枚

【本報香港十日下午十一時三十分急電】今晨八時許寇機八架進犯廣州，我機升空迎戰，後寇機三架侵入市空，被高射砲擊退，一時許解除警報。

【中央社廣州十日電】十日上午八時三十分，敵機二十二架，分三隊由崖門及唐家灣洋面襲粵，以中大校舍暨粵漢路各站橋樑，爲轟炸目的，中大南校門附近園地，落彈數枚，敵機旋飛黃埔燕塘從化及粵漢路投彈四五十枚。

【中央社廣州九日電】九日上午十一時四十分，敵機二十六架由崖門襲粵，當飛過江口時，忽有一架中途折回，餘二十五架仍續飛行，掠過佛山上空，沿粵漢路北飛，向英德以上沿路投彈凡六十餘枚，曲江車站附近民房被燬甚多，大坑口曲江兩鐵橋亦受損，沿路鐵軌，被炸燬多段，至三時餘，敵機始分向從化江門兩路離境。

【中央社廣州十日電】敵機七架襲粵，竟向市貧民救濟院投彈，宿舍被燬，死傷老弱貧民數十八，情狀甚慘。

【中央社南昌十日電】十日下午一時鄱陽湖上空，發現敵機一架旋向贛閩邊境飛去。

【中央社新浦十日電】敵機五架，十日晨侵入市空，向郊外村落投數彈而去。

【中央社徐州十日電】敵機八架，十日午由連雲港起飛，五架到徐旋繞一匝，至大廟投彈，五枚轟炸，隴海車燬兩輛，又到魯南擾亂，三架到三堡符離集宿縣各站投彈，無甚損失。

——摘自《扫荡报》（汉口），1937 年 10 月 11 日

# 敵機昨晨分隊

# 襲虎門窺粵路

## 黃埔燕塘各地落卅餘彈

## 中大市救濟院均被轟炸

——摘自《中山日报》（广州），1937 年 10 月 11 日

# 敵機九日

# 炸韶慘劇

——摘自《中山日报》（广州），1937 年 10 月 11 日

# 敵機昨又大舉襲粵

## 以中大及粵漢路爲轟炸目標

## 貧民救濟院亦被炸死傷多人

▲中央社廣州十日電 十日上午八時三十分・敵機廿二架、分三隊由崖門及居家灣洋面襲粵、以中大校舍暨粵漢路各站橋樑爲轟炸目的、中大南校門附近園地落數枚・敵機旋飛黃埔・燕塘・從化及粵路・投彈四五十枚。

▲中央社廣州十日電 敵機十四架・十日上午八時三十分由雞石灣起飛・六架往從化投彈・八架偷襲廣州、經我機隊在東郊截擊後、敵機即分成兩隊・竄入市空・旋又會合衝入燕塘黃埔・投彈二十餘枚。

▲中央社廣州十日電 敵機七架襲粵、竟向市貧民救濟院投彈・宿舍被燬・死傷老弱貧民數十人、情狀甚慘。

【本報十日上海專電】 香港電・十日晨八時廿分・敵機十五架分兩路襲廣州・八架衝進市區東北郊・在天河投彈廿餘枚・死傷數人・燕塘投彈數枚・三枚爆炸・損失甚微・餘七架襲虎門黃埔・經我機猛擊・投彈十餘枚即逃去。

▲中央社南昌十日電 十日下午一時・鄱陽湖上空發現敵機一架・旋向贛閩邊境飛去。

——摘自《中央日报》（南京），1937年10月11日

# 敵機昨晨又襲粵

## 竟向市貧民救濟院投彈
## 死傷老弱貧民情狀甚慘

本報香港十日專電　十日晨八時半、敵機十架侵襲粵市郊、我機分頭堵截、敵機倉皇在沙河燕塘及白雲投十餘彈逃去、有兩敵機、經石牌、被我高砲擊落一架、餘在新洲黃埔投彈甚多、十一時廿分解除警報、

中央廣州十日電　敵機十四架、十日上午八時三十分、由蓮石灣起飛、六架往從化投彈、八架偷襲廣州、經我機隊在東郊截擊後、敵機即分成兩隊、竄入市空、旋又會合衝入燕塘黃埔、投彈二十餘枚、

中央廣州十日電　敵機襲粵、竟向市貧民救濟院投彈、宿舍被燬、死傷老弱貧民數十人、情狀甚慘、

中央廣州九日電　九日上午十一時四十分、敵機二十八架、由崖門襲粵、當飛過江門時、忽有一架中途折回、餘二十七架、仍繼續飛行掠過佛山上空、沿粵漢路北駛、向英德以上沿路投彈凡六十餘枚、曲江車站附近民房、被燬甚多、大坑口曲江兩鐵橋亦受損、沿路鐵軌被炸燬多段、至三時餘、敵機始分向從化江門兩路離境、

中央新浦十日電　敵機五架、十日晨侵入市空、在郊外村落投數彈而去、

中央南昌十日電　十日下午一時鄱陽湖上空、發現敵機一架、旋向贛閩邊境飛去、

——摘自《时事新报》（上海），1937 年 10 月 11 日

# 寇機又在滬粵逞兇
# 蘇州南昌亦遭空襲

【本報香港十一日下午八時電】寇機八架，今晨七時半襲廣州，投彈廿餘枚，十九路軍墳場被燬，黃埔投彈三枚無損，九時十架二次襲市郊，飛粵漢路轟炸。

【中央社上海十一日電】連日天雨，無大隊敵機出現，十一日晨天氣放晴，遂有飛機三十餘架，自楊樹浦路底臨時機場起飛，盤旋數匝後，其中九架，即飛赴浦東南市一帶窺察，午一時許在張家浜浦東電氣公司後投彈四枚，彈落附近空地，我無損失，另一部敵機二十餘架，飛赴閘北眞如大場一帶窺察，旋分爲二批，一批約六三架，逗留於閘北我陣地上空，一批約十餘架，則在眞如大場公路一帶，往來窺察，除投彈多枚外，并不時低飛，以機槍掃射，毀我民房多間，斃居民多人，午四時許另有敵機九架，分三隊在浦東南市往來窺察，於南市外馬路浦東陸家渡及楊家渡日清公司附近投彈多枚，僅炸毀我民房數間，同時浦中敵艦亦相間發砲，向我浦東陣地轟擊，因標的欠準，彈多落於空地，故我方損失甚微。

【中央社南京十一日電】本月三日晨八時三刻有敵軍偵察機一架，竟冒用我軍飛機標識到峴山附近低飛盤旋窺察，并轟炸車站，經我護路隊加以射擊後始向東飛去，幸尙無大損害，敵空軍此種不光明之行爲，實有損軍人人格。

——摘自《扫荡报》（汉口），1937 年 10 月 12 日

# 昨晨敵機廿四架

# 犯我東郊繼襲銀盞坳

## 沙河石牌黃埔各地民房多被轟燬

## 粵路銀盞坳軍田兩站落彈數十枚

【本報專訪】雙十節日敵機廿架分隊來犯、在東郊救濟院等處投彈、昨（十一）日晨復派機廿四架兩次進襲、企圖炸我中山大學、幸未命中、附近民房被毀甚多、繼又兩次飛粵漢路銀盞坳等站投彈、後欲侵入市空、被我高射砲猛烈轟擊、卒不得逞、茲將情形分誌如下、

昨日上午七時廿分、當局接蓮石灣情報、敵轟炸機一架、在該地發現、自南飛北、七時廿五分復接唐家灣情報、敵機八架由航空母艦起飛、有襲廣州模樣、乃于七時二十八分發出警報、十分鐘後再發緊急警報、七時四十五分、敵機已經容奇、桂洲、飛抵魚珠上空、盤旋數匝、乃以五架向廣州進犯、未幾、敵機由東南方飛入市東北郊、我高射砲密集向之轟擊、敵機不敢低飛、倉皇在沙河高空投落炸彈五枚、附近民房被毀卅餘間、死傷十餘人、有兩彈落某處橋樑，當塲傷過路人數名、又有一丐被炸成數段、死狀極慘、敵機投彈後、企圖侵入市空、但被我高射炮嚴密射擊、卒不得逞、竟冒險飛往石牌、向中山大學施行轟炸、投彈兩枚、未命中、落於該校農塲後岑村中、當堂毀塌民房十數間、死傷農民十餘人、、敵機投彈後、向西北飛去、同時敵機三架、由魚珠轉飛黃埔、在該處及長洲投落炸彈多枚，農民又慘遭荼毒、在黃埔敵機投彈、附近民房、早已成爲焦土、農民遭殃者、不可勝數、敵機分頭肆虐後、復會集于粵漢路、在銀盞坳投炸彈十餘枚、然後折回、經佛山而去、八時卅分解除警報、

八時五十分又接崖門情報、敵機十四架、計轟炸機六架、驅逐機八架、自赤溪起飛、經崖門、八時五十五分初發警報、九時三分發緊急警報、九時十八分、敵機經江門、九江、佛山、直至北江、作二次轟炸粵路、先在源潭軍田各站窺伺、未有投彈、十時復在銀盞坳及迎咀兩站投炸彈十餘枚後、循原路逃去、十時五十五分解除警報、記者隨據粵路消息、敵機今晨兩次進襲粵路、第一次約十架在銀盞坳投彈、第二次十四架又在銀盞坳及迎咀站投彈、前後共投彈卅餘枚、惟命中者極少、祇損毀路軌十餘丈、然而附近鄉民已慘遭屠殺云、

【中央社】昨（十一）日上午七時廿七分、敵機八架由唐家灣來襲、先至虎門、機到黃埔及本市東郊投彈共十餘枚、經各高射砲隊猛加轟擊、其中敵機四架掠過市區、即向粵漢路沿綫投彈、達數十枚之多、由多落曠野、我無損失、至八時卅分敵機已遠颺、迨至八時廿二分、敵機十二架、分兩隊由崖門方面向西北直飛、但未飛入市區、至九時許各敵機全數向粵漢路各橋樑地點投彈轟炸、卒因粵路防衛鞏固、炮火猛烈、未敢低飛轟炸、故各橋樑皆無損害、僅在路旁田野及村落爆炸、毀民房十餘間、傷斃農民十餘人、

【中央社】軍息、前（十日）日轟炸我粵漢路之敵機被我擊落二架、一落中山縣第九區平安鄉芸山村附近、一落東莞厲沙山附近、現已飭各該處鄉長派員將敵機師捕獲、

【中央社韶關十日電】（遲到）、十日正午十二時五十分、敵機廿餘架來襲、向我東河鐵橋、南門橋、及市內四廟街、風度南路、風熱路、薰風路、善後路、羅沙巷、粵宮街、濂布塘等處投彈五十餘枚、炸毀商店民房百餘間、死傷平民甚多、情形奇慘、幸各橋樑均無恙、日來雖迭遭敵機空襲、市面安定如恆、

## 敵炸粵漢路

### 六日之銷耗

【本報專訪】敵派航空母艦兩艘南下犯粵、自去月廿一日起、不絕向本省各地施行轟炸、而對於粵漢鐵路尤爲注重、企圖破壞我交通、曾有一日轟炸達七次之多、六日起、復又來犯、日凡三次、向我粵路黃埔石牌中山大學等處大施轟炸、每日投彈不下五六十枚、只粵漢路而論、六日來敵機在該處投彈總達二百餘枚、其投落之炸彈平均每個價値五百元、綜計敵機六日來在粵路之消耗數、達十萬元之鉅、據粵路修理工人談、敵機企圖炸毀各重要鐵橋、但平均投彈十枚、祇中一枚、其餘均落水中、且所中之處、幷非要害、計粵路銀盞坳、源潭、琶江、英德、曲江各站、均有投彈、每處至少二三十枚、、源潭、銀盞坳、、英德各站、路軌被炸毀、共約卅餘丈、

### 莊西言函

（上略）此間自戰事發生後、即組織捐助祖國慈善會、西言被舉爲主席、經先後匯回國幣四十五萬元、幷採購金鷄納霜一千公斤、約値國幣六萬五千元、刻尙繼續擴大範圍、源源募捐、將來當可達到一百萬元以外、至西言個人、除特捐國幣七千元外、更直接向總會主購救國公債五萬元、聊盡國民天職、

### 李孝式函

（上略）雪蘭莪華僑業於八月廿一日成立籌賑祖國難民委員會、以彈丸之地、華僑不過十數萬人、其中資本家原屬少數、而捐輸多者十萬元、五萬元或一萬元數千元不等、此外苦力工人、亦莫不以血汗之資踴躍輸捐、計先後匯返南京行政院者已達六十餘萬元、嗣後仍繼續籌措、準備隨捐隨匯、專爲救國、不敢告勞、聊盡匹夫之責而已、

——摘自《中山日报》（广州），1937 年 10 月 12 日

敵艦在瓊崖

# 刧掠我漁船糧食

## 轟沉漁船二十餘艘 擊斃漁民百數十名

【本報專訪】敵自宣布封鎖我沿海後、月來敵機在華南大肆騷擾、我沿海漁民被敵艦轟殺、死者不可以數計、頃據由瓊崖來省者談、旬來敵機數度飛瓊狂襲、敵艦亦兩次砲轟我海口砲台、但卒不逞、至前星期、敵艦一艘竟在崖縣及文昌海面掠我漁船糧食、及轟沉我漁船二十餘艘、斃漁民數十名、共殘酷無人道於此可見一斑、

## 中山漁民慘遭屠殺

【中央社中山快訊】中山縣第七區沿海高蘭包洋面附近、有敵艦多艘、往返游弋、曾發砲七响攻高蘭包、繼又迭開機槍掃射沿海漁民、慘遭屠殺者甚衆、敵艦封鎖本省沿海岸線、從南路東興海口起、以迄大亞灣南・澳縣不下十餘艘、昨日傳敵艦業已分別駛離

## 虎門港外敵艦行踪

粵海、記者於十一日上午訪晤空軍總站某職員、據謂昨日我方派偵察機偵查所得、崖門外赤溪等處洋面共有敵艦五艘、航空母艦龍驤號亦在該處洋面停泊、連日來敵機來本市侵襲、均係由該母艦起航、惟敵艦爲避免我機襲擊、行踪異常飄忽、此來彼去、在洋面游弋、艘數並未減少、至虎門外敵艦、確已退往與港領海交界之伶仃洋灣泊、赤溪海面僅有第廿九隊驅逐艦一艘、

——摘自《中山日报》（广州），1937 年 10 月 12 日

# 敵投毒彈

## 江村農作枯萎

【本報專訪】頃據江村來省者談、敵機于月之九日襲廣州不逞、旋飛赴江村、在江村附近田野投彈多枚、就中有毒彈二枚、爆發時、噴出白烟及白粉、一枚發出黑烟、散降田畝中、農作品中毒後、即日枯萎、

——摘自《中山日报》（广州），1937 年 10 月 12 日

# 敵機轟擊蘇浙贛粵

## 裏西湖投三小炸彈傷一人

## 金華車站附近亦大遭蹂躪

## 蘇州南昌廣州竟屢被襲擊

（本市消息）連日天雨、敵機活動困難、故杭市空襲警報、已一週未聞、十一日天氣放晴、雲散天青、上午十時四十分、警報陡聞、全公亭發現敵機二架、飛至乍浦盤旋、似在窺察、旋即向原路逸去、杭市即於十一時許解除警報、恢復一切、下午一時許、嘉興發現敵機二架、有向杭市襲來模樣、防空當局據報、即發警報、敵機越過嘉興、經桐鄉、雀山、塘棲、向杭市竄來、於二時另六分在上空發現、在市區寬橋兩處盤旋數匝、未有動作、詎敵機飛過裏西湖時、突投擲形似手溜彈之炸彈三枚、並用機槍掃射、傷行人一名、後又飛往蕭山、旋折回經塘棲、崇德、桐鄉、嘉興、嘉善、向上海方面逸去、據調查受傷者名趙阿土、住杭市東橋河下十號、年三十六歲、當時適在裏西湖湖濱垂釣、敵機用槍向下掃射時、不及躲避、致中流彈、創口在右大腿、彈頭尚未取出、現已送入紅卍字會難民病院醫治、（國民社）

嘉興（本報十一日嘉興電）十一日下午此間共發警報二次、下午一時半敵水上機兩架由東北方襲來、旋向桐鄉崇德長安海寧飛去、二時五十三分又折回襲禾、低飛窺探後、向東逸去、

金華（本報十一日金華電）敵機三架、十一日下午一時卅五分、由青田經永康竄抵金華、當在天空繞窺十餘匝、散發荒謬傳單、嗣竄到浙贛路金華站連擲六彈、兩彈落於鄭崗山背坟地、兩枚落於車站附近之水塘中、落於坟地之兩彈爆發後、坟中棺柩被炸、屍骨飛舞、落於塘中之兩彈、則僅斃魚數尾而已、其餘兩枚、一枚落於鄭崗由(?)麓、燬平房數間、另一彈亦毀平房數間、損失未詳、迨至二時二十一分、仍竄飛青田、

### 襲擊蘇州

（本報十一日蘇州電）此間連雨五日、今始放晴、敵機自午迄晚、襲蘇五次、一時至三時、僅巡空盤旋窺察、三時二十分轟炸火車站、計機九架、投彈七枚、車站月台貨棧稍受損毀、停站三四等客車二輛、被炸燬、傷亡平民十餘、警報解除五分鐘後、復有敵機十餘架襲蘇、我機自某處趕到、遂在高空發生激戰、我機奮勇異常、予敵痛擊、敵機不支東遁、又三時有敵機兩架、在唯亭附近投彈多枚、無損害、同時並在官瀆里車站東、開機槍掃射、亦無損害、又當敵機襲蘇時、我方輕高射槍砲並發、殊令敵機喪胆、

（中央十一日蘇州電）敵機九架、十一日下午三時許來蘇、向火車站投彈十餘枚、歷十餘分鐘飛去、結果將在站之空客車一輛、及蓬車二輛炸燬、並炸死平民一人、受傷者五人、餘無損失、敵轟炸機一架、當被我高射砲擊傷、聞在齊門外外路塘降落、人機均燬、刻在搜查中、

（本報十一日徐州電）十一日午、敵機五架、由海州飛往窺伺、在上空廿分、未投彈、旋飛隴海路大廟站轟炸投彈四、損毀廠車二所、

### 飛擾南昌

（中央十一日南昌電）敵機連日襲贛、十一日下午二時、有三機經閩贛邊境、飛至贛東各縣、盤旋空中約半小時、并在玉山縣投彈三枚、傷平民數人、

（中央十一日南昌電）敵機十四架、十一日下午五時餘、經上饒弋(?)樂平、過鄱陽湖時、有九架分三小隊、于六時二十分侵入南昌市上空、投彈十餘枚、圖炸中正橋、波及南潯路終點牛行車站一帶民房及裕民銀行堆棧、并有數彈落于王安石路、

（中央十一日南昌電）十一日黃昏時、敵機進襲南昌、在牛行車站投彈七八枚之後、記者前往調查被害情況、計車站前落二枚、裕民銀行堆棧警局及望江茶樓各落一枚、餘未爆發、炸死平民已發現十五人、傷二十餘、正在掩埋救護、此外倒塌民房數十幢、

### 屢犯廣州

（中央十一日廣州電）敵機八架、於十一日上午七時十七分飛虎門、投三彈、一未爆、二落荒、我無損傷、敵機旋闖入市空東郊外、投彈多枚、再折向黃埔投七彈、燬民房多所、死傷二十餘人、又八時四十五分、敵機十二架、由廣(?)門經北山飛沿粵漢路、迴江江村各站投彈、

（中央十一日廣州電）軍息、十日轟炸我粵漢路之敵機、被我擊落二架、一落中山縣第九區平安鄉芸

山村附近、一落東莞縣屬沙山附近、

（本報十一日香港電）敵機六架、十一日晨七時半、又進襲廣州、在廣九粵漢路接軌處投十餘彈、但損失極微、

**行爲卑鄙**

（中央十一日南京電）本月三日晨八時三刻、有敵軍偵察機一架、竟冒用我軍飛機標識、到崐山附近、低飛盤旋窺察、并轟炸車站、經我護路隊加以射擊後、始向東飛去、幸尚無大損害、敵空軍此種不光明之行爲、實有損軍人人格、

**慘殺無辜**

（本市消息）路訊、敵機八日飛醴陵株州投多彈轟炸、死傷十餘、內有浙贛路局職員三人、重傷者爲齊姓鮑姓二人、輕傷者戴姓一人（女）、均送長沙醫院救治、重傷二人嗣均告斃命、輕傷者尚在療治中、其餘死傷工人多名、

——摘自《东南日报》（杭州），1937 年 10 月 12 日

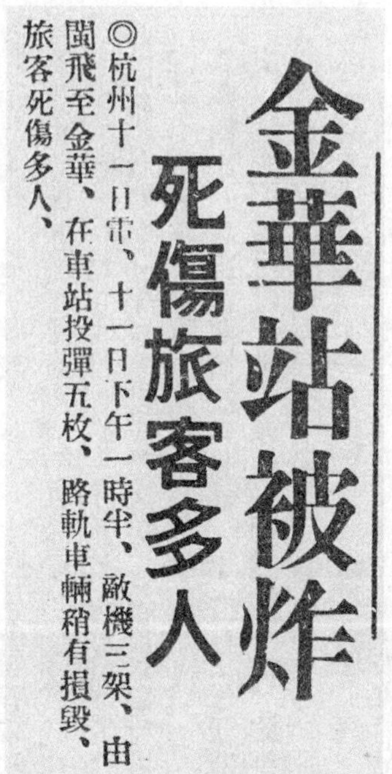

**金華站被炸 死傷旅客多人**

◎杭州十一日電、十一日下午一時半、敵機三架、由閩飛至金華、在車站投彈五枚、路軌車輛稍有損毀、旅客死傷多人、

——摘自《时报》（上海），1937 年 10 月 12 日

# 敵機昨四出肆虐

## 毀民房傷平民損失不重

日來秋雨連綿、大霧漫瀰、此敵機頗少活動、偶於雨聲稍停時、飛赴本市近郊窺察外、迄無大隊敵機出現、昨晨雨止、午刻左右、氣壓漸高、天有晴意、遂有敵機三十餘架、自楊樹浦路底敵臨時飛機場起飛、盤旋數匝後、其中九架、即飛赴

**浦東·** 南市一帶、來往窺偵、下午一時許、在張家浜浦東電氣公司後投彈四枚、彈落附近空地、我無損失、另一部二十餘架、飛赴閘北·眞如·大場一帶窺察、旋該批敵機、復分爲二批、一批約六七架、逗留於

**閘北·** 我陣地上空、一批約十餘架、則在眞如大場公路一帶、往來窺探、除投炸彈多枚外、並不時低飛、以機關槍掃射、毀我民房多間、斃居民多人、下午四時許、另有敵機九架分三隊、在浦東

**南市·** 往來窺察、於南市外馬路浦東陸家渡及楊家渡日清公司附近投彈多枚、同時浦中敵艦、亦相間發砲向我浦東陣地轟擊、一時隆隆之聲、不絕於耳、僅炸毀我民房數間、至敵艦所發各砲、亦因標的欠準、彈多落於空地、故我方損失甚微、該批敵機、於六時許、始行逸去、至浦中敵艦、直至昨晚九時左右、尚不時向我浦東發砲轟擊云、

——摘自《时报》（上海），1937 年 10 月 12 日

# 敵機飛南昌投彈

◎南昌十一日電、敵機十四架、十一日下午五時餘、經上饒至樂平時、過鄱陽湖有九架分三小隊、於六時廿分、侵入南昌市上空、投彈十餘枚、圖炸中正橋、波及中潯路路點牛行車站一帶民房、及裕民銀行堆棧、並有數彈落於王安石路、

◎南昌十一日電、敵機連日襲贛、十一日下午二時、有三機經閩贛邊境、飛至贛東各縣盤旋空中、約半小時、並在玉山縣投彈三枚、傷平民數人、

◎南昌十一日電、十一日黃昏時、敵機進襲南昌、在牛行車站投彈七八枚之後、記者前往調查被害情況、計車站前落二枚、裕民銀行堆棧警局及望江茶樓各落一枚、餘未爆發、炸死平民已發現十五人、傷廿餘人、正在掩埋救護、此外倒塌民房數十幢、

——摘自《时报》（上海），1937 年 10 月 12 日

# 敵機炸西湖

## 傷一捉蝦老人

◎杭州十一日電、杭連雨數日、敵機未來、十一日放晴、晨十點半鐘、敵機二架、在乍浦窺探、未來杭、下午一點半、敵機二架、由嘉興來杭、在裏西湖投下似手溜彈之炸彈三枚、並用機槍掃射、湖畔樹陰下一捉蝦老人、爲彈片炸傷腰部、當即救護醫治、三點鐘敵機向滬飛去、

——摘自《时报》（上海），1937年10月12日

# 敵機昨又襲粵 被我擊落兩架

## 蘇州亦擊燬敵機一架

### 敵機竟又冒用我飛機標識

本月三日晨八時三刻、有敵軍偵察機一架、竟冒用我軍飛機標識、到崑山附近低飛盤旋窺察、并轟炸車站、經我護路隊加以射擊後、始向東飛去、幸尚無大損害、敵空軍此種不光明之行爲、實有損軍人人格。

▲中央社廣州十一日電　敵機八架、於十一月上午七時十七分飛虎門投三彈、一未爆、二落荒地、我無損傷、敵機旋闖入市空、在郊外投彈多枚、再折向黃埔投七彈、燬民房多所、死傷二十餘、又八時四十五分、敵機十二架由崖門經佛山飛沿粵漢路潖江各站投彈。

▲中央社廣州十一日電　軍息、十日轟炸我粵漢路之敵機、被我擊落二架、一落中山縣第九區平安鄉芸山附近、一落東莞縣屬沙山附近。

【本報十一日上海專電】香港電、敵佔荷包岸後、已築成機場、停機廿架、該岸附近泊有敵航空母艦三艘、及巡洋艦三艘、保護機場、連日襲粵敵機、多由該岸飛出

## 敵機肆擾各地情形

**蘇** ▲中央社蘇州十一日電 敵機九架、十一日下午三時許來蘇、向火車站投彈十餘枚、歷十分鐘飛去、結果將在站之空客車一輛及送車二輛炸燬、並炸死平民一人、受傷者五人、餘無損失、敵轟炸機一架當被我高射砲擊傷、聞在齊門外外跨塘降落、人機均燬、刻在搜查中。

**浙** ▲中央社杭州十一日電 十一日下午二時敵機二架、經嘉興飛至杭市上空盤旋、在裏西湖浙贛路局附近湖西投彈三枚、傷釣魚者一人。

▲中央社杭州十一日電 十一日下午一時半、敵機三架由閩飛至金華、在車站投彈五枚、路軌車輛稍有損毁、旅客死傷數人。

**贛** ▲中央社南昌十一日電 敵機十四架、十一日下午五時餘經上饒弋樂平、過鄱陽湖時、有九架分三小隊於六時廿分侵入南昌市上空、投彈十餘枚、圖炸中正橋、波及南潯路終點牛行車站一帶民房及裕民銀行堆棧、並有數彈落于王安石路、居民死傷人數待查。

▲中央社南昌十一日電 十一日黃昏時、敵機進襲南昌、在牛行車站投彈七八枚、事後記者前往調查被害情況、計車站前落二枚、裕民銀行堆棧、警察局、及望江茶樓各落一枚、餘未爆發、炸死平民已發現十五人、傷廿餘人、正在掩埋救護、此外倒塌民房數十幢。

▲中央社南昌十一日電 敵機連日襲贛、十一日下午二時有三機、經閩贛邊境飛至贛東各縣、盤旋空中約半小時、並在玉山縣投彈三枚、傷平民數人、

——摘自《中央日报》（南京），1937 年 10 月 12 日

## 敵機三十餘架
## 昨日分飛各地轟炸
### 浦東南市眞茹居民均被掃射
### 太倉岳王寺及小學慘遭轟炸

日來秋雨連綿、大霧漫瀰、故敵機頗少活動、偶於雨聲稍停時、飛赴本市近郊窺察外、迄無大隊敵機出現、昨晨雨止、午刻左右、氣壓漸高、天有晴意、遂有敵機三十餘架、自楊樹浦路底敵臨時飛機場起飛、盤旋數匝後、其中九架、卽飛赴浦東南市一帶、來往窺偵、下午一時許、在張家浜浦東電氣公司後投彈四枚、彈落附近空地、我無損失、另一部二十餘架、飛赴閘北、眞茹、大場一帶窺察、旋該批敵機復分爲二批、一批約六七架、逗留於閘北我陣地上空、一批約十餘架、則在眞如大場公路一帶、往來窺探、除投炸彈多枚外、並不時低飛、以機關槍掃射、毁我民房多間、斃居民多人、下午四時許、另有敵機九架分三隊、在浦東南市往來窺察、於南市外馬路浦東陸家渡及楊家渡日清公司附近投彈多枚、同時浦中敵艦、亦相間發砲向我浦東陣地轟擊、一時隆隆之聲、不絕於耳、僅炸毁我民房數間、至敵艦所發各砲、亦因標的欠準、彈多落於空地、故我方損失甚微、該批敵機、於六時許、始行逸去、至浦中敵艦、直至昨晚九時左右、尚不時向我浦東發砲轟擊云、

又據太倉來人談、縣屬岳王市在楊林塘左岸、距江邊約十英里、市面素盛、自滬戰爆發後、因該地離戰區甚遠、故戰區居民、多避往該處、人口驟增、市況熱鬧、乃本月七日晨敵機忽結隊前往肆暴、連投十餘彈、事後調查、民房被燬者七八十間、有岳王市小學、亦遭轟炸、因正在上課時、小學生數十人、罹難者甚多、而鬧市中心、亦投中數彈、故被炸之損傷、甚爲慘重、現太嘉寶同鄉會已設法前往救濟、敵機此種獸行、適以加强我同仇敵愾之决心云、

——摘自《时事新报》（上海），1937 年 10 月 12 日

# 敵人踐踏下的平津（二）

## 製造華北偽政治機構 鎮壓我同胞反抗勢力

## 各地民衆游擊隊蜂起

舉辦中小學教職員講習會、明令改定「善鄰」、「反黨治」、「反共」爲教育宗旨、對各大學教授、一部份由日憲兵直接搜査緝捕，另開不下四百人的名單、邀其開會、意在強迫利用參加工作、（九月三日在中山公園），於是各被邀者，紛紛離平，到者絕少、（開會詳情不悉）、敵人和漢奸們深恐文化界將逃避一空，於是提出「誰辭職誰就是不合作、就是反動」、因此、中小學校長們不得不在敵人刺刀之下從事工作、教育界被敵人收買之無恥漢奸、如宋介收買學生公然組織華北學聯會、何其鞏企圖作敵人改組後的大學校長、張麟夢組織東方文化協會、宣傳敵人之大亞細亞主義者、還是極少數、聞故宮古物及北平圖書館善本、多已運往日本、漢奸們反在報紙上爲其掩飾、說是二十九軍帶走（北平晨報）、敵人之封鎖統制新聞大著成效、

### 統制報紙

北平的大報如北平晨報、世界日報、華北日報、小實報等、都已成爲敵人的喉舌、其餘益世、京報、全報、北新等均停刊、外人報紙、只有外人可以購閱、（乃北平導報、天津英北明星、北京津泰晤士報、）紀載頗受限制、（九月初華北駐屯軍司令部、平津兩維持會、冀東自治政府、同日布告嚴厲取締一切反日宣傳、不論中外、華北駐屯軍司令部的佈告、特別是對平津英國報紙而發的，）北平市民除少數家中有較好收音機、能從南京廣播得些戰事消息外、完全爲敵人及漢奸宣傳所封鎖、在天津、自新天津報社長劉髯公被捕而改變態度、益世報因經理被捕而停刊後、中文大型報紙已告絕跡、在租界印行之小型報、亦受租界當局之嚴格取締、（未立案不許在法租界印刷）、不易開展、不得已、人們用油印及壁報代替、傳播南京廣播的消息、益世報在未停刊前、僅能在意、法、英三租界售賣、每日印達四五萬份、每小張售至六枚、十大枚、甚至一角、其他小型號外類的油印品、在益世報停刊後、也能賣二三十枚、人們是這樣的渴望着國人的聲音、在敵人佔領區域內、宣傳問題、亟應設法解決、

### 蹂躪民衆

北平方面、自日本軍隊大批進城後、分駐天壇、鐵獅子胡同、

及光明殿一帶、紀律極壞、征服者的殘暴面目、尤充分暴露無遺、軍營附近尤甚、夜間侵入民宅、奸淫掠奪、故駐軍附近居民、大率遷移、買物吃飯不付錢已成普通現象、強使軍用票及冀東銀行鈔票、商店相率倒閉、據九月初英文華北明星報載、已達八百七十餘家、昔日繁華街市、如東西車、東西四、王府井大街一帶、已成滿目荒涼之現象、天津方面、華界除敵人軍事活動、漢奸機關及勞苦窮人外、很少見中國居民、河北一帶更是十室九空、學校亦均住軍隊、商店除少數日用品小舖外、均未開門或遷入租界、各銀行華界支行除河北省銀行外、悉數停閉、街道觸目盡是敵人兵士及防禦工事、對居民則任意搜索奸淫、加以轟炸遺跡、淒涼景象、不堪言狀、、華租界間交通仍不自由、住租界中的中國人、非十分必要、很少一入華界者、

### 鎮壓反抗

日軍於八月八日入城後、即開始肅清工作、首先將警察保安隊全數繳械、存於日本兵營、報載警察局軍械庫有三十年前舊物、亦均為日人搜運無遺、致平市之警察等悉數徒手、雖則對二十九軍之人及與其有關人物、逮捕甚夥、衛生局長謝報平被捕後、至今杳無音息、住宅家屬、則俱行檢查、沒收財產、（不動產充公、動產名為限制提用、事實等於沒收）、東北軍人、亦在注意之列、對知識份子更特別痛恨、前已述及不再贅、平市公安局特別人員、自袁良時代任用者、均行解職、近更成立宣撫處（全城分四區）、居民除參加漢奸組織外、大多均須受宣撫、其年高德重者、則被迫助理宣撫、每戶均須具結、決不藏匿藍衣社及共產黨、住有親友家主亦負有連帶責任、甚至北甯路局服務職工、非具有連環舖保者、不能取得工作、其防範之嚴可見、

### 英日衝突

在這次中日戰爭中、英日矛盾之發展、在天津也表現得很明顯、對中國避難者、英租界當局態度頗好、不若法租界之徇日本要求、常有檢查、逮捕、或驅逐難民事件、一切日文報、漢奸報、除直送訂閱者、不得在英界叫賣、反之、中國報紙、卻可叫賣不禁、天津戰爭後、日本軍隊通過英租界日夜不停、九月初忽然不許通過、據傳會與巡捕衝突、實則由於英大使被炸、英日矛盾發展的結果、此外、英文京津泰晤士報態度亦比較同情於中國

### 厭戰敵兵

就平津所見、可舉數事、以為例證、為避免兵役、正金銀行行員服毒者數人、其他商店店員弔死者有之、投河者有之、切指斷臂者亦有之、新開河及八里台一帶不斷發生自殺官兵、前綫退下之傷兵通過法租界坐交通旅館門前休息時、多人痛哭、圍觀者如堵、

### 游擊戰爭

一月來平津冀東一帶便衣游擊活動之情況、（甲）北平近郊（包括門頭溝以北沿西山至湯山一帶）、其來源（一）一部份英勇的學生、（二）通縣退走之保安隊、（三）農民並雜有流氓土匪、（四）劉桂堂部、緣二十九軍退出北平後、一部份英勇的學生、出城組織游擊、是其開始、初不過百人、八月二十三日攻破北平德勝門外陸軍監獄、釋放犯人、（內有為政治犯）、人數驟增、後逐漸擴大、據九月初消息、各方總計已有千人、槍枝約三四百枝、并有輕機關槍數架、分三大隊、學生自成一隊、攻破監獄、劫奪日本運輸車（八月下旬）均學生所為、（乙）天津附近、大部在天津西南郊、及海河兩岸、市內亦有隱匿、以幫會及舊日保安隊為基礎、（丙）冀東、現住唐山灤河一帶之殘餘保安隊、仍在積極醞釀反正、一至有利時機、必可發動、此外各縣民團、亦在積極準備乘機發動、

### 亟盼援助

各部份共同的缺點、（一）缺乏政治領導、（二）缺乏互相聯系、及對外聯系、（三）組織不健全、成分複雜、（四）缺乏接濟、雖然是存在着上述的一些缺點、但是他們已經在殘酷地和敵人周旋着、或者是正在摩拳擦掌的待機而動、深望政府和國人能充分的給以指導和實際的援助、使這些遍處敵軍戰綫的各個力量、很快的壯大和強健起來、他們一定能夠成為粉碎侵略敵人的有力助手、（三十）（完）

——摘自《东南日报》（杭州），1937年10月12日

## 敵軍用芥辣毒氣

上海拾壹日電、是日南京衛生部謂星期末數日。倭寇用芥辣毒氣在上海陣地作戰。上星期中國代表已將倭寇用毒氣事報告國聯。而最近南京衛生部亦謂以最低限度曾。有華兵千五百人感受敵人毒氣。須車送南京醫院醫治云。

——摘自《大汉公报》，1937年10月12日

## 日机槍擊英大使館汽車

上海十二日（美聯社）電。是日下午四点鐘有英國大使館之汽車三架，在閔行附近爲日本飛機之機關槍射擊。但車中各英人未受何損害。中有官人爲英大使館之空軍副官摩利氏，當倭機襲擊此三架汽車時。各人由車內跳出，故未受傷害。此三架汽車均插有英國旗。但倭機均置諸不理，逕行放槍擊之。駐滬英總領事已請華官協助，以便着手查辦此案。

——摘自《大汉公报》，1937年10月12日

## JAPAN USES GAS AGAINST CHINESE

CHINESE soldiers with noses and ears eaten away . . . eyeless . . . suffocated when the flesh of their throats corroded . . . the skin on their faces and hands shrivelled away. . . .

This is the effect of the latest weapon in Japan's armoury of terror.

Japan is using gas—apparently a new and virulent form of mustard gas—on the Shanghai front. A statement issued by the Chinese Embassy in London says that 24 soldiers have been killed and 1,500 disabled by this new form of attack.

Japan denies the use of gas, says that the injuries were caused by fumes from high explosive shells, a statement which, bearing in mind the nature and extent of the injuries, is quite without foundation in military experience.

Shattering this excuse is the evidence of a British newspaper man, writing for a paper which is certainly not biased against Japan. Pembroke Stephens, correspondent of the Daily Telegraph and Morning Post, says:—

"Injured men literally had no faces. They were like Egyptian mummies, swathed in bandages, but nothing indicated where noses and ears should have been. . . . poison by corrosive action had destroyed the power of speech.

"Three men who were able to talk had had their skin eaten away."

The correspondent adds that the gas was first seen on the Lotien sector (where the Japanese have consistently failed to break through) in small clouds, sometimes black, sometimes green.

"Those who did not die of burns were suffocated, the tissues of the throat having been eaten away."

——摘自《工人日报》（Daily Worker），1937年10月12日

滬戰以來

# 敵耗炸彈逾四萬枚

## 約值三百卅餘萬元

【本報上海十二日下午八時專電】據某機關統計、自滬戰發生以來、敵空軍所耗大小炸彈、達四萬餘枚、每枚以最低價八百元計、則所耗已達三百卅餘萬元、其所得僅我平民及民房遭殃而已、

## 擄我少女隨軍姦淫

【本報上海十二日下午八時卅五分專電】敵二百、在曲陽南孝墓搶掠姦淫、我軍猛襲、斃敵二十餘、敵在曲陽將二十歲以下少女三百、充隨軍公娼、城鄉遇有少婦、即門插一旗爲記、輪姦慘死甚多、民衆憤極、助軍攻曲陽東棗村站、焚洛橋斃敵甚多、

——摘自《中山日报》（广州），1937年10月13日

敵機肆虐

# 飛江門撒毒粉

## 襲擊台山掃射鄉民

【本報新會特約通訊】新會連日發現敵機過境、日必數次、日前縣城北方發現敵機十一架、分兩隊過境、向南飛去、敵機經過江門浮石路石灣村一帶上空時、撒下一種似石質片物、赫白色、畧帶微光、狀類毒物、惟何種毒物、現仍未知、救護分會擬呈省會化驗云、

## 敵機襲擊台山碉樓

台山縣屬四區白石咀地方、建有碉樓一座、高聳雲霄、建築頗雄偉、用以防禦盜匪之用、自前月敵艦駛進滋擾後、駐防軍除沿海佈防外、並與當地壯丁隊聯絡、着派隊駐守碉樓、使得守望相助、雙十節日、壯丁隊在白石咀碉樓遍懸週旛黨國旗、張燈結彩、恭祝國慶、詎至正午十一時後、有敵機四架來本市襲擊、被我空軍擊潰、敗退該處上空時、敵機低飛偵察、卽投下炸彈一枚、幸不命中、跌落田野間爆炸、未有傷人、碉樓內壯丁隊、卽散開、敵機再用機槍掃射鄉民、壯丁隊還槍抵禦、附近防軍聆耗前來協助、敵機始狼狽飛遁、事後查有壯丁隊二人爲流彈所傷、卽日昇往台山縣城醫院調治、

——摘自《中山日报》（广州），1937年10月13日

# 國立暨南大學被燬記

宋達邦

## 緒言

在上海的文化機關，首先遭遇暴日的摧殘轟毀，便算是我們的暨南大學。她的規模雖然不及廣州的中山大學那麼偉大堂皇，可是她的環境和使命——專爲遠飄異國他鄉的華僑而設，「一二八」之役暨大曾受暴日的欺凌，她底聲名也隨着名聞各處，華僑最高學府就是她底別名了。

## 暨大的位置

暨大底位置，是在眞茹。眞茹當京滬鐵路從上海到南京的第一個車站，校門與車站遙望相對；後面是遠東第一大的國際無線電台；相距不過一英哩，右邊是楊家橋和東南醫學院。那楊家橋是附近底交通要道，自從日機到了眞茹，這橋便成了日機底投炸的目標，曾遭數次的轟炸，可是破壞者儘管破壞，但是我們仍努力去建設牠。楊家橋距離暨南不過半英里，東南醫學院就建築在該橋之下方，戰後便成爲後方的傷兵醫院了。當暨南學校未炸底前一天，東南醫學院遭日機襲擊毀滅了。啊！巍然的樓房剎那間成了瓦礫之場！

在暨大底左邊——是小塌廟，這廟原是保衛附近居民的保安隊營房，暨南學校底周圍，全是軍事要地，眞茹底重要性大約就是在那些地方。可恨而又可殺的助暴爲虐底漢奸們，爲壹時利慾薰心，竟然作出那賣國家民族的勾當，他們忘記了自我國家民族已遭敵人強暴底壓迫，全國底同胞給敵人欺凌而走上危亡之路；因智識之缺乏甘受敵人利用，把那詳細的地勢獻給日人，敵人底飛機天天高飛低飛來施行牠的辣毒手段，不論有意或無意，暨大每天各處都發現了新鮮的彈痕與槍痕，況日本空軍技倆是這樣笨劣，牠要燬炸的目標，可以說是百無一中，他們是亂投槍彈的，炸彈很多是無聊地降落在田野，因此暨大的遭遇更惡化了！她周圍不過五百畝，可是彈痕卻在五百枚以上呢！哈哈……假如是在飛機上替她照的話，暨大恐怕成了耀眼的珍珠座了！（未完）

——摘自《中山日报》（广州），1937 年 10 月 13 日

## 敵機昨又掃射英使館人員

# 並犯首都及各處

## 襲犯首都敵機被我擊落五架

## 我劉隊長技術超羣獨建奇功

中央社。上海十二日電。英大使館。航空上尉馬瑞等四人。十二日分乘汽車三輛。由京來滬。於午五時許。駛往閔行馬橋地方。爲敵機六架窺見。該車遵日方要求。車頂覆有巨幅央國旗。但該機師。視若無睹。仍低飛以機槍掃射。馬瑞等幸經我警士協助。在路旁空壕中暫避。始免於難。待日機去後。馬瑞等上車。行未二哩。在上海縣府前。又遭射擊。葉縣長聞訊。出而招待。並加慰問。至六時始安然返滬。聞馬瑞等此行。事前曾非正式通知日方。而仍不免飽受虛驚。可見日機行動。實不可理喻云。

……敵機襲京　我機迎擊……

中央社南京。十二日電。敵機兩架。十二日晨十一時許。由東西飛。有襲我鎮江南京企圖。我空軍據報。當起飛前往截擊。旋在江陰上空遭遇。發生激戰。兩敵機悉被我空軍擊中。一在空中爆炸。一墜落于江中。無一得還。激戰時我亦有一架中彈。機身無礙。惟駕駛員莜康君略受輕傷。京中于敵機襲江陰初。即發出空襲警報。俟半小時即告解除。

……我劉隊長　獨建奇功……

中央社南京。十二日電。十二日下午二時。敵重轟炸機九架驅逐機六架。沿京滬路。向京進發。我空軍聞報。即往攔截。惟我隊長劉粹剛。獨留京空待敵。二時半。敵機列隊。竄入京空。當有一敵驅逐機。奔向劉君挑戰。迨全城南。劉君忽凌高空。準備操縱敵人。敵機亦疾翔爭逐。彼此上下廝殺。不下十數回合。正值敵機回轉時。劉隊長從旁猛射。敵猝不及防。即中彈起火。爆炸巨響。聲震全市。敵機墜於城東水佐營五號楊宅。劉隊長奮勇殺敵之超越技術。目擊者無不同聲讚譽。餘機見勢不佳。紛紛向中山門外。馬羣鎮方面逃竄。

## 在仙鶴門擊落敵機

我機一架。仍奮勇追擊。在仙鶴門上空。與敵一驅逐機開始交綏。稍經週旋。敵機即被我擊中。敵戰鬥員。見勢危殆。乃圖跳傘逃命。不意該傘。已被我擊破。敵即落地斃命。該機亦墜地起火。餘機又轉向燕子磯飛行。我空軍戰士曹芳鎮在該處迎敵。不幸以衆寡懸殊。曹君殉職。機亦墜地受傷。

## 龍潭附近落一敵機

敵機旋紛紛逃逸。中有一機。因被我擊傷。在龍潭附近墜地焚燬。四時許又有敵機五架。由東飛經鎮江。在高資略作竄察即去。據查敵機今日來京進犯。除我二機。一受重傷。一受輕傷外。敵機前後。被我擊落五架。敵戰鬥員。共有八人斃命。敵在光華門外。共投彈二十六枚。除有少數民房被燬外。別無損失。

## 敵機襲蘇我無損失

中央社。蘇州十二日電。敵機於今午前後來蘇襲擊數次。當在蘇近郊投彈。但損失尚微。中央社。蘇州十二日電。天氣初晴。敵機大肆活動。蘇地十二日。竟日警報達十五次以上。但市民均沉着鎮定。毫不為意。同時防空人員。亦特別戒備。致敵在蘇地天空。均不得遲而飛去。僅於上午第一次來襲時。在市外十餘里一帶。投彈數枚。我毫無損失。徒現敵機胆怯與無能也。

## 襲鎮敵機擊落兩架

中央社。鎮江十二日電。十二日午有敵機二架。經蘇州西飛。至戚墅堰投四彈。復經鎮空。向京進襲。我空軍中途迎擊。敵機轉回圖逃。我機奮勇追擊。至江陰發生激戰。敵機兩架。均被擊落。一墜江陰中港。一墜靖江江中。又十二日午後襲京敵機。被我擊散。經鎮向東逃逸者。先後約十餘架。並在鎮東郊上空。開機槍掃射。

## 正太沿綫敵機投彈

中央社。太原十二日電。十二日上午六時三刻。有敵機二十餘架。分經盂縣娘子關等處。沿正太路低飛。在平壽定陽楡次等處轟炸。上午十時半。又來敵機五架。三架飛井市上空。盤旋一週。即東去。二架飛忻縣黃寨後。向北逸去。

## 敵機昨又襲犯杭市

中央社杭州。十二日電。十二日上午十時。有敵機二架。飛杭市北門外。投彈二枚。死平民一人。民船一隻被炸毀。下午二時。又有敵機二架飛來。在北門外。投彈數枚。多落田野。死水牛一頭。無他損失。

## 嘉難民所被敵炸燬

中央社上海。十二日電。交通界息。十二日晨九時許。敵機三架飛嘉興投彈。該處第三難民收容所被燬。斃難民多人。

## 敵機昨日兩襲虎門

中央社廣州。十二日電。敵機二架。十二日上午九時二十五分。飛虎門投彈四枚。圖炸我軍艦。但未命中。至十二時十分。又來敵轟炸機三架。投彈六枚。均在海面爆炸。

## 樂昌坪石敵機投彈

中央社廣州。十二日電。十二日上午七時十五分。敵機四架。由赤灣來襲。先至虎門太平轟炸。繼到三水清遠等地投彈。又十時五十分。敵機三架。再襲虎門。向我小型巡洋艦。投彈多枚。午二時十五分。敵重轟炸機三架。繞過市區防線。突至粵北樂昌坪石一帶。轟炸粵漢路。投彈二十餘枚。後向南遁。

## 韶關平民死傷奇慘

中央社廣州。十二日電。路息。連日敵機數十架。來襲韶關。向東河鐵橋南門橋。及市內四廟街等處。投彈五十餘枚。炸毀商店民房百餘間。死傷平民甚多。情形奇慘。

## 豫北車站被敵轟炸

中央社鄭州。

十一日電。敵機七架十一日在順德投彈八枚。車站附近稍受損失。安陽高邑等地。連日發現敵機擲彈。車站路軌俱被損燬。

## 牛行車站損失再誌

南昌十二日電。敵機十一日襲南昌。在牛行車站。投彈八枚。當經救護機關。竭力施救。發現炸死難民十五人。重傷二十餘人。至十二日晨。又發現尸身四具。均經掩埋。至坍塌房屋。共二十四處。財產損失二十餘萬元。

（廣）央社中。南昌十二日電。敵機十一日晚。襲南昌。在牛行車站附近地帶。投彈八枚。當經救護機關。極力施救。發現炸死難民十五人。重傷二十人。至十二日晨。在破瓦殘埋中。續發現屍體五十四具。及贛江江面。浮出被炸不全屍體。均經掩埋。計炸倒房屋五十四莊。財產損失二十餘萬元、共災民百餘人。已由收容所救濟。

## 敵機兩架圖襲潮安

中央社汕頭。十二日電。今日下午四時十五分。敵機兩架。經大埔梅縣興寧至羊順。繞飛一匝。有進襲潮安模樣。於四時五十分向閩邊逸去。

## 敵水上機窺伺海口

中央社海口。十二日電。十二日晨。上午十時許。有敵水上機一架。飛抵市空窺察。

## 敵機九架飛蕪投彈

中央社蕪湖。十二日電。敵機九架。十二日下午二時。經廣德灣沚繞道裕溪口襲蕪。在北鄉投彈十餘枚。多落水塘中。盤旋三十分鐘。有六架向京飛去。三架竄往江北。

——摘自《湖南国民日报》，1937 年 10 月 13 日

# 敵機昨又四出肆虐

# 嘉興難民船收容所均被炸

嘉興十二日電、十二日十時一刻、敵機二架飛禾、在端平橋外、向由滬送禾之難民船擲彈二枚、落河邊爆發、並用機鎗掃射、經我高射砲猛烈射擊、中一架墮落蘇境平望雙廟鄉、難民死傷三十餘名、敵機又在塘匯鄉三家村以機槍掃射商船、死三人、傷二人、又敵機二架、在雙橋鄉蘇嘉鐵路投彈二枚、無甚損失、

◎嘉興十二日電、十二日十一時、敵機二架飛禾、向難民收容所投彈、回經王店新涇港低飛、向汽輪用機鎗掃射、死二傷三、滬杭、交通界息、昨晨敵機又四出肆擾、九時許、轟炸機三架、飛至嘉興投彈、該處第三難民收容所、中彈被燬、難民甚多、詳情待調查、又訊、上海慈善團體聯合救災會戰區難民救濟委員會、前日遣送難民一千餘人、乘大安輪赴嘉興、由該會遣送股派余作階護送、昨日下午該會接余君由嘉興來電報告云、（上略）已刻、大安輪到禾、在洋關外、炸傷難民約九十餘人、已死一人、傷船夫一人、輪明晚回申云云、會方正副主席屈文六・黃涵之兩氏聞訊後、對難民傷勢、極爲關懷、當即電復、如是項受傷難民在禾無醫院可收、請急救後、仍由原船送滬醫治云、

## 松江投彈

◎松江十二日電、十二日下午四時、日機六架、由滬結隊飛松、在西車站投下炸彈五六枚、三枚爆發、一在懸橋北堍、毀房屋三間、兩在站南百碼外稻田中、均無死傷、

## 五襲蘇州

◎蘇州十二日電、十二日敵機二架五襲蘇州、兩次被我高射砲驚逃、三次先後在陸墓鳳涇鄉投二彈、落河田中、外跨塘站西河中投一彈、毀田一方、盤門外、彈落河中、彈片傷一船上水手、及岸上汽車損玻璃二片、十一時在嘉興南近雙橋站投一彈、落鐵道旁、午折回嘉興洋關投四彈、難民船一艘被炸、死六人、傷二十餘、二時在北坼汽車站北同龍橋投二彈、一滬郵管理局汽船被毀、水手受傷、又在吳江車站機鎗掃射、傷伙夫扳道夫各一人、

## 炸戚墅堰

◎常州十二日電、十二日十時許、有敵重轟炸機兩架、沿鐵路線由蘇錫方面飛至戚墅堰、盤旋偵察、其中有一機突疾馳而下、即向戚墅堰某廠擲彈四枚、三彈落廠門前運河內、當時適有橫山橋快船一艘經過、即爲其第四彈擊中、船身擊毀下沉、該船有搭客十餘人、均死於非命、其中有乘客沈五大者、見高空一黑色物下墮、急行拉取棉被一條、躍入河中、祇頭顱着彈片炸成一洞、尚無性命危險、已投紅卍字會救治、當時我高射砲猛烈轟擊、有敵機一架、左翼受傷、一紅色太陽徽號落於戚墅堰卜塘上城村、即倉皇逸去、

## 無錫被炸

又訊、昨由無錫來滬之水菓商某稱、渠離錫前、適敵機五架、在錫車站投彈十餘枚、有一彈中滬某商所建堆棧、燬貨物房屋、幸無死傷云、

## 常熟浩劫

◎常熟十二日電、十二日午、敵機兩架飛來轟炸、投彈共十七枚、毀民房十餘處、大多落於南門附近、死九人、傷二十餘人、損失殊重、

## 兩次襲杭

◎杭州十二日電、十二日上午十時有敵機兩架飛至杭市北門外投彈兩枚、死鄉民一人、民船一隻被炸燬、下午二時、又有敵機兩架飛來、在北門外擲彈數枚、多落田野、死水牛一頭、無他損失、

## 轟炸南昌

◎南昌十一日電、敵機十一日襲南昌、在牛行車站彈丸之地、投彈八枚、當經救護機關極力施救、發現炸死難民十五人、重傷二十餘人、

——摘自《时报》（上海），1937 年 10 月 13 日

## 敵機虎門投彈

### 襲粵漢路均被擊退

### 炸韶關極慘

◎香港十二日電、十二日晨十時半、敵機六架由赤溪、三架由蓮石灣進襲、至虎門投數彈、均不中的、旋向東在石[illegible]鐵橋投數彈、均落田野、路軌無損、又七時半、敵機七架、分襲粵漢路及虎門、被擊退、敵機擲彈死傷平民二十餘、毀民房數十間、

◎廣州十二日電、敵機二架、十二日上午九時二十五分、飛虎門投彈四枚、圖炸我軍艦、但未命中、至十一時十分、又來敵轟炸機三架、投彈六枚、均在海面爆炸、

◎廣州十二日電、十二日上午七時三十五分、敵機四架由赤溪來襲、先至虎門太平轟炸、繼到三水清遠等地投彈、又十時五十分、敵機三架、再襲虎門、向我小型巡河艦投彈多枚、下午二時十五分、敵重轟炸機三架、繞過市區防線、突至粵北樂昌坪石一帶轟炸粵漢路、投彈二十餘枚後、向南遁去、

◎廣州十二日電、路息、連日敵機數十架來襲韶關、向東河鐵橋南門橋及市內四廟街等處投彈五十餘枚、炸毀商店民房百餘間、死傷平民甚多、情形奇慘、

◎汕頭十二日電、十二日下午四時十五分、有敵機經大埔梅縣興寧至豐順、繞飛一匝、有進襲潮安模樣、各縣均予嚴密警戒、敵知我有備、於四時五十分向閩邊逸去、

——摘自《时报》（上海），1937年10月13日

# 粵海敵艦肆虐

## 又續轟沉我漁船多艘

### 兩度犯海口均未得逞 漁民被屠者甚衆

▲中央社廣州十二日電 交通界息、(一)旬日來敵機數度飛瓊崖空襲、敵艦亦兩次砲轟海口砲台、但卒不得逞、敵艦一艘竟在崖縣及文昌海面掠我漁船粮食、轟沉我漁船廿餘艘、斃漁民數十名、(二)中山縣第七區沿海高蘭包洋面附近、有敵艦多艘往返游弋、曾發砲七響、攻高蘭包、繼又迭開機槍掃射、沿海漁民慘遭屠殺者甚衆。

▲中央社海口十二日電 十二日晨上午十時許、有敵水上機一架、飛抵市空窺察。

## 僑港漁業協會籲請救濟漁民

▲中央社廣州十二日電 我僑港漁業協會九日電僑委會、略云：倭寇華南、焚擊無抵抗力之漁船、至令粵海全部漁船失業漁民生計發生極度恐慌、計一月中敵艦焚燒擊沉之漁船二百艘、死亡人口達五千、脫險生還者三百、漂流九晝夜、遇外國商輪兩次救回之人數二十餘、查現泊香港海面不能出海作業之漁船六千號、人口四萬衆、乞予救濟保護漁船出海作業、俾維漁民生計。

——摘自《中央日报》（南京），1937 年 10 月 13 日

# 敵機飛粵轟炸平民

本報香港十二日專電 十二日晨十時半、敵機六架由赤溪三灣運石灣來襲、至虎門投數彈、均不中的、旋向東存石龍鐵橋投數彈、均落田野、路軌無損、又七時半、敵機七架、分襲粵路及虎門被擊退、投彈祇死傷平民念餘、及毀房數十、另息、敵機在虎門投彈、

中央廣州十二日電 路息連日敵機數十架來襲韶關、向東河鐵橋南門橋及市內四廟街等處投彈五十餘枚、炸毀商店民房百餘間、死傷平民甚多、情形奇慘、

中央廣州十二日電 敵機二架、十二日上午九時念五分、飛虎門投彈四枚、圖炸我軍艦、但未命中、至十二時十分、又來敵轟炸機三架、投彈六枚、均在海面爆炸、

中央海口十二日電 十二日晨十時許、有敵水上機一架、飛抵市空窺察、

——摘自《时事新报》（上海），1937 年 10 月 13 日

# 敵機昨轟炸閘北大場

## 嘉興第三難民收容所被燬

大隊敵機於近午時在楊樹浦方面起飛四出活動、其轟炸之主要目標、爲閘北及大場兩處、在通大場之各公路附近投彈不少、閘北共和路西寶興路等、亦落彈甚多、自十一時至三時爆炸之聲不絕、綜計全日敵機所投炸彈不下數百枚、我軍工事雖有微損、但旋卽修復、惟民房被燬者甚多、

又據交通界息　昨晨敵機又四出肆擾、九時許轟炸機三架、飛至嘉興投彈、該處第三難民收容所中彈被燬、斃難民甚多、無錫附近戚墅堰、及蘇州外跨塘兩處、亦有敵機騷擾、各投彈三數枚、損失待查、本市方面、則淸晨起、卽有敵機六架、不斷在浦東投彈、並指示艦砲轟擊、近午敵機五架、在租界北首、盤旋不已、我軍以高射砲轟擊、巨彈爆炸聲、與高射砲聲、隆隆不絕、全市震驚、

又訊　上海慈善團體聯合救災會戰區難民救濟委員會、前日遣送難民一千餘人、乘大安輪赴嘉興由該會遣送股派余作階護送、昨日下午該會接余君由嘉興來電報告云、(上略)巳刻大安輪到禾、在洋關外、炸傷難民約五十餘人、巳死一人、傷船夫三人、輪明晚回申云云、

——摘自《时事新报》（上海），1937 年 10 月 13 日

## 英報著論抨擊

# 「暴日毒化政策」

### 僞滿及華北受害最慘重

### 日製毒機關仍方興未艾

中央倫敦路透十二日電 今日泰晤士報著一社論、對於國聯鴉片委員會報告書中涉及日本之部份、有所論列、該報稱、「某國迄今尚自謂以己身之榜樣、促成遠東之改進、乃在其勢力範圍之內、毒氛蔓延、置之不問、殊屬難以索解」云、國聯鴉片委會之報告、現方送達英美兩國、泰晤士報論文復指明稱、華北及「滿洲國」內之華人、實爲受害之最慘重者、哈爾濱與傅家甸兩處、近有公賣烟膏店百餘家、與海洛英館約千家、天津日租界內某一街中、有出賣海洛英之店五十餘所、其價僅及埃及所售者十分之一、估計世界違法白麵其來自日人勢力下之「滿洲國」與華北諸省者、實佔十分之九、而以天津爲散佈之中心點、經營此項貿易者、享有日本官場之保護、然在日本與朝鮮境內、則毒物之銷售與栽種、皆在嚴禁之列、故染毒癖者、寥寥無幾、但毒物之銷場、必有一定之限制、而受毒成癮之人、大致日陷貧苦之境、而日方大量製毒機關、則方興未艾、勢須再闢廣大之市場、於是他國遂有波及之危險矣、該報復稱、「日本之威望已因其軍人之殘酷暴虐而受打擊、今則益以毒物之推銷、將使其聲名隳落矣、蓋國家政府、無論其列至何種程度、萬不能使人懷疑其竟贊助鼓勵此種不名譽之事業、至前所未有之限度」云、

——摘自《时事新报》（上海），1937年10月13日

## 牛行車站被炸慘狀

▲中央社南昌十二日電 敵機十一日襲南昌、在牛行車站彈丸之地、投彈八枚、當經救護機關極力施救、發現炸死難民十五人、重傷廿餘人、直至十二日晨、在破壁殘垣中續發現死屍四具、及贛江江面浮出殘缺不全之屍體、均經掩埋、至坍塌房屋共五十四幢、財產損失廿餘萬元、并有災民百餘人、由收容所救濟。

——摘自《中央日报》（南京），1937 年 10 月 13 日

## 嘉興難民慘遭轟炸

▲中央社上海十二日電 交通界息、十二日晨九時許、敵機三架飛嘉興投彈、該處第三難民收容所被燬、斃難民多人。

▲中央社蘇州十二日電 今日天氣初晴、敵機大肆活動、蘇地十二日竟日警報達十五次以上、但市民均沉着鎮定、同時防空人員亦特別戒備、敵機僅於上午第一次空襲時、在距市外十餘里處投彈數枚。

▲中央社蘇州十二日電 敵機於十二日午前後來蘇襲擊數次、當在近郊投彈、我損失尚微。

▲中央社杭州十二日電 十二日上午十時、有敵機兩架、飛至杭市北門外投彈兩枚、死鄉民一人、民船一隻被炸燬、下午二時、又有敵機兩架飛來、在北門外擲彈數枚、多落田野、死水牛一頭、無他損失。

——摘自《中央日报》（南京），1937 年 10 月 13 日

多枚、下午二時十五分、敵轟炸機三架、繞過市區防線、突至粵北樂昌砰石一帶轟炸粵漢路、投彈廿餘枚後向南遁去。

▲中央社廣州十二日電 路息、連日敵機數十架來襲韶關、向東河鐵橋南門橋及市內四廟街等處投彈五十餘枚、炸毀商店民房百餘間、死傷平民甚多、情形奇慘。

▲中央社汕頭十二日電 今日下午四時十五分、兩敵機經大埔、梅縣、興寧至豐順、繞飛一匝、有進襲潮安模樣、各縣均于嚴密警戒、敵知我有備、

於四時五十分向閩邊逸去。

## 廣東各地紛被投彈

▲中央社廣州十二日電 敵機兩架、十二日上午九時二十五分飛虎門投彈四枚、圖炸我軍艦、但未命中、至十二時十分、又來敵轟炸機三架、投彈六枚、均在海面爆炸。

▲中央社廣州十二日電 十二日上午七時卅五分、敵機四架由赤溪來襲、先至虎門太平轟炸、繼到三水清遠等地投彈、又十時五十分、敵機二架再襲虎門、向我小型巡河艦投彈

——摘自《中央日报》（南京），1937 年 10 月 13 日

## 敵軍獸行

### 進犯平魯之時 儘量發揮獸性

軍息、七日敵軍由朔縣向平魯方面進犯、沿途焚燒村落數十處、屠殺百姓無數、並搶刦財物、奸淫婦女、敵軍所到之處、火光燭天、哭聲不絕、慘不忍睹。

——摘自《中央日报》（南京），1937 年 10 月 13 日

## Japanese Use More Poison Gas

**(From Our Correspondent)**

SHANGHAI, Tuesday.

RENEWED aerial bombardment, a heavy raid on Nanchang in which many students were killed, and the further use of gas in the Shanghai area by the Japanese were the features of yesterday's fighting.

The gas was used by the Japanese in the region of Lotien, where a Chinese advance threatens to turn the invaders' line. Forty soldiers were blinded and poisoned.

All night long fighting continued fiercely in Chapei and on the south

——摘自《工人日报》（Daily Worker），1937 年 10 月 13 日

**▲敵機槍擊英官汽車**

△各人會議後通告日領事 十二日美同通訊社上海電。駐華英國大使館有汽車三架，載有空軍隨員摩槃氏及其他英人數名，由南京赴上海，是日下午四時。行至上海以南，約十四英里之閔行附近，被日軍飛機兩隊。開關機槍轟擊。各人幸無受傷。同行者有蘇俄大使館秘書沙圖夫氏。彼於十分鐘之前。因所乘之汽車有壞，不能行動，故轉乘英人汽車。該汽車三架，均懸有英國國旗，但日軍飛機繼續開機關槍射擊，各人停車逃避後，日軍飛機仍未停止射擊。此次各人由南京至上海，作未起程以前，曾向日軍通知。乘車者有英國總領事斐立士。財政顧問關注，及意大利海軍少佐立比士等，各人到上海後，即舉行會議，並將此事通告駐上海日本總領事。

——摘自《少年中国晨报》，1937 年 10 月 13 日

# 敵機又大肆獸行
# 竟日轟滬市各區
## 平民死傷甚夥慘不忍覩

敵第四次總攻被我痛擊覆敗後，陸軍已無再犯能力，故昨日鎮日敵主要作戰，惟藉空軍之四出轟炸，綜計昨日敵機投彈不下二三百枚，但我軍事上並無損失，茲將敵機肆虐經過，分誌於次：

## 閘北

昨晨五時左右，即有敵機六架，分兩隊在閘北上空盤旋窺察，旋在麥根路北站宋公園路寶山路附近及滬太汽車路之彭浦汽車站大場鎮一帶，分途轟炸，每次投彈少則三四枚，多則十餘枚，企圖破壞我工事，但結果除毀民房數十間外，我別無所損。下午二時許，續有敵機六架分爲二隊，在潭子灣交通路中興路麥根路等處，肆行投擲重彈轟炸，隆隆之聲，震及全滬。間並用機槍恣意掃射。經我高射炮及高射機關槍還擊後，敵機無奈，遂高飛上空，繼續肆虐。二時四十分又相繼投彈四枚，其中除二彈落麥根路車站北面聯益山莊一帶，彈落火起，燃燒頗烈，迄晚尚未熄滅外，其餘一落麥根路四九一號永安紗廠第三廠附近，一落麥根路昌平路附近，（皆在蘇州河以南）其時適有十六路無軌電車一輛，沿麥根路自北向南駛行，車中滿載乘客，正開至昌平路口相近，炸彈爆發，當有十三名被炸受傷，十名立被擊斃。電車乘客皆被震至路旁，車輛雖未顛覆，但亦受損頗鉅。

## 滬西

滬西方面，昨日有敵機六架，在中山路一帶上空往來偵察，於午前十一時半，在中山路第一號橋附近投彈十餘枚，毁民船二，傷十五人，旋該機等復南飛虹橋路及徐家匯車站盤旋窺察，三時一刻，相繼投下十餘彈，其時徐家匯車站附近適停有客車一列共十節，當被敵機炸毁客車三節，郵車一節共四節，此外又有附近民房，被毁多間，炸斃平民六七人，傷十餘人。其中有居民一家共四口，其母及子女各一，皆被炸死，僅一父獨存，殊爲凄慘，此後敵機復不時低飛以機槍掃射，該處附近懸英美法各國旗之外人住宅之屋瓦多被槍彈所毁，三時四十分左右，敵機突又在懸德國旗幟之洋房一所擲巨彈，彈自屋頂正中擲下，毁損頗鉅，至四時許該敵機等始逸去。

## 南市

此外在南市方面，昨晨亦有敵機三架，在南市車站低飛偵察，並時以機槍向下掃射，幸南站早無搭客，故未傷人。旋該機等又飛至浦東白蓮涇一帶，低飛偵察，並散發荒謬傳單，我居民均紛紛扯去，不稍一顧。下午五時左右復有敵機六架，在浦東揚思橋附近投三彈死十人傷九人。

——摘自《神州日报》（上海），1937年10月14日

# 暴寇之獸行

## 屠朔縣時民衆慘死二千
## 縣署人員灌油活燒斃命
## 曲陽少女被擄充隨軍公娼

【本報邢台十二日下午七時電】（遲到）寇在曲擄二十餘歲以下少女充隨軍公娼，城鄉如有少婦，即門插紅旗爲記，輪姦慘死甚多，民衆憤極，集衆攻曲陽東西角，及棗村糧站，並焚浮橋一座，斃寇甚多。

【中央社太原十三日電】據由朔縣來人談，敵軍前于盤據朔縣城時，懷恨民衆，曾殺死二千餘人，該縣縣長及縣署人員，均被灌煤油活燒斃命，岱岳馬邑各鎮人民，被敵殺死者，亦有數十人，甚至將婦女解去衣服，赤身遊街，以作玩戲，日寇所到之處，即强迫民衆懸掛敵旗，及張貼歡迎標語，違則燒殺或活埋，此等慘狀，某君均係目擊，與記者晤談時，痛憤之情，溢于言表。

——摘自《扫荡报》（汉口），1937年10月14日

# 國立暨南大學被燬記（二）

## 被炸前的暨大同學

宋達邦

暨南學校底特點就是華僑多，華僑因遠居海外，闊別祖國，故普通的愛國情緒較國內同胞是更來得熱烈，虔誠，崇仰。這次戰事爆發，在校底僑生，他們沒有一點兒驚怕，始終沒有走進外人勢力範圍下的租界，他們很愛祖國；常常都尋機會來爲國家社會服務。上海戰事發生了，他們以爲這是千載難逢的機會——爲國家民族工作。在他們意想中，逃往租界是一樁可恥的事情！

在八月十五日那一天，學校當局會派員及汽車冒險來校，想把同學們接到安全地帶；愛國熱情沸騰在他們底心靈裏，他們只把行李交給學校帶出，男女學生均留在學校；他們共同團結，組織各種救國工作：以僑居地的同人，或是要好底親戚朋友，組織了臨時的戰地服務團；向醫院或軍警當局要求工作。每一個團體的人數，至少有廿人，最多達百餘人，共有四隊，稱爲戰地服務團，不過各隊皆有特別的名字。他們都是有組織有紀律的集團。關於任務方面：在醫院的充看護，接傷兵，送傷兵，或登記傷兵……在軍警的：有作嚮導，有捉拿漢奸，有輸送物品，和維持治安哨等任務。

## 眞茹的漢奸

漢奸是在中國特有的名詞，這喪心病狂甘爲虎倀的漢奸們，他們遺害中國，荼害同胞，比日本人更殘酷千萬倍，漢奸黨羽甚爲浩大，巢穴衆多，他們底最重要任務，是刺探軍情，指示敵機投彈施炸目標地點，投放那違背人道及國際公法的毒性炸彈，更有混在難民中施放毒藥的物品的漢奸們，均喬裝潛伏在各地活躍，多是化裝爲難民，以掩飾人們底耳目。他們很早出發到指定的區域活動；到晚上便秘密集合在一處僻靜的野外地址，以便他們報告一天所幹底工作；日人得了種種消息與地圖後便施行他底毒手。假如沒有這批涼血的漢奸們，日人是無法施其毒計和進攻。至於漢奸們無恥的狡計，說出來眞使我們痛恨與仇視。舉出兩件事情來說罷；東南醫學院之被燬，是內漢奸們喬裝作輕傷的難民，至醫院要求替他治病，他在院裡想方法，聯絡院裡的人，施點金錢與小惠給傷兵們，暗中打聽我軍前方的消息；待日機來臨，便指示敵機炸燬這東南醫學院了，他們或是喬裝農民，居住在要道的草屋中，充作軍隊底响導，沿途便可以知道我軍事的行動情況。關於指示飛機轟炸的目標，方法也層出不窮；投放毒藥的奸細，大部分是婦孺担任，但該處的人家多養有狗，這一來使他們不易於下手，同時是很易發見那些毒物。

漢奸們的暗號，奇怪得很，有時穿上日本軍人底褲子，或袋中有兩個很大的銅元，甚至公然帶着印有字的毛巾。他們多佩帶有武器，從戰事發生到八月底，在眞茹平均每天捉獲的漢奸達五十餘名；最高的紀錄，是一天捉到六十餘名的凉血動物。這巨大驚人的數目，看了實在令人可恨可泣呵！

（未完）

——摘自《中山日报》（广州），1937年10月14日

# 慘無人道

# 敵屠朔縣慘劇

## 民衆被殺數千縣長焚斃

## 婦女解去衣服赤身遊街

【中央社太原十三日電】据由朔縣來人談、敵軍前於盤据朔縣城時、懷恨民衆、曾殺死二千餘人、該縣縣長及縣署人員、均被灌煤油活焚斃、佁括馬邑各鎮人民被敵殺傷者・亦有數十人、甚至將婦女解去衣服、赤身遊街、以作玩戲、日寇所到之處、即強迫民衆執敵旗、及張貼歡迎標語、違則焚殺或活埋、此等慘狀、[illegible]响縣

目擊、與記者晤談時、痛憤不忍言之情、溢于眉表。

——摘自《中山日报》（广州），1937年10月14日

# 敵機八架大肆轟炸太倉

## 民房居民損失無算

## 四度襲京均經擊退

【中央社蘇州十三日電】頃據太倉官方消息、敵機曾於十一日午後二時許、至太倉城內大肆轟炸、敵機共計八架、且專向非軍事機關之民房、及非戰鬥員之居民肆虐、歷二小時餘之久始飛去、共在城內投彈五十餘枚、結果毀壞民房甚多、死傷居民無算、情形慘酷、並向城內警察局投彈多枚、將局屋毀十之八九、文卷及物件、蕩然無存、縣當局刻正極力辦理善後、救濟死傷、一般民衆對敵人之殘忍、及違背國際公法、莫不切齒、

【中央社蘇州十三日電】敵機二架、十三日晨十時十五分、飛往吳江縣、沿蘇嘉鐵路尹山夾浦橋等處、共投三彈、均落於稻田內、我無若何損失、

【中央社蘇州十三日電】敵機二架、十三日晨十時十五分、飛往吳江縣、沿蘇嘉鐵路尹山夾浦橋等處、共投三彈、均落於稻田內、我無若何損失、

【中央社蘇州十三日電】敵機一架、於十三日午十二時十分飛蘇、卽在蘇州之東外跨塘車站、向停在車站內之空列車投彈三枚而去、結果毀蓬車一輛、傷平民一人、

【中央社蚌埠十三日電】十三日晨八時許、靈璧發現敵機兩架、飛經宿縣、至茄離集投彈六枚、並以機槍向列車掃射、損失甚微、旋向北飛去、

【中央社南京十三日電】敵機廿餘架、於十三日上下午、分別至龍潭、常州、六合、十二墟、東台、合肥、及明光各地窺探投彈、幷有襲京模樣、京中當卽發出警報、前後四次、均經我空軍前往將敵機擊退、至各該地所受轟炸之損失、詳情尚在調查中、

【嘉興十三日上午十時卅分專電】嘉興十二日擊落敵水上轟炸機一架、係上午十時來嘉轟炸者、敵機共兩架、轟炸由滬來嘉避難民衆之船、擲三彈、幷狂射機槍、死三人、傷廿一人、又在民豐紗廠上空掃射、幷投一彈、落泥中、又在塘匯電話局材料廠、死三人、傷七人

【中央社長沙十三日電】敵機六架、十三日下午一時、在衡陽、江東岸、粵漢路車站附近、投彈數枚、幷繞衡城數週、卽向東南方面遁去、

【中央社淸江浦十三日電】十三日晨七時許、敵機兩架、由東北飛淮、盤旋窺察、歷一刻鐘、卽向北逸去、

【中央社新浦十三日電】此間連日風雨、十三日始放晴、晨七時、卽有敵機二架來襲、低飛於連海上空、並以機槍、向新浦市街掃射、至十時許、又有敵機過境他飛

——摘自《中山日报》（广州），1937年10月14日

蔑視人道違背公法

# 敵機恣意轟炸

## 閘北一隅投彈百餘

## 民房平民慘遭塗毒

【本報上海十三日下午一時專電】敵機昨日猛炸閘北我陣地、總計先後投彈不下百數十枚、豈料我陣地堅固、毫無所損、昨晚敵軍且曾衝擊、又爲我擊退、今晨拂曉起、敵機三五成羣、又轟炸我閘北陣地、尤注意北站兩路局、八時起、敵重炮亦向該方轟擊、迨至十時、敵愈來愈兇、派出巨型機三架、向北站投擲五百磅以上炸彈六枚、爆炸聲起、租界房屋亦爲震動、記者從租界高樓遙望、但見濃烟過後、兩路局大厦、依然存在、敵人企圖破壞該樓、徒耗彈藥耳、又今晨八時許、敵機十二架、經浦東上空向南飛去、似赴滬杭路一帶肆虐、

【本報上海十三日下午七時五十五分專電】十二日夜、閘北寶山路槍炮聲、時作時輟、狄思威路北站等處、有猛烈炮火、午夜敵軍一小部、向八字橋進襲、我軍當起迎擊、激戰一小時、敵潰退、十三日晨大隊敵機飛往閘北寶山路北站虬江路江灣大塲眞茹一帶、投彈百餘枚、我軍高射砲於黎明時擊中敵機一架、受傷退逸、各機遂不敢低飛隨意投彈、直至傍晚始止、虹口敵炮兵於九時至十時間、向虬江路北站一帶發炮、我野戰炮亦還擊、敵陣地頗有損失、

【本報上海十三日上午十一時專電】十三日八時、有敵機廿二架、飛北站新涇羅別根路一帶、擲彈十餘、傷民衆甚多、九時日機又飛往北站附近投彈、同時另有日機數架、在眞如一帶轟炸、

【中央社上海十三日電】十三日天氣晴明、晨起即有敵機五十餘架、分三隊、自楊樹浦路底臨時機塲起飛、分向閘北浦東南市及滬杭路一帶輪流肆虐、閘北方面、北站、寶山路、潭子灣、滬太公路、彭浦汽車站一帶、自晨迄晚、先後投百餘彈、僅爆發卅餘彈、除燬民房數間外、餘無損害、浦東方面、在瀾浪渡楊家渡塘橋一帶、先後投十餘彈、毀民房數十間、死傷平民十餘名、洋涇鎮附近投七彈、死老婦一、傷小孩一、午四時許、敵艦亦發砲轟擊、南市方面、晨七時有十餘架盤旋偵察、旋內有六架飛嘉興投彈、十時續飛杭投彈、站屋被炸、死站工一、傷職員旅客各一、

【中央社上海十三日電】閘北隨軍記者十三日下午一時廿分報告、晨五時起、敵機廿餘架、在閘北上空活動、投彈較昨尤多、目標似仍爲譚子灣、共和路、寶山路、東寶興路一帶、據觀察敵在此線、將有所活動、大戰將於日內展開、又江灣路屈永橋方面、亦有敵戰車多輛、屢向八字橋水電路駛來窺察、足徵敵將有大規模之進犯、

【中央社上海十三日電】江灣隨軍記者十三日下午一時廿分報告、今晨三時、我軍分兩路直逼泗涇球場敵軍根據地、短兵相接、開始肉搏、槍砲之聲沉寂、喊殺之聲震天、相持三小時、敵傷亡百七十餘人、敵爲阻我續進起見、急由市中心區調動坦克軍十數輛、向我背側轟擊、炮火異常猛烈、故我前頭部隊、仍退守原陣、

——摘自《中山日报》（广州），1937 年 10 月 14 日

## 被敵針毒漁民
# 相繼毒發慘死
### 受毒後面黃肌瘦無藥可治
### 患此症暴斃者已有卄餘人

惠陽五區港口漁民、多遭暴日針射毒菌後、面黃肌瘦、尋患抽筋症、無藥可治、查十一日因患此症而死者、計漁民先後男女達二十餘人之多、死後週身腫黑、情殊可怕、現仍在劇烈流行中、近該鎮居民避之、比暴敵戰艦爲尤甚云、

——摘自《中山日报》（广州），1937年10月14日

# 翔殷路戰車互衝
# 展開機械化戰鬪
### 敵機五十餘架瘋狂轟炸
### 滬北大戰日內即將展開

（中央十四日晨上海電）江灣隨軍記者十四日晨一時報告、十三日午七時半起、翔殷路上敵我各以坦克車衝擊、展開新式機械化之戰鬪、敵東我西、各以車上小砲及後方之迫擊砲等互相轟擊、此來彼去、進出於黃興路其美路、相持至四小時之久、至約十一時半、我逐步進迫、已近復旦大學葉家花園之處、尚在激戰中、敵沿途遺棄屍體、已有六七十人之多、

（中央十四日晨上海電）江灣隨軍記者十四日晨一時報告、十三日黃昏、敵機絹跡後、我江灣譚家宅學東中學持志大學駐軍、即行活躍、晚七時、分數路向六三花園愛國女學等敵根據地猛衝、敵即應戰、至十時、我軍另一隊、沿廣利路攻六三花園之側背、迄報告時、尚在激戰中、我軍頗佔優勢、

（中央十三日上海電）十三日天氣晴朗、晨起即有敵機五十餘架、分三隊自楊樹浦路底臨時機場起飛、分向閘北浦東南市及滬杭路一帶輪流肆虐、閘北方面、北站、寶山路、潭子灣、滬太公路、彭浦汽車站一帶、自晨迄晚、先後投百餘彈僅三十餘彈爆發、除民房被毁數間外、餘無損害、浦東方面、在爛泥渡、楊家渡、基橋一帶、先後投十餘彈、毁民房數十間、死傷平民十餘人、洋涇鎮附近投七彈、死老婦一、傷小孩一、午後四時許、敵艦亦發砲轟炸、南市方面、今晨七時、有十餘架盤旋偵察、旋內有六架、飛嘉興投彈、十時續飛杭投彈、

（中央十三日上海電）閘北隨軍記者十三日下午一時念分報告、今晨五時起、敵機念餘架、在閘北上空活動、投彈較昨尤多、目標似仍爲潭子灣、共和路、寶山路、東寶興路一帶、據觀察敵在此綫將有所活動、大戰將於日內展開、又江灣路屈家橋方面、亦有敵戰車多輛、屢向八字橋水電路駛來窺探、是徵敵將有大規模之進犯

（中央十四日晨上海電）隨軍記者十四日晨一時〇五分報告、敵機二十餘架、全日在閘北上空盤桓窺察、更番投彈、而敵軍大砲更不斷轟擊、其情形較兩日以來尤爲猛烈、路局大廈中三彈、炸燬一角、至其他民房被燬者、則尤不少、惟入夜以後、尚無激戰、想敵因連日受創過重、故已不敢貿然輕犯、

（中央十三日上海電）江灣隨軍記者十三日下午一時念分報告、今晨三時、我軍分兩路直逼泗涇球場敵軍根據地、短兵相接、開始肉搏、槍砲之聲沉寂、喊殺之聲震天、相持三小時、敵傷亡百七十餘人

、敵爲阻我續進起見、急由市中心區、調動坦克車十數輛、向我背側轟擊、砲火異常猛烈、故我前頭部隊、仍退守原陣、

——摘自《东南日报》（杭州），
1937 年 10 月 14 日

## 敵機濫肆虐有加無已

# 昨又飛蘇皖投彈

### 晉東陽泉縣境擊落敵機一架

### 平漢沿綫難民多被敵機掃射

淞滬戰起。敵人飛機。即向我重要都市肆虐迭經我空軍及高射炮射擊。擊落敵機。已達百餘架。現敵機見我各重要城市空防嚴密。無法得逞。乃日來又移轉其兇鋒於各省會附近無防禦設備之各市鎮及各縣投彈。燬我民房。殺我平民。殘暴險惡。中外共憤。將見其多行不義必自斃也。爰誌敵機昨日襲犯各地情形如次。

#### 蘇皖

中央社。南京十三日電。敵機二十餘架。於十三日上下午分別至龍潭常州六合十二圩東台含肥及明光各地窺探投彈。並有襲京模樣。京中當即發出警報。前後四次均經我空軍前往將敵擊退。至各該地所受轟炸之損失。詳情尚在調查中。

## 陽泉

中央社。太原十三日電。陽泉西四十五里之地。有敵機一架。被我擊落。

## 關庄

中央社。鄭州十二日電。平漢路各站。連日遭敵機轟炸。沿途戰區難民。多被敵機槍掃射。傷亡頗重。十二日關压順德。ㄨ有敵機七架飛往。投彈十餘枚。損失待報。

## 靈壁

中央社。蚌埠十三日電。十三日晨八時許靈璧發現敵機兩架。飛經宿縣至符離集投彈六枚。並以機槍向列車掃射。損失甚微。旋向北飛去。

## 新浦

中央社。新浦十三日電。此間連日風雨。十三日始放晴。晨七時即有敵機二架來襲低飛於連海上空。並以機槍向新浦市街掃射。至十時二十分又有敵機過境他飛。

## 淮陰

中央社。淸江浦十三日電。十三日晨七時許敵機兩架。由東北飛淮盤旋窺察。歷一刻鐘。即向北逸去。

## 吳江

央社中。蘇州十三日電。敵機二架。十三日晨十時十五分飛往吳江縣。沿蘇嘉鐵路尹山夾浦橋等處。共投三彈。均落於稍田內。我無若何損失。

## 蘇州

中央社。蘇州十三日電。敵機一架於十三日午十二時十分飛蘇。即在蘇州之東外跨塘車站。向停在車站內之空列車投彈三枚而去。結果毀蓬車一輛。傷平民一人。

## 太倉

中央社。蘇州十三日電。頃據太倉官方消息。敵機會於十一日午後二時許。至太倉城內大肆轟炸。敵機共計八架。且專向非軍事機關之民房及非戰門員之居民肆虐。歷二小時餘之久。始飛去。共在城內投彈五十餘枚。結果毀壞民房甚多。死傷居民無算。情形慘酷。並向城內警察局投彈多枚。將局屋設十之八九。文卷及物件蕩然無存。縣當局刻正極力辦理善後。救濟死傷。一般民衆對敵人之殘暴及違背國際公法。莫不切齒。

## 濟南

中央社。濟南十三日電。十三日晨三時。敵機二架由日照莒縣費縣。沿津浦路到濟甯。投二彈。落空地。我無損失。又二架由膠縣沿膠濟線到濟。窺伺五分鐘後。向東南飛去。又昌邑亦發現敵機二架。飛向東南。

## 鎮江

中央社。鎮江十三日電。十三日晨九時半。有敵水上機三架。飛鎮江十二圩。投四彈。死一人。傷四人。又下午一時許。據報有敵機四十架。分四批由東向西飛。並悉在常州車站。投二十餘彈。死傷甚重。詳情待查。在丹陽投十餘彈。京滬路辛豐站。投十餘彈。炸燬[illegible]行第十一次客車三輛。死傷不明。鎮站正派員前往[illegible]查。敵濟中。十一圩又投四彈。鎮江亦投數彈。均落山心。並用機槍掃射。迄二時後。向東飛去。

## 嘉興

中央社。杭州十三日電。（一）敵機五架。十三日上午十時。至嘉興東站。投重量炸彈十一枚。天橋及兩邊月台。均被炸毀。路軌毀數根。站岸略受損壞。無死傷。又閘蘇嘉路。亦落一彈。無損失。（二）十三日下午四時半。海鹽洋面。東北方。發現敵艦一艘有窺探模樣。至晚尚未去。（三）十三日上午九時許。敵機大架。由乍浦飛來。在城站投彈十二枚。內有一枚。爲燃燒彈。票房及候車室被焚毀。月台貨房。大部炸燬。軌道燬數段。天橋亦炸燬。死路工一人。傷四人。（一爲行李房主任。一爲警察所長。一爲路工。一爲至站收行李者）。車站附近房屋。多被炸燬。午後炸燬軌道。即修復。

## 榆次

中央社。太原十三日電。十三日敵機五架。襲過並市上空。在榆次投彈三十餘枚。傷平民二人。

——摘自《湖南国民日报》，1937年10月14日

# 敵軍獸行

中央社。太原十三日電。據由湖縣來人談。敵軍前於盤踞湖縣城時。懷恨民衆。會殘死二千餘人。該縣縣長。及縣署人員。均被灌煤油活燒斃。俘岳馬邑各鎮人民。被敵殺傷者。亦有數十人。甚至將婦女解去衣服。赤身遊街。以作玩戲。日寇所到之處。即強迫民衆。縣掛敵旗。及張貼歡迎標語。違則燒殺或活埋。此等慘狀。某君均係目賭。與記者晤談時。痛憤不忍言之情。溢於肩表。

——摘自《湖南国民日报》，1937 年 10 月 14 日

# 敵機五十餘架濫炸閘北浦東

## 北新涇二次遭慘劫死傷八人

昨日天氣晴朗、於清晨五時至九時許、即有敵機共五十餘架、陸續自楊樹浦路底敵臨時飛機場起飛、在本市四郊上空盤旋數匝後、即分作三隊、飛往閘北・北新涇・浦東・南市及滬杭路一帶輪流肆虐、茲分誌各情如下、

**閘北** 昨晨六時左右、有敵機九架、即陸續飛往閘北上空低空窺察、除不時用機關槍低飛掃射外、並先後在北火車站・寶山路・潭子灣及滬太公路彭浦汽車站一帶、投彈轟炸、九時許、該批敵機相繼飛去、另有敵機九架分三隊、繼續飛至、盤旋窺察、續施轟炸、迄午始去、下午一時起、又不時有敵機三架六架不等、出現於閘北上空、繼續肆虐、迄晚始去、綜計昨日敵機在閘北投彈、先後不下百餘枚、但爆發者僅三十餘枚、除毀我民房多間外、餘無所損、

**浦東** 浦東方面、昨晨八時左右、有敵機六架、在爛泥渡・楊家渡・塘橋一帶、先後投彈十餘枚、毀我民房數十間、死傷平民十餘人、下午四

時左右、復有敵重轟炸機三架、在浦東上空盤旋偵察，在洋涇鎮東南之金家橋附近投七彈、一落民房、死老婦一名、傷小孩一名、其餘一落浜中、五落田野、皆未爆發、旋該機等又飛至爛泥渡一帶投數彈、同時浦江敵艦、亦發砲向浦東轟擊、我守軍毫不之理、該敵機旋卽悻悻逸去、又訊、昨九時許、敵機在浦東東溝南顧家弄投下炸彈一枚、死我無辜平民三人、傷十餘人、其中有二浦東人於下午六時半自投廣濟醫院求診、一名王東生、十五歲、炸傷嘴吧及大腿、一名李根林、二十一歲、傷手、

## 南市

南市及滬杭路方面、於昨晨七時起、亦出現有敵機十餘架、在南市上空盤旋偵察、旋其中一部約六架、南飛至嘉興附近投彈多枚、損失未明、十時左右、該批敵機繼續南飛、在杭州車站投彈多枚、據路息、我杭站站屋及廁所皆被炸毀、死站工一、傷職員及旅客各一、

## 北新涇

昨晨（十三日）八時半、滬西北新涇羅別根路一帶、有敵機二十二架、飛該地轟炸、投彈十五六枚、羅別根路東、炸死平民三人、傷一人、毀民房四間、鎮北橋傷三人、鎮南毀民房五間、傷一人

——摘自《时报》（上海），1937 年 10 月 14 日

# 一日間各處投彈逾百

敵機於昨日拂曉在滬東區起飛、歷在浦東、閘北、大場、江灣、北新涇等地大施轟炸、七時五十分鐘，在北火車站投三彈、皆未炸裂、乃向虬江路與寶山路兩處投擲，即皆炸發、九點十五分鐘、另有數隊飛機、在眞如無線電台、北火車站、之京滬杭甬兩路管理局、大統路、江灣鎮等地方投彈、十點鐘時、敵機則在大場轟炸、十點零五分鐘時、北浙江路傍近華興坊處、敵機向該處投彈、屋宇爲毁、十一點至十一點三十分鐘間、南翔及北火車站兩地分別投重量彈、十一時三十分鐘時、在北火車站之鐵路鋼軌兩櫥、分別飛至公共租界內、一櫥落於福建路與天津路間、一櫥則墮於北京路與河南路間、其重量計二十餘磅、幸未傷人、午後一點鐘至兩點鐘間、敵機分別在中山路、滬太公路、博山路、劉行無線電台西南半里之鄉間、眞茹無線電台、北火車站、四川會館等地方、三點一十分鐘至五點鐘爲止、被彈處大場、浦東慶寧寺、楊涇及小火車站、閘北之交通路民德路附近之傍近鐵路車軌處、虬江路及寶山路等地、約計盡日間在各地方所投擲之炸彈、當在一百枚以上、

——摘自《时报》（上海），1937 年 10 月 14 日

## 閘北金陵路民立路口草屋遭敵機投彈起火

## 焚燬百五十餘間

本月十二日下午四時、閘北金陵路民立路口草屋中、被敵機投彈起火、閘北各段及中心區虹鎮江灣吳淞等各救火會、聞警驅車馳救、惟因太平龍頭斷水、設法向恒豐路底水電廠水池內汲積水灌救、至六時四十分救熄、計焚燬草屋一百五十餘間、

又據工部局救火會報告、十二日工部局救火會瞭望台曾報告火警三起、一起發生於吳淞路天潼路、一起發生於浦東、另一起發生於閘北、地點適在宜昌路橋對面、救護車出動十四次、運送病人及傷者二十三名往各醫院、其中十三名爲炸彈片擊傷、救火車出動一次、往熙華德路二八四號某炭店、火勢頗烈、鄰近房屋均頗於危險、救火員費數小時、方將火灌滅、

——摘自《时报》（上海），1937 年 10 月 14 日

## 炸蘇州吳江

◎蘇州十三日電、十三日敵機又四出施虐、上午十時一刻至尹山青樹鄉投三彈、均落田中、繼飛吳江、在東大河接待寺開機關槍掃射、傷二人、同時有兩架至唯亭車站北投八彈、傷二鄉民、屋十餘間、牛二頭、站南投四彈、一未爆發、餘落田地、午零時五分、三架重來投彈、燬月台及路軌、傷工人四名、十二分至外跨塘車站投三彈、燬一空車、傷三人、二彈落田內

◎蘇州十三日電、敵機二架、十三日晨十時十五分、飛往吳江縣、沿蘇嘉鐵路尹山夾浦橋等處、共投三彈、均落於稻田內、我無若何損失、

◎蘇州十三日電、敵機一架、於十三日午十二時十分飛蘇、即在蘇州之東外跨塘車站、向停在車站之空列車投彈三枚而去、結果毀篷車一輛、傷平民一人、

——摘自《时报》（上海），1937 年 10 月 14 日

# 杭州炸城站

◎杭州十三日電、十三日晨九時、敵機六架、分兩隊襲杭、在城站投彈九枚、毀四等待車室及貨房月台大橋、站前大時鐘亦震毀、附近民房玻璃窗均震破、死路工一人、傷二人、十時半敵機仍分兩隊、一飛上江、一經覓橋飛乍浦、

◎杭州十三日中央社電、十三日上午九時許、敵機六架由乍浦飛來、在城站投彈十二枚、內有一枚爲燃燒彈、票房及候車室被震毀、月台貨房大部炸燬、軌道燬數段、天橋亦炸燬、死路工一人、傷四人、(一爲行李房主任、一爲警察所長、一爲路工、一爲至站取行李者)車站附近房屋多被炸燬、午後炸燬軌道即修復、

## 清江浦

清江浦十三日電、十三日晨七時許、敵機兩架、由東北飛淮、盤旋窺察、歷一刻鐘即向北逸去、

## 狼山

南通十三日電、十三日晨八時、敵機五架、飛沿江、在狼山一帶盤旋十餘分鐘、

## 衡陽

◎長沙十三日電、敵機六架、十三日下午一時、在衡陽江東岸粵漢路車站附近投彈數枚、並繞衡城數週、即向東南方面逸去、

——摘自《时报》（上海），1937 年 10 月 14 日

## 敵機暴行
## 有目共覩
### 轟炸醫院影片製成
### 在美日人謀購被拒

【本報十三日上海專電】國民社紐約電、美國世界新聞影片公司、在華攝製日機轟炸南京新聞照片、該片攝得日機轟炸中央醫院及水電廠情形、日本紐約商會推美人林特斯脫瓏爲代表、向該公司購買、欲將該片銷毀、已經該公司嚴予拒絕。

——摘自《中央日报》（南京），1937 年 10 月 14 日

### 人類劊子手
## 昨大批敵機肆虐
### 分向閘北浦東南市等處投彈
### 炸毀我民房炸死我平民甚多

昨日天氣晴朗、於清晨五時至九時許、即有敵機共五十餘架、陸續自楊樹浦路底敵臨時飛機場起飛、在本市四郊上空盤旋數匝後、即分作三隊飛往閘北、北新涇、浦東、南市及滬杭路一帶輪流肆虐、茲分誌各情如下、

**閘北等處**

昨晨六時左右、有敵機九架、即陸續飛往閘北上空低空窺察、除不時用機關槍低飛掃射外、並先後在北火車站、寶山路、潭子灣、及滬太公路、彭浦汽車站一帶、投彈轟炸、九時許該批敵機相繼飛去、另有敵機九架分三隊、繼續飛至、盤旋窺察、續施轟炸、迄午始去、下午一時起、又不時有敵機三架六架不等、出現閘北上空、繼續肆虐、迄晚始去、綜計昨日敵機在閘北投彈、先後不下百餘枚、但爆發者僅三十餘枚、除毀我民房多間外、餘無所損、

**浦東方面**

浦東方面昨晨八時左右、有敵機六架、在爛泥渡、楊家渡、塘橋一帶、先後投彈十餘枚、毀我民房數十間、死傷平民十餘人、下午四時左右、復有敵重轟炸機三架在浦東上空盤旋偵察、在洋涇鎮東南之金家橋附近投七彈、一落民房死老婦一名、傷小孩一名、其餘一落浜中、五落田野、皆未爆發、旋該機等又飛至爛泥渡一帶投數彈、同時浦江敵艦亦發砲向浦東轟擊、我守軍毫不之理、該敵機旋即悻悻逸去

**南市等處**

南市及滬杭路方面、於昨晨七時起、亦出現有敵機十餘架、在南市上空盤旋偵察、旋其中一部、約六架南飛至嘉興、至嘉興附近投彈多枚、損失未明、十時左右該批敵機繼續南飛、在杭州車站投彈多枚、據路息、我杭站站屋、及廁所皆被炸毀、死站工一傷職員及旅客各一、

中央南京十三日電　軍息、十三日敵機二百餘架、對京滬鐵路南翔至常熟一帶、大肆轟炸、

——摘自《时事新报》（上海），1937 年 10 月 14 日

# 敵機竄入城中

# 轟擊杭州車站

## 擲彈十一枚死傷共七人

## 僅毀月台天橋路軌一部

### 轟炸城站

（本市消息）敵機六架、十四日上午八時五十分在全公亭發現、飛乍浦窺探後、經海鹽、黃灣、海甯、長安、斜橋、許村飛杭、本市於八時五十五分發出空襲警報、九時十四分發緊急警報、敵機於九時四十三分竄至覓橋上空、盤旋窺探、再沿鐵路經民山門至城站、首批三架巡飛南星站方面、第二批三架飛成一綫形、先後向城站投彈十一枚、頓時爆炸轟震全市、第一月台及天橋一部份破毀、車站辦公處灰幔玻璃等俱遭震毀、房樑亦受微損、第二月台及廁所一部倒坍、路軌毀壞四節、附近福建會館現作難民收容所、亦有一部震坍、幸未傷人、同時並有燃燒彈一枚、投於第一月台木雨蓬上、旋告起火、經路警消防隊撲滅、附近民房之玻窗、震碎者甚多、

### 死一傷六

當時有該站接路牌站工田承鑫、因見首批敵機已過、乃由附近返路工作、不料第二批敵機又至、倉猝避於軌旁樹下、頭臂部被彈片炸中、慘遭炸斃、其餘職工旅客受傷者六人、計

### 交通無阻

（一）旅客劉兆金、因取行李、不及躲避、致遭炸傷、（二）鐵路警務處小工蘇興華、左膝蓋部、（三）方某傷腿部、（四）後方醫院看護兵李慶生、傷左手心、（五）路警八分段哨長載漢臣、傷右手心及膝部、（六）城站行李房領班李惠芳、傷左腿、係彈片擦破、勢均不重、已送醫院診治、

當被炸前數分鐘、適有杭嘉區間車、載客百餘人、由閘口站開出、幸由站長李葵蔡、見事機急迫、立商請調度股電話通知、臨時停止於望江門、未遭敵機轟炸、事後開杭、於十二時許始續開嘉興、軌道亦立時派工修復、交通如常、並未發生阻礙、

### 當局察勘

上下午前往視察者、有民廳長閻幼甫、財廳長程遠帆、市長周象賢、警察局代局長鍾繼興等多人、至死者田承鑫、下午由路方購棺成殮、按照路章、給予其家屬十五年之半薪、以資撫卹、田原籍江蘇儀徵、年三十六歲、在站服務十六年餘、家有老母妻子等四人、身後蕭條、

### 原路竄去

此次敵機所投炸彈、已有人拾得殘餘之彈殼、上有陸〇甦瀋陽兵工廠造字樣、則敵人用我國兵工廠之出品、殺我國人、其辦法至爲惡毒也、敵機炸後、復經長安、海甯、硤石、平湖、乍浦、向全公亭逸去、下午一時十分、有敵機兩架、在全公亭發現、至乍浦盤旋窺探、未有動作、旋出原路飛去、本市一時五十分解除警報、

◇(上)毁損後之第一月台(下)被炸之站屋一角◇

——摘自《东南日报》（杭州），1937年10月14日

# 敵機二百餘架
# 轟擊京滬杭路要邑
## 隴海東段粵漢南段
## 亦遭敵機擲彈肆虐

（中央十三日南京電）軍息、十三日敵機二百餘架、對京滬鐵路南翔至常州一帶、大肆轟炸、

（中央十三日南京電）敵機二十餘架、於十三日上下午分別至龍潭、常州、六合、十二圩東台、合肥及明光各地、窺探投彈、並有襲京模樣、京中當即發出警報、前後四次、均經我空軍前往、將敵截退、至各該地所受轟炸之損失、詳情尚在調査中、

## 肆意轟炸

◇嘉興◇（本報十三日嘉興電）敵驅逐機三架、轟炸機二架、十三日上午十時、由平湖至公亭襲禾、在車站投重磅炸彈十一枚、毀車站兩旁月台、北面天橋一座、路軌數段、電報綫阻斷、站屋無恙、蘇嘉路禾站亦投一彈、因交通管制嚴密、行人一無死傷、十一時又來敵機二架、窺探一週離去、

◇嘉善◇（本報十三日嘉善電）敵機五架、十三日上午十時、在禾投彈後、旋飛楓涇鎮東九里之范浜新鎮、以機槍掃射河下輪船，幸無死傷、

◇蘇州◇（本報十三日蘇州電）十三日敵機二架至唯亭車站投八彈、傷四人、毀民房十數間、死牛二頭、站南投四彈、一未爆發、餘落園地、十二時另五分、又來三架、投彈數枚、毀月台及路軌、受傷工人四、又十二時十二分、敵機三架、飛外跨塘車站投三彈、燬鐵路車一輛、傷一人、二落田中、無損失、又上午十時一刻、敵機二架、至尹山青樹鄉投三彈、均落田中、繼飛吳江、在東大河接待寺以機關槍掃射傷二人、

◇鎮江◇（中央十三日鎮江電）十三日晨九時半、有敵水上機三架、飛鎮對江十二圩投四彈、死一人、傷四人、又下午一時許、據報有敵機四十架、分四批由東向西飛、並悉在常州車站投二十餘彈、死傷甚重、詳情待査、在丹陽投十餘彈、京滬路辛豐站投十餘彈、炸燬上行第十一次客車三輛、死傷不明、鎮站正派員前往調査救濟中、十二圩又投四彈、鎮江亦投數彈、均落江心、並用機槍掃射、迄二時後、向東飛去、

◇徐州◇（本報十三日徐州電）十三日上午八時、敵機兩架、由東南飛來、繞徐窯向西飛去、事後得報、在隴海路楊樓站投硫礦彈一枚、車上略有損失、

在楊集投彈三枚、機車被震毀、並炸死馬數匹、

◇海州◇（中央十三日新浦電）此間連日風雨、十三日始放晴、晨七時即有敵機二架來襲、低飛於連雲港上空、並以機槍向新浦市街掃射、至十時廿分、又有敵機過境北飛、

◇合肥◇（本報十三日蚌埠電）十三日下午四時許、天長馬下壩發現敵機六架、飛合肥機場投八彈、繼飛明光投三彈、均無損失、

◇宿縣◇（中央十三日蚌埠電）十三日晨八時許、靈璧發現敵機兩架、飛經宿縣、在符離集投彈六枚、並以機槍向列車掃射、損失甚微、旋向北飛去、

◇衡陽◇（中央十三日長沙電）敵機六架十三日午十一時五十分、由攸縣草市方面侵入衡陽上空、在江東岸投彈、至午二時二十五分、經安仁向東逸去、

（中央十三日衡陽電）十三日午敵機六架、侵入市區上空、在內河鎮及衡陽車站投彈數枚、又粵漢路息、敵機在車站附近投彈數枚傷壞車頭一、工人一、死小孩一、餘無損失、

（中央十三日長沙電）敵機六架、十三日下午一時、在衡陽江東上粵漢路車站附近投彈數枚、并繞衡陽城數週、即向東南方面逸去、

## 蹂躪無辜

（中央十三日蘇州電）據太倉官方消息、敵機於十一日午後二時許、至太倉城內大肆轟炸、敵機共計八架、且專向非軍事機關之民房及非戰鬥員之居民肆虐、歷二小時餘之久、始飛去、共在城內投彈五十餘枚、結果燬壞民房甚多、死傷居民無算、情形慘酷、並向城內警察局投彈多枚、將局屋燬十之八九、文卷及物件蕩然無存、縣當局刻正極力辦理善後、救濟死傷、一般民衆對敵人之殘忍及違背國際公法、莫不切齒、

——摘自《东南日报》（杭州），1937 年 10 月 14 日

# 敵艦擾浙海

## 在餘姚海面向我開砲
## 益山獨山間敵機逞兇
## 擊燬粵北海漁船

（本報十三日餘姚電）姚相公殿黃盤山海面、十二日發現敵艦三艘、十三日晨移至相山、晨八時向我海岸連開三砲、九時又開二砲、[illegible]震毀北鄉、敵艦迄晚未去、

（本報十三日嘉興電）十二日午乍浦海面距岸三千公尺之處、仍泊有敵艦一艘、同日酉時、敵機一架、在益山獨山間、用機槍掃射十數次、我無損失、

（本報十三日嘉興電）敵艦一艘十三日下午四時、在全公亭海面發現、至六時、向乍浦方面駛去、

（本報十三日海鹽電）今日下午四時二十三分、海鹽海面有敵艦一艘、由東北方面向西南內移、至五時即循原路駛去、

（中央十三日南京電）軍息、北海冠頭嶺一帶、近日敵機時往窺察投彈、敵艦亦駛泊地角前海面、派小電船四出搜擊漁船、加以焚燬、有時將漁民所着衣服脫取、放還時、并令散發荒謬傳單、該處一帶漁船被燬者、已不計其數、

（本報十二日廣州電）（遲到）粵省之荷包島、距離香港約三十餘公里、現該島被敵佔據、築有飛機場油站、顯有特別居心、今日據外交界訊、港政府已將情致電英京報告、並請增調艦隊到港、以維護其政府尊嚴與僑民法益、

——摘自《东南日报》（杭州），1937 年 10 月 14 日

# 京滬及津浦沿線各地昨日均遭空襲

## 由蘇駛京客車亦被轟擊 員工旅客傷亡達百餘人

昨（十三）晨九時許，有敵機三架由東南方飛來，有襲京模樣，但飛至龍潭，窺察片時後，即掉頭飛回云。又訊，敵機廿餘架於昨（十三）日上午下午分別至龍潭、常州、六合、十二圩、東台、合肥及明光各地窺探投彈，並有襲京模樣，京中當即發出警報，前後四次，均經我空軍前往截退，至各該地所受轟炸之損失詳情，尚在調查中。【本報十三日鎮江電】

敵機二架，十三日晨九時許經鎮江上空飛十二圩，投彈八枚，死一人，傷四人，午後一時許，敵機四十架分四批而來，未到南京，沿京滬路各地轟炸，飛至辛豐站時，適有由蘇開來三四等客車，全車僅旅客百餘、當被轟炸掃射，毀車廂四輛、死車上員司三人，醫務員一人，旅客六人，受傷者百餘人，來鎮投醫，鎮站據報，即派救險車前往救護，又在十二圩投彈，在鎮江上空亦用機槍掃射，當被我擊退。【本報十三日蚌埠專電】

十三日下午四時許，敵機六架飛至天長縣之馬家壩，敵另三架窺至合肥，投彈數枚，繼轉經定遠襲明光，投彈三枚，向東北飛去。

▲中央社蘇州十三日電 敵機一架，於十三日午十二時十分飛蘇州之東外跨塘車站，向停在車站內之空列車投彈二枚而去，結果毀蓬車一輛，傷平民一人。

### 太倉城內慘遭轟炸

▲中央社蘇州十三日電 頃據太倉消息，敵機曾於十三日午後二時許，至太倉城內大肆轟炸，敵機共計八架、且專向非軍事機關之民房及非戰鬥員之居民肆虐、達二小時餘之久，始行飛去，共在城內投彈五十餘枚、結果毀壞民房甚多，死傷居民無算，情形慘酷，並向城內警察局投彈多枚，將局屋炸燬十之八九，文卷物件蕩然無存，莒縣當局刻正極力辦理善後，救濟死傷，一般民衆對敵人之殘忍及違背國際公約，莫不切齒。

### 杭州嘉興車站被毀

▲中央社杭州十三日電 十三日上午九時許，敵機六架，由乍浦飛來，在城站投彈十二枚，內有一枚爲燃燒彈，票房及候車室被震毀，月台貨房大部炸燬，軌道燬數段，天橋亦炸燬，死路工一人，傷四人，（一爲行李房主任，一爲警察所長，一爲路工，一爲至站取行李者）車站附近房屋多被炸燬，午後炸燬軌道即修復。

▲中央社蘇州十三日電 敵機二架，十三日晨十時十五分飛經吳江縣，沿蘇嘉鐵路井山夾浦橋等處共投三彈，均落於稻田內。

▲中央社杭州十三日電 敵機五架，十三日上午十時至嘉興車站投重量炸彈十一枚，天橋及兩邊月台均被炸毀，路軌毀數根，站屋略受損壞，無死傷，又聞蘇嘉路亦落一彈，無損失。

### 衡陽車站附近中彈

▲中央社長沙十三日電 敵機六架，十三日上午十一時五十分由攸縣草市方面侵入衡陽上空，在江東岸投八九彈，至十二時二十五分，經安仁向東逸去。

▲中央社長沙十三日電 敵機六架，十三日下午一時在衡陽江東岸粵漢路車站附近投彈數枚，并繞衡城數週，即向東南方面逸去。

▲中央社衡陽十三日電 十三日午，敵機六架侵入市上空，在內河口衡陽車站投彈數枚，又粵漢路息，敵機在車站附近投彈數枚，傷壞車頭一，工人一，死小孩一，餘無損失。

### 符離集站略有損失

▲中央社蚌埠十三日電 十三日晨八時許，發現敵機兩架，飛經宿縣至符離集投彈六枚，並以機槍向列車掃射，損失甚微，旋向北飛去。

【本報十三日徐州專電】十二日午敵機六架，由青口起飛，至瓦窯鎮即折回。

▲中央社濟南十三日電 十三日晨七時，敵機二架由日照、莒縣、費縣沿津浦路到濟甯，投二彈，落空地，我無損失。

又二架由膠縣沿膠濟線到濟南窺伺五分鐘後、向東南飛去、又昌邑亦發現日機二架飛向東南。

▲中央社清江浦十三日電　十三日晨七時許、敵機兩架由東北飛淮、盤旋窺察、歷一刻鐘、向北逸去。

**陽泉擊落敵機一架**

▲中央社太原十三日電　陽泉西四十五里之地、有敵機一架被我擊落。

▲中央社太原十三日電　十三日敵機五次過井市上空、在榆次投彈三十餘枚、傷平民二人。

▲中央社鄭州十二日電　平漢路各站連日遭敵機轟炸、沿途戰區難民多被敵機槍掃射、傷亡頗重、十二日關莊順德、又有敵機七架飛往、投彈十餘枚、損失待報。

——摘自《中央日报》（南京），1937 年 10 月 14 日

# 慘絕人寰！

## 朔縣淪陷民衆被屠
## 燒殺活埋無所不至

**請看敵軍之獸行**

▲中央社太原十三日電　據由朔縣來人談：敵軍前於盤踞朔縣城時、懷恨民衆、曾殺死二千餘人、該縣縣長及縣署人員均被灌煤油活燒斃、岱岳馬邑各鎭人民、被敵殺傷者亦有數十人、甚至將婦女解去衣服、赤身遊街、以作玩戲、日寇所到之處、即强迫民衆懸掛敵旗及張貼歡迎標語、違則燒殺或活埋、此等慘狀、某君均係目擊、與記者晤談時、痛憤不忍之情、溢于言表。

（北平十三日）前敵軍進犯涿州、至二站時、大事殺戮、竟將天主教堂張神父刺死後、釘成十字架、同時在該堂避難神五十餘人亦均被刺殺、並聞河間教堂亦被敵機完全炸毀云。

——摘自《中央日报》（南京），1937 年 10 月 14 日

# 敵機敵炮漫無標的
# 租界中發生慘劇
## 已查明者死傷近二百人
## 滬西方面外僑住屋被毀

昨日敵機全日轟炸我閘北滬西、人民生命財産之無辜受害者、已有多起、下午五時三十分、我軍右翼士氣憤激萬分、遂奉令全線對敵總攻、同時我閘北浦東炮兵陣地開炮助戰、大施神威、轟擊敵陣地及浦江中敵艦、敵倉皇應戰、其虹口及百老匯路炮兵陣地、亦發炮還擊、但以情急慌亂、所發炮彈、漫無標的、多有流至蘇州河南北非戰區域者、毀屋傷人、厥狀甚慘、茲將兩種情形分誌於後、

## 永安紗廠門前爆炸

昨日下午二時十五分起、敵巨型轟炸機六架、分爲兩隊、飛至閘北上空、在麥根路車站一帶及中央造幣廠以北方面交替投彈轟炸、有每次同時落下多在七八枚及十餘枚者、故巨聲如雷、隆隆不斷、因均係重彈、爆力甚大、特區內房屋門窗均受震格格作響、詎至下午二時四十分、敵機目標不準、致有二枚墮落於滬西麥根路昌平路附近、即蘇州河南岸租界區域內、在永安紗廠門前爆炸、其時適有第十六路無軌電車一輛沿麥根路自北向南駛行、正開至昌平路口相近

被敵機炸毀之十六路無軌電車

國際社攝

、全車被炸、司機立即斃命、車身被毀、車中乘客三十餘人、均震出車外、計死十八人、重傷十三人、事後工部局救護車聞訊全數趕到、救火會並派救火車二輛馳往施救、同時該處鴻章紡織廠附近亦被炸、傷苦力十餘人、該廠門窗玻璃、亦遭震碎、

## 公共租界毀屋傷人

昨日下午六時許、蘇州河南北、因受敵方流彈、致毀屋傷人、已查明者、一、虞洽卿路粘嶺路附近、（大上海戲院對面）馬路中落一炮彈、爆發後、傷二十餘人、二、四川路六三三號落一炮彈、自屋頂穿入室內、傷兒童四人及一路過行人、三、老閘捕房中國包探間牆脚落一高射炮彈、炸損牆脚一部、並未傷人、四、愛文義路平喬旅館門前落一炮彈、將門前牆頭炸成一窟窿、所搭玻璃天棚全毀、僅傷一路人、五、北江西路桃源坊怡如里、落一砲彈、炸死五人、爲一女三男一孩、據事後調查、寶隆醫院、昨晚收容流彈所傷之市民爲七十六人、已死二十六人、其中十二人係麥根路上受傷者、現住院尚有三十人、其他輕傷者經包紮後均已出院、仁濟醫院收容重傷者十二人、其中因不治身死者已有八人、此外有輕傷二十餘人、均已於包紮後出院矣、

## 滬西炸死平民多人

昨日有敵機六架、在中山路一帶偵察、午前十一時半、在中山路第一號橋附近投彈十餘枚、毀民船二、傷十五人、旋該機等復南飛虹橋、及徐家匯車站窺察、三時一刻、相繼投下十餘彈、其時徐家匯車站附近適停有空車一列、共十節、當被敵機炸毀客車三節、郵車一節、共四節、此外又有附近民房、被毀多間、炸斃平民六七人、傷十餘人、其中有居民一家共四口、其母及子女各一皆被炸死、僅一父獨存、殊爲凄慘、此後敵機復不時低飛以機槍掃射、該處附近懸英美法各國旗之外人住宅之屋瓦多被槍彈所毀、三時四十分左右、敵機突又在懸德國旗幟之洋房一所擲一巨彈、彈自屋頂正中擲下、毀損頗鉅、至四時許、敵機始逸去、

——摘自《民报》（上海），1937年10月15日

## 新陸師範 被敵機轟炸

### 先後轟擊三次校舍俱毀 決借地開學作持久奮鬥

日機迭在各地施暴毀，我學校文化機關，本市市立新陸師範學校，於日前亦被敵機炸燬。査該校爲本市唯一師資訓練機關，歷年來對於上海教育上貢獻甚大。敵於九月十三日已在該校投下重量炸彈兩枚，將後門廚房厠所浴室膳堂及學生宿舍等燬損。前昨兩日（十二十三），敵機又飛該校擲下炸彈十餘枚，所有師範部教室，禮堂，辦公室，教員寢室，工場等全部被燬，損失奇重，據該校許校長表示，敵人轟炸，徒增吾輩抗敵精神，在戰事未結束前，已決定借通惠教仁二校暫行上課，仍本已往精神，加緊訓練學生，訓導全市兒童繼續抗敵，將來自當努力恢復學校，作持久奮鬥。

——摘自《神州日报》（上海），1937年10月15日

# 敵機昨又大舉狂炸
## 廣九路軌被毀行車暫停
## 杭州閘口機車廠亦被炸

【中央社南京十四日電】敵機十一架十四日晨九時由東西飛，有襲京企圖，我空軍聞報，即飛往截擊，敵機六架乘機繞道侵入京空，迨我空軍趕回時，敵即倉皇在光華門外投彈十餘枚而去，我空軍未予追擊，其餘敵機五架則飛往鎮江·丹陽·棲霞山·六合及句容一帶，分擲炸彈，損失情形在調查中。

【中央社廣州十四日電】十四日上午十一時四十分，敵機十二架，大舉轟炸廣九路，約距廣州四十四公里塘美至仙村間投彈十餘枚，路軌數段被毀，省港來往各客貨車均暫停，死傷人數及其他損失尚未查明，路局正派員趕往修理，並調查一切。

【中央社廣州十四日電】十四日上午八時二十分，敵機八架，飛襲粵漢路，向琶江以北各站濫炸，至十一時二十五分又有敵機二十架來襲，其中八架再往粵漢路轟炸，餘十二架飛赴廣九路沿線投彈十餘枚，塘美仙村及土塘北木[illegible]各站路軌被毀多段，損失奇重，兩路局當即派員分赴修理，惟何時通車，仍未有定期，按廣九路爲中英合辦，亦即各國在華南貿易惟一之孔道，該路被炸，足證暴日宣言維護第三國利益之假面具，已自行揭破，而其蓄意摧殘我國與各國利益事業之兇殘真面目，已暴露無遺也。

【中央社杭州十四日電】十四日上午八時二十七分，敵機二架，由嘉興方面來杭，在市空盤旋良久，在閘口車站一帶投彈十二枚，其中六枚落于機廠，機車房全燬，路軌及水塔均損壞，四枚落于白塔嶺及白塔前，燬民房二十餘間，死石匠一人，餘二枚落水中，敵機投彈後向杭州灣飛去。下午五時二分，敵機四架由海寧方面到杭，與我空軍在郊外[illegible]遭遇，敵機旋即逸去，我亦未追擊。

【中央社蚌埠十四日電】十四日下午四時許，敵機八架，由興化飛蚌襲擊，投彈二十餘枚，並用機槍掃射，死傷平民三四十人，車站，火神廟，扶輪小學，德和里，均被炸，德和里且被燃燒起火，經我高射砲射擊，歷二十分鐘，向東北逸去。

【中央社蕪湖十三日電】（遲到）十三日下午五時，有敵機六架，經[illegible]縣侵襲合肥，在城外投彈數枚，損失未詳，盤旋半小時，復竄往皖北滁縣天長等地肆擾，經我空軍中途截擊，向蘇境逸去。

——摘自《大公报》（汉口），1937 年 10 月 15 日

# 寇施用毒瓦斯
## 已由英人證實
### 我駐英使館業予公佈

【哈瓦斯社倫敦十三日電】中國駐英大使館，頃發表南京紅十字會醫院外科主任艾丁傑與國聯衛生組駐華代表鮑利克所發署之宣言書，謂彼等曾檢視中國傷兵多人，深信各該傷兵，係受某種發泡性物質之苦，大約即係芥子氣一類之瓦斯而用炸彈或砲彈發出者云。

——摘自《扫荡报》（汉口），1937 年 10 月 15 日

## 滬寇機肆虐 外人住宅被燬

### 閘北南市平民慘遭掃射 租界亦被投彈

【本報上海十四日下午七時電】今日下午二時，寇機六架，在閘北轟炸，並向租界區之麥根路永安紗廠投二彈，燬無軌電車一，死傷三十餘人。

【中央社上海十四日電】敵陸軍總攻覆敗，已無再犯能力，十四日敵機竟四出肆虐，投彈不下二三百枚，我民房及外人產業被燬者甚多，死傷亦眾，惟軍事上毫無損失，十四日晨五時左右，敵機六架，即在閘北上空窺察，旋在麥根路北站寶山路大場一帶轟炸，燬我民房數十間，下午二時許，敵機又至潭子灣交通路中興路麥根路等處轟炸，并用機槍掃射，惟我高射砲亦予以重大威脅，二時四十分蘇州河南之永安紗廠及昌平路附近各落一彈，時有電車一輛駛過，適被波及，致死十人，傷十三人，又滬西方面亦竟日被敵機侵擾，中山路一號橋附近，午間被投十餘彈，毀民船二，傷十五人，下午三時一刻，徐家匯車站附近亦被投十餘彈，毀客車三節，郵件一節，幸均爲空車，惟附近民房被毀多間，死六七人，傷十餘人，又附近英美法德等國之住宅，均懸有國旗者，亦悉被炸燬，南市浦東一帶，亦竟日有敵機投彈，死傷數十人。

【本報上海十四日下午六時電】寇機全隊今總轟炸京杭蘇嘉甚烈，浦東南市大場滬西北寇機三十餘架亦竟日濫炸。

——摘自《扫荡报》（汉口），1937 年 10 月 15 日

## 國立暨南大學被燬記（三）

### 馮黃兩君的殉國

宋達邦

前面我已經說過，暨大同學在眞茹後方服務的共有四隊，筆者本想一一介紹出來，可是有些已經解散，有些仍繼續在担任工作，如果說出來，對於他們以後的工作恐怕有點兒妨碍。現在單說馮黃兩君所參加的工作團體—是「勵進社戰地服務團」，爲暨大的華僑勵進社同人所組織。該團在八月十九日上午六時給敵機轟炸，團員馮雪桂和黃世華兩君，先後殉國。茲將其殉國情形報告出來：

（一）殉國前捉獲的漢奸　漢奸在眞茹活動既這樣多，使該地的軍隊和服務的人受到很大的威脅。戰地服務團未炸底前夕，捉到一個漢奸。此次被炸也是這漢奸作祟，這殺千刀的奸細，原是暨大一個小吃店底夥計，和各團員都有些認識，同時戰地服務團的團址和秘密地窟都在該店附近，因此這團的人都不大注意這人，獸心的壞蛋。想不到他竟是十足地道的漢奸。那天敵機炸了傷兵醫院以後，大約是下午五時許，敵機聯隊低飛在暨大偵察，頻頻用機關槍掃射示威，該團便暫避入地窟。這漢奸就利用那時機，走出來拿着一頂白帽，向敵機左右搖擺，因手勢不佳，給一位團員看見，連忙出來把他捉拿，在他身上搜出重要的証據，馬上解交軍事當局正法。那時該團知道已走上危險關頭，欲連夜搬遷他處，但是時間太晚便終止了。

（二）被炸的一剎那　眞茹成了戰事重地後，住在那兒的民衆紛紛的他遷別處居住，眞茹一帶地方，成了寂寥底塲所，每天所聞所聽的都是軋軋的飛機聲，卜卜的槍聲，隆隆底砲聲，合奏着，混和在一起。普通的人民是很難看見的。暨大裡的勵進社服務團團部，是在學校之東面；房舍原是暨大的實驗小學前址，建築爲一字形的平房，爲了避免炸彈爆發及安全起見，這團的團員自動掘了一個避難窟，在該房舍底後面，相距不過二丈。（未完）

——摘自《中山日报》（广州），1937 年 10 月 15 日

# 敵機兩度襲京

## 向光華門投彈而遁

## 慘炸京滬客車二輛

【中央社南京十四日電】敵機十一架、十四日晨九時、由東西飛、有襲京企圖、我空軍聞報即飛往截擊、敵機六架乘機繞路侵入京空、追我空軍趕回時、敵即倉皇在光華門外投彈十餘枚而去、我空軍未予追擊、餘五敵機則飛往鎮江丹陽棲霞山六合及句容一帶擲彈、損失情形在調查中、

【中央社南京十四日電】敵機十架、於十四日下午五時、由西東飛、企圖來京進犯、追飛至京郊時、發見我軍已嚴陣以待、紛向東逃竄

、中有敵機五架、繞道西南侵入京空、經我軍痛擊、忽忽向光華門投彈六枚而去、

【中央社鎮江十三日電】十三日晨九時半、有敵水上機三架、飛鎮對江十二圩投四彈、死一人、傷四人、又下午一時許、據報有敵機四十架、分四批由東向西飛、在常州車站投廿餘彈、死傷甚重、詳情待查、又在丹陽投十餘彈、京滬路辛豐站投十彈餘、炸燬上行弟十一次客車三輛、死傷不明、鎮站正派員前往調查救濟中。十二墟又投四彈、鎮江亦投數

彈、均落江心、並用機槍掃射、迄二時後向東飛去、

【本報徐州十四日下午十一時卅分專電】敵機八架、今日午四時飛蚌埠轟炸、投廿餘彈、死傷數十人、德和里落數彈、起火焚燒中、

【中央社蕪湖十三日電】（遲到）十三日下午五時、有敵機六架、經巢縣合肥、在城外投彈數枚、損失未詳、盤旋半小時、復竄往皖北

滁縣天長等地肆擾、經我空軍中途截擊、向蘇境遁去、

【中央社蚌埠十四日電】十四日下午四時許、敵機八架、由興化飛蚌襲擊、投彈二十餘枚、並用機槍掃射、僅傷平民三四十人、車站、火神廟、扶輪小學、德和里均被炸、德和里且被燃燒起火、經我高射砲射擊、歷廿分鐘向東北逃去、

——摘自《中山日报》（广州），1937 年 10 月 15 日

# 敵機遠窺桂黔邊境
# 炸斷粵漢廣九兩路
## 不斷肆虐京滬蘇浙

（本報十四日貴陽電）十四日晨十一時許、黔桂邊界南丹六寨一帶、發現敵機兩架、有向筑垣襲擊勢、筑市得電後、即發出警報、全市交通斷絕、人民均極鎮靜、秩序甚佳、至下午一時半、得報敵機已向他方遠遁、警報始行解除、

### 轟炸滬北

（中央十三日上海電）敵陸軍「總攻」潰敗、已無再犯能力、十三日敵機竟四出肆虐、投彈不下二三百枚、我民房及外人產業被燬者甚多、死傷亦衆、惟軍事上毫無損失、十三日晨五時左右、敵機六架、即在閘北上空窺察、旋在麥根路、北站、寶山路、大場一帶轟炸、燬我民房數十間、下午二時許、敵機又自潭子灣、交通路、中興路、麥根路等處轟炸、並用機槍掃射、惟我高射砲亦予以重大威脅、二時四十分、蘇州河南之永安紗廠及昌平路附近各落一彈、時有電車一輛駛過、適被波及、致死十人、傷十三人、又滬西方面、亦竟日被敵機侵擾、中山路一號橋附近、午間被投十餘彈、毀民船二傷、十五人、下午三時一刻、徐家匯車站附近、亦被投十餘彈、毀客車三節、郵件一節、幸均爲空車、惟附近民房被毀多間、死六七人、傷十餘人、又附近英美法德等國人之住宅、均懸有國旗、而亦悉被炸毀、南市浦東一帶、亦竟日有敵機投彈、死傷數十人、

### 竄犯首都

（中央十四日南京電）敵機十一架、十四日晨九時、由東西飛、有襲京企圖、我空軍聞報、即飛往截擊、敵機六架、乘機繞道侵入京空、迨我空軍趕回時、敵即倉皇在光華門外投彈十餘枚而去、我空軍未予追擊、餘五敵機則飛往鎮江、丹陽、棲霞山、六合、及句容一帶擲彈、損失情形、在調查中、

（中央十四日南京電）敵機十架、於十四日下午五時、由西東飛、企圖來京進犯、迨飛至京郊時、發見我軍已嚴陣以待、紛向東逸竄、又有敵機五架、繞道西南、侵入京空、經我軍痛擊、怱怱在西華門外投彈六枚而去、我無損失、

### 窺伺浙境

（本報十四日嘉興電）十四日晨八時迄十五日晨〇時二十分、此間共發警報十九次、白晝敵機來四次、二三架不等、當第三次敵機三架襲境時、沿運河

以機槍掃射、我無損失、晚間來三次、竊探盤旋後即逸去、又今晨十時、敵轟炸機四架、驅逐機二架、在距八圻四里之鐵路地帶、轟炸客車、旅客伏處田中、敵機投七彈、並以機槍掃射、死一名、吳江車站一帶、亦遭敵機投彈多枚、死二人、

（本報十四日蕭山電）十四日晨八時零二分、據報有敵機兩架襲杭、當發出警報、至九點零五分、果有敵機兩架、由杭州方面竄來、在襄莊上空盤旋數分鐘、圖炸杭紹段一號橋、投彈一枚、落田中墳墓上、兩機旋向海甯飛去、

（本報十四日桐鄉電）十四日上午七時二十四分、敵機四架由長興方面飛來、在本縣上空盤旋約二分鐘、未投彈、旋飛往崇德、下午三時二十七分、又有敵機九架、經過本縣上空飛向崇德、五時二十二分有敵機五架、由硤石方面飛來、在本縣上空盤旋二三分鐘、即向長興方面飛去、晚九時十五分、又有怪機一架、在本縣上空盤旋三四分鐘、至發雷時（九時三十五分）、已向崇德方面飛去、

## 襲擊蘇省

（本報十四日蘇州電）蘇州十四日整日聞空襲警報、自晨至晚、共十次、三次遭敵機轟炸、晨七時四十五分、敵機六架分兩隊、一隊沿京滬路進襲、在火車站盤旋數匝、在月台及站上投二彈、一彈落在外揚旗外、毀車一輛、死七人、傷十餘人、一隊循蘇嘉路至盛澤站、投彈一枚、落站南、餘落田河中、死牛蛇各一、並以機槍掃射、傷三人、十一時另五分、三架在虎邱附近鐵道投六彈、二枚未爆發、二枚落街中、二枚落橋旁、毀屋數間、平民死一、傷二、下午二時五十五分、敵機兩架盤旋五匝、在齊門外投七八彈、一落齊門外、炸燬市房兩所、當時燃燒、旋即撲滅、死一路人、三彈落鐵道旁田地中、一彈毀南田村屋數間、未傷人、

（本報十四日徐州電）敵機六架、十三日十五時分向津浦隴海兩路、轟炸停車、在隴海路北站投彈四枚、機車及路軌被傷、死平民一人、津浦綫柳泉站投彈六枚、落空地、未有損失、三堡投彈八枚、車頭震毀、路軌毀數段、傷一人、

（中央十四日徐州電）十三日晨、敵機四架過徐、兩架到津浦線符離集轟炸、兩架到隴海綫碭山[illegible]集轟炸、下午三時、又有敵機六架襲徐、盤旋約一時、在城北蘇山頭投五彈、又到三堡站投彈、我平民死傷十數名、

（本報十三日　清江浦電）（遲到）敵軍轟炸機兩架、十三日晨上午七時二十分襲淮、因我高射槍砲猛烈轟擊、未投彈、上午七時五十分、向西北逸去、旋接連雲港雷告、有一敵機尾部冒烟、似已受傷、

## 飛擾安徽

（本報十四日蚌埠電）十四日晚四時許、敵機六架、經五河飛蚌投彈三十餘枚、車站路軌被毀、華昌街商店損失甚巨、歷一刻鐘警報解除、市民死傷約百餘人、

（中央十四日蚌埠電）十四日下午四時許、敵機八架、由興化飛蚌襲擊、投彈二十餘枚、並用機槍掃射、死傷平民三四十人、車站火神廟扶輪小學德和里均被炸、德和里一部燃燒起火、經我高射砲射擊、歷念分鐘、向東北逸去、

（中央十三日蕪湖電）（遲到）十三日下午五時、有敵機六架、經巢縣侵襲合肥、在城外投彈數枚、損失未詳、盤旋半小時、復竄皖北滁縣、天長等地窺襲、經我空軍途截、向蘇境逸去、

## 肆虐廣東

（中央十四日廣州電）十四日上午八時二十分、敵機八架、飛襲粵漢路、向滘江以北各站轟炸、至十一時二十五分、又有敵機二十架來襲、其中八架再往粵漢路轟炸、餘十二架飛赴廣九路沿綫投彈十餘枚、塘美仙村及土塘樟木頭各站路軌被燬多段、損失奇重、兩路局當即派員分赴修理、惟何時通車、仍未有定期、廣九路爲中英合辦、亦即各國在華南貿易唯一之孔道、該路被炸、足證暴日官言維護第三國利益之假面具、已自行揭破、而其恣意摧殘我國與各國利益事業之兇殘真面目、已畢露無遺也、

（中央十四日廣州電）十四日上午十一時四十分、敵機十二架、大舉轟炸廣九鐵路、在約距廣州四十餘里之塘美至仙村間、投彈十餘枚、路軌數段被燬、省港來往各客貨車均暫停、死傷人數及其他損失尚未查明、路局正派員趕往修理、並調查一切、

（尚有敵機襲擊杭州消息參閱第三版）

——摘自《东南日报》（杭州），1937年10月15日

## 蚌埠平民 慘慘炸斃

蚌埠十四日電：十四日下午四時許、敵機八架、由興化飛蚌襲擊投彈、二十餘枚、並用機槍掃射、死傷平民三四十人、車站火神廟、扶輪小學、德和里均被炸、德和里被燬燒起火、經我高射砲射擊、歷二十分鐘、向東北逸去、（中央社）

——摘自《力报》（长沙），1937 年 10 月 15 日

## 京粤浙皖各地 敵機又肆虐

### 廣九路軌遭敵炸燬數段 各地平民罹難者甚衆！

南京十四日電：敵機十架、於十四日下午五時由西東飛企圖來京進犯、迨飛至京郊時、發見我軍已嚴陣以待、紛向東逃竄、中有敵機五架、繞道西南、侵入京空、經我軍痛擊、忽忽在光華門外投彈六枚而去、我無損失、

## 京鎮各地 均被襲犯

南京十四日電：敵機十一架襲四日晨九時、由東西飛有襲京企圖、我空軍聞報、即飛往截擊、敵機六架、乘機繞道入京空、迨我空軍趕回時、敵即倉皇、在光華門外投彈十餘枚而去、我空軍未予追擊、餘五敵機、則分往鎮江、丹陽、棲霞山、六合、及句容一帶擲彈、損失情形在調查中、（中央社）

## 廣九鐵路 被燬數段

廣州十四日電：十四日上午十一時四十分、敵機十二架、大舉轟炸廣九路、約距廣州四十里塘美至仙村間、投彈十餘枚、路軌被燬、省港來往各客貨車均暫停、死傷人數、及其他損失、尚未查明、路局正派員趕往修理、並調查一切、（中央社）

## 敵機昨又 炸粵漢路

廣州十四日電：十四日上午八時二十分、敵機八架飛襲粵漢路、窮滘江以北各站轟炸、至上午十一時二十五分

## 敵機轟炸閘口車站

杭州十四日電：十四日上午八時二十七分敵機二架、由嘉興方面來杭在市空盤旋良久、於閘口車站一帶投彈十二枚、其中六枚、落予機廠、機車房全燬、路軌及水塔均損壞、四枚落於白塔嶺、白塔前燬民房二十餘間、死石匠一人、餘二枚落水中、敵機投彈後、向杭州灣飛去、（中央社）

## 杭州近郊昨遭遇戰

杭州十四日電：十四日下午敵機四架、由海甯方面到杭、與我空軍在郊外發生遭遇戰、敵機旋卽逸去、我亦未追擊、（中央社）

## 蚌埠平民慘慘炸斃

蚌埠十四日電：十四日下午四時許、敵機八架、由興化飛蚌襲擊投彈、二十餘枚、並用機槍掃射、死傷平民三四十人、車站火神廟、扶輪小學、德和里均被炸、德和里被燃燒起火、經我高射砲射擊、歷二十分鐘、向東北逸去、（中央社）

## 巢縣合肥亦遭投彈

蕪湖十三日電：（遲到）十三日下午五時有敵機六架、經巢縣侵襲合肥、在城外投彈數枚、損失未詳、盤旋半小時後竄往皖北滁縣天長等地肆擾、經我空軍中途截擊、向蘇境逸去、（中央社）

——摘自《力报》（长沙），1937 年 10 月 15 日

## 敵機三度襲太原

### 粵漢廣九兩路昨遭敵機轟炸
### 津浦隴海兩綫亦有敵機投彈

（中央社）太原十四日電、敵機十四日三度襲并、第一次四架、在城共投彈四枚、第二次一架、在市空盤旋、一週即去、第三次十一架、仍在城北投彈六七枚、我高射砲集中射擊、歷半小時始去、事後調查、敵機擲彈所落各地點、均無重大損失、僅燬民房數間、

（中央社）廣州十四日電、十四日上午八時廿分、敵機八架飛襲粵漢路、同日江以北各站轟炸、至十一時五分又有敵機廿架來襲、其中八架再往粵漢路轟炸、餘十架飛赴廣九路沿線投彈十餘枚、塘美仙村及土塘、此木咱各站路軌被燬多段、損失奇重、兩路局當即派員分赴修理、惟何時通車、乃未有定期、按廣九路為中英合辦、亦即各國在華南貿易唯一的孔道、該路被炸足證暴日宣言維護第三國利益之假面具已自行揭破、其恣意摧殘我國與各國利益事業之兇殘真面目、已暴露無遺也、

（中央社）廣州十四日電、十四日上午十一時四十分、敵機十二架大舉轟炸廣九路、約距廣州四十公里塘美玉仙村、共投彈十餘枚、路軌數段被燬、省港來往各車均暫停、死傷人數及其他損失尚未查明、路局正派員趕往修理、并調查一切、

（中央社）徐州十四日電、十三日晨敵機四架過徐、兩架到津浦線轟炸、兩架到隴海線碭山楊集、離集轟炸、下午三時又有敵機六架襲徐、盤旋約一時、在城北蘇山投五彈、又到三堡投彈、我平民死傷十數名、

——摘自《华西日报》，1937 年 10 月 15 日

昨日下午三時一刻、敵機轟炸虹橋路鐵道傍、當時有附近居民「余鴻」之妻、携其兩幼子趨避於外人住宅下、以爲可免日機轟炸、詎知完全遭難、（時報攝）

——摘自《时报》（上海），1937 年 10 月 15 日

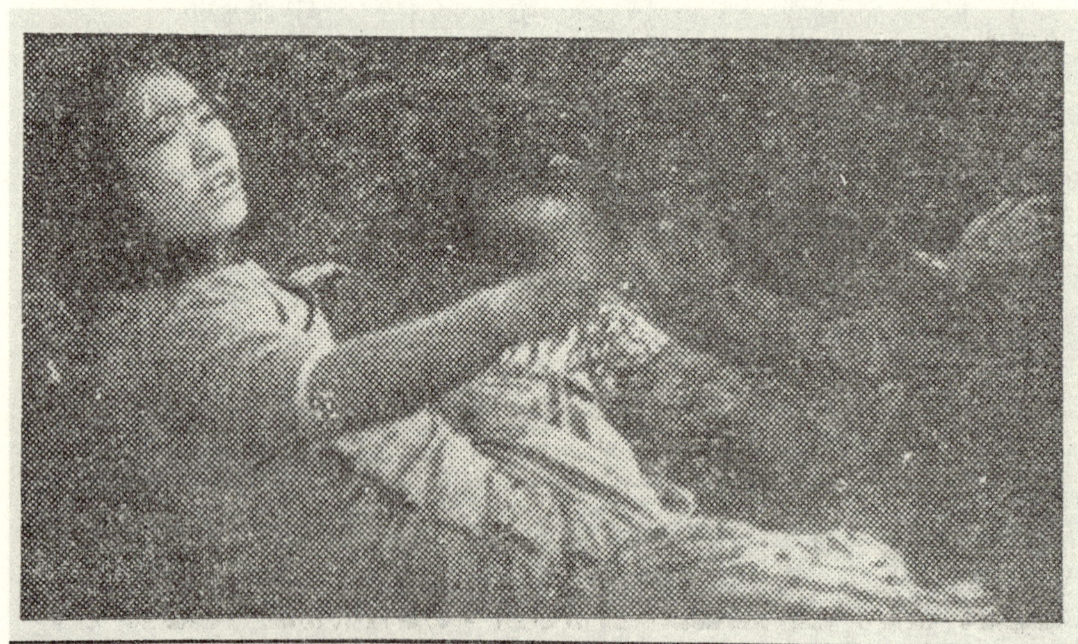

姊妹倆遭敵機殘害、姊已喪命、妹負傷哀哭、（時報攝）

——摘自《时报》（上海），1937 年 10 月 15 日

# 敵機炸彈落租界

## 麥根路永安紗廠門前

## 死十二人重傷十四人

昨日下午二點半、忽有敵機一架、自閘北方面向租界西蘇州路一帶飛來、旋在麥根路昌平路之西北永安紗廠上空投下炸彈兩枚、落於永安紗廠前面河沿爆炸、時適有一無軌電車駛過、致罹慘刦、除車輛全毀外、當場傷重身死者十三人、重傷十四人、

**死者** 計無姓名者男屍四具、女孩屍一具、已知姓名者計靜安寺捕房三百三十一號華探張墾山（河北人、三十四歲、住戈登路寶安坊十一號）、市警察局警察仲萬龍、總巡捕房擦鎗間三百五十二號華捕潘子彬（年五十二）、電車公司六十二號查票周榮華・一百八十六號開車（姓名不詳）、勞勃生路四號公大印刷所女主人顧王氏、

**重傷** 者有總巡捕房華探目高振（全身受碎片傷）・一七九二號華捕（重傷右腿）・楊正榮（鎮江人、年四十二）・徐家三（南通人、永安紗廠工人）、葉張氏（五十七歲・甬人）、俞春林（嘉定人、卅三歲）、余廣福（三十六歲・鎮江人）、劉林氏（江北人・三十四歲）、張大（四十二歲・通州人）、無名氏（傷重不能言語）、徐和尚（二十二歲・無錫人）、潘伯奎（二十九・眞如人）其女小妹（四歲）、死傷者均經救火會用救火車分別載送醫院及驗屍所、查永安廠於一二八時曾一度被敵炸燬、此次該廠有美兵駐守、敵機連投兩彈、幸未傷及美兵、但該廠於七時許又被敵砲彈飛來、穿入二層樓起火、損失頗巨、

——摘自《时报》（上海），1937 年 10 月 15 日

# 流彈紛飛租界……死傷近百

## 敵軍倉皇失措造成慘禍

——我空軍夜襲敵陣地——

昨日閘北浦江砲戰甚烈、加之敵機亂擲炸彈、且薄暮時、我空軍出襲、敵機倉皇應戰、高射砲及機關槍之流彈落入租界者尤夥、殃及無辜甚多、列舉如次、

下午五時零六分、法租界白爾路南陽橋大華里十六號董鏡江律師大門口、被敵機炸彈碎片炸毀門燈牆壁、及對鄰十一號王姓家客堂門窗什物、住該里十八號之八歲男孩胡玲子、左脅被炸受傷、

下午五時四十分、北京路五百七十五弄九號、有一砲彈墮下、爆炸起火、即經該屋居者撲滅、惟有二男一女受重傷、

下午五時五十分、四川路西海軍青年會附近、落一砲彈、重傷三人、死一人、

六時左右、天潼路北福建路榮市附近、落下一彈、傷兩人、又江西路蘇州路附近、有一彈飛下爆炸、傷五人、又河南路蘇州路附近、有一彈落地、炸傷一人、又中央救火會前有一行人被彈片飛來削傷、又北河南路天潼路亦有一砲彈落地、傷一人、

六時許、老閘捕房犯人臨時羈押室樓上西探辦公室屋頂、被一砲彈穿入爆炸、當時幸無人在、故無傷者、惟室內用具頗多損毀、

下午六時許、有一巨大砲彈、墮落於虞洽卿路五八七弄八號（粘嶺路附近）門前爆炸、路上黃包車一輛、立時炸成粉碎、車夫及乘客、當場重傷身亡、在附近大觀園浴室門首、亦有一人被炸彈片炸斃、粘嶺路上、有一路人向西飛奔而去、其左手已炸去一指、鮮血淋漓、同時在長沙路報本堂門首、亦有一流彈炸裂、又平喬旅館門首、亦有流彈爆炸、總計該處一帶、負傷者五十四人、其中十四人傷重斃命、餘四十人有廿餘留醫院醫治、

下午六時、北江西路桃源坊流彈 多人、㈠羅濟祥、十六歲、㈡徐某、約二十餘歲、（傷重不能言、）㈢唐阿佳、三十八歲、㈣華明表、十九歲、㈤張林氏、二十六歲、㈥方寶榮、三十八歲、㈦葛工壽、二十五歲、㈧李子青、十歲、

下午六時、江西路北京路有一江北女難民 洪徐氏、三十四歲）被炸傷頭腳、

下午七時三刻、行路人趙正雲、二十六歲、流彈傷手、

下午九時、北河南路流彈傷三男子、一婦人、三女孩、

◎◎◎◎

——摘自《时报》（上海），1937年10月15日

# 大隊敵機四出肆虐

敵第四次總攻被我痛擊覆敗後、陸軍已無再犯能力、故昨日鎮日敵主要作戰、惟藉空軍之四出轟炸、綜計昨日敵機投彈不下二三百枚、但我軍事上並無損失、茲將敵機肆虐經過、分誌於次、

## 閘北

昨晨五時左右、即有敵機六架、分兩隊在閘北上空盤旋窺察、旋在麥根路·北站·宋公園路·寶山路附近及滬太汽車路之彭浦汽車站·大場鎮一帶分途轟炸、每次投彈少則三四枚、多則十數枚、企圖破壞我工事、但結果除毀民房數十間外、我別無所損、下午二時許、續有敵機六架分爲二隊、在潭子灣·交通路·中興路·麥根路等處肆行投擲重彈轟炸、隆隆之聲、震及全滬、間並用機鎗恣意掃射、經我高射砲及高射機關槍還擊後、敵機無奈、遂高飛上空、繼續肆虐、二時四十分又相繼投彈四枚、其中除二彈落麥根路車站北面瞭望山莊一帶、彈落火起、燃燒頗烈、迄晚尚未熄滅外、其餘一落麥根路四九一號永安紗廠第三廠附近、一落麥根路昌平路附近、（皆在蘇州河以南）其時適有十六路無軌電車一輛、沿麥根路自北向南駛行、車中滿載乘客、正開至昌平路口相近、炸彈爆發、當有十三名被炸受傷、十名立被擊斃、電車乘客皆被震至路旁、車輛雖未顛覆、但亦受損頗鉅、

## 滬西

滬西方面、昨有敵機六架、在中山路一帶上空往來偵察、於午前十一時半、在中山路第一號橋上空附近投彈十餘枚、毀民船二、傷十五人、旋該機等復南飛虹橋路·徐家匯車站盤旋窺察、三時一刻、相繼投下十餘彈、其時徐家匯車站附近適停有空車一列共十節、當被敵機炸毀客車三節、郵車一節、共四節、此外又有附近民房、被毀多間、炸斃平民六七人、傷十餘人、其中有居民一家共四口、其母及子女各一皆被炸死、僅一父獨存、殊爲淒慘、此後敵機復不時低飛、以機鎗掃射、該處附近懸英美法各國旗之外人住宅之屋瓦多被槍彈所毀、三時四十分左右、敵機突又在懸德國旗幟之洋房一所擲一巨彈、彈自屋頂正中擲下、毀損頗鉅、至四時許、該敵機等始逸去、

## 南市

此外在南市方面、昨晨亦有敵機三架、在南火車站低飛偵察、並時以機槍向下掃射、幸南站早無搭客、故未傷人、旋該機等又飛至浦東白蓮涇一帶、低飛偵察、並散發荒謬傳單、我居民均紛紛扯去、不稍一顧、下午五時左右復有敵機六架、在浦東楊思橋附近投三彈、死十八、傷九人、此外據路局息、在杭州·閘口及蘇嘉路之吳江車站、昨日亦有敵機前往轟炸云、

◎南京十四日中央社路透電、今晨又有日機來京襲擊、飛翔上空、歷時甚短、其注意點集中於光華門外之飛機場、午前十時、日重轟炸機若干架、自東南方面飛來、其確數不詳、惟飛行極高、雖天際無雲、日光明朗、然縱目仰視、不見其形、但見白煙繚繞、並聞高射砲彈爆發、而辨知日機所在耳、日機向光華門外飛機場擲落數彈後、即倉皇逃去、蓋見中國驅逐機七架騰空而起也、十時三刻警報解

——摘自《时报》（上海），1937 年 10 月 15 日

昨日下午二時半，日機飛公共租界麥根路蘇州河上空，肆行轟炸，十六
路無軌電車駛過遭其炸燬，當時車中無辜民衆死傷二十餘人（國際社攝）


——摘自《时报》（上海），1937 年 10 月 15 日

# 國聯專家證明 日軍施用毒氣

## 已發見傷兵多人受毒

▲中央社倫敦十三日哈瓦斯電　中國駐英大使館頃發表南京紅十字會醫院外科主任艾丁傑與國聯衛生組駐華代表鮑利克所簽署之宣言書、謂彼等曾檢視中國傷兵多人、深信各該傷兵係受某種發泡性物質之苦、大約即係芥子氣一類之瓦斯、而用炸彈或砲彈發出者云、

——摘自《中央日报》（南京），1937 年 10 月 15 日

# 敵機在滬濫施轟炸

## 麥根路電車被炸死傷念餘人

## 各處民房被燬我軍事無損失

敵第四次總攻被我痛擊覆敗後、陸軍已無再犯能力、故昨日敵主要作戰、惟藉空軍之四出轟炸、綜計昨日敵機投彈不下二三百枚、但我軍事上並無損失、茲將敵機肆虐經過、分誌於次、

## 閘北

昨晨五時左右、即有敵機六架、分兩隊在閘北上空盤旋窺察、旋在麥根路北站宋公園路寶山路附近、及滬太汽車路之彭浦汽車站大場鎮一帶、分途轟炸、每次投彈、少則三四枚、多則十數枚、企圖破壞我工事、但結果除毀民房數十間外、我別無所損、下午二時許、續有敵機六架分爲二隊、在潭子灣、交通路、中興路、麥根路等處、肆行投擲重彈轟炸、隆隆之聲、震及全滬、間並用機槍恣意掃射、經我高射砲及高射機關槍還擊後、敵機無奈、遂高飛上空、繼續肆虐、二時四十分又相繼投彈四枚、其中除二彈落麥根路車站北面聯益山莊一帶、彈落火起、燃燒頗烈、迄晚尚未熄滅外、其餘一落麥根路四九一號永安紗廠第三廠附近、一落麥根路昌平路附近、（皆在蘇州河以南）其時適有十六路無軌電車一輛、沿麥根路自北向南駛行、車中滿載乘客、正開至昌平路口相近、炸彈爆發、當有十三名被炸受傷、十名立被擊斃、電車乘客皆被震至路旁、車輛雖未顚覆、但亦受損頗鉅、

## 滬西

滬西方面、昨日有敵機六架、在中山路一帶上空往來偵察、於午前十一時半、在中山路第一號橋附近投彈十餘枚、毀民船二、傷十五人、旋該機等復南飛虹橋路及徐家匯車站盤旋窺察、三時一刻、相繼投下十餘彈、其時徐家匯車站附近適停有空車一列共十節、當被敵機炸毀客車三節、郵車一節、共四節、此外又有附近民房、被毀多間、炸斃平民六七人、傷十餘、其中有居民一家共四口、其母及子女各一皆被炸死、僅一父獨存、殊爲凄慘、此後敵機復不時低飛以機槍掃射、該處附近懸英美法各國旗之外人住宅之屋瓦多被槍彈所毀、三時四十分左右、敵機突又在懸德國旗幟之洋房一所擲一巨彈、彈自屋頂正中擲下、毀損頗鉅、至四時許、該敵機等始逸去、

## 南市

此外在南市方面、昨晨亦有敵機三架、在南火車站低飛偵察、並時以機槍向下掃射、幸南站早無搭客、故未傷人、旋該機等又飛至浦東白蓮涇一帶、低飛偵察、並散發荒謬傳單、我居民均紛紛扯去、不稍一顧、下午五時左右復有敵機六架、在浦東楊思橋附近投三彈、死十人傷九人、

——摘自《时事新报》（上海），1937 年 10 月 15 日

## 鎮江西站車房被燬

【本報十四日鎮江專電】十四日晨九時半、敵機五架襲鎮、在西車站投兩彈、機車房被炸、房內中無機車、一落站外、死平民二人、傷四人、該機復低飛省會天空、用機槍掃射、我防空部隊亦以高射槍砲猛烈射擊、敵機遁去、旋又在辛豐鎮車站投彈數枚、毀傷機車一輛、餘無損失、

——摘自《中央日报》（南京），1937年10月15日

## 常州前日損害情形

【本報十四日常州長途電話】敵機二十餘架、於昨（十三）日上午飛常州窺察、並于車站附近投下炸彈多枚、該站附近房屋如洋橋一帶、倒塌甚多、據調查結果、計死三十餘人、傷百餘人。

【又電】敵機于今（十四）日到戚墅堰投彈數枚、死一人、傷三人、餘無損失。

——摘自《中央日报》（南京），1937年10月15日

## 津浦隴海沿線被炸

【本報十四日徐州專電】十四日晨九時、敵機六架由大連分翔冀北魯南、南來三架、在隴海東段台莊嶧縣投彈數枚、炸鄒塢煤廠、傷二人、餘損失尚微。

▲中央社徐州十四日電　十三日晨敵機四架過徐、兩架到津浦線符離集轟炸、兩架到隴海線碭山陽集轟炸、下午三時又有敵機六架襲徐、、盤旋約一小時、在城北、蘇山頭投五彈、又到三、堡投彈、我平民死傷十數名。

【本報十四日徐州專電】十三日晨八時、敵機兩架由海州飛徐、在楊集投下炸彈、毀煤油車一輛、旋在符離集炸車頭及洋旂、下午二時、敵機六架復來、分在上堡柳泉高山口投卅餘彈、路軌略損、正趕修中

——摘自《中央日报》（南京），1937年10月15日

# 寇軍施用毒氣
# 我照會國聯
## 由胡世澤送至愛文諾
## 寇機暴行已再度提出

【哈瓦斯社日內瓦十四日電】中國駐國聯常任代表胡世澤，頃以照會送致國聯秘書長愛文諾，並請其錄送國聯各會員國，照會內容，係說明十月三日以來，日機轟炸中國不設防城市，及日軍在上海附近前綫使用毒瓦斯，與達姆彈之事實，並謂國聯大會，曾通過決議案，譴責日機轟炸中國不設防城市之行爲，但日空軍人員，對此項決議案，完全置諸不顧云，此外胡氏又將南京紅會醫院外科主任艾丁傑與國聯衛生組駐華代表鮑西克聯名簽署之宣言書，錄送愛文諾，其內容說明日軍曾在上海方面使用毒瓦斯云。

【中央社廣州十五日電】廣州九龍鐵路工會，十五日電美各工會，謂日海空軍四處轟炸非武裝區域之民居，平民慘死甚衆，請一致請求貴國政府實行對日的經濟制裁，以維人道。

——摘自《扫荡报》（汉口），1937 年 10 月 16 日

# 寇砲彈四射
# 滬租界危險萬分
## 無辜傷亡者達百五十人
## 一法人家庭進餐時中彈

【本報上海十五日下午六時電】昨日寇艦砲擊浦東，及放高射砲抵禦我機攻擊時，流彈碎片，爲害公共租界及法租界甚大，計無辜傷亡者，達百五十人，內有印籍巡捕三名，最危險地帶，在四川路，至少有二十五彈飛落，洞穿屋頂牆壁，爆炸於街市之中，居民驚懼萬狀，海軍青年會即中一彈，其第六層樓之走廊被毀，南京路自先施公司至外灘一段，所中流彈碎片亦多，交通因而斷絕，法租界一法人家庭，方在進餐，一彈適穿其屋頂落於餐室，幸未爆炸，一般人對於寇軍之侵略行爲，無分中外，益見痛憤。

——摘自《扫荡报》（汉口），1937 年 10 月 16 日

# 國立暨南大學被燬記（四）

宋達邦

## 馮黃兩君的殉國

八月十九晨五時半，勵滬社戰地服務團正預備早膳，想在膳後便搬遷別處，不料敵機早來光顧，出乎該團底意料，極奇怪的，就是敵機來襲時，他們一點也不知道。原來敵機成羣老早便在高空偵察，牠們飛高至看不見影踪，聽不到半點兒聲音，鬼鬼祟祟，正是她們底本色呀！約是五時三刻，飛機隊正式動員了——投下一彈，轟然一响，然後才聽見敵機之聲。啊！什麼呢；團部的人感到奇異了。難道牠們都是無聲飛機嗎？不，無聲飛機在現在的世界上，任何國家，都沒有製造成功。牠之所以無聲；就是在高空中的飛機，機師把機內底發動機停止了，然後像鷹一般向目的地滑翔下來，等到毀下了彈才開發動機速飛別處。飛機之有聲就因為發動機轉動的聲晉。彈不停的落下來，彈聲呼醒了他們注意生命的安全，團部的人員一舉一動都異常謹慎，在性命危險關頭，是須要沉着應付，團長就下令停止一切工作，準備暫避入地窟中。他們的行動是非常鎮靜，輪着次序，趁着飛機的彈聲，一個個走進地窟去。爭先恐後固然沒有，就是竟沒有輪到的人，只好蟄伏在地上，不動不聲，像那冬眠的蛇虫，靜靜地爬行着。在這種危險的情況下，他們唯一底生機，就是利用炸彈落地後所起的泥煙來作掩護。假如動作不靈敏的話，是很容易喪生。那時敵機約有廿多架，事前他們已經得到漢奸給他們的目標指示，他們投彈當然不會離開目標太遠，彈子如暴雨般的降落下來。彈處之密——只隔一秒鐘便降一枚，這槍林彈雨下，能夠獲得生存，並不是天曾，而是機警與動作迅速。（未完）

——摘自《中山日报》（广州），1937 年 10 月 16 日

# 敵機昨襲京蘇

## 未進京郊被我逐散
## 蘇錫吳松傷亡甚衆

【中央社南京十五日電】敵機十八架、於十五日下午二時半、在常州一帶發現、我空軍當卽飛往截擊、敵機向常州、浦口、句容各地投彈·迨我軍趕至、敵已相偕逸去、至被炸處所受損失、正在調查中、

【本報上海十五日下午十一時四十分專電】嘉興今午二次見敵機十餘、不久卽去、京滬線蘇錫吳江、昨均有敵機肆虐、蘇全日發空襲警報十一次、車站民房、均受損害、平民死百餘、望亭湖涇港等小站、鄉民亦有死傷、

【本報上海十五日下午十一時廿五分專電】十五日下午二時、敵機飛松偵察、幷散放荒謬傳單、平望車站、今晨十時到敵機、擲彈十二、站房受損。幷向街市投燃燒彈、致起大火、焚燒頗烈、

【中央社鎮江十四日電】敵機十四日沿京滬路各縣自蘇州起、鎭江止無一處無敵機肆虐、計蘇州投六彈、無錫投兩彈、常川投十一彈、戚然堰投六彈、丹陽投五彈、並用機槍掃射、約廿分鐘、新豐毀車頭一、鎭江投兩彈、幷開機槍掃射、機車房被炸一部份、死平民二、傷四人、其他各處損失死傷情形不詳、並悉江北寶應淮安等縣、亦有敵機飛去窺探、

【中央社蘇州十四日電】蘇州十四日自晨至晚、受敵機空襲共九次、除上午七時四十分及十一時、兩次已詳另電外、共第三次在下午一時歷四十分鐘、仍向鐵路線投彈十餘枚、第四次下午三時、歷二十分鐘、第五次下午四時半、歷十餘分鐘、僅在市空盤旋若干時卽去、第六七八九數次僅係過境窺伺而已、我被敵機轟炸地方、俱係鐵路沿線、僅栢門車站房屋毀去半間、前門外鐵軌旁蓬車一輛、分路閘毀舊汽車一輛、並炸毀民房數間、傷平民數人、內有三人重傷、餘無若何損失、

——摘自《中山日报》（广州），1937 年 10 月 16 日

# 敵機多架
# 昨午分炸桂梧

## 商店居民損失奇重
## 桂林近郊九鄉被炸

【中央社本市消息】據此間關係方面確息、今午敵驅逐機掩護重轟炸機多架、由北海方面飛入桂境、分隊轟炸桂林梧州兩地、市民傷亡甚多、

【中央社桂林十五日電】敵重轟炸機一隊、今午十一時卅五分、飛桂垣轟炸、在城郊投彈廿餘枚·城內落八枚、炸毀民房卅九所、、死市民五十三人、傷達二百人、附郊被炸鄉村共九處、毀民房九十餘所、死傷農民逾三百人、爲桂省近數年來空前未有之慘禍、

【中央社梧州十五日電】敵機七架、今晨十時許、突來梧州肆虐、投彈十一枚、毀商店民居十六所、四彈落江面、擊沉小輪一艘、貨船及小艇十艘、死傷市民艇戶百餘人、梧州醫藥缺乏、亟待各方救濟、

——摘自《中山日报》（广州），1937 年 10 月 16 日

# 敵機昨又三次來犯

# 廣九路石龍橋被炸燬

## 我高射砲擊落敵機一架

## 同日敵機轟炸樟木頭站及寧陽鐵路

【本報專訪】前日敵機向廣九路仙村樟木頭各站轟炸後、昨（十五）日復三次進犯、一隊先飛三水蘆苞、轉入粵漢路窺伺、隨大隊飛往廣九路石龍站投彈、企圖炸燬石龍鐵橋、圖截斷省港交通、當炸石龍時、我當地高射炮即密集向敵機轟擊、一架被我擊落橋下、茲將昨日情形分誌如次、

【第一次】是日上午六時四十五分、防空處接情報、敵轟炸機一架、由航空母艦起飛、七時五分、又飛出二架、連前共三架、向北飛行、七時十五分、又接情報、敵轟炸機五架有襲廣州模樣、本市隨即發出警報、七時廿四分發緊急警報、八時廿五分又有敵機三架、自南而北、連前共八架、向江門進襲、八時卅六分、敵機五架在江門天空盤旋、三架則沿海經九江掠過三水、轉入北江、經蘆苞過赤坭白坭、在粵漢路銀盞坳軍田各站上空、窺伺良久、未有投彈、隨向西飛、敵機未迫近廣州、至九時五十分解除警報、

【第二次】十一時十五分又接情報、敵機五架凌空後飛向不明、十分鐘後、再接情報、敵轟炸機十六架、自南向北、十一時廿七分市內又發出警報、、十一時卅五分敵機十六架到達虎門上空盤旋一匝、轉向東南飛、圖襲廣九路、十一時卅八分、果有敵機十六架在深圳發現、一時十分、敵機十架在廣九路石龍上空盤旋、未幾即大施轟炸石龍鐵橋、時我當地高射炮隊俟敵機低飛投彈、即發炮向之轟擊、敵機不敢低飛、在高空投下重量炸彈（約二百餘磅）十餘枚、附近民房被毀數十間、鄉民死傷甚衆、電線復遭摧毀、省港消息頓告斷絕、長途電話亦中斷、鐵橋損傷頗重、短期內難以修復、敵機當投彈時、被我高射炮擊中一架、受傷極重、有不支之勢、隨即墮于該鐵橋附近河中、機已焚毀、機師兩人當堂斃命、事後派人前往打撈、隨即撈獲殘餘機件甚多、至下午三時五十分、撈獲被炸斷敵機師右臂一隻、敵機師尸體當可繼續撈獲、是役我高射炮陣地絕無損傷、但有路警兩名、被敵彈炸斃、敵機投彈後、倉皇轉向東飛、在橫瀝站附近再投炸彈數枚、路軌當堂毀壞數十丈、敵機隨低飛、用機關槍向下掃射、死傷鄉民十餘人、至十二時卅八分、以敵機未向廣州進犯、乃即解除警報、當敵機在石龍投彈時、本市東郊徵聞隆隆之聲、

【第三次】下午一時廿四分、敵轟炸機十架、向東飛行、一時卅分、到唐家灣上空、盤旋一匝、轉向北飛、有經虎門襲廣州之勢、本市又發出警報、惟敵機不果來、在蓮石灣一帶盤旋數分鐘後、分爲兩隊、六架折返赤溪、四架飛江門、在江門上空盤旋數匝、又向北飛、轉襲廣九路、在樟木頭附近投落炸彈數枚、但電線不通、情況未詳、且昨日中午車及尾車、均被阻停開、至三時十七分、本市始解除警報、

## 一說我擊落敵機兩架
## 廣九路被炸損失重大

【中央社】廣九鐵路昨（十五）日午第二次被炸後、中央社記者即乘該路工程車前往視察、于下午九時五十五分電省報告云、今午敵機十八架襲擊廣九路、在緊水河橋至常平站一帶、共投重量炸彈四十餘枚、緊水河橋與石龍北南兩橋間路軌被炸毀十餘段、長達五百餘尺、貨倉路軌亦炸毀三百餘尺、石龍橋北岸橋頭落巨彈一枚、將附近地段炸成巨穴、深五十餘尺、寬二百五十餘尺、近岸橋樑橋墩兩座被毀、因無適當材料、短期內頗難修復、附近農民被炸死四十餘人、傷百餘人、當敵機肆虐時、我高射砲猜密集射擊、敵機兩架被擊落、一落緊水河內、一落南橋外京山、兩機即焚毀、機內敵飛行員全數死亡、該機頭刻有「空桑式B形起用磁石發電機、國產電機株式會社、昭和十二年五月製造」等字樣、

【中央社】昨（十五）日敵機三十九架分次進犯粤垣、第一次上午七時廿分、敵機五架在崖門上空發現、抵江門後、二架即飛向西江肇慶梧州一帶偵察、未幾、聯向崖門逃去、同時敵機六架、又由唐家灣飛出、經三水、源潭、清遠、英德、沿粤漢路南段偵察、未有投彈、至九時五十分、各敵機已遠颺、第二次上午十一時敵機十八架又由崖門來襲、其中八架飛向廣九路石龍站各地投彈卅餘枚、當將石龍橋路軌一段約二百餘尺炸燬、敵機一架亦為我防空部隊擊落、墜石龍西郊田野、石龍附近民房十所同時被炸、死傷農民數十人、据工程界談、該段水流湍急、工程困難、不易修復、廣九路午車已告停開、第三次下午一時廿分、敵機十架、再由崖門飛出六架、逕飛台山投彈、四架飛虎門偵察後、即折向赤溪投彈數枚、并沿西江一帶偵察、據在台山赤溪民房被燬甚多、傷害農民不少、損失甚鉅、

## △△——敵機轟炸甯陽鐵路——▽▽

【本報專訪】昨日下午一時四十分鐘、敵機十架、自崖門飛向江門、隨轉向南飛、沿寧陽路盤旋良久、續向公益牛灣進發、飛至牛灣、投下炸彈十餘枚、企圖轟炸該火車過海鐵船、我防地高射炮隊沉着迎戰、敵不敢低飛、卒未命中、乃折回江門車站附近、投下數彈、燬路軌數段、

【另訊】昨（十五）日防空指揮部據前哨報告、有敵機五架、由崖門海外經管家灣向北進襲、未幾、敵機飛至北江、窺伺後、旋飛往台山、向甯陽鐵路一帶投彈十餘、多未命中、惟附近鄉村民房、則被炸甚多、死傷無辜民衆不少、

——摘自《中山日报》（广州），1937 年 10 月 16 日

昨日敵機炸燬廣九路石龍站附近民房

——摘自《中山日报》（广州），1937年10月16日

# 敵機瘋狂轟炸下

# 杭州車站全部被燬

## 閘口西湖轉塘俱遭毒手

## 斃一警士震毀市屋頗多

（本市消息）十五日上午十一時十五分、乍浦發現敵重轟炸機六架、飛經海鹽、黃灣、海甯、長安、十一時三十二分抵杭市上空、三架即至城站投重量炸彈二枚、燒夷彈一枚、一彈中站屋爆炸、一彈中站門外馬路、炸後彈片擊中保安警察高榮奎頭部、立時斃命、路警曹天恩耳後略受微傷、已送院醫治、燒夷彈則適中站長室屋頂、頓時燃燒甚烈、敵機仍在上空盤旋、阻我施救、歷數分鐘、始向閘口飛去、尚有三架、則在市區上空往返盤旋窺探良久、幷向西湖區一帶、投下小型炸彈十餘枚、旋齊至閘口投重量炸彈八枚、燒夷彈兩枚、閘口貨棧及所存貨物、站長宿舍均被燬、棧後工人住宅起火、亦紅光燭天、同時機廠內所發炸彈尤厲、其時我高射砲機槍猛烈射擊、敵機投彈時、飛行甚高、均在三千五百公尺以上、然敵機一架、仍中我一高射砲彈、自尾部穿入、而由翼部穿出、敵機極爲驚恐、乃竄往杭縣屬之轉塘上空盤旋、窺探約二十分鐘、投彈十枚後、復循原路遁去、本市於下午一時餘始解除警報、

### 全部站屋 盡付一炬

敵機離開城站後、消防隊各界救火會據報、立派救火車馳往灌救、至下午三時半、始完全熄滅、該站全部已盡付一炬、所有電報電話辦公器具等俱成灰燼、僅四週略留水泥鋼骨之牆垣而已、至站之兩旁前[illegible]四等車待車室旅客檢杏處月台天橋等棧於亦幾毀盡、電訊股房屋亦震毀、

### 附近商鋪 震毀頗多

距離較近之城站旅館雖建

築尚固、然內部亦震毀甚多、其他如齊雲閣茶店、同利公、安泰、仁泰等運輸商號、旅店業職業公會第一支部、王聞興飯店、對過之張洪福鐘表行、就是我照相館、瑞興酒店、元豐西裝店、迎稼茶店、稻香村茶食店等房屋二十餘間、門窗板壁、多被震落、房屋傾斜不堪、遠及福緣路附近一帶民房、玻璃震碎、板壁瓦片、飛舞者亦所在皆是、命釵袋巷沈宅、亦遭敵機機關槍掃射、瓦片被碰擊、飛散四週地上、

◇◇◇彈片橫飛

## 警察殉職

當敵機轟炸城站時、杭市保安警察高榮奎、奉令派駐該站問訊處、不顧危險、獨守室內、竟致彈片穿腦殉職、事後由隊長李雲章率屬抬至馬路旁、一面購棺成殮、並請市府准予葬曆公墓、以慰幽魂、再擬呈請上峯、從優撫卹、查該兵係江蘇人、年念三歲、因投考航校體重未合格落選、隊長以其頗具堅忍之志、補入列兵、不料壯志未逮、遽爾殉難、全隊官兵、均為痛惜、

閘口機廠

## 同遭浩劫

敵機在閘口共投十彈、除燒夷彈二枚外、重量彈達八枚之多、兩路機廠內中三彈、每處均有深約丈許直徑約兩丈之大地洞一個、其重量可知、計機車客車及廠屋等均遭炸毀、損失頗鉅、其餘白塔嶺腳馬路中一彈、爆發後僅炸去山石、無損失、白塔嶺腳上中二彈、潮神廟及安家塘民房毀十餘間、塘內水中落一彈、爆發後炸斷楊柳數株、無損失、一彈落貨棧後空地、貨棧棧屋及存貨紹酒多壜被毀、二燃燒彈亦落貨棧旁、站長室炸毀、同時站後工人住宅等小屋十餘間焚燬、消防隊救火車到後、因鐵路無法通過、幸由該站事前備有木排、渡塘水而過、得以撲滅、站內重要票據文件、藉獲保存、損失亦因此減輕不少、事後該地

居民拾得敵機投下之炸彈彈殼、長約尺半、闊約五寸、係完全鋼質上有「二五〇瓩陸用爆彈字樣」、

◇◇◇橫行市空

## 亂擲炸彈

敵機又作瘋狂動作、在市區投下小型炸彈十餘枚、計一落裏西湖二十二號德人米尼爾住宅花園中、炸毀花木數株、一落國術館門前對過湖口、僅炸毀楊柳一株、三潭印月落兩枚、入泥土中、一落天竺仰家塘十一號屋上、毀瓦多片及屋椽一根、一落西湖瑪瑙寺門前爆發、適義勇警干鼎玉在該處服務、未為彈片所中、亦云幸矣、一落茅家埠黃泥嶺草舍二號路邊、一落月桂峯西首山腳茶地、一落茅家埠派出所後、距離約三丈之茶地、深入尺餘、望江門外海寺菜園廁所內、亦落三彈、尚有三枚、均入西湖水中、孤山附近某公館花園亦落一彈、西冷飯店附近勞氏墓道、亦落一彈、茅家埠通丁家山之小路旁、尚落有敵機墮下之計分表一只、有「東京造」字樣、至各處機槍流彈發現甚多、均幸未傷人、

◇◇◇壓堤橋畔

## 炸毀汽車

并有市府衛生科長張信培自備之一〇〇號黑牌汽車一輛、適因事駛經蘇堤壓堤橋、敵機已竄至西湖上空、時張氏及司機均下車、臥倒樹旁暫避、旋又乘隙轉橋洞中避匿、敵機見車、先以機槍掃射、中其油箱、復以小型彈擲下、汽車頓時起火、除車殼胎輪外、焚燬一空、然張氏終得脫險、可謂幸事、

◇◇◇襲擊轉塘

## 蹂躪無辜

又敵機在轉塘投彈四枚、落妙山、爆發後、傷四農人、龍王沙投四彈、傷婦女小孩二人、象山碉堡旁投一彈、無損失、獅子口投一彈、未爆發、聞其爆炸彈上、鐫有「一九三六年瀋陽兵工廠造字樣」、

杭州車站慘遭敵機炸燬、上爲敵機投彈轟炸後又擲燃燒彈縱火、危牆聳立內部已全成灰燼、下爲消防隊趕至灌救情形、

——摘自《东南日报》（杭州），1937 年 10 月 16 日

## 蘇浙粵重要城鎮 敵機蹂躪殆遍

### 平望熱鬧市街炸爲焦土

### 青島等處亦被盤旋窺伺

（中央十五日南京電）敵機十八架、於十五日下午二時半、在常州一帶發現、我空軍當即飛往截擊、敵機則轉往六合、滁州、浦口、句容各地投彈、迨我軍趕至、敵已相偕遁去、至被轟炸處所受損失、正在調查中、

（中央十四日青島電）十四日下午〇時三十分、敵機兩架經過青市、陰島、滄口、四方、夏莊、李村等處、防空處據報、即發出緊急警報、市民遵守指導、秩序井然、該兩機盤旋十餘分鐘、向西北飛去、於一時三刻解除警報、

## 炸京滬路

（中央十四日鎮江電）敵機十四日沿京滬路各縣自蘇州起鎮江止、無一處無敵機肆虐、計蘇州投六彈、無錫投兩彈、常州投十一彈、戚墅堰投六彈、丹陽投五彈、並以機槍掃射約廿分鐘、新豐毀車頭一、鎮江投兩彈、亦開機槍掃射、機車房被炸一部份、死平民二人、傷四人、其他各處損失死傷情形不詳、並悉江北寶應淮安等縣、亦有數機飛去窺探、

（本報十五日蘇州電）十五日晨十時、敵機十二架、由西過蘇、一機在閶門外寒山寺附近盤旋四匝、投二彈、一落草地、一落河中、彈片飛起、傷一汽輪之尾、一船上人受輕傷、另一船上死一平民、又八時十分、敵機二架、在角渡頭鄉投二彈、圖炸我停泊該處河中之難民船八艘、未中、落河中、並以機槍掃射、死六人、傷二十餘、又吳江亦於今晨九時十分、有敵機在縣屬西塘街投三彈、一燃燒彈、毀民房十餘間、並到北坼開機槍掃射、

（中央十五日蘇州電）十五日上午、此地連續遭敵機空襲六次、第一次為天明六時、幾每隔半小時來襲一次、第六次至十時四十分左右、方解除警報、下午未敢飛來、其第一二三四五次、僅窺探或經過、乘機投彈數枚、地點仍甚遠、在京滬路唯亭及蘇嘉路吳江車站間、損失甚微、平民六七人受傷、其第六次則飛至蘇地上空、我高射砲齊發、敵機亦未得逞、乃倉皇在郊外鐵路沿綫投數彈後遁去、

（中央十五日鎮江電）十五日上午九時、敵轟炸機七架、飛戚墅堰轟炸掃射一小時、投十一彈、機車房被炸毀一部、其他損失與平民傷亡未詳、敵機旋飛橫林站投八彈後、到無錫窺探十五分鐘、始向東飛去、

## 犯滬杭路

（本報十五日嘉興電）十五日上午、嘉興共發警報七次、晨九時四十九分、敵機六架、在禾盤旋窺探、後、即飛平望、在熱鬧市街及火車站汽車站投彈十二枚、及重磅燃燒彈二枚、該街商店民房、悉成焦土、斷垣殘壁、倍見敵機暴戾、死傷者五十餘人、已扒出屍首二十餘具、火車站附近及汽車站附近塘邊各落一彈、均未爆發、兩車站無恙、距火車站半公里之新建絲廠全燬、

（被炸後之嘉興車站月台）

（本報十五日嘉善電）十五日上午十時半、敵機六架、在平望投彈十二枚後、襲擊嘉善、在城廂內外掃射機關槍、約一刻鐘、幸無死傷、又十四日夜、有敵機二架、在蘆墟附近、掃射機槍、死傷多人、

（本報十五日蕭山電）十五日上午十一時二十一分、敵轟炸機六架、襲本縣上空、分兩隊、來回盤旋、至十一時三十分、在長河附近章蘇投三彈、落老鼠山麓、在山中爆發、無損失、又在陳家河頭詹家湖邊投三彈、均落湖中、死魚多尾、又繆茅家邊在孔家裏亦投彈三枚、一落孔金堂家、當即爆炸、屋被毀、一落河沿菜地中、小屋四座震毀、一落田裏來地方來長法家爆炸、略有損失、筏匠仟瑞發被彈片擊傷、又一小孩亦微傷、沙地下、下新廟附近投二彈、無損失、當敵機盤旋時、頻以機槍向下掃射、孔家裏阿毛家廁所受流彈甚多、、又上午十一時四十五分、敵機三架在茅家園投彈後、飛越閘堰、在坂里孫地方投下重量炸彈一枚、當即爆發、洞深三尺、我無損失、

——摘自《东南日报》（杭州），1937 年 10 月 16 日

# 敵機昨日襲蘇杭

# 圖謀破壞我交通

## 滬九路軌被炸燬二三百餘尺

## 敵機前日在魯南各縣投彈

（中央社）蘇州十四日電、敵轟炸機三架、於十四日晨七時四十五分、竄蘇肆虐、我防空人員得緊急警報后、即嚴加戒備、嗣其飛抵上空時、乃以密集之高射砲槍齊射擊、敵機不敢低飛、僅在高空盤旋窺探、並在市郊東西沿京滬路軌及蘇嘉路車站附近投彈共十餘枚、我無重大損失、敵機即於八時四十五分飛去、在蘇擾亂共達一小時之久、十四日上午十一時云、敵機三架又來蘇作第二次空襲、盤旋歷廿分鐘、因我高射砲密集射擊、敵機始倉惶在郊外投兩彈而去、我損失待查、

（中央社）蘇州十四日電、蘇州十四日自晨至晚受敵機空襲九次、除上午七時四十分及十一時兩次已詳另電外、其第三次在下午一時、歷四十分鐘、仍向我鐵路線投彈十餘枚、第四次下午三時、歷廿分鐘、第五次下午四時半、歷十餘分鐘、僅在市空盤旋若干時飛去、第六七八九數次、僅係過境窺伺而已、我被敵機轟炸地方、僅係鐵路沿線傍相門車站房屋毀去半間、齊門外鐵路傍毀蓬車一輛、公路間毀損汽車一輛、並炸毀民房數間、傷車民數人、內有二人重傷、餘無若何損失、

（中央社）蘇州廿五日電、上午此地連續遭敵機空襲六次、第一次爲天明六時、與每隔半小時來襲一次、第六次至十時四十分左右方解除警報、下午未敢飛來、其第幾一二三四五次僅窺探或經過、乘機投彈數枚、地點仍甚遠、在京滬路唯亭及蘇嘉路一段江車站間、損失甚微、平民六七人受傷、其第六次則飛抵蘇上空、我高射砲齊發、敵機亦未得逞、乃倉皇在郊外沿鐵路綫投數彈後遁去、

（中央社）蘇州廿五日電：上午此地連續遭敵機空襲六次、第一次爲天明六時、與每隔半小時來襲一次、第六次至十一時四十分左右方解除警報、下午未敢飛來、其第一二三四五次僅窺探或經過、乘機投彈數枚、地點仍甚遠、在京滬路唯亭及蘇嘉路一投江車站間、損失甚微、平民六七人受傷、其第六次則飛抵蘇上空、我高射砲齊發、敵機亦未得逞、乃倉皇在郊外沿鐵路綫投數彈後遁去、

（中央社）杭州十五日電：敵重轟炸機六架、今在日上午十時四十分由乍浦沿滬杭路飛來、在杭上空盤旋甚久、在城站投燃燒彈一枚、車站房屋全燬、又投一重量炸彈二落於車站前馬路中、附近商店民房震毀甚多、死保安處士兵一人、傷路警一人、敵機旋又飛閘口投重量炸彈六枚、燃燒彈二枚、鐵路機廠損害甚重、貨房亦炸燬一部份、敵機到杭時、并以機槍掃射、裏西湖一帶落彈甚重、敵機之一架被我高射砲擊傷尾部、由餘機保護逸去、又敵機過嘉善時、在城內及車站用機槍掃射十餘分鐘之久、

（中央社）南京十五日電：敵機十八架、於十五日下午二時半在常州一帶發現、我空軍當即飛往截擊、敵機則轉往六合、滁州、浦口、句容、各地投彈、迨我軍趕至敵已相偕逸去、至被轟炸處所、受損失正在調查中、

（中央社）廣州十五日電：廣九路石龍附近路軌、十五日被敵機炸燬、上行車兩中途折回、聞毀損工程甚鉅、修理尚須十日、按該路爲中英合辦、自戰後封鎖華南海岸後、該路已成粵港間唯一交通航道、今經遭燬兩地交通已暫告斷絕、而敵人之蔑視英國利益、吾人對其轟沉港船後、於此可得一明證、

（中央社）廣州十五日電：十五日上午七時廿五分、敵機五架由崖門起飛、三架至江門折回、二架赴肇慶梧州窺察、另六架由廣海起至三水轉源潭飛粵漢路、但未投彈、

（中央社）廣州十五日電：十五日上下十一時十八分、敵機十八架飛襲石龍站水橋附近、炸燬路軌一百餘尺、鄰近農民死傷甚多、

（中央社）廣州十五日電：十五日上午十一時廿五分、敵機十八架由崖門來襲廣九路、共投三十餘枚、當將石龍站鐵橋路軌炸燬、敵機一架、被我擊落石龍西郊田野中、另敵機十架飛增城投彈、炸燬民房數十所、又下午一時廿分敵機一架再由崖門飛台山赤溪虎門各地窺察、并在台山赤溪投彈、毀民房多所、鄉民死傷數十人

（中央社）鎮江十四日電：十四日沿京滬路自蘇州起至鎮江止、無一處無敵機肆虐、計蘇州投六彈、無錫投兩彈、常州投十一彈、戚墅堰投六彈、丹陽投五彈、並用機鎗掃射約廿分鐘、新豐敵車頭、在鎮江投兩彈、並開機掃射、機車房被炸一部份、死平民二、傷四人、其五各處損失死傷情形不詳、並悉江北寶應淮安等縣、亦有敵機飛去窺探、

（中央社）鎮江十五日電：十五日上午九時、敵轟炸機七架飛抵戚墅堰、轟炸掃射約一小時、投十一彈、機車房炸燬一部、其他損失與市民傷亡未詳、敵機旋飛橫林站投八彈后、到無錫窺探十五分鐘、始向北飛去

（中央社）上海十五日電：漳河白節口外敵艦增泊一艘、廿四日敵三次企圖在該處登陸、均被我軍擊退、

（中央社）濟南十四日電：十四日敵機三架在東北堡大坟口投彈、傷市民七八人、又敵機六架在梁莊鄒縣投彈、損失未詳、又禹城發現敵機四架、經齊河來濟市上空窺察一通之返、經禹城投彈四枚、我無損失、又敵機二架伺經縣益都、未投彈東返、

（中央社）青島十四日電：十四日下午〇時十三分、敵機兩架經軍本市陸島、滄口、西方發莊李村等處、防空處據報卽發出緊急警報、市民遵守指導秩序井然、該兩機盤旋十餘分鐘、向西北飛去、於一時三刻解除警報云、

——摘自《华西日报》，1937 年 10 月 16 日

敵機肆意轟炸

# 擊傷五美兵

## 滬西外人房產被擊毀

◎本市字林西報云、日機十四日午後、在蘇州河附近租界投彈、當場擊斃華人十名、另有二十餘人被擊受傷、內有五人係美國水兵、又有日機數架在西區滬杭鐵路附近轟炸、華人死傷纍纍、並損毀沿虹橋路一帶之外人房屋七八處云、又本市泰晤士報云、據十四日夜深、自可靠方面所獲消息、十四日有坐落虹橋路一百四十號門牌外僑密勒氏之住宅、被日機所轟毀、房屋全部傾坍、財產價值幾何、現尚未能估計、查日機轟炸時、該屋頂上懸有德國國旗

### 美旗艦

本市字林西報云、十四日晨停泊浦江中之日艦與浦東華軍陣地發生炮戰時、曾有日方砲彈之碎片、落於美旗艦奧格斯脫號船上、彈片墮落地點、與美駐遠東艦隊司令雅納爾氏站立地點相距甚近、雅納爾氏險被擊中、當時有美國海員一名、被擊受傷、另有爆烈性極大之炮彈、在該艦甲板上落下、擊中該艦三等報務員麥克密散爾之左太陽穴、美駐遠東艦隊司令雅納爾當即向日第三艦隊司令長谷川提出抗議、日方即答覆表示遺憾、再則當時彈片在奧格斯脫號旗艦上炸裂時、該艦上海員均奉命在甲板下暫避、停泊美旗艦旁之巡船、亦有彈片紛紛墮下、船上海員亦避在甲板下、據該船某海員告字林西報記者、日方所用之彈、爆烈性甚巨、故彈片波及範圍甚廣云、

### 英武官

倫敦十四日中央社哈瓦斯電、關於英國駐華大使館航空副參贊諸人所乘汽車、在閔行附近被日本飛機襲擊事、外務部頃已接獲上海英國領事館之報告、其內容除說明經過情形外、並謂汽車所採路線、曾於事前通告日本軍事當局且亦並未另遵他道云

◎東京十五日中央社路透電、駐日英大使克萊其奉政府訓令、今晚以公文送交日外相廣田、對於十月十二日日機在閔行附近轟擊英人所乘汽車事、有所抗議、當時雙方曾交換意見、大約此事可迅速和平解決、不外於日方道歉並聲明日機飛行過高未能辨明車上旗號而已、

——摘自《时报》（上海），1937 年 10 月 16 日

# 敵機到處肆虐

# 西湖上空彈紛飛

## 蘇州六次被襲 常州發生空戰

## 六合徐州句容等地均被炸

## 轟炸廣九路被我擊落一敵機

◎鎮江十四日電、敵機十四日沿京滬路各縣自蘇州起鎮江止、無一處無敵機肆虐、計蘇州投六彈、無錫投二彈、常州投十一彈、戚墅堰投六彈、丹陽投五彈、並用機鎗掃射約廿分鐘、新豐毀車頭一、鎮江投兩彈、亦開機槍掃射、機車房被炸一部分、死平民二人、傷四人、其他各處損失死傷情形不詳、並悉江北寶應淮安等縣、亦有敵機飛去窺探、

### 蘇州

蘇州十五日電、十五日上午、此地連續遭敵機空襲六次、第一次爲天明六時、機每隔半小時來襲一次、第六次至十時四十分左右、方解除警報、下午未敢飛來、其第一二三四五次、僅窺探或經過乘機投彈數枚、地點仍甚遠、在京滬路唯亭及蘇嘉路吳江車站間、損失甚微、平民六七人受傷、其第六次則飛抵至蘇地上空、我高射砲齊發、敵機亦未得逞、乃倉皇在郊外鐵路沿線投數彈後遁去、

◎蘇州十四日電、敵轟炸機三架、於十四日晨七時四十五分來蘇肆虐、我防空人員得緊急警報後、即嚴加戒備、俟其飛抵上空時、乃以密集之高射砲鎗射擊、敵機不敢低飛、僅在高空盤旋窺察、並在市郊東西沿京滬路軌及相門外蘇嘉路車站附近投彈共十餘枚、我無重大損失、敵機即於八時四十五分飛去、在蘇擾亂共達一小時之久、十四日上午十一時正、敵機三架又來蘇作第二次空襲、盤旋歷二十分鐘、因我高射砲密集射擊、敵機始倉皇在郊外投兩彈而去、我損失待查、

◎蘇州十五日電、蘇十四日自晨至晚、受敵機空襲共九次、除上午七時四十分及十一時兩次已詳另電外、其第三次在下午一時歷四十分鐘、仍向我鐵路線投彈十餘枚、第四次下午三時、歷二十分鐘、第五次下午四時半、歷十餘分鐘、僅在市空盤旋若干時飛去、第六七八九數次、僅係過境窺伺而已、我被敵機轟炸地方、俱係鐵路沿線、僅相門車站房屋毀去半間、齊門外鐵軌旁毀篷車一輛、公路間毀舊汽車一輛、並炸毀民房數間、傷平民數人、內有三人重傷、餘無若何損失、

◎蘇州十五日電、十五日晨十時、敵機十三架由西過蘇、一機在閶門外寒山

寺附近盤旋四匝、投二彈、一落草地、一落河中、、彈片飛起、傷一汽輪之尾、一船上人受傷、一船上死一平民、又八時十分敵機二架、在縣屬甪直渡頭鄉投二彈、圖炸我停泊該處河中之難民船八艘、落河中、並以機鎗掃射死六人傷二十餘人、晨九時十分、敵機在吳江縣屬平望西塘街投三彈、一燃燒彈、燬民房十餘間、並到北坼開機槍掃射、

## 戚墅堰

◎鎮江十五日電、十五日上午九時、敵轟炸機七架、飛戚墅堰轟炸掃射約一小時、投十一彈、機車房被炸毀一部、其他損失與平民傷亡未詳、敵機旋飛橫林站、投八彈後、到無錫窺探、十五分鐘始

向東飛去、

## 閘北

昨日上午八時許起至九時、敵飛機三架成一隊、先在閘北上空盤旋數匝、繼即分次繞行投彈、計每次每機各投一彈、五次共投十五彈而去、第二度在下午十二時三十分至一時半、敵機仍係三架、盤旋如前、亦投炸彈十五枚、第三度在三時三十分至四時三十分、敵機三架在大統路中興路上空盤旋十餘週、計投彈十八枚、全日共投四十八枚、上午之彈、皆落於寶山路虬江路北商務印刷所南一帶、下午之彈、多數落於旱橋以西沿鐵路及中興路兩傍荒地上泥中、

## 浦東

浦東方面、敵機於昨日清晨六時後、即出動前往、向民房及無辜民衆濫施轟炸、自晨至暮、多至十五六架、少則二三架、終日盤旋於洋涇・其昌棧・楊家宅・張家樓・塘橋等一帶、擲彈達百數十枚、尤以洋涇鎮一帶受害最重、街上落彈七枚、四週十餘枚、民房轟倒數十間之多、其他各地農村亦被破壞若干處、當地紅會第十隊已救護受傷民衆吳金生（泰州人）、曹徐吳金才（揚州人）、賈金根（氏（浦東人）、賈泉富（浦東浦東人）、陳雪泉（江北人）、陳潘氏（本地人）、陳正明（本地人）、陳二小（江北人）、瞿啓根（江北人）、許龍寶（本地人）、倪永聖（本地人）、沈韓氏（本地人）、陳富良（本地人）、陳福佑（南通人）等十餘名、內有二名不及救治而死、

## 高橋

昨據由高橋來滬者云、敵機突往該地投彈、計杜家灣投下兩彈、慘死居民受傷十餘人、又張家宅某鄉民家內喪事正在門前空地上焚化死人衣被、亦遭敵機擲彈轟炸、當場炸毀棺木兩具、屍骨紛飛、慘不忍覩、尙有高橋鎮邊某小學被炸毀房屋十餘間、幸未傷人、查該處並無軍事設備、頗爲明顯、敵機此舉、實乃故意屠殺我無辜民衆、

## 莘莊

昨日午後一時至三時間、敵機飛至滬埠西南莘莊地方、投擲炸彈、燬民房數椽、鄉民數人受傷、

## 杭州

杭州十五日電、十五日午十一時半、敵機六架、分兩隊襲杭、一隊在城站車站投大量炸彈三枚、大樓被中、起

火延燒、站屋全燬、死警備員一名、傷路警一名、附近民房均震毀、一隊飛西湖上空、繞道至閘口、與另一隊會合、在西湖上空開機槍掃射、並狂投小型彈甚多、裏西湖德人米尼而住宅內中一彈、窗垣均受損、門外馬路上炸一彈、外湖唐莊中一彈、損一樹、蘇堤停有市衛生科長張信培之汽車、中彈着火盡燬、餘彈多落湖中、敵機至閘口後、投彈四枚、閘站辦公室機場貨房站屋均有相當損失、十時仍分兩隊飛去、

**嘉善**

嘉善十五日電、敵機六架、十五日上午十時半飛善、開機槍掃射一刻鐘、無死傷、

**六合**

南京十五日電、敵機十八架、於十五日下午二時半、在常州一帶發現、我空軍當即飛往截擊、敵機則轉往六合滁州浦口句容各地投彈、迨我軍趕至、敵已相偕逸去、現被轟炸處所受損失、正在調查中、

**滁州**

南京十五日中央社路透電、今日午後日重轟炸機十七架襲擊浦江西北之滁州、首都三時發出警報、其時日機飛過明光、迨抵滁州後、即擲下炸彈多枚、旋繞首都飛行一匝而去、四時解警

**蚌埠**

蚌埠十五日電、蚌埠十四日被敵機襲擊、施家窰炸死逃難男女廿餘人、車站被毀、老大街華昌街炸燬、震場房屋數百間、上海銀行幾全毀、守衛警一被炸慘死、

兩街磚瓦中、扒出屍體多具、正辦理善後、十五日上午十時許、敵機兩架至宿縣窺察、旋向五河方面飛去、

**徐州**

◎徐州十五日電、敵機十四日再大隊出動向津浦隴海兩路肆意轟炸、晨六架、沿隴海路到徐窺察一週、即赴趙墩竇莊投彈十數枚、並在大廟以機槍掃射、我路方略受損失、晚六架到蚌埠、沿津浦線窺察轟炸、損害輕微、

**廣九**

廣州十五日電、十五日上午十一時廿五分、敵機十八架、由崖門來襲廣九路、共投三十餘枚、當將石龍站鐵橋路軌炸毀、敵機一架被我擊落、墜石龍西郊田野、又另敵機十架、飛增城投彈、炸燬民房數十所、傷斃平民數百人、又下午一時廿分、敵機十架、再由崖門飛台山赤溪虎門各地窺察、並在台山赤溪投彈、燬民房多所、鄉民死傷數十人、

◎廣州十五日電、十五日上午十一時十八分、敵機十八架、飛襲廣九路、在石龍緊水橋附近炸燬路軌二百餘尺、鄰近農民死傷甚多、◎廣州十五日電、十五日上午七時廿五分、敵機五架由崖門起飛、三架至江門折回、二架赴肇慶梧州窺察、另六架由唐家灣起飛、至三水轉源潭、窺察粵漢路、但未投彈、

**濟南**

濟南十五日電、十五日晨五時、敵機五架、飛東鄉鎮場投彈、炸燬油坊、又在金餘鎮炸燬某姓民房、死一人、傷五人、

**青島**

青島十四日電、十四日下午零時三十分、敵機兩架、經過本市陰島滄口四方夏莊李村等處、防空處據報、即發出緊急警報、市民遵守指導、秩序井然、該兩機盤旋十餘分鐘、向西北飛去、於一時三刻解除警報、

——摘自《时报》（上海），1937 年 10 月 16 日

十三日嘉興車站四次被敵機轟炸、投彈十二枚、月台全燬、車輛無損、路軌損一部、　（楊鳳麟攝）

——摘自《时报》（上海），1937年10月16日

# 敵機昨飛桂梧肆虐

# 石龍鐵橋亦被炸毀

## 粵各地遭空襲死傷平民甚衆

▲中央社梧州十五日電 敵機七架、十五日晨十時許突來梧肆虐、投彈十一枚、毀商店民居十六所、四彈落江面、擊沉小輪一艘、貨船及小艇十艘、死傷市民艇戶百餘人。

▲中央社桂林十五日電 敵重轟炸機一隊、十五日午十一時三十五分飛桂垣轟炸、在城郊投彈廿餘枚、城內落八彈、炸燬民房三十九所、死市民五十三人、傷達二百人、附郊被炸鄉村共九處、毀民房五十餘所、死傷農民逾三百人。

▲中央社廣州十五日電 十五日上午十一時十八分、敵機十八架飛襲廣九路、在石龍緊水橋附近炸燬路軌二百餘尺、鄰近農民死傷甚多。

▲中央社廣州十五日電 十五日上午十一時二十五分、敵機十八架、由崖門來襲廣九路、共投彈三十餘枚、當將石龍站鐵橋路軌炸毀、敵機一架被我擊落、墜石龍西郊田野、又敵機十架飛增城投彈、炸燬民房數十所、傷斃平民數百人、又下一時二十分、敵機十架冉由崖門飛台山、赤溪、虎門各地窺察、並在台山赤溪投彈、午燬民房多所、鄉民死傷數十人。

【本報十五日上海專電】香港電、廣九路被敵機炸毀一段、十五日已修復、晨恢復通車、港當局以該路係中英合辦、對日空軍暴行極憤慨、已請英政府向日提嚴重抗議。

▲中央社廣州十五日電 十五日上午七時廿五分、敵機五架由崖門起飛三架、至江門折回、二架赴肇慶梧州窺察、另六架由唐家灣起飛、至三水轉源潭、窺察粵漢路、但未投彈。

## 石龍鐵橋被炸情形

▲中央社廣州十五日電 廣九鐵路十五日午第二次被炸後、中央社記者即乘該路工程車前往視察、于下午九時五十分電省報告云：今午敵機十八架襲擊廣九路、在緊水河橋至常平站一帶、共投重量炸彈四十餘枚、緊水河橋與石龍北南兩橋間路軌、被炸毀十餘段、長達九百餘尺、貨倉路軌亦炸毀三百餘尺、石龍橋北岸橋頭、落巨彈一枚、將附近地段炸成巨穴、深五十餘尺、寬二百五十餘尺、近岸橋樑橋墩兩座被毀、因無適當材料、短期內頗難修復、附近農民被炸死四十餘人、傷百餘人、當敵機肆虐時、我高射砲槍密集射擊、敵機兩架被擊落、一落緊水河內、一落南橋外京山、兩機即焚燬、機內敵飛行員全數死亡、該機頭刻有「容桑式B形」起用磁石發電機國產、雷機株式會社、昭和十一年五月製造」等字樣。

▲中央社香港十五日電 廣九路石龍附近路軌、十五日被敵機炸毀、上行車兩班中途折回、聞燬損工程頗巨、修理尚須時日、按、該路爲中英合辦、自敵艦封鎖華南海岸後、該路已成爲粵港間唯一交通孔道、今既濫毀、兩地交通已暫告斷絕、而敵人之蔑視英國利益、吾人於其轟沉港漁船後、於此又可得一明證。

——摘自《中央日报》（南京），1937年10月16日

# 暴日肆意破壞

# 文化機關橫遭蹂躪

## 計大學十四校中學廿七校

## 損失一千零九十四萬餘元

此次暴日進犯，對我教育文化機關著意破壞，不遺餘力。本市自八一三開戰以來，教育文化機關遭敵軍蹂躪者不一而足，即在非戰區域之學校，亦同遭殃及，茲據上海市社會局十月十五日止調查之結果，統計大學校損害六百六十二萬三千一百五十九元，中學校損害二百十九萬九千九百五十四元，小學校損害二十五萬九千一百二十九元，社教機關如博物館圖書館，體育場等損害一百八十六萬元，總計一千○九十四萬二千二百四十二元。茲將詳細統計分列於左：

### 大學之部

| 校名 | 被燬詳細情形 | 損害估計 | 備註 |
|---|---|---|---|
| 同濟大學 | 全部被轟炸 | 一，八六四，○一八 | |
| 暨南大學 | 局部被轟炸 | | 損害現難估計 |
| 大同大學 | 同上 | 一○，○○○ | |
| 滬江大學 | 校舍被敵軍佔領 | 一，六七九，七四九 | |
| 音樂專科 | 同上 | 一七一，六三二 | |
| 上海商學院 | 同上 | 二○一，○○○ | |
| 上海法學院 | 全部被毀 | 二一○，○○○ | |
| 正風文學院 | 局部被毀 | | 損害現難估計 |
| 同德醫學院 | 大部被毀 | 一五○，○○○ | |
| 持志學院 | 同上 | 五○○，○○○ | |
| 復旦大學 | 同上 | 一，二○○，○○○ | 附攝影剪片 |
| 商船學校 | 全部被毀 | 四○六，七六○ | |
| 東南醫學院 | 同上 | 二三○，○○○ | |
| 市立體育專科 | 校舍被日軍佔領 | | 校舍係體育場借用損失現難估計 |
| 總計 | 十四校 | 六，六二三，一五九 | 全部被毀學校損害估計依據各校呈報之資產數 |

### 中學之部

| 校名 | 被毀詳細情形 | 損害估計 | 備註 |
|---|---|---|---|
| 新陸師範 | 大部被炸 | 一○九，○○○ | |
| 立達中學 | 劈場混場全部被毀校舍 | 二五，五○○ | |

| 校名 | 被毀情形 | 損害估計 | 備註 |
|---|---|---|---|
| | 校具局部被燬 | | |
| 吳淞中學 | 全部被炸 | 五〇,八三〇 | |
| 復旦中學 | 同上 | 一一九,四〇四 | |
| 愛國女中 | 全部被炸 | 一〇五,九五〇 | |
| 持志附中 | 同上 | | 損害估計在大學內 |
| 新民中學 | 詳情不悉 | 四〇,〇〇〇 | |
| 育青中學 | 同上 | 四〇,〇〇〇 | |
| 東南女體師及附中 | 全部被炸 | 一五〇,六〇〇 | 附攝影剪片 |
| 澄衷中學 | 局部被炸 | 六〇,〇〇〇 | |
| 麥倫中學 | 全部被燬 | 八二,八〇〇 | |
| 滬北中學 | 詳情不悉 | 五〇,〇〇〇 | |
| 惠羣女中 | 全部被炸 | 一〇〇,〇〇〇 | |
| 建國中學 | 詳情不悉 | 一〇〇,〇〇〇 | |
| 安徽中學 | 校具被燬 | 三,〇〇〇 | |
| 新亞中學 | 同上 | 六,〇〇〇 | |
| 兩江體師 | 全部被燬 | 一一〇,〇〇〇 | |
| 浦東中學 | 局部被炸 | 二,〇〇〇 | |
| 市北中學 | 全部被炸 | 一二〇,〇七〇 | |
| 啓秀女中 | 同上 | 二二一,〇〇〇 | |
| 大公職中 | 局部被炸 校舍損害 | 三〇,〇〇〇 | |
| 崇德女中 | 詳況不明 | 二九〇,〇〇〇 | |
| 廣東初中 | 全部被燬 | 一四〇,〇〇〇 | |
| 嶺南初中 | 局部被炸 | 三〇,〇〇〇 | |
| 同德助產 | 同上 | 三,〇〇〇 | |
| 三育初中 | 詳況不明 | | |
| 粵東中學 | 全部被炸 | 二〇〇,〇〇〇 | |
| 總計 | 二十七校 | 二,一九九,九五四 | 在火線內各校詳情無從得悉依據各校呈報之資產估計 |

## 小學之部

| 區別 | 損害校數 | 被毀情形 | 損害估計 | 備註 |
|---|---|---|---|---|
| 閘北 | 八 | 在火線內詳情無從得悉 | 四七,九三五 | 各校均無法詳細報告依據各校之資產估計 |
| 引翔 | 七 | 同上 | 五〇,一八五 | |
| 江灣 | 九 | 同上 | 六一,八九〇 | |
| 吳淞 | 九 | 同上 | 一九,二二四 | |
| 中心區 | 三 | 同上 | 五四,三五六 | |
| 殷行 | 八 | 同上 | 二五,五三九 | |
| 總計 | 四四 | | 二五九,一二九 | |

## 社教機關之部

| 名稱 | 被毀詳細情形 | 損害估計 | 備註 |
|---|---|---|---|
| 市博物館 | 全部被燬 | 三九〇,〇〇〇 | |
| 市圖書館 | 同上 | 四七〇,〇〇〇 | |
| 市體育場 | 局部被燬現被敵軍佔領 | 一,〇〇〇,〇〇〇 | |
| 商務印書館 | 詳況不悉 | | |
| 航空協會 | 同上 | | |
| 新中國建設協會 | 同上 | | |
| 工程師學會 | 同上 | | |
| 德比奧同學會 | | | |
| 總計 | 八處 | 一,八六〇,〇〇〇 | 其他機關尚在調查中 |

## 教育文化機關損害統計

| 機關 | 損害估計 |
|---|---|
| 大學之部 | 六,六二三,一五九 |
| 中學之部 | 二,一九九,九五四 |
| 小學之部 | 二五九,一二九 |
| 社教之部 | 一,八六〇,〇〇〇 |
| 總計 | 一〇,九四二,二四二 |

——摘自《神州日报》(上海),1937年10月17日

# 滬敵機昨竟日肆虐
## 蘊藻濱線昨晚激戰
### 嘉興難民傷兵車竟被掃射
### 江陰常熟江面敵艦時砲擊

【上海十六日下午八時發專電】今日各線除陳家行有小戰爭外，各線大致僅時有小接觸，我發言人報告，蘊藻濱線東端廠基，昨午敵兩營來攻，發生激戰數小時，敵死傷二百餘敗退，我奪獲步槍機槍不少，劉行公路西一公里之朱家宅，敵今日下午來攻，被我掃射損失極重，我傷亡較少，黑大房子濱南之敵前進數百碼，該線最南之黃陳家行附近自昨迄今激戰未已，日機今日在浦東・閘北等處投彈不少，羅別根路橋被炸，下午敵機六架到浦東偵察，並掃射農民云。

【上海十六日下午十二時發專電】(一)蘊藻濱之敵今日將陣面縮短，自沈家灣宅等處攻擊，由上午十一時攻至下午，遭我英勇抵抗，敵傷亡三百餘人，被我繳械步槍十餘，輕重機關槍四挺，(二)閘北方面，敵遭重大損失後，正忙於修補陣地，未出擊，故昨今僅步哨接觸，(三)江灣方面，我軍留守陣地，敵連日均未來犯，甚平靜。

【上海十七日晨零時三十分發專電】蘊藻濱南岸之敵十六日晚八時起向陳家行、塘北宅一帶猛攻，砲火連珠，雙方肉搏，至十一時，戰況愈烈，我軍亦趕往增援，敵方毫無進展。

【上海十六日下午八時發專電】敵機六架今晨八時到嘉興，繼而嘉善，在車站投彈六枚，略有損傷，又在洋橋附近投彈六枚，適有難民車傷兵車各一列開到，難民等即下車躲避，但傷傷兵四名，輕傷兵十餘名，連日江陰・常熟交界江面時有敵艦砲擊，十五日晨八時該處護塘港有敵艦二艘向岸上發炮，餘砲彈落田野，滬市今晨拂曉即有敵機發現，在滬西北新涇投彈五枚，浦東沿江一帶投彈頗多，上下午閘北・大場亦落彈不少，但敵機不多。

【中央社上海十六日電】軍息，十六日晨八時半敵機多架飛嘉興窺察，見有傷兵及難民車兩輛，即大肆轟炸，連投七彈，均未中的，傷兵難民即群奔出車外，伏于田野，敵機仍低旋，以機槍掃射，死傷四十人以上。

【中央社上海十六日電】蘊藻濱兩岸十五日至十六日晨有三處接觸，(一)盤據於滬太公路以西梨大　宅之殘敵，向南進佔小宅兩處，佈置警戒線，似防我軍進擊，(二)公路以東朱家宅之敵犯我沈家灣陣地，經我擊退，(三)濱北在公路東約五公里之廟基為敵軍重要根據地，有一營，約一千之衆，在夜色茫茫中，渡河增援，我軍見敵立陣未定之時，突然出擊，敵紛紛中彈墜水，河水全赤，黎明後，我軍佔河岸，獲步槍百枝，機槍十挺，並俘敵十人，現我扼守南岸，敵人之企圖絕難得逞。

【中央社上海十六日電】，[illegible]隨軍記者十六日午報告，羅店附近朱家弄大維橋係敵砲兵陣地，昨向我劉王廟一帶射擊，經我測準其方位，以重砲還擊，破我擊毀砲門，即行沉寂，迄今敵未再援，又顧家廟當面之敵，自昨晨至今晨，不斷以步槍機關槍向我陣地射擊，似係試探虛實，我知敵不敢貿然來犯，故不予還擊，又朱北宅附近之敵昨拂曉強渡失敗後，迄今最前線沉寂。

【中央社蘇州十六日電】軍息，敵近日攻我廣福站南之小顧宅甚烈，經反復肉搏，敵勢方挫，至今日已被我擊潰。

【中央社上海十六日電】江灣隨軍記者十六日午報告，市中心區之敵今晨四時由翔殷路進窺我葉家花園及體育會路陣地，我分路截敵，激戰至七時，敵飛機出動，掩護退去，我軍亦還原防，沿途敵屍枕藉，計五十餘具，並有坦克車一輛倒毀路旁。

【中央社上海十六日電】閘北隨軍記者十六日午報告，(一)北四川路以西，由我軍完全控制後，今晨二時我軍又向該路衝出，與敵巷戰四小時，敵受重創，(二)今晨　時半，敵三百餘人沿橫濱河北進，向我八字橋進犯，我軍予以迎頭痛擊，同時粵東中學附近我軍，亦出廣利路，襲擊六三花園敵軍側面，血戰至晨六時許，敵不支後退，此役斃敵七十餘人，奪得輕機關槍八枝。

【中央社蘇州十六日電】敵機六架十五日下午二時，飛崑山之陸家濱轟炸，共投六彈鐵路人員死傷多人。

——摘自《大公报》（汉口），1937年10月17日

# 國立暨南大學被燬記（五）

## 馮黃兩君的殉國

宋達邦

這小小的地面是敵機的大目標物，五六十枚的炸彈聲無數的機關槍聲，所發出刺耳的聲音，混成一片，眞如天崩了地裂了。團部的房子，左右搖擺不定，像那受不起狂風暴雨下的軟弱小樹，又像那山洪爆發，振動不已，瓦面喇喇作響，在那時雖沒有聽到悲慘底呼號，但那卜卜之聲，隆隆之聲，使人心頭顫慄，心弦緊張。接着就是塌屋沙沙的巨響。這簡直是一個悲慘的世界啊！團長就下令停止一切工作避往地窟中，那時馮君雪桂任炊飯之職，當他正要放鷄落鑊的時候，頓聞停止工作的命令，但由廚房到地窟較團部來得遠些，他是最後走往地窟的人，連鷄子也帶着走。（在那戰事時期中，肉類是很不易得到）他帶着不在乎的神態，恐怕是連天空也沒看，走到十多步，無情的炸彈就降下在他身邊爆炸；可憐不幸的馮君當堂炸到不成人的樣子，像那火燒過的一塊大東西，奇怪的是，他手上拿緊的毛鷄和手腕的前部，一點也不焦黑，在收拾屍首底時候，想把那毛雞拿下來，也沒有辦法，只好讓它安放在一起了。找炸馮君之彈穴，在眞茹鎭內，堪稱第一大了。馮君被炸後卅秒鐘，炸彈內的破片和炸起的泥沙跌落地面來，地面和空間好像平安了一些。

在團部底東面有一座草棚，棚下正伏着該團的支隊，他們都是樂天主義者，棚中放着一張檯，檯上有七杯熱氣騰騰可口的咖啡茶，黃君世華是這支隊的隊員，他看見了馮君的慘死，本着互助互愛和共同生死的精神，忽然間立起來對同志們說了一聲：「我要看看他的究竟！」那時在場的人，大家不約而同的齊聲喝止着：「不要去，飛機正要下來了。」可是友情之火在他心靈裡熾燃着，為了友愛的熱情，他不聽各人底話，毅然勇敢地拔步前跑。卜卜機關槍子以首次聲告。他正要伏下來，可是太遲了，就在這一刹間，轟然一聲，炸彈落在他身邊十步，破片給他的左臂帶到不知何處去了！團長看見了這一幕慘劇，心裏異樣的憤恨，也覺到為正義而應該同歸士識，激昂的首先走出地窟，下令全隊出來救護黃君，不到一分鐘，地的出動了一羣人。敵機師忽然看見這許多的人在移動，以為是什麼高射炮隊出動、馬上結隊向高空飛去。如鼠胆般的敵人，從這件事情就可證明，炸彈和槍彈是不足怕了。我們眞誠團結，熱血騰躍和那勇敢底大無畏精神，可使強暴的敵人喪胆了。他那裡還有胆來傷害我們，侵擾我們底土地？只要我們合力抗敵——這是唯一的辦法啊！

（未完）

——摘自《中山日报》（广州），1937 年 10 月 17 日

# 敵轟炸機六十架

# 分襲淞滬

## 我據點未受損失

## 無辜平民多遭殃

【本報上海十六日下午九時四十分專電】敵今日動員重轟炸機六十架、竟日分襲淞滬各線、擲彈極多、但我軍據點未受何損失、

【中央社上海十六日電】十六日晨九時有敵機六架飛浦東各地盤旋、在楊家渡投廿餘彈。傷亡平民百餘人、毀民房多間、午後仍飛往偵察、又閘北方面十六日晨十時仍有敵巨型機三架飛往投彈、永興路共和新路民房被毀數間、

【本報上海十六日下午一時十五分專電】嘉定附近、十六日上午七時、有敵機數架。相繼前去窺察、並投彈多枚、惟我工事無損、又敵機七架、至虞西轟炸、於北新涇鎮投五彈、

【中央社蘇州十六日電】敵機六架十五日二時半飛崑山之陸家濱轟炸、共投六彈、鐵路人員死傷多人、

——摘自《中山日报》（广州），1937 年 10 月 17 日

# 敵機襲京不逞

## 光華門外被我擊潰

## 蚌市被炸損傷慘重

【中央社南京十六日電】敵機十五架、於十六日下午二時半由東西飛、有進襲首都模樣、我空軍當即飛往截擊、敵機數架繞道西南方、侵入光華門上空、在我高射砲密集齊發中、倉皇向郊野投數彈逸去、下午五時、又有敵重轟炸機五架、自連雲港向京進發、我機前往攔擊時、已在滁州投數彈、旋改向合肥肆擾、在合肥上空盤旋窺探片刻、投彈數枚而去、各處被炸損失情形、尚在調查中、

【中央社上海十六日電】軍息、十六日晨八時半敵機多架飛嘉興窺察、見有傷兵及難民車輛、即低飛轟炸、傷兵連投七彈均未中的、傷兵難民即棄奔出車外、伏於田野、敵機仍追逐以機槍掃射、死傷四十人以上、

【中央社徐州十五日電】敵機十四日再一隊出動、向津隴兩路恣意轟炸、晨六架

飛隴海路到徐窺察一週、即赴趙墩書莊投彈十數枚、並在大廟以機槍掃射、我路方畧受損失、晚六架、到蚌埠、沿津浦線窺察轟炸、損傷較微、

【中央社蚌埠十五日電】蚌市十四日被敵機襲擊、施家窪炸死逃難男女廿餘人、車站被毀、老大街華昌街、炸燬震塌房屋數百間、上海銀行幾全毀、守衛警一被炸慘死、兩街磚瓦中、扒出屍體甚多、正辦理善後、上午十時許、敵機兩架、至宿縣窺察、旋向五河方面飛去、

——摘自《中山日报》（广州），1937 年 10 月 17 日

被敵轟炸後上海閘北斷垣殘壁

——摘自《中山日报》（广州），1937 年 10 月 17 日

# 敵機肆虐廣西

## 瘋狂轟炸死傷平民數百
## 首都蘇浙等處均遭襲擊

（中央十五日廣州電）據此間關係方面確息、今午敵驅逐機掩護重轟炸機多架、由北海方面飛桂境、分隊轟炸桂林梧州兩地、市民傷亡甚多、

（中央十五日梧州電）敵機七架、十五日晨十時許、突來梧州肆虐、投彈十一枚、毀商店民房十六所、四彈落江面、擊沉小輪一艘、貨船及小艇十艘、死傷市民艇戶百餘人、

（中央十五日桂林電）敵重轟炸機一隊、十五日上午十一時三十五分、飛桂垣轟炸、在城郊投彈二十餘枚、城內落八彈、炸毀民房三十九所、死市民五十三人、傷達二百人、附郊被炸鄉村共九處、毀民屋五十餘所、死傷農民逾三百人、

### 屢犯首都

（中央十六日南京電）敵機十五架、於十六日下午二時半、由東西飛、有進襲首都模樣、我空軍當即飛往截擊、敵機數架繞道西南方、侵入光華門上空、在我高射炮密集齊發中、倉皇向郊野投數彈逸去、下午五時、又有敵重轟炸機五架、自連雲港向京進發、遇我機前往攔擊時、其時已在滁州投數彈後、改由合肥肆擾、在合肥上空盤旋窺探片刻、投彈數枚而去、各處被炸損失情形、尚在調查中、

### 轟炸浙皖

（本市消息）敵轟炸機三架、十六日晨八時十七分、由江蘇方面竄入浙境、三十二分至嘉興硤石間、遂發緊急警報、旋敵機因風大折回嘉興、而至嘉善、時車站適停有客車一輛、乘客紛紛下車、四散躲避、敵機擲彈六枚、並以機槍掃射、當被炸斃四人、傷十餘人、毀車兩節、（國民社）

（中央十六日上海電）軍息、十六日晨八時半、敵機多架、飛嘉善窺察、見有傷兵及難民車兩輛、即大肆轟炸、計投七彈、均未中的、傷兵難民即羣奔出車外、伏於田野、敵機仍追逐、以機槍掃射、死傷在四十人以上、

（中央十五日蚌埠電）蚌市十四日被敵機襲擊、施家崖炸死逃難男女二十餘人、車站被毀、老大街華昌街炸燬、震塌房屋數百間、上海銀行幾全毀、守衛警一名被炸慘死、兩街磚瓦中扒出屍體多具、正辦理善後、十五日上午十時許、敵機兩架、經宿縣窺察、旋向五河方面飛去、

## 襲擊蘇魯

（本報十六日蘇州電）十六日上午十一時、敵機三架、在城區投五彈、四落河中（二彈未爆發、二彈炸傷河邊三人）、一彈落朝陽門外大街、毀市房廿餘間、下午三時、又有六架至車站投六彈、毀站屋及車一輛、

（中央十五日徐州電）敵機十四日再大隊出動、向津浦隴海兩路肆意轟炸、今晨有六架沿隴海路窺察一週、即走趙墩棗莊投彈各數枚、並在大廟以機槍掃射、我路方略受損失、晚有六架飛蚌埠、沿津浦綫窺察轟炸，損傷輕微、

（本報十五日徐州電）敵機六架、十四日八時半、飛魯南嶧縣、臨城、官昌轟炸、投彈十餘枚、損失不詳、在台兒莊、鄒塢礦廠投彈三枚、炸毀房屋二十餘間、傷工友數人、三架向北飛往徐窺察、旋飛去、又在隴海東河以機槍掃射車頭、未有損失、

## 竄擾豫北

（中央十六日開封電）敵機十四日轟炸彰德、共投彈三十餘枚、毀民房二百餘間、死傷平民一百餘人、

——摘自《东南日报》（杭州），1937 年 10 月 17 日

# 敵機昨兩襲首都未逞
# 並飛往桂林轟炸
## 津浦隴海兩路均有敵機投彈
## 敵機又在嘉興慘炸傷兵難民

敵機昨日繼續四出肆虐。兩襲首都未逞。並由北海方面飛桂林梧州等地轟炸。又在津浦隴海兩路沿線各地窺察投彈。在嘉興崑山等地任意慘炸傷兵難民。罪大惡極。中外同憤。茲將各方被害情形彙誌於次。

### 敵機昨日兩次襲京

中央社南京十六日電。敵機十五架。於十六日下午二時半。由東西飛。有進襲首部模樣。我空軍當即飛往截擊。敵機數架。繞道西南方侵入光華門上空。在我高射砲於密集齊發中。倉皇向郊野投數彈逸去。下午五時。又有敵重轟炸機五架。自連雲港向京進發。迨我機前往攔擊時。其已在滁州投數彈後。改向合肥肆擾。在合肥上空。盤旋窺探片刻。投彈數枚而去。各處被炸損失情形尚在調查中。

### 桂林梧州敵機肆虐

中央社廣州十五日電。據此間關係方面確息。今午敵驅逐機掩護重轟炸機多架。由北海方面飛桂境。分隊轟炸桂林梧州兩地。市民傷亡甚多。

中央社。桂林十五日電。敵重轟炸機一隊。十五日午十一時二十五分。飛桂垣轟炸。在城郊投彈二十餘枚。城內落八彈。炸燬民房三十九所。死市民五十二人。傷達二百人。附郊被炸鄉村九處。毀民屋五十餘所。死傷農民達三百人。

中央社。梧州十五日電。敵機七架。十五日晨十時許。突來梧州肆虐。投彈十一枚。毀商店民居十六所。四彈落江面。擊沉小輪一艘。貨船及小艇十艘。死傷市民艇戶百餘人。

### 津隴兩路敵機投彈

中央社徐州十五日電。敵機十四日再大隊出動。向津隴兩路肆意轟炸。晨六架沿隴海路到徐窺察一週。即赴趙墩棗莊投彈十數枚。並在大廟。以機槍掃射。我路方略受損失。晚六架到蚌埠。沿津浦綫窺察轟炸。損傷輕微。

### 嘉興崑山敵機轟炸

中央社上海十六日電。軍息。十六日晨八時半。敵機多架

。飛嘉興窺察。見有傷兵及難民車數輛。即大肆轟炸。連投七彈。均未中的。傷兵難民。即紛紛奔出車外。伏於田野。敵機仍追近。以機槍掃射。死傷四十人以上。

中央社。蘇州十六日電。敵機六架。十五日下午二時半飛崑山之陸家濱轟炸。共投六彈。鐵路人員死傷多人。

## 蚌埠被炸損失概況

中央社蚌埠十五日電。蚌市十四日被敵機襲擊。施家淮炸死逃難男女二十餘人。車站被毀。老大街華昌街。炸燬震塌房屋數百間。上海銀行。幾全毀。守衛警一被炸慘死。兩街磚瓦中。挖出屍體多具。正辦理善後。十五日上午十時許。敵機兩架。至宿縣窺察。旋向五河方面飛去。

## 廣九鐵路劫後調查

中央社廣州十五日電。廣九鐵路。十五日午。第二次被炸後。中央社記者。即乘該路工程車。前往視察。於下午九時五十分。電省報告云。今午敵機十八架。襲擊廣九路。在緊水河橋至常平站一帶。共投重量炸彈四十餘枚。緊水間橋與石龍北南兩橋間路軌。被炸毀十餘段。長達五百餘尺。貨倉路軌。亦炸毀三百餘尺。石龍橋北岸橋頭。落巨彈一枚。將附近地段。炸成巨穴。深五十餘尺。寬二百五十餘尺。近岸橋樑橋墩。兩座被毀。[illegible]無適當材料。短期內。頗難修復。附近農民。被炸死四十餘人。傷百餘人。當敵機肆虐時。我高射砲密集射擊。敵機兩架。被擊落。一落緊水河內。一落南橋外京山。兩機即焚燬。機內敵飛行員。全數死亡。該機頭刻有空桑式形起用磁石發電機國產電機株式會社。昭十二年五月製造等字樣。廣州十六日電。港政府已將日機轟廣九路事件。電倫敦報告。及請示阻止方針。(廣)

## 沙河擊落敵機一架

鄭州十五日電。八日於平漢路沙河鐵橋上空。擊落敵之重轟炸機一架。十四日由前方過鄭運洛。該機駕駛員均已斃命。(廣)

洛陽十六日電。八日我軍在沙河附近擊落之敵九三式重轟炸機。頃已運洛。何部長據報告後。獎洋一千元。以資鼓勵。(廣)

## 韶關教堂被敵炸毀

廣州十六日電。茲因水道鐵道交通。均已暫時中斷。廣州與外界完全隔絕。與香港電話亦不通。報紙來源斷絕。珠江中雖有一線可通。但船運已停止。小商販早已蒙受損失。聞廣九鐵道。十七日可修竣。屆時情形可望和緩。再韶關柏林基督新教堂。十五日亦遭日機轟炸。此間德領署已接報告。外人方面。並無死傷。敵機兩架襲擊廣九路時。均被我擊落。

中央社。廣州十六日電。韶關長途電話。十九日晨。敵機一隊。飛襲韶關。投彈多枚。炸毀民房多所。有一德國教堂。亦被毀一部份。該教堂駐有男教士柯爾斯。女教士織可斯。及華教士多人。因早走避。幸無損傷。

——摘自《湖南国民日报》，1937 年 10 月 17 日

# 兩次襲京擊退

## 嘉興死傷難民傷兵達四十人崑山坍屋甚多

## 太原敵機一架中彈墮落

**不顧紅十字旗 敵機轟炸火車**

◎南京十六日電、敵機十五架、於十六日下午二時半、由東西飛來、有進襲首都模樣、我空軍當即飛往截擊、敵機數架繞道西南方、侵入光華門上空、在我高射砲密集齊發中、倉皇向郊野投數彈逸去、下午五時、又有敵重轟炸機五架、自連雲港向京進發、迨我機前往攔擊時、敵機已在滁州投數彈後、改向合肥肆擾、在合肥上空盤旋窺探片刻、投彈數枚而去、各處被炸損失情形、尚在調查中、

◎南京十六日中央社路透電、今日午後日機三架、由西面飛至首都光華門外、自甚高處擲落炸彈至少三枚、日機投彈後、疾向東逸去、午後三時半解警

**韶關** 廣州十六日中央社電、韶關長途電話、十五日晨、敵機一隊飛襲韶關、投彈多枚、炸毀民房多所、有一德國教堂亦被毀一部份、該教堂駐有男教士柯爾斯、女教士敏可斯及華教士多人、因早走避、幸無損傷、

**嘉興** 軍息、昨晨八時半、有敵機多架、沿滬杭鐵路南飛、在嘉興車站附近盤旋數匝後、發現該處有我運載傷兵及難民之客車共二輛、正離站南駛、車頂及車側皆高懸紅十字旗多面、極爲顯明、但該機等竟不顧一切、依然投彈、大肆轟炸、其總數計凡七枚、差幸標的欠準、無一命中、該車等見形勢緊急、遂相率停止前進、車內難民及傷兵、皆奔出車外、伏於田野、敵機仍繼續追趕、並低飛以機關鎗掃射、結果難民及傷兵死傷共達四十人以上、

**杭州** 杭州十六日電、十六日晨八時半、敵機三架、經嘉興南飛窺杭、杭方我機四架北飛截擊、敵機見有備、急行竄返、

**蘇州** 蘇州十六日電、十六日日機空襲四次、城區並未投彈、在外跨塘投一彈、未損傷、

**崑山** 崑山十六日電、上午十一時東來敵機三架、在城區投五彈、四[illegible]

外大街、坍屋廿餘間下午敵機六架在車站投六彈、毀站屋一部及客車一輛、

**陸家浜** 蘇州十六日中央社電、十五日下午二時半、敵機六架、飛崑山之陸家浜轟炸、共投六彈、該路人員死傷多人、

**合肥** 南京十六日中央社路透電、今日午後在此間光華門外飛機場附近擲落炸彈之日機、爲重轟炸機二架與驅逐機十四架、三時半解警後、警報又傳、旋見日重轟炸機五架飛翔上下於津浦路線、顯欲轟炸火車與橋樑、但未能覓得其目的物、仍飛至皖省合肥之空飛機場天空、亂擲炸彈、迨中國驅逐機四架起而逐之、則日機已逃去矣、

**太原** 太原十六日中央社電、十六日晨六時至七時之間、并遭受敵機三次空襲、前二次均在并市經過、第三次則飛來二十一架、其中之十架飛太谷一帶轟炸、餘在并市城東投彈二十餘枚、燬房數間、死傷平民數人、當敵機在市空肆虐時、我高射砲猛烈射擊、有一彈中敵機要害、負傷飛至遼縣曹家寨即起火墜地、駕駛員斃命、

**浦東** 昨午敵方飛機、三三兩兩、不時盤

旋浦東上空、施其轟炸故技、昨日落彈之處、計有北蔡楊思橋衛巷張家浜其昌棧洋涇等處、全日所投約三十餘彈、並用機槍掃射行人、截至下午五時止、紅會十隊共救護受傷民衆趙張氏、張章海、張阿生、張根桃、丁勝才、沈朱氏、沈根山、顧堂妹、顧福根、顧堂根、施張氏、方朱氏、吳北銀、楊成氏、高小三、江孫氏、張金小、張金海、周俞氏、陳陶氏、姚石氏、張福生等男女廿二名、又楊思橋恒大紗廠於前日傍晚被炸燬廠屋九間、茲經查悉該廠經理迮永清、職員葛文卿、工程師任浩、機工張三三、厨司吳老大、張阿三等六名受傷、又西首恒源花廠落一彈、棧房落一彈、共傷工人沈某張某二名、

又訊、昨日敵機雖續出肆虐、但在本市方面、似已不如前日之活躍、計自晨九時起、在浦東方面、有敵機六架、往來盤旋於楊家渡、陸家渡、塘橋及高廟一帶、旋在楊家渡方面、先後投彈、竟達廿餘枚之多、傷亡平民三人、毀民房多間、餘無所損、下午二時左右、續有敵機六架、出現於浦東上空、三時許在六里橋附近投彈二枚、死居民二人、傷四人、旋復在磁家橋一帶繼續轟炸、傷男女居民各一人、死女孩一、平民一、四時許其中五架相繼他飛、僅剩一架、尚不時往來盤旋、低飛窺察、及晚始去、

## 閘北

方面、昨晨十時起、亦有敵巨型機三架、往來盤旋、雖亦不時投彈、但以懼我高射砲及高射機關槍之襲擊、飛行甚高、投彈遂多不準確、故除毀我永興路及共和新路等處房屋數間外、餘無損害、

## 徐家滙

車站一再被炸、昨早七時敵機又數度盤旋低飛、附近虹橋路林肯路哥倫比亞路安和寺路、外僑叢居、自美華新村被炸、聞得敵機聲、即感不安、此次美華新村、除美僑韋白達、德僑密勒外、被炸尚有德僑英僑美僑之洋房各一宅、受損亦巨、因受震而破損門窗器物者、或鐵片彈殼、飛炸房屋者爲數尤多、該邨住戶胥屬德美英三國僑民、離鐵路西約百碼、即爲日本之同文書院、十四日鐵路車輛被炸後、再投彈轟炸該邨、實使各外僑非常驚異云、十六日上午七時四十分、敵重轟炸機三架、由東飛至徐家匯虹橋及北新涇眞北路一帶投彈轟炸、時有猪船兩隻停靠眞北路旁蘇州河間、亦被敵機炸沉、船夫六人當場斃命、敵機即向東飛去、

十六日下午五時、敵機三架、在南市高昌廟車站路斜土路肇華路一帶上空來回盤旋偵察、並散發荒謬傳單、落地後、市民有見之者憤恨、立即撕毀

——摘自《时报》（上海），1937 年 10 月 17 日

# 寇機炸燬韶關德教堂

## 彰德寇機投彈平民死傷百餘

中央社廣州十六日電：韶關長途電話，十五日晨敵機一隊，飛襲韶關投彈多枚，炸毀民房多所，有一德國教堂亦被毀一部份，該救堂駐有男教士柯爾斯，女教士敏可斯及華教士多人，因早走避幸，無損傷。

中央社開封十六日電：敵機十四日轟炸彰德共投彈二十餘枚，毀民房二百餘間，死傷平民百餘名。

——摘自《全民日报》（长沙），1937 年 10 月 17 日

# 昨日寇機 二度襲京未逞

## 嘉興難民車亦慘被轟炸 崑山鐵路人員死傷多人

中央社南京十六日電：敵機十五架，於十六日下午二時半，由東西飛，有進襲首都模樣，我空軍當即飛往截擊，敵機數架，繞道西南方侵入光華門上空，在我高射炮於密集齊發中，倉皇向郊野投數彈逸去，下午五時，又有敵重轟炸機五架，自連雲港向京進發，迨我機前往攔擊時，已在滁州投彈後，改向合肥肆擾，在合肥上空盤旋窺探片刻，投彈數枚而去，各處被炸損失情形尚在調查中。

中央社上海十六日電：軍息，十六日晨八時半，敵機多架，飛嘉興窺察，見有傷兵及難民車數輛，即大肆轟炸，連投七彈，均未命中，傷兵難民即羣奔出車外，伏於田野，敵機仍追近以機槍掃射，死傷四十人以上。

中央社蘇州十六日電：敵機六架，十五日下午二時半，飛崐山之陸家濱轟炸，共投六彈，鐵路人員死傷多人。

——摘自《全民日报》（长沙），1937 年 10 月 17 日

# 敵機昨二次襲京

# 經我空軍截擊逸去

## 轟炸嘉興傷兵難民死傷甚多

## 廣九路被炸港府向倫敦請示

中央南京十六日電　敵機十五架、於十六日下午二時半、由東西飛、有進襲首都模樣、我空軍當即飛往截擊、敵機數架繞道西南方、侵入光華門上空、在我高射砲於密集齊發中、倉皇向郊野投數彈逸去、下午五時、又有敵重轟炸機五架、自連雲港向京進發、迨我機前往攔擊時、敵機已在滁州投數彈後、改向合肥肆擾、在合肥上空盤旋窺探片刻、投彈數枚而去、各處被炸損失情形、尚在調査中、

中央蘇州十六日電　敵機六架、十五日下午二時半、飛崑山之陸家浜轟炸、共投六彈、該路人員死傷多人、

軍息、昨晨八時半、有敵機多架、沿滬杭鐵路南飛、在嘉興車站附近盤旋數匝後、發現該處有我運載傷兵及難民之客車共二輛、正離站南駛、車頂及車側皆高懸紅十字旗多面、極爲顯明、但該機等竟不顧一切、依然投彈、大肆轟炸、其總數計凡七枚、差幸標的欠準、無一命中、該車等見形勢緊急、遂相率停止前進、車內難民及傷兵、皆奔出車外、伏於田野、敵機仍繼續追趕、並低飛以機關槍掃射、結果難民及傷兵死傷共達四十人以上云、

中央廣州十六日電　韶關長途電話、十五日晨、敵機一隊飛襲韶關、投彈多枚、炸毀民房多所、有一德國敎堂亦被毀一部份、該敎堂駐有男敎士柯爾斯、女敎士畝可斯及藍敎士多人、因早走避、幸無損傷

本報香港十六日專電　廣九路石龍橋、無大損、橋墊被震壞、橫潭路軌受損最大、毀卅餘丈、另五六處被毀十餘丈、粵港現派工人千餘趕修、十七十八日可竣事、

中央廣州十六日電　外交界息、港政府經將日機轟炸廣九路事件、電倫敦請示處置方針、

中央廣州路透十六日電　茲因水道與鐵道交通俱已暫時中斷、廣州與外界已經完全隔絕、與香港之電話亦不通、報紙亦來源斷絕、珠江中雖有一線可通、但船運已停頓、小商販先已蒙受損失、聞廣九鐵道明日即可修復、屆時情形可望和緩、再則韶關柏林基督崇敎敎會、昨日亦受日機轟炸、此間德領署已接得報告、外人方面並無死傷、損失限度不明、華方報告稱、日昨曾有日機二架、在襲擊廣九路時被擊落、

——摘自《时事新报》（上海），1937 年 10 月 17 日

敵機多架

# 昨日仍四出肆虐

## 轟炸浦東閘北各地 嘉定附近投彈多枚

昨日敵機雖續出肆虐、但在本市方面、似已不如前日之活躍、計㈠自晨九時起、在浦東方面、有敵機六架、往來盤旋於楊家渡、陸家渡塘橋及高廟一帶、旋在楊家渡方面、先後投彈竟達卅餘枚之多、傷亡平民三人、毁民房多間、餘無所損、下午二時左右、續有敵機六架、出現於浦東上空、三時許在六里橋附近投彈二枚、死居民二人、傷四人、旋復在嚴家橋一帶繼續轟炸、傷男女居民各一人、死女孩一、平民一、四時許其中五架相繼他飛、僅剩一架、尚不時往來盤旋、低飛窺察、及晚始去、至閘北方面、昨晨十時起亦有敵巨型機三架、往來盤旋、雖亦不時投彈、但因懼我高射砲及高射機關槍之襲擊、飛行甚高、投彈遂多不準確、故除毁我永興路、及共和興路等處房屋數間外、餘亦無損害云、

㈡昨晨七時許、敵機七架、飛滬西北新涇轟炸、在鎮北路共投五彈、死平民一人、另有浮橋一座被毁、又徐家匯車站附近、停有已燬壞之卡車一輛、敵機亦在該車上空盤旋許久、並投數彈而去、

㈢敵機多架、昨晚飛至嘉定附近新涇河以東地區投彈數十枚之多、本日清晨七時許、又有數機相繼前去窺察、並投數彈、惟我工事並無損失、

——摘自《时事新报》（上海），1937 年 10 月 17 日

**▲敵機轟炸粵桂慘劇** 十六日共同通訊社香港電。。華人當局正式宣佈。。日軍飛機隊連日向中國南部廣東廣西兩省各地轟炸。。平民被炸斃者至少達一百四十名。。日軍飛機是日又向石龍附近之廣九鐵路轟炸。。平民被炸斃者共約四十人。被炸傷者共約一百人。日機昨向廣西省梧州轟炸。。平民被炸斃者約百餘名。。華人謂日軍飛機在石龍方面。。被華軍擊落者共兩架。有日軍轟炸機一架。在石龍附近。將廣九鐵路之東江鐵橋炸毁云。

——摘自《少年中国晨报》，1937 年 10 月 17 日

# 敵機炸蘇州

## 並飛浙境投彈

【中央社蘇州十七日電】近來敵機迭次來蘇轟炸，幾無虛日，十七日自上午八時十五分起至下午五時，此地共受空襲五次，敵機每次均肆意炸我無辜人民，並破壞我交通，危及行旅，行爲殘酷，莫此爲甚，計首次來襲時，在外跨塘車站投彈數枚，毀該處站房一部份及空車一輛，第二三次來襲，敵用重轟炸機三架，以驅逐機兩架掩護，在蘇擾亂，另一架竟向平門外車站及將到站之下行旅客車投重量炸彈十餘枚，將站屋一部及月台暨車站附近民房轟毀，且一部份車輛被焚，幸旅客及早下車趨避，故死傷尚少，敵機于轟炸後，復用機槍掃射，雖經我高射機關槍砲密集射擊，因敵機飛行甚高，致其全部逸去，第四五兩次，均在下午，僅在鐵路線窺探，復在外跨塘以東投彈數枚，損失情形，尚在調査中。

【中央社杭州十七日電】十七日上午八時許，敵機三架沿滬杭路飛抵長安車站，投彈六枚，適有客車一列停於揚旂外，當被炸毀客車二輛，死旅客十五人，傷二十餘人，婦女居多。

【中央社上海十七日電】十七日晨九時許敵機五架飛蘇州站轟炸，僅毀空貨車二列及鐵軌數根，九時三刻另有敵機三架飛嘉興，投巨型炸彈六枚，毀站屋一部。

——摘自《大公报》（汉口），1937年10月18日

# 敵巨型轟炸機

# 轟炸淞滬各線

## 圖破壞我防禦工事無效

## 蘇嘉杭平民被炸犧牲極衆

【本報上海十七日下午八時六十分專電】敵大砲巨型轟炸機、竟日亂轟淞滬各線、企圖破壞我工事防禦、但結果得不償失、我仍堅守不動、偶有損毀、即迅速修補、敵因次前進、均被我痛殲、敵胆盡喪、

【本報上海十七日下午一時專電】今晨拂曉、敵機即四出活動、十餘架分班盤旋於閘北南翔一帶上空、幷時擲炸彈、至十時左右尤烈、每三四分鐘投彈一枚、我以高射砲轟擊、迄午遁去、

【中央社上海十七日電】十七日晨八時、敵機六架、分爲兩隊、一隊在閘北投彈四十餘枚、一隊沿眞如至大塲公路投廿餘枚、同時浦東方面亦有敵機三架、往投十餘枚、以上各處、我民房被毀多間、餘無損失、

【中央社上海十七日電】十七日晨十一時、敵機五架、飛滬西羅別根路北新經一帶覬察、在諸翟投廿餘彈、毀民房四十餘間、死平民數人、傷六人、午後四時半、續有敵機三架、在中山路一帶投十餘彈、燃燒民房多間、又閘北方面、午後亦數度有敵機轟炸、

# 蘇州空襲五次

【中央社上海十七日電】十七日晨九時許、敵機五架飛蘇州站轟炸、毀空貨車二列、及鐵軌數根、九時三刻、另有敵機三架、飛嘉興投巨型炸彈六枚、毀站屋一部、

【中央社蘇州十七日電】近來敵機迭次來蘇轟炸、幾無虛日、十七日由上午八時十五分起、至下午五時、此地共受空襲九次、敵機每次均恣意炸我無辜人民、並破壞我交通、危及行旅、行為殘酷、莫此為甚、計首次來襲時、在外跨塘車站投彈數枚、毀該處站房一部份、及空車一輛、第二次來襲、敵用重轟炸機三架、以驅逐機兩架掩護、在蘇擾亂及一小時、竟向平門外車站、及將到站之行旅客車、投重量炸彈十餘枚、將燬屋一部及另合覽車站[illegible]民房[illegible]一部份車輛被焚、幸旅客及早下車躲避、故死傷尚少、敵機於轟炸後、復用機槍掃射、雖經我高射機關槍砲密集射擊、因敵機飛行甚高、致其全部逸去、第四五兩次、均在下午、僅在鐵路線窺探後、在外跨塘以東、投彈數枚、損失情形、尚待調查中、

——摘自《中山日报》（广州），1937年10月18日

# 敵機襲擊滬杭路

# 恣意轟炸平民

## 客車過長安死傷數十人

## 嘉興住宅區亦大遭蹂躪

（本市消息）十七日上午九時三十五分，敵機四架，發現於金公亭，飛至平湖後，轉向東北方遁去，九時三十七分又有敵機六架，由江蘇方面竄至嘉興，投彈數枚，向北逃逸，下午二時四十五分，在金公亭發現敵機二架，盤旋十餘分鐘，於三時左右，始向北飛逸，（國民社）

### 襲擊嘉興

（本報十七日嘉興電）嘉興十七日上午八時迄十一時，遭敵機濫施轟炸，先後來六架，內有九重轟炸機，在車站投四重彈，二燒夷彈，毀救險車一輛，餘無損傷，重轟炸機濫向住宅區轟炸，環城馬路迎眾里投一重炸彈，幾全部炸毀，民房震損二十餘間，並以機槍掃射祥生汽車，住宅受損，傷三人，電報電話線迄晚始修復，又在長安站外揚旗投七八彈，死十一人，重傷十五人，輕傷二十人，在松江投四彈，蘇嘉路盛澤火車站汽車站附投六彈，死三人，重傷十餘人，輕傷二十餘人，

### 轟炸長安

（本市消息）敵機三架，十七晨八時〇四分，由蘇境襲浙，經嘉善，嘉興，硤石，海甯，八時三十分抵長安附近，

### 亂擲九彈

時適有由滬開杭之第十一次快車載客五六百人抵該站外揚旗地方，司機聞警，立刻停駛，旅客紛紛下車暫避，敵機乃向列車投下炸彈九彈，多落吳家蹕及路軌附近，

### 掃射四次

旋又低飛以機槍掃射四次，計毀客車二輛，民房六間，死旅客十一人，傷客數十人，重傷者均原車

（慘死平民之一斑）

送杭醫治、死者已由就地警察局拍照編號棺殮、候各家屬認領、多數旅客輕傷者自行就醫、並不敢再乘火車、迴雇民船他往、敵機轟炸後、乃折回崇德、桐鄉、嘉興向北逸去、

◇駛杭◇

列車於後設法繼續駛杭、於十二時許到達城站

◇救治◇

、浙省杭敵後援會救護工作團副團長杜志成、市府衛生科長張信培、均到站指揮、後援會第三第十一救護隊、與杭市府救護車竭力救護、除五人已不救死亡外、其餘重傷輕傷男女十餘人、均車送傷民醫院醫治、

◇續死五人◇

其慘死車中之九人、一名郎爾猷、係安徽婺源人、及其六十餘歲之祖母、並在袋內檢出旅蘇婺源同鄉會之證明書一件、載有奉祖母及長嫂于姪男女輩回籍、不料七人中竟亡其四、誠屬慘禍、其餘一爲僧人、二爲商人模樣、無從查其姓名、至一般重傷婦女幼孩、斷臂折腿、宛轉哀號、其狀之慘、令人不忍卒覩、送往傷民醫院者十四人、有薛姓老婦、及不知姓名年約三十餘歲之婦人、八歲女孩郎南陽、抵院後卽以創劇而斃命、尚有四五人仍有性命危險、

◇受傷旅客◇

受傷人姓名誌查如下、（男子）章長慶、杭縣人、四十九歲、傷足部、孟有祥、諸暨人、四十五歲、斷右腿、汪長源、紹興人、二十四歲、傷足部、王幼山、紹興人、三十五歲、傷足部、丁守發、紹雲人、業小販、傷腿部、高炳泉、三十七歲、紹興人、臂斷、傷臀部、郎光壽、婺源人、十歲、腿斷、錢福根、諸暨人、五十四歲、斷小左腿、（女子）郎氏、三十三歲、婺源人、傷足部、（帶有二乳孩）周阿林、蘇州人、二十六歲、傷腰部、趙修英、蘇州人、十六歲、斷腿、傷臂部、其餘有受傷者九人、送紅卍字會醫院救治中、

◇慎防空襲◇

據未受傷之旅客談、敵機來襲時、旅客由警、均下車躲於路旁桑園中、爆炸聲雖大、但多失標的、死傷人數、原屬有限、嗣一般旅客以敵機既去、以爲危險時期已過、紛紛高聲互談轟炸情形、並赴車上搬取行李、詎不旋踵、敵機再度飛還、繼續以機槍密集向旅客掃射、致死傷慘重、釀成浩劫、若俟敵機去遠、警報解除後再行上車、當不致此云云、（記者按、敵機窺擾杭州市區時、每多無知民衆、紛登西湖四週山岡瞭望、指手劃脚、引爲談資、警局亦無法盡數制止、殊不知此種危險行動、示敵機以明顯目標、極易釀成絕大禍患、深望杭市民衆、以長安事件、爲殷鑒也、）

——摘自《东南日报》（杭州），1937年10月18日

# 敵機慘炸下 嘉定成廢墟

## 閘北浦東滬西等處 敵機昨日又往肆虐

上海十七日電：廣福隨軍記者十七日午後三時五十分報告、三日來敵機在嘉定城大舉轟炸、投彈無慮百枚、至民房被毁甚多、平民罹難者尤多、景象慘酷、該處遭此浩劫、已成廢墟云、

上海十七日電：十七日晨八時、敵機六架、分爲兩隊、一隊在閘化投彈四十餘枚、一隊沿眞如至大場公路投彈、二十餘枚不中、浦東方面、亦有敵機三架、往投十餘彈、以上、各處我民房、被燬多間、餘無損失、（中央社）

上海十七日電：十七日晨十一時、敵機五架、飛滬西羅別根路、北新涇一帶窺察、在諸翟投二十餘彈、燬民房四十餘間、死平民四人、傷六人、下午四時半、續有敵機三架、在中山路一帶投十餘彈、燃燒民房多間、又閘北方面、午後亦數度有敵機轟炸、（中央社）

——摘自《力报》（长沙），1937年10月18日

# 敵機沿兩路施虐

## 蘇州一日中受空襲達五次 嘉定城內外三日投彈上百

◎杭州十七日電、十七日晨八時半、敵機九架由滬飛

**長安**

追襲由滬來杭客車、投重量炸彈二枚、毁車頭及路軌、列車受震、傷客多人、續飛至

**杭州**

在沿江十四堡至十八堡之間、投彈六枚、後仍向長安飛去、在鎭[illegible]糖廠前投彈四枚、遂飛去、

◎杭州十七日中央社電、十七日上午八時許、敵機三架沿滬杭路飛抵長安車站、投彈六枚、適有客車一列停於揚旗外、當被炸毁客車二輛、死旅客十五人傷二十餘人、婦女居多

**嘉興** 十七日電、十七日上午十時、敵機九架在嘉興車站擲重量炸彈六枚、燬車房、車一輛、民房多間、傷五人、十二時敵機二架飛

**盛澤** 車站、擲彈九枚、死傷三十餘人、車站無損、九時敵機三架在長安站轟客車並機槍掃射、死十一人、傷三十七人、燬車二輛、◎長安十七日午一時半電、本日九時敵機炸滬杭車、同濟員生皆安、

**松江** 十七日電、上午十時三十分至四十分、敵機一架在西車站投彈四枚、三落田中、一毁懸橋、客車二輛燬、餘無恙、

**蘇州** 十七日電、敵機連日擾京滬蘇嘉各車站、十七日上午八時廿分、敵機五架在蘇火車站投七彈、落曠地、僅石煤飛傷一人、又在虎邱附近軌道投二彈、並開機槍掃射、有客車一列傷三人、九時二十分、又在車站投八彈、毁車一輛、紅會辦事處亦被炸、死傷七人、晨九時敵機三架在

**吳江** 車站與公路交叉處投一彈、北門外馬路投三彈、均未傷人、東門外投二彈、毁草屋二間、傷貧民二人、死一、九時許又至盛澤站投七彈、死一傷三、震毁站屋一角、八時十二分、三架至

**唯亭** 投一彈、落車站田中、十時五十四分、又來四架、掃射機槍、一時十五分、又三架在車站投十二彈毁車一輛、死傷二人、站屋毁一部份、十一時三架在

**正儀** 站投五彈、死傷平民各一、十一時

**滸墅關** 有難民船四艘被敵機六架開機槍、死二傷七、一落河身死、◎蘇州十七日中央社電、近來敵機迭次來蘇轟炸、幾無虛日、十七日自上午八時十五分起、至下午五時、此地共計空襲五次、敵機每次均恣意炸我無辜人民、並破壞我交通、危及行旅、計首次來襲時、在外跨塘車站、投彈數枚、毁該處站房一部份、及空車一輛、第三次來襲、敵用重轟炸機三架、以驅逐機二架掩護、在蘇擾亂達一小時、竟向平門外車站及將到站之下行旅客車投重量炸彈十餘枚、將站屋一部及月台暨車站附近民房轟毁、且一部份車輛被焚、幸旅客及早下車趨避、故死傷尚少、敵機於轟炸後、復用機槍掃射、雖經我高射機關槍炮密集射擊、因敵機飛行甚高、致被全部逸去、第四五兩次均在下午、僅在鐵路線窺探、復在外跨塘以東投彈數枚、損失情形、尚待調查、

**常州** 十七日電、十七日晨九時許、敵機六架由無錫飛來、在戚墅堰上空投彈十餘枚、並用

機鎗掃射、歷二十餘分仍向東而去、事後調查、感機廠一部份受損、遙觀巷附近農民中流彈一死一傷

### 眞如

昨日上午九時三十分、敵機十二架在眞如楊家橋一帶轟炸、投彈十二枚、傷平民二十餘人、同日下午四時許、敵機十四架大肆轟炸、眞如全鎮共投彈三十餘枚、全鎮民房計端八里五十餘間已起火燃燒、東南柵四十餘間、糖坊街三十餘間、東柵二十餘間、黎園浜十餘間、大寺前街二十餘間、北石橋街二十餘間、菜心街四十餘間、西港墻二十餘間中石橋三十餘間、(其中二十餘間已燒燬)、祖神堂十餘間、西港墻九十餘間、王家住宅十餘間、蔡家街十餘間均毀、其餘各處受毀不可計算、平民死四十餘人、傷五十餘人、當由中國紅十字會第十急救隊(即滬西童子軍救護隊)到場救護、

### 嘉定

中央社崑福隨軍記者十七日午後三時五十分報告、三日來敵機在嘉定城內外大舉轟炸、投彈無慮百枚、致民房被毀甚多、平民罹難者尤夥、景象慘酷、該處遭此浩刦、已成焦墟、

### 金山

訊、十五午十一時、我機一架緊追敵機一架、由南而來、至鎮北野外上空、與敵機相距頗近、遂互相開槍猛射、末五分鐘、敵機即不支逃逸、午後三時四十分、敵機三架飛米市渡偵察、時松金公路上有汽車一輛在該處方渡浦而逃、敵機見而緊追、繼即用機關槍掃射、車中坐有四人、急躍出躲伏稻田間、得免受害、嗣敵機投下巨彈三枚、均落浦中、

——摘自《时报》（上海），1937 年 10 月 18 日

# 昨本市各處敵機仍濫炸

## 浦東一事更慘

### 婦人方坐蓐霎時四命喪亡

敵機昨日仍四出在本市繼續其惡魔殺人工作、玆就記者調查所知、彙誌如下、㈠晨間八時許、敵機五架、飛至麥根路車站一帶轟炸、因我高射砲之射擊、敵機不敢低飛、在三千尺以上之高度擲彈二枚即去、㈡八時餘、敵機四架飛浦東其昌棧碼頭一帶投彈、並以機關槍掃射、經我守軍開高射機關槍後、亟倉皇飛逸、㈢中午十二時、復有敵機十餘架、一次飛往浦東天空偵察、作漫無目標之亂擲炸彈、歷一小時之久始去、㈣午後一時許至三時、敵機十餘架兩度飛往大場方面盤旋、濫施轟炸、並開機槍、但因懼我高射砲之射擊、高入雲霄、故所投之彈均落田野、於我軍事無損失、㈤四時二十五分、敵機八架飛小沙渡蘇州河北一帶、其中五架西飛、餘三架翺翔該處天空、投彈十餘枚、落中央造幣廠後面、死傷平民十餘人、㈥下午一時半、敵機十餘架飛眞如無線電台一帶轟炸、損失未詳

浦東全線、昨日上午頗爲沉寂、僅有敵機三數、盤旋偵察、至九後一時許、又來兩架、在張家浜南首連下一彈、均未爆炸、旋又在新馬路一帶先後投擲十餘彈、午後三時、敵出雲旗艦突然開砲挑釁、連續十餘發、響聲頗巨、我軍洞悉彼方策略、悉置不理、至傍晚五時許、有敵機三架、又在塘橋四週陸續擲下十餘彈、僅毀農民住屋數椽、

又訊、昨日下午一時後、敵機六架、在浦東塘橋區一帶濫施轟炸、並投以燃燒彈、共計凡投彈有兩小時之久、投彈有三四十枚之多、在楊家渡張家浜泥腸網沿新馬路而至塘橋陸家宅嚴家橋一帶、凡民房均被轟炸、當調查得楊家渡後方泥牆陶鄉民房屋炸毀三四十家、死民衆十餘人、張家浜電燈公司亦被炸、嚴家橋田內農婦七人小孩兩口均被炸死、尚有一孕婦被炸、塘南小學被炸、塘橋宿基明塘畔小學被投兩彈、房屋炸毀、死兩人、塘橋陸家宅王有牛香店中兩彈、時店主婦方坐蓐未久、產婦與一男孩並甫產之一孩及一老婦四口均炸死、房屋燃燒、當經消防、救火沿新馬路一帶、則一毀三宅好之房屋、沿路不但民衆死傷約十人、西浮橋之棺柩亦均燒毀、亦被炸毀、尸骨狼藉、在塘橋、民衆、困在屋內不能住、乃伏於塘畔田野之竹園之中、乃敵機見民衆後、又以機關槍力掃射、故又被射死及傷者二十餘人、至四時許、董家渡碼頭難民乘渡船渡浦、又被敵機投一巨彈、着在碼頭邊、船或翻覆、在渡船上之民衆、凡被敵機掃射、又遭傷害、於是船上民衆又祇得逃奔上岸、總之其慘 非筆墨所能形容、

中央社訊、昨日上午十一時、有敵機九架、飛赴滬西羅別根路北新涇一帶盤旋窺察、旋在諸翟投彈廿餘枚、炸毀民房四十餘間、死居民四人、傷六人、下午四時半、又有敵機三架、在中山路往來偵察、在中央造幣廠後大夏大學附近一帶投彈十枚、該處民房被炸起火、燃燒頗烈、及晚始告熄滅、至滬北方面、昨日下午、亦數度有敵機出現、並不時投彈轟炸、除毀我民房多間外、對我軍事上並無絲毫損失、

——摘自《时报》（上海），1937 年 10 月 18 日

敵軍近日不顧人道、肆用窒息性之氣化炭基質瓦斯彈、恐遭國際輿論抨擊、反誣稱我用毒氣冀淆亂世界視聽、已經我當局鄭重駁斥、圖爲敵在泗塘橋施用毒瓦斯彈傷我士兵、經我軍周碧軍長部醫放血治療情形、（國際社攝）

——摘自《时报》（上海），1937年10月18日

敵機多架四出轟炸

# 被我擊落二架

## 敵機投彈多枚焚燬民房

昨晨黎明起、即有敵機六架、分共二隊、出現於閘北上空、往來盤旋、偵察窺探、至八時許其中一隊、即北飛沿眞大路（眞如至大場公路）上空偵察、投下炸彈廿餘枚、但因懼我高射砲之轟擊、故敵機皆高空轟炸、而所投炸彈、標的因以不準、致廿餘彈中爆發者僅數枚、餘皆落附近田野、多未炸裂、另一隊則依然盤旋於閘北上空、八時半起相繼在麥根路、北站共和新路一帶投彈、每處所投少則二三枚、多則六七枚、一時轟轟之聲、不絕於耳、投彈總數竟達四十枚以上、但除毀我民房多間外、餘無所損、至浦東方面昨晨七時半、亦有敵機三架、在楊家渡一帶、盤旋偵察、先後投彈凡十餘枚、毀我民房多間、至十時半、該敵機復飛至十六舖我浦江封鎖線上、低飛窺察、凡半時許始逸去、

**滬西閘北 死傷多人**

昨日上午十一時、敵機五架、飛赴滬西羅別根路、北新涇一帶盤旋窺察、旋在諸翟投彈二十餘枚、炸毀民房四十餘間、死居民四人、傷六人、下午四時半、又有敵機三架、在中山路往來偵察、在中央造幣廠後大夏大學附近一帶投彈十枚、該處民房被炸起火、燃燒頗烈、及晚始告熄滅、至閘北方面、昨日下午亦數度有敵機出現、並不時投彈轟炸、除毀我民房多間外、對我軍事上並無絲毫損失、

**嘉定連日 慘遭轟炸**

昨日午後四時消息、近來敵機在嘉定城內外大肆轟炸、投彈無慮百枚、致民房被毀甚多、平民罹難者尤夥、景象慘酷、該處遭此浩劫、已成廢墟云、

**敵機二架 墮落一傷**

今晨時消息、敵機仍不斷肆虐、上午在麥根路北站等處投彈多枚、至午後二時許、又有三機結隊而來、進行殘殺之工作、我防空部隊、不輕易發砲、惟以敵機纏擾不已、忿恨異常、故突以準確之砲火、向其轟擊、自烟飛處、敵機兩架被我擊中、一機負創疾馳、圖返其原陣、卒以傷重不支、落於浦江沉没、另一機則被迫降落彭浦眞如間、我軍正搜索中、

——摘自《时事新报》（上海），1937 年 10 月 18 日

# 敵機昨又炸蘇嘉

## 一日之間竟五次襲蘇州

## 長安車站死傷婦女甚多

昨晨九時一刻、有敵機五架、飛蘇州火車站投彈轟炸、當有客貨車二列及鐵軌數根被毀、惟未傷人、九時三刻、滬杭路之嘉興火車站、亦有敵機三架、前往轟炸、先後投擲炸彈、車站房屋之一部炸毀、亦未傷人、

中央蘇州十七日電 近來敵機迭次來蘇轟炸、幾無虛日、十七日自上午八時十五分起、至下午五時、此地共受空襲五次、敵機每次均恣意炸我無辜人民、並破壞我交通、危及行旅、行爲殘酷、莫此爲甚、計首次來襲時、在外跨塘車站、投彈數枚、毀該處站房一部份、及客車一輛、第三次來襲、敵用重轟炸機三架、以驅逐機二架掩護、在蘇攪亂達一小時、竟向平門外車站及將到站之下行旅客車投重量炸彈十餘枚、將站屋一部及月台暨車站附近民房轟毀、且一部份車輛被焚、幸旅客及早下車趨避、故死傷尚少、敵機於轟炸後、復用機槍掃射、雖經我高射機關槍向密集射擊、因敵機飛行甚高、致被全部逸去、第四五兩次均在下午、僅在鐵路線窺探、復在外跨塘以東、投彈數枚、損失情形、尚待調查中、

中央杭州十七日電 十七日上午八時許、敵機三架沿滬杭路飛抵長安車站、投彈六枚、適有客車一列停於揚旗外、當被炸毀客車二輛、死旅客十五人、傷廿餘人、婦女居多、

——摘自《时事新报》（上海），1937 年 10 月 18 日

## 敵機又疊施暴行

# 救護員兩名殉職

### 汽車傾側二童軍因公受傷

上海職業青年戰時服務團救護第一隊由隊長成劍峯率領、於九月廿七日隨××師××團出發前線服務、成績甚佳、頗蒙該軍當局器重、不幸有隊員陳廣元君、於本月十三日在前線救護時、爲敵機槍擊中要害、捐軀殉職、陳君本供職於江西路傳古齋古玩號、殉職後、該團全體團員深表憤慨、痛恨敵軍之慘酷行爲云、

又訊 中華青年抗敵救亡團所屬救護隊已全部在前方服務、一部分配於××師部中工作、十五日午後正在擔抬[illegible]六，被敵發見、立以機槍掃射、當有隊員孫散業（無錫南門外人年二十歲）、被擊中兩腿骨節折斷、雖經急救包紮、無奈流血過多、延至次晨六時慘痛離世、現該團正在籌議救濟孫志士之家屬、並有陶思明及金潤庠慷慨捐助辦理後事、又該團不日將開盛大之追悼會以示哀悼而慰英魂云、

又訊 本市第一四八難民收容所於昨日傍晚遣送三十餘難民回籍、當派童子軍二人押車護送前往某處輪埠、當車抵龍華時、突遇敵機掃射機槍、並投彈威脅、致該車傾側、難民受傷者頗多、二童軍頭部亦均重傷、當原車送中德醫院救治云、

——摘自《时事新报》（上海），1937 年 10 月 18 日

## 敵機大舉轟炸嘉定

# 三日來投彈百餘枚

### 經此浩刦該城已成廢墟

### 景象慘酷平民罹難甚衆

## 蘇州昨又遭五度空襲

▲中央社上海十七日下午四時電 三日來敵機在嘉定城內外大舉轟炸、投彈在百枚以上、致民房被燬甚多、平民罹難者尤夥、景象慘酷、該處遭此浩刦、已成廢墟云。

▲中央社蘇州十七日電 近來敵機迭次來蘇轟炸、幾無虛日、十七日上午八時十五分起至下午五時、共受空襲五次、敵機每次均恣意炸我無辜人民、並破壞我交通、行爲殘酷、莫此爲甚、計首次來襲時、在外跨塘車站投彈數枚、毁該處站房一部份及客車一輛、第三次來襲、敵用重轟炸機三架、以驅逐機兩架掩護、在蘇擾亂約一小時、向平門外車站及將到站之下行客車、投重量炸彈十餘枚、將站屋一部及月台暨車站附近民房轟毁、且一部份車輛被焚、幸旅客及早下車趨避、故死傷尚少、敵機于轟炸後、復用機槍掃射、雖經我高射槍砲密集射擊、因敵機飛行甚高、均被逸去、第四五兩次均在下午、僅在鐵路線窺探、復在外跨塘以東投彈數枚、損失情形尚在調査中。

▲中央社上海十七日電 十七日晨九時許、敵機九架飛蘇州站轟炸、九時三刻、另有敵機三架飛嘉興投巨彈六枚、燬站屋一部。

▲中央社杭州十七日電 十七日上午八時許、敵機三架沿滬杭路飛抵長安車站、投彈六枚、適有客車一列停於揚旗外、當被炸燬客車二輛、死旅客十五人、傷二十餘人、婦女居多。

——摘自《中央日报》（南京），1937 年 10 月 18 日

# 敵機遍炸滬杭路
## 京滬客車遭襲擊
## 武漢昨亦到敵機投彈

【上海十八日下午十一時發專電】滬杭路王店車站今晨被敵機轟炸，硤石站外毀房舍若干，長安站落六彈，毀客車一輛，旅客死十一，傷二十一，以上三站均未設防，被炸之車，亦未載運兵士軍火云。

【上海十八日下午八時發專電】十八日敵機三次襲嘉興，在三里店掃射小輪，又在硤石站旁投六彈，松江站旁投兩彈，又炸毀松江米市渡浮橋。

【中央社上海十八日電】十八日由京駛滬之第三零一次車，于午十二時許駛至滸墅關附近時，突遭敵機多架猛烈轟炸，損失未詳。

【中央社蘇州十八日電】蘇州十八日竟日均在敵機空襲之下，由晨八時三十餘分鐘起，迄晚五時止，共計九次，每次擾亂達一小時之久，敵機仍以鐵路及列車為目標，恣意轟炸，總計投彈不下五十餘枚，其蓄意破壞我交通機構，並殘殺我行旅，至為明顯，蘇地東起外跨塘，西至滸墅關，及蘇嘉鐵路均遭敵擾害，但以其目標不準，損害不重，詳情尚在調查中。

【南昌十八日下午十一時發專電】敵機十二架十八日下午三時五十分經閩過贛，東赴樟樹盤旋窺伺數匝，嗣越修水，侵入武漢，投彈七八枚，至下午六時二十分折轉贛北，向河口逸去。

【中央社本市訊】昨日下午四時二十八分，敵機十二架，經由江西南城樟樹方面，向武漢飛行，五時到修水，防空部當即發出警報，爾後敵機自崇陽向武漢上空進入，我高射槍砲齊發，空軍亦努力驅逐，敵機見難得逞，乃倉皇在中山公園以西荒地投彈八九枚，即向原路遁去，附近平民房屋被毀數幢，無他損失。

【本報專訪】昨日敵機侵襲武漢時，曾在漢口市上空以機關槍掃射，住營房街二十八號一老婦唐張氏，年四十八歲，左腿下半部中一彈，當由該區防護團救護送往市立醫院醫治云。

——摘自《大公报》（汉口），1937 年 10 月 19 日

# 窮兇極惡之敵軍
## 野蠻殘酷直土匪之不若
## 晉冀各縣慘遭屠殺姦淫擄掠

【太原通信】軍息，頃接前方來電謂，八路軍克服朔縣後，調查此次日寇進犯山西，屠殺無辜人民，極為殘酷，在佔領朔縣城時，竟屠殺人民二千餘，該縣縣長，及縣署工作人員，均用火燒死，而在佔岳馬邑鄉各地，亦慘殺人民極多，日寇蹂躪婦女，更屬不堪言狀，特別對小腳婦女，多成為其玩具娛樂品，各地人民對此無人道之野蠻行為，多恨之切骨云。（十二日）又據曲陽報告，敵在曲陽，架廿歲以下民女多名，以充隨營公娼，並在城鄉見有青年婦女，即在其門首掃小紅旗為記，敵人路過任意[illegible]，慘死者甚衆，當地民衆仇敵情緒極為緊張，我某營集合民衆乘敵混亂之際，四出追殺斃敵甚多，並將城浮橋焚毀，附近民衆已組成偵探隊，嚮導隊，挺進隊，宣傳隊，奮起殺賊。

——摘自《大公报》（汉口），1937 年 10 月 19 日

# 滬郊寇機濫炸

# 蘇杭又被襲

## 掃射客車破壞交通

## 西安亦遭空襲

【本報蘇州十八日下午七時電】寇機今日九次襲蘇，在火車站西及外跨塘，投彈四十餘枚，炸西來火車，損失未詳。

【中央社蘇州十八日電】蘇州十八日竟日均在敵機空襲之下，由晨八時三十餘分鐘起，迄晚五時止，共計九次，每次擾亂達一小時之久；敵機仍以鐵路及列車爲目標，恣意轟炸，總計投彈不下五十餘枚，其蓄意破壞我交通機構，並殘殺我行旅，至爲明顯，蘇地東起外跨塘，西至滸墅關，及蘇嘉鐵路均遭敵擾害，但以其目標不準，損害不重，詳情尚在調查中。

【中央社上海十八日電】敵機三十餘架，十八日晨分飛滬市四郊肆虐，計在滬西中山路虹橋鎮炸燬我民船一，民房三十餘間，死傷平民三十餘人，又在浦東閘北投彈多枚，復在眞茹至大場公路等處毀我民房數十間。

【本報杭州十八日下午四時電】篠（十七日）晨八時許，寇機九架，沿滬杭火車路由嘉善而來，抵長安，適遇銑（十六日）夜由滬開杭之火車，寇機即投重磅彈十餘枚，路軌頗受炸燬，餘無損失。

【中央社鎮江十八日電】十八日上午九時有敵機廿餘架，分在丹陽用機槍掃射，新豐站投彈十六枚，均落麥田中。

【中央社上海十八日電】十八日由京駛滬之第三零一次車，于午十二時許駛至滸墅關附近時，突遭敵機多架猛烈轟炸，損失未詳。

【本報西安十八日下午三時電】寇偵察機一架，巧（十八日）晨十一時半飛至西安高空窺視一週，約十分鐘向東南遁去，防空部事先聞訊，發出警報，交通管制，全市戒嚴，約一刻後解除警報。

【本報濟南十八日下午一時電】寇機八架分飛大汶口泰安南驛兗州等站投彈，在泰安被我擊傷一架。

【中央社新浦十八日電】十八日晨十一時許有敵機兩架自西南飛襲東海新浦上空，用機槍掃射，我高射砲當發砲還擊，敵機未敢低飛，旋向東北逸去。

【本報香港十八日下午十二時急電】寇機數架昨又飛桂，轟炸梧州，燬民房數所，死傷民衆二百餘。

【本報香港十八日下午十二時急電】據粵省盛傳我機一隊，刪（十五日）晚轟炸荷包島寇飛機場，損失極重。

——摘自《扫荡报》（汉口），1937年10月19日

# 敵機肆虐 九次轟炸蘇州

## 京滬滬杭車被猛襲 漢蚌各地亦遭轟炸

【中央社蘇州十八日電】蘇州十八日竟日均在敵機空襲之中、由晨八時卅餘分起、迄晚五時止、共計九次、每次擾亂有達一小時之久、敵機仍以鐵路及一列車爲目標、恣意轟炸、總計投彈不下五十餘枚、其蓄意破壞我交通機構、並慘殺我行旅、至爲明顯、蘇地東起外跨塘、西至滸墅關、及蘇嘉鐵路、均遭敵機擾害、但以其目標不準、損害不重、詳情尚在調查中、

【中央社上海十八日電】十八日由京駛滬之第三零一次車、於正午十二時許、駛至滸墅關附近時、突遭敵機多架猛烈轟炸、損失未詳、

【中央社新浦十八日電】十八日晨十一時許、有敵機兩架、自西南飛襲東海新浦上空、用機槍掃射、我高射砲當發砲還擊、敵機未敢低飛、旋向東北逸去、

【中央社上海十八日電】軍息、十八日晨八時十分敵機三架、飛滬杭路王店站投三彈、月台被毀、八時卅五分飛呂站、亦投三彈、附近民房多間被燬、又長安站晨八時半亦有敵機多架投彈六枚、第十一次客車及軌道一部被燬、死旅客十一人、傷廿一人、

【中央社西安十八日電】敵機一架、十八日上午十一時由晉北方面飛至陝境蒲城窺視、西安接報、即發出警報、敵機經三原涇陽咸陽等地、至十一時二十分飛至西安上空、高達三千公尺、見我有備、即倉惶東逃、十一時半解除警號、

【中央社漢口十八日電】十八日下午四時廿八分、敵機一隊、經由江西南城樟樹方面向武漢飛行、五時到修水、防空部即發出警報、旋敵機由崇陽進入武漢高空、我高射槍砲齊發、空軍亦紛力驅逐、敵機在城西荒地投彈、旋即飛去、附近平民房屋被燬無數、餘別無損失、

【中央社蚌埠十八日電】十八日晨六時廿五分江北部份發現敵機兩架、由東向西高飛、又十時許皖中合肥到敵機四架、投彈轟炸、損失未詳、旋向東北逸去、

——摘自《中山日报》（广州），1937年10月19日

# 故都淪陷敵手後 姦淫擄掠至悽慘

## 平大法商學院教授返川 省立女職等校昨請講述見聞

國立北平大學法商學院教授劉鈞前講學北平、自暴日佔領平津後、深受壓迫、不得已離平返川、日前抵蓉、此間省立成都女子職業學校及省立高級工業職業學校、於昨日（十八日）先後敦請劉氏到校講演、兵佔北平後、劉氏目擊之日兵暴行、講詞大意如下、日兵初入北平城時、曾言因作戰疲勞、須期休息後即退出、殊知不惟無撤退之意、且日漸加多、初住公共場所及學校、繼則強佔民房、將居民悉驅出、并勒令兵營附近居民夜不閉戶、以便日兵隨時檢查、否則便其隨時徵發物品及作其他無理舉動、舉凡鋪板被蓋毯褥衣服鹽米炭柴等日用必需品無不藉言借用、事實上并不歸還、所有現成食物、悉數取用、并將剩餘及鍋灶等完全毀壞始去、人民即不敢怒、更不敢言、若稍表不滿之色、日兵必痛加毒打、且自稱爲弔民伐罪而來、人民應熱烈擁護、日兵於商店購買貨物、隨意給價、或竟一文不付、商人求稍爭論、亦必遭痛打、日兵對於婦女、無論晝夜、不問街面室中、必與以極難堪之侮辱或奸淫、雖三四十歲之婦女亦難倖免、故日兵營附近婦女逃避一空、其對於男子則強令爲之搬運戰場死屍及建築軍用鐵路工事、工成後則驅入深坑掩埋、在天津則綁入麻袋投諸海河、邇來平津市面異常蕭條、行人稀少、商店雖被日兵強迫開市、店中空無一物、至知識份子及一般人民之被傷害及失蹤者亦日有所聞云、

——摘自《华西日报》，1937年10月19日

# 難民雲集之青浦 連日遭敵機轟炸

自全面抗戰以來、滬郊各縣、如松・太・嘉・寶・各縣、均遭敵機轟炸、惟滬西青浦縣、較偏西鄉、故社會尚稱安定、秩序亦佳、乃近數日來、敵方因戰事失利、突以大批敵機飛向京滬線各縣轟炸、以謀擾亂我後方、致青浦縣境、數日來亦無日無敵機轟炸難民雲集之青浦、從此大遭屠殺、中央社記者特於昨日赴該縣實地巡視一週、玆探得數日來敵機轟炸詳情如下、

## 本月

初敵機到境、首先轟炸者、爲縣屬六區黃渡鎮、七區七寶鎮、虹橋機場、與家巷一帶、及五區白鶴港、青龍寺等處、至十二日上午十時半、有敵機二架、飛至城廂盤旋數週、即於大西門外一里橋二里橋之間、以機槍向下密集掃射、河中難民船及岸上行人幸未受害、該兩機後又至南門外唐行廟上空盤旋並掃射、十三日下午二時廿五分左右、防空指揮部發出

## 警報

至二時三十分、便有敵機三架由東北而來、盤旋三週、其週圍由大而小、至五十分、便於上空分散、向下以機槍掃射、繼即先後擲下四彈、即行飛去、計一彈落於河中、一彈落於汽車站、車房全毀、一彈落於體育場、損電線一段、一彈落東門居民陸逢鼎新建洋房內、此完工未滿一月之大廈、便告全部犧牲、經拾得彈片、知係二百五十磅左右之重炸彈、附近平民受傷者計有韋開如張萬寶等四名、均經縣救護隊、城區義勇壯丁隊、分別

## 救護

醫治、事後縣黨部常委黃霈澤即偕同縣府第一科長陳一、前赴被炸各地觀察一週、並指揮辦理善後、傍晚縣長錢家相又陪同蘇民廳余廳長建廳沈廳長等查察一過、當晚一般市民、以青浦爲毫無軍事設備之城市、遭此不幸、故均紛紛遷避一空、惟記者所見各地方黨政機關及壯丁隊、均仍照常努力從事、又青嘉交界之安亭站、亦於十三日到敵機轟炸、毀車二輛、死傷平民數十、十四日上午又到敵機數次、但幸未擲彈、惟至下午一時、又有敵機三架過青城、至縣屬朱家角鎮轟炸、計擲彈三枚、死難民十四人、傷二十餘名、蓋被中者爲鎮東市梢之難民收容所也、河邊之難民船數隻、亦均遭

## 波及

一時船翻浪飛、其他民房亦有一處起火、珠浦電廠亦遭炸斷電線數處、又是日五區白鶴鎮亦遭敵機掃射、六區黃渡跨淞鄉淞濱鄉沿蘇滬路一帶、擲下炸彈不下五十、死傷平民亦多、十五日又有敵機到二區安莊掃射、五區四江口大橋轟炸、總之暴敵違反國際公法、專以加傷我國平民、實屬可恨已極矣、

——摘自《时报》（上海），1937 年 10 月 19 日

## 「空中惡魔」虹橋鎮受害

### 專事殺我平民

三林塘周浦等亦遭濫炸

滬西虹橋鎮於昨日上午十時、有敵機三架、在該鎮上空盤旋一週後、投重磅炸彈七枚、有二枚入蒲滙塘中、其餘五彈計西灣塘河南籬笆處落三彈、橋南東灘落一彈、橋北西灘中一彈、均爆發、炸力極強、兩岸地上倒有死屍七八具、河中船隻被擊沉五六艘、在西灣塘北面一小船內有五人俱罹難、南灘上死傷豬仔四五十頭、河北自西至東商舖市房悉數炸毀或震坍、橋南約毀房屋十餘間、鎮上商民多半炸傷、記者於下午一時、前往調查時、見街中綳滿斷落電線、道旁死傷人民渾身血污、房邊菜蔬筐担棄置滿地、嗣經上海市防務分會救護隊趕車到場、將傷勢較重之數十人、車送醫院救治、輕傷者敷藥包紮、炸斃屍首、由輔元堂普善山莊備棺殮掩、

紅十字會第七救護隊訊、十八日上午十時許、忽來敵機三架、環繞虹橋路一帶、擲下重量炸彈十餘枚即有數枚爆發、以六區附近爲最烈、炸死農民二十餘人、狼藉田野、慘不忍覩、該管警所電召紅十字會第七救護隊、當由該隊救護組長陸伯[illegible]率領全體隊員驅車往救、當救得受傷鄉民十五人、其中以夏正華・陳杏根・孫桂林・受傷最重、經張醫師施用手術及包紮後、均留該隊診治、

又訊、昨晨八時許、敵機三架、在滬西曹家渡浜北、及中山路光復路一帶投彈、於九時許、又來敵機兩架、盤旋在曹家渡五角場奧飛姆大戲院背後浜北、飛度極低、用機槍掃射、約十分鐘、始向閘北飛去、當時極司非而路後馬路有菜販十人、被彈擊傷、經該處救火會派救護車送醫院醫治、

浦東三林塘鎮、昨日下午 時許、忽有敵機三架在該鎮大空盤旋數週、投下重量炸彈二枚、毀沈家石橋座、被炸死傷之市民竟有卅餘、事後經警察局會同當地紅十字會醫院、將死者收殮外、其受傷者即分送三林周浦兩處醫院醫治、

浦東周浦鎮、於前晚五時及昨早六時許、敵機六架、兩度前來轟炸、共投彈十餘枚、民房毀十一二間、平民死傷多人、其中一彈落糞坑中爆炸、坑糞四濺、其他損害、尚在調查中、

又訊、昨日上午九時起、敵機三架、又在張家浜以北楊家渡一帶投十餘彈、草泥塘等處貧民房屋毀去又不少、貧民死傷又十餘人、乃至下午二時起、敵機三架一組、凡四五次在浦東由洋涇起而至十八間其昌棧春江碼頭爛泥渡楊家渡一帶狂炸投彈、何止三十餘枚、至下午五時、尚在投擲中、在浦西碼頭上見難民紛紛逃來浦西者、咸謂死傷甚衆、

昨日上午九時四十分、有敵機六架、在眞如區南貴行鄉附近、投彈十八枚、民房受燬四五間、炸死二十餘人、受傷者十餘人、當有中國紅十字會第十急救隊隊長鄭連坤・陶亞于領隊員十二人、到場冒險救醫、

——摘自《时报》（上海），1937 年 10 月 19 日

# 日軍艦轟沉我漁船案

# 港政府開始調查

## 日總領被邀竟置之不理

◎香港十八日中央社路透電、香港政府所派徹查日軍艦轟沉中國漁船之委員會、今日已開始辦公、該會曾邀日總領事參加此項工作、但該總領事置之不理、被沉諸漁船僅十四人遇救、德船香霍斯脫號救起十人、太古公司嘉應輪船救起四人、今除此十四人到會陳述遭難詳情外、嘉應號之船員亦到會作證、按是案於九月二十二日發生於香港口外、

◎香港十八日中央社電、日艦擊沉中國漁船正式調查委員會、十八日晨及午後兩度開會、查詢當日出事情形、結果所有證人一致確言日艦曾毫無理由擊沉各漁船、該委員會定星期二晨再開會、繼續調查眞相云、

——摘自《时报》（上海），1937年10月19日

# 晉東晉北我軍大捷

# 忻口寇兵連日慘敗

## ▲擊毀寇重轟炸機一架降落忻縣

## ▲陽高縣平民被屠殺者達三千人

中央社南京十八日電：關係方面頃接太原來電報告戰況如下，（一）晉北方面十五日我右翼向桃埠村，北下軒村之綫進攻，與敵激戰竟日，我各部向正面出擊，收復板市，鄉家莊之綫，並與突擊南懷化之敵三千餘肉搏多次，十六日將敵殲滅殆盡，我左翼各部與敵主力約八千人在大向水，衛家莊一帶激戰一晝夜，敵我傷亡均慘重，我軍十五日晨在廣靈，靈邱間獲敵給養車一百三十餘輛，斃敵八十餘人，克復來源之支隊，十五日已進至紫荆關。（二）晉東方面，我軍十六日已將舊關。溝之敵包圍，殲滅殆盡，殘敵向地佚逃隆，斃敵少佐，大隊長各一員，上中尉官兵約五百餘，獲山炮二門，槍馬文件甚多，我亦傷亡官兵百餘。（晉北之敵，係第五師團全部第二　第三廿團各一部，酒井鈴木兩兵團，騎兵重炮各一聯隊，共約十個聯隊，晉東之敵係川岸兵團第八，第七七聯隊，步騎約五千餘人。

太原十八日電：忻口方面我軍連日與敵血戰獲戰利品甚多，計步槍五六百枝，輕重機關槍四十餘挺，炮二十門，無綫電機二十架，十七日並擊毀敵重轟炸機一架，落忻縣奇村鎮，該機可容五十人，價值五十萬元左右，頃據前方歸來軍官談，敵此次在忻口作戰方法異常惡劣，其開始進攻以排炮亂發，每分鐘達數十發之多，

飛機轟炸或數小時或一天不斷，其消耗戰料，無法估計，現已濫肆射擊，又因我游擊部隊佔敵後方時，將敵交通，綫破壞消息不靈，極爲恐慌，無法運輸，祇以飛機運送食品，子彈，瀰目標不準，有多彈落於我方機場等地。

南京十八日電：據平綏路，陽高縣避難者談，敵軍進抵陽高縣先頭部隊，爲滿蒙僞軍，後爲日本軍，當其入城時，即將城門嚴閉，把守，在城內大肆搜查人民糧食及各物品均刦去一空，老者迫其運輸，壯者全其集齊城門口以機槍掃射，無一倖免，如此搜索數次計被屠殺者共三千餘人，其殘暴行爲，舉世罕見。

——摘自《全民日报》（长沙），
1937 年 10 月 19 日

# 日軍到處屠殺同胞
## 奸淫擄掠無所不爲

太原電：日軍佔領朔縣城時，當地人民曾紛起反抗，被日軍屠殺達二千餘人之多，甚至於將婦女解去衣服，赤身裸體遊街。日寇所到的地方，即行強迫民衆懸掛日本旗，張貼歡迎標語，違者即燒殺活埋。

又前綫來電：敵人在平魯，朔縣，寧武，來源，靈邱岱岳各地，奸淫擄掠，無所不爲。房屋有整村被焚者，人民有被殺死至數千人者，數百人者，數十人者，層見迭出。敵人之殘酷可想而知了，望全國人民共起，聲討此千古未聞之敵暴云。

——摘自《新中华报》（延安），1937 年 10 月 19 日

# 敵機昨分襲首都武漢

## 敵機一架在京湯山附近墜落

## 京滬滬杭車站客車亦遭轟炸

中央南京路透十八日電　日轟炸機與驅逐機各五架、今日午後來襲首都、轟炸機飛行不高、尚可目覩、驅逐機則飛行極高、非目力所可及、午後二時四十分、日機從東方來犯、自甚高處擲下炸彈擬轟炸光華門外飛機場、但高射砲自下向上猛擊、故日機倉促投彈後、即向東逸去、三時五十分解警、湯山附近墜落日轟炸機一架、是否中高射砲抑因機器有損而墜地、現尚未悉、駕駛員撐傘躍出、當局現正搜捕之、並調查該機墜落之原因、聞今晨有日機十五架、向南京進發、其中六架在丹陽投彈、其餘九架則在江陰天空偵察、南京雖有警報、但日機並未飛來、故十時即解警、

中央漢口十八日電　十八日下午四時廿八分、敵機十二架、經由江西南城樟樹方面、向武漢飛行、五時到修水、防空部即發出警報、旋敵機由崇陽進入武漢上空、我高射槍砲齊發、空軍亦努力驅逐、敵機在中山公園以西荒地、投彈八九枚、即向原路飛去、附近平民房屋被毀數棟、別無損失、

軍息、昨晨八時念分、有敵機三架沿滬杭甬鐵路南飛、在王店車站投彈三枚、車站月台及出口處被炸毀、旋該三敵機、復繼續南飛、八時卅五分、在硤石車站亦投三彈、車站附近之民房多間全遭炸毀、此外在長安車站、於昨晨八時卅分、亦有敵機多架、濫肆轟炸、先後投彈六枚、第十一次客車及軌道一部被炸毀、炸斃旅客十一人、傷廿一人、在上述三處、既無軍事設備、亦無軍隊及軍需品運送、敵機之一再炸轟我非戰爭區域、及非戰鬥員、其慘酷殘暴、實無絲毫人類理性也、

路息、昨日由京駛滬之第三〇一次車、於午刻十二時許駛至滸墅關附近時、突遭敵機多架猛烈轟炸、損失詳情、尚未獲報、

**蘇州**　中央蘇州十八日電　蘇十八日竟日均在敵機空襲之中、由晨八時三十分鐘起迄晚五時止、共計九次、每次擾亂有達一小時之久、敵機仍以鐵路及列車爲目標、恣意轟炸、總計投彈不下五十餘枚、其著意破壞我交通機構、並慘殺我行旅、至爲明顯、蘇地東起外跨塘西至滸墅關、及蘇嘉鐵路均遭敵擾害、但以其目標不準、損害不重、詳情尚在調查中

**滬西**　昨晨七時左右、有敵機三架、在滬西梵王渡一帶盤旋偵察、旋在中山路附近投下炸彈多枚、毀民房多間、嗣後並有大批荒謬傳單散下、我居民皆知敵方作用、不稍一顧、十時五十分、該三機復沿中山路羅別根路南飛、在虹橋鎮投彈六枚毀民船一民房卅餘間、死傷居民卅餘人、敵機至此、意尚未滿、仍不時低飛以機關槍掃射、敵軍之屢屢轟襲我非戰區、及非戰鬥員、其殘酷實爲人道所不齒、

**浦東**　浦東方面、昨晨起亦有敵機六架、分爲兩隊、在高廟、洋涇、及楊家渡一帶盤旋窺探、旋在楊家渡投彈十餘枚、

**閘北**　閘北方面、昨晨黎明起、即有敵機十二架、分四隊、每三架爲一隊、在寶山路共和興路太陽廟、潭子灣等處盤旋偵察及投彈、旋其中一部復沿眞如至大場公路及滬太路一帶轟炸、除毀我民房數十間外、餘無所損、

**無錫**　中央鎮江十八日電　十八日上午九時、有敵機二十餘架、分批經江寧西飛、在錫站附近投彈七枚、在丹陽用機槍掃射、新豐站投彈十六枚、惟均落麥田、

——摘自《时事新报》（上海），1937年10月19日

## 難民羣集之青浦縣

# 連日遭敵機轟炸

### 死傷平民炸毀民房

自全面抗戰以來、滬郊各縣、如松、太、嘉、寶、各縣、均遭敵機轟炸、惟滬西青浦縣、較偏西鄉、故社會尚稱安定、秩序亦佳、乃近數日來、敵方因戰事失利、突以大批敵機飛向京滬線各縣轟炸、以謀擾亂我後方、致青浦縣境、數日來亦無日無敵機轟炸、難民雲集之青浦、從此大遭屠殺、中央社記者特於昨日赴該縣實地巡視一週、茲探得數日來敵機轟炸詳情如下、

本月初敵機到境首先轟炸者、爲縣屬六區黃渡鎭、七區七寶鎭虹橋機場吳家巷一帶及五區白鶴港青龍寺等處至十二日上午十時半、有敵機二架、飛至城廂盤旋數週、卽於大西門外一里橋二里橋之間、以機槍向下密集掃射、河中難民船及岸上行人、幸未受害、該兩機後又至南門外唐行廟上空盤旋、並掃射、十三日下午二時念五分左右防空指揮部發出警報、至二時三十分、便有敵機三架由東北而來、盤旋三週、其週圍由大而小、至五十分便於上空分散、向下以機槍掃射、繼卽先後擲下四彈、卽行飛去、計一彈落於河中、一彈落於汽車站、車房全毀、一彈落於體育場、損電線一段、一彈落東門、居民陸逢鼎、新建洋房內、此完工未滿一月之大厦、便告全部犧牲、經拾得彈片、知係二百五十磅左右之重炸彈、附近平民受傷計有常開如、張萬寶等四名、均經縣救護隊、城區義勇壯丁隊、分別救護醫治、事後縣黨部常委、黃霈澤氏卽偕同縣府第一科長陳一、前赴被炸各地觀察一週、並指揮辦理善後、傍晚縣長錢家相氏、又陪同蘇民廳余廳長建廳沈廳長等查察一過當晚一般市民以青浦爲毫無軍事設備之城市、遭此不幸、故均紛紛遷避一空、惟記者所見各地方黨政機關及壯丁隊、均仍照常努力從事、又青嘉交界之安亭站、亦於十三日到敵機轟炸毀車二輛、死傷平民數十、十四日上午、又到敵機數次、但幸未擲彈、惟至下午一時、又有敵機三架、過青城至縣屬朱家角鎭轟炸、、計擲彈三枚、死難民十四人、傷二十餘名、蓋被中者爲鎭東市梢之難民收容所也、河邊之難民船數隻、亦均遭波及、一時船翻浪飛、其他民房、亦有一處起火、珠浦電廠、亦遭炸斷電線數處、又是日五區白鶴鎭、亦遭敵機掃射、六區黃渡跨淞鄉淞濱鄉沿蘇滬路一帶、擲下炸彈不下五十、死傷平民亦多、十五日又有敵機到二區安莊掃射、五區四江口大橋轟炸、總之、暴敵違反國際公法、專以加傷我國平民、實屬可恨已極矣、

——摘自《时事新报》（上海），1937年10月19日

## 敵機昨襲京

### 在光華門外投彈

【中央社南京十九日電】敵機十餘架于十九日午十二時許襲京，向津浦輪渡投彈，意圖破壞我該處交通，幸各輪渡預有防禦，未被命中，敵機以計不得逞，轉向浦口小河南一帶頻頻投彈，致民房十餘間悉被炸毀，旋敵機復向光華門外投彈十餘枚逸去。

【中央社南京十九日電】敵機六架十九日晨九時飛往丹陽竄擾，並有襲京模樣，我空軍當即前往痛擊，敵機見勢不佳，在丹陽城郊濫投數彈而去，損失不詳，下午十二時半敵機十餘架在江北一帶發現，迨我空軍趕往截擊，中有數架繞道西南方竄入京空，經我高射槍砲密集射擊，敵機倉皇在光華門外投數彈後，向浦口飛去，當其在浦口江面盤旋窺察時，我高射砲猛烈射擊，敵機不敢低飛，旋向浦江中投數彈逸去。

【徐州十九日下午六時發專電】十八日晨八時敵機十二架由大連飛臨沂，四架飛徐，在北站投彈十一枚東去，毀車皮兩，未傷人。

——摘自《大公报》（汉口），1937 年 10 月 20 日

## 暴日處心積慮 摧殘我教育

### 平津學校橫遭刼掠盤踞 京滬各校被炸損失奇重 教部編印實錄公諸世界

【中央社南京十九日電】教部發言人語記者，自日軍大舉入寇以來，轟炸我城市鄉村，屠殺我平民婦孺，戰區與非戰區之學校及學生，尤被恣意轟毀殘害，近據調查，已被毀之大學教育機關，天津有南開·河北女師·河北工學院·保定有河北醫學院·農學院·上海有同濟·暨南·大同·復旦，大夏，上海商學院，法學院，持志，正風·東南醫學院，同德醫學院，音樂專校，商船專校，體育專校，南京有中大，牙科學校，南昌有醫學專校，廣州有中山大學，總計被毀達二十三校，北平各大學雖未炸毀，而亦橫遭敵軍之刼掠盤踞，其他中小學被毀確數及詳情，尚在調查中，學生教員橫被拘禁屠殺之事，亦得有甚多證據，此種事實，足證敵人處心積慮，特以學校為轟炸目標，此原為暴日侵華教育所預期之結果，適足增強我全國教育人士抗敵之決心，教部現正將詳實情形并照片，編爲實錄，公諸全國及世界，俾知日軍閥對中國與人類文明之罪行至何程度。

——摘自《大公报》（汉口），1937 年 10 月 20 日

# 國立暨南大學被燬記（六）

## 馮黃兩君的殉國

宋達邦

### （三）善後和脫險

敵機高翔空際後，他們便利用這可貴的時光，以最靈活敏捷的手腕，把應做的事情從容了結，當該團一隊隊從地窩走出來底時候，團長就吩咐某隊做什麼，某隊担任什麼工作，一一都非常合作，隨卽下令全體動員走至黃君身旁，他們一見黃君尚蠕蠕而動，知道他還有生命，卽忙看一看他底面孔，看見他底眼睛還能示意。但他的面孔，是表現奮恨而咬牙切齒，我們不知他恨敵人呢還是忍痛呵！團長便給些止痛片給他吃，隨卽着人通知紅十字會，一方面就着人抬他出學校門口候車。不一會汽車把黃君送到醫院去。黃君去後，他們走至馮君屍旁，他底身體是面目糢糊，皮膚焦黑，使他們各人感到無限傷心，把自已穿着底衣服爲死者裹扎，包扎完了，全體列隊向他行最後敬禮。那時敵機正驚魂甫定，無聊地又要下來逞兇，在高空中以機槍掃射。熱烈與悲壯底空氣流離于空氣中，全體聞槍聲後，速忙把馮君底爲國犧牲底屍體移到炸死他的彈穴，以泥鋪上，使他暫時安息于學校地穴中。馮君掩埋後，團長就將附近的一棵小樹，移植在馮君的墳上，作他暫時的碑記，並且列隊行樹碑禮。他們的友情是這樣的隆重不苟，敵機再次低飛轟炸，因爲技術過于劣笨，又過于胆小，不敢十分低飛，隆隆炸彈聲，只可以作馮君安葬底禮砲，這是難能可貴的事！

樹碑禮行過後，他們不約而同地帶着不在乎和悲傷的情緒向敵機一應，無精打彩的三三五五向校門慢行。敵機跟着他們以機槍掃射，許多槍彈落在脚踵前後，有時覺到槍彈太近了，回頭向天空看看。大家因爲過於傷感，而且漫無目的底慢慢行，可是敵機愈逼愈緊，使他們的傷感回復理智，團長乃領率他們避入該校之理學院。敵機便在該院上空盤旋，並以機槍掃射，大概那時牠們所携的炸彈投完了。相持一點多鐘之久，該團的防空哨報告，敵機只有三架，共他的都走了；他們就馬上出發，回租界向校長報告。

賴着　總理的佑護和　委員長的教訓，他們本着沉毅勇敢的精神，經過三小時的步行，途中嘗盡艱苦，歷經幾許危險，安抵集合地點，一個都沒有損傷。他們一部分往醫院，到了醫院時，黃君世華已於抵院半小時後去世了。共他的一部分就到校長處報告，並且討論怎樣把馮君的遺體安置。

（未完）

——摘自《中山日报》（广州），1937 年 10 月 20 日

# 華北青年慘遭捕殺

## 燕京大學學生廿八人生死不明

## 校長向日方交涉毫無結果

據本市平津同學會某負責人談、近來被困平津一帶之同學、所受日方壓迫、日益加甚、各中學皆被迫開學、接受奴化教育、近聞清華北大等校、亦將開學、由僞滿移植大批學生來平、而一方面各校同學被捕失踪者日必數起、最近燕京大學亦遭搜捕、一次捕去同學二十八人之多、至今生死不明、該校校長美人司徒雷登向日使館交涉、毫無結果、（日方館員向司徒氏表示、在太陽旗下、日軍當局有權處置任何國家人民、而況燕京學生爲中國人、其橫蠻如此、）按燕京乃被一般人認爲較安全之場所、尚且如此、其他可想而知、現北平人心惶惶、同學冒險喬裝南下者絡續不絕、津滬航運時通時斷、近來來滬同學、爲數甚多、恐招待不週、特再公開徵求、希來滬同學即來會登記、以資聯絡、並共同從事救亡工作、又該會定於廿四日下午二時、召開第二次全體大會、以求加緊工作、

——摘自《时报》（上海），1937年10月20日

# 港被難漁民詳供

# 遭敵擊慘狀

## 廈敵逃艦又殘殺我漁民

香港十八日電：港府徹查日艦轟沉漁船案之調查委員會、十八日上午十時開庭審訊、被拘漁民、供述目擊被日潛艇在港所砲轟慘狀甚詳、至下午五時未畢、十九日仍續審訊、屆時英輪嘉應號船員、亦將到庭作證、惟德輪桑雀斯號離港、故未傳訊、事前該會以事涉日、葡兩方•特函請兩國領事到庭參加、惟日方堅決拒絕、葡領則依時到庭、復作紀錄、（一）敵向港美商三達煤油公司購煤油六十四萬加倫、僱德忌利士輪船公司些刺號運台、惟海員及苦力均拒運載、無法開行、十八日仍僵持中、（中央社）

廈門十八日電：敵艦七艘被粵空軍轟炸、逃匿廈港外、殘殺漁民、（中央社）

——摘自《力报》（长沙），1937年10月20日

# 敵機昨襲京杭各處

## 轟炸下關浦口輪渡破壞交通

本報南京十九日專電　今晨二時許、敵機十餘架、經我軍迎擊未入京郊即逃去、四時半解除警報、九時敵機四架、由滬經鎮江丹陽、企圖襲京、我空軍聞報後　即出發截擊、敵機見我有備、在辛豐投彈數枚後　即倉惶遁去、九時半解除警報、十二時半敵機十五架、再度襲京、被飛入城者九架、在大校場投彈數枚、旋向下關飛去、在下關海軍醫院落一彈損失極微、並未傷人、

中央南京十九日電　敵機六架十九日晨九架、飛往丹陽肆虐、并有襲京模樣、我空軍當即前往痛擊、敵機見勢不佳、在丹陽城郊濫投數彈而去、損失不詳、下午十二時半、敵機十餘架、在江北一帶發現、迨我空軍趕往截擊、中有數架繞道西南方竄入京空、經我高射槍砲密集射擊、敵機倉皇在光華門外投數彈後向浦口飛去、當其在浦口江面盤旋窺察時、我高射砲異常猛烈射擊、敵機不敢低飛、旋向浦口江中投數彈逸去、

中央南京路透十九日電　據當局宣稱　今晨二時三十分、敵機六架來京、在光華門外投彈、旋又有四架來自泰興方面　亦在該處擲彈、晨五時敵機四架飛抵秣陵關、但即折回、九時十五分敵機七架轟炸丹陽新豐車站、惟未進入京市、下午十二時三十五分、敵機六架在武定門附近　與富貴山東擲彈、並轟炸下關輪渡、敵機又飛往浦口、猛轟浦口輪渡、

又電、今日午後日重轟炸機飛京轟炸飛行場與浦口、十二時三十分敵機出現無錫天空、此間即發出警報、二十分鐘後、敵機以三架為一組、出臨京市高空、轟炸機三架由西而來、在光華門外一處同時擲彈、共十餘枚之多、兩機來自東面、亦在該地擲彈、另有數機猛轟城北煤港與浦口方面之輪渡　彈落處發出烈燄、火車輪渡處與附近房屋數所亦起火、京浦電話交通暫時中斷、詳情未悉、下午一時三十分解警、

**杭州**　中央杭州十八日電　敵機三架、十八日晨八時由嘉善方面飛硤石車站、投三彈、毀貨房四間、路軌枕木數段、傷一老婦、旋飛王店投三彈、毫均損失、下午二時許、敵機九架竄杭、三架於市空窺伺、六架飛閘口車站、投九彈、機車一輛受損、并毀民房廿餘間、無死傷、下午七時、敵機二架、由乍浦飛杭、於筧橋投四彈、均落空地、

**漢口**　本報漢口十九日電　敵機十二架十八日二時由江西南城樟樹經修溪、由崇陽達武漢上空、我空軍出動阻擊、高射砲隊齊發、敵不逞、倉皇在中山公園西投彈七八枚、毀民房數棟、向原路逸去、

**廣九**　本報香港十九日電　十九日晨八時敵機、一經虎門飛廣九路窺探、被石龍我高砲擊退、午十二時、敵機四架、由唐家灣飛石龍、被我高砲猛轟、未能低飛、投十餘彈不中、電線鐵橋、均無損失、至下午一時、敵機始逃逸、

中央廣州十九日電　路息、十九日午十二時三十分、敵機五架飛襲廣九路、經我防路部隊猛攻、敵機不敢低飛、僅向石龍站投六彈而去、我損失尚微、十九日早由港開省第六次快車、誤點約半小時餘、中午十三次快車、仍照常開行、

——摘自《时事新报》（上海），1937年10月20日

# 國立暨南大學被燬記（七）

## 暨大校舍被炸一瞥

宋達邦

自從勵進社戰地服務團離開暨大以後，學校內部底情形，便很少人知道了；在外表看來，堂皇的大門，壯麗的理學院，典雅式的文學院，宏偉的大禮堂，和其他較大的建築物，都在掙扎着牠們底神氣和體面·可是在每一所校舍的上蓋，通通具有失去人性的敵機底蹤跡，裏面堆滿着牠們摧殘後的瓦礫。斜陽反映着各校舍底正面底靜和光的混合顯示出牠們底不屈不撓的意態，很可以代表中國文化界堅强底抗戰！牠們底背後成了黑黝的地獄，陰風從裡面吹來，腥羯底味兒，一陣一陣透出來，這不是腐屍在溶化中嗎！相差一個墻面，敵人鬼祟地幹下這勾當，犬馬何辜，而要遭遇到這樣慘死，日本人真是窮凶極惡了！

從前有人說，暨大底環境充滿着南洋底意味，的確；像這樣秋高氣爽底黃昏，在這兒可以聽到南洋底情歌，動人底獨奏，碰巧的話，更可以看見南洋士人底草裙舞；然而，現在又是怎樣呢！柏油的路面鋪上了泥濘，路旁的法國梧桐七顛八倒掙扎着牠們底最後的呼吸，沙發般的草地成了麻子般的池沼，更有校河底楊柳依舊迎風拂着水面，但是欠缺了歌鳥的啁啾，一切底景物都改變了；讓牠們幹吧！日本的空中禽獸，由此世界底人類知道了扶桑三島是禽獸底巢穴；我們不必計較這些，只要記着焦土政策。

### 結論

不具抵抗力和不能移避的上海國立暨南大學底軀殼一再遭過殘暴而致炸燬了。估計物質上的損失不過數十萬元；可是她擁有生存而具有優良的戰士數千，曾在前後方和敵人算賬，時時刻刻都在算賬，現在最後底一課仍能繼續，我們又上課了，培養着我們的智能，預備和千千萬萬的同胞們同作堅强的抗戰，追隨馮黃兩位戰士作壯烈的犧牲，我們暨大底同學是不怕死的，怕死的就不是暨大的同學。（完）

——摘自《中山日报》（广州），1937年10月21日

# 滬郊全日遭炸

## 閘北數處大火

**閘北** 昨晨十時十五分至四十五分之間、敵機三架、在閘北大統路新民路長安路恒豐路南星路一帶、濫施轟炸、共投重量炸彈不下二三十枚、中有夷燒彈兩枚、中長安路南星路附近怡興里上海造紙廠、頓時黑煙瀰漫天空、旋即焚燒、我留守閘北之救火員、立即驅車往救、奈火勢猖獗、不易撲熄、迄晚上九時許、火焰猶未稍戢、直至午夜始經撲滅、焚燬房屋約達二百餘間、此外恒豐路崇德里、於下午十二時半亦中一彈起火、但經施救半小時即熄、僅燬四十六・四十七・四十八・四十九號等樓房四幢、當敵機投彈起火後、我忠於職守之救火員往救時、敵機發見、竟疾飛而至、向救火員擲彈圖炸、並低飛以機關槍掃射、致我救火員呂文才君頭部被彈片所傷、左腿中一彈、晚上八時許、敵機兩架復飛閘北夜襲、除以照明彈偵察我陣地外、見長安路一帶火場中尚有我救火員從事灌救、乃擲炸彈一枚、救火員死傷各一人、傷者名諸利厚、左肩負傷、經送醫院療治、中央社訊、閘北方面、於昨晨十時起、即有敵重轟炸機三架、飛至新民路大統路上空、在新民路一帶投三彈、毀民房廿餘間、旋又飛長安路海昌路一帶投彈九枚、烏鎮路光復路一帶投燒夷彈七八枚、彈落火起、燃燒頗烈、十一時半該機又東飛、在寶山路商務印書館附近投二彈、該處民房、中彈起火、燃燒亦烈、下午一時起、又有敵機三架、飛蒙古路大統路寶山路商務印書館一帶、續肆轟炸、被炸起火者、計有三處、旋該敵機等復飛北站上空、在兩路管理局大廈投燒夷彈二枚、該廈因係鋼骨水泥搆成、除最上層被炸起火燃燒約數十分鐘外、其餘無何損失、

**大場** 昨晨六時起、在八字橋、大場、眞如一帶、即有敵機多架、在上列數處輪流作竟日轟炸、其投彈總數、不下百餘枚、尤以大場爲最多、然因敵機標的欠準、除有數十彈投中我民房、因以被毀外、餘多落於田野、於我軍事上固無絲毫損失也、

**浦東** 浦東方面、昨晨八時、有敵機四架、在張家浜附近曾低飛、用機鎗掃射數次、十一時許、又有敵重轟炸機三架、在浦東上空盤旋數匝後、在楊家渡附近投彈六枚、下午二時左右、另有敵機三架、在塘橋一帶投彈、四時半起、復有敵機一架、在爛泥渡上空盤旋窺察、先後投彈又有六七枚、毀民房十餘間、及晚始逸去、

**滬西南市** 外、此在滬西之虹橋鎮、昨晨亦有敵機前往投彈六枚、傷十餘人、南市方面、昨晨亦有敵機前往、惟未投彈、

**七寶** 滬西七寶鎮、自被敵機一再蹂躪、鎮上居民死傷綦重、致全鎮人民莫不驚惶走避、商店市房十九被毀、昨（二十）日上午十一時及下午三時許、又各來三架盤旋偵察鎮上、擲二彈、轟毀民房數間、嗣見離鎮里許地方蒲匯塘塘中有小船數只、在起運菱白蔬菜猪玀等食品、即被投彈十餘枚、並用機槍掃射、因技術欠佳、彈多跌落江中、故貨物略受毀壞外、倘幸無人受傷、

——摘自《时报》（上海），1937 年 10 月 21 日

# 投彈炸塚地震裂十餘棺

## 掩埋隊正在工作◎傷壙夫三人

### 疑忌死人？

上海慈善團所屬某善堂、於八一三淞滬抗戰開始、鑒於前線抗敵將士之受傷、運滬分送各醫院醫治、因傷重無效而死、幷以敵機四出濫施轟炸、致後方民衆無辜罹難者、接踵而起、遂組織掩埋隊、派員督率夫役、備棺收殮後、運赴浦東塘灣北蔡等處塚地

**分別埋葬**

一月以來、爲數殊夥、乃敵機連日在浦東各處施虐、塘灣塚地、曾被投彈轟炸、不料前日淸晨六時許、北蔡地方之塚地上、壙夫正在搬運棺木開穴

**下葬之際**

被天空經過之敵機瞥見、遂投彈轟炸、幷開機槍向下掃射、彈落四週田野、陷入泥土中未爆、僅一彈着地爆裂、因彈力尙小、故僅有十餘具薄板棺木受震、板縫裂開、幷傷壙夫三名、其餘大棺未受損、事後經該善堂派員渡浦下鄉察看、將受傷壙夫

**抬運來滬**

送往醫院治療、一面飭工匠將棺木修整、卽督率將棺迅速下葬、以免延擱、再遭不幸、幷檢獲彈片帶回、俾資呈報主管機關備查、

## 洞胸碎腦婦孺屍體漂流

敵機轟炸虹橋時在船上罹難者、現經備棺收殮掩埋

滬西漕河涇港中、昨晨發現女尸及小孩尸體各一具、隨波漂流、當由該鎭防務團掩埋隊撈起、女者年約三十左右、上身穿藍布衫、下體赤裸、頭爿後殼破碎、缺落左手、小孩男性、年約五六歲、穿短衫袴、胸口洞穿、度爲前日

——摘自《时报》（上海），1937年10月21日

# 動物園落下砲彈 猛獸搬場

南市文廟路市立動物園、占地雖不甚廣、以布置得宜、所畜動物、亦多珍奇、故平時參觀者甚衆、票資收入、差堪自給、日前該園辦公室屋頂、忽中一流彈、聞係未爆炸之高射砲彈、尙無毁損、但該園主任沈祥瑞、以該園畜有獅虎豹熊等猛獸、深慮敵機轟炸、漫無標的、萬一棚舍受損、猛獸出柙、其危害附近居民、不堪設想、爰與兆豐公園動物園商得同意、擬將所畜猛獸、寄養於該園、因兆豐公園動物園占地頗大、較爲安全、惟該園所畜猛獸、僅熊之棚舍、較爲堅固、餘無隙地可供寄養、市立動物園乃呈請在本園門票存餘項下撥款建築臨時棚舍、俾資寄養、將來臨時棚舍、仍可移動、業奉市政府指令照准、現正雇匠營造、估計約需價六千餘元、

——摘自《时报》（上海），1937年10月21日

## 慘酷暴行變本加厲

# 敵機噴射硝鏹水

### 國難青年服務團多人受傷

敵機除轟炸我平民、散荒謬傳單等外、近復頻頻殺我救護人員、並用硝鏹水噴射、可謂無惡不作、茲據上海市國難青年服務團方面消息、該團第二大隊在前線××地方服務、日前由團長樓民蔚率領團員出發赴北新涇、在途中被敵機追逐、先以機槍掃射、各團員雖機警分別躲避、然敵機又以大量硝鏹水向團員噴射、致團員林克惠、團長樓民蔚、及汽車司機周福星、衣服均被燗燬、皮膚表面亦經受傷、敵人慘酷暴行、於此可見一斑、

——摘自《时事新报》（上海），1937 年 10 月 21 日

# 敵機在淞滬瘋狂的轟炸

### 各處民房被燬甚多

### 前日在南翔被我擊落一架

▲中央社上海二十日電　敵機二十日仍竟日四出狂肆轟炸、閘北方面：新民路·長安路·烏鎮路·寶山路·北站等處均被投彈、毀民房多間燃燒頗烈、兩路局大廈上層被炸起火、八字橋·大場·眞茹等處、投彈共百餘枚之多、半數毀壞民房、餘落田野、浦東方面：楊家渡、爛泥渡各毀民房多間、滬西虹橋鎮投六彈、傷十餘人、南市亦有敵機窺察、未投彈。

▲中央社上海二十日電　唐福西南、我高射砲二十日午後擊落敵機一架、機件尚完好、機師匿避、在搜索中、

▲中央社蘇州十九日電　十九日午後四時卅分、有敵輕轟炸機六架、飛南翔馬陸鎮一帶肆虐、當被我高射砲擊落一架、墜于楊枷橋、人機均焚、並拾得機關槍一挺、尚有二架被我高射砲擊傷、餘機見勢不佳、倉皇向東逃去、

——摘自《中央日报》（南京），1937 年 10 月 21 日

## 敵軍獸行暴露

# 砲轟救護隊

### 傷兵二名當場中彈身亡

### 救護車穿彈洞百餘

本市救護委員會第一救護隊由副隊長雷樹德率領，於十八日晨七時一刻，由嘉定某處出發，救護傷兵。當救護車救得傷兵過某鎮時因該地適處火線，敵機正在施放信號，敵軍炮火集中向該地攻擊，該隊當卽停止前進，將車上輕重傷兵完全搬出，散開四週，計廿五分鐘內，附近一帶落下砲彈二百餘發，傷兵二名，當場炸斃。其餘傷兵隊員司機等，多被震跌於道旁河內，救護車上被穿大小彈窪一百餘，所幸機件尚無大損，經於炮火稍息，加以修理後，始由該副隊長親自駕車將傷兵載至該會所設某包紮站施救。

——摘自《神州日报》（上海），1937年10月22日

# 廣九客車首次被炸

# 敵機又結隊襲京

### 津浦輪渡碼頭昨被炸毀

### 兩路客車均遭襲擊

【廣州二十一日中央社路透電】廣九鐵路由廣州開往香港之慢車，今午十二時與一時間爲日機四架所攻擊，機車與客車皆被機關槍彈擊中，幸車客無死傷者。該車被擊地點、在石龍附近之茶園地方，此爲廣九客車被日機故意轟擊之第一次。同時日機飛至廣九路線之橫瀝與常平間，擲落十一彈，但無重大損毀。火車現仍照常開行。

## 三十四架襲京

【南京二十一日中央社電】敵機八架，於廿一日晨九時飛往丹陽及常州一帶投彈，並有襲京模樣，我空軍趕往截擊，敵機紛紛逸去。下午十二時半，又有敵機三十四架分四路向京進發，企圖襲擊，我空軍聞報即飛往攔擊，有敵機十餘架繞道侵入京空。我高射炮密集齊衝，敵機高飛至光華門外大教場及浦口一帶投彈，稍頃即逸去。事後調查，在光華門外除我機場略被炸毀外，在浦口所投之彈，將津浦路輪渡碼頭炸毀，一時不易修復

## 蘇昨被窺十次

【蘇州二十一日中央社電】敵機於廿一日復來蘇襲擊十次，每次均盤旋達二十餘分鐘之久，尤以晨八時許來襲時，在虎邱附近投彈數枚，我高射武器即予以猛烈射擊，敵不敢逗留，即行逸去

【本埠消息】路息，昨晨由滬開杭之第十一次客車於駛抵硤石以南之斜橋車站外揚旗附近時，突遭敵機濫施轟炸，當有客車受損，死乘客二人。

【又訊】路息：昨晨有敵機六架，沿京滬路西飛，在丹陽車站附近投彈六枚，

居民被炸死傷者甚夥。此外，在滬杭甬路之新橋車站附近，昨日亦有敵機前往轟炸，擊斃居民四人，傷十餘人。

## 騷擾浙海一帶

【杭州廿日中央社電】敵機二架，廿日下午一時經嘉善嘉興海甯竄杭，在翠家

埠盤旋良久始去。又廿日下午三時許，敵艦一艘，在鄞龍山洋面窺探鎮海。七里嶼洋面廿日午發現敵艦一艘，放下小艇，扣留我帆船一艘，盤查良久始釋放。

【徐州二十一日中央社電】自八月卅日起，迄今五十日，津浦隴海兩路沿線各站被敵機轟炸已達卅次。

——摘自《神州日报》（上海），1937年10月22日

# 敵機昨再炸廣九路

# 京并蘇均遭襲擊

## 港粵間交通昨又被毀中斷

## 魯皖境均發現敵機

【香港二十二日中央社路透電】廣九鐵路今日復受日轟炸機炸損。一〇一公里處路軌被炸起，一〇三公里處路堤因中彈，致有泥土數噸埋沒軌道。今晨由廣州開出之快車，現被阻於該地附近，乘客有無死傷，火車曾否被損，現尚未悉。廣州與香港間之交通，連電話在內，今復中斷。

**廣州** 二十二日上午八時廿五分，敵機兩架飛向粵屬台山縣公益車站投六彈，並向城內投七八彈，燬民房二十餘幢，死傷平民數十人。旋又有敵機廿六架，於上午十時卅二分飛經粵市，分襲廣九粵漢兩路。計敵機十架在粵漢南段英德投十四彈，曲江投十五彈，敵機逞兇後，適我客車駛過，為敵機機槍掃射，死傷旅客十數名。同時敵機六架，飛廣九路林村車站，投數彈，燬路軌四段。

**南京** 敵機六架，於廿二日下午三時半，沿京滬路向京進襲，我空軍往攔擊，敵機三架繞道自西南方竄入京空，在我高射槍炮密集射擊中，倉皇飛至光華門外，向中大校場附近投數彈而去。

**太原** 敵機二十二日來并騷擾，達五次之多，自晨八時至晚七時半，終日在警報中，城中心區投彈二十餘枚，燬民房，並炸傷平民十餘人。

【鄭州二十一日中央社電】敵機二架，二十一日下午三時在平漢路潞王坟站，及道口等地擲彈十餘枚，多落野地。

**安慶** 敵機四架，二十二日午後四時來襲，經我高射砲猛烈射擊，飛度極高，盤旋半小時，投數彈均落荒郊。

又二十二日晨八時，日機二架飛滋陽投五彈，又敵機二架到泰安投一彈北返，商河，青城，齊東，濟陽有日機二架窺伺。

**蘇州** 自晨六時卅分迄下午六時，被敵機繼續空襲達十三次。敵機輒在鐵路沿線盤旋，並兩次投彈共十餘枚，我無損失。

**無錫** 今日午後，日機五架轟炸無錫車站。又昨晨六時，有自蘇州開往嘉興之客車一列，於駛至八拆平望之間時，突遭敵機追逐投彈，幸未命中，否則至少當有百人以上被擊斃。此外在松江車站，昨日上午六時又有敵機前往投彈二枚。

——摘自《神州日报》（上海），1937年10月22日

# 連日敵機轟炸京滬杭各線

## 津浦路輪渡碼頭被燬

【中央社蘇州廿一日電】敵軍連日以飛機轟炸京滬杭各線交通、夜間亦不時以飛機在大場附近偵察、

敵機【中央社南京廿一日電】八架、於廿一日晨九時飛往丹陽及常州一帶投彈、并有襲京模樣、我空軍起往截擊、敵機紛紛逃去、下午十三時半、又有敵機三十四架、分四路向京進發、企圖襲擊、我空軍聞報、即飛往攔擊、有敵機十餘架繞道侵入京空、我高射槍砲密集齊發、敵機高飛至光華門外大教場及浦口一帶投彈、稍頃即逃去、事後調查、在光華門外除我機場畧被炸毀外、在浦口所投之彈將津浦路輪渡碼頭炸毀、一時不易修復、

【中央社徐州廿一日電】自八月卅日起迄今五十日、津浦隴海兩路沿線各站、被敵機轟炸已達卅次、

【中央社上海廿一日電】路息、廿一日晨有敵機六架飛京滬路丹陽站附近投六彈、居民死傷甚夥、又滬杭甬路新橋站附近、廿一日亦有敵機轟炸、死平民四人、傷十餘人、

【中央社蘇州廿一日電】敵機於廿一日復來蘇襲擊十次、每次均盤桓達二十餘分鐘之久、晨八時許來襲時、在蘇虎邱附近投彈數枚、我高射槍砲加以猛烈射擊、敵不敢逗留、即行逸去、

【中央社上海廿一日電】廿一日晨由滬開杭之十一次客車、駛抵硤石南斜橋東站外楊旗附近時、遭敵機濫施轟炸、客車畧受損、死乘客二人、

【中央社杭州廿日電】敵機二架、廿日一時經嘉善、嘉興、海甯、竄杭在觴家埠盤旋良久始去、又廿日三時敵艦一艘、在鄞龍山洋面窺探後、向北遛去、鎮海七里嶼洋面、廿日午發現敵艦一艘、放下小艇、扣留我帆船一艘、盤查良久始放、

——摘自《中山日报》（广州），1937年10月22日

# 燬我文化機關 敵人尚圖卸責

## 日同盟社强詞詭辯 誣我學校改作兵營

【中央社南京廿一日電】中日戰事勃發以來、敵機迭反國際公約、轟炸我文化機關及非戰鬥人員之種種非法事實、早爲世界文明各國所不齒、乃日方最近以嚴遭國際輿論譴責之故、竟企圖諉卸責任、而强詞詭辯、謂昨日同盟社通訊、竟詭稱敵機轟炸我文化機關、係由於我方將學校改作兵營之用云云、誠不知究何所據而云、然例如中央大學與中山大學當被炸時、均正在籌備開課、何來用作兵營之事實、不寧唯是、該兩地距戰線甚遠、自又毫無改兵營之用之必要、其他被炸之文化機關、情形亦復相似、總之、日方此種强詞奪理之荒謬宣傳、蓋無非欲混淆國際聽視、企圖逃避國際間對日之責難耳、但事實勝於雄辯、日人此種惡劣伎倆、徒令世人齒冷而已、

——摘自《中山日报》（广州），1937 年 10 月 22 日

# 昨午敵機四架

# 轟炸廣九路常平站

## 投十餘彈路軌數丈被燬

【本報專訪】昨（廿一）日上午十一時卅分、接前哨情報、敵轟炸機四架、由航空母艦起飛、十一時五十二分、經唐家灣、自南飛北、有襲廣州模樣、十一時五十四分、本市發出警報、十二時十分、敵轟炸機四架到達虎門上空、一架領先、三架殿後、成品字形、飛行極高、在虎門盤旋一匝、即轉向東飛、廣州隨發緊急警報、惟敵機未向廣州進犯、逕飛廣九路、掠過石龍、沿鐵路向東南飛、十二時卅分、敵轟炸機四架發現常平站上空、盤旋數匝、乃低飛投落炸彈十餘枚、多落附近田間、或落水中、常平站絕無損傷、祇毀路軌數丈、因該處並無房屋、故無傷人、敵機投彈後、復折向北飛、十二時四十分、敵機飛抵石龍、我防空部隊、準備再顯神威、敵機受我高射炮威務、不敢低飛、盤旋有頃、即向西南方逃去、本市遂于下午一時廿六分解除警報、事後記者復往路局調查、敵機是日襲擊廣九路、係向距離大沙頭八十五公里之常平站附近投彈、共投十餘枚、炸毀路軌數丈云、

## 敵機逞兇槍擊開港客車

【中央社】敵機四架、於昨（廿一）日上午十一時四十分、由唐家灣起飛、至十二時、抵廣九路、沿石龍、茶山、橫瀝、常平各站、大肆轟炸、經我護路部隊猛烈射擊、敵機畏我火力、倉惶中亂擲十一彈、均不中的、有兩機飛經石龍時、曾在該處上空盤旋、適該路第九次由省開往港混合直通車、于十二時十二分、駛抵距離廣州六十公里之石龍與茶山站間、突與敵機相遇、敵機師忽逞獸性、竟以機槍猛烈掃射車上非戰鬥員之中外乘客、歷時約十餘分鐘、第五號機車水箱即被擊中三彈、箱內儲水汩汩流出、第三號車箱亦被彈穿四洞、爲勢甚危、列車乃急退石龍暫避、中外乘客當時因遵車長員司勸告、俯臥車箱中、幸無死傷、然老弱婦孺吃驚不少、事後經該段工程人員立即趕修完竣、該次車始繼續駛港、

——摘自《中山日报》（广州），1937年10月22日

# 大隊敵機昨襲京

## 光華門外被炸損失微◎浦口投彈毀輪渡碼頭

## 兩路各站仍有多處被炸

## 廣九客車竟遭追隨掃射

**南京**

◎中央社廿一日路透電、今日復有日機二十架襲京、在光華門外飛機場及

**浦口**

車站等處投彈、下午一時先有敵驅逐機五架、飛至首都上空、作偵察工作約五分鐘、同時並有向中國空軍挑戰之意、繼之而來者爲轟炸機十二架、在機場投下無數炸彈、地下炸成四十六洞、城中俱受爆炸之震動、並見東南方上空有黑煙烈焰上升、同時復有轟炸機三架、從事於浦口之轟炸、其中一架投下之物如黑煙一團、致有疑該機被擊落者、惟結果並未有飛機擊落、而投下何物、亦未查明、並有一機投下傳單甚夥、惟爲風吹至東南城外、至二時警報卽告解除、據今日華方佈告所稱、今晨九時探悉、有日機十架襲京、但結果未來、有三架赴

**丹陽**

車站轟炸、五架襲

**常州**

並有二架在常熟投彈、京中至九時四十五分、卽解除警報、又據駐泊下關之外國砲艦報告、今日下午赴京轟炸之日機、計有轟炸機十八架、由驅逐機五架保護前往、其中轟炸機六架投彈六枚、大約係欲轟炸浦口車站、但所投之彈、均落江中、該機等旋飛下游投彈云、

◎南京二十一日中央社電、敵機八架、於廿一日晨九時、飛往丹陽及常州一帶投彈、並有襲京模樣、我空軍趕往截擊、敵機紛紛逸去、下午十二時半、又有敵機三十四架、分四路向京進發、企圖襲擊、我空軍聞報、卽飛往攔擊、有敵機十餘架繞道侵入京空、我高射槍砲密集齊發、敵機高飛、在光華門外大教場及浦口一帶投彈、稍須卽逸去、事後調查、在光華門外除我機場略被炸毀外、在浦口所投之彈、將津浦路輪渡碼頭炸毀、一時不易修復、

◎常州二十一日電、二十一日上午九時二十分、突來敵機五架、內有兩架分飛他往、餘三架盤旋於車站上空、投彈三枚、一彈落於紅十字會救護車、致着火焚去四輛、兩彈落於月台及路軌、車頭水箱略受損燬、旋卽修復、新閘車站亦投三彈、並無損失、炸傷十四歲小孩一名、並在城內上空投毒粉、散播於河內、

**杭州**

二十一日電、二十一日晨九時半、敵機三架沿滬杭路繞崇德來杭、在覓橋窺探良久、循原路經斜橋投彈二枚、路軌小損、嗣向北竄去、十時敵機一架由全公亭飛乍浦盤旋良久、至十時一刻向東北飛去、

◎杭州二十一日電、二十一日下午一時起、敵機分五路窺探浙江全省、一路敵機三架、由嘉興經杭飛蕭山紹興、一路三架飛昌化於潛分水後回飛覓橋盤旋、嗣復飛金華麗水向永嘉而去、一路一架、由龍山飛來、在觀海衛澉浦一帶盤旋後、向全公亭飛去、一路三架、由觀海衛南飛慈谿寧波奉化寧海過溫嶺南窺、至玉環向東南飛去、一路水上偵察機一架、由全公亭南飛澉浦海寧乍浦轉向全公亭飛去、

**松江**

二十一日電、二十一日晨七時迄午、敵機飛松窺伺達十餘次之多、上午八時、敵機三架在東車站投三彈、俱落站南田中、並無損害、及午、又有大批日機進襲、二十二架飛禾、十一架在邑、輪流投彈而去、計東站落十一彈、八在田中、二中運輸車、毀二輛、米毀百餘担、一中路軌、毀數丈、刻正趕修、卽可恢復通車、

西站落彈於田中、當時一敵機被我防軍擊傷、墮於虹橋機場附近吳家巷、又十九日午敵重轟炸機一架、傳受傷跌邑境蕭塘、當地軍警正搜索中、

**蘇州** 二十一日電、二十一日晨六時三刻、敵機三架在外跨塘萬人塘投硫磺彈兩枚、河中泊一火輪、拖難民船四艘、一落輪船煙囪中、一落河中、均爆發、輪全燬、難民均早登岸、被機槍掃射、死二人、八時敵機三架向離虎邱二里之鐵路上客車投三彈、死九人、傷三十人、八時〇五分、敵機四架、至

**唯亭** 站投四彈、無損害、停靠之空車略受損、又電、敵機十二架、十二時十分飛

**昆山** 在東門外崑太公路投彈二十六枚、燬郵政倉庫及附近民房十餘間、死一人、

**廣州** 廿一日中央社電、敵機四架、二十一日午十二時十分、飛向廣九路常平等站投彈、經我護路部隊猛烈還擊、敵機畏我火力、倉惶中亂擲十一彈、均未中的、有兩架飛經石龍時、仍在該處上空盤旋數週、始相率遁去、

◎廣州二十一日中央社路透電、廣九鐵路由廣州開往香港之慢車、今午十二時與一時間、爲日機四架所攻擊、機車與客車皆被機關槍彈擊中、幸車客無死傷者、該車被擊地點、在石龍附近之茶園地方、此爲廣九客車被日機故意轟擊之第一次、同時日機飛至廣九路線之樟瀝與常平間、擲落十彈、但無重大損毀、火車現仍照常開行、

**嘉興** 二十一日電、二十一日八時許敵機一架、投彈三枚、無損失、十二時四十分敵機一架、在松江西站及明星橋站十二彈、燬車二輛、並軌、下午五時、敵機四架、轉禾飛斜橋站、炸客車、投六彈、燬龍頭一、車輛二、死一、傷三、又敵機三架、在蘇嘉路盛澤平望間炸鐵路、擲九彈、無損失、

——摘自《时报》（上海），1937 年 10 月 22 日

# 日艦又刦掠我漁船

## 港當局審訊擊沉漁船案

## 英軍官證明係日艦行兇

▲中央社香港二十一日電　日艦十六日又在大鵬灣海面截留漁船、搜刮一空、放行時恣意侮辱、並稱「汝等再出海捕漁、殺無赦」、該船漁民頃已返港、向警局報案、又漁民協會廿一日電粵當局籲請救濟。

▲中央社上海二十一日電　據香港二十一日合衆社電、上星期五有中國漁船南洋（譯音）號一艘、在惠陽海面附近為一日驅逐艦攔阻、隨有日水兵九名躍登漁船、將船上桅竿一律砍去、並勒令其不得再在該處航行云。

▲中央社香港廿一日電　日艦砲轟漁船案、廿一日晨三審、英潛艇長希爾拔亦到庭、供證轟炸漁船之潛艇、其形式當屬日艦無疑、足見公道自在人心、該案未審結、廿二日仍續訊

▲中央社香港二十一日海通電　調查日艦擊沉中國漁船委員會、今晨開會討論攻擊漁船軍艦之國籍問題、華籍證人三人、一致供稱該潛艇有砲兩尊、其司令塔上塗有阿刺伯字「T」字、及白黑白條紋、該證人並稱、該艦船員帶變肩章、侯白特海軍少校、以海軍專家資格出席作證、證明此乃日本潛艇之記號云。

——摘自《中央日报》（南京），1937 年 10 月 22 日

# 敵機摧殘文化機關
# 京市各小學被燬
## 損失情形已呈報教部

京市社會局、以自全面抗戰以來、敵機屢襲首都、迭肆兇殘、摧殘我教育文化機關、中央大學之被迭次轟炸、已由教育部調查、將宣告全世界、惟敵機在首都轟炸、即如小學亦不能倖免、以故遭受損失甚大、現經社會局查勘屬實、已呈報市府、並搜集被炸情形照片、彙送教育部、轉寄日內瓦學生服務會、向國際間宣佈被燬教育文化機關眞相、俾全世界知暴日之蓄意破壞我文化機關之惡毒、茲將本市各小學至現在止、被敵機轟炸損失情形、調查如下、（一）考棚小學新樓房東北面被炸燬、教室全燬、（二）鄧府巷小學大禮堂西北舊校舍北面及廚房均被炸燬、其餘門窗均震壞、（三）徐家巷小學附近落炸彈、中級教室門窗均被炸壞、（四）香舖營小學被炸彈炸起巨石、擊穿損毀屋內書廚等、（五）荷花塘小學受敵機襲擊、門窗損壞、（六）承恩寺小學後面圍墻炸坍、屋頂門窗均燬、（七）小學操場中一彈、厠所教室門窗均毀壞、（八）胭脂巷小學第三進樓房六間中彈炸毀、損失校具、二進及第一進門窗亦震壞、（九）方家園初小教室一間中彈、毀校具、（十）私立孝孺小學炸毀教室一進、（十一）崇淑代用小學、炸毀教室兩進及校具、以上十一校、以考棚、鄧府巷、香舖營、孝孺、各小學損失最鉅、因之現時各小學無法開學。

——摘自《中央日报》（南京），1937 年 10 月 22 日

▲敵機又向南京擲炸

廿一日共同通訊社南京電。是日有日軍飛機十五架。向南京北部及南部擲炸。所投之炸彈。向一軍械局及軍事飛機場附近跌落。轟毀農民房屋十二間。平民死傷十名。京滬鐵路有數處車站被炸。距南京約八英里之永利化學廠被炸。損失甚重。查該廠共值銀九百萬元。該廠被炸起火至是晚七時火勢未熄。昨晚華軍飛機隊飛到上海。向日軍擲炸。前後共有七次。

——摘自《少年中国晨报》，1937 年 10 月 22 日

# 昨敵機廿餘架分隊
# 襲甯陽廣九粵漢路
## 台山英德各站均落敵彈傷斃平民
## 廣九林村站路軌損壞港尾車誤點
### 敵機槍擊粵漢路南下車傷搭客十餘人

【本報專訪】敵機連日狂襲廣九路、消耗鉅量炸彈、仍不能使我交通遭受窒碍、懊喪之餘、老羞成怒、遂于昨（廿二）日派機廿八架分三次來犯、先飛台山甯陽路投彈、最後復大舉分襲廣九粵漢兩路、茲將情形分誌如次、

**第一次** 昨（廿二）日上午八時廿分、接前方情報、敵轟炸機兩架、由航空母艦起飛、自南而北、有襲廣州模樣、本市八時廿一分、發出警報、惟敵機起航後、先在赤溪盤旋、約十分鐘、乃向西北飛、至九時廿分、突接台山縣電告、有敵轟炸機兩架、在公益埠發現、旋向甯陽路台山車站投下六七彈、并以機槍掃射、死傷附近農民十餘人、附近民房被毀廿餘間、敵機投彈後、即行遁去、九時五十五分、解除警報、

**第二次**

十時廿五分、接前方情報、敵機廿三架、計轟炸機十架、驅逐機十三架、由南向北進襲、本市立即發出警報、十五分鐘後、發緊急警報、敵機分兩隊、一隊十四架先行、經江門、九江、向粵漢路進襲、一隊九架、經唐家滬、轉襲廣九路、十時四十分、襲廣九路之敵機、已飛抵樟木頭、在上空盤旋一回、投落炸彈三枚、落于距離鐵路數丈之田間、當堂爆發、泥士飛揚、掩蓋路軌、敵機又在林村站投落炸彈六枚、落山邊民房、毀十數間、鄉民死傷數人、餘無若何損傷、敵機投彈後、即向西北飛、越洋海、會同他隊敵機、進襲粵漢路、十一時五十分、敵機聯合、共廿三架、突發現於本市西南方、十一架領先、以六架為一隊、兩架繼後、三架殿尾、向北飛行、時廣州防空隊部、立開高射砲高射機關槍密集轟擊、敵機冒險掠過市西、十一時十分、敵機到達石井、沿粵漢路北上、有六架擬低飛、向渠處投彈、惟被我高射炮猛擊、卒不逞、北飛與前隊敵機經汀村、軍田、銀盞坳、源潭、滘江各站、到達英德上空、隨投下炸彈七枚、均未命中、

【本報專訪】敵機是日在英德站附近落兩彈、無甚損傷、候車室落一彈、月台落三彈、旁落一彈、傷路警一名、站夫一名、有一傷兵當敵機襲擊時、避于路旁樹下、因首當其衝、當堂炸斃、敵機投彈後、即折回、八架先行、十五架則在花縣一帶盤旋、然後繼續南飛、經佛山、三水各處、在江門會合後、始逃返故繼、十二時五十五分即解除警報、查昨日敵機又襲廣九路、在林村投彈、中午車及尾[illegible]港來省

尾車、原定下午六時半可抵步、因林村路軌被毀二百公尺、至夜八時始修竣、八時後該車始自樟木頭來省、深夜十二時抵大沙頭、

香港長途電話、於敵機第二次襲廣九路時、突於上午十時二十分中斷、嗣經電話處派工修理、至夜八時十五分修竣、隨即照常通話、

**第三次**

下午一時二十分接前方情報、敵轟炸機三架、在崖門發現、由南至北、敵機經江門、九江、本市一時四十分發緊急警報、二時六分、敵機到達三水上空、盤旋一匝、轉入北江、在蘆苞天空窺伺、隨折返南飛、在三水一帶盤旋、始行循原路飛去、三時五分解除警報、

【中央社】敵機三十二架、昨（廿二）日分次來襲、凡省垣鄰近各鐵路、均受敵機恣意肆虐、敵寇此種不顧人道、殘害非戰區人民與建設之暴行、適足證明敵已計窮力竭、心勞益拙、茲將昨（廿二）日各情報告如下、

**第一次**、上午八時二十分、敵機兩架由赤溪遁飛台山城內、投彈數枚、炸燬民房十餘間、死傷平民三十餘、繼往寧陽鐵路公益車站投下十彈、半係燃燒彈、路軌畧有損失、

**第二次**、上午十時二十分、敵機二十餘架向北飛來、企圖毀壞我交通幹線、其中二十架飛經市郊往廣九路、距離廣州一百零三公里處之林村站上空、投彈六枚、該處路軌枕木電桿畧有損壞、旋即由路工修復、敵機轟炸廣九路後、復會同其餘三架、共二十三架、齊向西北飛、赴粵漢路英德曲江各站一帶狂炸、計英德段內共落十餘彈、破壞路軌一小段、餘落田野間、曲江車站共落八彈、機房落七彈、當敵機逃逸時、遇我南下列車、敵竟用機槍猛烈掃射、該車廂內乘客被擊重輕傷者十餘人、

**第三次**、下午一時廿分、敵機三架再飛台山、企圖炸毀新寧鐵路公司辦事處、共投彈六枚、均落附近、燒燬民房十數間、死傷無辜平民十餘、敵機肆意投彈後、轉往粵漢路沿廣三支線西南三水各站偵察、惟未投彈而去、

——摘自《中山日报》（广州），1937年10月23日

# 敵機六架竄杭
# 轟炸閘口民船

## 投彈八枚擊沉貨船九艘
## 傷斃無辜廿餘毀屋多間

（本市消息）杭市廿二日上午下午先後發生警報六次、僅上午十時四十分有敵機六架竄杭、向閘口投彈八枚、炸沉船六艘、死傷二十餘人、晚七時許一次警報、雖曾一度施行燈火管制、旋即恢復光明

**第一次**

二十二日清晨六時十六分、嘉善發現敵機四架、係由蘇境襲來、在嘉興上空盤旋五六分鐘後、向東逸去、

**第二次**

七時十分、南潯上空發現敵機四架、經吳興、長興、至安吉盤旋窺探、復折回長興、吳興、南潯、循原路飛逸、

**第三次**

敵機六架、於九時三十分由閩竄入浙境、在平陽發現、經瑞安、永嘉、分兩隊進襲、

**◇共擲八彈◇**

一隊過東陽、諸暨、一隊經富陽抵杭會合、一隊先飛閘口以機槍向下掃射數次、即投彈四枚、轟擊停泊江岸附近之民船、一隊飛市區上空盤旋窺探後、繞至閘口投四彈．爆炸聲甚厲、時我高射砲對之猛烈轟擊、敵機輪流投彈後、倉皇逃逸、一隊經蕭山向[illegible]面逸去、一隊經海甯、黃灣、澉浦、全公亭、向東北飛去、

**◇毀船九艘◇**

敵機所投八彈、六彈均落錢江水中爆發、一彈落閘口第一貨棧後附近江邊石塘間、一落閘口汲水站與祿園茶店之後、共計炸沉民船六艘、尚有三艘、一艘船面全毀、僅留船底、兩艘則船尾被毀一部份、該船等查自蕭山義橋開來、共載有武嶺廠出品罐頭食品一千九百餘箱、幾全部被燬、江山義烏籍船工七人慘遭炸斃、傷十六人、傍晚又在海月橋撈獲死者二人、六和塔附近撈獲重傷者一

名、炸傷者當由救濟分會救護隊分別送往醫院救治、續有三名因傷重而死、

**民房◇炸坍**

閘口汲水站後工人居住之板屋四間、均告炸毀、附近柴炭行房屋後部亦毀、打水機水管亦略損、至閘口塘上一帶商店四五十家房屋玻璃、均有毀損、該處電線震斷、錢江商輪碼頭微有損失、崔子塔附近民房亦有震毀、

**死傷◇調查**

計在閘口死傷已有姓名可查者、爲慘斃者、有田和尚（金華）、蘭振苗（永康）、王新錢（義烏）、尚有不知姓名之十五齡童子一名、傷者爲無名氏（遺有康益公司二十九號證章一枚）（義烏人）、丁五弟（杭縣人）、以上兩人及一無名氏均已死、胡之明（永康人）、郎正苗（諸暨）、成連生·徐拾伍（江山人）、韓利雲（蕭山）、周渭水（江山）、趙根華（永康）、李炎橋（諸暨）、陳光根（江山）、王銓琴（義烏）、李阿金（杭縣）、無名氏兩名、李姜氏（江山）、重傷者一名沈長根、一名石耀安、年均約十餘歲、及輕傷王六六、林培榮、洪虎堂、林長海、李苗阿、趙阿根等、均留醫院醫治、

★閘口民船民居慘遭敵機轟炸★

（上爲炸沉貨船尚有三艘浮露江面・中爲被毀民房之一部・下爲無辜平民慘斃之一斑）

**第四次**

敵機兩架、十時二十二分由蘇飛嘉興盤旋窺探一週、向東北飛去、在王江涇附近之蘇嘉路八十四號橋投三彈、八十五號橋投兩彈、頗有損失、

**第五次**

下午一時五十一分、敵機三架、在嘉善發現、飛嘉興盤旋後、向北逸去、

**第六次**

下午三時〇二分、敵機四架、由東面飛來、經長興、向皖飛去、旋於五時二十五分在安吉上空發現敵機三架窺探、由西向東、經吳興、南潯東北飛去、另一架則經長興向東竄逸、

——摘自《东南日报》（杭州），1937 年 10 月 23 日

# 敵機炸閘北

# 兩彈落租界

## 新閘路死傷五十餘人

近數日來、敵機常結隊投彈轟炸閘北方面光復路一帶、及沿蘇州河之北岸、昨日下午四時三十分、有敵機三架、又在滬北恒豐路一帶盤旋轟炸、投彈數枚、詎有一彈、竟投入公共租界新閘路梅白克路西首、該彈為燒夷彈、自新閘路三百七十八號三百八十號張振元醫園上空向西南卸下、落於新閘路三八八三九〇號眞際稿薦肉舖對面馬路旁、當時適有黃包車四輛（六七五八・三二二九・三八四及一六一一號）經過該處、（見下圖）車夫乘客均灼傷、車亦燒燬、當時有印捕四〇二一號五二〇號兩名及路人等、共計灼傷男女及小孩五十二人、出事後、救火會及新閘捕房立即派員前往施救、將該處交通暫時阻斷、同時中國紅十字會亦派救護隊前往幫同救護、將受傷人車送寶隆及仁濟兩醫院救治、送寶隆醫院者、計男女十六人、重傷者三人、㈠顏國友、四十四歲、（黃包車夫）全身傷、㈡劉根寶、五十歲、傷面手足、㈢梅陸氏、二十三歲、傷面四肢、輕傷者十三人、計梅長庵（二十四歲杭州人）、黃恒一（三十六歲四川人）、蔣壽鵬（三十六歲青浦人）、高阿壽（三十歲嘉定人）、陸起榮（五十歲瀏河人）、殷祥珠（四十一歲甬人）、張家東（十三歲川沙人）、朱超英（五十三歲杭州人）、陸士寶（十四歲瀏河人）、沈薛氏（四十二歲無錫人）、張金海（三十五歲浦東人）、朱文時（二十五歲泗陽人）周洪泰（四十二歲紹興人）、重傷之顏國友於午夜十二時身死、送仁濟醫院者、計男女及小孩三十四人、計唐三弟二十四歲、陳吳氏四十三歲、蔡白玉二十六歲、楊榮清三十二歲、邱金田二十四歲、楊某三十五歲、王昌來二十四歲、馬世發二十八歲、翁氏三十二歲、何定生二十七歲、楊萬山卅二歲、顧熙玉五十三歲、周江費二十六歲、吳阿明二十三歲、沈有才三十歲、洪吾全四十三歲、鄔包氏三十七歲、鄔妹妹五歲、鄔弟弟四歲、陶學全二十六歲、沈鳳江二十四歲、方雪川二十五歲、查和英卅五歲、及兩約一歲之小孩、輕傷者九人、包扎後

卽行出院、重傷中有一名一唐三弟者、於昨晚十時半氣絕身死、

**克能海路**

昨日上午十一時五十分、有敵重轟炸機三架、盤旋於北站、帶擲彈轟炸、詎有燒夷彈一枚、竟落於租界克能海路界路附近、該處之慶祥里房屋、頓時起火、焚燒甚烈、中央救火會得訊、立卽驅車前往施救、歷一小時餘始經撲熄、共燬樓屋十幢、幸該處居民自滬戰發生後、卽經遷避一空、無人受傷

——摘自《时报》（上海），1937年10月23日

# 敵攻忻口甚亟 竟又放毒瓦斯

## △△△我忠勇將士仍固守不動

【中央社南京廿二日電】軍息、敵廿一日廿二日兩日攻忻口甚烈、尙在相持中、敵又使用毒瓦斯、我士兵頗受影响、死傷情形待査、

【中央社太原廿二日電】晉北戰事、廿一日夜一度陷於緊張之局面、忻口正面敵軍廿一日下午由下王莊弓家莊集中兵力、向我官村（忻口北五里）猛攻、初藉其重炮之威力企圖轟毀我陣地、但我忠勇將士沉着應戰、待敵步兵衝鋒、卽躍出戰壕、與其肉搏、敵以傷亡過重、竟不顧人道與公理、施放毒瓦斯與燒夷彈、我軍以敵人雖殘酷、尙不至卽施用此卑劣之手段、故多未及携帶防毒面具、至在其毒瓦斯彌漫下、作重大犧牲、敵乘機卽攻入官村、並佔據數處高地後、我指揮長官、急調部隊前往增援反攻、經數度劇戰、卒將原有官村一線陣地奪回、廿二日上午敵我仍在此線對峙中、至左右兩翼、敵因集中在正面攻擊、我軍亦未出擊、故兩翼戰事沉寂、記者廿二日晚晤甫由前方來幷之某高級參謀、據稱忻口陣線、廿一日晚雖一度受敵人威脅、我軍誓死固守、故得轉危爲安、

【本報太原廿三日下午十時十五分專電】晉北敵以一旅團向我懷仁一帶陣地猛攻、我當迎頭痛擊、衝鋒肉搏、戰事極烈、截至發電時止、雙方仍在相持中、我佔優勢、

# 平漢線我軍進至馬頭鎭

【本報上海廿三日下午十一時卅分專電】鄭電、平漢我得力部隊出擊、已進至馬頭鎭、斃敵騎數百、敵紛北潰、我仍追擊、

【中央社鄭州廿二日電】漳河北岸之敵軍、連日經我痛擊、紛紛撤至磁縣、尙有殘部與鐵甲車在漳北與我軍對峙、安陽北門之鐵橋、現經路工修復、鄭安間交通卽可恢復、敵坦克車四十餘輛、現因平漢線正面被我猛攻、有向津浦線撤退準備、

【中央社太原二十三日下午八時電】前方電訊、（一）靈山（忻口東約二十餘里）正面之敵、二十日晚多易爲着灰色軍服之僞軍、着黃軍服藏鋼盔之日軍、多撤往滹沱河西、（二）我軍某營廿一日夜十二時攻擊南莊頭、（左翼衛家莊之北）乘敵不備、一部衝入村中、與敵發生巷戰、擊壞重機關槍一挺、裝甲車二輛、一部襲擊村北路道內、共斃騾馬六七十頭、燬載重汽車三輛、廿二日拂曉敵由閻莊開來載重汽車十餘輛、載兵二百餘、增援與我激戰、此役共斃敵五六十名、我陣亡官兵三十餘人、

——摘自《中山日报》（广州），1937年10月24日

# 敵機襲京不逞

# 京滬各站被炸

## 各地無辜平民被害甚衆

## 津浦隴海各路均被轟炸

【中央社南京廿三日電】敵機六架、廿三日晨八時三刻、在深水上空發現、旋向京進發、除我空軍早經攔擊外、市內即發警報、各高射槍砲隊陣地均嚴陣以待、敵機至采石一帶、中止前進、向四週偵察、井企圖轟炸該地、我江中軍艦、經調査敵所投數彈、均落江中、九時三刻敵機逸去、十時三刻又有敵機十二架、沿京滬路東來、有襲京模樣、經我空軍追擊後、逃竄至安慶一帶肆虐、敵機在皖垣上空盤旋片刻後、又圖進犯首都、下午一時許、敵機五架、發見于京郊上空、在我高射槍砲猛烈射擊中、敵機向大敎塲投彈而去、除一部房屋被炸燬外、別無損失、

【中央社鎮江廿二日電】廿二日午十二時敵機六架飛常州上空盤旋、三架折回向戚墅堰窺探、三架在車站上空盤旋、投彈三十枚、計龍頭房、工程處、貨棧均被炸燬、附近民房被震倒塌者不少、死傷不詳、並悉崑山、蘇州、無錫地轄地車站、及附近一帶亦均被炸、

【中央社蘇州二十三日電】敵機二十七日、竟日仍不斷來擾亂、自上午四時起至下午五時止、共計十餘次、均沿我交通線偵察並投彈、敵機不敢低飛、故投彈漫無標的、泰半落於田野間、我

損失至微、

【中央社徐州廿二日電】敵機每次來徐、尋炸機車均未得利、廿一日四時趁月光明亮忽來六架、施行夜襲、在津浦隴海兩路旋繞、達三小時、終在花村韓莊間投彈多枚、均落空地、我路橋無損、又悉兗州南泗水橋、廿日被敵機炸斷一部、經連夜趕修、廿一日照常通車、

【中央社徐州廿二日電】敵機廿二日兩度襲徐、第一次來三架、于上午到徐上空旋繞一週、即沿隴海路西飛尋覓列車、到碭山投彈六枚、路軌稍毀、旋即修復、第二次下午二時、來徐三架、在東站投兩彈、一落陸軍醫院、一落中興公司、均未傷人、又敵機沿津浦路至茅木投彈、列車亦無傷損、

【中央社安慶廿三日電】敵機七架、廿三日半來襲、在東郊投百餘彈、毀民房數間、餘無損失、歷數分鐘即逸去、

【中央社清江浦廿三日電】廿三日上午十一時半、敵機四架、自東北飛淮、在北郊略事盤旋、即向西北飛去、在宿遷境新安鎮內彈轟炸後、即東飛東海投彈三枚、

【中央社蚌埠廿三日電】廿三日晨八時許、巢縣三林頭鎮、發現敵機五架、盤旋窺察、旋向西飛去、

【中央社太原廿三日電】敵機十四架、廿三日分二次來并空襲、第一次一架、第二次十三架、在市空窺察、旋飛環陽轟炸、計投彈廿餘枚、損失詳情、尚待調査、敵機連日在正太路沿線轟炸甚烈、企圖破壞我交通線、據報告、廿一日下午有敵機六架、在娘子關車站投彈、廿二日下午復有敵機十七架前往肆虐、該站票房及路軌被炸多處、又陽泉車站、廿一日有敵機多架、前往投彈四十餘枚、站台亦受相當損失、

——摘自《中山日报》（广州），1937年10月24日

## 僑港漁民協進會

# 對敵殘殺漁民之呼籲

### 漁船被擊沉焚燒達二百艘

### 漁民死亡者數逾五千之衆

僑港漁民協進會、以敵艦殘殺漁民、特通電各方呼籲、畧謂、粵海遭敵艦封鎖、人民首蒙大害、厥爲海上漁船、是以月來大號漁船被焚燒屠殺者有二百艘、損失價值二百五十萬元、人口死亡逾五千之衆、脫險生還者僅三百人、暴敵殘殺無辜、爲人類公敵、漁民被害、慘不忍睹、請各方予以救濟云、

——摘自《中山日报》（广州），1937 年 10 月 24 日

## 敵艦竟用燒夷彈

# 射殺我漁民

### 業經港政府研訊專家證明

### 其窮凶極惡行爲益爲顯著

中央社。廣州二十二日電。香港二十二日日艦轟沉漁船案。港府奉令組會開庭研訊。經三庭證供一致。日潛艦屠殺非武裝漁民事實。已極明確。二十二日晨四次續棠。化驗師、槍械專家均到庭。供述檢驗槍彈經過。證明日艦機槍。竟用燒夷彈射擊漁民。其窮凶極惡之行爲。益爲顯著。至午案結。宣布休會。該會即擬報告書呈候英京殖民地部核辦

# 吳鐵城贊美香港護督意見

中央社。廣州二十二日電。香港護督史美士在立法局會議所發表。其關於華南近兩月悲慘事件之意見。及此類事件與香港之嚴重關係。已引起廣州中外人士之注意。中央社記者。特晉謁省府主席吳鐵城。叩詢對史氏意見之感想。吳氏謂在九國會議開會之前夕。香港護督史美士君之嚴正。而鄭重的表示。實堪全世界關心遠東時局者之重視與稱頌。廣東與香港相去咫尺。兩月來華南炸彈與槍炮聲。香港居民可親聆之。一般平民所遭遇慘痛。亦爲各國人士所目覩。是非曲直。無待吾人贅述。誠爲護督所引麥氏文鈔之名言。「歷史家不可偏倚。但不可無惻隱之心」。護督今因其惻隱心而發生之嚴正表示。巳堪作天下後世國際及歷史批評家之珍貴資料矣。廣東與香港脣齒之關係。及其互相之需要。百年來未有若今日之顯著者。中國繼在此艱苦困難之期間。然對於足以危害香港廣東間之繁榮及其生命線者。吾人仍努力避免或劃際之。此於最近對省港間之維持。可得明證。是乃吾人願乘此機會。向中國友人及香港數十萬居民。鄭重表示者也云云。

——摘自《湖南国民日报》，1937 年 10 月 24 日

# 敵機南北飛

## 仍到處投彈◇日夜擾蘇州

## 一架中我高射砲

◎蘇州二十三日電、敵機擾蘇、日以繼夜、今晨三時開始迄夜、警報十一次、晨八時來四架、在平門外投四彈、下午四時三架偵察蘇嘉路在覓渡橋西南投一彈、此外在各鄉外跨塘唯亭望亭滸關各車站均投彈、掃射機鎗、在唯亭站被我高射砲擊中一機、尾部冒煙、踉向原路逃回、

——摘自《时报》（上海），1937 年 10 月 24 日

## 三度圖襲京

## 投彈大教場

◎南京二十三日中央社電、敵機六架、二十三日晨八時三刻、在溧水上空發現、旋向京進發、除我空軍早往攔擊外、市內即發警報、各高射槍砲陣地、均嚴陣以待、敵機至采石一帶、中止前進、向四週偵察並企圖轟炸該地我江中軍艦、經調查敵所投數彈、均落江中、九時三刻、敵機逸去、十時三刻又有敵機十二架、沿京滬路東來、有襲京模樣、經我空軍追擊後、逃竄至安慶一帶肆虐、敵機在皖垣上空盤旋片刻後、又圖進犯首都、下午一時許、敵機五架、發見於京郊上空、在我高射槍砲猛烈射擊中、敵機向大教場投數彈而去、除一部房屋被炸燬外、別無損失

◎南京二十三日中央社路透電、今晨與下午、日飛機出現首都附近三次、晨八時三十分、第一次警報突作、日機九架飛過杭州南京之間、但未至首都、而赴安慶、十一時日機五架、又出現首都附近、仍未入京、僅在京東青龍山偵察、下午十二時廿五分日重轟炸機五架、驅逐機四架、飛臨京市、在光華門外飛行場與通濟門外擲彈十餘枚、一時廿五分警報解除、

## 濫炸廣九廣三粵漢路

◎香港二十三日電、今晨八時許、三敵機由崖門襲寧陽鐵路、在牛灣公益擲數彈、十時半、十二架由赤溪另一部由唐家灣、分赴廣九路石龍橋粵漢路江村至琶江廣三路佛山至三水、肆意投彈、人民生命財產、損失極鉅、

◎廣州廿三日中央社電、敵機三架、廿三日上午八時十五分、飛往台山縣公益車站、投彈十餘枚、損燬民房十餘間、死平民三人、傷五人、十時廿六分、敵機十八架、由中山縣方面向粵漢路進襲、在橫石車站投十餘彈、車站被燬、江村琶江兩車站、又有損燬、餘十二架沿廣九路飛石龍橫瀝一帶投彈、

## 四架飛淮陰宿遷轟炸

◎清江浦二十三日中央社電、二十三日上午十一時半、敵機四架、自東北飛淮、在北郊略事盤旋、即向西北飛去、在宿遷境新安鎭投彈轟炸後、即東飛東海投彈三枚、

## 安慶東郊投二十餘彈

◎安慶二十三日中央社電、敵機七架、二十三日午來襲、在東郊投二十餘彈、燬民房數間、餘無損失、歷數分鐘即逸去、

## 兗州南汜水橋被炸壞

◎徐州二十三日中央社電、敵機每次來徐尋炸機車、均未得利、二十一日晨四時、趁月光明亮忽來六架、施行夜襲、在津隴兩路旋繞達三小時、終在茅村韓莊間投彈多枚、均落空地、我路橋無損、又悉兗州南汜水橋二十日被敵機炸斷一部、經連夜趕修、二十一日午照常通車、

## 一日中三次空襲徐州

◎徐州二十三日中央社電、敵機廿二日兩度襲徐、第一次來三架、於上午到徐上空旋繞一週、即沿隴海路西飛、尋覓列車、到碭山投彈六枚、路軌稍毀、旋即修復、第二次下午二時來徐三架、在東站投兩彈、一落陸軍醫院、一落中興公司均未傷人、又敵機又沿津浦路至茅村投彈、列車亦無傷損、

## 正太路昨被炸毀多處

◎太原二十三日中央社電、敵機十四架、二十三日分二次來幷空襲、第一次一架、第二次十三架、在市空窺察、旋飛汾陽轟炸、計投彈廿餘枚、損失詳情尙待調查、敵機連日在正太路沿線轟炸甚烈、企圖破壞我交通線、據報告、二十一日午有敵機六架、在娘子關車站投彈、二十二日下午復有敵機十七架、前往肆虐、該站票房及路軌被炸多處、又陽泉車站二十一日有敵機多架、前往投彈四十餘枚、站台亦受相當損失、

**南昌**　廿三日中央社電、敵轟炸機六架、廿三日下午四時、經閩至贛省南城崇仁一帶盤旋窺探、下午五時四十分侵入本市上空、在中正橋附近投十餘彈、均落江中、僅橋微受損壞、又在上河街及南潯路牛行車站投彈七枚、機工宿舍一部被毀、民房倒塌一百餘所、死九人傷七人、

**蕪湖**　二十三日中央社電、敵機於二十三日午前兩次竄皖境肆擾、九時及十一時半、在采石當塗間江邊及安慶兩次擲彈、過蕪時飛行極高、

**杭州**　二十三日晚八時中央社電、二十二日午十二時敵機六架、由台北方面飛杭、在閘口附近投八彈、適錢江旁有由鄞駛來之民船、遭敵機濫施轟炸、死六人傷廿四人、

**嘉興**　廿三日電、今日午後一時、敵機三架襲禾、在車站擲彈六枚、

**常州**　鎭江廿二日中央社電、廿二日午十二時、敵機六架飛常州上空盤旋、三架折向戚墅堰窺探、三架在車站上空盤旋、投彈三十枚、計龍頭房工程處貨棧等、均被炸燬、附近民房被震倒塌者不少、死傷不詳、並悉崑蘇錫等地車站及附近一帶、亦均被炸、

——摘自《时报》（上海），1937 年 10 月 24 日

# 閘北落炸彈不下百餘枚

## 六十餘架敵機從滬東飛出 一部往外埠餘在四郊轟炸

昨日楊樹浦路底之敵臨時飛機場、有敵機六十餘架先後飛出、除一部飛往外埠各地外、本埠之閘北·大場·滬西·浦東諸地、續有敵機前往轟炸、茲誌各情如次、

### 浦東

浦東方面、昨晨九時有敵機二架、在塘橋路家宅一帶投二彈、十一時又有敵機二架、在邱家宅投二彈、下午三時起迄晚止、續有敵機五架、在塘橋·楊家渡·新馬路一帶、繼續肆虐、共計投彈凡四十枚以上、除毀我民房二十餘間外、餘無所損、又訊、昨日上午九時、敵機數架、盤旋於浦東內地各村落、向農房亂肆轟炸、計九時許大金家巷投擲一彈、毀八十九號平房一間、死二十八歲啞吧一名、十時許在張家樓投二彈、焚燬平房八間、死少婦兩名、大金永巷投一彈、毀平房三間、死七十二歲·七十三歲兩老嫗、又張龍橋投二彈、死男子三名、及六十歲老嫗徐氏一名、午前十一時在張家樓西南首投一彈、死男子一名、金家巷投三彈、毀天主堂三十四號平房一間、無死傷、大金永巷投一彈、毀平房四間、午後一時二十分泥牆圈投二彈、焚燬民房三十餘間、一時三刻草庵到一平民、被機槍射擊受傷、二時三刻葉家巷投七彈、毀瓦屋八間、草房一間、三時在塘橋三官堂派出所空地上投一彈、、炸斃一男子、張永門投七彈、毀屋十一間、死四十歲與七十七歲兩老嫗、四時在朱家村投四彈、炸毀籬笆一埭、四時三刻在金家巷投十一彈、僅有農民二人受傷、上述慘斃之男女十餘名、由洋涇區同善會棺殮、

### 大場

大場方面、近二日來亦有敵機前往作竟日轟炸、在通大場之大劉（大場至劉行）、大眞（大場至眞如）、大滬（大場至閘北）之三公路上、尤爲敵機往來偵察及轟炸目標、敵方目的、乃在阻斷前線我軍與後方交通及聯絡、並尋覓我方砲兵陣地、

### 滬西

滬西方面、昨日上午十時半、有敵機三架、在中山路中山橋北一帶往來偵察、旋在大夏大學北面之杜家宅投彈三枚、斃婦女一名、傷男子一名、嗣後飛大夏大學門首低飛、用機關槍掃射、幸未傷人、下午三時至五時、另有敵機三架、飛北新涇續肆轟炸、先後投彈二十餘枚、毀民房四十餘間、死居民四人、傷六人、又訊、昨日下午三時四十分、有敵機五架、在北新涇維別根路及眞如橋周圍投彈七枚、燬民房四五間、並着彈起火、傷十餘人、當由曹家渡救火會上海紅十字會第十急救隊、驅車前往敵機機槍掃射中從容將受傷者送往各該所醫治、

### 閘北

閘北方面、昨晨破曉起、即有敵機前來、輪流作竟日轟炸、每次三架、迄晚始止、其中以上午九時、十二時至一時許轟炸尤烈、總計昨日敵機在閘北投彈、先後不下百餘枚、但除毀我民房五六十間外、餘無所損失、

——摘自《时报》（上海），1937年10月24日

# 浦東各鎮近況

## 洋涇受害最慘重

### 前後敵機空襲廿餘次落彈百餘枚

### 楊思橋三林塘周浦三鎮房屋均完整

戰事發生以後、浦東方面因與戰區相隔一江、敵軍屢次企圖佔領、藉以威脅南市、但因我方配置雄厚兵力、輔以強有力之砲隊、不特敵謀未遂、且交鋒多次、迭予重大打擊、彼方惱羞成怒、遂每日利用飛機、向無辜平民濫施轟炸、以爲報復、沿浦各鎮多數遭其蹂躪、茲將各地近況、概略調查如下、

**洋涇鎮**

該鎮位於楊樹浦之對岸、市街長約二里、分東西兩市、以石橋爲隔、人煙稠密、爲貫通南匯之重鎮、亦敵方惑於漢奸之言、使此繁盛之街市、首先遭其毒手、前後受空襲廿餘次、落彈一百餘枚、西市受害最重、毀屋一百餘間、東市毀屋三十餘間、南北街外波及三十餘間、死傷民衆達七八十人、現街道上雖有少數商店每晨應市、但行人寥落、景象淒涼、

**其昌棧**

該鎮位於洋涇西首約六里、亦即在虹口之對岸、街市長約一里、因密邇浦邊、處境異常危險、但自始並未遭受敵機轟擊、而敵艦發炮、亦掠過屋頂、故鎮上市房、依然完整、商店亦於上午開市二三小時、以維平民生活、惟南首梅園里鐵店橋各村落、被敵機轟擊凡四次、毀屋二十餘間、並焚燬草棚三十餘間、日前報載各該處悉數化爲平地云云、實爲誤傳、

**賴義渡**

該鎮位於法租界外灘之對岸、市街之繁盛、爲浦東冠、民衆已半數遷走、商店於上午開市半日、邇來鄉民菜販、逐日增加、留居之民衆、亦較戰事初起時爲多、蓋以此熱鬧之商業區域、敵機亦未肆虐、上月間報載該鎮已炸毀市房三分之一以上等語、並非事實、

**楊家渡**

該鎮位於南市大達碼頭對岸、市街計凡一里、街道亦頗繁盛、戰事發生後、居民遷走者甚少、依然保持戰前之景象、前數日敵機曾在東市橋堍及震修支路各投一彈、毀民房兩間、鎮民受驚之餘、不得不紛紛遷移、故近數日來較前冷靜、然踏上街道、環顧市房、均未受損、

**塘橋鎮**

該鎮位於南市董家渡之對岸、街道長約三里、因距離戰區較遠、居民不特並未遷避、且自北面遷來之難民甚多、故依然保持昔日之繁榮、詎敵機於前數日轟擊兩個半日、致新馬路之西毀屋二三間、路東毀屋三四十間、鎮南波及十餘間、死傷平民數十人、居民陡起恐怖、三分之一已於最近遷走、

**此外**

楊思橋三林塘與周浦等三鎮、於戰事起後、雖敵機時常在上空駛過、但鎮民仍各安居樂業、維持其往日之生活、詎前數日敵機連續前往投彈轟炸楊思橋、轟毀兩紗廠、街市無恙、三林塘遭受空襲兩次、毀民房十餘間、周浦鎮則僅車站上投擲三彈、炸毀小火車六節、鎮上市房、依然完整、三鎮民衆、亦未遷避、

——摘自《时报》（上海），1937 年 10 月 24 日

## 淞滬各處終日遭轟炸

### 燬民房無數 死傷皆平民

▲中央社上海二十三日電 敵機二十三日仍四出終日轟炸閘北·大場·北新涇·浦東·在閘北投百餘彈·燬民房九六十間·北新涇投二十餘彈·燬民房四十餘間·死平民四人·傷六人·浦東投四十餘彈·燬民房二十餘間。

▲中央社上海二十三日電 二十三日晨十時半·敵機三架·飛至滬西大夏大學北首杜家宅投三彈·死女一·傷男一·旋低飛至大夏門前掃射·幸未傷人·又浦東·閘北·大場今晨均有敵機投彈·毀我民房多間

——摘自《中央日报》（南京），1937 年 10 月 24 日

## 敵肆意轟炸 播放黑毒粉

【中央社上海廿四日電】廿四日晨黎明起、敵機五十餘架分批自吳淞楊樹浦兩臨時機場起飛、續在四郊轟炸、（一）閘北、在北站虬江路、寶山路共和新站一帶投四十餘彈、毀民房卅餘間、（二）滬西一大夏大學附近投彈多枚、大夏新村被毀甚鉅、二勞勃生路英商公益紗廠被毀廠屋多間、三中山路投四彈、中山橋被炸毀、傷一人、民屋多毀、四、北新涇投二百餘彈、毀民房百餘間、死傷居民各十餘人、眞北橋亦炸毀、（三）浦東、在東洋涇楊家宅楊家渡均投多彈、（四）大場南翔亦有敵機肆虐、毀民房頗多、

【中央社上海廿五日電】閘北駐軍發表連日敵機在萬家宅吳王宅一帶濬內、散播黑色藥粉、我士兵汲飲非水、均中毒腹痛下瀉、我軍負責人已搜集証據、將對外公布云、

——摘自《中山日报》（广州），1937 年 10 月 25 日

# 敵機昨轟炸三鐵路

# 槍擊廣九開港客車

## 傷搭客廿餘名樟木頭土塘站被炸

△△

## 前日燬粵漢車十一輛傷亡數十人

【本報專訪】敵機二十餘架、昨（廿四）日又分兩次向三鐵路轟炸、經防空部隊奮勇護衛、卒不逞、敵以屢襲無功、乃施殘酷手段、向廣九客貨車用機槍掃射、傷搭客廿餘人、茲將情形誌下、

第一次、昨日上午七時四十四分、接前方情報、敵轟炸機八架、由東至西、經江門轉襲寧陽鐵路、本市於八時十六分發出警報、八時十八分、復接前哨情報、敵機十六架、計轟炸機八架、驅逐機八架、由中山縣荷包島海面起飛、頃已到達乾霧上空盤旋、八時廿五分、唐家灣又發現敵機八架、連前共廿四架、向北進襲、八時廿八分、本市發緊急警報、八時四十分、敵機六架、飛至寧陽鐵路公益站各處、投彈十餘枚、除車站路軌略受損傷外、民房毀塌卅餘間、死傷平民數十人、敵機投彈後、旋向東飛去、八時廿八分、敵機廿四架到達萬頃沙上空、隨分三隊、一隊八架、經虎門、轉向東飛、向廣九路進襲、八時四十五分、敵機在石龍橋投彈多枚、多數落水中、餘落附近田間、鐵橋無傷、我防空部隊立發高射炮向之轟擊、敵機倉皇向東南飛遁、時廣九路第一次客貨混合快車、于六時四十分由省開港、八時十分到達石龍、遇敵機到襲、乃在距離廣州七十三公里之南社站暫停、敵機被我石龍高射炮隊猛烈轟擊、逃至該站、瞥見有貨客車、立投落炸彈六七枚、未命中、旋又低飛、用機槍向車廂掃射、時車內搭客因該處無安全地帶可避、多在車中、致被擊傷者廿餘人、廣州方便醫院聞訊、當即派出救護隊、大隊長梁慈文、隊副陳德光、鄭煜勳、率領救護員十餘人、及中華救護隊等、乘廣九專車、于十一時出發、下午一時到達石龍站、時各傷者已扛往石龍惠育醫院救治、敷藥後、分別返鄉、當堂斃命者有男女各一人、現陳屍南社站、男年約卅餘歲、身穿黃斜中山裝、女年約卅歲、向在客貨車內賣物、救護隊隨帶一傷者轉搭由港開來之中午車返省、下午五時四十分抵步、即儀返方便醫院留醫、記者前往訪問、據該傷者稱、張亞佐、卅六歲、潮州人、被炸去左足一部、向在河南南華東路陳泗合榮種店充夥作、廿日由惠州黃瀝鄉來省、今日搭早車赴港、當時在南社站暫停、各搭客紛紛落車逃避、余則往車站買烟、詎未幾、敵機即到低飛、先用機槍掃射、然後投彈、余不及逃、遂被炸傷、當堂厥、故此後情形則不知、又一傷者後乘尾車來省、往該院留醫、該客利忠、七十歲、東莞人、住河南馬冲橋西基第廿七號、于下午九時許在石龍轉搭慢車來省、查其傷勢、全身受傷、尤以腹部爲重、雖經醫生診治、但口仍屢吐鮮血、恐有性命之虞、致其受傷原因、係在南社站下車後、在站暫避敵機襲擊、不料該站竟中一彈、磚牆倒塌、利忠遂被壓於亂石之中、

【又訊】敵機轟炸南社站後、經樟木頭站時、又擲彈三枚、毀去路軌十數丈、炸毀工人宿舍一所、轉向盤一座、劉輝記雜貨店亦全部塌毀、省港長途電話電報各線均被炸斷、敵機旋向土塘車站投數彈、將車站房屋及路軌數丈炸毀、路夫一人閃避不及、殉難、

【本報專訪】敵機肆虐後、循原路飛去、又一隊敵機十六架、經順屬時、再分兩隊、八架先飛、向粵漢路進襲、八時四十分經佛山、隨轉入北江、沿粵漢路而上、經石井、江村各站、到達軍田、盤旋一匝、投下炸彈七八枚、路軌畧受損傷、敵機投彈後、在花縣上空盤旋良久、始行折返、經石井時企圖轟炸、然被我高射炮猛烈轟擊、卒不逞、向南而逃、九時五十五分經本市西北方、又欲侵入廣州、我防空部隊復奮勇轟擊、敵機以我有備、倉皇掠過市西而逃、其餘敵機八架則在順屬大良陳村各處盤旋、移時始去、十時廿分本市解除警報、

第二次、第一次空襲警報解除後、十時五十五分接前方情報、敵轟炸機五架在台山新昌投彈、諒係敵機首次肆虐後、復轉往轟炸、十一時四十分又接情報、敵機十架由西至東飛、十二時十八分又接情報、敵機三架由南向西北飛、一時十分發出警報、惟至二時卅分敵機未過廣州、警報遂解除、料敵機二次起飛係向寧陽鐵路投彈

# 敵機前日轟炸
# 粵路客車續詳

【本報專訪】廿三日上午十一時許、敵機廿二架到達英德站上空盤旋、適有客貨混合車由廣州開往曲江、到英德時、遇敵機來襲、乃在該站暫停、被敵瞥見、隨亂投炸彈卅餘枚、車站及路軌頗受損傷、死傷搭客工人十六名、敵機投彈後、隨低飛向車卡掃射、幸卡內無人、卡內儀蛋、惟損失亦重、昨廿四日有三工人因受車傷、送本市醫治

【本報專訪】廿三日敵機大舉轟炸粵漢路時、適有客車一列開至英德站、見敵機到襲、立即停車以避、時車上乘客男女老幼約百餘人、正在奪路逃避、不料滅絕人道之敵寇竟向列車輪迴轟炸、計敵機廿二架、共投下燃燒彈五十餘枚、大多數落空、只有兩彈命中、一落車頭、被燬、一落列車、當堂燃燒、計車廂十一輛、全被燒毀、只剩尾列之行李車、自十一時許着火、焚至下午六時、火勢始殺、斯時乘客婦孺走避不及者、死傷四五十人、由車站人員就近救護、送英德醫院時、受傷斃命之婦孺已有十六人、敵人慘無人道一至於此、現查被焚之列車、昨日午已拖返廣州、

【本報專訪】廿三日敵機轟炸粵漢鐵路時、計由樂昌至軍田一段、被炸路軌逹三十餘節之多、黎洞車站被炸燬、死傷數人、由武昌來粵之直通客車、是時適開抵英德站、暫停開行、避免空襲、詎敵機竟低飛先用機關槍掃射、繼向列車投彈十餘枚、該車共十二卡、兩個爲包裹卡、八個爲客卡、有七卡當堂被炸焚燬、乘客數百人、均先離車、逃避於附近之山野及村落掩蔽處、有少數自命胆壯、且以爲敵機或不至出殘酷手段、乃不逃避、結果炸斃四人、該數人、爲該路被空襲以來第一次列車遭遇之慘劇、被炸車卡、即擁塞路軌、飽經驚險之乘客、已換車輾轉接駁來省、狼狽不可名狀、該路此次受害慘重、昨（廿四）日又復被炸、修復無期、何時可恢復行車、尚難決定、

——摘自《中山日报》（广州），1937年10月25日

# 敵機襲杭州
# 閘口又遭劫
## 共投十八彈斃一婦人
## 毀民房多間火車數輛

（本市消息）敵輕轟炸機三架、二十四日上午十時二十四分、在嘉善發現、經嘉興、桐鄉、崇德、長安、進襲杭市、在市空往來盤旋窺探後、竄至閘口盤旋六七週、先後投彈四次、共計十八枚。大肆轟炸、因我高射砲猛烈轟擊、投彈漫無標的、一彈落於大橋附近清和郵十三號、炸毀民房四間、時彈片四飛、後面茅屋內有臨浦婦人鍾馮氏、（年約三十餘歲）適中腹部、慘遭炸斃、積安家塘落一彈、震毀民房四間、安家塘十七號門前落三彈、八十九號屋內落一彈、炸毀民房十餘間、閘口貨棧附近落六彈、震毀民房甚多、白塔嶺脚塘內落一彈、無損失、機廠油漆間亦落一彈、炸毀一部份、停於閘口車站之客車貨車數輛、經敵機投中燒夷彈一枚、立時起火、燃燒甚烈、並毀枕木數十根、損失頗鉅、敵機投彈後、仍向原路逸去。

——摘自《东南日报》（杭州），1937 年 10 月 25 日

# 敵機肆虐滬西
# 擊斃一英兵
## 日雖向英道歉但仍狡賴
## 德人乘騎亦爲敵機擊斃

（中央二十四日上海電）敵機肆虐、二十四日尤烈、終日機聲與爆炸聲不絕。午後三時三十五分、在滬西投彈時。低飛一千五百公尺之高空、瞄準駐防於凱旋路之英兵、以機槍掃射、死英兵一、傷一、並擊斃戰馬兩匹、

（中央二十四日上海電）二十四日被敵機擊斃之英兵、名馬克賓還、年二十八歲、

（中央念五日晨上海電）敵機二十四日下午一時三十分、在凱旋路以機槍擊斃英兵案、茲悉遇害者爲英兵麥克賓還、另一英兵亦被槍彈射中、但適中其衣袋中之香烟盒上、故幸未受傷、另有德人一名、馳馬過此、因馬被擊斃、而人幸無恙、當敵機肆虐擊斃麥克賓還時、該處駐防英兵爲自衛計、亦以機槍還擊、但未命中、聞日方對此事、已向英軍當局道歉、但仍秉其一貫之狡賴策略、謂事出誤會云、

（路透二十四日上海電）滬日軍官二十四日午後赴英軍司令部、對凱旋路案表示歉意、但迄無官方正式之道歉、

（中央二十四日上海電）據同盟社二十四日滬訊、日第三艦隊司令部今晚九時二十分發表公報、對日機於凱旋路擊傷英兵事件、表示誠摯之遺憾、繼謂日機駕駛員誤認英兵守衛區爲華軍陣地、故加以射擊云、

——摘自《东南日报》（杭州），1937 年 10 月 25 日

# 滬西昨遭敵機轟炸最慘

## 英商公益紗廠起火·浦東天主教堂毀壞

昨晨黎明起、卽有敵機五十餘架、分批自吳淞及楊樹浦二飛機場起飛、續往本市四郊及附近各地轟炸、詳情如次、

### 閘北燬民房極多

閘北方面昨晨六時半起、有敵機十五架、分作五隊、每三架一隊、分往各處投彈、迄十一時許始去、我北站虬江路寶山路共和新路一帶、先後共被投彈四十餘枚、毀民房三十餘間、下午一時起、續有敵機六架、分隊輪流投彈、迄晚始去、除續毀我民房十餘間外、餘無所損、

敵機昨在閘北經過、較往日更多、且飛行甚高、至在閘北方面之轟炸、計上午各三次、下午二時左右、敵機三架、在寶山路商務印書館印刷所對過圖書館南首・寶源路鐵路口・北火車站大厦東鐵路口等處各投彈六枚、三時四十五分至四時半、亦有二架、投彈共六次、每次三枚、商務印書館印刷所南首落六彈、餘皆落柳營路宋公園路等處、最後一處三架、共投彈十八枚、計共和新路中山路口落三枚、指江廟附近及指江廟路（共和新路東）落九彈、中華新路寶蓮寺東宋公園路口落三枚、洪南山路南錫金公所丙舍後背落三枚、至五時十分、敵機飛向楊樹浦而去、在此時間中、西北方面之敵機三架一隊、飛回者亦甚多、約有七八隊

## 公益紗廠遭轟炸

滬西方面、昨日上午九時許、有敵機六架、在中山路上空來往偵察、旋在大夏大學附近投彈多枚、大夏校舍及大夏新村房屋、被毀甚鉅、午後零時五十分、復有敵機一架、在勞勃生路英商開設之公益紗廠投一硫磺彈、彈落火起、毀廠屋多間、旋即救熄、嗣復不時低飛、用機關槍掃射、幸未傷人、二時十分復有敵機三架、在中山路上空往來窺察、旋投四彈、中山路三號橋被炸毀、傷一人、附近房屋、亦多有震倒者、嗣該敵機復飛虹橋路上空窺察、在何家閣低飛以機槍掃射、幸未傷人、至北新涇方面、自昨晨九時起迄晚止、共有敵機念餘架、前往不斷肆虐、先後投彈竟有二百餘枚之多、毀民房百餘間、死傷居民各十餘人、眞北橋亦被炸毀、

## 擲下大宗鋼鐵條

敵機昨日全日狂炸滬西梵王渡浜北一帶、敵機十六架・十二架・九架・六架、往返輪流投彈轟炸、掃射機槍、自上午十時起至晚六時始止、十時半・一時半・二時二十五分・二時三刻・三時十五分・四時二十分之六次轟炸、最爲猛烈、計先後在季家厙・徐家宅・華家弄・金家巷・許陸家宅・管巷・大夏大學・中山橋・吳家花園後面・林家港・杜家宅等處、擲重量炸彈至百餘枚、其中季家厙・管巷・林家港三處鄉村、被炸最烈、毀房屋各二三十間、其他各村毀屋自十餘間至三四間、死傷平民、季家厙一處已有三四十人、其他死傷人數、尙難計算、至少當在二百人以上、被機槍掃射而死傷者、爲數亦不少、蘇州河北東起小沙渡、西至中山路沿河各處、彈炸槍射、無一處遺落、林家港管巷二處、且經被炸起火、旋即救熄、至大夏大學杜家宅地方、敵機又往復以機槍掃射、時掃時止、歷三小時許、一時三刻則投彈轟炸蘇州河上之中山橋、由三敵機同時投彈、其中二彈落橋上、橋身受損甚重、車輛不能通行、敵機在杜家宅及大夏大學後背麗娃栗妲村附近、投下鋼鐵條百餘根、長約二尺餘、不知何故、小沙渡曹家渡梵王渡上空、敵機盤旋偵察、低飛達三層樓屋頂、機中人歷歷可見、另有戰鬬機則高翔上空、

又訊、昨日敵機在滬西方面作竟日之轟炸、濫施轟炸之一機、碩大無朋、即俗呼之爲子母機者是、機翼兩端、逐漸而小、端作尖形、飛時甚緩、有時停飛空中、炸彈續續而下、兩架較小之機、卵翼於該機之兩翼下、一爲戰鬬機、一爲驅逐機、似爲該巨大轟炸機之衛護者然、此兩機有時驟離巨機、飛繞盤旋、開放機鎗、放後即偕巨機而飛、總計敵機肆虐、此間有不少平民、罹難遭厄、得工部局之救護車之救護、送入寶隆醫院治療者計有六名口、㈠馬姓十二歲男孩、在大夏大學後邊、被炸彈片擊傷頭部臂部、㈡黃馬氏二十四歲、甘露人、在檳榔路被流彈傷臂部、㈢黃阿陶四十四歲、在檳榔路被彈傷右臂、臂且爲折、此三人傷勢頗重、住在醫院、㈣周阿寶三十六歲、本地人、在中山路被炸傷面部、㈤康姓小孩、本地人、在北新涇被炸傷頭部、㈥盧阿二、本地人、在曹家渡眞北路被炸傷手部、此三人因傷勢較輕、經敷藥裹創後、即行出院、

## 浦東教堂亦遭殃

昨晨八時許、敵機三架、在浦東北徐家宅擲一彈、炸毀六號七號農民住房六間、轉赴南徐家宅投二彈、毀農房十二三間、八時半又赴方家墳墓擲二彈、炸毀墳山屋三間、墳墓亦炸開少許、傍晚五時半、敵水上飛機一架、又在莊家宅附近投彈二枚落田中、故未傷人、又前日午後四時、敵水陸機六架、將浦東張家樓天主教堂一部炸毀、並波及西鎮市房四十五間、死男子二名、傷鄉民張倪氏張得寶許姚氏郁新泉郁張氏等五名、

中央社訊、浦東方面、昨晨六時許、亦有敵機二架在東洋涇及楊家宅一帶投彈、傷居民三人、下午四時許、續有敵機三架、在楊家渡投彈多枚、此外、在大場及南翔、昨日亦有敵機十餘架、前往絡續肆虐、雖毀我民房無數、但於我軍事上並無若何損失、

## 閔行等處散傳單

敵機一架昨午在閔行鎮上空盤旋十餘分鐘、繼即擲下長約六寸濶四寸之荒謬傳單數百張、隨風飛舞、該鎮居民視若無覩、無一人拾取、又滬閔路吳家巷錢糧廟一帶各鄉鎮、亦於昨午十一時許、有一敵機擲下同樣傳單甚多、

——摘自《时报》（上海），1937年10月25日

## 敵艦兵士開鎗 擊傷兩救護員

浦東人龔維綱、年二十四、郁善章、年二十、浦東人、同任中國紅十字會救護隊隊員、衣紅十字會制服、被派任上海市第十救護隊、在浦東担任救護工作、昨午十二時許、兩人因工作關係、在浦東其昌棧碼頭經過、被浦江中敵艦兵士所見、遽自艦上以步槍向龔迭射一彈、擊中龔之肩部、右入左出、受傷痛極倒地、郁見狀急上前救護、詎敵艦竟又以機鎗掃射、致郁之胸背部又被擊中四五彈、傷重繼龔倒地、旋經其他隊員冒險將兩人救起、渡浦護送仁濟醫院醫治、郁傷勢頗重、生命頗危、龔傷勢尚輕、查兩人受傷時、正持紅十字旗幟、而敵方一再向非戰鬥員及救護人員濫施炸擊、早已視國際公法及萬國紅十字會章規爲廢紙、更無所謂人道主義矣、

——摘自《时报》（上海），1937年10月25日

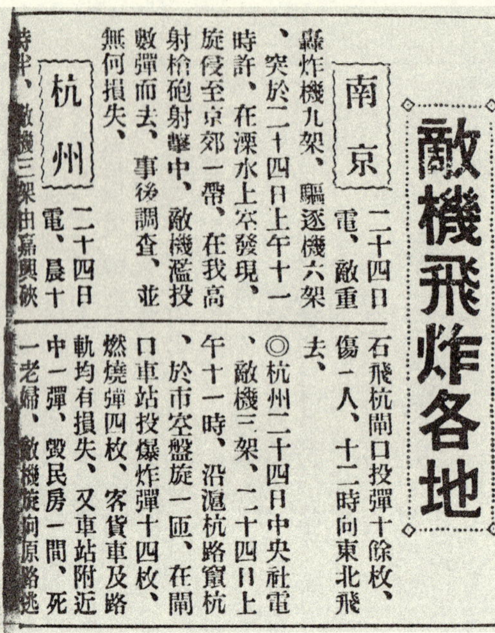

# 敵機飛炸各地

**南京** 二十四日電、敵重轟炸機九架、驅逐機六架、突於二十四日上午十一時許、在溧水上空發現、旋侵至京郊一帶、在我高射槍砲射擊中、敵機濫投數彈而去、事後調查、並無何損失、

**杭州** 二十四日電、晨十時半、敵機三架由嘉興硤石飛杭閘口投彈十餘枚、傷一人、十二時向東北飛去、

◎杭州二十四日中央社電、敵機三架、二十四日上午十一時、沿滬杭路竄杭、於市空盤旋一匝、在閘口車站投爆炸彈十四枚、燃燒彈四枚、客貨車及路軌均有損失、又車站附近中一彈、毀民房一間、死一老婦、敵機旋向原路逃去、

◎杭州二十三日中央社電、二十三日敵機先後襲

**嘉興** 四次、第四次三架於下午一時許在車站投六彈、毀民船一艘、路警宿舍亦全毀、均無死傷、

中央社訊、路息、昨日午前十一時左右、有敵機六架、沿滬杭路南飛、在閘口站投彈二十餘枚、當有客車四輛、全被炸毀、此外在蘇嘉路之

**平望** 附近、亦有敵機前往轟炸、該處路軌破毀甚鉅、

**漢口** 二十四日電、敵機二十四日晨二時夜襲武漢、一批六架、經永修武寧向武漢進襲、因迷失目標、在武漢近郊盤旋約一時半之久、二時半、二批五架、經臨川高安進入武漢上空、在中山公園附近投彈數枚、我無損失、我高射部隊嚴密射擊、敵受威脅、沿長江下游竄去、

◎漢口二十四日中央社路透電、今日侵晨四時與四時十五分、日轟炸機若干架、分兩批襲擊本市、在飛行場附近擲下炸彈數枚、一時高射砲聲隆隆大作、炸彈炸聲不大、足徵所用者、乃小號彈、現信損失甚微、且無死傷、

**蘇州** 二十四日電、敵機四次空襲、均未擲彈、晨七時三十五分、敵機三架、在唯亭正儀間投十彈、並掃射機槍、八時餘

**崑山** 來敵機五架、在火車站附近投七彈、損傷甚微、

**廣州** 二十四日中央社電、二十四日上午八時二十分、敵機三十架犯粵、計粵漢路十六架、廣九路八架、分別投彈甚多、各路均有損失、廣九路英段兩客車被炸燬、死傷數人、下午一時八分、敵機五架又飛寧陽路各站轟炸、其中三架並再飛粵漢路投彈

◎香港廿四日中央社路透電、今日侵晨廣州開往香港之慢車、復在距石龍四哩之南沙、為日飛機轟炸、火車停於車站時、日機八架飛來擲彈多枚、車站與火車均被擊中、維時乘客已避入道旁稻田、故僅死兩人傷四人、惟車站與火車數節、均被炸損、今晨由廣州開出之快車、因此、南沙整日停候修理路軌、卒於下午五時駛抵香港、

**蚌埠** 二十四日電、敵機二十四日飛壽縣含山窺察

**南昌** 二十四日電、二十四日晨[illegible]時、貴溪上空發現敵機四架、向西北飛行、旋又有敵機四架、在鄱陽湖上空會合、向鄂省飛去、至四時許由鄂折返贛境、經永修武寧鄱陽湖等地、飛向閩境、

**東海** 二十四日中央社電、敵機二十三日三次在新安鎮投彈二[illegible]十餘枚、該處隴海路受損、東西行車均被阻、

——摘自《时报》（上海），1937年10月25日

# 二月來受敵機侵襲
# 京市損失調查
## 平民死傷五百餘人
## 房屋炸毀二千餘間
## 民衆教育全部停頓

敵機屢次來京空襲、濫投炸彈、文化教育機關之被摧殘、市民生命之橫遭炸斃、及民房之被炸毀者、爲數甚多、暴日此種卑劣獸行之手段、已爲世界所洞悉、文明各國所一致唾棄、頃據關係機關調查、自八月十五日至拾月十五日止、兩月來首都遭敵機轟炸共六十五次、罹難市民及房屋被焚燬炸毀者、統計死二百餘人、傷三百餘人、因被炸起火者十八起、房屋炸毀者二千餘間。

【又訊】本市民衆教育辦理多年、漸著成效、依照市政當局規劃、本年擬將原有民校十四校、增加四校、擴充爲十八校、夜校二百四十三校、增加四十八校、擴充爲二百九十一校、實施綱要、均已草定、乃自抗日戰事發生、敵機到處肆虐、首都各學校、亦無辜遭殃、以致本市民衆教育、無法實施、城區各民校及夜校、均陷於停頓、茲據調查、本市民衆教育實施情況、僅在鄉區照常活動、（一）鄉區孝陵衛、上新河、燕子磯、民衆學校三處、照常開班、依照非常時期民校暫行辦法及活動工作大綱推進教育、三處夜校、如常進行、（二）市立圖書館及三鄉區農民教育館、仍照常工作、（三）市立盲啞學校亦照舊進行、（四）戲劇審查會除日常工作外、忙於審訂戲劇歌曲等劇本唱詞、（五）聯合宣傳隊十一隊、按期出發宣傳防護工作、並每日粘發壁報、並悉社會局已將京市實施民教情形及經費收入狀況、詳報教育部備核。

——摘自《中央日报》（南京），1937 年 10 月 25 日

# 敵機兩度夜襲武漢
## 廣九路列車昨又遭轟炸
## 京郊昨晨一度發現敵機

本報漢口廿四日電　廿四日晨一時五十分、敵機兩度夜襲武漢、一批六架、經永修武寧空襲武漢、因迷失目標、在近郊盤旋有一時廿分之久、我高射部隊爲免暴露目標、愼重射擊、嗣一批五架經臨高安、於四時半進入武漢上空、投彈數枚、無甚損害、我高射部隊嚴密射擊、敵機咸受威脅、倉皇沿長江下游竄去、

本報香港二十四日專電　二十四日晨敵機襲廣九路、無標的投彈、早車適經南社被投六彈、

中央南京二十四日電　敵重轟炸機九架、驅逐機六架、突於二十四日上午十一時許、在溧水上空發現、旋侵至京郊一帶、在我高射槍砲射擊中、敵機濫投數彈而去、事後調查、並無何損失、

中央廣州二十四日電　二十四日上午八時二十分敵機卅架犯粵、計粵漢路十六架、廣九路八架、分別投彈甚多、各路均有損失、廣九路英段兩客車被炸燬、死傷數人、下午一時八分、敵機五架又飛寧陽路各站轟炸、其中三架並再飛粵漢路投彈、

中央廣州二十四日電 二十四日上午八時二十分敵機卅架犯粵、計粵漢路十六架、廣九路八架、分別投彈甚多、各路均有損失、廣九路英段兩客車被炸燬、死傷數人、下午一時八分、敵機五架又飛寧陽路各站轟炸、其中三架並再飛粵漢路投彈、

中央蘇州二十四日電 敵機二十四日仍在蘇往來頻繁、此地今發出警報共四次、嚴防其空襲、故敵機未在此逗留路息、昨日午前十一時左右、有敵機六架、沿滬杭路南飛、在閘口站投彈二十餘枚、當有客車四輛、全被炸毀、此外在蘇嘉路之平望附近、亦有敵機前往轟炸、該處路軌、被毀甚鉅、

中央徐州廿四日電 敵機三架廿三日晨來徐窺察、盤旋一週、轉隴海路新安鎮站轟炸列車、損失尚微、午敵機三架再到新安鎮投彈、

本報當塗廿三日專電 今晨九時半敵機七架在采石江面盤旋、見有泊艦、投彈廿餘枚即逃去、

中央杭州廿三日電 廿三日敵機先後襲嘉興四次、第四次三架、於下午一時許在車站投六彈、毀民船一艘、路警宿舍亦全毀、均無死傷、

中央鎮江廿三日電 廿三日下午一時半敵機三架襲常州、在車站附近投六彈、毀洋橋旁民房數十間、死傷不詳、旋折至無錫站投十餘彈、損失待查、

中央蚌埠廿四日電 敵機廿四日飛壽縣含山窺察、

中央東海廿四日電 敵機廿三日三次在新安鎮投彈廿餘枚、該處隴海路受損、東西行車均被阻、

中央濟南廿四日電 廿四日晨七時四十五分、諸城發現敵機二架、沿膠濟路線來濟繞城盤旋一週、我高射槍砲齊發、乃折而南去、至泰安投四彈、經大汶口東去、同時另有敵機二架、經日照窺察後、飛到濟寧滋陽窺察後、飛鄒縣、在站投二彈、傷二人、毀電線數根、

——摘自《时事新报》（上海），1937 年 10 月 25 日

# 敵寇所至 焚燒屠殺

## 晉北遭害最慘 公務員被活埋

中央社南京念五日電 據軍事機關所接報告、敵軍在佔領地域時、有焚燒屠殺獸行事件、由下述可見其一斑、㈠由靈邱到平型關、沿途村莊均被燒燬、人民多被屠殺、敵以在平型關附近歷次之失敗、均由當地民衆報告消息及引路所致、故見羣衆、即加慘殺、以圖報復、㈡靈邱城及其附近殺死羣衆數百人、多數青年婦女被姦淫、竟有被姦死者、㈢崞縣代縣至平型關沿途村莊、被燒燬多處、並正在繼續燒殺、沿途被殺者數十名、青年婦女多被捕去、用車運走、㈣陽方口被殺數十、朔縣甯武兩城被害者、各有千餘人、所有公務人員、均遭活埋或活燒、日寇並利用蒙人爲劊子手、以挑發漢蒙感情、㈤岱岳馬色兩地各死羣衆數百、沿途羣衆除死者外、多已逃遊、

——摘自《民报》（上海），1937 年 10 月 26 日

# 滬寇機肆虐

## 昨日投彈竟達三百餘枚

## 京兩月來遭六十次空襲

【本報上海二十五日下午十時電】寇機今晨繼續大隊出動，淩晨五時自楊樹浦機場升起二十餘架，前往大場彭浦一帶轟炸，六時左右，又有十餘架飛往江灣廟行等處投彈，北站中山路寶通路等處，有寇機六架投彈十餘枚，北新涇今晨亦有寇機一小隊窺探，未投彈，該處江橋已於昨被機炸斷，浦東方面今晨來寇機三架，沿浦東大道開槍，向下掃射一小時始去。

【中央社上海二十五日電】敵機二十五日續在滬郊肆虐，閘北寶山路共和新路等處，毀民房廿餘間，大場與南翔間投彈三百餘枚，下午四時，滬西霍必蘭路民生紗廠被毀，損失甚鉅，此外浦東湯家渡寺橋，亦有敵機轟炸掃射。

【本報香港二十五日下午四時三十五分電】漾（二十三）日午寇機襲廣九路，曾被我擊中其一，落虎門。

【本報南京二十五日下午七時電】兩月內寇機襲京共六五十次，傷人三百，亡二百，民房燬二千所。

——摘自《扫荡报》（汉口），
1937年10月26日

# 敵機連日在滬

# 投彈萬枚

## 敵存滬彈藥將盡

## 鐵釘石塊雜彈內

【本報上海廿五日下午九時專電】敵機竟日濫炸滬西北大場、中刻敵機槍彈掃炸浦東、敵連日投彈達萬枚、存滬彈藥將盡、近日所投炸彈、多係鐵釘玻璃間雜石塊、

【中央社上海廿五日電】日機廿五日在滬郊肆虐、閘北寶山路共和新路等、炸燬民房廿餘間、大場與南翔間投彈三百餘枚、下午四時、滬西霍必蘭路民生紗廠被毀、損失甚鉅、此外浦東楊家渡塘橋、亦有敵機轟炸掃射、

【中央社上海廿五日電】滬東區敵之軍火堆棧、迭遭我空軍夜襲、損毀甚重、敵方因此連日將大阪、黃浦、三菱等碼頭房屋、一律改塗黑色、

——摘自《中山日报》（广州），1937年10月26日

# 昨晨敵機五架

# 轟炸新會非武裝區

## 燬縣府辦公廳及民房卅餘間

## 東門車站落十餘彈損失重大

【本報專訪】敵機連日狂襲本省各鐵路、企圖破壞我交通、但我防空部隊防護得力、且路工修築神速、故敵人計劃根本失敗、近日計無所施、竟向無抵抗力之車廂及非武裝地點轟炸、昨（廿五）日又派機五架飛往井非武裝之新會縣城投彈、傷殘甚重、茲將昨日敵機兩次進犯情形誌下、

第一次昨日上午八時、接前哨情報、敵轟炸機五架、由航空母艦起飛、八時十六分經崖門、有襲廣州模樣、本市八時十八分發出警報、八時廿五分敵機到達江門上空盤旋、旋發緊急警報、惟敵機未向廣州進襲、盤旋一匝、轉向西飛、沿寧陽鐵路到達新會縣城、在上空盤旋五分鐘、隨在東門寧陽路車站投彈共十一枚、車站全被燬壞、鐵路公司、路警宿舍、月台、均被炸毀、路軌損壞卅餘丈、而附近永勤土膏店、同發打石店、永久茶樓、又來旅店等二十餘店戶均燬於彈、炸斃該路伙伕黃鐸、簡樣等四人、及婦女五人、傷搭客十餘人、敵機肆虐後、竟不顧公理人道、飛入縣城投彈五枚、當堂燬塌民房卅餘間、死傷無辜平民九十餘人、有一彈落縣府縣長辦公廳、傷職員一人、及什差六七人、圖書館亦中彈、傷害極重、事畢、敵機始飛遁、九時五分、本市以敵機未有進襲、遂即解除警報、

第二次空襲警報解除未及十分鐘、復接前哨情報、敵轟炸機六架、驅逐機五架、自中山縣荷包島海面起飛、旋經唐家灣、由南而北、九時廿五分本市發出警報、惟敵機祇在唐家灣處盤旋、未有向何處進犯、遂于九時五十五分解除警報、

## 被燬廣九車輛 運往九龍陳列

【中央社】敵機廿四日恣意轟炸廣九路客貨混合列車、炸燬英段車廂兩輛、該路英段路局聞訊後、隨即將詳情向香港政府報告外、並電請華段路局、將被燬車廂殘件運返九龍、公開陳列、俾中外人士目覩日機之殘暴行爲、現華段路局已於昨（廿五）日將被燬英段車廂殘件、用專車運往九龍、並聞英段路局擬定明（廿七）日招待香港中西各報社記者、報告敵機肆虐經過、查廣九路爲中英合辦之鐵路、所有機車車輛、向分英段華段所有之別、該路今後如無切實保障、則英段車輛之安全、將成嚴重問題矣、

## 粵漢廣九兩路 昨未發現敵機

【本報專訪】據粵漢廣九兩路局負責人稱、昨（廿五）日敵機未有飛到兩路轟炸、外傳向兩路某某等站肆虐、殊非事實、是日廣九客車照常依時開行、並無悞點、粵漢車則因敵機廿二三四等日向各站大舉轟炸、損傷奇重、通車無期、

## 前日敵機追擊 江佛路運貨車

【另訊】南海九江阜隆糖麵店、廿四日派夥伴數名、僱中和運貨汽車公司運貨車三輛、載運麵粉卅餘包、油七桶、另其他什貨等物、上午十一時許、當駛經江佛公路時、恰值有敵機三架從東北方飛來、運貨車司機見各鄉紛報空襲警報、急疾駛、擬避於荒郊、詎敵機竟低飛向該運貨車追擊、司機人與乘車各件急躍下、避入桑基叢中、敵機發機關槍向該貨車掃射、約數百響、中有一夥伴登時被擊傷倒在路邊、司機人俟敵機去遠、始敢走出、協同各人將傷者救起、即時舁上車、載返九江、調治、幸傷非要害、尚無性命之虞、又當敵機追擊汽車時、有附近兩牧童趕耕牛數頭、沿公路而行、有一耕牛被敵機擊斃、兩牧童幸走避迅速、否則必難幸免、

——摘自《中山日报》（广州），1937年10月26日

## 巨彈轟沉難民船
## 慘死三代十一命

住居城內四牌樓大成里七十八號開成衣店之劉行[illegible]李子[illegible]、其原籍為中[illegible]嫡堂兄弟李新根、李學波李小弟三人、均已成家、生子女、自劉行淪於戰區後、李[illegible]將新根之九歲長子（名大愛八）帶到上海、新根等兄弟三人及家眷等、避[illegible]青浦朱家角、在半月前、小弟[illegible]牛一頭以廿元代價[illegible]去後、不料又[illegible]去 內心焦急、數日前身[illegible]、遺寡妻身懷六甲、與夫兄等同在朱家角居住 日[illegible]亦被敵機轟炸、於是新根等三房老小及小弟之寡妻等凡十一口、雇一民船[illegible]避難、不料於前日（廿三）下午舟行至北新涇西十二甲之蘇州河內、即有敵機兩架、見此難民之船、竟投以巨彈一枚、致將船炸沉、而李新根李學波及兩妻、[illegible]有孕之弟婦、十歲之女、九歲之子、七歲之子、四歲之子、一歲之女[illegible]口 以及老母、[illegible]計一代十一口、完全殉難、僅一大頭愛八在李子祥處、尚得留一血脈 誠慘事也

——摘自《时报》（上海），
1937年10月26日

## 敵機肆虐
### 滬西民生紗廠被毀

▲中央社上海二十五日電 敵機二十五日續在滬郊肆虐、閘北、寶山路、共和新路等處、燬民房二十餘間、大場與南翔間投彈三百餘枚、下午四時、滬西霍必蘭路民生紗廠被毀、損失甚鉅、此外浦東、楊家渡、塘橋亦有敵機轟炸掃射

——摘自《中央日报》（南京），
1937年10月26日

## 寇機轟炸
## 戚墅堰機廠
### 機件損害工人遷避

南京二十五日電，交通界息，敵軍在滬四度總攻，皆告慘敗，爲洩憤計，遂專意破壞我鐵路交通，鐵道部戚墅堰機廠，亦成爲敵機轟炸目標之一，該廠自本月十二日以來，屢被轟炸，機械設備均遭損害，且原有工人，大都遷避，致廠內工作，無形中已全告停頓。

——摘自《全民日报》（长沙），1937年10月26日

## 敵機四出肆虐

# 投彈三百餘枚

### ——眞如大場南翔間公路

### 滬西民生紗廠被炸損失甚鉅

### 浦東擊落敵機一架

昨日敵機、續在本市四郊繼續轟炸、計自清晨七時起、卽有敵機四十餘架、陸續自楊樹浦敵飛機場起飛、除有六架分作兩隊、在閘北寶山路商務印書館附近、共和新路及宋公園路之間、濫肆轟炸、毀民房廿餘間外、餘多飛眞如與大場間、大場與南翔間一帶公路、作竟日轟炸、投彈總數、不下三百餘枚、毀我民房無數、此外在滬西之北新涇、昨晨亦有敵機十二架、前往偵察、下午四時、震必蘭路之民生紗廠、被投四彈、其中爆炸者有二彈、損毀頗鉅 又昨日下午一時許、浦東之楊家渡、亦有敵機轟炸、下午五時許、復有敵機二架、在塘橋低飛、以機關槍掃射、損失未詳、

**滬西** 前日(廿四日)敵機前往滬西中山路北新涇一帶肆虐時、蒲淞區之江橋鎮亦慘遭敵機轟炸、除該鎮房屋全被炸毀外、並死傷居民各十餘人、

**浦東** 浦東方面、昨日上午八時、有敵機十二架四散飛開、至午後一時、來輕轟炸機二架、在草菴頭附近投炸彈四枚、一係燒夷彈、焚燬民房五六間、三時許又飛至張家樓四週、向各村落投彈六枚、傷農民三四人、毀屋四間、至四時半許又來敵機二架、在田度地方連續投彈四枚、毀民房五間、未傷人

確息、浦東我軍、於二十四日午後三時許、在龔家橋擊落敵機一架、墮落塘口附近、機骸已尋獲、並俘虜敵機駕駛員二人、現已解往後方云、

——摘自《时事新报》(上海),
1937年10月26日

## 敵艦射擊我救護員

### 請國際紅十字會援助

浦東紅十字會第十救護隊隊員郁然章龍維綱兩人、於前日午刻、在共昌棧地方救護時、被敵艦機槍射傷後、已送仁濟醫院救治、紅十字總會昨派卞任會同隊長蔣方九、前往慰問、並將敵艦不顧萬國公法、擅將非戰鬥之紅會人員濫加殺害情形、報請國際紅十字會援助、以伸正義云、

——摘自《时事新报》(上海),
1937年10月26日

# 敵機昨四度襲擊

## 在鐵路附近投彈十餘枚

## 粵省新會等地亦遭空襲

▲中央社蘇州二十五日電　敵機二十五日上午來蘇空襲四次、並在交通線附近投彈兩次、共計十餘枚、因標的不準、我無損失、下午敵機則未來擾亂。

▲中央社蘇州二十五日電　據前方息、敵機轟炸我內地城市時、因航空人員地勢不熟、難覓目標、特僱熟悉當地情形之漢奸、坐在機上、隨時指示其轟炸目標、但因其技術拙劣、雖有漢奸在旁指示、仍多投擲、不準云。

▲中央社廣州二十五日電　敵機五架、今日上午飛新會縣城投彈十二枚、毀民房三十餘間、居民死傷甚衆。

▲中央社廣州廿五日電　廿五日上午八時十五分、敵機五架在江門上空盤桓數匝後、轉赴甯湯車站投一彈而去、又敵機十一架、於九時廿五分、在中山縣蓮石灣等處上空偵察良久始去。

——摘自《中央日报》（南京），1937年10月26日

# 敵機昨又襲京

## 在光華門外及句容投彈

## 嘉興被炸居民死傷甚多

【中央社南京二十六日電】敵機十二架于二十六日下午二時半向京進發，企圖襲擊，旋于三時許到光華門外一帶肆虐，我高射砲慎重射擊，敵機飛度過高，在飛機場左近投數彈而去，除機場上有數處被轟炸爲洞隙外，別無何損失，下午四時又有敵機五架沿京杭道來京，我空軍即報，前往截擊，敵機在句容一帶投數彈逸去。

【中央社上海二十六日電】路息，二十六日午十二時許有敵機多架飛嘉興站，投彈六枚，附近居民死傷甚夥。

【中央社蘇州二十六日電】敵機二十六日自上午八時三十分，迄下午五時，共來蘇空襲六次，共在第五次時，仍向鐵路線外旗附近投彈近十枚，轟毀客車一輛，餘無損失。

【中央社福州二十六日電】二十四日晨敵機在長樂梅花鄉附近包洲海面投彈，轟炸我正在行駛之漁船一艘，人貨俱燼。

——摘自《大公报》（汉口），1937年10月27日

# 蘇州河上空敵機投藥粉

## 浦東教堂被炸燬

閘北方面、昨日下午二時許、有敵飛機十餘架、計三架一隊者三隊、餘均單獨飛行、分在滬太公路之中山路口及潭子灣等上空盤旋投彈、另有三架則在恒豐路・大統路・共和新路等上空盤旋、飛經蘇州河新閘橋上面、投下銀色如斗大之藥粉一團、此時適東南風甚大、上項藥粉未及入河、即被風吹散、均飛向閘北屋面、惟天空滿佈如煙焰、至二時三十分光景、三敵機又投擲炸彈、計共六次、每次三枚、交通路中山路口、麥根路車站附近、炒米浜（即徐家宅）・永興小馬路・中興路北・會文路止園路口・鴻興路鴻興坊各落彈三枚、共計十八枚、四時三十五分復有敵機二架、投彈十二枚、八彈落交通路大洋橋暨中興路西首都天廟附近、四彈落大統路海昌路（即新閘警察分局原址西首）之間、該處房屋當即起火、其勢甚猛、

滬西方面二十六日上午六時許、敵機三架由東飛來、在滬西中山路徐家閣一帶盤旋偵察、旋在該村東首投彈一枚、適墮人小浜內、並未爆發、敵機旋即向東飛去、迨九時許十一時許及下午二時許、又有敵機三架或九架盤旋滬西一帶、下午二時二十分許、在中山路大夏大學西首杜家宅附近低飛、以機槍掃射、當時有鄉村教師朱夢覺被擊傷腿部及臂部、敵機掃射後、即向西北方面飛去、

浦東方面、昨日上午有敵機三架、分投各地盤旋、僅爲偵察性質、午後二時、又有輕轟炸機六架、結爲二隊、先後過境向南飛去、不知何往、至三時又來偵察機二架、盤旋於張家樓金家巷一帶、歷久未去、至傍晚五時半、於暮色蒼茫中、自閘北方面飛來重轟炸機三架、在錢家巷東首鄉村間先後投下重量炸彈六枚、擲彈時機身未動、損害情形待調查中、又金家巷天主堂、連日遭敵機轟炸三次、所投炸彈、達十餘枚之多、所有該堂內新舊禮堂神父臥室及男女生教室等、已全部炸毀、損害情形、較張家樓天主堂尤爲重大、敵機一再向宣揚和平與博愛之教會、出以殘暴行爲、不知世界宗教機關、對之作若何感想也、

——摘自《时报》（上海），1937 年 10 月 27 日

# 童軍救護傷兵遭敵機轟炸

## 一名重傷救回醫治 尚有二人不知下落

中國童子軍戰時服務第一團所屬第二區團童子軍陳杏蓀・陳應乾・徐健來三人（原屬市商會團）、於廿五日晨奉命隨紅十字會救護車出發前方救護傷兵、午後在××××間××××地方遇敵機轟炸、除同行之駕駛員當場炸斃外、陳杏蓀傷及雙腿及腰背臀部、待至深夜方由另一汽車夫救回、逕送中山醫院救治外、徐健來傷雙足及下頷、陳應乾幸未受傷、惟該二人迄今尚杳無下落、刻正在派員搜尋中、

——摘自《时报》（上海），1937 年 10 月 27 日

# 敵機昨兩次襲京

## 在光華門外及句容一帶投數彈無大損失

◎南京二十六日中央社路透電、今日下午二時五十五分復有日轟炸機七架及驅逐機二架、來襲首都、在光華門外機場投彈、四時零八分復聞警報、但日機五架在句容投彈、

◎南京二十六日中央社電、敵機十二架、於二十六日下午二時半、向京進發、企圖轟擊、旋於三時許到光華門外一帶肆虐、我高射槍砲慎重射擊、敵機飛度過高、在飛機場左近投數彈而去、除機場上有數洞隙外、別無何損失、下午四時又有敵機九架、沿京杭國道來京、我空軍聞報、前往截擊、敵機在句容一帶投數彈逸去、

**蘇州**

蘇州二十六日中央社電、敵機二十六日自上午八時三十分、迄下午五時、共來蘇空襲六次、其在第五次時仍向鐵路線外揚旗附近投彈近十枚、擊毀空車一輛、餘無損失、

◎蘇州二十六日電、二十六日下午一時半、敵轟炸機二架、飛蘇州火車站西首投十四彈、燬房屋數間、死平民一人、傷六人、鐵路醫院亦受損失、上午七時半、敵機八架、在滸關車站投九彈、又崑山東陸家浜、於上午十時二十分、敵機二架投五彈、

## 兩次襲嘉興站被我擊傷五架

**杭州**

杭州二十六日電、二十六日午後二時半、敵機五架由嘉興・硤石・桐鄉來杭、在筧橋上空低飛窺探良久、

**嘉興**

嘉興二十六日電、二十六日十二時、敵機六架飛車站一帶投六彈、燬郵局全部房屋、下午三時敵機三架又來轟炸、擲三彈、燬民豐紙廠圖書館及宿舍二十餘間、傷二十人、敵機兩次襲禾、被我擊傷五架、均負創逃去、

**閩海**

福州二十六日中央社電、二十四日晨敵機在長樂梅花鄉附近色洲海面、投彈轟炸我正在行駛之漁船一艘、人貨俱燬、

**魯南**

濟南二十六日中央社電、二十六日晨八時、日照有敵機七架、分赴魯南各縣肆虐、二架到泰安車站揚旗外大佛寺投數彈、燬電線數根、又到大汶口吳村兩站投數彈、我損失極微、又臨城棗莊到敵機三架、窺伺後東飛、

——摘自《时报》（上海），1937 年 10 月 27 日

# 砲彈洞穿三層樓 熟睡老嫗死非命

## 法租界方面 男女三人死於流彈驗殮

法租界福煦路六八七弄明德里十八號本地人金文俠（卅歲・在美通汽車行任事）家、於昨晨二點零五分全家諸人正在睡鄉、突有敵方放出之砲彈一枚、似熱水瓶形大小、由天空飛來、射入屋頂、穿越二三兩層樓板而至客堂水門汀爆炸、該彈入三層樓時、金之老母金沈氏、五十五歲、正熟睡牀上、砲彈由牀頂落下、擊碎沈氏腦殼、腦漿迸裂、頓時氣絕身死、由家人發覺、報告法捕房、將尸舁送同仁輔元分堂驗尸所、當日午刻報請特二法院王任檢察官蒞所驗明、由尸子金文俠具結領尸收殮、又前日中午皮少耐路厚德里三號晒台上落下炸彈一枚、當場炸死張銀寶（女性）一人、傷男女八名口、送廣慈醫院後、輕傷六人包紮後即出院回家、重傷二人留院醫治、有張銀妹（即已死張銀寶之胞妹十歲）因傷重至當日下午七時身死、兄妹兩尸、昨日由特二法院派員驗明、由其父收殮、又法租界自來火街立賢里十四號、於昨日上午二時許有流彈落下、越屋頂、炸壞三層樓鏡檯玻璃一方、未傷人、

——摘自《时报》（上海），1937 年 10 月 27 日

## 流彈傷人

昨晨六時四十三分、東嘉興路奉天路有三十幢房舍及三煤棧起火、

昨晨九時五十八分、普陀路一人胸口爲流彈所傷、

昨晨十一時三十一分、大西路鐵路附近有一行人受流彈傷、已送救濟醫院、

昨晨十一時五十分、愚園路白利南路流彈傷一男一女、男子送同仁醫院、女子送廣仁醫院、

昨日下午一時二十一分、兆豐花園有一華人受流彈傷、

昨日下午二時四十四分、梵皇路西站附近有一人受炸彈傷、

昨日下午六時新聞路八九六號落一砲彈、業已取去

今晨一時十二分、康腦脫路小沙渡踏流彈（炮彈）傷一婦人、已送廣仁醫院

——摘自《时报》（上海），1937 年 10 月 27 日

### 江灣廣福蘊藻濱一帶

## 我軍大捷屢挫寇鋒

### 寇炮兵團長一田被我擊斃

### 蘊藻濱寇兵又施放毒瓦斯

上海二十六日電：江灣本社隨軍記者，二十六日午十二時二十分報告，持志大學及八字橋一帶之我軍，今晨三時左右，施行夜襲，衝近同濟路向六三花園一帶敵軍猛撲，是役殲敵甚多，我軍至天明後，退回原陣地。

上海二十六日電：廣福本社隨軍記者，二十六日上午十時十五分報告，二十五日晚迄二十六日晨，敵來猛犯我廣福，經我將敵大部完全擊潰，僅餘一小部份之敵，尙在廣福以北混戰。

上海二十六日電：蘊藻濱方面，二十二日夜激戰，敵第十師團砲兵團長一田，被我砲擊斃，同時敵砲兵四十餘人全斃。

蘇州二十六日電：據前方息，敵軍連日在蘊藻濱南岸一帶，猛烈攻擊，均被我軍勇猛抵抗，致屢不得逞，乃敵人竟不顧國際公法，於危急時，又施放毒氣以阻我前進，聞我士兵中毒者，業有數人。

——摘自《全民日报》（长沙），1937 年 10 月 27 日

# 敵機昨兩次襲首都

## 蘇六次遭空襲肆意破壞交通

## 嘉興車站被炸死傷平民多人

中央南京二十六日電　敵機十二架、於廿六日下午二時半、向京進發、企圖襲擊、旋於三時許到光華門外一帶肆虐、我高射槍砲愼重射擊、敵機飛度過高、在飛機場左近、投數彈而去、除機場上有數洞隙外、別無何損失、下午四時又有敵機五架、沿京杭國道來京、我空軍聞報、前往截擊、敵機在句容一帶投數彈逸去、

中央南京路透廿六日電　今日下午二時五十五分復有日轟炸機七架及驅逐機二架、來襲首都、在光華門外機場投彈、四時零八分復聞警報、但日機五架在句容投彈後、未來首都、

中央蘇州二十六日電　敵機二十六日自上午八時三十分迄下午五時、共來蘇空襲六次、其在第五次時仍向鐵路線外揚旗附近投彈近十枚、擊毀空車一輛、餘無損失、

路息、昨日午後十二時許、有敵機多架、沿滬杭路南飛、在嘉興車站投彈六枚、居民被炸死傷者甚夥、車站損毀亦頗鉅、至詳細情形、尚在調查中、

——摘自《时事新报》（上海），1937年10月27日

# 敵滅絕人道

## 慘殺我閘北退兵

## 屠戮前竟迫自掘墓穴

【上海二十七日路透電】美國人主辦之上海文匯報，今晚刊載一消息，謂有中國軍隊若干名，於今晨日軍進佔閘北時，爲日軍所包圍，彼等竟被日軍所迫，自掘墓穴，墓成之後，即被槍殺，在血肉模糊之中，埋葬於彼自己掘成穴墓之內。據該報稱，曾有外人自閘北小河附近公共租界內親眼見此慘狀云。

——摘自《大公报》（汉口），1937年10月28日

# 寇機肆虐

## 百餘架在眞如車站轟炸

## 寇兩機在滬西互撞焚燬

【本報上海二十七日下午十時電】今晨寇機百餘架在眞如車站附近，滿天翺翔，肆虐濫炸，當爲我防空部隊擊傷一架，立即飛逃至滬西中山路墜落，人機俱燬

【本報上海二十七日下午九時電】今日午後，寇機二架，在滬西上空互撞起火，登時墜地焚毁，機內駕駛人及搶手均斃命，又今晨八時四十五分，寇轟炸機一架，在滬西北上空，爲我軍擊落，全部焚燒，化爲灰燼。

——摘自《扫荡报》（汉口），1937年10月28日

# 敵機轟炸

# 新會慘狀續詳

## 車站附近舖戶多被炸毀

## 無辜平民被炸死傷數十

【本報新會特約通訊】敵機亟謀破壞新台兩縣交通、連日派機轟炸新寧鐵路各地車站、及向民房肆虐、損失奇重、日前廿五日上午八時、敵機又飛新會城肆虐、東門車站被炸過半、詳查情形如下、

查敵機四架、分爲兩隊、皆由崖門方面凌空而來、似進襲本縣模樣、防空支會據防空監視哨報告、立分電江門、會城、北街、河南等處、發出急驟警報、敵機飛抵江門附近上空時、即回頭向會城方面飛去、在該處低飛窺伺、約十餘分鐘、在東門車站上空盤旋時、該站候車處、搭客頗衆、見敵機來勢不佳、紛紛相避、車站員工亦他往暫避、敵機旋投下十三彈、并開機關槍掃射該站碉樓、一時隆隆之聲、震耳欲聾、屋宇燬塌之聲、與哭聲同時而起、該站被燬泰半、敵機肆虐後、一架飛往縣著後座機投下一彈、至九時向原航線飛去、敵機在車站投彈十三枚、計該站公司落一彈、中座二樓及沽票房被燬、左面路警宿舍中兩彈燬去三座、誌路隊中一彈全座毀塌、一彈則落在前面空地、碉樓護車室中兩彈、四周闔

牆被塌、碉樓無恙、震塌右鄰職工住宅一間、兩處車軌中三彈被毀、月台震塌過半、候車處瓦面被毀少許、一彈落在車站對面山脚爆發、共餘兩彈、一落車站外馬路中央、右便若園茶室前座被震塌左便江灣古廟兩座、住宅兩間、醫舘一所皆被震塌、一彈落在站左側猪牆山脚地方、前面醫舘一所、舖戶三間被毀塌、縣署後座中一彈、從縣長室降下、瓦面被毀、僅傷職員李世成一人、縣長無恙、衛隊室震塌、會客廳亦有損毀、查敵機是日投下之彈、所炸面積約二三方尺、被炸死傷者數十人、以東闢路尸首爲最多、被炸後、會城紅十字會即派隊出發救護、傷者在醫院留醫、死者除由家屬認領外、餘均由善堂捐棺收殮、

——摘自《中山日报》（广州），1937 年 10 月 28 日

## 中山

### 敵機轟斃農民

【本報中山特約通訊】暴敵南侵不斷派機轟炸各地、且屢向本縣上空掠過、日凡四五次、軋軋機聲、震動遐邇、廿五日上午、本縣上空現有敵機九架、分隊由東北方飛來、從二區鰂魚沙對開之三丫橋掠過、高度約三千尺、斯時該處園舘、適敲鐘用午膳、敵機突聞此鐘聲、旋爲軍事地點、當即在該處盤旋數匝窺伺、該園伴譚錦、走出基園、仰指該敵機、並大聲呼喊、敵機逞其野蠻獸性、即以機槍向該伴掃射、一時走避不及、當堂被擊斃、敵機復放槍向園舖掃射數分鐘、始向南飛去、查該死者乃在園內任拾雜草、家甚貧、即日由親屬領回埋殮云、

——摘自《中山日报》（广州），1937 年 10 月 28 日

## 壯烈戰情

我軍大部。雖已安全撤退。但尚有許多高樓大廈中。留有少數官兵拒絕撤退之令。誓洒最後一滴血。與敵死拚。記者二十七日午至蘇州河南某處視察。對岸情形。在疎落槍聲四起中目睹一幕驚天動地之在對岸某六層大廈中。尚留有我忠勇將士三四十人。踞三樓以上各層

窗口。大隊敵軍欲奪門而入。我軍隱蔽窗口。俟其迫近。即以手榴彈瞄準投擲。當有敵軍六七十人被炸倒斃。此種忠勇志士。已不存去志。勢將用最後一顆彈。向暴敵衆取同等代價。記者目擊我忠勇將士在烟火籠罩中。雄據孤樓。爲爭國家人格。發揚民族精神。與暴敵苦鬥之壯烈情形。不禁感泣。

# 敵火焚閘北

## 黄巢闖獻無此殘酷

## 煙火連天全區將成焦土

## 居民被敵慘殺死傷枕籍

### 縱火焚燒

中央社。上海二十七日電。我軍自江灣閘北方面後撤時。神速整齊。敵軍並未察覺。仍以大炮轟擊甚多。至二十七日拂曉後。始在飛機坦克車之掩護下。摸索推進。敵軍到處。猶向我軍所留下之防線工事內。開槍射擊。並挨戶搜索。逐居民。予以殘殺或拘執。旋即二十七日晨八時後。自江灣至麥根路站。有數十處起火。濃煙凝結。長達數里。入夜後。火光燭天。幾如白晝。我閘北繁盛區。盡付一炬。殊堪痛心。閘北譚子灣一帶居民。不勝敵壓迫。紛向滬西方向奔逃。沿蘇州河一帶。集結甚多。該處南岸。駐防之義軍及英軍。熱心救護。惟敵機仍投彈不已。死傷枕籍。厥狀甚慘。而徐家匯方面。亦有難民甚多。擁塞於法租界之鐵門外。入晚倘未散去。

### 濃煙蔽天

中央社。上海二十七日電。二十七日晨八時起。自江灣至閘北全區。以迄滬西麥根路車站以西一帶。發生大火。烈燄騰空。火勢之猛。爲上海有史以來所未有。各處毫無消防設備。恐非一二日內所能熄滅。勢將悉成焦土。閘北一帶

——摘自《湖南国民日报》，1937 年 10 月 28 日